JOSÉ DECLERCK / TOBIAS THUM

DIE SCHRIFTEN DES JOHANNES VON DAMASKOS
VIII / 3

PATRISTISCHE TEXTE UND STUDIEN

IM AUFTRAG DER
PATRISTISCHEN KOMMISSION
DER AKADEMIEN DER WISSENSCHAFTEN
IN DER BUNDESREPUBLIK DEUTSCHLAND

HERAUSGEGEBEN VON

HANNS CHRISTOF BRENNECKE UND
EKKEHARD MÜHLENBERG

BAND 73

De Gruyter

DIE SCHRIFTEN DES JOHANNES VON DAMASKOS

HERAUSGEGEBEN VON DER

BAYERISCHEN AKADEMIE DER WISSENSCHAFTEN

VIII / 3

Iohannis monachi (VII saeculo ineunte)
Sacra
olim Iohanni Damasceno attributa

Liber I. *De deo.*
Supplementum
Tabulae
Indices

BESORGT VON

JOSÉ DECLERCK

UND

TOBIAS THUM

De Gruyter

Das Vorhaben *Die Schriften des Johannes von Damaskos* wird im Rahmen des Akademienprogramms von der Bundesrepublik Deutschland und vom Freistaat Bayern gefördert.

ISBN 978-3-11-138510-5
e-ISBN (PDF) 978-3-11-138609-6
ISSN 0553-4003

Library of Congress Control Number: 79490267

Bibliografische Information der Deutschen Nationalbibliothek
Die Deutsche Nationalbibliothek verzeichnet diese Publikation in der Deutschen Nationalbibliografie; detaillierte bibliografische Daten sind im Internet über http://dnb.dnb.de abrufbar.

Druck und Bindung: CPI books GmbH, Leck

www.degruyter.com

Inhaltsverzeichnis

Abkürzungsverzeichnis VII

Liste abgekürzt zitierter Literatur VIII

Einleitung zum Supplementum ad recensionem *Florilegii Coisliniani* libri I XIII

Die im *Supplementum* publizierten Zitate XIII
1. Kapitel aus *Sacra* I, die im Coislin 276 fehlen XIII
2. Zitate aus *Sacra* I, die im Coislin 276 fehlen XIII
3. Verteilung und Authentizität der im Coislin 276 fehlenden Zitate XIV
   3.1 Das *Florilegium Vaticanum* XIV
   3.2 Das *Florilegium Hierosolymitanum* XIV
   3.3 Das *Florilegium PML*[b] XIV
   3.4 Das *Florilegium Thessalonicense* XV
   3.5 Das *Florilegium Rupefucaldinum* XV
4. Interpolationen im *Florilegium Vaticanum* XVII
   4.1 Die Zitate aus Nilus XVII
   4.2 Die Zitate aus Ps.-Eusebius von Alexandrien XXI
5. Die Zitate aus Didymus und Euagrius, den anathematisierten „Origenisten“ XXIV

Sigel der Textzeugen 2

Abkürzungen in den Apparaten 3

Editionstext Supplementum ad recensionem *Florilegii Coisliniani* libri I 5

Tabulae 235
I: Kapitel des *FlorCoislin*, die auch im *FlorVat* enthalten sind 235
II: Kapitel des *FlorCoislin*, die auch im *FlorHierosol* (Buch II) enthalten sind 239
III: *Sacra* I-Kapitel des *FlorRup*, die auch im *FlorThess*/ *FlorPML*[b] und/oder im *FlorCoislin* enthalten sind 245
IV: Kapitel des *FlorVat*, die auch im *FlorCoislin* enthalten sind 251

V: Im *FlorL*$^{c\,pin}$ enthaltene *Sacra* I-Kapitel des *FlorVat* 255
VI: Im *FlorHierosol* (Buch I) enthaltene *Sacra* I-Kapitel des *FlorVat* 259
VII: Im *FlorThess/FlorPML*^{b} enthaltene *Sacra* I-Kapitel des *FlorVat* 264

Index fontium 269
A. Vetus Testamentum 269
B. Novum Testamentum 290
C. Auctores Christiani 296
D. Auctores Iudaei 363
E. Loci non reperti (nec auctore, nec sede nominatis) 371
F. Scholia 372

Index quorundam locorum sive parallelorum sive qui (nonnumquam tacite) in locis allatis citantur 375
A. Auctores Christiani 375
B. Auctores Iudaei 385
C. Auctores pagani 385

Initia 386

Abkürzungsverzeichnis

I 1–1852	*Sacra*. Liber I
I suppl. 1–455	Supplementum ad recensionem *Florilegii Coisliniani* libri I
II^{1}1–2293	*Sacra*. Libri II recensio prior
*II^{2}1–2907	*Sacra*. Libri II recensio altera
II^{1}suppl. 1–422	*Sacra*. Supplementum ad recensionem priorem libri II
*II^{2}suppl. 1–38	*Sacra*. Supplementum ad recensionem alteram libri II
II suppl. / PML^{b} 1–175	*Sacra*. Supplementum *Florilegii PML^{b}* ad librum II
III / par.	*Sacra*. Liber III (*Parallela*)
FlorCoislin	*Florilegium Coislinianum* (Coislin 276)
FlorHierosol	*Florilegium Hierosolymitanum*
FlorK	*Florilegium Vat. gr. 1553*
FlorL^{a}	*Florilegium L^{a}*
FlorL^{c}	*Florilegium L^{c}*
FlorMut	*Florilegium Mutinense*
FlorPML^{b}	*Florilegium PML^{b}*
FlorRup	*Florilegium Rupefucaldinum*
FlorThess	*Florilegium Thessalonicense*
FlorVat	*Florilegium Vaticanum*
FC	*Florilegium Coislinianum secundum alphabeti litteras dispositum* (Coislin 294)

Liste abgekürzt zitierter Literatur[1]

ACO = *Acta Conciliorum Oecumenicorum* ed. E. SCHWARTZ, Strassburg–Berlin 1914–1940 – J. STRAUB und R. SCHIEFFER, Berlin 1971–1984; Series secunda, vol. I–II.1.3 ed. R. RIEDINGER, Berlin 1984–1995, vol. II.4 ed. H. OHME, Berlin 2013, vol. III ed. E. LAMBERZ, Berlin–Boston 2008–2016.

AnSacr II.III.V.1 = *Analecta Sacra Spicilegio Solesmensi parata edidit* J.B. PITRA. Tom. II–III.V.1, Typis Tusculanis 1884. E typographeo Veneto Mechitaristarum Sancti Lazari 1883. Parisiis–Romae 1888.

BHG = *Bibliotheca hagiographica graeca.* Troisième édition ... par Fr. HALKIN (Subsidia hagiographica 8a), Bruxelles 1957 zusammen mit *Novum Auctarium Bibliothecae hagiographicae graecae* par Fr. HALKIN (Subsidia hagiographica 65), Bruxelles 1984.

BZ = *Byzantinische Zeitschrift*, München–Leipzig, 1892–.

CCSG = *Corpus Christianorum, Series Graeca*, Turnhout 1976–.

CPG = *Clavis Patrum Graecorum* cura et studio M. GEERARD, I–V, Turnhout 1983.1974.1979.1980.1987; *Clavis Patrum Graecorum. Supplementum* cura et studio M. GEERARD et J. NORET, adiuvantibus F. GLORIE et J. DESMET, Turnhout 1998; *Clavis Patrum Graecorum*, Volumen III. Editio secunda, anastatica, addendis locupletata a J. NORET, Turnhout 2003; *Clavis Patrum Graecorum*, Volumen IV. *Concilia. Catenae.* Cura et studio M. GEERARD. Deuxième édition, revue et mise à jour par J. NORET, Turnhout 2018; *Clavis Patrum Graecorum*, Volumen II/1 cura et studio M. GEERARD. Deuxième édition, revue et mise à jour par J. NORET, Turnhout 2023.

CPL = *Clavis Patrum Latinorum, qua in Corpus Christianorum edendum optimas quasque scriptorum recensiones a Tertulliano ad Bedam commode recludit* E. DEKKERS, opera usus qua rem praeparavit et iuvit Aem. GAAR †. Editio tertia aucta et emendata, Steenbrugis 1995.

GCS = *Die griechischen christlichen Schriftsteller der ersten (drei) Jahrhunderte*, Leipzig–Berlin 1897–.

CSEL = *Corpus scriptorum ecclesiasticorum latinorum*, Vindobonae 1866–.

GNO = *Gregorii Nysseni Opera*, auxilio aliorum virorum doctorum edenda curavit W. JAEGER..., Leiden 1952–.

LXX = *Septuaginta. Vetus Testamentum Graecum Auctoritate Academiae Scientiarum Gottingensis editum*, Göttingen 1952–.

[1] Für die bibliographischen Angaben der Editionen, die für die Identifikation der Zitate herangezogen wurden, sei auf den Index locorum in diesem Band verwiesen.

NT = *Novum Testamentum graece.* Begründet von Eberhard und Erwin Nestle, herausgegeben von B. und K. Aland, J. Karavidopoulos, C.M. Martini, B.M. Metzger. Herausgegeben vom Institut für Neutestamentliche Textforschung, Stuttgart [28]2012.
PG = *Patrologiæ cursus completus… Series Græca…*, accurante et recognoscente J.-P. Migne, 161 vol., Parisiis 1857–1866.
PO = *Patrologia Orientalis*, Paris und später Turnhout, 1903–.
PTS = *Patristische Texte und Studien*, Berlin 1964–.
SChr = *Sources chrétiennes*, Paris 1941–.
SJD VIII/1–3 = *Die Schriften des Johannes von Damaskos*, VIII/1–3 (PTS 71–73), Berlin–Boston 2024.
SJD VIII/4–8 = Ibid., VIII/4–8 (PTS 74–78), Berlin–Boston 2018–2019.
TU = *Texte und Untersuchungen zur Geschichte der altchristlichen Literatur. Archiv für die griechisch-christlichen Schriftsteller der ersten drei Jahrhunderte*, Leipzig und später Berlin 1882–.

Bardenhewer, *Geschichte* = O. Bardenhewer, *Geschichte der altkirchlichen Literatur*, I–V, Freiburg im Breisgau [2]1902.[2]1914.[2]1923.[2]1924.1932.
Fragmenta Pseudepigraphorum Graeca = *Fragmenta Pseudepigraphorum quae supersunt Graeca, una cum historicorum et auctorum Judaeorum Hellenistarum fragmentis* collegit et ordinavit A.-M. Denis (Pseudepigrapha Veteris Testamenti Graece III), Leiden 1970.
Geffcken, *Oracula* = *Die Oracula Sibyllina.* Bearbeitet … von J. Geffcken (GCS 8), Leipzig 1902.
Gribomont, *Nil* = J. Gribomont, *La tradition manuscrite de saint Nil. I: La correspondance*, Studia monastica XI (1969), 231–267.
Haidacher = S. Haidacher, *Chrysostomos-Fragmente im Maximos-Florilegium und in den Sacra Parallela.* BZ 16 (1907), 168–201.
Harris, *Fragments* / Harris = *Fragments of Philo Judæus* Newly Edited by J. Rendel Harris, Cambridge 1886.
Holl, *Fragmente* / Holl, n° 1–503 = *Fragmente Vornicänischer Kirchenväter aus den Sacra parallela* herausgegeben von K. Holl (TU, N.F. V. Band, Heft 2), Leipzig 1899.
Holl, *Sacra Parallela* = *Die Sacra Parallela des Johannes Damascenus* von K. Holl (TU, N.F. Erster Band, Heft 1), Leipzig 1896.
Lequien = *Sancti Patris Nostri Joannis Damasceni, monachi et presbyteri Hierosolymitani opera omnia quæ exstant, et ejus nomine circumferuntur. Ex variis editionibus, et codicibus manu exaratis, Gallicanis, Italicis & Anglicis, collecta, recensita, Latine versa, atque annotationibus illustrata, cum

præviis Dissertationibus, & copiosis indicibus. Opera et studio M. LEQUIEN, t. II, Parisiis 1712 et Venetiis (*Editio novissima Veneta longe aliis accuratior*) 1748, 278–790.

LOOFS, *Studien* = *Studien über die dem Johannes von Damaskus zugeschriebenen Parallelen* von Fr. LOOFS, Halle 1892.

Mangey = *Philonis Judæi Opera quæ Reperiri potuerunt Omnia.* Textum cum MSS. contulit… Th. MANGEY, t. I–II, Londinii 1742.

Ps.-Max. Conf., *Loci communes* = S. IHM, *Ps.-Maximus Confessor. Erste kritische Edition einer Redaktion des sacro-profanen Florilegiums* Loci communes *nebst einer vollständigen Kollation einer zweiten Redaktion und weiterem Material* (Palingenesia LXXIII), Stuttgart 2001.

RICHARD, *Nouveaux fragments* = M. RICHARD, *Quelques nouveaux fragments des Pères anténicéens et nicéens.* Symbolae Osloenses 38 (1963), 76–83 (= *Opera minora*, t. I, Turnhout–Leuven 1976, n° 5).

Royse = J.R. ROYSE, *Reverse Indexes to Philonic Texts in the Printed Florilegia and Collections of Fragments* (Brown Judaic Studies, 287. The Studia Philonica Annual. Studies in Hellenistic Judaism, V), Atlanta/Georgia 1993.

ROYSE, *Spurious Texts* = *The Spurious Texts of Philo of Alexandria. A Study of Textual Transmission and Corruption with Indexes to the Major Collections of Greek Fragments* by J.R. ROYSE (Arbeiten zur Literatur und Geschichte des Hellenistischen Judentums, XXII), Leiden–New York–København–Köln 1991.

ROYSE, *Works of Philo* = J.R. ROYSE, *The Works of Philo*, in: *The Cambridge Companion to Philo*. Edited by A. KAMESAR, Cambridge 2009.

WAHL, *Deuteronomium-Text* = *Der Deuteronomium-Text der Sacra Parallela.* Von O. WAHL (Nachrichten der Akademie der Wissenschaften in Göttingen. I. Philologisch-Historische Klasse. Jahrgang 1997. Mitteilungen des Septuaginta-Unternehmens XXIII), Göttingen 1997, 111–156.

WAHL, *Josua-Text* = O. WAHL, *Die Sacra-Parallela-Zitate aus den Büchern Josua, Richter, 1/2 Samuel, 3/4 Könige sowie 1/2 Chronik* (Abhandlungen der Akademie der Wissenschaften zu Göttingen. Philologisch-Historische Klasse. Dritte Folge, Band 255. Mitteilungen des Septuaginta-Unternehmens XXIX), Göttingen 2004.

WAHL, *3 Könige-Text* vide sub WAHL, *Josua-Text.*

WAHL, *4 Könige-Text* vide sub WAHL, *Josua-Text.*

WAHL, *Prophetenzitate* = O. WAHL, *Die Prophetenzitate der Sacra Parallela in ihrem Verhältnis zur Septuaginta-Textüberlieferung* (Studien zum Alten und Neuen Testament XIII), München 1965.

WAHL, *Proverbien-Text* vide sub WAHL, *Kohelet-Text.*

WAHL, *Richter-Text* vide sub WAHL, *Josua-Text.*
WAHL, *1 Samuel-Text* vide sub WAHL, *Josua-Text.*
WAHL, *2 Samuel-Text* vide sub WAHL, *Josua-Text.*
WAHL, *Sirach-Text* = O. WAHL, *Der Sirach-Text der Sacra Parallela* (Forschung zur Bibel 16), Würzburg 1974.
WAHL, *1 Chronik-Text* vide sub WAHL, *Josua-Text.*
WAHL, *2 Chronik-Text* vide sub WAHL, *Josua-Text.*

Einleitung zum Supplementum ad recensionem *Florilegii Coisliniani* libri I

Die im *Supplementum* publizierten Zitate

1. Kapitel aus *Sacra* I, die im Coislin 276 fehlen

Die von den *Sacra* direkt (*FlorVat)* oder indirekt (*FlorHierosol*, *FlorL^c*, *FlorPML^b*, *FlorThess* und *FlorRup*) abgeleiteten Florilegien haben Kapitel bewahrt, von denen wir glauben, sie *Sacra* I zuweisen zu können, obwohl sie im Coislin 276 fehlen. Wir haben diese Kapitel in der alphabetischen und numerischen Reihenfolge angeordnet, in der wir sie in den Quellen gefunden haben, und haben sie in Form von Supplementen zu der im Coislin 276 überlieferten Rezension publiziert (siehe unten, Abschnitt „Capita"):[2] Von diesen Kapiteln sind 16 dem *FlorVat* entnommen, und eines dem *FlorL^c* (I suppl. 32–84 / L^c cap. A 7, 1–61), da diese Sammlung die längste Version des betreffenden Kapitels des *FlorVat* (V cap. A 31) bewahrt hat. Schließlich wurden zwei Kapitel des *FlorRup* (R cap. A 45–46) separat publiziert (I suppl. 97–114 und 126–139), weil sie sich zu sehr von den korrespondierenden Kapiteln des *FlorVat* unterscheiden.

2. Zitate aus *Sacra* I, die im Coislin 276 fehlen

In den Kapiteln, die sie mit dem Coislin 276 gemeinsam haben, überliefern die anderen aus den *Sacra* hervorgegangenen Florilegien (*FlorVat*, *FlorHierosol*, *FlorPML^b*, *FlorThess* und *FlorRup*) 221 Zitate, die im Coislin 276 nicht enthalten sind; wir vermuten, dass der Großteil dieser Zitate zum ursprünglichen Bestand der *Sacra* gehört und im Coislin 276 ausgelassen wurde, während einige andere spätere Interpolationen darstellen.

Entsprechend unserem Verfahren mit den Kapiteln werden diese Zitate in Form von Supplementen zum Text des Coislin 276 präsentiert (siehe unten, Abschnitt „Loci").[3] Die von uns angegebenen Positionen, an denen die

---

[2] Zur Begründung dieser Entscheidung siehe SJD VIII/1 (CXCI).

[3] Zur Begründung siehe ibid.

Zitate des Supplements im Verhältnis zu den Zitaten des Coislin 276 gestanden haben, müssen eher als approximativ denn als gesichert angesehen werden.

3. Verteilung und Authentizität der im Coislin 276 fehlenden Zitate

3.1 Das *Florilegium Vaticanum*

Die im Vergleich zum Inhalt des Coislin 276 supplementären Texte sind im *FlorVat* bei weitem am zahlreichsten (205 Texte), doch vermuten wir, wie wir weiter unten erklären werden, dass eine Anzahl von ihnen im Moment der Redaktion des *FlorVat* interpoliert wurde. Von diesen 205 Texten sind ferner 23 Zitate abzuziehen, die nur im Zeugen V^{W} des *FlorVat* erscheinen (I suppl. 252–267 / V cap. A 1, 22V^{W}–37V^{W}).[4]

3.2 Das *Florilegium Hierosolymitanum*

Von den zwei dem *FlorHierosol* eigenen Texten, die *Sacra* I zugeschrieben werden können, ist der erste (I suppl. 271 / H^{I} cap. A 57, 2) zweifellos Resultat eines Kopierfehlers. Der zweite (I suppl. 285 / H^{II} cap. A 7, 13) hingegen könnte sehr wohl Teil des ursprünglichen Bestandes der *Sacra* gewesen sein: Das Werk, aus dem das Zitat entnommen ist (die *Homilia in Psalmum XXXIII* des Basilius von Caesarea), wird jedenfalls in *Sacra* II zitiert,[5] gehörte also zum Arsenal des Kompilators der *Sacra*.

3.3 Das *Florilegium PML^b^*

Die wenigen Wörter (Ἰδοὺ ἐγὼ ἀποστέλλω φύλακας) von I suppl. 284 / PML^{b} cap. A 42, 1L^{b}) erscheinen allein in L^{b} und sind zweifellos das Produkt eines Fehlers. Was die fünf anderen dem *FlorPML^b^* eigenen Zitate betrifft, die in den aus *Sacra* I entnommenen Kapiteln stehen, so scheinen sie auf ein vollständigeres Exemplar des *FlorVat* zurückzugehen als dasjenige, das in den Handschriften $V^{E}V^{O}V^{Ph}$ überliefert ist: Es handelt sich um ein Scholion zu einem Abschnitt der Chroniken (I suppl. 353 / PML^{b} cap. E 17, 4), zwei Zitate aus Nilus (I suppl. 375–376 / PML^{b} cap. E 17, 68 und 73) und

---

[4] Vgl. zu diesen in V^{W} interpolierten Texten SJD VIII/1 (CLXXIII–CLXXV).

[5] Vgl. auch ibid. (CLVII).

zwei Psalmenzitate (I suppl. 356 / PML^{b} cap. E 17, 12 und I suppl. 403 / PML^{b} cap. K 10, 14). Der Umstand, dass I suppl. 403 / PML^{b} cap. K 10, 14 (Ps. 103, 93, 1^{2-3}) in M (und in L^{b}) fehlt, ist kein tragfähiges Argument für die Annahme, dass dieses Zitat in P interpoliert wurde, denn im betreffenden Kapitel hat M noch weitere Psalmenzitate ausgelassen. Ferner gibt das Lemma (Ψαλμοῦ ϙγ′) von P die Nummer des Psalms an, und der Auszug befindet sich an der richtigen Stelle in einer Reihe von elf Zitaten aus den Psalmen, die in diesem Kapitel des *FlorPML^{b}* stehen.

3.4 Das *Florilegium Thessalonicense*

Das Zitat I suppl. 455 / T cap. Δ 20, 5 (Hebr. 5, 4) wird vom Zweig *II^{2} der Überlieferung von *Sacra* I bereitgestellt und erscheint ebenfalls in den korrespondierenden Kapiteln von H^{III} und R.

Was die drei weiteren Zitate anbelangt, die nur in *Sacra* I-Kapiteln des *FlorThess* stehen, so ist ihr Fehlen in den Zeugen des *FlorPML^{b}* und im *FlorRup* sehr eigenartig, umso mehr, als der Text von T normalerweise dem von P sehr nahe steht. Auf das dem *FlorThess* eigene Zitat von Ps. 94, 3^{1-2} (I suppl. 322 / T cap. Δ 28, 4) folgt im *FlorThess* (cap. Δ 28, 5) ein weiteres Psalmenzitat (I suppl. 323 / V cap. Δ 2, 4), das dort möglicherweise verlängert ist, wodurch sich die Wahrscheinlichkeit erhöht, dass der Text von Ps. 94, 3^{1-2} durch den Redaktor des *FlorThess* interpoliert wurde. Im Falle der Zitate I suppl. 340 / T cap. Δ 29, 22 (Ps. 102, 2^{1-2}) und I suppl. 357 / T cap. E 18, 14 (Ion. 2, 10^{1-2}) sehen wir keine weiteren Verdachtsmomente.

3.5 Das *Florilegium Rupefucaldinum*

Zwei der vier nur im *FlorRup* erhaltenen *Sacra* I-Zitate erscheinen in den dem *FlorCoislin* eigenen Kapiteln. Die natürlichste Hypothese zur Erklärung ihres Vorhandenseins im *FlorRup* ist, dass sie im Coislin 276 ausgelassen worden sind. Der Traktat *Quod deus non est auctor malorum* des Basilius von Caesarea, aus dem der eine dieser Auszüge entnommen ist (I suppl. 429 / R cap. O 18, 14), wurde vom Kompilator der *Sacra* häufig benutzt, und der Umstand, dass ein Abschnitt daraus in einem Kapitel erscheint, das teilweise denselben Titel trägt wie das fragliche Werk, ist nicht überraschend, wenn auch in R die Reihenfolge der Texte leicht gestört ist.[6] Der zweite Fall (I suppl. 388 / R cap. E 42, 6 [Ps. 133, 3^{1-2}]) stellt uns vor zwei Probleme: Die Nummer des im Lemma zitierten Psalms (ρκζ′) entspricht nicht dem unter diesem Lemma stehenden Text, und dieser Text ist gekürzt, was bei den Psalmenzitaten im *FlorRup* häufig der Fall ist.[7] Wir vermuten, dass das Lemma mit der Zahl ρκζ′ vom vorausgehenden Zitat stammt (entspricht I 1076 / C cap. E 5, 30 [Ps. 127, 5^1–6^1]), jedoch der Text, der unter dieser Zahl stand, sowie das ursprüngliche Lemma von I suppl. 388 / R cap. E 42, 6 im *FlorRup* übersprungen wurden, so dass das Lemma von I 1076 / C cap. E 5, 30 nunmehr über dem Text von I suppl. 388 / R cap. E 42, 6 steht. Das Missgeschick könnte dadurch hervorgerufen worden sein, dass Ps. 127, 5^1 und 133, 3^1 beinahe identisch sind, ein Umstand, der den Kopisten des Coislin 276 womöglich dazu verleitete, das in R erhaltene Zitat auszulassen.

Die beiden anderen nur im *FlorRup* enthaltenen Zitate (I suppl. 309 / R cap. B 16, 5 und I suppl. 360 / R cap. E 43, 37) erscheinen in Kapiteln, die sowohl im Zweig C als auch im Zweig V von *Sacra* I stehen: Wenn diese Texte also nicht im *FlorRup* interpoliert wurden, muss man hinnehmen, dass sie einmal im Coislin 276 und ein weiteres mal in den Zeugen des Zweiges V ausgelassen wurden. Das Zitat I suppl. 309 / R cap. B 16, 5 befindet sich in dem Kapitel Περὶ βασιλείας οὐρανῶν. Der Kompilator der *Sacra* begann dieses Kapitel mit einer Sammlung einschlägiger Texte aus dem Matthäusevangelium, wobei sein Interesse besonders von den dem Himmelreich gewidmeten Gleichnissen Jesu angezogen wurde. Die folgende Synopse zeigt, dass die verschiedenen späteren Redaktoren diese Gleichnisse nicht mit dem selben Eifer überliefert haben: So bringt das *FlorRup* ein Zitat, das in C und in V fehlt, und lässt im Gegenzug zwei weitere aus, die in diesen Florilegien enthalten sind:

R	C	V	Matthäus
B 16, 3 (ρμ′)	I 673 / C cap. B 4, 3	B 1, 3	13, 44 (ρμ′)
B 16, 4 (ρκα′ [sic])	I 674 / C cap. B 4, 4 (σκα′ [sic])	B 1, 4	13, 45–46 (ρμ′)

[6] In R befindet sich der Auszug aus *Quod deus non est auctor malorum* (R cap. O 18, 14) hinter einem Zitat aus *De infantibus praemature abreptis* des Gregor von Nyssa (R cap. O 18, 13 [I 1474 / C cap. O 2, 32]), so dass die Identifikation des Autors des Auszuges aus *Quod deus non est auctor malorum* durch die Formel Τοῦ αὐτοῦ nicht mehr stimmt. Eine passendere Position wäre nach R cap. O 18, 11–12, wo aus den *Homiliae in Hexaemeron* des Basilius von Caesarea (I 1469–1470 / C cap. O 2, 27–28) zitiert wird.

[7] Nur die ersten Wörter und das Ende des Zitates sind erhalten, der dazwischenstehende Text wurde ausgelassen, und die Auslassung mit ἕως („bis") angezeigt. Im Falle von I suppl. 388 / R cap. E 42, 6 ist nicht völlig klar, bis wohin sich das Zitat erstreckte.

I suppl. 309 / R cap. B 16, 5 (ρπη′)	–	–	18, 23–35 (ρπη′)
B 16, 6 (c′)	I 675 / C cap. B 4, 5	B 1, 5	20, 1–16 (c′)
–	I 676 / C cap. B 4, 6 (cκα′)	B 1, 6	22, 1–10 (cκα′)
–	I 677 / C cap. B 4, 7 (cξη′)	B 1, 7	25, 1 sqq. (cξη′)

Hinsichtlich I 675 / C cap. B 4, 5 muss präzisiert werden, dass nur R den vollständigen Text dieser Passage gibt (Matth. 20, 1–16), während C und V nach ἐργάτας (Matth. 20, 1) enden, wobei sie allerdings die gewöhnlichen Formeln hinzufügen, die auf eine Textkürzung hinweisen (καὶ τὰ λοιπά, καὶ τὰ ἑξῆς).

Das Zitat I suppl. 360 / R cap. E 43, 37 schließlich steht im Kapitel Περὶ εὐχῆς καὶ ὅσα δι' εὐχῆς κατορθοῦται ἡμῖν. Dort wird in C, in R und im Zweig V (I 956 / C cap. E 1, 44) ein Abschnitt aus dem Jakobusbrief zitiert (Iac. 5, 13–15); in C endet der Text mit der Formel καὶ τὰ ἑξῆς. Diese Formel authentifiziert vielleicht das Vorhandensein des Zitates Iac. 5, 16–20, das in R (I suppl. 360 / R cap. E 43, 37) folgt, jedoch in C und im Zweig V fehlt; es ist allerdings eigenartig, dass R ein neues Lemma einfügte (Τοῦ αὐτοῦ), da der in R cap. E 43, 37 zitierte Auszug aus dem Jakobusbrief die unmittelbare Fortsetzung des Zitates R cap. E 43, 36 ist.

4. Interpolationen im *Florilegium Vaticanum*

4.1 Die Zitate aus Nilus

Das *FlorCoislin* enthält sechs Zitate, die einem als „Asketen“ bezeichneten Nilus (Νείλου ἀσκητοῦ) zugeschrieben werden, ohne dass die Titel der Werke angegeben würden, aus denen sie entnommen sind. Von den sechs Zitaten stammen vier aus dem *Liber de monastica exercitatione* (CPG 6046), und drei von diesen erscheinen auch im *FlorVat*:

FlorCoislin	*FlorVat*
I 248 / C cap. A 4, 74 (Νείλου ἀσκητοῦ)	V cap. A 3, 32 (Νίλου)
I 355 / C cap. A 8, 24 (Νείλου ἀσκητοῦ)	V cap. A 6, 4 (Νίλου)
I 1324 / C cap. K 1, 50 (Νείλου ἀσκητοῦ)	V cap. K 11, 46 (Νίλου)
I 1543 / C cap. Π 1, 49 (Νείλου ἀσκητοῦ)	–

Wie im *FlorCoislin* wird der Titel des Werkes auch im *FlorVat* nicht genannt; ferner fehlt der Zusatz ἀσκητοῦ, doch ist bekannt, dass im *FlorVat* die Lemmata allgemein stark gekürzt wurden.[8]

Die beiden anderen Niluszitate, die nur im *FlorCoislin* erscheinen (I 1570 / C cap. Π 2, 24 und I 1622 / C cap. Σ 1, 24), sind den *Epistulae* (CPG 6043) entnommen. Diese Briefe sind in mehreren Sammlungen überliefert, die wichtigsten davon sind: 1) Die Sammlung des Ottob. gr. 250 (10. Jh.), die in drei Bücher unterteilt ist und mindestens 1027 Briefe enthielt; 2) die Sammlung der 355 Briefe, die Pierre Pousinnes 1657 publiziert hat; 3) eine Sammlung von 214 Briefen, die im Vat. gr. 653 (14. Jh.) erhalten und mit der von Pousinnes publizierten verwandt ist.[9]

Das *FlorVat* bietet überraschenderweise 22 weitere, Nilus zugeschriebene Zitate, die sich nicht im *FlorCoislin* finden, zu denen noch zwei Zitate kommen, die nur im *FlorPML*^{b} erhalten sind. Wo der Name des Autors genannt wird, lauten die Lemmata entweder Νείλου μοναχοῦ oder einfach Νείλου.[10] Wir haben sechs dieser 24 Auszüge in der Edition von Allacci gefunden; fünf von diesen sind mit Zahlen versehen, die sich von ‚γχπζ' (3687) bis ‚δχνα' (4651) erstrecken;[11] bisweilen geht der Zahl der Genitiv κεφαλαί-

[8] In *FlorPML*^{b} cap. A 38, 32 (entspricht I 248 / C cap. A 4, 74), findet sich in P ein Lemma Νείλου μοναχοῦ. Dieses könnte auf ein vollständigeres Lemma zurückgehen, das in dem Exemplar des *FlorVat* stand, von dem das *FlorPML*^{b} abhängt, doch muss man eher mit der Möglichkeit rechnen, dass der Kopist von P die Attribution aus eigenem Antrieb erweitert hat.

[9] Gribomont, *Nil*, 233–240. Die 1688 erschienene Edition von Leone Allaci, die in PG 79, 59–582 wiederabgedruckt ist, stellt eine Kompilation dieser drei Sammlungen und einiger anderer Quellen dar (Ibid., 261–263). Sie bietet 1061 Texte, in vier Bücher unterteilt und in den ersten drei Büchern von α' bis τλγ', im Buch IV von α' bis ξβ' durchnumeriert; über jedem Text steht der Adressat des Briefes.

[10] Die Attributionen sind im *FlorPML*^{b} und im *FlorHierosol* häufig vollständiger als in unseren Zeugen des *FlorVat*. Hier die am besten erhaltenen Lemmata: Νείλου μοναχοῦ in I suppl. 305 / V cap. B 3, 26; I suppl. 321 / V cap. Δ 1, 38; I suppl. 363 / V cap. E 7, 54 und I suppl. 414 / V cap. K 1, 24, ein einfaches N<ε>ίλου in I suppl. 383 / V cap. E 7, 72. An anderen Stellen erfolgt die Attribution durch die Formel Τοῦ αὐτοῦ (I suppl. 365–367 / V cap. E 7, 56–58; I suppl. 376 / PML^b cap. E 17, 73; I suppl. 380–381 / V cap. E 7, 69–70 und I suppl. 415 / V cap. K 1, 25) oder auch durch Ὁμοίως (I suppl. 375 / PML^b cap. E 17, 68). Das Zitat I suppl. 372 / V cap. E 7, 63 hat kein Lemma, könnte aber Nilus zugeschrieben werden, da es innerhalb einer Serie von anderen Zitaten aus diesem Autor steht.

[11] Die Zahlen sind nur in den ältesten Zeugen des *FlorPML*^{b} erhalten, das auf ein vollständigeres Exemplar des *FlorVat* zurückgeht als die Handschriften ($V^EV^WV^OV^{Ph}$), die wir heute kennen. Da die Edition von Lequien auf einem Apographon (dem Vat. gr. 1236) von V^O beruht, findet sich dort keine Spur dieser Numerierung, woraus sich erklärt, weshalb sie Gribomont nicht bekannt war.

ου voraus, was die Vermutung nahelegt, dass die Quelle dieser Zitate in Kapitel eingeteilt war.[12] Zahlen derselben Größenordnung, manchmal mit voranstehendem κεφαλαίου, begegnen auch in den Lemmata zehn weiterer Auszüge, ein tragfähiges Argument dafür, sie demselben Werk zuzuschreiben wie die sechs mithilfe der Edition von Allacci identifizierten Texte. Von den acht Niluszitaten, die keine solche Zahl tragen, finden sich fünf im Kapitel E 7 des *FlorVat* (Περὶ εὐχῆς, καὶ ὅσα δι᾽ εὐχῆς κατορθοῦται ἡμῖν), und ein einziges im korrespondierenden Kapitel des *FlorPML^b^*. Das Kapitel Περὶ εὐχῆς, καὶ ὅσα δι᾽ εὐχῆς κατορθοῦται ἡμῖν sticht durch eine starke Konzentration von numerierten Niluszitaten hervor, so dass viel für die Hypothese spricht, dass die sechs Zitate ohne Nummer aus derselben Briefsammlung stammen wie die numerierten Zitate. Schließlich bleiben nur zwei Zitate (I suppl. 305 / V cap. B 3, 26 und I suppl. 321 / V cap. Δ 1, 38), für die wir keinen Anhaltspunkt haben, der es erlaubte, sie mit den *Epistulae* in Verbindung zu bringen, bis auf die allgemeine Feststellung, dass die Mehrheit der im *FlorVat* enthaltenen Niluszitate aus seinen Briefen stammt.

Da sich viele der vermutlich den *Epistulae* entnommenen Zitate nicht in der Edition von Allacci finden, und die im *FlorPML^b^* erhaltene Numerierung mit keiner anderen bekannten Zählung der Nilusbriefe übereinstimmt, muss man davon ausgehen, dass es damals eine Sammlung gab, die die Dimensionen der umfangreichsten unter den uns bekannten Zusammenstellungen (Ottob. gr. 250) bei weitem überstieg.

Da die Anzahl der im *FlorVat* enthaltenen Niluszitate in einem Missverhältnis zu derjenigen des *FlorCoislin* steht, muss man zu dem Schluss kommen, dass entweder der Redaktor des *FlorVat* sein Florileg mit Zitaten angereichert hat, die sich nicht in den ursprünglichen *Sacra* befanden, oder dass zahlreiche Niluszitate vom Kompilator des *FlorCoislin* weggelassen worden sind; wenn eine solche Maßnahme stattgefunden hat, kann sie nicht dogmatisch motiviert gewesen sein, da die Schriften des Nilus niemals auch nur den geringsten Verdacht erregten, nicht mit der offiziellen Lehre der Kirche übereinzustimmen. Die Frage kann, wie uns scheint, anhand des Kapitels E 7 des *FlorVat* (Περὶ εὐχῆς, καὶ ὅσα δι᾽ εὐχῆς κατορθοῦται ἡμῖν) entschieden werden, das dem Kapitel E 1 des *FlorCoislin* entspricht, da bis auf zwei Ausnahmen in diesem Kapitel des *FlorVat* alle Niluszitate erscheinen, die im *FlorCoislin* fehlen.

---

[12] Die Einteilung in Kapitel erscheint ebenfalls in einer kleineren Sammlung der Nilusbriefe, die 53 Briefe enthält; vgl. GRIBOMONT, *Nil*, 248–249.

Fast bis zum Ende ist der Inhalt der beiden Rezensionen des Kapitels Περὶ εὐχῆς, καὶ ὅσα δι' εὐχῆς κατορθοῦται ἡμῖν ähnlich, auch wenn der Grundbestand im *FlorVat* stark gekürzt wurde, und einige Texte des *Flor Vat* im *FlorCoislin* ausgelassen sind. Die Parallelität endet abrupt am Ende des Kapitels: So fehlen die beiden letzten Zitate des *FlorCoislin* (Isidor von Pelusion und Philon von Alexandrien) im *FlorVat*, wo man im Gegenzug nicht weniger als 20 Zitate (22, wenn man die beiden Zitate hinzunimmt, die nur im korrespondierenden Kapitel des *FlorPML^b* erhalten sind) liest, von denen sich im *FlorCoislin* keine Spur findet, nämlich 12 Auszüge aus Nilus (14 mit den nur im *FlorPML^b* enthaltenen)[13], ein Zitat aus Basilius von Caesarea (*Homilia in martyrem Iulittam*),[14] vier weitere Zitate aus Nilus,[15] ein Zitat eines Ps.-Eusebius von Alexandrien[16] und noch einmal zwei weitere Zitate aus Nilus.[17] Unserer Ansicht nach zeigt das traditionelle Ende des Kapitels im *FlorCoislin* einerseits, und andererseits das an dieser Stelle im *FlorVat* zu konstatierende Chaos, dass das Kapitel E 1 des *FlorCoislin* dem ursprünglichen Kapitel am nächsten kommt, und dass entsprechend die Zitate, die sich am Ende des Kapitels E 7 des *FlorVat* finden, vom Redaktor dieser Sammlung interpoliert worden sind.

Zu einer Ausnahme neigen wir im Falle des Zitates aus der *Homilia in martyrem Iulittam* des Basilius von Caesarea (I suppl. 377 / V cap. E 7, 66), das Teil des ursprünglichen Kapitels der *Sacra* gewesen sein könnte, da ein weiterer Auszug aus dieser Predigt im selben Kapitel des *FlorCoislin* (I 959 / C cap. E 1, 47) zitiert wird, auch wenn er dort einem anderen Werk des Basilius zugeschrieben ist (ἐκ τοῦ περὶ εὐχαριστίας λόγου).[18] Das ursprüngliche Kapitel der *Sacra* könnte demnach zwei Auszüge aus der *Homilia in martyrem Iulittam* enthalten haben, die im Text des Basilius übrigens nur durch wenige Zeilen voneinander getrennt sind. Es ist nicht undenkbar, dass die Redaktoren des *FlorCoislin* und des *FlorVat* das zweite Zitat aus-

---

[13] Es handelt sich um I suppl. 363–374 / V cap. E 7, 54–65 und I suppl. 375–376 / PML^b cap. E 17, 68 und 73. Das Zitat I suppl. 375 / PML^b cap. E 17, 68 (Τοῖς νοητοῖς στρουθίοις…) wird in P fälschlicherweise wiederholt (f. 172rA[3]4–14 = cap. E 17, 71).

[14] Siehe I 377 / V cap. E 7, 66. Das Zitat ist nur in den Zeugen V^{E}V^{O}V^{Ph} erhalten und fehlt in V^W ebenso wie in *FlorPML^b*, *FlorThess* und *FlorRup*. Die betreffende Predigt wird in *Sacra* I und II regulär zitiert.

[15] Es sind die Auszüge I suppl. 378–381 / V cap. E 7, 67–70.

[16] Siehe I suppl. 382 / V cap. E 7, 71.

[17] Siehe I suppl. 383–384 / V cap. E 7, 72–73.

[18] Dieselbe falsche Zuschreibung findet sich ebenfalls in *Sacra* II^{1}2120 / K cap. Υ 3, 6 (SJD VIII/5) und *II^{2}2890 / PML^b cap. Ω 1, 21 (SJD VIII/7); siehe auch II^{1}1076–1077 / K cap. Θ 3, 25–26 (SJD VIII/4).

ließen, da sie es für zu lang hielten, der Redaktor des *FlorVat* es jedoch später wieder aufnahm, auch wenn er es an einer weniger geeigneten Stelle einfügen musste.[19]

Die von uns vorgebrachte Hypothese einer zweifachen Herkunft der Niluszitate in den Florilegien der *Sacra* (ein sehr überschaubarer ursprünglicher Bestand, der auf den Kompilator selbst zurückgeht, und umfangreichere Interpolationen durch den Redaktor des *FlorVat*, die von dort in die verwandten Florilegien übergegangen sind) wird unserer Ansicht nach durch die Art gestützt, in der Nilus in beiden Fällen charaktierisiert wird: ἀσκητής im *FlorCoislin* und μοναχός im *FlorVat* und im *FlorPML*^{b}. Diese beiden Bezeichnungen für denselben Autor sind umso bemerkenswerter, als sie konstant sind und auch in der Überlieferung von *Sacra* II erscheinen, und sie bilden ein Indiz dafür, dass die Texte aus Nilus nicht zum selben Zeitpunkt und vom selben Redaktor eingefügt wurden.

4.2 Die Zitate aus Ps.-Eusebius von Alexandrien

In den aus *Sacra* I stammenden Kapiteln überliefert das *FlorVat* vier Zitate,[20] deren Autor mit dem Lemma Εὐσεβίου identifiziert wird; keines dieser Zitate erscheint im *FlorCoislin*. Diese Zitate sind nicht den Schriften des berühmten Eusebius von Caesarea entnommen, sondern einer Reihe von Predigten, die einem gleichnamigen fiktiven Autor zugeschrieben werden, von dem man glaubte, er sei von Kyrill von Alexandrien (gestorben 444) als dessen unmittelbarer Nachfolger auf dem Patriarchenstuhl ausersehen worden, was jedoch nicht der historischen Realität entspricht. Über die Entstehungszeit dieser Predigten gehen die Meinungen auseinander: nicht vor Ende des 5. Jh.s,[21] im Laufe des 6. Jh.s[22] oder auch „the middle third of the eighth

---

[19] Dies war wahrscheinlich der Grund, aus dem der Redaktor des *FlorPML*^{b} dieses Zitat aus der *Homilia in martyrem Iulittam* wegließ.

[20] Es handelt sich um die Zitate I suppl. 153 / V cap. Β 5, 11; I suppl. 382 / V cap. Ε 7, 71; I suppl. 416 / V cap. Κ 1, 26 und I suppl. 437 / V cap. Σ 24, 6. Aller Wahrscheinlichkeit nach muss noch I suppl. 438 / V cap. Σ 24, 7 hinzugenommen werden, obwohl dieses Zitat keine Attribution trägt und der Text weder in den Schriften des Ps.-Eusebius von Alexandrien noch anderswo zu finden ist. Da der vorausgehende Text (I suppl. 437 / V cap. Σ 24, 6) einem Auszug aus dem *Sermo III* des Ps.-Eusebius entspricht, hat Holl (*Fragmente*, 232) es demselben Autor zugewiesen.

[21] BARDENHEWER, *Geschichte*, t. IV, 90.

[22] G. LAFONTAINE, *Le sermon "Sur le dimanche" d'"Eusèbe d'Alexandrie": version arménienne et version géorgienne*. Le Muséon 87 (1974), 24.

century“, also irgendwann zwischen 733 und 766.[23] Wenn letztere Datierung richtig ist, sind diese Texte zu jung, als dass der Kompilator der *Sacra* sie hätte kennen können, doch selbst wenn sie vor der Abfassung dieses Florilegs entstanden wären, kann man mit Sicherheit davon ausgehen, dass die Auszüge aus Ps.-Eusebius von Alexandrien nicht Teil des ursprünglichen Bestandes der Kompilation waren. Derjenige der sie hinzufügte, unserer Ansicht nach der Redaktor des *FlorVat*, hat nämlich den Autor der Auszüge aus Ps.-Eusebius von Alexandrien mit einem schlichten Εὐσεβίου identifiziert, ohne zu berücksichtigen, dass der Kompilator der *Sacra* mit demselben Identifikator Eusebius von Caesarea bezeichnete.[24] Allerdings sei auf zwei Stellen verwiesen, an denen spezifiziert wird, mit welchem Eusebius es der Leser zu tun hat: In einem Kapitel von *Sacra* III, in den Zeugen V^{E} (f. 208v) und V^{Ph} (f. 277v) des *FlorVat* (cap. Π 33), wird ein Zitat, das nur im *FlorVat* erscheint und das wir nirgendwo sonst finden konnten, mit dem Lemma Εὐσεβίου τοῦ Παμφίλου angekündigt.[25] Hier ist es Eusebius von Caesarea, der näher bezeichnet wird, da er als spiritueller Sohn seines Lehrers und großen Bewunderers des Origenes, Pamphilus von Caesarea, präsentiert wird, der die Arbeit des Alexandriners in der Bibliothek von Caesarea fortsetzte und ihn in einer Apologie von fünf Büchern verteidigte, die Eusebius von Caesarea um ein sechstes ergänzte.[26] An der zweiten Stelle (II^{1}suppl. 98 / V cap. Π 29, 1) wird präzisiert, dass es sich um Eusebius, den Bischof von Alexandria, handelt (Εὐσεβίου ἐπισκόπου Ἀλεξανδρείας), jedoch nur im *FlorRup*, während sich *FlorVat*, *FlorPML^b* und *FlorMut* mit Εὐσεβίου begnügen. Dass das *FlorRup* Informationen über den Autor geben konnte, ist angesichts des Schweigens der anderen so überraschend, dass wir zu der Annahme gezwunden sind, dass der Redaktor dieses Florilegs die

[23] L.S.B. MacCoull, *Who was Eusebius of Alexandria?* Byzantinoslavica 60 (1999), 18.

[24] Holl (*Sacra Parallela*, 202) hat die im *FlorK* stets ohne Prädikat (μακάριος oder ἅγιος) genannten Autoren aufgelistet: Eusebius von Caesarea hat dort acht Einträge, wo er mit einem einfachen Εὐσεβίου gekennzeichnet wird. Im *FlorCoislin* haben wir zwei authentifizierte Zitate des Eusebius von Caesarea gefunden, ersteres (I 984 / C cap. E 1, 72) Theophilus, Bischof von Alexandrien und zweiteres (I 1566 / C cap. Π 2, 20) Atticus, Erzbischof von Konstantinopel zugeschrieben; im Zweig V der Überlieferung werden diese beiden Texte ohne weitere Bestimmung Eusebius zugewiesen; für I 984 / C cap. E 1, 72 haben *FlorPML^b* und *FlorThess* den Titel des Werkes und die Nummer des Buches erhalten (ἐκ τοῦ η' τῆς Προπαρασκευῆς). Der Vollständigkeit halber müssen wir noch I 795 / C cap. Δ 2, 44 erwähnen, im *FlorCoislin* vermittels Τοῦ αὐτοῦ dem Proclus von Konstantinopel zugeschrieben, jedoch Eusebius in $V^{E}V^{O}V^{Ph}$ H^{I}, ohne dass die Quelle des Fragmentes identifiziert werden konnte.

[25] Es ist das Fragment 492 von Holl (*Fragmente*, 229–230). In V^{O} (f. 293r) und V^{W} (f. 246r) lautet das Lemma dieses Fragmentes Εὐσεβίου, ohne weitere Präzisierung.

[26] Bardenhewer, *Geschichte*, t. II, 287–291. Dies genügte dem Kompilator der *Sacra* vollauf, dem Eusebius von Caesarea Ehrentitel (μακάριος oder ἅγιος) oder Erwähnung seiner Bischofswürde zu versagen.

Herkunft des betreffenden Zitates erkannte und so mehr über den Autor sagen konnte als die anderen.

Diese beiden Ausnahmen reichen nicht aus, um unsere Argumentation zu erschüttern: Wenn der Kompilator der *Sacra* unter seinen Quellen zwei verschiedene Autoren mit Namen Eusebius gehabt hätte, hätte er den einen systematisch vom anderen unterschieden, wie er es sonst stets tat, wenn er homonyme Autoren zitierte: Clemens (von Alexandrien und von Rom),[27] Basilius (von Caesarea und von Seleukeia), Kyrill (von Alexandrien und von Jerusalem), Dionysius (von Alexandrien und den Areopagiten) oder Gregor (von Nazianz, von Nyssa und den Thaumaturgen).

Zu dem Fehlen der Auszüge im *FlorCoislin* und der Frage der Homonymie kommt, dass es zweifellos kein Zufall ist, dass die Auszüge aus Ps.-

[27] Im Falle der beiden Autoren mit dem Namen Theophilus ist die Situation komplizierter. Die Bücher I und II der *Sacra* überliefern vier Auszüge aus dem Traktat *Ad Autolycum* des Apologeten Theophilus von Antiochien (2. Jh.); Holl (*Fragmente*, 56 [n° 133]) verweist auf das Vorhandensein eines fünften Zitates in *Sacra* III. Dort, wo der Autor richtig identifiziert ist (siehe unten, Anm. 134), wird er auf die einfachste Art und Weise bezeichnet: Θεοφίλου (II^{1}1310 / K cap. 6, 32 und Holl für das in *Sacra* III enthaltene Fragment). Von dem homonymen Theophilus von Alexandrien († 412), enthalten die Bücher I und II nur ein einziges Zitat, einen nicht identifizierten Text unter dem Lemma Θεοφίλου ἐπισκόπου Ἀλεξανδρείας (I 1234 / C cap. Θ 1, 47). Der Name Theophilus erscheint auch in I 984 / C cap. E 1, 72, zumindest im *FlorCoislin*, jedoch mit Sicherheit fälschlich, da der Text, auf den sich das Lemma bezieht, von Eusebius <von Caesarea> stammt, wie man im Zweig V der Überlieferung lesen kann (zur Herkunft dieses Fehlers im *FlorCoislin* vgl. SJD VIII/1, CXLII–CXLIII); es ist ebenfalls seltsam, dass die Zeugen des *FlorCoislin* an dieser Stelle über die Identität des Theophilus uneins sind: Bischof von Alexandrien gemäß C und Bischof von Antiochien nach R. Diese Uneinigkeit verhindert nicht die Schlussfolgerung, dass der Kompilator der *Sacra* Theophilus von Alexandrien durch die Angabe seines Bischofssitzes identifiziert hat, während er sich im Falle des Apologeten Theophilus auf den Namen des Autors beschränkte; letztlich genügt dies, um die beiden Autoren zu unterscheiden. Holl hielt den Umstand für „interessant", dass Theophilus von Alexandrien nicht mit dem Epithet ἅγιος oder μακάριος gewürdigt wurde. Der Kompilator bestrafte auf diese Weise diejenigen Autoren, die zweifelhaften Lehren anhingen, und genauso behandelte er solche, die in seinen Augen „unbedeutendere Männer" waren, was sich auch darin zeigte, dass er aus deren Schriften weniger Zitate entnahm (HOLL, *Sacra Parallela*, 184). Der Apologet wurde demnach noch weniger respektvoll behandelt als sein Namensvetter aus Alexandrien, da weder seine Bischofswürde noch sein Bischofssitz erwähnt wurden. Da sein Werk niemals Anlass zu Kontroversen gab, scheint er als zweitklassiger Autor behandelt worden zu sein. Es ist allerdings möglich, dass das vollständige Fehlen von Informationen zu seiner Person noch einen anderen Grund hat. So ist das Werk in der einzigen Handschrift, die für die Rekonstruktion des Textes von *Ad Autolycum* in Frage kommt, Venedig, *Biblioteca Nazionale Marciana*, gr. 496 (Ende 11. Jh.), mit dem Titel θεοφίλου πρὸς αὐτόλυκον (f. 160v) versehen, während die Angaben, die es ermöglichen, seinen Autor mit dem sechsten Bischof von Antiochien zu identifizieren, im Inhaltsverzeichis am Anfang der Handschrift stehen (cf. *Theophili Antiocheni Ad Autolycum* edited by M. MARCOVICH [PTS 44], Berlin–New York 1995, 1). Wenn es sich in der Handschrift, die der Kompilator benutzte, ähnlich verhielt, ist es möglich, dass er nur den schlichten Titel über dem Text gelesen hat.

Eusebius von Alexandrien sich an letzter Position im Kapitel und/oder in Gesellschaft derjenigen Auszüge aus den *Epistulae* des Nilus finden, die nur im *FlorVat* überliefert sind und unserer Ansicht nach nicht zum ursprünglichen Bestand der *Sacra* gehört haben.

Dass sich der Redaktor des *FlorVat* nicht gescheut hat, dem Grundbestand der *Sacra* weitere Texte hinzuzufügen, beweisen die zehn Zitate aus der *Chronographie* des Johannes Malalas (6. Jh.) im Kapitel Περὶ τεχνῶν, καὶ τίνες τέχνας ἐξεῦρον von *Sacra* II (II[1]suppl. 389–398 / V cap. T 6, 10–19). Der Geschichtsschreiber Johannes Malalas[28] gehört nicht zu den vom Kompilator ausgebeuteten Quellen,[29] er ist deutlich jünger als die normalerweise in den *Sacra* zitierten Autoren, und der Inhalt der Zitate weicht stark von dem der Texte ab, die der Kompilator für gewöhnlich anführte. Alle diese Gründe stellen die betreffenden Zitate unter den Verdacht, später eingefügt worden zu sein.

5. Die Zitate aus Didymus und Euagrius, den anathematisierten „Origenisten“

Origenes, Didymus von Alexandrien und Euagrius von Pontos wurden 553 auf dem Konzil von Konstantinopel verurteilt, ersterer dafür, dass er Thesen verbreitet hatte, die die Kirche für unvereinbar mit ihrer Lehre hielt, die beiden anderen, weil sie diese Thesen untermauert und unterstützt hatten; ihre Verurteilung wurde auf den beiden folgenden ökumenischen Konzilien (Konstantinopel 680–681 und Nizäa 787) sowie vom Konzil von Konstantinopel 869 bestätigt.[30] Die Verurteilung von Didymus und Euagrius hat zweifellos zum Verlust eines Teils ihrer Werke beigetragen, konnte jedoch nicht verhindern, dass beide Autoren weiterhin zitiert wurden, da ihre Schriften, zumal diejenigen des Euagrius, abgesehen von den origenistisch gefärbten Passagen, in monastischen Kreisen sehr geschätzt wurden.

Obwohl er seine Feindschaft gegen Origenes nicht verbarg,[31] scheint der Kompilator der *Sacra* die Schriften der beiden verurteilten Epigonen nicht systematisch gemieden zu haben. Zwar enthält das *FlorCoislin* kein Zitat aus

---

[28] Im *FlorVat* wird Malalas nicht genannt, da die dort enthaltenen zehn Zitate unter dem Namen des Didymus stehen.

[29] Der Kompilator hat seine Quellen im Prologus in *Sacra* I–III (SJD VIII/1) genannt.

[30] Zu den Zeugnissen dieser Verurteilung vgl. A. GUILLAUMONT, *Les "Képhalaia gnostica" d'Évagre le Pontique et l'histoire de l'origénisme chez les Grecs et les Syriens* (Patristica Sorbonensia 5), Paris 1962, 133–140.

[31] Vgl. SJD VIII/4 (I. 1.3).

Euagrius, aber der Zweig V von *Sacra* I hat davon fünf bewahrt, die aus drei verschiedenen Werken entnommen wurden, den *Sententiae per alphabetum* (olim *Capita paraenetica* [CPG 2443]), der *Expositio in Proverbia Salomonis* (CPG 2456) und den *Kephalaia Gnostica* (CPG 2432).[32] Das Fehlen von Euagrius im *FlorCoislin* impliziert nicht, dass die im *FlorVat* erscheinenden Zitate Interpolationen darstellen, da Euagrius in den beiden Rezensionen von *Sacra* II (*FlorK* und *II^2) sowie in *Sacra* III zitiert wird, dort übrigens häufiger als in *Sacra* I und II. Die Gesamtheit der in den drei Büchern erscheinenden Zitate erlaubte Paul Géhin die Schlussfolgerung, dass der Kompilator der *Sacra* „eine ziemlich umfangreiche Auswahl aus den Werken des Euagrius kompiliert" habe,[33] was im Verlauf der Zeit ein immer größeres Problem darstellen musste.

Dasselbe gilt für Didymus, in dessen Fall der Kontrast zwischen dem *FlorCoislin* und den Kapiteln aus *Sacra* I des *FlorVat* noch deutlicher ist: Erstere Sammlung überliefert keinen Auszug aus Didymus,[34] letztere nicht weniger als 15.[35] Auch hier darf man nicht schließen, dass der Kompilator der *Sacra* die Schriften des Didymus grundsätzlich überging, und es der Redaktor des *FlorVat* war, der die unter seinem Namen kursierenden Fragmente einfügte: Didymus wird nämlich auch an fünf Stellen des *FlorK* zitiert (viermal unter dem Lemma Διδύμου und einmal unter der Attribution Τοῦ αὐτοῦ). Der umstrittene Autor war demnach Teil des Arsenals unseres Kompilators, ohne jedoch Anspruch auf ein ehrendes Prädikat (ἅγιος oder μακάριος) erheben zu dürfen.[36]

Es bleibt gleichwohl seltsam, dass die Zitate aus Euagrius und Didymus im *FlorCoislin* fehlen, und dass sie im *FlorVat* deutlich zahlreicher sind als im *FlorK*. Schließt man die Hypothese aus, nach der die Mehrzahl der betreffenden Zitate durch den Redaktor des *FlorVat* interpoliert wurde, muss man die Redaktoren des *FlorCoislin* und des *FlorK* dafür verantwortlich ma-

[32] Das Vorkommen eines Zitates (I suppl. 4 / V cap. A 6, 7) aus den *Kephalaia Gnostica* war eine erfreuliche Überraschung, da das Werk als ganzes nur in Übersetzungen (Syrisch und Armenisch) erhalten ist; vgl. P. GÉHIN, *Nouveaux fragments grecs des lettres d'Évagre*. Revue d'histoire des textes XXIV (1994), 119, Anm. 12.

[33] Ibid., 119.

[34] Das Zitat I 692 / C cap. B 4, 22, das sich bislang jedem Identifikationsversuch widersetzt hat, wird im Zweig V der Überlieferung Didymus zugeschrieben, in R Clemens von Alexandrien (vermittels Τοῦ αὐτοῦ); in C fehlt eine Attribution.

[35] Das Zitat I suppl. 454 / V cap. Φ 2, 42 wurde Didymus auf der Basis des vorausgehenden Zitates zugeschrieben.

[36] Vgl. HOLL, *Sacra Parallela*, 203.

chen, sie ganz oder teilweise eliminiert zu haben. Der Verdacht des Origenismus, der an Euagrius und Didymus haftete, sowie die Kürze einer Anzahl ihrer Zitate könnten Gründe dafür gewesen sein.

TEXTUS

IOHANNIS MONACHI

SACRA

Liber I

Supplementum
ad recensionem *Florilegii Coisliniani* libri I

Sigel der Textzeugen

Im kritischen Apparat der Titloi bezeichnet ein hochgestelltes „pin“ hinter einem Siglum das Inhaltsverzeichnis, ein hochgestelltes „txt“ den Text; ohne Zusatz bezeichnet das Siglum die Übereinstimmung von Inhaltsverzeichnis und Text (z.B.: $V^{E\ pin}$, $V^{E\ txt}$, $V^E = V^{E\ pin\ et\ txt}$).

V^E	El Escorial, *Real Biblioteca del Monasterio de San Lorenzo*, Ω. III. 9 (11. Jh.)
V^W	Wien, *Österreichische Nationalbibliothek*, Suppl. Gr. 178 (11. Jh.)
V^O	Vatikanstadt, *Bibliotheca Apostolica Vaticana*, Ottob. gr. 79 (15. Jh.)
V^{Ph}	Nikosia, *Βιβλιοθήκη Φανερωμένης*, 1 (a. 1600)
V	Übereinstimmung von $V^E V^W V^O V^{Ph}$
$H^{I\text{–}III}$	Jerusalem, *Πατριαρχικὴ Βιβλιοθήκη*, Παναγίου Τάφου 15 (11. Jh.)
$A^{I\text{–}III}$	Athen, *Ἐθνικὴ Βιβλιοθήκη τῆς Ἑλλάδος*, Μετόχιον τοῦ Παναγίου Τάφου 274 (14. Jh.)
P	Paris, *Bibliothèque nationale de France*, gr. 923 (9. Jh.)
M	Venedig, *Biblioteca Nazionale Marciana*, gr. 138 (10./11. Jh.)
L^b	Florenz, *Biblioteca Medicea Laurenziana*, plut. VIII. 22, f. 46r–73v (14. Jh.)
Q^1	Athos, *Μονὴ Μεγίστης Λαύρας*, ΣΠ. 19 (9. Jh.)
E	Modena, *Biblioteca Estense universitaria*, gr. 111 (II D 12) (12. Jh.)
T	Thessaloniki, *Μονὴ Βλατάδων*, 9 (10. Jh.)
R / R_1	Berlin, *Staatsbibliothek zu Berlin – Preußischer Kulturbesitz*, Phill. 1450 (12. Jh.)
L^c	Florenz, *Biblioteca Medicea Laurenziana*, plut. VIII. 22, f. 74r–189v (14. Jh.)

Abkürzungen in den Apparaten

a. c.	ante correctionem
acc.	accentus
add.	addidit / -erunt
ap.	apud
app. crit.	apparatus criticus
a. ras.	ante rasuram
cancellav.	cancellavit
cap.	caput
cf.	confer
cod. / codd.	codex / codices
corr.	correctio
correx.	corrrexit
ed.	editio
eras.	erasit
exspectav.	exspectaveris
fol. / f.	folium
hab.	habet
ibid.	ibidem
interpunx.	interpunxit / -erunt
iterav.	iteravit
l.	linea
lac.	lacuna
mg.	margo
man. rec.	manus recens
mut.	mutilatio
om.	omisit / -erunt
p.	pagina
p. c.	post correctionem
praem.	praemisit / -erunt
p. ras.	post rasuram
propt.	propter
resect.	resectus
s. a.	sine attributione[37]
sc.	scilicet
s. d.	sine distinctione[38]
secund.	secundum
ser.	series
s. l.	supra lineam
spir.	spiritus
sqq.	sequentes
supplev.	supplevit
txt	textus
transpos.	transposuit / -erunt
vers.	versio

[37] Eine Stelle ist von der vorhergehenden zwar getrennt, aber die Attribution fehlt.

[38] Eine Stelle ist von der vorhergehenden weder durch eine Attribution noch durch ein Zeichen noch durch einen Zwischenraum getrennt.

Supplementum
ad recensionem *Florilegii Coisliniani* libri I

A. Capita

ς′ Περὶ ἀγγέλων, ὅτι καὶ ἄγγελοι ἁμαρτήσαντες κολάζονται.

μα′ Περὶ τοῦ ὅτι καὶ ἄγγελοι ἁμαρτήσαντες κολάζονται.

I suppl. 1 / V cap. A 6, 1

Ἰώβ·

Προστάγματι ἐθανάτωσεν δράκοντα ἀποστάτην.

[V cap. A 6, 2] I 345 / C cap. A 8, 14

Βασιλείου·

Ἄγγελοι πάντες ὥσπερ προσηγορίας – τυγχάνουσιν.

---

8 I suppl. 1 Iob 26, 13^{2} **11 V cap. A 6, 2** BASILIUS CAESARIENSIS, *Adversus Eunomium*, III, 1, 40–41 (ed. Sesboüé/de Durand/Doutreleau, II, p. 148)

---

4 Titlos (a) V^{E} (21r12) $V^{W}V^{O}V^{Ph}$ $A^{I\,pin}$ L^{c}; *deest in* $H^{I\,(lac.)}$ $A^{I\,txt\,(lac.)}$; PG 95, 1096, 38–39 **5 Titlos (b)** PML^{b} T^{txt} R; *deest in* $T^{pin\,(lac.)}$ **7 – 8 I suppl. 1** V^{E} cap. A 6, 1 (21r[12]13); V^{W} cap. A 6, 1; V^{O} cap. A 6, 1; V^{Ph} cap. A 6, 1; L^{c} cap. A 2, 1; P cap. A 41, 1; M cap. A 41, 1; L^{b} cap. A 41, 1; T cap. A 63, 1; R cap. A 52, 1; *deest in* $H^{I\,(lac.)}$ $A^{I\,(lac.)}$; PG 95, 1096, 40–41 **10 – 11 V cap. A 6, 2** V^{E} cap. A 6, 2 (21r[13]13–15); V^{O} cap. A 6, 2; V^{Ph} cap. A 6, 2; L^{c} cap. A 2, 4; *deest in* V^{W} $H^{I\,(lac.)}$ $A^{I\,(lac.)}$ PML^{b} T R; PG 95, 1097, 3–4

---

4 Titlos (a) ς′] β′ L^{c}, *propt. mg. resect. non liquet in* $A^{I\,pin}$ *(ε′ secund. ser.)* ἀγγέλων] τοῦ L^{c} καὶ] *om.* L^{c} ἁμαρτήσαντα V^{O}, ἁμαρτήσαν^{τ} V^{Ph} **5 Titlos (b)** μα′] λα′ P^{txt}, τίτλος ξγ′ T^{txt}, νβ′ R^{pin}, τίτλος νβ′ R^{txt}, *om.* $L^{b\,txt}$ *(μα′ secund. ser.)*

I suppl. 1 ϊώβ P T, ϊωβ M

I suppl. 283 / V cap. A 6, 3

[V cap. A 6, 3]

Διδύμου·

Φανοτάτης οὔσης τῆς οὐσίας – εἰσίν.

I 355 / C cap. A 8, 24

[V cap. A 6, 4]

Νείλου·

Ἦν τὰ σκέλη αὐτῶν – ὀξυκίνητον.

I suppl. 2 / V cap. A 6, 5

Ἐκ τῆς Πέτρου β′ ἐπιστολῆς·

Ὁ θεὸς ἀγγέλων ἁμαρτησάντων οὐκ ἐφείσατο, ἀλλὰ σειραῖς ζόφου ταρταρώσας παρέδωκεν εἰς κρίσιν κολαζομένους τηρεῖσθαι.

---

3 V cap. A 6, 3 Didymus Alexandrinus, locus non repertus **6 V cap. A 6, 4** Nilus Asceta (Ancyranus?), *Liber de monastica exercitatione*, 15 (PG 79, 737, 26–29) **9 – 10 I suppl. 2** II Petr. 2, 4

---

2 – 3 V cap. A 6, 3 V^{E} cap. A 6, 3 (21r[15]15–17); V^{O} cap. A 6, 3; V^{Ph} cap. A 6, 3; L^{c} cap. A 2, 5; *deest in* V^{W} $H^{I\,(lac.)}$ $A^{I\,(lac.)}$ PML^{b} T R; PG 95, 1097, 5–8 **5 – 6 V cap. A 6, 4** V^{E} cap. A 6, 4 (21r[17]17–20); V^{O} cap. A 6, 4; V^{Ph} cap. A 6, 4; L^{c} cap. A 2, 6; *deest in* V^{W} $H^{I\,(lac.)}$ $A^{I\,(lac.)}$ PML^{b} T **8 – 10 I suppl. 2** V^{E} cap. A 6, 5 (21r[20]20–22); V^{W} cap. A 6, 2; V^{O} cap. A 6, 5; V^{Ph} cap. A 6, 5; L^{c} cap. A 2, 2; P cap. A 41, 2; M cap. A 41, 2; L^{b} cap. A 41, 2; T cap. A 63, 2; R cap. A 52, 2; *deest in* $H^{I\,(lac.)}$ $A^{I\,(lac.)}$; PG 95, 1096, 42–44

I suppl. 2 (a) $V^{E}V^{O}V^{Ph}$ L^{c} PML^{b} T R β′] δευτέρας R, *om.* $V^{E}V^{O}V^{Ph}$ M, *add.* καθολικῆς T (b) Πέτρου V^{W}

---

9 – 10 Ὁ – τηρεῖσθαι] *om.* L^{c} **9** ἀγγέλων] *om.* V^{O} **9 – 10** ζώφου (ζῶ- P) P T, ζοφου M, ζόφω V^{W}, ᾅδου R

I suppl. 3 / V cap. A 6, 6

Ἐκ τῆς Ἰούδα ἐπιστολῆς·

Ἀγγέλους τοὺς μὴ τηρήσαντας τὴν ἑαυτῶν ἀρχήν, ἀλλὰ ἀπολιπόντας τὸ ἴδιον οἰκητήριον, εἰς κρίσιν μεγάλης ἡμέρας δεσμοῖς ἀϊδίοις ὑπὸ ζόφον τετήρηκεν.

I suppl. 4 / V cap. A 6, 7

Εὐαγρίου·

Τιμῶμεν ἀγγέλους οὐ διὰ τὴν φύσιν, ἀλλὰ διὰ τὴν ἀρετήν, καὶ δαίμονας ἀτιμάζομεν διὰ τὴν ἐνυπάρχουσαν αὐτοῖς κακίαν.

[V cap. A 6, 8] I 356 / C cap. A 8, 25

Φίλωνος·

Πνευματικὴ ἡ τῶν ἀγγέλων – μεταμορφούμενοι.

---

3 – 5 I suppl. 3 Iudae 6 **8 – 9 I suppl. 4** EUAGRIUS PONTICUS, *Kephalaia Gnostica*, V, 47 (ed. Guillaumont, p. 197) **12 V cap. A 6, 8** PHILO IUDAEUS, *Quaestiones in Genesim*, I. 92 (ed. Petit, p. 75)

---

2 – 5 I suppl. 3 V^{E} cap. A 6, 6 (21r[22]23–25); V^{W} cap. A 6, 3; V^{O} cap. A 6, 6; V^{Ph} cap. A 6, 6; L^{c} cap. A 2, 3; P cap. A 41, 3; M cap. A 41, 3; L^{b} cap. A 41, 3; T cap. A 63, 3; R cap. A 52, 3; *deest in* $H^{I\,(lac.)}$ $A^{I\,(lac.)}$; PG 95, 1096, 45 – 1097, 2 **7 – 9 I suppl. 4** V^{E} cap. A 6, 7 (21r[25]25–26); V^{W} cap. A 6, 4; V^{O} cap. A 6, 7; V^{Ph} cap. A 6, 7; L^{c} cap. A 2, 7; P cap. A 41, 4; M cap. A 41, 4; L^{b} cap. A 41, 4; T cap. A 63, 4; R cap. A 52, 4; *deest in* $H^{I\,(lac.)}$ $A^{I\,(lac.)}$; PG 95, 1097, 13–15 **11 – 12 V cap. A 6, 8** V^{E} cap. A 6, 8 (21r[27]27–28); V^{O} cap. A 6, 8; V^{Ph} cap. A 6, 8; L^{c} cap. A 2, 8; *deest in* V^{W} $H^{I\,(lac.)}$ $A^{I\,(lac.)}$ PML^{b} T; PG 95, 1097, 16–18

I suppl. 3 (a) $V^{E}V^{O}V^{Ph}$ PML^{b} T R ἲούδα T, ἲουδα P (b) Ἰούδα V^{W} (c) *s. a.* L^{c} *(cf.* I suppl. 2 / V cap. A 6, 5 *[lemma a])* **I suppl. 4** Εὐαγρίου] *iterav.* V^{W}, ευαγρίου P, ευαγριου M

---

3 ἀλλ' L^{c} R **3 – 4** ἀπὸλεῖποντας P, ἀπολειπόντας *(*-ο- M T*)* $V^{W\,a.\,c.}$ M T **4 – 5** αειδιοις M, αἰωνίοις $V^{E}V^{O}V^{Ph}$ L^{c} **8** διὰ τὴν[1]] *om.* M **9** ἀτιμάζομεν] ὀνομάζομεν R ὑπάρχουσαν M αὐτῶν V^{O}

ιϛʹ Περὶ ἀρᾶς ὑπὸ κυρίου καὶ τῶν προφητῶν καὶ τῶν ἀποστόλων γενομένης.

μζʹ Περὶ ἀρᾶς ὑπὸ κυρίου καὶ προφητῶν καὶ ἀποστόλων γενομένης.

I suppl. 5 / V cap. A 16, 1

Γενέσεως·

Εἶπεν ὁ κύριος τῷ ὄφει· Ὅτι ἐποίησας τοῦτο, ἐπικατάρατος σὺ ἀπὸ πάντων τῶν κτηνῶν καὶ ἀπὸ πάντων τῶν θηρίων τῆς γῆς· ἐπὶ τῷ στήθει καὶ τῇ κοιλίᾳ πορεύσῃ, καὶ γῆν φάγῃ πάσας τὰς ἡμέρας τῆς ζωῆς σου. Καὶ τῇ γυναικὶ εἶπεν· Πληθύνων πληθυνῶ τὰς λύπας σου καὶ τὸν στεναγμόν σου· ἐν λύπαις τέξῃ τέκνα, καὶ πρὸς τὸν ἄνδρα σου ἡ ἀποστροφή σου, καὶ αὐτός σου κυριεύσει. Τῷ δὲ Ἀδὰμ εἶπεν· Ὅτι ἤκουσας τῆς φωνῆς τῆς γυναικός σου καὶ ἔφαγες ἀπὸ τοῦ ξύλου, οὗ ἐνετειλάμην σοι τούτου μόνου μὴ φαγεῖν ἀπ' αὐτοῦ ἔφαγες, ἐπικατάρατος ἡ γῆ ἐν τοῖς ἔργοις σου· ἐν λύπαις φάγῃ αὐτὴν πάσας τὰς ἡμέρας τῆς ζωῆς σου· ἀκάνθας καὶ τριβό-

---

7 – 10 I suppl. 5 Εἶπεν – σου] Gen. 3, 14 **10 – 9, 3** Καὶ – ἀπελεύσῃ] Ibid. 3, 16–19

---

1 – 2 Titlos (a) V$^{\text{E pin}}$ V^{W}V^{O}V^{Ph} H$^{\text{I txt}}$ A^{I}; *deest in* V$^{\text{E txt (lac.)}}$ H$^{\text{I pin (lac.)}}$; PG 95, 1188, 15–16 **3 – 4 Titlos (b)** PML$^{\text{b pin}}$ T^{txt} R; *deest in* L$^{\text{b txt}}$ T$^{\text{pin (lac.)}}$ **6 – 9, 3 I suppl. 5** V^{Ph} cap. A 16, 1 (49r[mg]10–21); V^{W} cap. A 16, 1; V^{O} cap. A 16, 1; H^{I} cap. A 14, 1; P cap. A 47, 1; M cap. A 47, 1; T cap. A 69, 1; *deest in* V$^{\text{E (lac.)}}$ L^{b} R; PG 95, 1188, 17–32

---

1 – 2 Titlos (a) **1** ιϛʹ] Τίτλος ιϛʹ V$^{\text{W txt}}$, ιεʹ V$^{\text{Ph pin}}$, ιδʹ H$^{\text{I txt}}$ A$^{\text{I txt}}$, *propt. mg. resect. non liquet in* A$^{\text{I pin}}$ *(ιδʹ secund. ser.)* ἀρᾶς] *add.* τῆς V^{W} κυρίου] *praem.* τοῦ V^{W} τῶν^{2}] *om.* V$^{\text{E pin}}$ V$^{\text{O pin}}$ V$^{\text{Ph pin}}$ **2** γενομένης] γενομένη V$^{\text{E pin ut videtur}}$, *om.* A$^{\text{I pin}}$ **3 – 4 Titlos (b)** **3** μζʹ] λζʹ *(sic)* P^{txt}, Τίτλος ξθʹ T^{txt}, νθʹ R^{pin}, Τίτλος νθʹ R^{txt} ὑπὸ] πρὸς M^{pin} **3 – 4** γενομένης] γεναμένης P^{txt} T^{txt}, γινομένης M^{pin} R^{pin}, *om.* R^{txt}

---

7 κύριος] θεὸς P T **8** θηρίων] ἑρπετῶν τῶν ἑρπόντων *(sic)* ἐπὶ V^{W} **9** φάγῃ V$^{\text{W p. c.}}$ V^{O} H^{I} P, φαγῇ V$^{\text{W a. c.}}$ T, φαγὴ V^{Ph}, φαγη M **11** τοὺς στεναγμούς σου V^{Ph} ἐν – τέκνα] *om.* H^{I} τέξει V^{Ph}V^{O} **12** κυρίευσει *(sic)* V^{W}, κυριευση M **13** ἀδαμ M ἔφαγες] *om.* V^{Ph}V^{O} H^{I} **14** τούτο μόνον V^{O} **15** ἔφαγες] *vide LXX app. crit.* **16** φάγῃ V^{Ph} H^{I} P, φαγῇ T, φαγη V^{W} M, φαγεῖν V^{O} αὐτὴν] *om.* V^{O} **16 – 9, 3** ἀκάνθας – ἐλήφθης] *om.* V^{W} *(*ζήτει *[ut videtur]* το λειπον *in mg.)*

λους ἀνατελεῖ σοι, καὶ φάγῃ τὸν χόρτον τοῦ ἀγροῦ. Ἐν ἱδρῶτι τοῦ προσώπου σου φάγῃ τὸν ἄρτον σου, ἕως οὗ ἀποστρέψῃς εἰς γῆν, ἐξ ἧς ἐλήφθης· ὅτι γῆ εἶ, καὶ εἰς γῆν ἀπελεύσῃ.

I suppl. 6 / V cap. A 16, 2

Τῆς αὐτῆς·

Εἶπεν ὁ θεὸς πρὸς Κάϊν· Ποῦ ἐστιν Ἄβελ ὁ ἀδελφός σου; Ὁ δὲ εἶπεν· Οὐ γινώσκω· μὴ φύλαξ τοῦ ἀδελφοῦ μου εἰμὶ ἐγώ; Καὶ εἶπεν ὁ θεός· Τί ἐποίησας; Φωνὴ αἵματος τοῦ ἀδελφοῦ σου βοᾷ πρός με ἐκ τῆς γῆς. Καὶ νῦν ἐπικατάρατος σὺ ἀπὸ τῆς γῆς, ἣ ἔχανεν τὸ στόμα αὐτῆς δέξασθαι τὸ αἷμα τοῦ ἀδελφοῦ σου ἐκ τῆς χειρός σου· ὅτι ἐργᾷ τὴν γῆν, καὶ οὐ προσθήσει τὴν ἰσχὺν αὐτῆς δοῦναι σοι· στένων καὶ τρέμων ἔσῃ ἐπὶ τῆς γῆς.

I suppl. 7 / V cap. A 16, 3

Τῆς αὐτῆς·

Ἐξένηψεν Νῶε ἐκ τοῦ οἴνου, καὶ ἔγνω ὅσα ἐποίησεν αὐτῷ ὁ υἱὸς

---

6 – 12 I suppl. 6 Gen. 4, 9–12 **15 – 10, 2 I suppl. 7** Gen. 9, 24–25

---

5 – 12 I suppl. 6 V^{Ph} cap. A 16, 2 (49r22–28); V^{W} cap. A 16, 2; V^{O} cap. A 16, 2; H^{I} cap. A 14, 2; P cap. A 47, 2; M cap. A 47, 2; T cap. A 69, 2; *deest in* $V^{E\,(lac.)}$ L^{b} R; PG 95, 1188, 33–41 **14 – 10, 2 I suppl. 7** V^{Ph} cap. A 16, 3 (49r28–49v1); V^{W} cap. A 16, 3; V^{O} cap. A 16, 3; H^{I} cap. A 14, 3; P cap. A 47, 3; M cap. A 47, 3; T cap. A 69, 3; *deest in* $V^{E\,(lac.)}$ L^{b} R; PG 95, 1188, 42–45

I suppl. 6 (a) PM T (b) Τοῦ αὐτοῦ V^{W} (c) *s. a.* $V^{Ph}V^{O}$ H^{I} **I suppl. 7** (a) P T (b) Τοῦ αὐτοῦ V^{W} M (c) *s. a.* $V^{Ph}V^{O}$ H^{I}

---

1 φαγῇ V^{Ph} H^{I} M T, φαγη P, φαγεῖν V^{O} ἱδρότητϊ V^{O}, ιδροτητι M T **2** φαγῇ $V^{Ph}V^{O}$ H^{I} T, φαγη PM οὗ ἀποστρέψῃς] ἀποστρεψεις M, οὗ ἀποστρέψω σε T, ἀπὸστρέψαι σε P, τοῦ ἀποστρέψαι σε *LXX* γῆν] *praem.* τὴν M **6** ὁ θεὸς] *praem.* κύριος $V^{Ph}V^{W\,a.\,ras.\,ut\,videtur}$ V^{O} H^{I} καϊν PM ποῦ ἐστῒν V^{Ph} P, που ἐστίν M ἀβελ M **8** ἐποίησας] *add.* τοῦτο $V^{Ph}V^{O}$ H^{I}, *praem.* τοῦτο $V^{W\,mg.}$ **9** Καὶ] *praem.* καὶ νῦν ἐπικατάρατος ἀπὸ τῆς γῆς V^{O} **10 – 11** ἐκ της χειρος τοῦ ἀδελφου σου M **11** εργᾶ T, ἐργὰ $V^{W\,a.\,c.}$, ἔργα P, εργα M προσθειση M, προσθή^{σ} V^{O} τὴν^{2} – αὐτῆς] *post* δοῦναι σοι *transpos.* $V^{Ph}V^{O}$ H^{I} **11 – 12** δοῦναί σοι V^{W} H^{I} **15** Ἐξένηψεν] ἐξένιψε(ν) *(-ε- M)* V^{Ph} M, ἐξένιψε δὲ V^{W} νωε M αὐτοῦ V^{O}

αὐτοῦ ὁ νεώτερος, καὶ εἶπεν· Ἐπικατάρατος Χαναάν· παῖς οἰκέτης ἔσται τοῖς ἀδελφοῖς αὐτοῦ.

I suppl. 8 / V cap. A 16, 4

Βασιλειῶν β′·

Εἶπεν Δαυῒδ· Ὄρη τὰ ἐν Γελβουέ, μήτε δρόσος, μήτε ὑετὸς πέσοι ἐφ᾽ ὑμᾶς· ὄρη θανάτου, ὅτι ἐκεῖ ἐξηράνθη σκέπη δυνατῶν.

I suppl. 9 / V cap. A 16, 5

Βασιλειῶν δ′·

Ἰδοὺ Ἡλιοῦ ἐκάθητο ἐπὶ τῆς κορυφῆς τοῦ ὄρους, καὶ ἐλάλησεν ὁ πεντηκόνταρχος πρὸς αὐτὸν καὶ εἶπεν· Ἄνθρωπε τοῦ θεοῦ, ὁ βασιλεὺς ἐκάλεσέν σε, κατάβηθι. Καὶ ἀπεκρίθη Ἡλιοῦ καὶ εἶπεν αὐτῷ· Καὶ εἰ ἄνθρωπος τοῦ θεοῦ ἐγώ, καταβήσεται πῦρ ἐκ τοῦ οὐρανοῦ καὶ ἀναλώσει σὲ καὶ τοὺς πεντήκοντά σου. Καὶ κατέβη πῦρ ἐκ τοῦ οὐρανοῦ, καὶ κατέφαγεν αὐτὸν καὶ τοὺς πεντήκοντα αὐτοῦ.

---

5 I suppl. 8 Εἶπεν Δαυῒδ] cf. II Reg. 1, 17–18 **5 – 6** Ὄρη – δυνατῶν] Ibid. 1, 21^{1-3} (Wahl, *2 Samuel-Text*, p. 82) **9 – 15 I suppl. 9** IV Reg. 1, 9–10 (Wahl, *4 Könige-Text*, p. 120)

---

4 – 6 I suppl. 8 V^{Ph} cap. A 16, 4 (49v[mg]1–3); V^{W} cap. A 16, 4; V^{O} cap. A 16, 4; H^{I} cap. A 14, 4; P cap. A 47, 4; M cap. A 47, 4; T cap. A 69, 4; *deest in* $V^{E\,(lac.)}$ L^{b} R; PG 95, 1188, 46–48 **8 – 15 I suppl. 9** V^{Ph} cap. A 16, 5 (49v[mg]3–8); V^{W} cap. A 16, 5; V^{O} cap. A 16, 5; H^{I} cap. A 14, 5; P cap. A 47, 5; M cap. A 47, 5; T cap. A 69, 5; *deest in* $V^{E\,(lac.)}$ L^{b} R; PG 95, 1188, 49–56

I suppl. 8 β′] *sic* T, α′ $V^{Ph}V^{O}$ H^{I} PM, *om.* V^{W} **I suppl. 9** (a) $V^{Ph}V^{O}$ H^{I} P T δ′] τετάρτης H^{I} (b) Τῶν αὐτῶν V^{W} (c) *s. a.* M

---

1 χαναὰν παῖς· οἰκέτης (οἱ- T) V^{W} T, χαναaν, παῖς οικετης M, χαναaν· παῖς. οἰκέτης P **2** ἔσται] ἐτι M αὐτῷ V^{O} **5** ἐν] *om.* V^{W} M γελβουε M πέση V^{O} M **6** ἡμᾶς H^{I} ὄρη θανάτου] *om.* V^{W} *(add. man. rec. in mg.)* σκέπην V^{O} **9** ἠλιοῦ H^{I}, ἡλιου M, ηλιου P **11** ἠλιοῦ H^{I}, ἡλιου M **12** ἐκ τοῦ] ἐξ $V^{Ph}V^{O}$ H^{I} **13** ἀναλόσει σε P, ἀναλώσει σε $V^{W}V^{O}$, ἀναλωσει σε M πεντίκοντα σου T, πεντηκοντασσου M, ν′ σου V^{W} **14** πεντήκοντα] ν′ V^{W}

I suppl. 10 / V cap. A 16, 6

Τῆς αὐτῆς·

Εἶπεν Ἡλιοῦ· Τάδε λέγει κύριος· Ἀνθ' ὧν ἐξαπέστειλας ἀγγέλους ζητῆσαι ἐν τῷ Βάαλ μυῖαν θεόν, προσόχθισμα Ἀκκαρῶν – οὐχ' οὕτως –, ἡ κλίνη ἐφ' ἧς ἀνέβης ἐκεῖ, οὐ καταβήσῃ ἀπ' αὐτῆς, ὅτι θανάτῳ ἀποθάνῃς.

I suppl. 11 / V cap. A 16, 7

Ἰώβ·

Ἤνοιξεν Ἰὼβ τὸ στόμα αὐτοῦ,
καὶ κατηράσατο τὴν ἡμέραν αὐτοῦ, λέγων·
Ἀπόλλοιτο ἡ ἡμέρα ἐκείνη, ἐν ᾗ ἐγεννήθην,
καὶ ἡ νὺξ ἐκείνη, ἐν ᾗ εἶπαν· Ἰδοὺ ἄρσεν.
Ἡ νὺξ ἐκείνη εἴη σκότος,
καὶ μὴ ἀναζητήσῃ αὐτὴν ὁ κύριος ἄνωθεν,
μὴ δὲ ἔλθῃ ἐπ' αὐτὴν φέγγος·
ἐκλάβοι δὲ αὐτὴν σκότος καὶ σκιὰ θανάτου,
ἐπέλθοι ἐπ' αὐτὴν γνόφος.

---

3 – 6 I suppl. 10 IV Reg. 1, 16 (Wahl, *4 Könige-Text*, p. 121) **9 – 12, 13 I suppl. 11** Iob 3, 1–10^{2}

---

2 – 6 I suppl. 10 V^{Ph} cap. A 16, 6 (49v9–11); V^{W} cap. A 16, 6; V^{O} cap. A 16, 6; H^{I} cap. A 14, 6; P cap. A 47, 6; M cap. A 47, 6; T cap. A 69, 6; *deest in* V$^{E\,(lac.)}$ L^{b} R; PG 95, 1188, 56 – 1189, 4 **8 – 12, 13 I suppl. 11** V^{Ph} cap. A 16, 7 (49v[mg]12–24); V^{W} cap. A 16, 7; V^{O} cap. A 16, 7; H^{I} cap. A 14, 7; P cap. A 47, 7; M cap. A 47, 7; T cap. A 69, 7; *deest in* V$^{E\,(lac.)}$ L^{b} R; PG 95, 1189, 5–21

I suppl. 10 (a) P (b) Τοῦ αὐτοῦ V^{W} T (c) *s. a.* V^{Ph}V^{O} H^{I} M **I suppl. 11** Ἰώβ] ϊώβ P T, ϊωβ M, *praem.* τοῦ M T

---

3 ἠλιοῦ H^{I}, ηλιοῦ M, ηλιου P **4** βαὰλ P T, βαλααμ M μυῖαν V^{Ph}V^{O} H^{I}, μΰϊαν V^{W}, μῦαν T, μυαν M θεόν] *correximus (LXX)*, θεῶν V^{Ph}V^{W}V^{O} H^{I} PM T *(cf. etiam infra,* I suppl. 218 / V cap. Π 8, 4*)* προσώχθισμα V^{Ph}V^{O} H^{I} Ἀκκαρῶν] *sic* V$^{Ph\,a.\,c.}$ V$^{W\,p.\,c.}$ H^{I} T$^{p.\,c.}$, ἀκκαρὼν V^{O} T$^{a.\,c.}$, ἀκκάρὼν P, ἀκαρῶν V$^{Ph\,p.\,c.}$ V$^{W\,a.\,c.}$, ακαρων M **5** ἀνέβης] ἀναβέβηκας *(-ε- M)* PM T ἀπ'] ἐπ' V^{Ph} **6** ἀποθάνῃ *(-α- M)* PM T, ἀποθάνει V^{W} **9** ϊωβ PM **10** λέγει V^{O} **11** ἀπολλοιτο P, ἀπόλλυτο *(-πολ- M)* V^{W} M **12** ἡ – ἄρσεν] *om.* M εἶπον V^{Ph}V^{O} H^{I} **14** ἀναζητήσει V^{Ph}V^{O} P T

Καταραθείη ἡ ἡμέρα καὶ ἡ νὺξ ἐκείνη,
ἐπενέγκαι αὐτῇ σκότος.
Μὴ εἴη εἰς ἡμέραν ἐνιαυτοῦ,
μὴ δὲ ἀριθμηθείη εἰς ἡμέραν μηνῶν,
ἀλλὰ ἡ νὺξ ἐκείνη εἴη ὀδύνη·
μὴ δὲ ἔλθοι ἐπ᾽ αὐτὴν εὐφροσύνη, μὴ δὲ χαρμονή,
ἀλλὰ καταράσσεται αὐτὴν ὁ καταρώμενος τὴν ἡμέραν ἐκείνην,
ὁ μέλλων τὸ μέγα κῆτος χειρώσασθαι.
Σκοτωθείη τὰ ἄστρα τῆς νυκτὸς ἐκείνης,
καὶ εἰς φωτισμὸν μὴ ἔλθοι·
μὴ ἴδοι Ἑωσφόρον ἀνατέλλοντα,
ὅτι οὐ συνέκλεισεν πύλας γαστρὸς μητρός μου·
ἀπήλλαξεν γὰρ ἂν πόνον ἀπὸ ὀφθαλμῶν μου.

I suppl. 12 / V cap. A 16, 8

Τοῦ αὐτοῦ·

Εἴησαν οἱ ἐχθροί μου ὥσπερ ἡ καταστροφὴ τῶν ἀσεβῶν,
καὶ οἱ ἐπανιστάμενοί μοι ὥσπερ ἡ ἀπώλεια τῶν παρανόμων.
Ἡμέρᾳ συναντήσεται αὐτοῖς σκότος,
τὸ δὲ μεσημβρινὸν ψηλαφήσαισαν ἶσα νυκτί.

---

16 – 17 I suppl. 12 Εἴησαν – παρανόμων] Iob 27, 7^{1-2} **18 – 13, 1** Ἡμέρᾳ – πολέμῳ] Ibid. 5, 14^{1}–15^{1}

---

15 – 13, 2 I suppl. 12 V^{Ph} cap. A 16, 8 (49v24–28); V^{W} cap. A 16, 8–9; V^{O} cap. A 16, 8; H^{I} cap. A 14, 8; P cap. A 47, 8; M cap. A 47, 8; T cap. A 69, 8; R cap. A 59, 1; *deest in* $V^{E\,(lac.)}$ L^{b}; PG 95, 1189, 22–27

I suppl. 12 (a) V^{O} H^{I} (b) Ἰώβ R (c) *s. a.* V^{Ph} P (d) *s. d.* M T (e) *s. a. / s. a.* V^{W} *(cf. infra, app. crit. txt.)*

---

1 Καταραθείη] *praem.* καὶ PM T καὶ – νὺξ] *post* ἐκείνη *transpos.* M **2** ἐπενέγκε P, ἐπενέγκοι M, ἐπενέγκοιτο $V^{W\,p.c.}$, ἀπενέγκοιτο *(α- e corr.)* $V^{W\,a.c.}$, ἀπενέγκαιτο *LXX* αὐτὴν $V^{Ph}V^{W}V^{O}$ H^{I} **4** ἡμέρας V^{W} PM T **5** ἀλλ᾽ PM T εἴη] εἰ M **6 – 13** μὴ[1] – μου] καὶ τὰ ἑξῆς V^{W} **6** ἔλθης V^{O} **7** καταράσετο P, καταρασαιτο M **8** μέλλων] μέλλον T, μέγας $V^{O\,ut\,videtur}$ **9** σκωτοθειη $T^{a.c.}$, σκοτοθειη $T^{p.c.}$, σκοτισθήει M **10** ἔλθης V^{O} **11** ἴδοι] ἴδη V^{Ph}, εἴδοι *(εἰ- P)* P T, δεοιδοι M **13** ἀπήλλαξαι V^{Ph}, ἀπήλλεξε V^{O} ὀφθαλμόν μου V^{O}, ὀφθαλμου μου P **17** ἐπανιστάμενοί μοι] επανισταμενοι M παρανόμων] *hic caesura in* V^{W} **18** Ἡμέρᾳ] τῆ ἡμέρα *(sic)* R, ἡμερας M σκότους T **19** ψηλαφῆσαισαν V^{O}, ψιλαφήσασαν V^{W}, ψηλαφήσαι T, ψηλαφησαιεν M, ψηλαφήσουσιν R ἴσα V^{W}, ϊσα PM T

Ἀπόλοιντο δὲ ἐν πολέμῳ,
ἐκσιφωνισθείη αὐτῶν ἡ ἰσχύς.

I suppl. 13 / V cap. A 16, 9

Τοῦ αὐτοῦ·

Πᾶς ὁ βίος ἀσεβοῦς ἐν φροντίδι·
ὅταν δοκῇ ἤδη εἰρηνεύειν,
ἥξει αὐτῷ ἡ καταστροφή.
Οἶδεν ἐν ἑαυτῷ ὅτι μένει εἰς πτῶμα.
Ἡμέρα δὲ αὐτοῦ σκοτεινή,
ἀνάγκη δὲ αὐτὸν καὶ θλίψις καθέξει,
ὥσπερ στρατηγὸς πρωτοστάτης πίπτων,
ὅτι ἦρκεν χεῖρας ἐναντίον τοῦ θεοῦ,
ἐναντίον δὲ παντοκράτορος ἐτραχηλίασεν.
Αὐλισθείη δὲ πόλεις ἐρήμους,
εἰσέλθοι δὲ εἰς οἴκους ἀοικήτους·
ἃ δὲ ἐκεῖνοι ἐθέρισαν, ἄλλοι ἀποίσονται.
Οὔτε μὴ πλουτισθῇ, οὔτε μὴ μείνῃ αὐτοῦ τὰ ὑπάρχοντα·

---

5 Πᾶς – φροντίδι] exstat etiam ap. Ps.-Max. Conf., *Loci communes*, 72.3. (ed. Ihm, p. 943)

---

2 ἐκσιφωνισθείη – ἰσχύς] Ibid. 5, 5^{3} **5 I suppl. 13** Πᾶς – φροντίδι] Iob 15, 20^{1} **6 – 7** ὅταν – καταστροφή] Ibid. 15, 21^{2-3} **8 – 13** Οἶδεν – ἐτραχηλίασεν] Ibid. 15, 23^{2}–25^{2} **14 – 14, 4** Αὐλισθείη – ἄνθος] Ibid. 15, 28^{1}–30^{3}

---

4 – 14, 13 I suppl. 13 V^{Ph} cap. A 16, 9 (49v[mg]28–50r13); V^{O} cap. A 16, 9; H^{I} cap. A 14, 9; P cap. A 47, 9; M cap. A 47, 9; Q^{1} cap. A 47, 1; T cap. A 69, 9; R cap. A 59, 2; *deest in* $V^{E\,(lac.)}$ V^{W} L^{b}; PG 95, 1189, 28–45

I suppl. 13 (a) P R (b) Ὁμοίως $V^{Ph}V^{O}$ H^{I} (c) *s. a.* T (d) *s. d.* M (e) *lemma deest in* $Q^{1\,(mut.)}$

---

1 ἀπώλοιντο *(*-ω- P*)* V^{Ph} P, ἀπόλυντο M, ἀπώλοντο V^{W} T R **2** ἐκσιφονισθείη V^{W} R, ἐκσιφωνησθείη P T **5 – 15** Πᾶς – ἀοικήτους] *usque ad* ἀοι- *desunt in* $Q^{1\,(mut.)}$ **6** ἤδη] *om.* PM T R **7** αυτῶν V^{O} ἡ] *om.* PM T R **9** δὲ] γὰρ R **10** δὲ] γὰρ R θλίψις] *sic acc.* H^{I} P T R, θλίψεις *(*θλι- M*)* $V^{Ph}V^{O}$ M **11** προτοστάτης P, πρωτος ταύτης M **12** ἦρκεν] *scripsimus (LXX, sed cf. app. crit.)*, ἤρκεν *(*ἧ- M, η- T*)* PM T, ἦρε *(*ε- *e corr.* R*)* H^{I} R, ἧρεν $V^{Ph}V^{O}$ **13** ἐτραχιλίασεν *(*-λι- M*)* PM T **14** πολις P, πολλῆς M **15** εἰσέλθη $V^{Ph}V^{O}$ H^{I} T **16** δὲ] γὰρ R

οὐ μὴ βάλῃ ἐπὶ τὴν γῆν σκιάν,
οὐδ᾽ οὐ μὴ ἐκφύγῃ τὸ σκότος·
τὸν βλαστὸν αὐτοῦ μαράνῃ ἄνεμος,
ἐκπέσοι δὲ αὐτοῦ τὸ ἄνθος,
κενὰ ἀποβήσεται αὐτῷ·
ἡ τομὴ αὐτοῦ πρὸ ὥρας φθαρήσεται,
καὶ ὁ ῥάδαμνος αὐτοῦ οὐ μὴ πυκνάσῃ·
τρυγηθείη δὲ ὥσπερ ὄμφαξ πρὸ ὥρας,
ἐκπέσοι δὲ ὡς ἄνθος ἐλαίας.
Μαρτύριον γὰρ ἀσεβοῦς θάνατος.
Ἐν γαστρὶ λήψεται ὀδύνας,
ἀποβήσεται αὐτῷ κενά,
ἡ δὲ κοιλία αὐτοῦ ὑποίσει δόλον.

I suppl. 14 / V cap. A 16, 10

Ὁμοίως·

Φῶς ἀσεβῶν σβεσθήσεται,
καὶ οὐκ ἀποσβεσθήσεται αὐτῶν ἡ φλόξ.
Θηρεύσαισαν ἐλάχιστοι τὰ ὑπάρχοντα αὐτοῦ·
ἐμβέβληται ὁ ποὺς αὐτοῦ ἐν παγίδι,

---

5 – 10 κενὰ – θάνατος] Iob 15, 31^{2}–34^{1} **11 – 13** Ἐν – δόλον] Ibid. 15, 35^{1-3} **16 – 17 I suppl. 14** Φῶς – φλόξ] Iob 18, 5^{1-2} **18** Θηρεύσαισαν – αὐτοῦ] Ibid. 18, 7^{1} **19 – 15, 2** ἐμβέβληται – παγίδες] Ibid. 18, 8^{1}–9^{1}

---

15 – 15, 13 I suppl. 14 V^{Ph} cap. A 16, 10 (50r[mg]13–22); V^{W} cap. A 16, 10; V^{O} cap. A 16, 10; H^{I} cap. A 14, 10; P cap. A 47, 10; M cap. A 47, 10; Q^{1} cap. A 47, 2; T cap. A 69, 10; R cap. A 59, 3; *deest in* $V^{E\ (lac.)}$ L^{b}; PG 95, 1189, 46–58

I suppl. 14 (a) $V^{Ph}V^{O}$ H^{I} (b) *s. a.* V^{W} M Q^{1} (c) *s. d.* P R

---

1 βαλη M, βάλει P Q^{1}, βάλλη V^{O} R **2** οὐδ᾽ οὐ] οὐδε M, οὐδὲ R εκφϋγεῖ V^{O}, ἐκφύγει P Q^{1} **3** τὸν] *praem.* καὶ R μαράνῃ] *scripsimus*, μαράνει $V^{Ph}V^{O}$ H^{I} P T Q^{1} R, μαρανεῖ M, μαράναι *LXX* **4** ἐκπέσει V^{O} **5** καινὰ ὑποβήσεται R αὐτοῦ M **6** τομὴ] τομη M, ἑτοίμη *(ἑ-* V^{Ph}*)* $V^{Ph}V^{O}$ H^{I} **7** ραδαμνος M, ρόδαμνος P Q^{1} οὐ] *om.* T πυκνάσει V^{Ph} H^{I}, ποικνάσει P Q^{1}, ποικνάση T, ποικνασῖ V^{O}, πυκάσῃ *LXX* **10** γὰρ] δε M **13** δόλους V^{O} **17** καὶ – ἀποσβεσθήσεται] *om.* V^{O} H^{I} ἡ] *om.* M **18** θηρεύσεσαν *(-ευ- PM)* PM Q^{1}, θηρεύσαιπαν *(sic)* T, θηρευσαιἐν M, θηρεύσαιεν R αὐτῶν V^{O}, αὐτῶ R **19** ἐμβέβληται – αὐτοῦ] *in mg.* P **19 – 15, 13** αὐτοῦ – κύριον] *propt. fol. resect. nonnulla desunt in* Q^{1} **19** αὐτῶν V^{O} παγῖδι R

καὶ ἐν δικτύῳ ἐλιχθείη.
Ἔλθοισαν ἐπ᾽ αὐτὸν παγίδες,
πτῶμα δὲ ἡτοίμασται αὐτῷ ἐξαίσιον.
Κατέδεται τὰ ὡραῖα αὐτοῦ θάνατος·
κατασπαρήσονται τὰ εὐπρεπῆ αὐτοῦ θείῳ.
Ὑποκάτωθεν αὐτοῦ αἱ ῥίζαι ξηρανθήσονται,
καὶ ἐπάνωθεν ἐπιπεσεῖται θερισμὸς αὐτοῦ.
Τὸ μνημόσυνον αὐτοῦ ἀπόλλοιτο ἐκ τῆς γῆς·
ἀπώσει αὐτὸν ἐκ φωτὸς εἰς σκότος.
Οὐκ ἔσται σεσωσμένος εἰς τὴν ὑπ᾽ οὐρανὸν ὁ οἶκος αὐτοῦ,
ἀλλ᾽ ἐν τοῖς αὐτοῦ ζήσονται ἕτεροι.
Οὗτοι εἰσὶν οἶκοι ἀδίκων,
οὗτος ὁ τόπος τῶν μὴ εἰδότων τὸν κύριον.

---

3 πτῶμα – ἐξαίσιον] Ibid. 18, 12^{1} **4** Κατέδεται – θάνατος] Ibid. 18, 13^{2} **5 – 8** κατασπαρήσονται – γῆς] Ibid. 18, 15^{2}–17^{1} **9** ἀπώσει – σκότος] Ibid. 18, 18 **10 – 11** Οὐκ – ἕτεροι] Ibid. 18, 19^{1-3} (quibusdam omissis) **12 – 13** Οὗτοι – κύριον] Ibid. 18, 21^{1-2}

---

1 καὶ] *om.* T διχθύω R εἰλϊχθείη R, ἐλλιχθείη $V^{Ph}V^{O}$, ἐλλειχθείη H^{I} **2** ἐλθοιέν *(sic)* M παγῖδες R **3** ἡτοίμασται] *post* αὐτῷ *transpos.* V^{O} **4** ὡραῖα] *spir. et* -αι- *e corr.* V^{W}, ὡραῖα H^{I}, ωραια M, ωρέα P $Q^{1\ \text{ut videtur}}$ **5** κατασπαρίσονται $V^{W\ \text{a. c. man. rec.}}$ V^{O}, κατασπαρρήσονται M **6** αὐτῶ M **6 – 7** αἱ – ἐπάνωθεν] *om.* V^{Ph} **6** ξηρανθήσονται] *add.* τὰ εὐπρεπῆ αὐτοῦ θείω V^{O} **7** ἐπάνωθεν] *add.* αὐτοῦ V^{O} H^{I} **8** ἀπώλοιτο M, ἀπόλλυτο V^{W} **9** ἀπόσει $V^{W\ \text{a. c. ut videtur}}$ V^{O}, ἀπόση P T, απώση M **10** σεσωσμένοι V^{O} **11** ἕτερος V^{O} **12** οὑτοί εισιν T **13** οὕτως V^{Ph} H^{I} ἰδώτων $V^{W\ \text{a. c.}}$, εἰδώτων $V^{W\ \text{p. c.}}$, ἰδόντων V^{O}

I suppl. 15 / V cap. A 16, 11

Δαυῒδ ἐν ψαλμῷ ε'·

Κρῖνον αὐτούς, ὁ θεός·
ἀποπεσάτωσαν ἀπὸ τῶν διαβουλιῶν αὐτῶν.

I suppl. 16 / V cap. A 16, 12

Ψαλμοῦ ς'·

Αἰσχυνθείησαν καὶ ταραχθείησαν πάντες οἱ ἐχθροί μου.

---

3 – 4 I suppl. 15 Ps. 5, 11^{1-2} **7 I suppl. 16** Ps. 6, 11^{1}

---

2 – 4 I suppl. 15 V^{Ph} cap. A 16, 11 (50r[mg]23); V^{W} cap. A 16, 11; V^{O} cap. A 16, 11; H^{I} cap. A 14, 11; P cap. A 47, 11; M cap. A 47, 11; Q^{1} cap. A 47, 3; T cap. A 69, 11; R cap. A 59, 4; *deest in* $V^{E\,(lac.)}$ L^{b}; PG 95, 1192, 1–2 **6 – 7 I suppl. 16** V^{Ph} cap. A 16, 12 (50r23–24); V^{W} cap. A 16, 12; V^{O} cap. A 16, 12; H^{I} cap. A 14, 12; P cap. A 47, 12; M cap. A 47, 12; Q^{1} cap. A 47, 4; T cap. A 69, 12; R cap. A 59, 5; *deest in* $V^{E\,(lac.)}$ L^{b}; PG 95, 1192, 3–4

I suppl. 15 (a) P Q^{1} T (b) Δαυῒδ $V^{Ph}V^{O}$ (c) Τοῦ Δαυῒδ V^{W} (d) Ψαλμοῦ ε' M R ψαλμὸς M **I suppl. 16** (a) PM T R ψαλμὸς M (b) Τοῦ αὐτοῦ $V^{W\ ut\ videtur}$ (c) *s. a.* $V^{Ph}V^{O}$ H^{I} (d) *propt. fol. resect. litterae* ψα *tantum leguntur in* Q^{1}

---

3 – 4 Κρῖνον – αὐτῶν] *propt. fol. resect. quaedam desunt in* Q^{1} **3** Κρῖνον] *sic* $V^{W\ a.\ c.}$ $Q^{1\ ut\ videtur}$ R, κρίνον $V^{Ph}V^{W\ p.\ c.}$ H^{I}, κρινον M, κρίνων *(-ι- P)* V^{O} P T **4** ἀποπεσάτωσαν P, ἀποπεσέτωσαν V^{Ph} H^{I} R, ἀποπεσαίτωσαν V^{W} διαβουλιῶν] διαβουλειῶν $V^{Ph}V^{O}$ H^{I}, διαβουλιῶν T, διαβουλίων *(-λι- M)* V^{W} M R *(LXX)*, διάβουλίων P, διαβου *propt. fol. resect. in* Q^{1} αὐτῶν] *om.* $V^{Ph}V^{O}$ **7** Αἰσχυνθείησαν – μου] *propt. fol. resect. quaedam desunt in* Q^{1} καὶ ταραχθείησαν] *om.* P T *(-ραχθείησαν propt. fol. resect. in* Q^{1}*)* ἐχθροί μου] *add.* ἀποστραφειησαν καὶ καταισχυνθείησαν σφοδρα διαταχους *(= Ps. 6,* 11^{2}*)* M

I suppl. 17 / V cap. A 16, 13

Ψαλμοῦ λθʹ·

Αἰσχυνθείησαν καὶ ἐντραπείησαν οἱ ζητοῦντες τὴν ψυχήν μου.

I suppl. 18 / V cap. A 16, 14

Ψαλμοῦ νηʹ·

Μὴ οἰκτειρήσῃς πάντας τοὺς ἐργαζομένους τὴν ἀνομίαν.

I suppl. 19 / V cap. A 16, 15

Τοῦ αὐτοῦ·

Ὁ θεός μου δείξει μοι ἐν τοῖς ἐχθροῖς μου·
μὴ ἀποκτείνῃς αὐτούς.

---

3 I suppl. 17 Ps. 39, 15^{1} **6 I suppl. 18** Ps. 58, 6^{3} **9 – 10 I suppl. 19** Ps. 58, 11^{2}–12^{1}

---

2 – 3 I suppl. 17 V^{Ph} cap. A 16, 13 (50r24–25); V^{O} cap. A 16, 13; H^{I} cap. A 14, 13; P cap. A 47, 13; M cap. A 47, 13; Q^{1} cap. A 47, 5; T cap. A 69, 13; *deest in* V$^{E\ (lac.)}$ V^{W} L^{b} R; PG 95, 1192, 5–6 **5 – 6 I suppl. 18** V^{Ph} cap. A 16, 14 (50r25–26); V^{O} cap. A 16, 14; H^{I} cap. A 14, 14; P cap. A 47, 14; M cap. A 47, 14; T cap. A 69, 14; *deest in* V$^{E\ (lac.)}$ V^{W} L^{b} Q$^{1\ fol.\ resect.}$ R; PG 95, 1192, 7–8 **8 – 10 I suppl. 19** V^{Ph} cap. A 16, 15 (50r26–27); V^{W} cap. A 16, 13; V^{O} cap. A 16, 15; H^{I} cap. A 14, 15; P cap. A 47, 15; M cap. A 47, 15; T cap. A 69, 15; *deest in* V$^{E\ (lac.)}$ L^{b} Q$^{1\ fol.\ resect.}$ R; PG 95, 1192, 8–9

I suppl. 17 (a) PM T ψαλμὸς M λθʹ] λδʹ M, λςʹ T (b) *s. a.* V^{Ph}V^{O} (c) *s. d.* H^{I} (d) *propt. fol. resect. non liquet in* Q^{1} **I suppl. 18** (a) PM T ψαλμὸς M νηʹ] μηʹ P (b) *s. a.* V^{Ph}V^{O} H^{I} **I suppl. 19** (a) V^{W} P T Τοῦ] *praem.* ψαλμου P (b) *s. a.* V^{Ph}V^{O} H^{I} M

---

3 Αἰσχυνθείησαν – μου] *propt. fol. resect. quaedam desunt in* Q^{1} ψυχήν μου] ψυχην M **6** οἰκτειρήσεις V^{O} P, οικτειρησης M **9** δείξη μοι V^{O} H^{I} **10** μὴ – αὐτούς] *om.* V^{W} PM T αὐτούς] *om.* V^{Ph}V^{O}

I suppl. 20 / V cap. A 16, 16

Ψαλμοῦ ξη'·

Γενηθήτω ἡ τράπεζα αὐτῶν ἐνώπιον αὐτῶν εἰς παγίδα.

I suppl. 21 / V cap. A 16, 17

Ψαλμοῦ ξη'·

Ἔκχεον ἐπ' αὐτοὺς τὴν ὀργήν σου,
καὶ ὁ θυμὸς τῆς ὀργῆς σου καταλάβοι αὐτούς.

I suppl. 22 / V cap. A 16, 18

<***>

Ἔκχεον τὴν ὀργήν σου ἐπὶ τὰ ἔθνη τὰ μὴ γινώσκοντά σε.

---

3 I suppl. 20 Ps. 68, 23^{1} **6 – 7 I suppl. 21** Ps. 68, 25^{1-2} **10 I suppl. 22** Ps. 78, 6^{1}

---

2 – 3 I suppl. 20 V^{Ph} cap. A 16, 16 (50r27–28); V^{O} cap. A 16, 16; H^{I} cap. A 14, 16; P cap. A 47, 16; M cap. A 47, 16; Q^{1} cap. A 47, 6; T cap. A 69, 16; R cap. A 59, 6; *deest in* $V^{E\,(lac.)}$ V^{W} L^{b}; PG 95, 1192, 10–11 **5 – 7 I suppl. 21** V^{Ph} cap. A 16, 17 (50r28–29); V^{O} cap. A 16, 17; H^{I} cap. A 14, 17; P cap. A 47, 17; M cap. A 47, 17; Q^{1} cap. A 47, 7; T cap. A 69, 17; *deest in* $V^{E\,(lac.)}$ V^{W} L^{b} R; PG 95, 1192, 12 **9 – 10 I suppl. 22** V^{Ph} cap. A 16, 18 (50r29); V^{O} cap. A 16, 18; H^{I} cap. A 14, 18; *deest in* $V^{E\,(lac.)}$ V^{W} PM Q^{1} T R; PG 95, 1192, 12–13

I suppl. 20 (a) PM T R ψαλμὸς M (b) *s. a.* $V^{Ph}V^{O}$ H^{I} (c) *propt. fol. resect. non liquet in* Q^{1} **I suppl. 21** (a) PM T ψαλμὸς M ξη'] *scripsimus*, οη' PM T *(cf. infra,* I suppl. 22 / V cap. A 16, 18*)* (b) *s. a.* $V^{Ph}V^{O}$ H^{I} (c) *propt. fol. resect. non liquet in* Q^{1} **I suppl. 22** (a) *s. a.* V^{Ph} H^{I} *(cf. supra,* I suppl. 21 / V cap. A 16, 17 *[lemma a])* (b) *s. d.* V^{O}

---

3 Γενηθήτω – παγίδα] *propt. fol. resect. quaedam desunt in* Q^{1} γεννηθητω M αὐτῶν ἐνώπιον] *om.* M R παγίδα] παγῖδα H^{I}, παγιδα καὶ εις ανταπόδομα καὶ εἰσκανδαλον *(= Ps. 68, 23²)* M **6** Ἔκχεον – σου] *propt. fol. resect. quaedam desunt in* Q^{1} **6 – 7** τὴν – αὐτούς] *om.* V^{O} **7** καὶ – αὐτούς] *om.* P Q^{1} T καταλάβοι αὐτούς] *om.* V^{Ph} H^{I} **10** Ἔκχεον] *om.* V^{O}

I suppl. 23 / V cap. A 16, 19

Ψαλμοῦ πβʹ·

Ὁ θεός μου, θοῦ αὐτοὺς ὡς τροχόν,
ὡς καλάμην κατὰ πρόσωπον ἀνέμου.

I suppl. 24 / V cap. A 16, 20

Τοῦ αὐτοῦ·

Πλήρωσον τὰ πρόσωπα αὐτῶν ἀτιμίας.

I suppl. 25 / V cap. A 16, 21

Ψαλμοῦ ρηʹ·

Οὐκ ἠθέλησεν εὐλογίαν, καὶ μακρυνθήσεται ἀπ᾽ αὐτοῦ.

---

3 – 4 I suppl. 23 Ps. 82, 14^{1-2} **7 I suppl. 24** Ps. 82, 17^{1} **10 I suppl. 25** Ps. 108, 17^{2}

---

2 – 4 I suppl. 23 V^{Ph} cap. A 16, 19 (50v1); V^{O} cap. A 16, 19; H^{I} cap. A 14, 19; P cap. A 47, 18; M cap. A 47, 18; Q^{1} cap. A 47, 8; T cap. A 69, 18; R cap. A 59, 7; *deest in* $V^{E\,(lac.)}$ V^{W} L^{b}; PG 95, 1192, 14–15 **6 – 7 I suppl. 24** V^{Ph} cap. A 16, 20 (50v2); V^{O} cap. A 16, 20; H^{I} cap. A 14, 20; P cap. A 47, 19; M cap. A 47, 19; Q^{1} cap. A 47, 9; T cap. A 69, 19; *deest in* $V^{E\,(lac.)}$ V^{W} L^{b} R; PG 95, 1192, 15–16 **9 – 10 I suppl. 25** V^{Ph} cap. A 16, 21 (50v3); V^{O} cap. A 16, 21; H^{I} cap. A 14, 21; P cap. A 47, 20; M cap. A 47, 20; Q^{1} cap. A 47, 10; T cap. A 69, 20; *deest in* $V^{E\,(lac.)}$ V^{W} L^{b} R; PG 95, 1192, 17–18

I suppl. 23 (a) PM Q^{1} T R ψαλμὸς M πβʹ] πηʹ R (b) *s. a.* $V^{Ph}V^{O}$ H^{I} **I suppl. 24** (a) P (b) *s. a.* $V^{Ph}V^{O}$ H^{I} (c) *s. d.* M T (d) *propt. fol. resect. non liquet in* Q^{1} **I suppl. 25** (a) P T (b) *s. a.* $V^{Ph}V^{O}$ H^{I} M (c) *propt. fol. resect. non liquet in* Q^{1}

---

3 Ὁ – τροχόν] *propt. fol. resect. quaedam desunt in* Q^{1} **4** ὡς – ἀνέμου] *om.* P Q^{1} T R ἀνέμου] *om.* $V^{Ph}V^{O}$ H^{I} **7** Πλήρωσον – ἀτιμίας] *propt. fol. resect. quaedam desunt in* Q^{1} ἀτιμίας] *add.* καὶ ζητησουσιν το ονομα σου κύριε *(= Ps. 82, 17^{2})* M, καὶ ζητεῖ V^{O}, καὶ ζητή V^{Ph} **10** Οὐκ – αὐτοῦ] *propt. fol. resect. quaedam desunt in* Q^{1} ηθελησαν M

I suppl. 26 / V cap. A 16, 22

Τοῦ αὐτοῦ·

Ἐνδυσάσθωσαν οἱ ἐνδιαβάλλοντές με ἐντροπήν.

I suppl. 27 / V cap. A 16, 23

<***>

Σύντριψον τὸν βραχίονα τοῦ ἁμαρτωλοῦ καὶ πονηροῦ.

I suppl. 28 / V cap. A 16, 24

<***>

Αἰσχυνθήτωσαν οἱ ἀνομοῦντες διακενῆς.

---

3 I suppl. 26 Ps. 108, 29^1 **6 I suppl. 27** Ps. 9, 36^1 **9 I suppl. 28** Ps. 24, 3^2

---

2 – 3 I suppl. 26 V^{Ph} cap. A 16, 22 (50v4); V^O cap. A 16, 22; H^I cap. A 14, 22; P cap. A 47, 21; M cap. A 47, 21; Q^1 cap. A 47, 11; T cap. A 69, 21; *deest in* $V^{E\,(lac.)}$ V^W L^b R; PG 95, 1192, 18–19 **5 – 6 I suppl. 27** V^{Ph} cap. A 16, 23 (50v5); V^O cap. A 16, 23; H^I cap. A 14, 23; *deest in* $V^{E\,(lac.)}$ V^W PML^b Q^1 T R; PG 95, 1192, 20–21 **8 – 9 I suppl. 28** V^{Ph} cap. A 16, 24 (50v6); V^O cap. A 16, 24; H^I cap. A 14, 24; *deest in* $V^{E\,(lac.)}$ V^W PML^b Q^1 T R; PG 95, 1192, 22

I suppl. 26 (a) P (b) *s. a.* $V^{Ph}V^O$ H^I M T (c) *propt. fol. resect. non liquet in* Q^1 **I suppl. 27** *s. a.* $V^{Ph}V^O$ H^I **I suppl. 28** *s. a.* $V^{Ph}V^O$ H^I

---

3 Ἐνδυσάσθωσαν – ἐντροπήν] *propt. fol. resect. quaedam desunt in* Q^1 ἐνδιαβαλοντές με T, ενδιαβαλοντες με M **9** διακενῆς] *om.* H^I

I suppl. 29 / V cap. A 16, 25

Ὠσηὲ προφήτου·

Δὸς αὐτοῖς, κύριε· τί δώσεις αὐτοῖς; Μήτραν ἀτεκνοῦσαν καὶ μαστοὺς ξηρούς.

I suppl. 30 / V cap. A 16, 26

Ἡσαΐου προφήτου·

Ἔσται ὑμῖν ἀντὶ τῆς ὀσμῆς τῆς ἡδείας κονιορτός, καὶ ἀντὶ ζώνης σχοινίῳ ζώσῃ, καὶ ἀντὶ τοῦ κόσμου τῆς κεφαλῆς τοῦ χρυσοῦ φαλάκρωμα ἕξεις διὰ τὰ ἔργα σου, καὶ ἀντὶ τοῦ χιτῶνος σου τοῦ μεσοπορφύρου περιζώσῃ σάκκον. Καὶ ὁ υἱὸς ὁ κάλλιστος, ὃν ἀγαπᾷς, μαχαίρᾳ πεσεῖται, καὶ οἱ ἰσχύοντες ὑμῶν μαχαίρᾳ πεσοῦνται, καὶ καταλειφθήσῃ μόνη καὶ εἰς τὴν γῆν ἐδαφισθήσῃ.

---

3 – 4 I suppl. 29 Os. 9, 14 (Wahl, *Prophetenzitate*, p. 167–168) **7 – 12 I suppl. 30** Is. 3, 24–26 (Wahl, *Prophetenzitate*, p. 299–300)

---

2 – 4 I suppl. 29 V^{Ph} cap. A 16, 25 (50v7); V^{W} cap. A 16, 14; V^{O} cap. A 16, 25; H^{I} cap. A 14, 25; P cap. A 47, 22; M cap. A 47, 22; Q^{1} cap. A 47, 12; T cap. A 69, 22; R cap. A 59, 8; *deest in* $V^{E\,(lac.)}$ L^{b}; PG 95, 1192, 23–24 **6 – 12 I suppl. 30** V^{Ph} cap. A 16, 26 (50v[mg]8–13); V^{W} cap. A 16, 15; V^{O} cap. A 16, 26; H^{I} cap. A 14, 26; P cap. A 47, 23; M cap. A 47, 23; Q^{1} cap. A 47, 13; T cap. A 69, 23; R cap. A 59, 9; *deest in* $V^{E\,(lac.)}$ L^{b}; PG 95, 1192, 25–32

I suppl. 29 (a) V^{W} PM Q^{1} T R ὡσηὲ T, ωσηέ P, ὡσηε M, ὁσιὲ $V^{W\ ut\ videtur}$ προφήτου] *om.* V^{W} P R (b) Ἡσαΐου H^{I} *(cf. infra*, I suppl. 30 / V cap. A 16, 26 *[lemma b])* (c) *s. a.* $V^{Ph}V^{O}$ **I suppl. 30** (a) $V^{Ph}V^{W}V^{O}$ PM Q^{1} T R ἡσαϊου M προφήτου] *om.* $V^{Ph}V^{W}V^{O}$ H^{I} R (b) *s. a.* H^{I} *(cf. supra*, I suppl. 29 / V cap. A 16, 25 *[lemma b])*

---

3 – 4 Δὸς – ξηρούς] *propt. fol. resect. quaedam desunt in* Q^{1} **3** τί – αὐτοῖς] *om.* $V^{Ph}V^{O}$ H^{I} R δόσεις P αὐτοὺς T Μήτραν] μίτραν *(-ίτ- e corr.)* M, μρα *(intellege* μητέρα*)* P Q^{1} T R **3 – 4** μασθοὺς M T R **7 – 12** Ἔσται – ἐδαφισθήσῃ] *propt. fol. resect. quaedam desunt in* Q^{1} **7** ἡδείας *(-ει- e corr.)* V^{W}, ηδειας M, ἡδίας *(-ι- e corr.)* H^{I}, ἰδείας V^{O}, ἡδέας P $Q^{1\ ut\ videtur}$ T **8** τοῦ^{1}] τῆς M **8 – 12** φαλάκρωμα – ἐδαφισθήσῃ] *desunt in* $P^{(lac.)}$ **9** σου^{2}] *s. l.* $V^{W\ man.\ rec.}$ **10** ζωσῃ M υἱὸς] *sic* M Q^{1} T, υἱός σου $V^{Ph}V^{W}V^{O}$ H^{I} R **11** ἡμῶν V^{O} **12** καταληφθήσῃ *(-φθη- M)* V^{W} M T, καταληφθήσει $V^{Ph}V^{O}$

I suppl. 31 / V cap. A 16, 27

Πρὸς Τιμόθεον β′·

Ἀλέξανδρος ὁ χαλκεὺς πολλά μοι κακὰ ἐνεδείξατο· ἀποδώσει αὐτῷ ὁ κύριος κατὰ τὰ ἔργα αὐτοῦ.

---

3 – 4 I suppl. 31 II Tim. 4, 14

---

2 – 4 I suppl. 31 V^{Ph} cap. A 16, 27 (50v[mg]13–14); V^{W} cap. A 16, 16; V^{O} cap. A 16, 27; H^{I} cap. A 14, 27; M cap. A 47, 24; Q^{1} cap. A 47, 14; T cap. A 69, 24; R cap. A 59, 10; *deest in* $V^{E\,(lac.)}$ $P^{(lac.)}$ L^{b}; PG 95, 1192, 33–34

I suppl. 31 (a) $V^{Ph}V^{O}$ H^{I} M Q^{1} R β′] *om.* $V^{Ph}V^{O}$ H^{I} R (b) Τῆς πρὸς Τιμόθεον β′ ἐπιστολῆς T (c) Τοῦ Ἀποστόλου V^{W}

---

3 ἀλεξανδρος M πολλὰ κακά μοι T R **4** ὁ] *om.* R

ζʹ Περὶ τῶν ἁγίων καὶ μακαριζομένων ἐφ' οἷς δρῶσιν καὶ ὑπὲρ ὧν τετυχήκασιν, καὶ ὅτι τοῖς ἁγίοις αὐτοῦ ἐπαναπαύεται ὁ θεός.

λαʹ Περὶ ἁγίων καὶ μακαριζομένων ἐφ' οἷς δρῶσιν καὶ ὑπὲρ ὧν τετυχήκασιν.

λγʹ Περὶ ἁγίων καὶ μακαριζομένων ἐφ' οἷς δρῶσιν καὶ ὑπὲρ ὧν τετυχήκασιν.

I suppl. 32 / L^{c} cap. A 7, 1

Ἀπὸ τοῦ Λευϊτικοῦ·

Ἀπὸ τῶν ἁγίων φοβηθήσεσθε.

---

9 I suppl. 32 Lev. 19, 30 vel 26, 2

---

1 – 2 Titlos (a) L^{c} (138r18–19) R^{pin} **3 – 4 Titlos (b)** V $H^{I\,txt}$ A^{I}; *deest in* $H^{I\,pin\,(lac.)}$; PG 95, 1233, 34–35 **5 – 6 Titlos (c)** PML^{b} T^{txt} R^{txt}; *deest in* $T^{pin\,(lac.)}$; PG 96, 476, 47–49 **8 – 9 I suppl. 32** L^{c} cap. A 7, 1 (138r[19]19); V^{E} cap. A 31, 1; V^{W} cap. A 31, 1; V^{O} cap. A 31, 1; V^{Ph} cap. A 31, 1; H^{I} cap. A 29, 1; P cap. A 33, 1; M cap. A 33, 1; L^{b} cap. A 33, 1; T cap. A 55, 1; R cap. A 44, 1; PG 95, 1233, 36

---

1 – 2 Titlos (a) **1** ζʹ] *non liquet in* $L^{c\,pin}$ *(ζʹ secund. ser.)*, μδʹ R^{pin} **3 – 4 Titlos (b)** **3** λαʹ] τίτλος λαʹ $V^{W\,txt}$, λʹ $V^{O\,pin\,a.\,c.}$ V^{Ph}, κθʹ $H^{I\,txt}$ $A^{I\,txt}$, κηʹ $A^{I\,pin}$ καὶ[1]] *om.* $V^{Ph\,txt}$ $H^{I\,txt}$ A^{I} **3 – 4** μακαριζομένων – τετυχήκασιν] μακαρίων ἀνδρῶν $V^{E\,pin}$ $V^{O\,pin}$ V^{Ph} **4** τετυχήκασιν] *om.* $V^{E\,txt}$ $V^{O\,txt}$ $V^{Ph\,txt}$ $H^{I\,txt}$ A^{I} **5 – 6 Titlos (c)** **5** λγʹ] κγʹ P^{txt}, τίτλος νεʹ T^{txt}, τίτλος μδʹ R^{txt} **5 – 6** ἐφ' – τετυχήκασιν] εὐσεβεία διαπρεψαντων M^{txt} **5** ἐφ' – δρῶσιν] ἐφίδρωσιν M^{pin} ὧν] *om.* $T^{a.\,c.}$, ω $T^{p.\,c.\,s.\,l.}$

I suppl. 32 (a) L^{c} T (b) Τοῦ Λευϊτικοῦ V H^{I} PML^{b} R Τοῦ] *om.* V H^{I} R

---

9 ἁγίων] ἁγίων μου μὴ L^{c} φοβηθήσεσθαι V^{O} M

I suppl. 33 / L^c cap. A 7, 2

Ἀπὸ τοῦ Δευτερονομίου·

Μακάριος σύ, Ἰσραήλ·
τίς ὅμοιός σοι, λαὸς σωζόμενος ὑπὸ κυρίου;

I suppl. 34 / L^c cap. A 7, 3

Ἰώβ·

Μακάριος ἄνθρωπος, ὃν ἤλεγξε κύριος.

I suppl. 35 / L^c cap. A 7, 4

Δαυῒδ ἐν ψαλμῷ α′·

Μακάριος ἀνήρ, ὃς οὐκ ἐπορεύθη ἐν βουλῇ ἀσεβῶν,
καὶ ἐν ὁδῷ ἁμαρτωλῶν οὐκ ἔστη.

---

3 – 4 I suppl. 33 Deut. 33, 29^{1-2} (Wahl, *Deuteronomium-Text*, p. 155–156) **7 I suppl. 34** Iob 5, 17^{1} **10 – 11 I suppl. 35** Ps. 1, 1^{1-2}

---

2 – 4 I suppl. 33 L^c cap. A 7, 2 (138r[19]19–20); V^E cap. A 31, 2; V^W cap. A 31, 2; V^O cap. A 31, 2; V^{Ph} cap. A 31, 2; H^I cap. A 29, 2; P cap. A 33, 2; M cap. A 33, 2; L^b cap. A 33, 2; T cap. A 55, 2; R cap. A 44, 2; PG 95, 1233, 37–38 **6 – 7 I suppl. 34** L^c cap. A 7, 3 (138r[20]20); V^E cap. A 7, 3; V^W cap. A 7, 3; V^O cap. A 31, 3; V^{Ph} cap. A 31, 3; H^I cap. A 29, 3; P cap. A 33, 3; M cap. A 33, 3; L^b cap. A 33, 3; T cap. A 55, 3; R cap. A 44, 3; PG 95, 1233, 39 **9 – 11 I suppl. 35** L^c cap. A 7, 4 (138r[20]21); V^E cap. A 31, 4; V^W cap. A 31, 4; V^O cap. A 31, 4; V^{Ph} cap. A 31, 4; H^I cap. A 29, 4; P cap. A 33, 4; M cap. A 33, 4; L^b cap. A 33, 4; T cap. A 55, 4; *deest in* R; PG 95, 1233, 40–41

I suppl. 33 (a) L^c (b) Τοῦ Δευτερονομίου V^W PM T R Τοῦ] *om.* V^W P R δευτερουνουμιου M (c) Ἰώβ L^b (d) *s. a.* $V^EV^OV^{Ph}$ H^I *(cf. infra*, I suppl. 34 / L^c cap. A 7, 3 *[lemma b])* **I suppl. 34** (a) L^c V^W PM T R ἰωβ V^W, ἰώβ P T, ϊωβ M (b) Ἐκ τοῦ Δευτερονομίου $V^EV^OV^{Ph}$ H^I Ἐκ του] *om.* $V^EV^OV^{Ph}$ *(cf. supra*, I suppl. 33 / L^c cap. A 7, 2 *[lemma a])* (c) *s. a.* L^b **I suppl. 35** (a) P (b) Ἐκ τοῦ α′ ψαλμοῦ L^c L^b (c) Τοῦ Δαυῒδ, ψαλμοῦ α′ M T τω M ψαλμοῦ α′] ψαλμός M (d) Δαυίδ V H^I

---

3 μακάριος σοι P **4** τίς] ὅτϊ L^c **7** εἴλεγξε $V^EV^OV^{Ph}$, ἐλέγξει *(*ἐλε- M*)* PML^b R, ἐλέγξη T **11** καὶ – ἔστη] *om.* L^c V^W PML^b T οὐκ ἔστη] *om.* $V^EV^OV^{Ph}$

I suppl. 36 / L^c cap. A 7, 5

Ψαλμοῦ ξζ'·

Θαυμαστὸς ὁ θεὸς ἐν τοῖς ἁγίοις αὐτοῦ.

I suppl. 37 / L^c cap. A 7, 6

Ψαλμοῦ πγ'·

Μακάριοι πάντες οἱ κατοικοῦντες ἐν τῷ οἴκῳ σου εἰς τοὺς αἰῶνας.

I suppl. 38 / L^c cap. A 7, 7

Ψαλμοῦ ϙγ'·

Μακάριος ἄνθρωπος, ὃν ἂν παιδεύσῃς, κύριε, καὶ ἐκ τοῦ νόμου σου διδάξῃς αὐτόν.

---

3 I suppl. 36 Ps. 67, 36^1 **6 – 7 I suppl. 37** Ps. 83, 5^{1-2} **10 – 11 I suppl. 38** Ps. 93, 12^{1-2}

---

2 – 3 I suppl. 36 L^c cap. A 7, 5 (138r[21]21–22); V^E cap. A 31, 5; V^W cap. A 31, 5; V^O cap. A 31, 5; V^{Ph} cap. A 31, 5; H^I cap. A 29, 5; P cap. A 33, 5; M cap. A 33, 5; L^b cap. A 33, 5; T cap. A 55, 5; R cap. A 44, 4; PG 95, 1233, 42 **5 – 7 I suppl. 37** L^c cap. A 7, 6 (138r[22]22); V^E cap. A 31, 6; V^O cap. A 31, 6; V^{Ph} cap. A 31, 6; H^I cap. A 29, 6; P cap. A 33, 6; M cap. A 33, 6; L^b cap. A 33, 6; T cap. A 55, 6; R cap. A 44, 5; *deest in* V^W; PG 95, 1233, 43–44 **9 – 11 I suppl. 38** L^c cap. A 7, 7 (138r[23]23); V^E cap. A 31, 7; V^W cap. A 31, 6; V^O cap. A 31, 7; V^{Ph} cap. A 31, 7; H^I cap. A 29, 7; P cap. A 33, 7; M cap. A 33, 7; L^b cap. A 33, 7; T cap. A 55, 7; R cap. A 44, 6; PG 95, 1233, 45–46

I suppl. 36 (a) P T R (b) Ἐκ τοῦ ξζ' ψαλμοῦ L^c L^b ξζ'] ξβ' L^c (c) Ψαλμὸς ξδ' M (d) Τοῦ αὐτοῦ V^W (e) *s. a.* $V^E V^O$ H^I **I suppl. 37** (a) PM T R ψαλμὸς M (b) Ἐκ τοῦ πγ' ψαλμοῦ L^c L^b πγ'] ϙγ' L^b ψαλμοῦ] *om.* L^c (c) *s. a.* $V^E V^O V^{Ph}$ H^I **I suppl. 38** (a) M T R ψαλμος M (b) Ἐκ τοῦ ϙγ' L^c (c) Τοῦ αὐτοῦ V^W (d) *s. a.* $V^E V^O$ H^I PL^b

---

3 αὐτοῦ] *add.* ὁ θάνατος τῶν ὁσίων αὐτοῦ *(= Ps. 115, 6^2)* H^I **6** πάντες] *om.* PML^b T οἴκῳ σου] *add.* κύριε H^I **7** εἰς – αἰῶνας] καὶ τὰ λοιπά L^c PL^b R, *om.* M αἰῶνας] *add.* τῶν αἰῶνων *(sic)* αἰνέσουσίν σε *(= Ps. 83, 5^2)* T **10** παιδεύσεις P **11** διδάξεις *(-α- M)* $V^{E\ a.\ c.\ ut\ videtur}$ $V^W V^O$ H^I PM T

I suppl. 39 / L^c cap. A 7, 8

Ψαλμοῦ ρε′·

Μακάριοι οἱ φυλάσσοντες κρίσιν
καὶ ποιοῦντες δικαιοσύνην ἐν παντὶ καιρῷ.

I suppl. 40 / L^c cap. A 7, 9

Ψαλμοῦ ρια′·

Μακάριος ἀνὴρ ὁ φοβούμενος τὸν κύριον,
ἐν ταῖς ἐντολαῖς αὐτοῦ θελήσει σφόδρα.

I suppl. 41 / L^c cap. A 7, 10

Ψαλμοῦ ριη′·

Μακάριοι οἱ ἄμωμοι ἐν ὁδῷ,
οἱ πορευόμενοι ἐν νόμῳ κυρίου.
Μακάριοι οἱ ἐξερευνῶντες τὰ μαρτύρια αὐτοῦ.

---

3 – 4 I suppl. 39 Ps. 105, 3^{1-2} **7 – 8 I suppl. 40** Ps. 111, 1^{2-3} **11 – 13 I suppl. 41** Ps. 118, 1^3–2^1

---

2 – 4 I suppl. 39 L^c cap. A 7, 8 (138r[23]24); V^E cap. A 31, 8; V^O cap. A 31, 8; V^{Ph} cap. A 31, 8; H^I cap. A 29, 8; P cap. A 33, 8; M cap. A 33, 8; L^b cap. A 33, 8; T cap. A 55, 8; R cap. A 44, 7; *deest in* V^W; PG 95, 1233, 47–48 **6 – 8 I suppl. 40** L^c cap. A 7, 9 (138r[24]24–25); V^E cap. A 31, 9; V^O cap. A 31, 9; V^{Ph} cap. A 31, 9; H^I cap. A 29, 9; P cap. A 33, 9; M cap. A 33, 9; L^b cap. A 33, 9; T cap. A 55, 9; R cap. A 44, 8; *deest in* V^W; PG 95, 1233, 49–50 **10 – 13 I suppl. 41** L^c cap. A 7, 10 (138r[25]25–26); V^E cap. A 31, 10; V^O cap. A 31, 10; V^{Ph} cap. A 31, 10; H^I cap. A 29, 10; P cap. A 33, 10; M cap. A 33, 10; L^b cap. A 33, 10; T cap. A 55, 10; R cap. A 44, 9; *deest in* V^W; PG 95, 1236, 1–2

I suppl. 39 (a) PM T R ψαλμος M ρε′] ϙε′ P (b) Ἐκ τοῦ ρε′ ψαλμοῦ L^c L^b ρε′] ϙε′ L^b ψαλμοῦ] *om.* L^c (c) *s. a.* V^EV^O H^I **I suppl. 40** (a) PM T R ψαλμος M (b) Ἐκ τοῦ ρια′ ψαλμοῦ L^c L^b ψαλμοῦ] *om.* L^c (c) *s. a.* $V^EV^OV^{Ph}$ H^I **I suppl. 41** (a) PM T R ψαλμος M (b) Ἐκ τοῦ ριη′ ψαλμοῦ L^c L^b ψαλμοῦ] *om.* L^c (c) *s. a.* $V^EV^OV^{Ph}$ H^I

---

4 ποιοῦντες] *om.* R **11** οἱ] *s. l.* V^E, *om.* R **12 – 13** οἱ – αὐτοῦ] καὶ τὰ λοιπά R **13** Μακάριοι – αὐτοῦ] καὶ τὰ λοιπά PL^b, καὶ τὰ ἑξῆς T, *om.* M μακάριον V^{Ph} τὰ – αὐτοῦ] *om.* $V^EV^OV^{Ph}$ H^I

I suppl. 42 / L^{c} cap. A 7, 11

Ψαλμοῦ ρμε'·

Μακάριος, οὗ ὁ θεὸς Ἰακὼβ βοηθὸς αὐτοῦ·
ἡ ἐλπὶς αὐτοῦ ἐπὶ κύριον τὸν θεὸν αὐτοῦ.

I suppl. 43 / L^{c} cap. A 7, 12

Ἐκ τῶν Παροιμιῶν·

Βουλὴ ἁγίων σύνεσις.

I suppl. 44 / L^{c} cap. A 7, 13

Τῶν αὐτῶν·

Μακάριος ἀνήρ, ὃς εὗρεν σοφίαν·
τιμιωτέρα γάρ ἐστι λίθων πολυτελῶν.

---

3 – 4 I suppl. 42 Ps. 145, 5$^{1-2}$ **7 I suppl. 43** Prov. 9, 10^{2} (Wahl, *Proverbien-Text*, p. 48) **10 I suppl. 44** Μακάριος – σοφίαν] Prov. 3, 13^{1} (Wahl, *Proverbien-Text*, p. 28) **11** τιμιωτέρα – πολυτελῶν] Ibid. 3, 15^{1} (Wahl, p. 28)

---

2 – 4 I suppl. 42 L^{c} cap. A 7, 11 (138r[26]26–27); V^{E} cap. A 31, 11; V^{W} cap. A 31, 11; V^{O} cap. A 31, 11; V^{Ph} cap. A 31, 11; H^{I} cap. A 29, 11; P cap. A 33, 11; M cap. A 33, 11; L^{b} cap. A 33, 11; T cap. A 55, 11; R cap. A 44, 10; PG 95, 1236, 3–4 **6 – 7 I suppl. 43** L^{c} cap. A 7, 12 (138r[27]27); V^{E} cap. A 31, 12; V^{W} cap. A 31, 8; V^{O} cap. A 31, 12; V^{Ph} cap. A 31, 12; H^{I} cap. A 29, 12; P cap. A 33, 12; M cap. A 33, 12; L^{b} cap. A 33, 12; T cap. A 55, 12; R cap. A 44, 11; PG 95, 1236, 5 **9 – 11 I suppl. 44** L^{c} cap. A 7, 13 (138r28); V^{E} cap. A 31, 13; V^{W} cap. A 31, 9; V^{O} cap. A 31, 13; V^{Ph} cap. A 31, 13; H^{I} cap. A 29, 13; P cap. A 33, 13; M cap. A 33, 13; L^{b} cap. A 33, 13; T cap. A 55, 13; R cap. A 44, 12; PG 95, 1236, 6–7

I suppl. 42 (a) PM T R ψαλμος M (b) Ἐκ τοῦ ρμε' ψαλμοῦ L^{c} L^{b} ρμε'] ρμθ' L^{b} ψαλμοῦ] *om.* L^{c} (c) Τοῦ αὐτοῦ V^{W} (d) *s. a.* V^{E}V^{O}V^{Ph} H^{I} **I suppl. 43** (a) L^{c} (b) Παροιμιῶν H^{I} PML^{b} T R *praem.* Τῶν T (c) *s. a.* V **I suppl. 44** (a) V PML^{b} T Τῶν] *om.* V παροιμ V^{W}, παροι V^{E}V^{O}V^{Ph} (b) *s. a.* L^{c} H^{I} (c) *s. d.* R

---

3 Ἰακὼβ – αὐτοῦ] βοηθὸς ἰακώβ L^{b} ϊακὼβ PM T **10** ἀνήρ] ἄνθρωπος M R σοφίαν] *add.* καὶ θνητὸς ὃς οἶδε *(*ειδε V^{W}*)* φρόνησιν *(= Prov. 3, 13^{2})* L^{c} V$^{W\ man.\ rec.\ mg.\ super.}$ L^{b}

I suppl. 45 / L^{c} cap. A 7, 14

Τῶν αὐτῶν·

Χεὶρ ἐκλεκτῶν, κρατήσει εὐχερῶς.

I suppl. 46 / L^{c} cap. A 7, 15

<***>

Τελειότης ὁσίων ὁδηγήσει αὐτούς.

I suppl. 47 / L^{c} cap. A 7, 16

Τῶν αὐτῶν·

Ὁ ἐλεῶν πτωχοὺς μακαριστός.

---

3 I suppl. 45 Prov. 12, 24^{1} (Wahl, *Proverbien-Text*, p. 64) **6 I suppl. 46** Prov. 11, 3^{1} (app. crit. ad Prov. 11, 2^{2} ed. Rahlfs; Wahl, *Proverbien-Text*, p. 55) **9 I suppl. 47** Prov. 14, 21^{2} (Wahl, *Proverbien-Text*, p. 72)

---

2 – 3 I suppl. 45 L^{c} cap. A 7, 14 (138r29); V^{E} cap. A 31, 14; V^{O} cap. A 31, 14; V^{Ph} cap. A 31, 14; H^{I} cap. A 29, 14; P cap. A 33, 14; M cap. A 33, 14; L^{b} cap. A 33, 14; T cap. A 55, 14; R cap. A 44, 13; *deest in* V^{W}; PG 95, 1236, 8 **5 – 6 I suppl. 46** L^{c} cap. A 7, 15 (138r29); V^{E} cap. A 31, 15; V^{W} cap. A 31, 10; V^{O} cap. A 31, 15; V^{Ph} cap. A 31, 15; H^{I} cap. A 29, 15; P cap. A 33, 15; M cap. A 33, 15; L^{b} cap. A 33, 15; T cap. A 33, 15; R cap. A 44, 14; PG 95, 1236, 9 **8 – 9 I suppl. 47** L^{c} cap. A 7, 16 (138r29); V^{E} cap. A 7, 16; V^{O} cap. A 31, 16; V^{Ph} cap. A 31, 16; H^{I} cap. A 29, 16; P cap. A 33, 16; M cap. A 33, 16; L^{b} cap. A 33, 16; T cap. A 55, 16; *deest in* V^{W} R; PG 95, 1236, 10

I suppl. 45 (a) PML^{b} T (b) *s. a.* L^{c} V H^{I} (c) *s. d.* R **I suppl. 46** (a) *s. a.* L^{c} V H^{I} (b) *s. d.* PML^{b} T R **I suppl. 47** (a) PML^{b} T (b) *s. a.* L^{c} V^{E}V^{O}V^{Ph} H^{I}

---

3 ἐκκλεκτῶν V^{O}, ἐκλεκτοῦ T **9** μακάριστος P T, μακαριστος M

I suppl. 48 / L^c cap. A 7, 17

Ζαχαρίου προφήτου·

Ὁ ἁπτόμενος ὑμῶν ὡς ὁ ἁπτόμενος τῆς κόρης τοῦ ὀφθαλμοῦ αὐτοῦ.

I suppl. 49 / L^c cap. A 7, 18

Ἡσαΐου προφήτου·

Μακάριοι πάντες οἱ ἐμμένοντες ἐν αὐτῷ.

I suppl. 50 / L^c cap. A 7, 19

Τοῦ αὐτοῦ·

Μακάριος ὁ διατηρῶν τὰς χεῖρας αὐτοῦ, τοῦ μὴ ποιεῖν ἄδικα.

---

3 – 4 I suppl. 48 Zach. 2, 8 (Wahl, *Prophetenzitate*, p. 252) **7 I suppl. 49** Is. 30, 18 (Wahl, *Prophetenzitate*, p. 368) **10 I suppl. 50** Is. 56, 2 (Wahl, *Prophetenzitate*, p. 441–442)

---

2 – 4 I suppl. 48 L^c cap. A 7, 17 (138r[30]30); V^E cap. A 31, 17; V^W cap. A 31, 11; V^O cap. A 31, 17; V^{Ph} cap. A 31, 17; H^I cap. A 29, 17; P cap. A 33, 17; M cap. A 33, 17; L^b cap. A 33, 17; T cap. A 55, 17; R cap. A 44, 15; PG 95, 1236, 11–12 **6 – 7 I suppl. 49** L^c cap. A 7, 18 (138r[30]30–31); V^E cap. A 31, 18; V^W cap. A 31, 12; V^O cap. A 31, 18; V^{Ph} cap. A 31, 18; H^I cap. A 29, 18; P cap. A 33, 18; M cap. A 33, 18; L^b cap. A 33, 18; T cap. A 55, 18; R cap. A 44, 16; PG 95, 1236, 13 **9 – 10 I suppl. 50** L^c cap. A 7, 19 (138r[31]31); V^E cap. A 31, 19; V^W cap. A 31, 19; V^O cap. A 31, 19; V^{Ph} cap. A 31, 19; H^I cap. A 29, 19; P cap. A 33, 19; M cap. A 33, 19; L^b cap. A 33, 19; T cap. A 55, 19; R cap. A 44, 17; PG 95, 1236, 14–15

I suppl. 48 (a) L^c V PM T R προφήτου] *om.* L^c V R (b) Ζαχαρίας H^I (c) Ἡσαΐου L^b **I suppl. 49** (a) L^c V^W H^I PM T R προφήτου] *om.* L^c V^W H^I R ἠσαϊου P, ησαϊου M (b) *s. a.* $V^EV^OV^{Ph}$ L^b **I suppl. 50** (a) L^c PM T (b) Ἡσαΐου $V^EV^OV^{Ph}$ (c) *s. a.* V^W H^I (d) *s. d.* R (e) Ἱερεμΐου L^b

---

3 ὡς – ἁπτόμενος[2]] *om.* V^O ὁ] *om.* PL^b T τῆς] *om.* PML^b T R κόρρης $V^{W\ e\ corr.}$ τοῦ] *om.* $V^{W\ p.\ ras.}$ PML^b T **10** Μακάριος] *add.* ἀνὴρ L^c ἄδικα] ἄδικον L^c, κακά *(-α M)* PML^b T

I suppl. 51 / L^c cap. A 7, 20

Ἱερεμίου προφήτου·

Ἔσται ἡ ψυχὴ τῶν ἁγίων ὥσπερ ξύλον ἔγκαρπον.

I suppl. 52 / L^c cap. A 7, 21

Βαρούχ·

Μακάριοι ἐσμέν, Ἰσραήλ, ὅτι τὰ ἀρεστὰ τῷ θεῷ ἡμῖν γνωστά ἐστιν.

I suppl. 53 / L^c cap. A 7, 22

Σιράχ·

Μακάριος ἀνήρ, ὃς οὐκ ὠλίσθησεν ἐν στόματι αὐτοῦ.

---

3 I suppl. 51 Ier. 38, 12 (Wahl, *Prophetenzitate*, p. 565) **6 – 7 I suppl. 52** Bar. 4, 4 (Wahl, *Prophetenzitate*, p. 597) **10 I suppl. 53** Sir. 14, 1^1 (Wahl, *Sirach-Text*, p. 84–85)

---

2 – 3 I suppl. 51 L^c cap. A 7, 20 (138r[32]32); V^E cap. A 31, 20; V^W cap. A 31, 14; V^O cap. A 31, 20; V^{Ph} cap. A 31, 20; H^I cap. A 29, 20; P cap. A 33, 20; M cap. A 33, 20; L^b cap. A 33, 20; T cap. A 55, 20; R cap. A 44, 18; PG 95, 1236, 16–17 **5 – 7 I suppl. 52** L^c cap. A 7, 21 (138r[32]32–33); V^E cap. A 31, 21; V^W cap. A 31, 15; V^O cap. A 31, 21; V^{Ph} cap. A 31, 21; H^I cap. A 29, 21; P cap. A 33, 21; M cap. A 33, 21; L^b cap. A 33, 21; T cap. A 55, 21; R cap. A 44, 19; PG 95, 1236, 18–19 **9 – 10 I suppl. 53** L^c cap. A 7, 22 (138r[33]33); V^E cap. A 31, 22; V^W cap. A 31, 16; V^O cap. A 31, 22; V^{Ph} cap. A 31, 22; H^I cap. A 29, 22; P cap. A 33, 22; M cap. A 33, 22; L^b cap. A 33, 22; T cap. A 55, 22; R cap. A 44, 20; PG 95, 1236, 20–21

I suppl. 51 (a) L^c $V^EV^WV^O$ H^I PM T R ἱερεμίου T, ἱηρεμίου P, ἱηρεμιου M προφήτου] *om.* L^c $V^EV^WV^O$ H^I P R (b) Βαρούχ L^b (c) *s. a.* V^{Ph} **I suppl. 52** (a) L^c $V^EV^WV^O$ H^I PM T R βαρουχ PM, βαροῦχ $T^{ut\ videtur}$, βαροὺχ R (b) Σιράχ L^b **I suppl. 53** (a) L^c $V^EV^WV^O$ PM T R Σιράχ] σιραχ M, *praem.* τοῦ T (b) Τοῦ αὐτοῦ L^b (c) *s. a.* H^I

---

3 Ἔσται] *praem.* καὶ R τῶν ἁγίων] αὐτῶν, ἅγϊον L^b **6** μακάρϊον ἐσμὲν L^b **6 – 7** ἡμῖν γνωστὰ ἐστῖν V^{Ph}, ἡμῖν ἐστι(ν) γνωστά PL^b T, γνωστα ἡμῖν ἐστιν M **10** στόματι] τῶ στόματι V^W, γλώσση R

I suppl. 54 / L^c cap. A 7, 23

Τοῦ αὐτοῦ·

Μακάριος, οὗ οὐ κατέγνω ἡ ψυχὴ αὐτοῦ.

I suppl. 55 / L^c cap. A 7, 24

Τοῦ αὐτοῦ·

Ἐννέα ὑπονοήματα ἐμακάρισα ἐν καρδίᾳ μου,
καὶ τὸ δέκατον ἐρῶ ἐπὶ γλώσσης·
ἄνθρωπος εὐφραινόμενος ἐπὶ τέκνοις,
ζῶν καὶ βλέπων ἐπὶ πτώσει ἐχθρῶν.

---

3 I suppl. 54 Sir. 14, 2^{1} (Wahl, *Sirach-Text*, p. 85) **6 – 9 I suppl. 55** Sir. 25, 7^{1-4} (Wahl, *Sirach-Text*, p. 113)

---

2 – 3 I suppl. 54 L^c cap. A 7, 23 (138r[34]34); V^E cap. A 31, 23; V^W cap. A 31, 17; V^O cap. A 31, 23; V^{Ph} cap. A 31, 23; H^I cap. A 29, 23; P cap. A 33, 23; M cap. A 33, 23; L^b cap. A 33, 23; T cap. A 55, 23; R cap. A 44, 21; PG 95, 1236, 21 **5 – 9 I suppl. 55** L^c cap. A 7, 24 (138r[34]34–35); V^E cap. A 31, 24; V^W cap. A 31, 18; V^O cap. A 31, 24; V^{Ph} cap. A 31, 24; H^I cap. A 29, 24; P cap. A 33, 24–25; M cap. A 33, 24–25; L^b cap. A 33, 24–25; T cap. A 55, 24–25; R cap. A 44, 22–23; PG 95, 1236, 22–25

I suppl. 54 (a) L^c PML^b T (b) *s. a.* V H^I (c) *s. d.* R **I suppl. 55** (a) L^c V^W (b) Σιράχ H^I (c) *s. a.* $V^EV^OV^{Ph}$ (d) Τοῦ αὐτοῦ / Τοῦ αὐτοῦ PML^b T *(cf. infra, app. crit. txt.)* (e) *s. d.* / Τοῦ αὐτοῦ R

---

3 οὗ] *e corr.* V^W, ᾧ V^E T, ὧ V^OV^{Ph} *(spir. non liquet in* V^{Ph}*)* H^I, ῶ PM ου κατεγνῶ M, οὐκ ἔγνω R **6** ἐννεα M, ἐνέα $V^{Ph\,a.\,c.}$ P ἐμακάρïσαν V^O καρδίᾳ μου] καρδίᾳ L^b **7** ἐρῶ] ὁρῶ $V^{W\,a.\,c.}$ T R, ὁρω M, ορω P γλώσσης] *hic caesura in* PML^b T R **8** εὐφραινόμενος] *post* τέκνοις *transpos.* R τέκνω (-ε- M; -ῳ L^b) PML^b T **9** πτωσει M, πτῶσïν L^b

I suppl. 56 / L^{c} cap. A 7, 25

Τοῦ αὐτοῦ·

Μακάριος ὁ συνοικῶν γυναικὶ συνετῇ,
καὶ ὃς ἐν γλώσσῃ οὐκ ὠλίσθησεν,
καὶ ὃς οὐκ ἐδούλευσεν ἀναξίῳ ἑαυτοῦ.

I suppl. 57 / L^{c} cap. A 7, 26

Τοῦ αὐτοῦ·

Μακάριος, ὃς εὗρε φρόνησιν
καὶ ὁ διηγούμενος εἰς ὦτα ἀκουόντων·
ὡς μέγας ὁ εὑρὼν σοφίαν,
ἀλλ' οὐκ ἔστιν ὑπὲρ τὸν φοβούμενον τὸν κύριον.

---

3 – 5 I suppl. 56 Sir. 25, 8^{1-3} (Wahl, *Sirach-Text*, p. 113) **8 – 11 I suppl. 57** Sir. 25, 9^{1}–10^{2} (Wahl, *Sirach-Text*, p. 113–114)

---

2 – 5 I suppl. 56 L^{c} cap. A 7, 25 (138r[35]36); V^{E} cap. A 31, 25; V^{W} cap. A 31, 19; V^{O} cap. A 31, 25; V^{Ph} cap. A 31, 25; H^{I} cap. A 29, 25; P cap. A 33, 26; M cap. A 33, 26; L^{b} cap. A 33, 26; T cap. A 55, 26; R cap. A 44, 24; PG 95, 1236, 25–27 **7 – 11 I suppl. 57** L^{c} cap. A 7, 26 (138r[37]37–38); V^{E} cap. A 31, 26; V^{W} cap. A 31, 20–21; V^{O} cap. A 31, 26; V^{Ph} cap. A 31, 26; H^{I} cap. A 29, 26; P cap. A 33, 27–28; M cap. A 33, 27–28; L^{b} cap. A 33, 27; T cap. A 55, 27–28; R cap. A 44, 25; PG 95, 1236, 27–30

I suppl. 56 (a) L^{c} P M L^{b} T (b) *s. a.* $V^{O}V^{Ph}$ (c) *s. d.* $V^{E}V^{W}$ H^{I} R **I suppl. 57** (a) L^{c} L^{b} (b) *s. d.* $V^{E}V^{O}V^{Ph}$ H^{I} R (c) Τοῦ αὐτοῦ / Τοῦ αὐτοῦ PM *(cf. infra, app. crit. txt.)* (d) *s. d.* / Τοῦ αὐτοῦ T *(cf. infra, app. crit. txt.)* (e) *s. a.* / *s. a.* V^{W} *(cf. infra, app. crit. txt.)*

---

3 Μακάριος] καὶ $V^{W\ e\ ras.}$ συνοικῶν] συνϊὼν $V^{O}V^{Ph\ a.\ c.}$, συνετη $L^{b\ a.\ c.\ ut\ videtur}$ **5** εδούλωσεν V^{O} ἀναξίως V^{W} ἑαυτῶ V^{O}, αὐτοῦ L^{b} **9** ὁ διηγούμενος] διηγούμενος (-οῦ- P) $V^{W\ a.\ c.}$ P M L^{b} T R, ὁδηγούμενος $V^{E}V^{O}V^{Ph}$ H^{I} ἀκουόντων] *hic caesura in* V^{W} PM T **10** μέγας] *praem.* ὁ V^{O} σοφίαν] *add.* καὶ θνητος ος ϊδεν συνεσιν *(= Prov. 3, 13^{2})* M **11** κύριον] θεόν R, *add.* φόβος κυρίου παντα ὑπερέβαλεν *(= Sir. 25, 11^{1})* $V^{W\ man.\ rec.}$

I suppl. 58 / L^c cap. A 7, 27–35

Τοῦ κατὰ Ματθαῖον εὐαγγελίου, κεφαλαίου κε′ ἕως λ′·

Μακάριοι οἱ πτωχοὶ τῷ πνεύματι,
ὅτι αὐτῶν ἐστιν ἡ βασιλεία τῶν οὐρανῶν.
Μακάριοι οἱ πενθοῦντες,
ὅτι αὐτοὶ παρακληθήσονται.
Μακάριοι οἱ πραεῖς,

---

3 – 34, 15 I suppl. 58 Matth. 5, 3–12

---

2 – 34, 15 I suppl. 58 L^c cap. A 7, 27–35 (138r[38]38–138v7); V^E cap. A 31, 27–35; V^W cap. A 31, 22–25; V^O cap. A 31, 27–35; V^{Ph} cap. A 31, 27–35; H^I cap. A 29, 27–35; P cap. A 33, 29–38; M cap. A 33, 29–37; L^b cap. A 33, 28–37; T cap. A 55, 29–37; R cap. A 44, 26; PG 95, 1236, 31–49

I suppl. 58 (a) P (cap. A 33, 29) / Τοῦ αὐτοῦ (cap. A 33, 30) / *s. a.* (cap. A 33, 31) / *s. a.* (cap. A 33, 32) / *s. a.* (cap. A 33, 33) / *s. a.* (cap. A 33, 34) / Τοῦ αὐτοῦ (cap. A 33, 35) / Τοῦ αὐτοῦ (cap. A 33, 36) / *s. a.* (cap. A 33, 37) / *s. a.* (cap. A 33, 38) *(cf. infra, app. crit. txt.)* (b) Τοῦ κατὰ Ματθαῖον εὐαγγελίου κεφαλαίου κε′ (cap. A 55, 29) / *s. a.* (cap. A 55, 30) / *s. a.* (cap. A 55, 31) / *s. a.* (cap. A 55, 32) / *s. a.* (cap. A 55, 33) / *s. a.* (cap. A 55, 34) / *s. a.* (cap. A 55, 35) / *s. a.* (cap. A 55, 36) / *s. a.* (cap. A 55, 37) T *(cf. infra, app. crit. txt.)* (c) Ματθαίου, κεφαλαίου κε′ (cap. A 33, 29) / *s. a.* (cap. A 33, 30) / *s. a.* (cap. A 33, 31) / *s. a.* (cap. A 33, 32) / *s. a.* (cap. A 33, 33) / *s. a.* (cap. A 33, 34) / *s. a.* (cap. A 33, 35) / *s. a.* (cap. A 33, 36) / *s. a.* (cap. A 33, 37) M *(cf. infra, app. crit. txt.)* (d) Ματθαίου κεφαλαίου (cap. A 33, 28) / Τοῦ αὐτοῦ (cap. A 33, 29) / Τοῦ αὐτοῦ (cap. A 33, 30) / Τοῦ αὐτοῦ (cap. A 33, 31) / Τοῦ αὐτοῦ (cap. A 33, 32) / *s. a.* (cap. A 33, 33) / Τοῦ αὐτοῦ (cap. A 33, 34) / Τοῦ αὐτοῦ (cap. A 33, 35) / Τοῦ αὐτοῦ (cap. A 33, 36) / Τοῦ αὐτοῦ (cap. A 33, 37) L^b *(cf. infra, app. crit. txt.)* (e) Ἐκ τοῦ κατὰ Ματθαῖον (cap. A 7, 27) / *s. a.* (cap. A 7, 28) / *s. a.* (cap. A 7, 29) / *s. a.* (cap. A 7, 30) / *s. a.* (cap. A 7, cap. 31) / *s. a.* (cap. A 7, 32) / *s. a.* (cap. A 7, 33) / *s. a.* (cap. A 7, 34) / *s. a.* (cap. A 7, 35) L^c *(cf. infra, app. crit. txt.)* (f) Ματθαίου (cap. A 31, 27) / *s. a.* (cap. A 31, 28) / *s. a.* (cap. A 31, 29) / *s. a.* (cap. A 31, 30) / *s. a.* (cap. A 31, 31) / *s. a.* (cap. A 31, 32) / *s. a.* (cap. A 31, 33) / *s. a.* (cap. A 31, 34) / *s. a.* (cap. A 31, 35) $V^EV^OV^{Ph}$ *(cf. infra, app. crit. txt.)* (g) Ματθαίου (cap. A 31, 22) / Τοῦ αὐτοῦ (cap. A 31, 23) / Τοῦ αὐτοῦ (cap. A 31, 24) / Τοῦ αὐτοῦ (cap. A 7, 25) V^W *(cf. infra, app. crit. txt.)* (h) Ματθαίας *(sic)* (cap. A 29, 27) / *s. a.* (cap. A 29, 29) / *s. a.* (cap. A 29, 28) / *s. a.* (cap. A 29, 30) / *s. a.* (cap. A 29, 31) / *s. a.* (cap. A 29, 32) / *s. a.* (cap. A 29, 33) / *s. a.* (cap. A 29, 34) / *s. a.* (cap. A 29, 35) H^I *(cf. infra, app. crit. txt.)* (i) Ματθαίου R

---

4 – 34, 15 ὅτι – οὐρανοῖς] καὶ τὰ ἑξῆς R **4** αὐτῶν ἐστὶν *(-ὶ- P)* V^OV^{Ph} P, αὐτῶν ἔστιν T οὐρανῶν] *hic caesura in* L^c V H^I PML^b **6** παρακληθήσονται] *hic caesura in* L^c V H^I PML^b T **7 – 34, 1** Μακάριοι – γῆν] *om.* M

ὅτι αὐτοὶ κληρονομήσουσι τὴν γῆν.
Μακάριοι οἱ πεινῶντες καὶ διψῶντες τὴν δικαιοσύνην,
ὅτι αὐτοὶ χορτασθήσονται.
Μακάριοι οἱ ἐλεήμονες,
ὅτι αὐτοὶ ἐλεηθήσονται.
Μακάριοι οἱ καθαροὶ τῇ καρδίᾳ,
ὅτι αὐτοὶ τὸν θεὸν ὄψονται.
Μακάριοι οἱ εἰρηνοποιοί,
ὅτι αὐτοὶ υἱοὶ θεοῦ κληθήσονται.
Μακάριοι οἱ δεδιωγμένοι ἕνεκεν δικαιοσύνης,
ὅτι αὐτῶν ἐστιν ἡ βασιλεία τῶν οὐρανῶν.
Μακάριοι ἐστέ,
ὅταν ὀνειδίσωσιν ὑμᾶς καὶ διώξωσιν καὶ εἴπωσιν πᾶν πονηρὸν ῥῆμα καθ' ὑμῶν ψευδόμενοι ἕνεκεν ἐμοῦ. Χαίρετε καὶ ἀγαλλιᾶσθε, ὅτι ὁ μισθὸς ὑμῶν πολὺς ἐν τοῖς οὐρανοῖς.

---

1 γῆν] *hic caesura in* L^{c} V H^{I} PL^{b} T **2 – 14** Μακάριοι – ψευδόμενοι] *om.* V^{W} **3** ὅτι – χορτασθήσονται] *om.* H^{I} ὅτι] *hic caesura in* V^{Ph} αὐτοὶ χορτασθήσονται] *om.* V^{Ph} αὐτοὶ] *hic caesura in* V^{O} χορτασθήσονται] *om.* V^{O}, *hic caesura in* L^{c} V^{E} H^{I} PML^{b} T **4 – 5** ἐλεήμονες – ἐλεηθήσονται] πραεῖς *(eras.)* ὅτι αυτοι κληρονομήσουσι L^{b} *(sed cancellav.)* **5** ἐλεηθήσονται] *hic caesura in* L^{c} V^{E}V^{O}V^{Ph} H^{I} PML^{b} T **7** ὄψονται] *hic caesura in* L^{c} V^{E}V^{O}V^{Ph} H^{I} PML^{b} T **9** κληθήσονται] *hic caesura in* L^{c} V^{E}V^{O}V^{Ph} H^{I} PML^{b} T **10** δεδιογμένοι P T **11** αὐτῶν ἐστὶν V^{Ph} P βασιλεία] *hic caesura in* V^{O} τῶν οὐρανῶν] *om.* V^{O} οὐρανῶν] *hic caesura in* L^{c} V^{E}V^{Ph} H^{I} PML^{b} T **12** Μακάριοι ἐστέ] -έ *e corr.* V^{E} L^{b}, μακάρïοι οἱ (οἱ] *om.* V^{Ph}) ἐσταὶ V^{O}V^{Ph}, μακάριοί ἐσται P$^{p.\ c.}$ *(acc. super -α- rescriptus a man. rec.)*, μακάριοι ἐσται T, μακαριοι ἐσται M **13** ὀνειδίσουσιν P, ὀνειδίζωσιν L$^{c\ a.\ c.\ ut\ videtur}$ διώξουσιν P, διωξουσιν ὑμᾶς M πονηρὸν] *om.* L^{b} **14** ἡμῶν V$^{E\ a.\ c.}$ V^{O}V$^{Ph\ a.\ c.}$ ψευδώμενοι H^{I}, ψευδόμενον V^{O} ἐμοῦ] *hic caesura in* PML^{b} **15** πολλοῖς V$^{E\ a.\ c.}$ V^{O}V$^{Ph\ a.\ c.}$

I suppl. 59 / L^{c} cap. A 7, 36

Ἐκ τοῦ κατὰ Ἰωάννην κεφαλαίου σιη΄·

Μακάριοι οἱ μὴ ἰδόντες καὶ πιστεύσαντες.

I suppl. 60 / L^{c} cap. A 7, 37

Ἐκ τοῦ κατὰ Λουκᾶν κεφαλαίου ρλα΄·

Ἐγένετο ἐν τῷ λέγειν αὐτὸν ταῦτα, ἐπάρασά τις γυνὴ φωνὴν ἐκ τοῦ ὄχλου, εἶπεν αὐτῷ· Μακαρία ἡ κοιλία ἡ βαστάσασά σε, καὶ μαστοὶ οὓς ἐθήλασας. Αὐτὸς δὲ εἶπεν· Μενοῦνγε μακάριοι οἱ ἀκούοντες τὸν λόγον τοῦ θεοῦ καὶ φυλάσσοντες αὐτόν.

---

3 I suppl. 59 Ioh. 20, 29 **6 – 9 I suppl. 60** Luc. 11, 27–28

---

2 – 3 I suppl. 59 L^{c} cap. A 7, 36 (138v[7]7–8); V^{E} cap. A 31, 36; V^{W} cap. A 31, 26; V^{O} cap. A 31, 36; V^{Ph} cap. A 31, 36; H^{I} cap. A 29, 36; P cap. A 33, 39; M cap. A 33, 38; L^{b} cap. A 33, 38; T cap. A 55, 38; R cap. A 44, 27; PG 95, 1236, 50 **5 – 9 I suppl. 60** L^{c} cap. A 7, 37 (138v[8]8–10); V^{E} cap. A 7, 37; V^{W} cap. A 7, 27; V^{O} cap. A 31, 37; V^{Ph} cap. A 31, 37; H^{I} cap. A 29, 37; P cap. A 33, 40; M cap. A 33, 39; L^{b} cap. A 33, 39; T cap. A 55, 39; R cap. A 44, 28; PG 95, 1236, 51 – 1237, 4

I suppl. 59 (a) L^{c} PML^{b} T κεφαλαίου σιη΄] *om.* L^{c} T (b) Ἰωάννου R (c) Λουκᾶς V^{O} H^{I} (d) Τοῦ αὐτοῦ V^{W} (e) *s. a.* V^{E}V^{Ph} **I suppl. 60** (a) PML^{b} T λουκὰν P, λουκα M, λουκ T ρλα΄] σιη΄ L^{b} (b) Λουκᾶ L^{c} V^{E} R λουκ$^{α΄}$ V^{E} (c) Τοῦ αὐτοῦ V^{W} (d) *s. a.* V^{O}V^{Ph} H^{I}

---

3 εἰδόντες T, ειδότες P, ἴδοτες M **6** ἐπάρασα τΐς V^{Ph} T, ἐπαρασα τίς P, ἐπαρασα τις M φωνὴν] *post* ὄχλου *transpos.* PM **7** κυλία P T βαστασασά σε P, βαστάσά σε V^{W}V^{O}, βαστασα σε M **9** φυλάσσοντες] πϊστεύοντες L^{c}

I suppl. 61 / L^{c} cap. A 7, 38

Τοῦ αὐτοῦ, κεφαλαίου ρνς′·

Μακάριοι εἰσὶν οἱ δοῦλοι ἐκεῖνοι, οὓς ἐλθὼν ὁ κύριος εὑρήσει γρηγοροῦντας· ἀμὴν λέγω ὑμῖν ὅτι περιζώσεται καὶ ἀνακλινεῖ αὐτούς, καὶ παρελθὼν διακονήσει αὐτοῖς. Καὶ ἐὰν ἔλθῃ ἐν τῇ δευτέρᾳ φυλακῇ καὶ ἐν τῇ τρίτῃ φυλακῇ ἔλθῃ καὶ εὕρῃ οὕτως, μακάριοι εἰσὶν οἱ δοῦλοι ἐκεῖνοι.

I suppl. 62 / L^{c} cap. A 7, 39

Ἐκ τῆς πρὸς Ῥωμαίους ἐπιστολῆς·

Μακάριος ὁ μὴ κρίνων ἑαυτὸν ἐν ᾧ δοκιμάζει.

---

3 – 7 I suppl. 61 Luc. 12, 37–38 **10 I suppl. 62** Rom. 14, 22

---

2 – 7 I suppl. 61 L^{c} cap. A 7, 38 (138v[10]10–13); V^{E} cap. A 31, 38; V^{W} cap. A 31, 28; V^{O} cap. A 31, 38; V^{Ph} cap. A 31, 38; H^{I} cap. A 29, 38; P cap. A 33, 41; M cap. A 33, 40; L^{b} cap. A 33, 40; T cap. A 55, 40; R cap. A 44, 29; PG 95, 1237, 5–10 **9 – 10 I suppl. 62** L^{c} cap. A 7, 39 (138v[13]13–14); V^{E} cap. A 31, 39; V^{W} cap. A 31, 29; V^{O} cap. A 31, 39; V^{Ph} cap. A 31, 39; H^{I} cap. A 29, 39; P cap. A 33, 42; M cap. A 33, 41; L^{b} cap. A 33, 41; T cap. A 55, 41; R cap. A 44, 30; PG 95, 1237, 11–12

I suppl. 61 (a) L^{c} PML^{b} T ρνς′] ρν′ M (b) Τοῦ αὐτοῦ V^{W} R (c) *s. a.* V^{E}V^{O}V^{Ph} H^{I} **I suppl. 62** (a) PML^{b} T Ἐκ] -κ *(vitio rubricatoris)* L^{b}, *praem.* Τοῦ Ἀποστόλου T ρωμαίους P T, ρωμαιους M ἐπιστολῆς] *om.* ML^{b} (b) Πρὸς Ῥωμαίους L^{c} V^{E}V^{O}V^{Ph} H^{I} R (c) Τοῦ Ἀποστόλου V^{W}

---

3 μακάριοί εἰσιν V$^{W\ p.\ c.}$ H^{I}, μακάριοι οἰσιν *(sic)* V^{O} ἐκείνου V$^{E\ ut\ videtur}$ **4** ἀνακλίνει P, ἀνακλινει M **6** ἔλθῃ] *om.* H^{I} οὗτος V^{O} **6 – 7** μακάριοί εἰσιν V$^{W\ p.\ c.}$ H^{I} **10** κρίνον *(-ι- M)* M T εαυτὸν M, ἑαυτῶ V^{O}

I suppl. 63 / L^c cap. A 7, 40

Πρὸς Ἑβραίους·

Κατὰ πίστιν ἀπέθανον οὗτοι πάντες, μὴ λαβόντες τὰς ἐπαγγελίας, ἀλλὰ πόρρωθεν αὐτὰς ἰδόντες καὶ ἀσπασάμενοι, καὶ ὁμολογήσαντες ὅτι ξένοι καὶ παρεπίδημοι εἰσὶν ἐπὶ τῆς γῆς· οἱ γὰρ τοιαῦτα λέγοντες ἐμφανίζουσιν ὅτι πατρίδα ἐπιζητοῦσι. Καὶ εἰ μὲν ἐκείνης ἐμνημόνευον ἀφ' ἧς ἐξέβησαν, εἶχον ἂν καιρὸν ἀνακάμψαι· νῦν δὲ κρείττονος ὀρέγονται, τουτέστιν ἐπουρανίου. Διὸ οὐκ ἐπαισχύνεται αὐτοὺς ὁ θεός, θεὸς αὐτῶν ἐπικαλεῖσθαι· ἡτοίμασεν γὰρ αὐτοῖς πόλιν.

I suppl. 64 / L^c cap. A 7, 41

Καὶ μετ' ὀλίγα·

Καὶ τί ἔτι λέγω; Ἐπιλείψει γάρ με διηγούμενον ὁ χρόνος περὶ Γεδεών, Βαράκ τε καὶ Σαμψὼν καὶ Ἰεφθάε, Δαυῒδ τε καὶ Σαμουὴλ

---

3 – 10 I suppl. 63 Hebr. 11, 13–16 **13 – 38, 6 I suppl. 64** Hebr. 11, 32–35 sqq.

---

2 – 10 I suppl. 63 L^c cap. A 7, 40 (138v[14]14–18); V^E cap. A 31, 40; V^W cap. A 31, 30; V^O cap. A 31, 40; V^{Ph} cap. A 31, 40; H^I cap. A 29, 40; P cap. A 33, 43; M cap. A 33, 42; L^b cap. A 33, 42; T cap. A 55, 42; R cap. A 44, 31; PG 95, 1237, 13–22 **12 – 38, 6 I suppl. 64** L^c cap. A 7, 41 (138v[19]19–23); V^E cap. A 31, 41; V^O cap. A 31, 41; V^{Ph} cap. A 31, 41; H^I cap. A 29, 41; P cap. A 33, 44; M cap. A 33, 43; L^b cap. A 33, 43; T cap. A 55, 43; R cap. A 44, 32; *deest in* V^W; PG 95, 1237, 22–26

I suppl. 63 (a) $V^E V^O V^{Ph}$ H^I PM R ἐβραίους $V^E V^O V^{Ph}$, εβραίους P, εβραιους M (b) Ἐκ τῆς πρὸς Ἑβραίους L^c L^b T ἐβραίους T (c) Τοῦ αὐτοῦ V^W **I suppl. 64** (a) L^c $V^E V^O V^{Ph}$ H^I ML^b T R καὶ μετ' ὀλίγα] *non ut lemma in* $V^E V^O V^{Ph}$ H^I ὀλίγα] *add.* κὰ *(sic)* L^c (b) Ἐκ τῆς αὐτῆς P

---

3 λαβόντες] κομισάμενοι R τὰς] *om.* V^W **5** παρεπίδημοί εἰσιν $V^{W\ p.c.}$ **6** εἰ] ἢ V^E **7** ἐξῆλθον R **8** ὀρέγεται T τουτέστιν] τοτε $V^{W\ p.c.\ in\ mg.}$ **8 – 10** Διὸ – πόλιν] ἕως τοῦ θεοῦ περὶ ἡμῶν κρεῖττόν τι προβλεψαμένου, ἵνα μὴ χωρὶς ἡμῶν τελειωθῶσιν *(= Hebr. 11, 40)* V^W **9** αιπαισχυνεται M, ἐπαισχύνετο $V^{E\ a.c.}$ $V^O V^{Ph}$ H^I αὐτῶν] *post* ἐπικαλεῖσθαι *transpos.* M *(NT)* **13** Καὶ] *om.* L^c *(vide autem lemma a)* τί] *om.* L^b ἐπιλήψει $V^{E\ a.c.}$ V^O H^I T, επιληψει PM διηγούμενον] *post* χρόνος *transpos.* P T **13 – 14** γεδεῶν P, γεδεων M **14** βαράκ τὲ V^{Ph} P, βαρακ τέ M, βαρράκ τε L^c σαμψῶν V^E, -ων M, σαψὼν V^O ἱεφθάε $V^E V^{Ph}$ H^I, ἱεφθαέ V^O, ϊέφθάε P, ϊέφθαε T, ϊεφθαε M δαυῒδ τέ $V^E V^{Ph}$ σαμουηλ M

καὶ τῶν προφητῶν, οἳ διὰ πίστεως κατηγωνίσαντο βασιλείας, εἰργάσαντο δικαιοσύνην, ἐπέτυχον ἐπαγγελιῶν, ἔφραξαν στόματα λεόντων, ἔσβεσαν δύναμιν πυρός, ἔφυγον στόματα μαχαίρας, ἐνεδυναμώθησαν ἀπὸ ἀσθενείας, ἐγενήθησαν ἰσχυροὶ ἐν πολέμῳ, παρεμβολὰς ἔκλιναν ἀλλοτρίων· ἔλαβον γυναῖκες ἐξ ἀναστάσεως τοὺς νεκροὺς αὐτῶν, καὶ τὰ λοιπά.

I suppl. 65 / L^c cap. A 7, 42

Ἐκ τῆς Ἰακώβου ἐπιστολῆς·

Μακάριος ἀνήρ, ὃς ὑπομένει πειρασμόν, ὅτι δόκιμος γενόμενος λήψεται τὸν στέφανον τῆς ζωῆς, ὃν ἐπηγγείλατο ὁ θεὸς τοῖς ἀγαπῶσιν αὐτόν.

I suppl. 66 / L^c cap. A 7, 43

Βασιλείου, ἐκ τοῦ εἰς τὸν α′ ψαλμόν·

Μακάριος ὁ τὰ πλείστου ἄξια κεκτημένος, ὁ τῶν ἀναφαιρέτων ἀ-

---

9 – 11 I suppl. 65 Iac. 1, 12 **14 – 39, 2 I suppl. 66** BASILIUS CAESARIENSIS, *Homilia in Psalmum I*, 3 (PG 29, 216, 40–43)

---

8 – 11 I suppl. 65 L^c cap. A 7, 42 (138v[24]24–25); V^E cap. A 31, 42; V^W cap. A 31, 31; V^O cap. A 31, 42; V^{Ph} cap. A 31, 42; H^I cap. A 29, 42; P cap. A 33, 45; M cap. A 33, 44; L^b cap. A 33, 44; T cap. A 55, 44; R cap. A 44, 33 **13 – 39, 2 I suppl. 66** L^c cap. A 7, 43 (138v[25]25–27); V^E cap. A 31, 43; V^W cap. A 31, 32; V^O cap. A 31, 43; V^{Ph} cap. A 31, 43; H^I cap. A 29, 43; P cap. A 33, 46; M cap. A 33, 45; L^b cap. A 33, 45; T cap. A 55, 45; R cap. A 44, 34; PG 95, 1237, 27–30

I suppl. 65 (a) $V^E V^O V^{Ph}$ H^I PML^b T R ἰακώβου *(-ω- M)* P T, ἰακωβ M ἐπιστολῆς] *praem.* καθολικῆς T, *om.* $V^E V^O V^{Ph}$ (b) Ἰακώβου L^c V^W **I suppl. 66** (a) L^c PML^b T R Βασιλείου] *praem.* τοῦ ἁγίου P R ἐκ τοῦ] *om.* L^c R εἰς τὸν] *om.* PML^b (b) Βασιλείου V^W βασιλιου *cod.* (c) *s. a.* $V^E V^O V^{Ph}$ H^I *(in* V^{Ph} *crux in margine, velutsi lemma excidisse animadvertit scriba)*

---

1 προφητῶν] *praem.* ἄλλων P T κατηγονίσαντο $V^E V^O V^{Ph}$, -ηγωνησαντο P βασιλείας] *add.* καὶ τὰ λοιπά L^b **1 – 6** εἰργάσαντο – λοιπά] *om.* $V^E V^O V^{Ph}$ H^I PML^b T R **9 – 11** Μακάριος – αὐτόν] *om.* V^O **9** ὅτι] οὗτος L^b **10 – 11** ὃν – αὐτόν] *om.* V^W **10** ἐπηγγείλατο] ἀπονέμει L^b ὁ θεὸς] κύριος R **14** πλειστου M, πλείστων *(πλεῖ-* V^W*)* V^E $V^{W\ \text{a. c. ut videtur}}$ $V^O V^{Ph}$ H^I, πλεῖστον $V^{W\ \text{a. c. ut videtur}}$ P T

γαθῶν μέτοχος. Τοῦτον δὲ πῶς ἐπιγνωσόμεθα; Ὅς *οὐκ ἐπορεύθη ἐν βουλῇ ἀσεβῶν*.

I suppl. 67 / L^c cap. A 7, 44

Καὶ μετ᾽ ὀλίγα·

Μακάριος, ὃς οὐκ ἔλαβεν περὶ θεοῦ δισταγμόν, ὁ μὴ μικροψυχήσας περὶ τὰ παρόντα, ἀλλ᾽ ἀναμένων τὰ προσδοκώμενα, ὃς οὐκ ἔσχεν περὶ τοῦ κτίσαντος ἡμᾶς ὑπόληψιν ἄπιστον.

I suppl. 68 / L^c cap. A 7, 45

Τοῦ αὐτοῦ, ἐκ τοῦ εἰς τοὺς ἁγίους μ′ μάρτυρας·

Μαρτύρων μνήμης τίς ἂν γένοιτο κόρος τῷ φιλομάρτυρι; Διότι ἡ πρὸς τοὺς ἀγαθοὺς τῶν ὁμοδούλων τιμὴ ἀπόδειξιν ἔχει τῆς πρὸς τὸν κοινὸν δεσπότην εὐνοίας.

1–2 Ps. 1, 1^1

5–7 I suppl. 67 Basilius Caesariensis, *Homilia in Psalmum I*, 4 (PG 29, 220, 38–41) **10–12 I suppl. 68** Basilius Caesariensis, *In quadraginta martyres Sebastenses*, 1 (PG 31, 508, 13–16)

4–7 I suppl. 67 L^c cap. A 7, 44 (138v[27]27–28); V^E cap. A 31, 44; V^O cap. A 31, 44; V^{Ph} cap. A 31, 44; H^I cap. A 29, 44; P cap. A 33, 47; M cap. A 33, 46; L^b cap. A 33, 46; T cap. A 55, 46; R cap. A 44, 35; *deest in* V^W; PG 95, 1237, 31–34 **9–12 I suppl. 68** L^c cap. A 7, 45 (138v[29]29–30); V^E cap. A 31, 45; V^W cap. A 31, 33; V^O cap. A 31, 45; V^{Ph} cap. A 31, 45; H^I cap. A 29, 45; P cap. A 33, 48; M cap. A 33, 47; L^b cap. A 33, 47; T cap. A 55, 47; R cap. A 44, 36; PG 95, 1237, 35–38

I suppl. 67 (a) L^c (b) Τοῦ αὐτοῦ V^W (c) *s. a.* $V^E V^O V^{Ph}$ H^I P (d) *s. d.* M T R **I suppl. 68** (a) L^c PML^b T R ἐκ τοῦ] ἐκ τὸ *(sic)* T, *om.* PL^b ἁγίους] *om.* R μ′] τεσσαράκοντα *(*τεσσάρα- T*)* L^b T R μάρτυρας] *om.* L^c PM T (b) Τῶν μ′ μαρτύρων V^W (c) Βασιλείου $V^E V^O V^{Ph}$ H^I

---

1 μέτοχος] πρόξενος R ἐπιγνοσώμεθα P, ἐπιγνωσωμεθα M **6** ἀλλὰ *(*-α M*)* $V^E V^O V^{Ph}$ H^I M R ἀναμένοντα T πρὸσδοκόμενα *(*προσ- T*)* P T, προσδωκώμενα M **10** Μαρτύρων] *add.* δε M τίς ἂν] οὐκ ἄν τις V^W **12** κοινὸν] οἰκεῖον L^c V H^I *(*κοινὸν *in mg. add.* $V^{E \text{ man. rec.}}$*)*

I suppl. 69 / L^c cap. A 7, 46

Ἐκ τῆς ιζ′ ἐπιστολῆς·

Ἡ πρὸς τοὺς εὔνους τῶν ὁμοδούλων διάθεσις τὴν ἀναφορὰν ἐπὶ τὸν δεσπότην ἔχει, ᾧ δεδουλεύκασιν, καὶ ὁ τοὺς διὰ πίστιν ἠθληκότας τιμῶν δῆλός ἐστι τὸν ἴσον ζῆλον ἔχων τῆς πίστεως.

I suppl. 70 / L^c cap. A 7, 47

Τοῦ Θεολόγου, ἐκ τοῦ εἰς Κυπριανὸν τὸν μάρτυρα·

Ταύτην εἶναι πραγματειῶν ἀρίστην φημί, αἵματος ὀλίγου βασιλείαν οὐρανῶν ὠνήσασθαι, καὶ δόξης ἀϊδιότητα τῶν προσκαίρων ἀντιλαβεῖν ἀγαθῶν.

---

3 – 5 I suppl. 69 Basilius Caesariensis, *Epistulae* (ιζ′), CXCVII, 2, 4–7 (ed. Courtonne, II, p. 151) **8 – 10 I suppl. 70** Gregorius Nazianzenus, *In laudem Cypriani (Orat. 24)*, 15, 11–13 (ed. Mossay/Lafontaine, p. 72)

---

2 – 5 I suppl. 69 L^c cap. A 7, 46 (138v[31]31–32); V^E cap. A 31, 46; V^O cap. A 31, 46; V^{Ph} cap. A 31, 46; H^I cap. A 29, 46; *deest in* V^W PML^b T R; PG 95, 1237, 39–42 **7 – 10 I suppl. 70** L^c cap. A 7, 47 (138v[33]33–34); V^E cap. A 31, 47; V^W cap. A 31, 34; V^O cap. A 31, 47; V^{Ph} cap. A 31, 47; H^I cap. A 29, 47; P cap. A 33, 49; M cap. A 33, 48; L^b cap. A 33, 48; T cap. A 55, 48; R cap. A 44, 37; PG 95, 1237, 43–46

I suppl. 69 (a) L^c (b) Τοῦ αὐτοῦ V^EV^O (c) *s. a.* V^{Ph} H^I **I suppl. 70** (a) L^c PML^b T R Θεολόγου] *praem.* ἁγίου Γρηγορίου τοῦ P Κυπριανὸν – μάρτυρα] τὸν ἅγιον κϋπρϊανόν L^c κυπριανον P, κυπριαν M τὸν] *om.* L^b R μάρτυρα] μητροπολίτην L^b (b) Τοῦ Θεολόγου V H^I

---

4 ᾧ] ὦ V^EV^O, ὡς L^c, ὧν H^I πίστεως V^{Ph} **4 – 5** ἠθληκότας H^I, ἠθλϊκότας V^{Ph}, ἠθεληκότας V^O **5** ἶσον V^OV^{Ph} L^c **8** πραγματιῶν *(-ϊων* V^O*)* $V^EV^{W\ p.\ c.}V^OV^{Ph}$ H^I P T, -είων M, -είαν R, πραγμάτων $V^{W\ a.\ c.}$ ἀρίστην φημί] ἀρϊστϊν φημί V^O, ἀρίστην PML^b T R *(ed.)* **10** ἀγαθῶν] *add.* την βασιλειαν $V^{W\ man.\ rec.}$, εἰς βασίλεια R *(cf. infra*, I suppl. 71 / L^c cap. A 7, 48 *[lemma c])*

I suppl. 71 / L^{c} cap. A 7, 48

Τοῦ αὐτοῦ, ἐκ τοῦ εἰς Βασίλειον ἐπιταφίου·

Νόμος μαρτυρίας μήτε ἐθελοντὰς πρὸς τὸν ἀγῶνα χωρεῖν, φειδοῖ τῶν διωκόντων καὶ τῶν ἀσθενεστέρων, μήτε παρόντας ἀναδύεσθαι· τὸ μὲν γὰρ θράσους, τὸ δὲ ἀνανδρίας ἐστίν.

I suppl. 72 / L^{c} cap. A 7, 49

Τοῦ Νύσης, εἰς τοὺς μακαρισμούς·

Μακαριότης ἐστὶ περίληψις πάντων τῶν κατὰ τὸ ἀγαθὸν νοουμένων, ἧς ἄπεστι τῶν εἰς ἀγαθὴν <ἐπιθυμίαν> ἡκόντων οὐδέν.

3–5 I suppl. 71 Gregorius Nazianzenus, *Funebris oratio in laudem Basilii Magni Caesareae in Cappadocia episcopi (Orat. 43)*, 6, 2–5 (ed. Bernardi, p. 126) **8–9 I suppl. 72** Gregorius Nyssenus, *De beatitudinibus*, I (ed. Callahan, p. 79, 28 – 80, 1)

2–5 I suppl. 71 L^{c} cap. A 7, 48 (138v[35]35–36); V^{E} cap. A 31, 48; V^{W} cap. A 31, 35; V^{O} cap. A 31, 48; V^{Ph} cap. A 31, 48; H^{I} cap. A 29, 48; P cap. A 33, 50; M cap. A 33, 49; L^{b} cap. A 33, 49; T cap. A 55, 49; R cap. A 44, 38; PG 95, 1237, 47–50 **7–9 I suppl. 72** L^{c} cap. A 7, 49 (138v[37]37–139r1); *deest in* V H^{I} PML^{b} T R

I suppl. 71 (a) L^{c} T εἰς Βασίλειον] *om.* L^{c} επιταφιον T (b) Ἐκ τοῦ ἐπιταφίου τοῦ εἰς τὸν μέγαν Βασίλειον L^{b} (c) Εἰς Βασίλειον $V^{E}V^{O}V^{Ph}$ H^{I} PM βασιλειον M (d) Τοῦ αὐτοῦ V^{W} (e) *s. a.* R *(sed cf. supra*, I suppl. 70 / L^{c} cap. A 7, 47 *app. crit.)*

---

3 μήτε] μήτ' L^{b} ἐθέλοντας V^{W} P, ἐθέλοντὰς V^{O}, ἐθελοντῖ V^{Ph}, εθελοντι M, ἐλθόντας T **4** παρόντος P **5** θάρσους R ἀνανδρείας ἐστίν T $R^{a. c. ut videtur}$, ἀνδρίας ἐστίν V^{E} **9** ἐπιθυμίαν] *supplevimus (ed.)*, *om.* L^{c}

I suppl. 73 / L^c cap. A 7, 50

Τοῦ αὐτοῦ·

Ἡ τῶν μακαρισμῶν μετουσία θεότητός ἐστι κοινωνία· θεοῦ γὰρ ὡς ἀληθῶς ἴδιον ἡ μακαριότης ἐστίν.

I suppl. 74 / L^c cap. A 7, 51

Τοῦ αὐτοῦ·

Εἰ τὸ ἰδεῖν τὸν θεὸν ὑπερβολὴν ἐν τῷ ἀγαθῷ οὐκ ἔχει, τὸ υἱὸν γενέσθαι θεοῦ ὑπὲρ εὐκληρίαν ἐστὶν πάντων. Ὁ γὰρ θεοῦ υἱὸς ἀξιωθεὶς γενέσθαι ἕξει πάντως ἐν ἑαυτῷ τοῦ πατρὸς τὸ ἀξίωμα. Ὑπὲρ εὐχὴν δὲ ἡ ἐπιτυχία, ὑπὲρ ἐλπίδα δὲ τὸ δῶρον, ὑπὲρ φύσιν ἡ χάρις.

---

3 I suppl. 73 Ἡ – κοινωνία] Gregorius Nyssenus, *De beatitudinibus*, V (ed. Callahan, p. 124, 13–14) **3 – 4** θεοῦ – ἐστίν] Ibid. (p. 124, 11) **7 – 8 I suppl. 74** Εἰ – πάντων] Gregorius Nyssenus, *De beatitudinibus*, VII (ed. Callahan, p. 149, 14–16) **8 – 9** Ὁ – ἀξίωμα] Ibid. (p. 151, 17–19) **10 – 11** Ὑπὲρ – χάρις] Ibid. (p. 149, 22–23)

---

2 – 4 I suppl. 73 L^c cap. A 7, 50 (139r[1]1–2); V^E cap. A 31, 49; V^W cap. A 31, 36; V^O cap. A 31, 49; V^{Ph} cap. A 31, 49; H^I cap. A 29, 49; P cap. A 33, 51; M cap. A 33, 50; L^b cap. A 33, 50; T cap. A 55, 50; R cap. A 44, 39; PG 95, 1237, 51–53 **6 – 11 I suppl. 74** L^c cap. A 7, 51 (139r[2]2–4); V^E cap. A 31, 50; V^W cap. A 31, 37; V^O cap. A 31, 50; V^{Ph} cap. A 31, 50; H^I cap. A 29, 50; P cap. A 33, 52; M cap. A 33, 51; L^b cap. A 33, 51; T cap. A 55, 51; R cap. A 44, 40; PG 95, 1237, 54 – 1240, 3

I suppl. 73 (a) L^c (b) Τοῦ ἁγίου Γρηγορίου Νύσσης, εἰς τοὺς μακαρισμούς R (c) Τοῦ Νύσης V H^I PML^b T νυσης M, νύσσης H^I L^b, νυ′ $V^EV^OV^{Ph}$ **I suppl. 74** (a) L^c V^WV^O H^I PML^b T (b) *s. a.* V^EV^{Ph} (c) *s. d.* R

---

3 Ἡ] *ante* κοινωνία *transpos.* PML^b T R, *post* κοινωνία *transpos.* $V^{W\ a.\ c.}$ μετουσία – ἐστι] *om.* M μετουσία] κοινωνία V H^I PL^b T R θεότητος ἐστῒ L^b R, θεότητός ἐστὶ V^W, θεότητος ἔστι P, θεότητος ἐστι V^O, θειότητος ἐστῒ L^c **4** ὡς] *om.* R ἡ] *om.* T **7** Εἰ] εἶ P, ἐν V^O τὸ[1]] τῶ $V^{W\ a.\ c.}$ V^OV^{Ph}, τω V^E M ἰδεῖν] εἰδέναι $V^{W\ p.\ c.}$ L^b T, εἰδεναι M, ειδεναι P *(et* I 665 / C cap. B 3, 25 [SJD VIII/1]*)* **8** θεοῦ[1]] *praem.* τοῦ V^O πάντων] *cf. etiam* I 666 / C cap. B 3, 26 (SJD VIII/1), πᾶσαν πάντως *ed.* θεοῦ[2]] *om.* V^O **10** δὲ[2]] *om.* H^I ML^b *(ed.)*

I suppl. 75 / Lᶜ cap. A 7, 52

Τοῦ αὐτοῦ, ἐκ τοῦ εἰς τὸ *Πάτερ ἡμῶν*·

Φύσις ἐστὶ πρὸς τὸ μακάριόν τε καὶ ἐπαινούμενον τῇ ἐπιθυμίᾳ συντείνεσθαι.

I suppl. 76 / Lᶜ cap. A 7, 53

Τοῦ αὐτοῦ·

Ἀγαθοῦ παντὸς τὸ κεφάλαιον τὸ ὑπὸ τὴν ζωοποιὸν ἐξουσίαν τετάχθαι.

I suppl. 77 / Lᶜ cap. A 7, 54

Τοῦ Χρυσοστόμου, ἐκ τοῦ πρὸς Ἰουδαίους ε'·

Οὐ τὸ κελευσθῆναι θῦσαι, εἶτα ἑλέσθαι μᾶλλον ἀποθανεῖν ἢ θῦσαι, ποιεῖ μάρτυρας, ἀλλὰ καὶ τὸ ὁτιοῦν φυλάττοντα μόνον δυνάμενον θάνατον ἐπισπάσασθαι μαρτύριον ἔστι σαφές.

---

3 – 4 I suppl. 75 Gregorius Nyssenus, *In illud:* Pater noster *(Matth. 6, 9) (De oratione dominica)*, re vera *In Canticum Canticorum*, XV (ed. Langerbeck, p. 468, 18–19) **7 – 8 I suppl. 76** Gregorius Nyssenus, *In illud:* Pater noster *(Matth. 6, 9) (De oratione dominica)*, III (ed. Boudignon/Cassin, p. 408, 4–5) **11 – 13 I suppl. 77** Iohannes Chrysostomus, *Adversus Iudaeos*, VIII, 7 (PG 48, 939, 42 – 46)

---

2 – 4 I suppl. 75 Lᶜ cap. A 7, 52 (139r[4]4–5); Vᴱ cap. A 31, 51; Vᴼ cap. A 31, 51; Vᴾʰ cap. A 31, 51; Hᴵ cap. A 29, 51; P cap. A 33, 53; M cap. A 33, 52; Lᵇ cap. A 33, 52; T cap. A 55, 52; R cap. A 44, 41; *deest in* Vᵂ; PG 95, 1240, 4–5 **6 – 8 I suppl. 76** Lᶜ cap. A 7, 53 (139r[5]5–6); Vᴱ cap. A 31, 52; Vᴼ cap. A 31, 52; Vᴾʰ cap. A 31, 52; Hᴵ cap. A 29, 52; P cap. A 33, 54; M cap. A 33, 53; Lᵇ cap. A 33, 53; T cap. A 55, 53; R cap. A 44, 42; *deest in* Vᵂ; PG 95, 1240, 6–7 **10 – 13 I suppl. 77** Lᶜ cap. A 7, 54 (139r[6]6–8); *deest in* V Hᴵ PMLᵇ T R

I suppl. 75 (a) PMLᵇ T R Τοῦ αὐτοῦ] *om.* PM ἐκ τοῦ] *om.* PMLᵇ (b) Τοῦ αὐτοῦ Lᶜ Vᴼ (c) *s. a.* VᴱVᴾʰ Hᴵ **I suppl. 76** (a) Lᶜ Hᴵ Lᵇ T (b) *s. a.* VᴱVᴼVᴾʰ P (c) *s. d.* M R **I suppl. 77** ε'] *sic* Lᶜ, η' *exspectav.*

---

3 Φύσις – τὸ] φύσει ἐστὶ πρῶτον R μακάριόν τε] μακάριον *(*-κα- M*)* PMLᵇ T τὴν ἐπιθυμίαν VᴱVᴼVᴾʰ Hᴵ **7** ὑπὲρ Vᴼ **7 – 8** τέταχθαι Vᴼ P, τετακται M **13** μαρτύριον ἔστι] *sic acc.* Lᶜ

I suppl. 78 / L^c cap. A 7, 55

Τοῦ αὐτοῦ, ἐκ τοῦ εἰς τὸν Σαοὺλ καὶ Δαυΐδ·

Τοιαῦται τῶν ἁγίων αἱ ψυχαί· πριν ἢ καταπεσεῖν ἀνίστανται, πριν ἢ πρὸς τὴν ἁμαρτίαν ἐλθεῖν ἀναχαιτίζονται, ἐπειδὴ νήφουσι καὶ διαπαντὸς εἰσὶν ἐγρηγορυῖαι.

I suppl. 79 / L^c cap. A 7, 56

Τοῦ αὐτοῦ, ἐκ τοῦ εἰς τὸν ἅγιον Ῥωμανόν·

Οὐ μήρινθον λεπτὴν διαθέουσιν οἱ θαυματοποιοὶ τοῦ Χριστοῦ, οὐδὲ ξίφεσιν ἐπικυβιστῶντες γυμνοῖς, τέχνῃ τὰς πληγὰς διαφεύγουσιν, ἀλλ' ἀντὶ μὲν σχοινίου τὴν στενὴν καὶ ἀμφίκρημνον τῆς εὐσεβείας ὁδὸν ἀσαλεύτῳ βήματι διατρέχουσι, τῶν δὲ τυραννου-

3 – 5 I suppl. 78 IOHANNES CHRYSOSTOMUS, *De Davide et Saule*, I, 6, 1–3 (ed. Barone, p. 20) **8 – 45, 3 I suppl. 79** IOHANNES CHRYSOSTOMUS, *In S. Romanum*, locus non repertus; Haidacher 176.11

2 – 5 I suppl. 78 L^c cap. A 7, 55 (139r[8]8–9); V^E cap. A 31, 53; V^W cap. A 31, 38; V^O cap. A 31, 53; V^{Ph} cap. A 31, 53; H^I cap. A 29, 53; P cap. A 33, 55; M cap. A 33, 54; L^b cap. A 33, 54; T cap. A 55, 54; R cap. A 44, 43; PG 95, 1240, 8–11 **7 – 45, 3 I suppl. 79** L^c cap. A 7, 56 (139r[10]10–13); V^E cap. A 31, 54; V^W cap. A 31, 39; V^O cap. A 31, 54; V^{Ph} cap. A 31, 54; H^I cap. A 29, 54; P cap. A 33, 56; M cap. A 33, 55; L^b cap. A 33, 55; T cap. A 55, 55; R cap. A 44, 44; PG 95, 1240, 12–20; PG 96, 476, 51 – 477, 2

I suppl. 78 (a) L^c V^W PML^b T Τοῦ – τοῦ] *om.* V^W PML^b Τοῦ αὐτοῦ] *om.* T σαοῦλ $M^{a. c.}$, σαουλ P Δαυΐδ] *praem.* τὸν V^W (b) Τοῦ Χρυσοστόμου $V^EV^OV^{Ph}$ H^I (c) Τοῦ αὐτοῦ, ἐκ τοῦ εἰς τὸ *Πάτερ ἡμῶν* R **I suppl. 79** (a) L^c PML^b T R Τοῦ – τοῦ] *om.* PML^b Τοῦ αὐτοῦ] *om.* T ἐκ τοῦ] *om.* L^c ῥωμανον M, ρωμανόν T, ρωμανον P (b) Τοῦ αὐτοῦ, εἰς Ῥωμανὸν *(ρωμ' cod.)* μάρτυρα V^E (c) Τοῦ Χρυσοστόμου, εἰς Ῥωμανὸν μάρτυρα V^OV^{Ph} H^I ρωμ' V^{Ph}, ρωμανὸν H^I (d) *s. a.* V^W

3 τῶν ἁγίων] *post* αἱ *transpos.* L^c αἱ] *om.* M πριν ἢ[2]] *praem.* καὶ M **4** ἀναχετίζονται $V^EV^WV^{Ph}$ P T $R^{a. c. man. rec.}$, -τηζονται M **4 – 5** διαπαντὸς εἰσιν PL^b T, διαπαντος εἰσιν M **5** ἐγρηγορύϊαι P, -υῖαι M, -ῦαι T **8** μήρυνθον *(μη- P)* V^W PM T, μίρυνθον R, μῦρϊνθον L^c θαυματοποῖοι P, θαυμαστοποιοὶ *(-οι M)* L^c M **9** ἐπικυβηστόντες P, ἐπικυβιστῶνται V^W **10** ἀλλ'] ἀλλὰ M ἀμφίκρεμνον V^W P **11** ὁδῶ V^W βήμασι R **11 – 45, 1** τυρανουμένων $V^EV^OV^{Ph}$, τυραννοῦντων M

μένων ξιφῶν τὰς ἀκμὰς ταῖς τῶν οἰκείων πληγῶν φιλοτιμίαις ἀμβλύνουσιν, οὐ τὸ μὴ πάσχειν τέχνην ποιησάμενοι, ἀλλὰ τὸ νικᾶν ἐν τῷ πάσχειν ἀσκούμενοι.

I suppl. 80 / L^{c} cap. A 7, 57

Κυρίλλου, ἐκ τοῦ ιβʹ βιβλίου τῶν κατὰ Ἰουλιανοῦ·

Ἡ ἀληθῶς τῶν ἁγίων μακαριότης ἐν ἐλπίσιν ἐστὶ τῶν ὑπὲρ νοῦν καὶ λόγον· *ὀφθαλμὸς* γάρ φησιν *οὐκ εἶδε, καὶ οὖς οὐκ ἤκουσε, καὶ ἐπὶ καρδίαν ἀνθρώπου οὐκ ἀνέβη, ἃ ἡτοίμασεν ὁ θεὸς τοῖς ἀγαπῶσιν αὐτόν.*

I suppl. 81 / L^{c} cap. A 7, 58

Ἐκ τοῦ ιηʹ βιβλίου τῶν αὐτῶν·

Ἀλλ᾽ οὐδὲ αὐτοὺς <τοὺς> ἁγίους μάρτυρας θεοὺς εἶναι φαμέν, ἀλλ᾽ ἴσμεν ἀνθρώπους γεγονότας ἀγαθούς, καὶ ὡς γενναίως ἀθλήσαντας καὶ τῆς εἰς αὐτὸν εὐσεβείας ἀσμένως προκινδυνεύσαντας, <οὓς> ταῖς καθηκούσαις στεφανοῦμεν τιμαῖς, τῇ τῶν ἀνδραγαθημάτων λαμπρότητι τὴν ἀρίστην νέμοντες ψῆφον· χρῆναι γὰρ ὑπολαμβάνω ταῖς ἀτελευτήτοις τιμᾶσθαι μνήμαις τοὺς ὧδε διαπρεπῆ καὶ ἀξιόκτητον λαβόντας τὴν δόξαν, οἳ καὶ αὐτοῦ τοῦ θανάτου πεποίηνται παρ᾽ οὐδὲν τὴν ἔφοδον, ἵνα τὸ γνήσιον εἰς πίστιν τῷ πριαμένῳ τηρήσωσι. Χριστοῦ γὰρ ἐσμέν, ὑπὲρ ὧν καὶ

7–9 I Cor. 2, 9

6–9 I suppl. 80 Cyrillus Alexandrinus, *Contra Iulianum imperatorem*, XII, locus non repertus (fr. 20, ed. Kinzig/Brüggemann, p. 774) **12–46, 2 I suppl. 81** Cyrillus Alexandrinus, *Contra Iulianum imperatorem*, XVIII, locus non repertus (fr. 65, ed. Kinzig/Brüggemann, p. 808–809)

5–9 I suppl. 80 L^{c} cap. A 7, 57 (139r[13–14]14–15); *deest in* V H^{I} PML^{b} T R **11–46, 2 I suppl. 81** L^{c} cap. A 7, 58 (139r[16]16–21); *deest in* V H^{I} PML^{b} T R

---

1 ταῖς] τῇ *(*τη M*)* PML^{b} T R, τῆς *e corr.* V^{W} φιλοτιμίᾳ *(*-μΐᾳ L^{b}, -μια M*)* PML^{b} T R, φιλοτιμίας *e corr.* V^{W} **2** ποιούμενοι L^{c} R τὸ^{2}] τοῦ H^{I} **7** εἶδε] *correximus (NT)*, οἶδε L^{c} **12** τοὺς] *supplevimus, om.* L^{c} **15** οὓς] *supplevimus, om.* C **17** ὧδε] *scripsimus*, ὦδε L^{c} **18** αὐτοῦ] *scripsimus*, αὐτοὶ L^{c}

ἀπέθανε· καὶ αὐτὸς ἡμᾶς αἵματι τῷ ἰδίῳ κατεκτήσατο, καὶ αὐτῷ τὴν ἰδίαν ἡμῶν ἐπωφλήσαμεν ζωήν.

I suppl. 82 / L^c cap. A 7, 59

Κλήμεντος, ἐκ τοῦ δ′ Στρωματέως·

Ἔοικεν τὸ μαρτύριον ἀποκάθαρσις εἶναι ἁμαρτιῶν μετὰ δόξης.

I suppl. 83 / L^c cap. A 7, 60

Φίλωνος, ἐκ τοῦ περὶ τῶν μετονομαζομένων·

Εὐδαίμων, ὅτῳ ἐξεγένετο τὸν πλείω τοῦ βίου χρόνον πρὸς τὴν ἀμείνω καὶ θειοτέραν μοίραν ταλαντεύειν ἅπαντα…

I suppl. 84 / L^c cap. A 7, 61

Ἐκ τοῦ γ′ τῶν ἐν Γενέσει ζητημάτων·

Μακαρία φύσις ἡ ἐπὶ παντὶ χαίρουσα καὶ μηδενὶ δυσαρεστοῦσα

---

5 I suppl. 82 Clemens Alexandrinus, *Stromata*, IV. Cap. IX. 74, 3 (ed. Stählin/Früchtel/Treu, p. 281, 25–26); Holl, n° 241 **8 – 9 I suppl. 83** Philo Iudaeus, *De mutatione nominum*, 185 (ed. Wendland, p. 188, 12–14) **12 – 47, 2 I suppl. 84** Philo Iudaeus, *Quaestiones in Genesim*, III. 38b (ed. Petit, p. 141)

---

4 – 5 I suppl. 82 L^c cap. A 7, 59 (139r[22]22); V^E cap. A 31, 55; V^W cap. A 31, 40; V^O cap. A 31, 55; V^{Ph} cap. A 31, 55; H^I cap. A 29, 55; P cap. A 33, 57; M cap. A 33, 56; L^b cap. A 33, 56; T cap. A 55, 56; R cap. A 44, 45; PG 95, 1240, 21–22 **7 – 9 I suppl. 83** L^c cap. A 7, 60 (139r[22]23); *deest in* V H^I PML^b T R **11 – 47, 2 I suppl. 84** L^c cap. A 7, 61 (139r[24]24–25); V^E cap. A 31, 56; V^W cap. A 31, 41; V^O cap. A 31, 56; V^{Ph} cap. A 31, 56; H^I cap. A 29, 56; P cap. A 33, 58; M cap. A 33, 57; L^b cap. A 33, 57; T cap. A 55, 57; R cap. A 44, 46; PG 95, 1240, 23–26

I suppl. 82 (a) L^c (b) Κλήμεντος V H^I PML^b T R Κλήμεντος] κλημεντος M T, *praem.* τοῦ ἁγίου R **I suppl. 84** (a) L^c (b) Φίλωνος V H^I PM T R φιλωνος M (c) Τοῦ αὐτοῦ L^b

---

12 φύσις] *praem.* η M δυσαρεστοῦσαν $V^{O\ a.\ c.\ man.\ rec.}$

τῶν ἐν τῷ κόσμῳ τοπαράπαν, ἀλλ' εὐαρεστοῦσα τοῖς γινομένοις, ὡς καλῶς καὶ συμφερόντως γινομένοις.

---

1 τῶν – εὐαρεστοῦσα] *om.* PML^{b} T τῶν] *om.* V^{E}V^{O}V^{Ph} ἀλλὰ R γινομενοις PM$^{p.c.}$, -μενος M$^{a.c.}$ **2** γινομενοις PM, γενομένοις R$^{a.c.}$, -μένων V^{E}V^{O}V^{Ph} H^{I}

λβʹ Περὶ ἀπαρχῶν καὶ ἀποδεκατούντων, καὶ ὡς χρὴ προσφέρειν θεῷ τὰς ἀπαρχάς.

ξβʹ Περὶ ἀπαρχῶν καὶ δεκάτων, καὶ ὡς χρὴ ταύτας προσφέρειν τῷ θεῷ.

I suppl. 85 / V cap. A 32, 1

Ἐξόδου·

Ἀπαρχὰς ἅλωνός σου οὐ καθυστερήσεις.

I suppl. 86 / V cap. A 32, 2

Τῆς αὐτῆς·

Οὐκ ὀφθήσῃ ἐνώπιόν μου κενός.

---

7 I suppl. 85 Ex. 22, 29 **10 I suppl. 86** Ex. 23, 15 vel 34, 20

---

1 – 2 Titlos (a) V^{E} (40v20–21) $V^{W}V^{O}V^{Ph}$ $H^{I\ txt}$ A^{I}; *deest in* $H^{I\ pin\ (lac.)}$; PG 95, 1240, 27–29 **3 – 4 Titlos (b)** $PML^{b\ pin}$ T^{txt} R; *deest in* $L^{b\ txt}$ $T^{pin\ (lac.)}$ **6 – 7 I suppl. 85** V^{E} cap. A 32, 1 (40v[21]22); V^{W} cap. A 32, 1; V^{O} cap. A 32, 1; V^{Ph} cap. A 32, 1; H^{I} cap. A 30, 1; P cap. A 62, 1; M cap. A 62, 1; T cap. A 84, 1; R cap. A 69^{2}, 1; *deest in* L^{b}; PG 95, 1240, 30 **9 – 10 I suppl. 86** V^{E} cap. A 32, 2 (40v22–23); V^{W} cap. A 32, 2; V^{O} cap. A 32, 2; V^{Ph} cap. A 32, 2; H^{I} cap. A 30, 2; P cap. A 62, 2; M cap. A 62, 2; T cap. A 84, 2; R cap. A 69^{2}, 2; *deest in* L^{b}; PG 95, 1240, 31

---

1 – 2 Titlos (a) **1** λβʹ] τίτλος λβʹ $V^{W\ txt}$, λαʹ $V^{O\ pin\ a.\ c.}$ $V^{Ph\ pin}$, κθʹ $A^{I\ pin}$, λʹ $H^{I\ txt}$ $A^{I\ txt}$ **2** τὰς ἀπαρχάς] *om.* $V^{E\ pin}$ $V^{O\ pin}$ $V^{Ph\ pin}$ **3 – 4 Titlos (b)** **3** ξβʹ] τίτλος πδʹ T^{txt}, τίτλος ξθʹ R^{txt}, ομʹ *(intellige* ὁμοίως*)* R^{pin} ἀπαρχῶν] ἀρχων M^{txt} δεκατῶν $L^{b\ pin}$ R, ἀποδεκατῶν M^{txt} **3 – 4** καὶ^{2} – θεῷ] *om.* M **3** καὶ^{2}] *om.* R ὡς] ὅτι R χρὴ] δεῖ R^{pin}

I suppl. 85 Ἐξόδου] *praem.* τῆς T R **I suppl. 86** (a) P T R (b) *s. a.* V H^{I} (c) *s. d.* M

---

7 ἅλωνός σου $V^{O}V^{Ph}$ H^{I} T, ἀλωνος σου M, αλωνος σου P

I suppl. 87 / V cap. A 32, 3

Τῆς αὐτῆς·

Ἀπαρχὰς τῶν πρωτογενημάτων τῆς γῆς σου εἰσοίσεις εἰς τὸν οἶκον κυρίου τοῦ θεοῦ σου.

I suppl. 88 / V cap. A 32, 4

Τοῦ Λευϊτικοῦ·

Ὁ βραχίων ὁ δεξιὸς τῷ ἱερεῖ ἔσται.

I suppl. 89 / V cap. A 32, 5

<***>

Πᾶσα δεκάτη τῆς γῆς σου ἔσται ἅγιον τῷ κυρίῳ.

---

3 – 4 I suppl. 87 Ex. 23, 19 **7 I suppl. 88** Lev. 7, 23 **10 I suppl. 89** Lev. 27, 30

---

2 – 4 I suppl. 87 V^{E} cap. A 32, 3 (40v23–24); V^{W} cap. A 32, 3; V^{O} cap. A 32, 3; V^{Ph} cap. A 32, 3; H^{I} cap. A 30, 3; P cap. A 62, 3; M cap. A 62, 3; T cap. A 84, 3; R cap. A 69^{2}, 3; *deest in* L^{b}; PG 95, 1240, 31–33 **6 – 7 I suppl. 88** V^{E} cap. A 32, 4 (40v[24]24); V^{W} cap. A 32, 4; V^{O} cap. A 32, 4; V^{Ph} cap. A 32, 4; H^{I} cap. A 30, 4; P cap. A 62, 4; M cap. A 62, 4; T cap. A 84, 4; *deest in* L^{b} R; PG 95, 1240, 34 **9 – 10 I suppl. 89** V^{E} cap. A 32, 5 (40v24–25); V^{W} cap. A 32, 5; V^{O} cap. A 32, 5; V^{Ph} cap. A 32, 5; H^{I} cap. A 30, 5; P cap. A 62, 5; M cap. A 62, 5; T cap. A 84, 5; R cap. A 69^{2}, 4; *deest in* L^{b}; PG 95, 1240, 35–36

I suppl. 87 (a) R (b) *s. a.* V H^{I} PM (c) *s. d.* T **I suppl. 88** Τοῦ] *om.* V H^{I} λεϊτικοῦ T, λευιτ $V^{E}V^{O}V^{Ph}$ H^{I}, λευητ V^{W} **I suppl. 89** (a) *s. a.* V H^{I} (b) *s. d.* PM T (c) Λευϊτικοῦ R

---

3 εἰσοΐσεις T, εἰοΐσει P **4** τοῦ – σου] *om.* $V^{E}V^{O}V^{Ph}$ H^{I} **7** Ὁ] *om.* PM T ἔσεται T **10** Πᾶσα] *add.* δὲ (δε M) PM T

I suppl. 90 / V cap. A 32, 6

Δευτερονομίου·

Πρόσεχε σεαυτῷ μὴ ἐγκαταλείπῃς τὸν λευΐτην πάντα τὸν χρόνον ὅσον ἐὰν ζῇς ἐπὶ τῆς γῆς.

I suppl. 91 / V cap. A 32, 7

Τοῦ αὐτοῦ·

Οὐκ ὀφθήσῃ ἐνώπιον κυρίου τοῦ θεοῦ σου κενός· ἕκαστος κατὰ τὴν δύναμιν τῶν χειρῶν ὑμῶν, κατὰ τὴν εὐλογίαν κυρίου τοῦ θεοῦ σου, ἣν ἔδωκέν σοι.

I suppl. 92 / V cap. A 32, 8

Παροιμιῶν·

Τίμα τὸν κύριον ἀπὸ σῶν δικαίων πόνων,
καὶ ἀπάρχου αὐτῷ ἀπὸ σῶν καρπῶν δικαιοσύνης,

---

3 – 4 I suppl. 90 Deut. 12, 19 (Wahl, *Deuteronomium-Text*, p. 127) **7 – 9 I suppl. 91** Deut. 16, 16–17 (Wahl, *Deuteronomium-Text*, p. 130) **12 – 51, 2 I suppl. 92** Prov. 3, 9^1–10^2 (Wahl, *Proverbien-Text*, p. 27)

---

2 – 4 I suppl. 90 V^E cap. A 32, 6 (40v[25]25–27); V^W cap. A 32, 6; V^O cap. A 32, 6; V^{Ph} cap. A 32, 6; H^I cap. A 30, 6; P cap. A 62, 6; M cap. A 62, 6; T cap. A 84, 6; *deest in* L^b R; PG 95, 1240, 37–38 **6 – 9 I suppl. 91** V^E cap. A 32, 7 (40v27–28); V^W cap. A 32, 7; V^O cap. A 32, 7; V^{Ph} cap. A 32, 7; H^I cap. A 30, 7; P cap. A 62, 7; M cap. A 62, 7; T cap. A 84, 7; R cap. A 69^2, 5; *deest in* L^b; PG 95, 1240, 39–42 **11 – 51, 2 I suppl. 92** V^E cap. A 32, 8 (40v[mg]29–31); V^W cap. A 32, 8; V^O cap. A 32, 8; V^{Ph} cap. A 32, 8; H^I cap. A 30, 8; P cap. A 62, 8; M cap. A 62, 8; T cap. A 84, 8; R cap. A 69^2, 6; *deest in* L^b; PG 95, 1240, 43–46

I suppl. 90 δευτερονόμιον H^I **I suppl. 91** (a) V^W M T R (b) *s. a.* $V^E V^O V^{Ph}$ H^I P **I suppl. 92** (a) V^W PM T R Παροιμιῶν] *praem.* των M (b) Ἀριθμῶν $V^E V^O V^{Ph}$ H^I

---

3 ἐγκατὰλεῖπης P, ἐγκαταλίπης *(-ι- M)* V^O M T **4** ζῇς] ζησει P, ζήσῃ M T **8** ὑμῶν] ἡμῶν V^O, αὐτοῦ R **8 – 9** κατὰ – σοι] *om.* V^W *(suppl. man. rec.)* **12** πόνων] *om.* V^W P **13** αὐτοῦ $V^{E \text{ a. c. ut videtur}}$, αὐτῶν V^O

ἵνα πίμπλαται τὰ ταμεῖα σου πλησμονῆς σίτου,
οἴνου δὲ αἱ ληνοί σου ἐκβλύζουσιν.

I suppl. 93 / V cap. A 32, 9

Τοῦ Σιράχ·

Μὴ ὀφθῇς ἐνώπιόν μου κενός.

I suppl. 94 / V cap. A 32, 10

<***>

Ἐν πάσῃ δόσει ἱλάρυνον τὸ πρόσωπόν σου,
καὶ ἐν εὐφροσύνῃ ἁγίασον.
Δὸς ὑψίστῳ κατὰ τὴν δόσιν αὐτοῦ,
ὅτι κύριος ἀνταποδιδούς ἐστιν ὑμῖν,
καὶ ἑπταπλασίονα ἀνταποδώσει σοι.

---

5 I suppl. 93 Sir. 32, 6 (Wahl, *Sirach-Text*, p. 135) **8 – 10 I suppl. 94** Ἐν – αὐτοῦ] Sir. 32, 11^{1}–12^{1} (Wahl, *Sirach-Text*, p. 136) **11 – 12** ὅτι – σοι] Ibid. 32, 13^{1-2} (Wahl, p. 136)

---

4 – 5 I suppl. 93 V^{E} cap. A 32, 9 (40v31); V^{O} cap. A 32, 9; V^{Ph} cap. A 32, 9; H^{I} cap. A 30, 9; P cap. A 62, 9; M cap. A 62, 9; T cap. A 84, 9; R cap. A 69^{2}, 7; *deest in* V^{W} L^{b}; PG 95, 1240, 47 **7 – 12 I suppl. 94** V^{E} cap. A 32, 10 (40v[mg]32–34); V^{W} cap. A 32, 9; V^{O} cap. A 32, 10; V^{Ph} cap. A 32, 10; H^{I} cap. A 30, 10; P cap. A 62, 10; M cap. A 62, 10–11; T cap. A 84, 10; R cap. A 69^{2}, 8; *deest in* L^{b}; PG 95, 1240, 47 – 1241, 2

I suppl. 93 (a) H^{I} PM T R Τοῦ] *om.* H^{I} P R (b) *s. a.* $V^{E}V^{O}V^{Ph}$ *(cf. infra*, I suppl. 94 / V cap. A 32, 10 *[lemma c])* **I suppl. 94** (a) *s. a.* H^{I} (b) *s. d.* P T R (c) Σιράχ V *(cf. supra*, I suppl. 93 / V cap. A 32, 9 *[lemma b])* (d) *s. d.* / Τοῦ αὐτοῦ M *(cf. infra, app. crit. txt.)*

---

1 ἵναμπίπλαται V^{O}, ἵνἐμπίπλαται V^{W} πιμπλάται P, πίμπλανται $V^{E\,p.c.}$ R, πείμπλανται $V^{E\,a.c.}$, πιμπλανται M ταμεία σου V^{W}, ταμία σου $V^{O}V^{Ph}$ P T, ταμια σου M σίτου] σιτοῦ V^{O}, *om.* V^{W} P **2** οἴνω M R **5** ὠφθης P, ωφθης M, ὀφθεὶς $V^{E}V^{O}V^{Ph}$ **9** *post* ἁγίασον *hab.* δεκάτην *LXX*, *hic caesura in* M **10** κατὰ] καὶ $V^{W\,a.c.\,man.\,rec.}$ **11** ἀνταποδιδοὺς ἐστὶν R ὑμῖν] *om.* M **12** ἑπταπλασιόνα $PM^{a.c.}$, ἑπταπλάσιονα $M^{p.c.}$, ἐπταπλασίονα V^{E}, ἑπταπλασίον V^{Ph} H^{I}, ἑπταπλασῖον V^{O} ἀντὰποδώσει σοι P, ἀποδώσει σοι $V^{E}V^{O}V^{Ph}$ H^{I}

I suppl. 95 / V cap. A 32, 11

Ἰεζεκιὴλ προφήτου·

Ἐκ πάντων τῶν ἀπαρχῶν ὑμῶν τοῖς ἱερεῦσιν ἔσται.

I suppl. 96 / V cap. A 32, 12

Τοῦ Θεολόγου, ἐκ τῶν Γνωμῶν·

Δῶρον θεῷ κάλλιστόν ἐστιν ὁ τρόπος.
Κἂν πάντ᾽ ἐνέγκῃς, οὐδὲν οἴσεις ἄξιον.
Ὃ καὶ πένης δίδωσι, τοῦτο πρόσφερε.
Μίσθωμα πόρνης ἁγνὸς οὐ μερίζεται.

---

9 Deut. 23, 18

---

3 I suppl. 95 Ez. 44, 30 (Wahl, *Prophetenzitate*, p. 671) **6 – 9 I suppl. 96** Gregorius Nazianzenus, *Carmina*, I,2,33 *(Tetrastichae sententiae)*, 25–28 (PG 37, 930, 2–5)

---

2 – 3 I suppl. 95 V^{E} cap. A 32, 11 (40v[34]34–35); V^{W} cap. A 32, 10; V^{O} cap. A 32, 11; V^{Ph} cap. A 32, 11; H^{I} cap. A 30, 11; P cap. A 62, 11; M cap. A 62, 12; T cap. A 84, 11; R cap. A 69^{2}, 9; *deest in* L^{b}; PG 95, 1241, 3–4 **5 – 9 I suppl. 96** V^{E} cap. A 32, 12 (40v[35]35–41r2); V^{W} cap. A 32, 11; V^{O} cap. A 32, 12; V^{Ph} cap. A 32, 12; H^{I} cap. A 30, 12; P cap. A 62, 12; M cap. A 62, 13; T cap. A 84, 12; R cap. A 69^{2}, 10; *deest in* L^{b}; PG 95, 1241, 5–8

I suppl. 95 ἱεζεκιήλ V, ϊεζεκιηλ PM, ϊεζεκιὴλ T προφήτου] *om.* V H^{I} PM **I suppl. 96** ἐκ – Γνωμῶν] *om.* V^{W} γνωμικῶν H^{I}

---

6 θεοῦ V^{O} PM T κάλλιστον ἐστὶν V^{O} R, κάλλιστον ἐστιν PM **7** πάντ᾽] πάντες V^{O}, πᾶν V^{W} M T R, πὰν P **8** προσφερεται M **9** Μίσθωμα – μερίζεται] *om.* R ἁγνὸς V^{O} H^{I} P, αγνος M, ἁγνῶς T

Τίτλος με′ Περὶ ἀφέσεως ἁμαρτιῶν, καὶ πῶς καὶ κατὰ πόσους τρόπους κεχάρισται ἡμῖν παρὰ θεοῦ, τοῦ μόνου δυναμένου ἀφιέναι ἁμαρτίας, ὁ ἱλασμὸς τῶν πλημμελημάτων.

I suppl. 97 / R cap. A 45, 1

Ὠσηέ·

Ἐπιστράφηθι, Ἰσραήλ, πρὸς κύριον τὸν θεόν σου, διότι ἠσθένησας ἐν ταῖς ἀδικίαις σου. Λάβετε μεθ' ἑαυτῶν λόγους, καὶ ἐπιστράφητε πρὸς κύριον τὸν θεὸν ὑμῶν. Εἴπατε αὐτῷ· Δύνασαι πᾶσαν ἀφαιρεῖν ἁμαρτίαν, ὅπως ἂν μὴ λαλήσητε ἀδικίαν, καὶ ἵνα λάβητε ἀγαθά, καὶ ἀνταποδώσομεν καρπὸν χειλέων ἡμῶν. Ἀσοὺρ οὐ μὴ σώσῃ ἡμᾶς, ἐφ' ἵππων οὐκ ἀναβησόμεθα. Οὐκέτι μὴ εἴπωμεν Θεοὶ ἡμῶν, τοῖς ἔργοις τῶν χειρῶν ἡμῶν· ὁ ἐν σοὶ ἐλεήσει ὀρφανόν. Ἰάσομαι τὰς ἀδικίας αὐτῶν, ἀγαπήσω αὐτοὺς ὁμολόγως, διότι ἀπέστρεψεν ἡ ὀργή μου ἀπ' αὐτῶν.

I suppl. 98 / R cap. A 45, 2

Ἡσαΐου·

Διατοῦτο ἀφαιρεθήσεται ἡ ἀνομία Ἰακώβ· καὶ αὕτη ἐστὶν ἡ εὐλογία αὐτοῦ, ὅταν ἀφέλωμαι αὐτοῦ τὴν ἁμαρτίαν, ὅταν θῶσι πάντας τοὺς λίθους τῶν βωμῶν κατακεκομμένους ὡς κονίαν λεπτήν· καὶ οὐ μὴ μείνῃ τὰ δένδρα αὐτῶν, καὶ τὰ εἴδωλα ἐκκεκομμένα ὥσπερ δρυμὸν μακράν.

---

2 – 3 τοῦ – ἁμαρτίας] cf. Marc. 2, 10 **3** ὁ – πλημμελημάτων] cf. I Ioh. 2, 2

---

6 – 14 I suppl. 97 Os. 14, 2–5 (Wahl, *Prophetenzitate*, p. 177–178) **17 – 21 I suppl. 98** Is. 27, 9 (Wahl, *Prophetenzitate*, p. 351)

---

1 – 3 Titlos R (48v6–8) **5 – 14 I suppl. 97** R cap. A 45, 1 (48v[8]8–15) **16 – 21 I suppl. 98** R cap. A 45, 2 (48v[16]16–20)

---

1 – 3 Titlos 1 Τίτλος] *om.* R[pin] καὶ πῶς] *om.* R[pin]

---

10 ἀνταποδώσωμεν R[a. c.] **21** δρυμὸς *LXX*

I suppl. 99 / R cap. A 45, 3

Τοῦ αὐτοῦ·

Οὕτως λέγει κύριος· Ἐγώ εἰμι, ἐγώ εἰμι ὁ ἐξαλείφων τὰς ἀνομίας σου, καὶ οὐ μὴ μνησθήσομαι αὐτῶν. Σὺ δὲ μνήσθητι καὶ κριθῶμεν ἅμα· λέγε σὺ τὰς ἀνομίας σου, ἵνα δικαιωθῇς.

I suppl. 100 / R cap. A 45, 4

Τοῦ αὐτοῦ·

Μνήσθητι ταῦτα, Ἰακὼβ καὶ Ἰσραήλ, ὅτι παῖς μου εἶ σύ· ἔπλασά σε παῖδα μου· ἐμὸς εἶ, καὶ σύ, Ἰσραήλ, μὴ ἐπιλανθάνου μου. Ἰδοὺ ἐγὼ ἀπήλειψα ὡς νεφέλην τὰς ἁμαρτίας σου, καὶ ὡς γνόφον τὰς ἀνομίας σου· ἐπιστράφηθι πρός με, καὶ λυτρώσομαί σε.

I suppl. 101 / R cap. A 45, 5

Μιχαίου·

Ἐν τίνι καταλάβω τὸν κύριον, ἀντιλήψομαι θεοῦ μου ὑψίστου; Εἰ καταλήψομαι αὐτὸν ἐν ὁλοκαυτώμασιν, ἐν μόσχοις ἐνιαυσίοις; Εἰ προσδέξεται κύριος ἐν χιλιάσι κριῶν ἢ ἐν μυριάσι κριῶν πιόνων; Εἰ δώσω πρωτότοκά μου ὑπὲρ ἀσεβείας μου, καρπὸν κοιλίας μου, ὑπὲρ ἁμαρτίας ψυχῆς μου; Εἰ ἀνηγγέλη σοι, ἄνθρωπε, τί καλόν; Ἢ τί κύριος ἐκζητεῖ παρὰ σοῦ ἀλλ' ἢ τοῦ π<ο>ιεῖν κρίμα καὶ ἀγαπᾶν ἔλεος, καὶ ἕτοιμον εἶναι τοῦ πορεύεσθαι ὀπίσω κυρίου τοῦ θεοῦ σου;

---

3 I suppl. 99 Οὕτως – κύριος] Is. 43, 16 (Wahl, *Prophetenzitate*, p. 397) **3 – 5** Ἐγώ – δικαιωθῇς] Ibid. 43, 25–26 (Wahl, p. 398–399) **8 – 11 I suppl. 100** Is. 44, 21–22 (Wahl, *Prophetenzitate*, p. 404) **14 – 21 I suppl. 101** Mich. 6, 6–8 (Wahl, *Prophetenzitate*, p. 205–206)

---

2 – 5 I suppl. 99 R cap. A 45, 3 (48v[20]20–22) **7 – 11 I suppl. 100** R cap. A 45, 4 (48v[23]23–26) **13 – 21 I suppl. 101** R cap. A 45, 5 (48v[26]27–32)

---

16 κριῶν[2]] *sic* R, χειμάρρων *LXX* **19** ποιεῖν] *correximus (LXX)*, πιεῖν R

I suppl. 102 / R cap. A 45, 6

Τοῦ αὐτοῦ·

Ἐπὶ τῷ κυρίῳ θεῷ ἡμῶν ἐκστήσονται, καὶ φοβηθήσονται ἀπὸ σοῦ, ὅτι Τίς θεὸς ὡς σύ, ἐξαίρων ἀνομίας καὶ ὑπερβαίνων ἀδικίας;

I suppl. 103 / R cap. A 45, 7

Καὶ μεθ' ἕτερα·

Οὗτος ἐπιστρέψει καὶ οἰκτειρήσει ἡμᾶς, καὶ καταδύσει τὰς ἁμαρτίας ἡμῶν, καὶ ἀπορρίψει εἰς τὰ βάθη τῆς θαλάσσης πάσας τὰς ἁμαρτίας ἡμῶν.

I suppl. 104 / R cap. A 45, 8

Ἱερεμίου·

Λέγει κύριος· Διδοὺς νόμους μου εἰς διάνοιαν αὐτῶν καὶ ἐπὶ καρδίας αὐτῶν ἐπιγράψω αὐτούς· καὶ ἔσομαι αὐτοῖς εἰς θεόν, καὶ αὐτοὶ ἔσονταί μοι εἰς λαόν.

I suppl. 105 / R cap. A 45, 9

Καὶ μεθ' ἕτερα·

...ὅτι πάντες εἰδήσουσί με ἀπὸ μικροῦ ἕως μεγάλου αὐτῶν, ὅτι ἵλεως ἔσομαι ταῖς ἀδικίαις αὐτῶν, καὶ τῶν ἁμαρτιῶν αὐτῶν καὶ τῶν ἀνομιῶν αὐτῶν οὐ μὴ μνησθῶ ἔτι.

---

3 – 4 I suppl. 102 Mich. 7, 17–18 (Wahl, *Prophetenzitate*, p. 212) **7 – 9 I suppl. 103** Mich. 7, 19 (Wahl, *Prophetenzitate*, p. 212–213) **12 – 14 I suppl. 104** Ier. 38, 33 (Wahl, *Prophetenzitate*, p. 567) **17 – 19 I suppl. 105** Ier. 38, 34 (Wahl, *Prophetenzitate*, p. 567)

---

2 – 4 I suppl. 102 R cap. A 45, 6 (48v[33]33–34) **6 – 9 I suppl. 103** R cap. A 45, 7 (48v[34]35–36) **11 – 14 I suppl. 104** R cap. A 45, 8 (48v[37]37–39) **16 – 19 I suppl. 105** R cap. A 45, 9 (48v[39]39–49r1)

I suppl. 106 / R cap. A 45, 10

Ἰεζεκιήλ·

Τάδε λέγει κύριος· Ῥανῶ ἐφ' ὑμᾶς ὕδωρ καθαρόν, καὶ καθαρισθήσεσθε ἀπὸ πασῶν τῶν ἀνομιῶν ὑμῶν.

I suppl. 107 / R cap. A 45, 11

Ματθαίου·

Ἐὰν ἀφῆτε τοῖς ἀνθρώποις τὰ παραπτώματα αὐτῶν, ἀφήσει καὶ ὑμῖν ὁ πατὴρ ἡμῶν ὁ οὐράνιος τὰ παραπτώματα ὑμῶν.

I suppl. 108 / R cap. A 45, 12

Τοῦ αὐτοῦ·

Λαβὼν ὁ Ἰησοῦς ἄρτον καὶ εὐλογήσας, ἔκλασε, καὶ δοὺς τοῖς μαθηταῖς αὐτοῦ, εἶπε· Λάβετε, φάγετε· τοῦτο ἐστὶ τὸ σῶμα μου. Καὶ λαβὼν ποτήριον καὶ εὐχαριστήσας, ἔδωκεν αὐτοῖς, λέγων· Πίετε ἐξ αὐτοῦ πάντες· τοῦτο γάρ ἐστι τὸ αἷμα μου τὸ τῆς καινῆς διαθήκης, τὸ περὶ πολλῶν ἐκχυνόμενον εἰς ἄφεσιν ἁμαρτιῶν.

I suppl. 109 / R cap. A 45, 13

Πράξεων·

Ἰδὼν δὲ ὁ Πέτρος ἀπεκρίνατο· Ὁ δὲ θεὸς ἃ προκατήγγειλε διὰ στόματος πάντων τῶν προφητῶν παθεῖν τὸν χριστὸν αὐτοῦ, ἐ-

3 I suppl. 106 Τάδε – κύριος] Ez. 36, 22 **3 – 4** Ῥανῶ – ὑμῶν] Ibid. 36, 25 (Wahl, *Prophetenzitate*, p. 664) **7 – 8 I suppl. 107** Matth. 6, 14 **11 – 15 I suppl. 108** Matth. 26, 26–28 **18 I suppl. 109** Ἰδὼν – ἀπεκρίνατο] Act. 3, 12 **18 – 57, 2** Ὁ – ἀναψύξεως] Ibid. 3, 18–20

2 – 4 I suppl. 106 R cap. A 45, 10 (49r[1]2–3) **6 – 8 I suppl. 107** R cap. A 45, 11 (49r[3]3–5) **10 – 15 I suppl. 108** R cap. A 45, 12 (49r[5]5–9) **17 – 57, 2 I suppl. 109** R cap. A 45, 13 (49r[9]10–13)

πλήρωσεν οὕτως. Μετανοήσατε οὖν καὶ ἐπιστρέψατε εἰς τὸ ἐξαλειφθῆναι ὑμῶν τὰς ἁμαρτίας, ὅπως ἂν ἔλθῃ καιρὸς ἀναψύξεως.

I suppl. 110 / R cap. A 45, 14

Ἐκ τῆς καθολικῆς ἐπιστολῆς τοῦ ἁγίου Ἰωάννου τοῦ θεολόγου·

Ἐὰν ὁμολογῶμεν τὰς ἁμαρτίας ἡμῶν, πιστὸς ἐστὶ καὶ δίκαιος, ἵνα ἀφίῃ ἡμῖν τὰς ἁμαρτίας ἡμῶν, καὶ καθαρίσῃ ἡμᾶς ἀπὸ πάσης ἁμαρτίας.

I suppl. 111 / R cap. A 45, 15

Καὶ μεθ᾽ ἕτερα·

Τεκνία, ταῦτα γράφω ὑμῖν, ἵνα μὴ ἁμάρτητε. Ἐάν τις ἁμάρτῃ, παράκλητον ἔχομεν πρὸς τὸν πατέρα Ἰησοῦν Χριστόν· καὶ αὐτὸς ἱλασμὸς ἐστὶ περὶ τῶν ἁμαρτιῶν ἡμῶν, οὐ περὶ τῶν ἡμετέρων μόνον, ἀλλὰ περὶ ὅλου τοῦ κόσμου.

I suppl. 112 / R cap. A 45, 16

Ἐκ τῆς Ἰακώβου ἐπιστολῆς·

Ἀδελφοί, ἐάν τις ἐν ὑμῖν πλανηθῇ ἀπὸ τῆς ἀληθείας καὶ ἐπιστρέψῃ τίς αὐτόν, γινωσκέτω ὅτι ὁ ἐπιστρέψας ἁμαρτωλὸν ἐκ πλάνης ὁδοῦ αὐτοῦ σώσει ψυχὴν ἐκ θανάτου καὶ καλύψει πλῆθος ἁμαρτιῶν.

---

5 – 7 I suppl. 110 I Ioh. 1, 9 **10 – 13 I suppl. 111** I Ioh. 2, 1–2 **16 – 19 I suppl. 112** Iac. 5, 19–20

---

4 – 7 I suppl. 110 R cap. A 45, 14 (49r[13]14–15) **9 – 13 I suppl. 111** R cap. A 45, 15 (49r[15]16–18) **15 – 19 I suppl. 112** R cap. A 45, 16 (49r[19]19–22)

---

6 – 7 ἁμαρτίας[2]] ἀδικίας *NT*

I suppl. 113 / R cap. A 45, 17

Πρὸς Ἑβραίους·

Πολυμερῶς καὶ πολυτρόπως πάλαι ὁ θεὸς λαλήσας τοῖς πατράσιν ἡμῶν ἐν τοῖς προφήταις, ἐπ᾽ ἐσχάτου τῶν ἡμερῶν τούτων ἐλάλησεν ἡμῖν ἐν υἱῷ, ὃν ἔθετο κληρονόμον πάντων, δι᾽ οὗ καὶ τοὺς αἰῶνας ἐποίησεν· ὃς ὢν ἀπαύγασμα τῆς δόξης…

I suppl. 114 / R cap. A 45, 18

Καὶ μεθ᾽ ἕτερα·

…δι᾽ αὐτοῦ καθαρισμὸν τῶν ἁμαρτιῶν ποιησάμενος.

---

3 – 6 I suppl. 113 Hebr. 1, 1–3 **9 I suppl. 114** Hebr. 1, 3

---

2 – 6 I suppl. 113 R cap. A 45, 17 (49r[22]22–25) **8 – 9 I suppl. 114** R cap. A 45, 18 (49r[25]26)

μη′ Περὶ ἀφέσεως ἁμαρτιῶν, καὶ κατὰ ποίους τρόπους δυνάμεθα τυχεῖν συγχωρήσεως.

λδ′ Περὶ ἀφέσεως ἁμαρτιῶν, καὶ κατὰ πόσους τρόπους κεχάρισται ἡμῖν.

I suppl. 115 / V cap. A 48, 1

Ἰώβ·

Ἔκδυσαι ῥύπον, καὶ οὐ μὴ φοβηθῇς,
καὶ τὸν κόπον σου ἐπίλησαι
ὥσπερ κῦμα παρελθόν, καὶ οὐ πτοηθήσῃ,
ὅτι εὐχή σου ὥσπερ Ἑωσφόρος.

---

7 - 10 I suppl. 115 Iob 11, 15^{2}–17^{1}

---

1 - 2 Titlos (a) V^{E} (45r1–2) $V^{W}V^{O}V^{Ph}$ $H^{I\ txt}$ A^{I}; *deest in* $H^{I\ pin\ (lac.)}$; PG 95, 1256, 33–35 **3 - 4 Titlos (b)** PML^{b} T^{txt}; *deest in* T^{pin} **6 - 10 I suppl. 115** V^{E} cap. A 48, 1 (45r[2]3–4); V^{W} cap. A 48, 1; V^{O} cap. A 48, 1; V^{Ph} cap. A 48, 1; H^{I} cap. A 46, 1; P cap. A 34, 1; M cap. A 34, 1; L^{b} cap. A 34, 1; T cap. A 56, 1; PG 95, 1256, 36–38

---

1 - 2 Titlos (a) **1** μη′] τίτλος μη′ $V^{W\ txt}$, μζ′ V^{Ph}, με′ $H^{I\ txt}$ $A^{I\ txt}$, *om.* $V^{O\ txt}$, *propt. mg. resect. deest in* $A^{I\ pin}$ *(*με′ *secund. ser.)* καὶ] *om.* $V^{O\ txt}$ πόσους V^{W} **2** συγχώρ^{η} $V^{E\ pin}$, συγχώρησιν $V^{O\ pin}$ $V^{Ph\ pin}$ **3 - 4 Titlos (b)** **3** λδ′] κδ′ P^{txt}, τίτλος νς′ T^{txt} **3 - 4** κατὰ – ἡμῖν] απολυτρωσεως M^{txt} **3** τρόπους] *om.* $L^{b\ txt}$

I suppl. 115 (a) V H^{I} PM T Ἰώβ] ϊώβ P, ϊωβ M, τοῦ ϊωβ T (b) *s. a.* L^{b}

---

7 ἔκδυσε V^{E} ῥῦπον V^{Ph}, ρυπον P φοβηθεὶς $V^{E}V^{O}V^{Ph}$ H^{I}, φοβηθις P **8** του κοπου M ἐπιλύσαι V^{O} **9** κύμα V^{W} H^{I} PL^{b} T, κυμα M παρελθὼν V^{W} M, προελθὸν L^{b} πτοήθήσει *(sic)* V^{O}, πτωηθήση *(*-θη- M*)* V^{W} PM T, φοβηθήσῃ L^{b}

I suppl. 116 / V cap. A 48, 2

Παροιμιῶν·

Λύτρον ἀνδρὸς ψυχῆς ὁ ἴδιος πλοῦτος.

I suppl. 117 / V cap. A 48, 3

<***>

Ἐλεημοσύναις καὶ πίστεσιν ἀποκαθαίρονται ἁμαρτίαι.

I suppl. 118 / V cap. A 48, 4

Ἱερεμίου·

Εἰ ἔστιν ποιῶν κρίμα καὶ ζητῶν πίστιν, ἵλεως γενήσομαι αὐτῷ, λέγει κύριος.

---

6 exstat etiam ap. Ps.-Max. Conf., *Loci communes*, 7.3./3. (ed. Ihm, p. 158–159)

---

3 I suppl. 116 Prov. 13, 8^{1} (Wahl, *Proverbien-Text*, p. 66) **6 I suppl. 117** Prov. 15, $27a^{1}$ (Wahl, *Proverbien-Text*, p. 78) **9 – 10 I suppl. 118** Ier. 5, 1 (Wahl, *Prophetenzitate*, p. 491)

---

2 – 3 I suppl. 116 V^{E} cap. A 48, 2 (45r[5]5); V^{W} cap. A 48, 2; V^{O} cap. A 48, 2; V^{Ph} cap. A 48, 2; H^{I} cap. A 46, 2; P cap. A 43, 2; M cap. A 43, 2; L^{b} cap. A 34, 2; T cap. A 56, 2; PG 95, 1256, 39 **5 – 6 I suppl. 117** V^{E} cap. A 48, 3 (45r5–6); V^{W} cap. A 48, 3; V^{O} cap. A 48, 3; V^{Ph} cap. A 48, 3; H^{I} cap. A 46, 3; P cap. A 34, 3; M cap. A 34, 3; L^{b} cap. A 34, 3; T cap. A 56, 3; PG 95, 1256, 40–41 **8 – 10 I suppl. 118** V^{E} cap. A 48, 4 (45r[6]6–7); V^{W} cap. A 48, 4; V^{O} cap. A 48, 4; V^{Ph} cap. A 48, 4; H^{I} cap. A 46, 4; P cap. A 34, 4; M cap. A 34, 4; L^{b} cap. A 34, 4; T cap. A 56, 4; PG 95, 1256, 42–43

I suppl. 116 Παροιμιῶν] *praem.* τῶν L^{b} T **I suppl. 117** (a) *s. a.* $V^{E}V^{O}V^{Ph}$ H^{I} (b) Ἱερεμίου V^{W} PML^{b} T ἱερεμίου T, ἠρεμιου M, ἠρεμιου προφήτου P *(cf. infra*, I suppl. 118 / V cap. A 48, 4 *[lemma a])*, ἱερε V^{W} **I suppl. 118** (a) Ἱερεμίου] *scripsimus*, ἱερεμ V^{E}, ἱερε $V^{O}V^{Ph}$ (b) Ἱερεμίας H^{I} (c) Τοῦ αὐτοῦ V^{W} PM T *(cf. supra*, I suppl. 117 / V cap. A 48, 3 *[lemma b])* (d) *s. a.* L^{b}

---

3 λῦτρον V^{Ph}, λυτρον M ψυχῆς ἀνδρὸς $V^{E}V^{O}V^{Ph}$ H^{I} **6** ἀπὸκαθμίρονται P **9** ποιῶν] ο ποιων M, ποιῶν τῖς L^{b} κρῖμα $V^{E}V^{O}$, κριμα PM ἵλεως V^{W} H^{I}, ἳλεος P, ἵλεος V^{O}, ἲλεος M

I suppl. 119 / V cap. A 48, 5

Σολομῶντος·

Εὐέλπιδας ἐποίησας τοὺς υἱούς σου,
ὅτι δίδως ἐπὶ ἁμαρτήμασι μετάνοιαν.

I suppl. 120 / V cap. A 48, 6

Σιράχ·

Πῦρ φλογιζόμενον ἀποσβέσει ὕδωρ,
καὶ ἐλεημοσύνη ἐξιλάσκεται ἁμαρτίας.

I suppl. 121 / V cap. A 48, 7

Τοῦ αὐτοῦ·

Ἄφες ἀδίκημα τῷ πλησίον σου,
καὶ τότε, δεηθέντος σου, αἱ ἁμαρτίαι σου λυθήσονται.

---

3 - 4 I suppl. 119 Sap. 12, 19^{3-4} **7 - 8 I suppl. 120** Sir. 3, 30^{1-2} (Wahl, *Sirach-Text*, p. 51–52) **11 - 12 I suppl. 121** Sir. 28, 2^{1-2} (Wahl, *Sirach-Text*, p. 121)

---

2 - 4 I suppl. 119 V^{E} cap. A 48, 5 (45r[7]8); V^{W} cap. A 48, 5; V^{O} cap. A 48, 5; V^{Ph} cap. A 48, 5; H^{I} cap. A 46, 5; P cap. A 34, 5; M cap. A 34, 5; L^{b} cap. A 34, 5; T cap. A 56, 5; PG 95, 1256, 44–45 **6 - 8 I suppl. 120** V^{E} cap. A 48, 6 (45r[9]9–10); V^{W} cap. A 48, 6; V^{O} cap. A 48, 6; V^{Ph} cap. A 48, 6; H^{I} cap. A 46, 6; P cap. A 34, 6; M cap. A 34, 6; L^{b} cap. A 34, 6; T cap. A 56, 6; PG 95, 1256, 46–47 **10 - 12 I suppl. 121** V^{E} cap. A 48, 7 (45r10–11); V^{W} cap. A 48, 7; V^{O} cap. A 48, 7; V^{Ph} cap. A 48, 7; H^{I} cap. A 46, 7; P cap. A 34, 7; M cap. A 34, 7; L^{b} cap. A 34, 8; T cap. A 56, 7; PG 95, 1256, 48–49

I suppl. 119 (a) V PML^{b} T σολο $V^{E}V^{O}V^{Ph}$, σολο^{μ} V^{W}, σολομωντος PM T (b) Σολομῶν H^{I} **I suppl. 120** (a) V PM T Σιράχ] σιραχ M, *praem.* τοῦ T (b) Τοῦ αὐτοῦ L^{b} (c) *s. a.* H^{I} **I suppl. 121** (a) V^{W} PML^{b} T (b) *s. a.* $V^{E}V^{O}V^{Ph}$ H^{I}

---

4 δως $V^{E\,a.\,c.}$, δίδος P ἁμαρτήματι PL^{b} T, αμαρτηματι M, ἁμαρτίαι *(sic)* V^{W} μετάνϊαν V^{Ph}, μετανοίας V^{O} **8** ἐλεημοσύνη – ἁμαρτίας] ἐλεημοσύναις ἐξίλάσκονται *(sic)* ἁμαρτίαι V^{W} **12** ἁμαρτίαις σου V^{O}

I suppl. 122 / V cap. A 48, 8

Τοῦ αὐτοῦ·

Ὁ τιμῶν πατέρα ἐξιλάσκεται ἁμαρτίας.

I suppl. 123 / V cap. A 48, 9

Τοῦ αὐτοῦ·

Εὐδοκία κυρίου ἀποστῆναι ἀπὸ ἀδικίας,
καὶ ἐξιλασμὸς ἀποστῆναι ἀπὸ ἁμαρτίας.

I suppl. 124 / V cap. A 48, 10

Ἐκ τοῦ κατὰ Ματθαῖον κεφαλαίου μδ'·

Ἐὰν ἀφῆτε τοῖς ἀνθρώποις τὰ παραπτώματα αὐτῶν, ἀφήσει καὶ ὑμῖν ὁ πατὴρ ὑμῶν ὁ οὐράνιος.

---

3 **I suppl. 122** Sir. 3, 3 (Wahl, *Sirach-Text*, p. 48) **6 – 7 I suppl. 123** Sir. 32, 5^{1-2} (Wahl, *Sirach-Text*, p. 135) **10 – 11 I suppl. 124** Matth. 6, 14

---

2 – 3 I suppl. 122 V^{E} cap. A 48, 8 (45r11–12); V^{W} cap. A 48, 8; V^{O} cap. A 48, 8; V^{Ph} cap. A 48, 8; H^{I} cap. A 46, 8; P cap. A 34, 8; M cap. A 34, 8; L^{b} cap. A 34, 9; T cap. A 56, 8; PG 95, 1257, 1 **5 – 7 I suppl. 123** V^{E} cap. A 48, 9 (45r12–13); V^{W} cap. A 48, 9; V^{O} cap. A 48, 9; V^{Ph} cap. A 48, 9; H^{I} cap. A 46, 9; P cap. A 34, 9; M cap. A 34, 9; L^{b} cap. A 34, 7; T cap. A 56, 9; PG 95, 1257, 2–3 **9 – 11 I suppl. 124** V^{E} cap. A 48, 10 (45r[13]13–14); V^{W} cap. A 48, 10; V^{O} cap. A 48, 10; V^{Ph} cap. A 48, 10; H^{I} cap. A 46, 10; P cap. A 34, 10; M cap. A 34, 10; L^{b} cap. A 34, 10; T cap. A 56, 10; PG 95, 1257, 4–5

I suppl. 122 (a) V^{W} PML^{b} T (b) *s. a.* $V^{E}V^{O}V^{Ph}$ H^{I} **I suppl. 123** (a) PML^{b} T (b) *s. a.* V H^{I} **I suppl. 124** (a) PL^{b} T Ἐκ τοῦ] *om.* P Ματθαῖον] *add.* εὐαγγελίου T (b) Ματθαίου, κεφαλαίου μδ' M (c) Ματθαίου $V^{E}V^{O}V^{Ph}$ (d) Ματθαῖος H^{I} (e) Τοῦ εὐαγγελίου V^{W}

---

10 ἀφεῖτε $V^{E\,a.\,c.}$, ἀφῆται V^{O} ἀφηση P **11** ὑμῖν] ἡμῖν V^{O} ὁ^{1} – ὑμῶν] *om.* T ὑμῶν] ἡμῶν V^{O} L^{b} οὐράνιος] *add.* τας ἁμαρτιας ὑμων M, *add.* τὰ παραπτώματα ὑμῶν *(= Matth. 6, 15)* V^{W}

I suppl. 125 / V cap. A 48, 11

Ἐκ τῆς Ἰακώβου ἐπιστολῆς·

Ὁ ἐπιστρέψας ἁμαρτωλὸν ἐκ πλάνης ὁδοῦ αὐτοῦ, σώσει ψυχὴν ἐκ θανάτου, καὶ καλύψει πλῆθος ἁμαρτιῶν.

---

3 – 4 I suppl. 125 Iac. 5, 20

---

2 – 4 I suppl. 125 V[E] cap. A 48, 11 (45r[15]15–16); V[W] cap. A 48, 11; V[O] cap. A 48, 11; V[Ph] cap. A 48, 11; H[I] cap. A 46, 11; P cap. A 34, 11; M cap. A 34, 11; L[b] cap. A 34, 11; T cap. A 56, 11; PG 95, 1257, 6–8

I suppl. 125 Ἐκ τῆς] *om.* V[W] τῆς] τοῦ L[b] ϊακώβου T, ϊακωβου PM, ἰακώβ L[b] ἐπιστολῆς] *praem.* καθολικῆς T, *om.* V ML[b]

---

3 Ὁ] *om.* PL[b] T σωση M ψυχὴν] *add.* αὐτοῦ PL[b] *(NT)* **4** καλύψη P

Τίτλος μς′ Περὶ ἀναθέματος καὶ ἀφορισμοῦ, καὶ ποσαχῶς τὸ ἀνάθεμα λαμβάνεται.

I suppl. 126 / R cap. A 46, 1

Ἀπὸ τῆς Ἐξόδου·

Καὶ εἶπε Μωϋσῆς πρὸς πᾶσαν συναγωγὴν υἱῶν Ἰσραήλ· Τοῦτο τὸ ῥῆμα, ὃ συνέταξε κύριος, λέγων λαβεῖν παρ' ὑμῶν αὐτῶν ἀφαίρεμα κυρίῳ.

I suppl. 127 / R cap. A 46, 2

Ἀριθμῶν·

Καὶ ἔδωκε Μωϋσῆς τὸ τέλος κυρίου, τὸ ἀφαίρεμα τοῦ θεοῦ, Ἐλεάζαρ τῷ ἱερεῖ, καθὰ συνέταξε κύριος, ἀπὸ τοῦ ἡμισ[σ]εύματος τῶν υἱῶν Ἰσραήλ.

I suppl. 128 / R cap. A 46, 3

Δευτερονομίου·

Ἐὰν ἀκούσῃς ἐν μιᾷ τῶν πόλεων, ὧν κύριος ὁ θεὸς δίδωσί σοι κατοικεῖν, λεγόντων· Ἐξῆλθον ἄνδρες παράνομοι ἐξ ἡμῶν καὶ ἀπέστησαν πάντας τοὺς κατοικοῦντας τὴν πόλιν αὐτῶν, λέγοντες· Πορευθῶμεν καὶ λατρεύσωμεν θεοῖς ἑτέροις, οἷς οὐκ ἤδειτε, καὶ ἐτάσεις καὶ ἐρωτήσεις καὶ ἐξερευνήσεις σφόδρα, καὶ ἰδοὺ ἀλη-

---

5 – 7 I suppl. 126 Ex. 35, 4–5 **10 – 12 I suppl. 127** Num. 31, 41–42 **15 – 65, 6 I suppl. 128** Deut. 13, 12–16 (Wahl, *Deuteronomium-Text*, p. 128–129)

---

1 – 2 Titlos R (49r27–28) **4 – 7 I suppl. 126** R cap. A 46, 1 (49r[28]28–30) **9 – 12 I suppl. 127** R cap. A 46, 2 (49r[30]30–32) **14 – 65, 6 I suppl. 128** R cap. A 46, 3 (49r[32]33–49v1)

---

1 – 2 Titlos 1 Τίτλος] *om.* R[pin]

---

11 ἡμισεύματος] *scripsimus*, ἡμισσεύματος R **18** ἤδειτε] *scripsimus*, εἴδητε R **19 – 65, 1** ἀληθὲς] *sic* R, ἀληθὴς *LXX (sed cf. app. crit.)*

θὲς σαφῶς ὁ λόγος, γεγένηται τὸ βδέλυγμα τοῦτο ἐν ὑμῖν, ἀνελὼν ἀνέλῃς πάντας τοὺς κατοικοῦντας ἐν τῇ πόλει ἐκείνῃ φόνῳ μαχαίρας· ἀναθεματιεῖτε αὐτὴν καὶ πάντα τὰ ἐν αὐτῇ, καὶ πάντα τὰ σκύλα αὐτῆς [πανδημεὶ] συνάξεις εἰς τὰς διόδους αὐτῆς, καὶ ἐμπρήσεις τὴν πόλιν ἐκείνην καὶ πάντα τὰ σκύλα πανδημεὶ ἔναντι κυρίου τοῦ θεοῦ σου.

I suppl. 129 / R cap. A 46, 4

Ἰησοῦ·

Εἶπε κύριος πρὸς Ἰησοῦν· Οὐ δύνανται υἱοὶ Ἰσραὴλ ὑποστῆναι κατὰ πρόσωπον τῶν ἐχθρῶν αὐτῶν, ὅτι ἐγενήθησαν ἀνάθεμα. Οὐ προσθήσω ἔτι μεθ’ ὑμῶν εἶναι, ἐὰν μὴ ἐξάρητε τὸ ἀνάθεμα ἐξ ὑμῶν αὐτῶν. Ἀναστὰς ἁγίασον τὸν λαὸν εἰς τὴν αὔριον, καὶ ὃς ἐὰν δειχθῇ παρὰ κυρίου, κατακαυθήσεται ἐν πυρὶ καὶ πάντα ὅσα ἐστὶν αὐτῷ, ὅτι παρέβη τὴν διαθήκην κυρίου, καὶ ἐποίησεν ἀνόμημα ἐν Ἰσραήλ. Καὶ ὤρθρισεν Ἰησοῦς τὸ πρωΐ, καὶ εἶπεν τῷ Ἄχαρ· Ἀνάγγειλόν μοι τί ἐποίησας. Καὶ εἶπεν Ἄχαρ· Εἶδον ἐν τῇ προνομῇ ψιλὴν ποικίλην καλὴν καὶ διακόσια δίδραγμα ἀργυρίου καὶ γλῶσσαν χρυσῆν πεντήκοντα διδράγμων, καὶ ἔλαβον, καὶ ἰδοὺ κεκρυμμέναι εἰσὶν ἐν τῇ γῇ. Καὶ ἐλιθοβόλησαν αὐτὸν καὶ πάντας τοὺς αὐτοῦ.

---

9 I suppl. 129 Εἶπε – Ἰησοῦν] Ios. 7, 10 **9 – 12** Οὐ – αὔριον] Ibid. 7, 12–13 (Wahl, *Josua-Text*, p. 17–18) **12 – 15** καὶ – πρωΐ] Ibid. 7, 15–16 (Wahl, p. 18) **15 – 19** καὶ – γῇ] Ibid. 7, 19–21 (Wahl, p. 18) **19 – 20** Καὶ – αὐτοῦ] Ibid. 7, 25 (Wahl, p. 18)

---

8 – 20 I suppl. 129 R cap. A 46, 4 (49v[1]2–10)

I suppl. 129 Ἰησοῦ] *sic* R[s. l.] *atramento flaviore (sed eiusdem manus ut videtur)*, ἠσαΐου R[a. c.]

---

4 σκύλα] *sic acc.* R πανδημεὶ] *delevimus (LXX)* **5** σκύλα] *sic acc.* R **15** τὸ] τῷ R[a. c.] **16 – 17** ψιλὴν] *correximus (cf. infra,* I suppl. 142 / V cap. A 50, 3 *et LXX)*, ψέλλην *(sic)* R

I suppl. 130 / R cap. A 46, 5

Ἡσαΐου·

Ἐξέλθετε ἐκ μέσου αὐτῶν καὶ ἀφορίσθητε, οἱ φέροντες τὰ σκεύη κυρίου, ὅτι οὐ μετὰ ταραχῆς ἐξελεύσεσθε, οὐδὲ φυγῇ πορεύσησθε· προπορεύσεται γὰρ πρὸ προσώπου ὑμῶν κύριος, καὶ ὁ ἐπισυνάγων ὑμᾶς κύριος ὁ θεὸς Ἰσραήλ.

I suppl. 131 / R cap. A 46, 6

Ματθαίου·

Ὅταν ἔλθῃ ὁ υἱὸς τοῦ ἀνθρώπου ἐν τῇ δόξῃ αὐτοῦ καὶ πάντες οἱ ἅγιοι ἄγγελοι μετ᾽ αὐτοῦ, τότε καθίσει ἐπὶ θρόνου δόξης αὐτοῦ· καὶ συναχθήσονται ἔμπροσθεν αὐτοῦ πάντα τὰ ἔθνη, καὶ ἀφορίσει αὐτοὺς ἀπ᾽ ἀλλήλων, ὥσπερ ὁ ποιμὴν ἀφορίζει τὰ πρόβατα ἀπὸ τῶν ἐρίφων.

I suppl. 132 / R cap. A 46, 7

Πράξεων·

Ἦσαν δέ τινες ἐν Ἀντιοχείᾳ κατὰ τὴν οὖσαν ἐκκλησίαν προφῆται καὶ διδάσκαλοι, ὅ τε Βαρνάβας καὶ Συμεὼν ὁ καλούμενος Νίγερ, καὶ Λουκᾶς ὁ Κυρηναῖος καὶ Μανναήν τε, Ἡρώδου τοῦ τετράρχου σύντροφος, καὶ Σαῦλος. Λειτουργούντων δὲ αὐτῶν τῷ κυρίῳ καὶ νηστευόντων, εἶπε τὸ πνεῦμα τὸ ἅγιον· Ἀφορίσατε δή μοι Βαρνάβαν καὶ Σαῦλον εἰς τὸ ἔργον, ὃ προκέκλημαι αὐτούς. Τότε νηστεύσαντες καὶ προσευξάμενοι καὶ ἐπιθέντες τὰς χεῖρας ἀπέλυσαν αὐτούς.

---

3 – 6 I suppl. 130 Is. 52, 11–12 (Wahl, *Prophetenzitate*, p. 428–429) **9 – 13 I suppl. 131** Matth. 25, 31–32 **16 – 23 I suppl. 132** Act. 13, 1–3

---

2 – 6 I suppl. 130 R cap. A 46, 5 (49v[11]11–13) **8 – 13 I suppl. 131** R cap. A 46, 6 (49v[14]14–17) **15 – 23 I suppl. 132** R cap. A 46, 7 (49v[17]18–24)

---

17 Βαρνάβας] *sic acc.* R **18** Λουκᾶς] *sic* R, Λούκιος *NT* Μανναήν τε] *sic* R **20** δή] *s. l.* R **21** Βαρνάβαν] *sic acc.* R προσκέκλημαι *NT*

I suppl. 133 / R cap. A 46, 8

Πρὸς Ῥωμαίους·

Παῦλος, δοῦλος Ἰησοῦ Χριστοῦ, ἀφωρισμένος εἰς εὐαγγέλιον θεοῦ…

I suppl. 134 / R cap. A 46, 9

Τῆς αὐτῆς·

Ηὐχόμην ἀνάθεμα εἶναι αὐτὸς ἐγὼ ἀπὸ τοῦ Χριστοῦ ὑπὲρ τῶν ἀδελφῶν μου τῶν συγγενῶν μου τῶν κατὰ σάρκα.

I suppl. 135 / R cap. A 46, 10

Πρὸς Κορινθίους·

Εἴ τις οὐ φιλεῖ τὸν κύριον, ἤτω ἀνάθεμα.

I suppl. 136 / R cap. A 46, 11

Πρὸς Γαλάτας·

Ἀλλ᾽ ἐὰν καὶ ἡμεῖς ἢ ἄγγελος ἐξ οὐρανοῦ εὐαγγελίζεται ὑμῖν παρ᾽ ὃ εὐηγγελισάμεθα ὑμῖν, ἀνάθεμα ἔστω. Ὡς προειρήκαμεν, καὶ ἄρτι πάλιν λέγω· Εἴ τις ὑμῖν εὐαγγελίζεται παρ᾽ ὃ παρελάβετε, ἀνάθεμα ἔστω.

---

3 – 4 I suppl. 133 Rom. 1, 1 **7 – 8 I suppl. 134** Rom. 9, 3 **11 I suppl. 135** I Cor. 16, 22 **14 – 17 I suppl. 136** Gal. 1, 8–9

---

2 – 4 I suppl. 133 R cap. A 46, 8 (49v[24]24–25) **6 – 8 I suppl. 134** R cap. A 46, 9 (49v[25]25–26) **10 – 11 I suppl. 135** R cap. A 46, 10 (49v[27]27) **13 – 17 I suppl. 136** R cap. A 46, 11 (49v[27]28–30)

---

16 ὑμᾶς *NT*

I suppl. 137 / R cap. A 46, 12

Ἐκ τῆς αὐτῆς·

Ὅτε δὲ ηὐδόκησεν ὁ θεός, ὁ ἀφορίσας με ἐκ κοιλίας μητρός μου καὶ καλέσας διὰ τῆς χάριτος αὐτοῦ, ἀποκαλύψαι τὸν υἱὸν αὐτοῦ ἐν ἐμοί, ἵνα εὐαγγελίζωμαι αὐτὸν ἐν τοῖς ἔθνεσιν…

I suppl. 138 / R cap. A 46, 13

Ἐκ τῆς πρὸς Κληδόνιον α′ ἐπιστολῆς·

Εἴ τις οὐ θεοτόκον ὑπολαμβάνει τὴν Μαρίαν, χωρίς ἐστι τῆς θεότητος.

I suppl. 139 / R cap. A 46, 14

Τοῦ αὐτοῦ·

Εἴ τις οὐ προσκυνεῖ τὸν ἐσταυρωμένον, *ἀνάθεμα ἔστω*, καὶ τετάχθω μετὰ τῶν θεοκτόνων.

---

12 Gal. 1, 8 vel 1, 9

---

3 – 5 I suppl. 137 Gal. 1, 15–16 **8 – 9 I suppl. 138** Gregorius Nazianzenus, *Epistulae theologicae*, I *(Ad Cledonium = Ep. CI)*, 16 (ed. Gallay/Jourjon, p. 42) **12 – 13 I suppl. 139** Gregorius Nazianzenus, *Epistulae theologicae*, I *(Ad Cledonium = Ep. CI)*, 22 (ed. Gallay/Jourjon, p. 46)

---

2 – 5 I suppl. 137 R cap. A 46, 12 (49v[30]31–33) **7 – 9 I suppl. 138** R cap. A 46, 13 (49v[33]34) **11 – 13 I suppl. 139** R cap. A 46, 14 (49v[34]35–36)

I suppl. 138 τῆς] *correximus*, τοῦ R

ν′ Περὶ ἀναθέματος καὶ ἀφορισμοῦ.

λε′ Περὶ ἀναθέματος καὶ ἀφορισμοῦ.

I suppl. 140 / V cap. A 50, 1

Δευτερονομίου·

Οὐκ εἰσοίσεις βδέλυγμα εἰς τὸν οἶκον σου καὶ ἔσῃ ἀνάθεμα ὥσπερ τοῦτο· προσοχθίσματι προσοχθιεῖς, καὶ βδελύγματι βδελύξῃ, ὅτι ἀνάθεμά ἐστιν.

I suppl. 141 / V cap. A 50, 2

<***>

Οὐχ᾽ εὑρεθήσεται ἐν τῇ χειρί σου οὐδὲν ἀπὸ τοῦ ἀναθέματος.

---

5 – 7 I suppl. 140 Deut. 7, 26 (Wahl, *Deuteronomium-Text*, p. 122) **10 I suppl. 141** Deut. 13, 17 (Wahl, *Deuteronomium-Text*, p. 129)

---

1 Titlos (a) V^{E} (45r30) V^{W}V^{O}V^{Ph} H$^{I\ txt}$ A^{I}; *deest in* H$^{I\ pin\ (lac.)}$; PG 95, 1257, 27 **2 Titlos (b)** PML^{b} T^{txt}; *deest in* T$^{pin\ (lac.)}$ **4 – 7 I suppl. 140** V^{E} cap. A 50, 1 (45r[30] 31–33); V^{W} cap. A 50, 1; V^{O} cap. A 50, 1; V^{Ph} cap. A 50, 1; H^{I} cap. A 48, 1; P cap. A 35, 1; M cap. A 35, 1; L^{b} cap. A 35, 1; T cap. A 57, 1; PG 95, 1257, 28–30 **9 – 10 I suppl. 141** V^{E} cap. A 50, 2 (45r33); V^{W} cap. A 50, 2; V^{O} cap. A 50, 2; V^{Ph} cap. A 50, 2; H^{I} cap. A 48, 2; P cap. A 35, 2; M cap. A 35, 2; L^{b} cap. A 35, 2; T cap. A 57, 2; PG 95, 1257, 31–32

---

1 Titlos (a) ν′] Τίτλος ν′ V$^{W\ txt}$, μθ′ V^{Ph}, μζ′ H$^{I\ txt}$ A$^{I\ txt}$, *propt. mg. resect. non liquet in* A$^{I\ pin}$ *(μζ′ secund. ser.)* **2 Titlos (b)** λε′] κε′ P^{txt}, τίτλος νζ′ T^{txt}, *om.* L$^{b\ txt}$

I suppl. 140 Δευτερονομίου] *praem.* ἐκ τοῦ L^{b}, *praem.* τοῦ T **I suppl. 141** (a) *s. a.* V H^{I} (b) *s. d.* PML^{b} T

---

5 ὥσπερ] απερ M **6** τοῦτο· προσοχθίσματι] *nulla interpunctio in* PM T προσωχθισμα M, προσοχθίσματα V^{O} προσοχθίεις V^{O}, προσοχθηεὶς V^{W}, προσοχθείσης T, πρὸς ὀχθείσης P, προσοχθίσεις *(-ι- M)* ML^{b} **7** ἀναθεμα ἐστὶν V^{O} P, ἀναθεμα ἐστιν M

I suppl. 142 / V cap. A 50, 3

Ἰησοῦ·

Εἶπεν κύριος πρὸς Ἰησοῦν· Οὐ δύνανται οἱ υἱοὶ Ἰσραὴλ ὑποστῆναι κατὰ πρόσωπον τῶν ἐχθρῶν αὐτῶν, ὅτι ἐγενήθησαν ἀνάθεμα. Οὐ προσθήσω ἔτι μεθ' ὑμῶν εἶναι, ἐὰν μὴ ἐξάρητε τὸ ἀνάθεμα ἐξ ὑμῶν αὐτῶν. Ἀναστὰς ἁγίασον τὸν λαὸν εἰς τὴν αὔριον, καὶ ὃς ἂν δειχθῇ παρὰ κυρίου, κατακαυθήσεται ἐν πυρὶ καὶ πάντα ὅσα ἔστιν αὐτῷ, ὅτι παρέβη τὴν διαθήκην κυρίου, καὶ ἐποίησεν ἀνόμημα ἐν Ἰσραήλ. Καὶ ὤρθρισεν Ἰησοῦς τὸ πρωΐ, καὶ εἶπεν τῷ Ἄχαρ· Ἀνάγγειλόν μοι τί ἐποίησας. Καὶ εἶπεν Ἄχαρ· Εἶδον ἐν τῇ προνομῇ ψιλὴν ποικίλην καλὴν καὶ διακόσια δίδραχμα ἀργυρίου καὶ γλῶσσαν χρυσῆν πεντήκοντα διδράχμων, καὶ ἔλαβον, καὶ ἰδοὺ κεκρυμμένα εἰσὶν ἐν τῇ γῇ. Καὶ ἐλιθοβόλησαν αὐτὸν καὶ πάντας τοὺς αὐτοῦ.

---

3 I suppl. 142 Εἶπεν – Ἰησοῦν] Ios. 7, 10 **3 – 6** Οὐ – αὔριον] Ibid. 7, 12–13 (Wahl, *Josua-Text*, p. 17–18) **6 – 9** καὶ – πρωΐ] Ibid. 7, 15–16 (Wahl, p. 18) **9 – 13** καὶ – γῇ] Ibid. 7, 19–21 (Wahl, p. 18) **13 – 14** Καὶ – αὐτοῦ] Ibid. 7, 25 (Wahl, p. 18)

---

2 – 14 I suppl. 142 V^{E} cap. A 50, 3 (45r[34]34–45v9); V^{W} cap. A 50, 3; V^{O} cap. A 50, 3; V^{Ph} cap. A 50, 3; H^{I} cap. A 48, 3; P cap. A 35, 3; M cap. A 35, 3; L^{b} cap. A 35, 3; T cap. A 57, 3; PG 95, 1257, 33–47

I suppl. 142 ïησοῦ P, ïησου M, ïησοῦ τοῦ ναυῖ T

---

3 ïησοῦν T, ïησουν PM δύναται $V^{O\,a.c.}$ $V^{Ph\,a.c.}$ οἱ] *s. l.* V^{E}, *om.* $V^{W}V^{O}V^{Ph}$ ὑποστῆναι] στῆναι $V^{W\,p.c.}$ **4** ἐγεννηθησαν M **5** ἐξάρατε P, ἐξάρης πᾶν *(litterae* -ης πᾶν *rescriptae a man. rec. ut videtur)* V^{E}, ἐξᾴρητε V^{W}, ἐξάρηται $V^{O}V^{Ph}$ **6** λαὸν] λαον σου M **6 – 7** ἂν δειχθῇ] ἀναδειχθῇ *(*-η V^{O}*)* $V^{E}V^{O}V^{Ph}$ H^{I} **7** ὅσα ἐστὶν V^{W} P **8** αὐτῶν V^{O} ἀνόμιμα T, ἀνομῖαν L^{b} **9** ὄρθρισεν $V^{O}V^{Ph\,a.c.}$ P τὸ] τῶ V^{W} M T **9 – 10** καὶ – ἐποίησας] *om.* V^{W} *(in mg. supplev. man. rec.)* **9** ἀχαρι M **10** Ἄχαρ] ὁ ἄχαρ V^{W}, ἀχαρι M ϊδον PM T, ἴδον $V^{E}V^{O}$ **10 – 11** ψιλὴν] ψίλην V^{W}, στολὴν V^{E} **11** διακόσια] σ' V^{W} δίδραγμα *(*δι- P*)* $V^{W}V^{O}$ PM T **11 – 12** γλῶσσαν] δϊγλῶσσαν L^{b} **12** πεντήκοντα] πεντίκοντα P, ν' V^{W}, *om.* L^{b} διδραχμῶν T, δΐδραχμον L^{b}, διδράγμων *(*-α- M*)* V^{W} PM **12 – 13** κεκρυμμένα εἰσὶν] κεκρυμμέναι εἰσὶν PML^{b}, καὶκρυμμένα εἰσὶν V^{E}, ἐγὼ κατέκρυψα ταῦτα H^{I} **13** ἐλιθοβόλισαν V^{Ph}

ε′ Περὶ βδελυγμάτων καὶ τῶν λεγομένων θεῶν.

θ′ Περὶ βδελυγμάτων καὶ τῶν λεγομένων θεῶν.

I suppl. 143 / V cap. B 5, 1

Ἐξόδου·

Οὐκ ἔσονταί σοι θεοὶ ἕτεροι πλὴν ἐμοῦ. Οὐ ποιήσεις σεαυτῷ εἴδωλον, οὐδὲ παντὸς ὁμοίωμα, ὅσα ἐν τῷ οὐρανῷ ἄνω καὶ ὅσα ἐν τῇ γῇ κάτω, καὶ ὅσα ἐν τοῖς ὕδασιν ὑποκάτω τῆς γῆς. Οὐ προσκυνήσεις, οὐδὲ μὴ λατρεύσεις αὐτοῖς· ἐγὼ γάρ εἰμι κύριός σου.

I suppl. 144 / V cap. B 5, 2

<***>

Πᾶς θυσιάζων θεοῖς ἑτέροις ἐξολοθρευθήσεται.

---

1 Περὶ – θεῶν] cf. I / C^{pin} Παραπομπὴ Γ 1 (SJD VIII/1) **2** Περὶ – θεῶν] cf. *II^{2}1970–1974 / R cap. M 7, 1–5 Titlos (SJD VIII/7)

---

5 – 8 I suppl. 143 Ex. 20, 3–5 **11 I suppl. 144** Ex. 22, 20

---

1 Titlos (a) V^{E} (50v2) $V^{W}V^{O}V^{Ph}$ $H^{I\,txt}$ A^{I}; *deest in* $H^{I\,pin\,(lac.)}$; PG 95, 1277, 14–15 **2 Titlos (b)** $PML^{b\,pin}$ T^{txt}; *deest in* $L^{b\,txt}$ $T^{pin\,(lac.)}$ **4 – 8 I suppl. 143** V^{E} cap. B 5, 1 (50v[2]3–6); V^{W} cap. B 5, 1; V^{O} cap. B 5, 1; V^{Ph} cap. B 5, 1; H^{I} cap. B 5, 1; P cap. B 7, 1; M cap. B 9, 1; T cap. B 12, 1; *deest in* L^{b}; PG 95, 1277, 16–20 **10 – 11 I suppl. 144** V^{E} cap. B 5, 2 (50v6–7); V^{W} cap. B 5, 2; V^{O} cap. B 5, 2; V^{Ph} cap. B 5, 2; H^{I} cap. B 5, 2; P cap. B 7, 2; M cap. B 9, 2; T cap. B 12, 2; *deest in* L^{b}; PG 95, 1277, 21

---

1 Titlos (a) ε′] τίτλος ε′ $V^{W\,txt}$, *propt. mg. resect. non liquet in* $A^{I\,pin}$ *(ε′ secund. ser.)* **2 Titlos (b)** θ′] *sic recte* $L^{b\,pin}$, ζ′ P^{pin}, η′ M^{pin}, ι′ M^{txt}, τίτλος ιβ′ T^{txt}, *om.* P^{txt} καὶ – θεῶν] *om.* M^{pin} καὶ] *om.* M^{txt}

I suppl. 143 Ἐξόδου] *praem.* ἐκ τῆς H^{I}, ἀπο τῆς T, τῆς M **I suppl. 144** (a) *s. a.* $V^{E}V^{O}V^{Ph}$ H^{I} M (b) *s. d.* P T (c) Δευτερονομίου V^{W} *(cf. infra*, I suppl. 145 / V cap. B 5, 3 *[lemma b])*

---

5 ποιήσει V^{O} σε αὐτῶ V^{O} M, ἑαυτῶ *(ε- P)* V^{W} P **6** παντὸς ὁμοιώματος $V^{W\,a.\,c.\,ut\,videtur}$, πᾶν ὁμοίωμα $V^{W\,p.\,c.}$, παντὶ ὁμοίωμα V^{O}, παντῶς ὁμοιωμα P ἄνω] *om.* $V^{E}V^{O}V^{Ph}$ H^{I} P **8** μὴ] *s. l.* V^{E}, *om.* PM T λατρεύσης V^{O} γὰρ εἰμὶ V^{W}, γαρ ἠμι P κύριός σου] κύριος ὁ θεος σου M

I suppl. 145 / V cap. B 5, 3

Δευτερονομίου·

Οὐκ εἰσοίσεις βδέλυγμα εἰς τὸν οἶκον σου καὶ ἔσῃ ἀνάθεμα ὥσπερ τοῦτο.

I suppl. 146 / V cap. B 5, 4

Δαυῒδ ἐν ψαλμῷ ριγʹ·

Τὰ εἴδωλα τῶν ἐθνῶν ἀργύριον καὶ χρυσίον,
ἔργα χειρῶν ἀνθρώπων, καὶ τὰ λοιπά.

I suppl. 147 / V cap. B 5, 5

Ἱερεμίου προφήτου·

Θεοί, οἳ τὸν οὐρανὸν καὶ τὴν γῆν οὐκ ἐποίησαν, ἀπολέσθωσαν ἀπὸ τῆς γῆς καὶ ὑποκάτω τοῦ οὐρανοῦ τούτου.

---

3 – 4 I suppl. 145 Deut. 7, 26 (Wahl, *Deuteronomium-Text*, p. 122) **7 – 8 I suppl. 146** Ps. 113, 12^{1-2} sqq. vel 134, 15^{1-2} sqq. **11 – 12 I suppl. 147** Ier. 10, 11 (Wahl, *Prophetenzitate*, p. 521)

---

2 – 4 I suppl. 145 V^{E} cap. B 5, 3 (50v[7]7–8); V^{W} cap. B 5, 3; V^{O} cap. B 5, 3; V^{Ph} cap. B 5, 3; H^{I} cap. B 5, 3; P cap. B 7, 3; M cap. B 9, 3; T cap. B 12, 3; *deest in* L^{b}; PG 95, 1277, 22–23 **6 – 8 I suppl. 146** V^{E} cap. B 5, 4 (50v[8]8–9); V^{W} cap. B 5, 4; V^{O} cap. B 5, 4; V^{Ph} cap. B 5, 4; H^{I} cap. B 5, 4; P cap. B 7, 4; M cap. B 9, 4; T cap. B 12, 4; *deest in* L^{b}; PG 95, 1277, 24–25 **10 – 12 I suppl. 147** V^{E} cap. B 5, 5 (50v9–11); V^{W} cap. B 5, 5; V^{O} cap. B 5, 5; V^{Ph} cap. B 5, 5; H^{I} cap. B 5, 5; P cap. B 7, 5; M cap. B 9, 5; T cap. B 12, 5; *deest in* L^{b}; PG 95, 1277, 26–28

I suppl. 145 (a) $V^{E}V^{O}V^{Ph}$ H^{I} PM T Δευτερονομίου] *praem.* ἐκ τοῦ H^{I}, *praem.* τοῦ T (b) *s. d.* V^{W} *(cf. supra,* I suppl. 144 / V cap. B 5, 2 *[lemma c])* **I suppl. 146** (a) PM T Δαυῒδ] *om.* M ἐν ψαλμῷ] ψαλμοῦ PM (b) Δαυῒδ V^{E} (c) Τοῦ Δαυῒδ V^{W} (d) *s. a.* $V^{O}V^{Ph}$ H^{I} **I suppl. 147** (a) V^{W} M T ἱερεμίου T, ἱηρεμιου M προφήτου] *om.* V^{W} M (b) *s. a.* $V^{E}V^{O}V^{Ph}$ H^{I} P

---

3 Οὐκ – βδέλυγμα] λῦγμα *(sic)* H^{I} εἰσοίσης *(*ει- $V^{E}V^{O}$*)* $V^{E}V^{O}V^{Ph}$, ἠσοίσεις V^{W} **8** ἔργα – ἀνθρώπων] *om.* P ἀνθρώπων – λοιπά] *om.* $V^{O}V^{Ph}$ καὶ – λοιπά] *om.* $V^{E}V^{W}$ H^{I} M **11** τὸν] τῶν $V^{E\,a.c.}$, $V^{O\,a.c.}$

I suppl. 148 / V cap. B 5, 6

*II^{2}1970 / R cap. M 7, 1

Σοφίας Σολομῶντος·

Μάταιοι πάντες ἄνθρωποι, οἷς παρῆν θεοῦ ἀγνωσία,
καὶ ἐκ τῶν ὁρωμένων ἀγαθῶν οὐκ ἴσχυσαν εἰδέναι τὸν ὄντα,
οὔτε τοῖς ἔργοις προσέχοντες ἐπέγνωσαν τὸν τεχνίτην,
ἀλλ' ἢ πῦρ ἢ πνεῦμα ἢ ταχινὸν ἀέρα
ἢ κύκλον ἀστέρων ἢ βίαιον ὕδωρ
ἢ φωστῆρας οὐρανοῦ, πρυτάνεις κόσμου θεοὺς ἐνόμισαν.
Ὧν εἰ μὲν τῇ καλλονῇ τερπόμενοι ταῦτα ὑπελάμβανον,
γνώτωσαν πόσῳ μᾶλλον ὁ τούτων δεσπότης ἐστὶν βελτίων·
ὁ γὰρ τοῦ κόσμου γενεσιάρχης ἔκτισεν ταῦτα·
εἰ δὲ δύναμιν καὶ ἐνέργειαν ἐκπλαγέντες,
νοησάτωσαν ἀπ' αὐτῶν πόσῳ ὁ κατασκευάσας αὐτὰ δυνατώτερος [ἐστίν·
ἐκ γὰρ μεγέθους καὶ καλλονῆς κτισμάτων
ἀναλόγως ὁ γενεσιουργὸς αὐτῶν θεωρεῖται.
Ταλαίπωροι δέ, καὶ ἐν νεκροῖς αἱ ἐλπίδες αὐτῶν,
οἵτινες ἐκάλεσαν θεοὺς ἔργα χειρῶν ἀνθρώπων,
χρυσὸν καὶ ἄργυρον, τέχνης ἐμμελετήματα,
καὶ ἀπεικάσματα ζώων ἢ λίθων ἀχρήστων.

---

3 – 16 I suppl. 148 Μάταιοι – θεωρεῖται] Sap. 13, 1^{1}–5^{2} **17 – 20** Ταλαίπωροι – ἀχρήστων] Ibid. 13, 10^{1-5}

---

2 – 20 I suppl. 148 V^{E} cap. B 5, 6 (50v[11]11–23); V^{W} cap. B 5, 6; V^{O} cap. B 5, 6; V^{Ph} cap. B 5, 6; H^{I} cap. B 5, 6; P cap. B 7, 6; M cap. B 9, 6; T cap. B 12, 6; R cap. M 7, 1; *deest in* L^{b}; PG 95, 1277, 29–46

I suppl. 148 (a) T R (b) Σολομῶντος V M σολο $V^{E}V^{O}V^{Ph}$, σολομ V^{W}, σολομωντος M (c) Σολομῶν H^{I} (d) *s. a.* P

---

3 οἷς παρῆν] παροις M **7** κύκλων *(*κυ- P*)* V^{O} PM T βιαίων V^{W}, βιαίον M **8** πρύτανεις $V^{E}V^{O}V^{Ph}$ H^{I} T, πρυτανεις M, πρύτανις V^{W} **9** εἰ] ἡ V^{E} T, οἱ V^{Ph} τὴν καλλονὴν V^{O} *ante* ὑπελάμβανον *hab.* θεοὺς *LXX (sed cf. app. crit.)* **10** πόσῳ] ποσο M, πολλῶ V^{W} ὁ] καὶ V^{W} δεσπότης ἔστι T βελτίων] βέλτιον $V^{W\ a.\ c.}$, καλλίων R **12** καὶ] *om.* V^{O} **13** νοησαντω $M^{a.\ c.}$, νοησατωσαν $M^{p.\ c.\ man.\ rec.}$ πόσῳ] πῶς V^{W} **13 – 14** δυνατώτερός ἐστῒν V^{Ph} T, δυνατωτερος ἔστιν M, δυνατότερος ἐστίν H^{I}, δυνατότερός ἐστὶν V^{W} **15** καὶ] *om.* V^{W} PM **16** ἀναλόγος $V^{E}V^{O}$ P αὐτῶν] *om.* M **17** αὐτὴν V^{O} **19** ἀργύριον P **20** ἀπηκάσματα $V^{W\ a.\ c.}$ P λίθων ἀχρίστων *(*-ι- M*)* PM, λίθον ἄχρηστον *LXX*

*II²1971 / R cap. M 7, 2

I suppl. 149 / V cap. B 5, 7

Τοῦ αὐτοῦ·

Τὸ χειροποίητον ἐπικατάρατον, καὶ ὁ ποιήσας αὐτό,
ὅτι ὁ μὲν εἰργάσατο, τὸ δὲ φθαρτὸν θεὸν ὠνόμασεν.
Ἐν ἴσῳ μισητὰ θεῷ καὶ ὁ ἀσεβῶν καὶ ἡ ἀσέβεια αὐτοῦ·
καὶ γὰρ τὸ πραχθὲν σὺν τῷ δράσαντι ἐξολοθρευθήσεται.

*II²1972 / R cap. M 7, 3

I suppl. 150 / V cap. B 5, 8

Τοῦ αὐτοῦ·

…κριτὴς ὁ πηλουργός.
Καὶ ὁ κακόμοχθος θεὸν μάταιον ἐκ τοῦ αὐτοῦ πλάσσει πηλοῦ·
ὃς πρὸ μικροῦ ἐκ γῆς γεννηθείς,
μετ᾽ ὀλίγον πορεύσεται εἰς γῆν ἐξ ἧς ἐλήφθη,
τὸ τῆς ψυχῆς ἀπαιτηθεὶς χρέος.
Ἀλλ᾽ ἔστιν αὐτῷ φροντὶς οὐχ᾽ ὅτι μέλλει κάμνειν,
οὐδ᾽ ὅτι βραχυτελῆ βίον ἔχει,
ἀλλ᾽ ἀντερείδεται μὲν χρυσουργοῖς καὶ ἀργυροχόοις,
χαλκοπλάστας τὲ μιμεῖται,
καὶ δόξαν ἡγεῖται ὅτι κίβδηλα πλάσσει.

---

3 – 6 I suppl. 149 Sap. 14, 8^{1}–10 **9 – 75, 7 I suppl. 150** Sap. 15, 7^{7}–12^{2}

---

2 – 6 I suppl. 149 V^{E} cap. B 5, 7 (50v23–26); V^{W} cap. B 5, 7; V^{O} cap. B 5, 7; V^{Ph} cap. B 5, 7; H^{I} cap. B 5, 7; P cap. B 7, 7; M cap. B 9, 7; T cap. B 12, 7; R cap. M 7, 2; *deest in* L^{b}; PG 95, 1277, 47–51 **8 – 75, 7 I suppl. 150** V^{E} cap. B 5, 8 (50v27–51r1); V^{W} cap. B 5, 8; V^{O} cap. B 5, 8; V^{Ph} cap. B 5, 8; H^{I} cap. B 5, 8; P cap. B 7, 8; M cap. B 9, 8; T cap. B 12, 8; R cap. M 7, 3; *deest in* L^{b}; PG 95, 1280, 1–15

I suppl. 149 (a) T R (b) *s. a.* V H^{I} PM **I suppl. 150** (a) R (b) *s. a.* V H^{I} PM T

---

3 χειροποιητὸν P ἐπικατάρατον] ἐπικαταρατων, καὶ αὐτο M αὐτό] αὐτὸν V^{O}, αὐτῶ M **4** θεὸν φθαρτὸν R ὠνόμασε θεόν V^{W} **5** ἴσῳ] ἴσα H^{I}, *add.* γὰρ V^{W} PM T *(LXX)* **6** ἐξολοθρευθήσονται $V^{E}V^{O}V^{Ph}$ H^{I} **10** κακομόχθος T θεῶν ματαίων V^{W} πλάσει V^{O} H^{I} PM $R^{a. c.}$ **11** γενηθεῖς P **12** μετὰ ὀλίγον *(*ὁ- P*)* P T R εἰς γῆν] *om.* R *(LXX)* ἐλήφθην V^{O} **14** κάμνειν] *om.* R **15** οὐδ᾽ ὅτι] οὐχ᾽ ὅτι *(*ὅτι P, ότι M*)* PM T R βραχυτελῆ] *scripsimus (LXX)*, βραχυτελεῖ V H^{I}, βραχὺ *(sic)* PM T, βραχὺν R **16** ἀλλὰ M ἀντερειδεται M, ἀντερίδεται *(*-ρι- P*)* V P **17** χαλκοπλάστας τε *(*-πλα- M*)* V^{W} PM T μιμεῖται] τιμῆται M **18** κήβδηλα *(*κη- P*)* P T πλάσση M, πλάσει $V^{E}V^{O}V^{Ph}$

Σποδὸς ἡ καρδία αὐτοῦ, καὶ γῆς εὐτελεστέρα ἡ ἐλπὶς αὐτοῦ,
πηλοῦ τε ἀτιμότερος ὁ βίος αὐτοῦ,
ὅτι ἠγνόησεν τὸν πλάσαντα αὐτόν,
καὶ τὸν ἐμπνεύσαντα αὐτῷ ψυχὴν ἐνεργοῦσαν
καὶ ἐμφυσήσαντα αὐτῷ πνεῦμα ζωτικόν,
ἀλλ᾽ ἐλογίσαντο παίγνιον εἶναι τὴν ζωὴν ἡμῶν
καὶ τὸν βίον ἡμῶν πανηγυρισμὸν ἐπικερδῆ.

I suppl. 151 / V cap. B 5, 9

Τοῦ Σιράχ·

Θέαμα βρωμάτων παρακειμένων ἐπὶ τάφῳ·
τί συμφέρει κάρπωσις εἰδώλῳ;
Οὔτε γὰρ ἔδεται, οὔτε μὴ ὀσφρανθῇ.

I suppl. 152 / V cap. B 5, 10

*II²1974 / R cap. M 7, 5

Τοῦ Θεολόγου·

Οἱ μὲν ἥλιον, οἱ δὲ σελήνην, οἱ δὲ ἀστέρων πλῆθος, οἱ δὲ οὐρανὸν

10 – 12 I suppl. 151 Sir. 30, 18^{2}–19^{2} (Wahl, *Sirach-Text*, p. 129) **15 – 76, 2 I suppl. 152** Οἱ – βίον] Gregorius Nazianzenus, *De theologia II (Orat. 28)*, 14, 1–6 (ed. Gallay/Jourjon, p. 128 [pluribus omissis])

9 – 12 I suppl. 151 V^{E} cap. B 5, 9 (51r[2]2–3); V^{W} cap. B 5, 9; V^{O} cap. B 5, 9; V^{Ph} cap. B 5, 9; H^{I} cap. B 5, 9; P cap. B 7, 9; M cap. B 9, 9; T cap. B 12, 9; *deest in* L^{b}; PG 95, 1280, 16–18 **14 – 76, 5 I suppl. 152** V^{E} cap. B 5, 10 (51r[3]4–9); V^{W} cap. B 5, 10; V^{O} cap. B 5, 10; V^{Ph} cap. B 5, 10; H^{I} cap. B 5, 10; P cap. B 7, 11; M cap. B 9, 11; T cap. B 12, 11; R cap. M 7, 5; *deest in* L^{b}; PG 95, 1280, 19–26

I suppl. 151 Τοῦ] *om.* V H^{I} σιραχ V^{W} M **I suppl. 152** Τοῦ Θεολόγου] *vide etiam infra (*I suppl. 153 / V cap. B 5, 11*) quae in* P *ante lemma* PML^{b} cap. B $9^{M}/7^{P}$, 10 *leguntur*

1 σπουδὸς V^{O} ἐντελεστερα P **2** πηλοῦ τε] πηλοῦ τὲ T R, πηλοῦται P, πιλός τε V^{O}, πηλου M ἀτιμώτερος V PM T **5** ἐμφυσίσαντα *(*-σι- P*)* P T, ἐνφυσῆσαν $V^{W\,a.c.}$, ἐνφυσῆσαντα $V^{W\,p.c.}$ αὐτὸν V^{O} **6** αἰλογίσαντο V^{O}, ἐλογίσατο P T εἶναι] *om.* T **7** πανηγυρισμων ἐπικερδῆ M, πανηγυρίσμ ἐπικέρδης *(sic)* P **10** παρακείμενον *(*-ει- P*)* H^{I} P **11** εἰδώλων $V^{O}V^{Ph}$ **12** ἐδεεται M **15** ἄστρων M R

αὐτὸν ἅμα τούτοις ἐσεβάσθησαν, οἱ δὲ τὰ στοιχεῖα, ὧν ἄνευ οὐδὲ συστῆναι δυνατὸν τὸν ἀνθρώπινον βίον· οἶμαι δὲ καὶ δυναστείαν τινὲς θεραπεύοντες, καὶ ῥώμην ἐπαινέσαντες, καὶ κάλλος θαυμάσαντες, θεὸν ἐποίησαν τῷ χρόνῳ τὸν τιμώμενον· οἱ ἐμπαθέστεροι δὲ αὐτῶν καὶ τὰ πάθη θεοὺς ὠνόμασαν.

*II²1973 / R cap. M 7, 4

[I suppl. 153 / V cap. B 5, 11]

Εὐσεβίου·

Εἰσὶ τινὲς καταρώμενοι τοὺς ἀστέρας, ὅτε κατὰ ἀνθρώπου ὀργίζονται, λέγοντες· Οὐαὶ τῷ ἄστρῳ σου. Ἄλλοι λέγουσιν· Καλοῦ ἄστρου ἐγεννήθη· διὸ καὶ συναστρεῖ αὐτῷ τὰ πάντα. Καὶ οὐαὶ τοῖς ταῦτα λέγουσιν. Πολλοὺς οἶδα εὐχομένους εἰς τὸν ἥλιον καὶ τὴν σελήνην, καὶ ἱκεσίαν προσφέρουσι τῷ ἡλίῳ, λέγοντες· Ἐλέησόν με. Καὶ οὐαὶ τούτοις. Τί ἀφεὶς τὸν ποιητὴν τοῦ ἡλίου, τὸν ἥλιον προσκυνεῖς; Οὐ δεῖ λατρεύειν τῇ κτίσει παρὰ τὸν κτίσαντα. Γέγραπται γάρ· Ἐπικατάρατος πᾶς ὁ προσκυνῶν τὸν ἥλιον καὶ τὴν

---

2 – 4 οἶμαι – τιμώμενον] GREGORIUS NAZIANZENUS, *De theologia II (Orat. 28)*, 14, 14–16 (ed. Gallay/Jourjon, p. 130) **4 – 5** οἱ – ὠνόμασαν] IBID., 15, 1–2 (p. 130) **8 – 12 I suppl. 153** Εἰσὶ – τούτοις] PS.-EUSEBIUS ALEXANDRINUS, *Sermo XXII (De astronomis)*, 2 (PG 86, 453, 36–44 [multis mutatis]); Holl, n° 489, 1–6 **12 – 77, 9** Τί – γῆς] IBID., 2–3 (PG 86, 453, 47 – 456, 17); Holl, n° 489, 7–21

---

7 – 77, 9 I suppl. 153 V^{E} cap. B 5, 11 (51r[9]9–26); V^{W} cap. B 5, 11; V^{O} cap. B 5, 11; V^{Ph} cap. B 5, 11; H^{I} cap. B 5, 11; P cap. B 7, 10; M cap. B 9, 10; T cap. B 12, 10; R cap. M 7, 4; *deest in* L^{b}; PG 95, 1280, 27–50

I suppl. 153 Εὐσεβίου] *praem.* εκειντο δε χρησεις του θεολογου γρηγοριου εκ του περι θεολογιας P *(cf.* PML^{b} cap. B $9^{M}/7^{P}$, 11 [I suppl. 152 / V cap. B 5, 10]*)*

---

1 ἐσεβάστησαν V^{O}, ἐπεβάσθησαν P **1 – 2** οὐδὲ – δυνατὸν] οὐ δυνατὸν συστῆναι $V^{E}V^{O}V^{Ph}$ H^{I} **3** καλλη M **4** ἐποίησαν – χρόνῳ] ἐποιήσαντο· χρόνω V^{W} R, ἐποιήσατονχρονον P, εποιησαντο το χρονω M ἐνπαθεστατοι *(sic)* M **5** ὠνόμασαν] ὀνόμασαν V^{W} T, *add.* ταῦτα εκ μεταμελιας P *(quae verba in orthogonio titulum* PML^{b} cap. B $10^{M}/8^{P}$ *continenti inclusa sunt)* **7 – 77, 9** Εὐσεβίου – γῆς] *seclusimus (a FlorVat redactore addita videntur)* **8** εἰσί(ν) τινες V^{W} T, οἵσι τινὲς M ὅτε] *add.* καὶ R κατὰ ἀνθρώπου] κατα τοῦ ἀνθρώπου M, κατὰ τοῦ οὐρανοῦ P T R, κατά τινος *ed.* **9** Καλοῦ] καλλοῦ *(-ου* M*)* V^{Ph} M T, *non liquet in* P ἄστρου] *om.* P **10** συναστρει M, συναστρὶ *(-ι* P*)* V^{W} P Καὶ οὐαὶ] οὐαὶ δὲ R ταῦτα] αὐτὰ $V^{E}V^{O}V^{Ph}$ H^{I} **12** ἀφεῖς $R^{a. c.}$, ἀφιεὶς $V^{W\ a.\ c.\ ut\ videtur}$ V^{O} H^{I}, ἀφιεῖς V^{E} **13** τὸν[1]] καὶ τὸν $V^{W\ a.\ c.\ ut\ videtur}$ *(*καὶ *postea erasum)* P τῇ] τὴν H^{I} κτίσϊ V^{O}, κτήσει P T **14** γάρ] *forsan hic quaedam exciderunt (in ed. affertur Deut. 6, 13)* ὁ] *om.* $V^{E}V^{O}V^{Ph}$ H^{I}

σελήνην καὶ τοὺς ἀστέρας, καὶ εἴ τι ἕτερον ποίημα παρὰ τὸν ποιητήν. Πολλοὶ φανταζόμενοι λέγουσιν τὴν σελήνην κατέρχεσθαι· Ὅταν, φησίν, ἐξαιματοῦται, ἄνθρωπος καταγοητεύσας αὐτὴν καταφέρει. Καὶ οὐαὶ τοῖς ταῦτα λέγουσιν. Τίς ἠδυνήθη καταγοητεῦσαι οὐρανόν; Ἠβουλήθη Σίμων ὁ μάγος, ἀλλὰ πεσὼν διερράγη. Οὐδεὶς γὰρ δύναται οὐ μικρὸν οὐ μέγα σαλεῦσαι ἄστρον οὐρανοῦ, ἃ ὁ θεὸς τῇ ἰδίᾳ δυνάμει ἐθεμελίωσεν. Πάλιν δὲ λέγουσιν ὅτι νεφέλας καὶ ὑετοὺς παράγουσιν γόητες ἄνθρωποι. Καὶ τοῦτο ματαιολογοῦσιν. Τίς ἀνθρώπων δύναται πρόσταγμα θεοῦ ἀποστρέψαι γοητείᾳ; Τὰ γὰρ νέφη κατὰ πρόσταξιν θεοῦ ἐκχέουσιν τὸν ὑετὸν ἐπὶ τῆς γῆς.

3 καταφέρειν V^O ταῦτα] τα *(sic)* T **4** ἠδυνήθη] δυναται M καταγοητεύσας V^O **5** διερράγην V^O **5 - 6** αστρον. σαλευσαι M

δʹ Περὶ δικαιολογίας, καὶ τίνες ἐδικαιολογήσαντο πρὸς τὸν θεόν.

ιηʹ Περὶ δικαιολογίας, καὶ τίνες ἐδικαιολογήσαντο πρὸς τὸν θεόν.

I suppl. 154 / V cap. Δ 4, 1

Ἀπὸ τοῦ Ἰώβ·

Οὐκ εἰς τὸν αἰῶνα ζήσομαι, ἵνα μακροθυμήσω·
ἀπόστα ἀπ᾿ ἐμοῦ· κενὸς γάρ μου ὁ βίος.
Τίς γάρ ἐστιν ἄνθρωπος ὅτι ἐμεγάλυνας αὐτόν,
ἢ ὅτι προσέχεις τὸν νοῦν εἰς αὐτόν,
ἢ ἐπισκοπὴν αὐτοῦ ποιήσεις ἕως πρωῒ
καὶ εἰς ἀνάπαυσιν αὐτὸν κρίνεις;
Ἕως τίνος οὐκ ἐᾷς με,
οὐδὲ προΐῃ με, ἕως ἂν καταπίω τὸν πτύελόν μου ἐν ὀδύνῃ;
Εἰ ἐγὼ ἥμαρτον, τί δυνήσομαι πρᾶξαι,
ὁ ἐπιστάμενος τὸν νοῦν τῶν ἀνθρώπων;

---

7 – 79, 5 I suppl. 154 Iob 7, 16^{1}–21^{3}

---

1 – 2 Titlos (a) V^{E} (71r7) $V^{W}V^{O}V^{Ph}$ $H^{I\,txt}$ A^{I}; *deest in* $H^{I\,pin\,(lac.)}$; PG 95, 1357, 41–42 **3 – 4 Titlos (b)** $PML^{b\,pin}$ T^{txt}; *deest in* $L^{b\,txt}$ T^{pin} **6 – 79, 5 I suppl. 154** V^{E} cap. Δ 4, 1 (71r[7]8–16); V^{W} cap. Δ 4, 1–2; V^{O} cap. Δ 4, 1; V^{Ph} cap. Δ 4, 1; H^{I} cap. Δ 4, 1; P cap. Δ 18, 1; M cap. Δ 18, 1; T cap. Δ 30, 1; *deest in* L^{b}; PG 95, 1357, 43 – 1360, 2

---

1 – 2 Titlos (a) **1** δʹ] τίτλος δʹ $V^{W\,txt}$, *om.* $V^{O\,txt}$ *(δʹ secund. ser.), propt. mg. resect. non liquet in* $A^{I\,pin}$ *(δʹ secund. ser.)* ἐδικαιολογηʹ (ε- $V^{E\,txt}$*)* $V^{E\,txt}$ $V^{Ph\,txt}$, ἐδικαιολογήθη $V^{O\,txt}$, ἐδικαιολογήθησαν $H^{I\,txt}$ A^{I} τὸν] *om.* $V^{E\,pin}$ $V^{O\,pin}$ **3 – 4 Titlos (b)** **3** ιηʹ] τίτλος λʹ T^{txt} **3 – 4** καὶ – θεόν] *om.* M^{pin} **3** ἔδικαιολόγήθήσαν *(-θη p. c.) (sic)* M^{txt}, ἐδικαιολόγησαν T^{txt} **3 – 4** πρὸς – θεόν] *om.* M^{txt} **3** τὸν] *om.* P

I suppl. 154 (a) H^{I} T ϊώβ T (b) Ἰώβ $V^{E}V^{O}V^{Ph}$ PM ἰωβ V^{Ph}, ϊώβ P, ϊωβ M (c) Ἰώβ / Τοῦ αὐτοῦ V^{W} *(cf. infra, app. crit. txt.)*

---

9 Τίς] Τί *LXX* **11** ποιήσης *(ποιη- M)* M T **12** κρινεῖς V^{W} PM, κρινεις T **14** οὐδὲ] οὐδεὶς V^{E} προΐῃ με H^{I}, προϊη με M T, πρωΐη με P, προΐει με V^{Ph}, προΐμε V^{E}, προΐημαι V^{W} τὸν] τὸ H^{I} πτυελόν μου M T, πτυελον μου P, πΐελόν μου V^{O} ὀδύνῃ] *hic caesura in* V^{W} **15** δυνησομαι M, δύνομαί σοι V^{W}, δύνομαι σοι P T πράξαι $V^{E}V^{W}V^{O}$ T

Διατί ἔθου με κατεντεύκτην σου,
εἰμὶ δὲ ἐπὶ σοὶ φορτίον;
Καὶ διατί οὐκ ἐποιήσω τῆς ἀνομίας μου λήθην
καὶ καθαρισμὸν τῆς ἁμαρτίας μου;
Νυνὶ δὲ εἰς γῆν ἀπελεύσομαι.

I suppl. 155 / V cap. Δ 4, 2

<***>

Ἐπειδὴ εἰμὶ ἀσεβής, διατί οὐκ ἀπέθανον;
Ἐάν τε ἀπολούσωμαι χιόνι
καὶ ἀποκαθάρωμαι χερσὶ καθαραῖς,
ἱκανῶς με ἐν ῥύπῳ ἔβαψας,
ἐβδελύξατό με ἡ στολή μου.
Οὐ γὰρ εἶ ἄνθρωπος κατ᾽ ἐμέ, ᾧ ἀντικρινοῦμαι,
ἵνα ἔλθωμεν ὁμοθυμαδὸν εἰς κρίσιν.
Εἴθε ἦν ὁ μεσίτης ἡμῶν καὶ ἐλέγχων
καὶ διακούων ἀναμέσον ἀμφοτέρων.

---

8 - 16 I suppl. 155 Iob 9, 29–33[2]

---

7 - 16 I suppl. 155 V^{E} cap. Δ 4, 2 (71r16–20); V^{W} cap. Δ 4, 3; V^{O} cap. Δ 4, 2; V^{Ph} cap. Δ 4, 2; H^{I} cap. Δ 4, 2; P cap. Δ 18, 2; M cap. Δ 18, 2; T cap. Δ 30, 2; *deest in* L^{b}; PG 95, 1360, 3–9

I suppl. 155 (a) *s. a.* $V^{E}V^{O}V^{Ph}$ H^{I} PM T (b) Τοῦ αὐτοῦ V^{W}

---

1 κατἐντεύκτην σου $V^{W\,p.c.}$, κατεντεύκτιν σου $V^{E}V^{O}V^{Ph}$, κατἐντευκτήν σου $V^{W\,a.c.}$ *(cf. LXX)*, κατεντευκτην σου PM **2** εἰμὶ] εἰ μὴ H^{I} **3** λίθην $V^{E}V^{O}V^{Ph}$ P **4** μου] *om.* V^{W} PM T **9** ἐὰν δὲ M ἀπολούσομαι V M, ἀπωλοῦσωμαι P χίονι $V^{E}V^{O}V^{Ph}$ H^{I} T, χιονι P **10** ἀπωκαθάρωμαι P, ἀποκαθαίρομαι V^{W} **11** με] μὲν M T, μεν P **12** ἐβδελύξατο δέ με *LXX (sed vide etiam app. crit.)* ἡ] *s. l.* V^{W} **13** εἶ] ἢ V^{W}, ἦ M ἀντακρινοῦμαι $V^{E}V^{Ph\,a.c.}$, ἀνταποκρινοῦμαι $V^{O}V^{Ph\,p.c.\,s.l.}$ H^{I}, ανταποκρινομαι $M^{a.c.}$, ανταποκρινοῦμαι $M^{p.c.}$ **15** διελέγχων $V^{E}V^{O}V^{Ph}$ H^{I} **16** ἀκούων $V^{E}V^{Ph}$ H^{I} M

I suppl. 156 / V cap. Δ 4, 3

<***>

Διατί ἀσεβεῖς ζῶσιν,
πεπαλαίωνται δὲ καὶ ἐν πλούτῳ;
Ὁ σπόρος αὐτῶν κατ' ἐπιθυμίαν ψυχῆς,
τὰ δὲ τέκνα αὐτῶν ἐν ὀφθαλμοῖς.
Οἱ οἶκοι αὐτῶν εὐθηνοῦσιν, φόβος δὲ οὐδαμοῦ,
μάστιξ δὲ παρὰ κυρίου οὐκ ἔστιν ἐπ' αὐτοῖς.
Μένουσι δὲ ὥσπερ πρόβατα αἰώνια,
τὰ δὲ παιδία αὐτῶν προσπαίζουσιν,
ἀναλαμβάνοντα ψαλτήριον καὶ κιθάραν·
συνετέλεσαν ἐν ἀγαθοῖς τὸν βίον αὐτῶν.

I suppl. 157 / V cap. Δ 4, 4

<***>

Πόσαι εἰσὶν αἱ ἀνομίαι μου καὶ αἱ ἁμαρτίαι μου;
Δίδαξόν με.
Διατί ἀπ' ἐμοῦ κρύπτῃ;

---

3 – 8 I suppl. 156 Διατί – αὐτοῖς] Iob 21, 7^1–9^2 **9 – 11** Μένουσι – κιθάραν] Ibid. 21, 11^1–12^1 **12** συνετέλεσαν – αὐτῶν] Ibid. 21, 13^1 **15 – 17 I suppl. 157** Iob 13, 23^1–24^1

---

2 – 12 I suppl. 156 V^E cap. Δ 4, 3 (71r20–25); V^W cap. Δ 4, 4; V^O cap. Δ 4, 3; V^{Ph} cap. Δ 4, 3; H^I cap. Δ 4, 3; P cap. Δ 18, 3; M cap. Δ 18, 3; T cap. Δ 30, 3; *deest in* L^b; PG 95, 1360, 10–17 **14 – 17 I suppl. 157** V^E cap. Δ 4, 4 (71r25–26); V^W cap. Δ 4, 5; V^O cap. Δ 4, 4; V^{Ph} cap. Δ 4, 4; H^I cap. Δ 4, 4; P cap. Δ 18, 4; M cap. Δ 18, 4; T cap. Δ 30, 4; *deest in* L^b; PG 95, 1360, 18–19

I suppl. 156 (a) *s. a.* V H^I (b) *s. d.* PM T **I suppl. 157** (a) *s. a.* $V^E V^O V^{Ph}$ H^I M T (b) *s. d.* P (c) Τοῦ αὐτοῦ V^W

---

4 πλοῦτω T, πλοῦτο P, τούτω $V^O V^{Ph}$ H^I, τοῦτω V^E **8** ἐπ'] ἐν V^W, παρ *(sic)* M **10** προσπαίζουσιν] *add.* ἀλλήλοις T **17** κρύπτει $V^{W\ p.c.}$

I suppl. 158 / V cap. Δ 4, 5

Ἀμβακοὺμ <προφήτου>·

Ἕως τίνος, κύριε, κεκράξομαι, καὶ οὐ μὴ εἰσακούσῃς, βοήσομαι πρὸς σὲ ἀδικούμενος, καὶ οὐ σώσεις; Τί μοι ἔδειξας κόπους ἐπιβλέπειν; Γέγονε κρίσις καὶ ὁ κριτὴς λαμβάνει. Διατοῦτο διεσκέδασται νόμος, ὅτι ἀσεβὴς καταδυναστεύει τὸν δίκαιον· ἕνεκεν τούτου ἐξελεύσεται τὸ κρίμα διεστραμμένον.

I suppl. 159 / V cap. Δ 4, 6

Ζαχαρίου προφήτου·

Ἀπεκρίθη ὁ ἄγγελος κυρίου, καὶ εἶπεν· Κύριε παντοκράτωρ, ἕως τίνος οὐ μὴ ἐλεήσῃς τὴν Ἱερουσαλὴμ καὶ τὰς πόλεις Ἰούδα, ἃς ὑπερεῖδες τοῦτο ἑβδομηκοστὸν ἔτος;

---

3 – 7 I suppl. 158 Hab. 1, 2–4 (Wahl, *Prophetenzitate*, p. 231–233) **10 – 12 I suppl. 159** Zach. 1, 12 (Wahl, *Prophetenzitate*, p. 251)

---

2 – 7 I suppl. 158 V^{E} cap. Δ 4, 5 (71r[27]27–31); V^{W} cap. Δ 4, 6; V^{O} cap. Δ 4, 5; V^{Ph} cap. Δ 4, 5; H^{I} cap. Δ 4, 5; P cap. Δ 18, 5; M cap. Δ 18, 5–6; T cap. Δ 30, 5–6; *deest in* L^{b}; PG 95, 1360, 20–26 **9 – 12 I suppl. 159** V^{E} cap. Δ 4, 6 (71r[31]31–33); V^{W} cap. Δ 4, 7; V^{O} cap. Δ 4, 6; V^{Ph} cap. Δ 4, 6; H^{I} cap. Δ 4, 6; P cap. Δ 18, 6; M cap. Δ 18, 7; T cap. Δ 30, 7; *deest in* L^{b}; PG 95, 1360, 27–30

I suppl. 158 (a) V H^{I} P ἀμβακοῦμ V^{W}, ἀμβακουμ P, ἀββ^α^ $V^{E}V^{O}V^{Ph}$ προφήτου] *supplevimus (cf. infra, lemma c)* (b) Ἀμβακούμ / Τοῦ αὐτοῦ M *(cf. infra, app. crit. txt.)* ἀμβακουμ *cod.* (c) Ἀμβακοὺμ προφήτου / *s. a.* T *(cf. infra, app. crit. txt.)* **I suppl. 159** ζαχαριου PM προφήτου] *om.* V H^{I} PM

---

3 κράξομαι $V^{O\ a.\ c.}$ οὐ μὴ] οὐκ V^{W} εἰσακούσεις $V^{O}V^{Ph}$, εἰσακούση V^{W} **3 – 4** βοήσομαι – σώσεις] *om.* T **4** οὐ] *add.* μὴ M **4 – 5** ἐπιβλέπειν] *hic caesura in* M T **5** Γέγονε] *praem.* ἐξεναντίας V^{W} *(LXX)* **6** τὸν] τὸ $V^{W\ e\ corr.}$ T **7** κρῖμα V^{O}, κριμα P **10** ὁ] *om.* $V^{E}V^{O}V^{Ph}$ παντοκράτορ V^{O} **11** ἰοῦδα V^{W}, ϊοῦδα P, ἰουδα M, ϊουδα T **12** τοῦτον V^{O} ἑβδομηκοστὸν] ο′ V^{W}

I suppl. 160 / V cap. Δ 4, 7

Ἱερεμίου προφήτου·

Δίκαιος εἶ, κύριε, ὅτι ἀπολογήσομαι πρὸς σέ, πλὴν κρίματα λαλήσω πρὸς σέ· τί ὅτι ὁδὸς ἀσεβῶν εὐοδοῦται, εὐθήνησαν δὲ πάντες οἱ ἀθετοῦντες ἀθέτημα;

---

3 – 5 I suppl. 160 Ier. 12, 1 (Wahl, *Prophetenzitate*, p. 523)

---

2 – 5 I suppl. 160 V^{E} cap. Δ 4, 7 (71r[33]34–35+mg); V^{W} cap. Δ 4, 8; V^{O} cap. Δ 4, 7; V^{Ph} cap. Δ 4, 7; H^{I} cap. Δ 4, 7; P cap. Δ 18, 7; T cap. Δ 30, 8; *deest in* ML^{b}; PG 95, 1360, 31–33

I suppl. 160 (a) V P T ἱερεμίου T, ἠρεμίου P προφήτου] *om.* V P (b) Ἱερεμίας H^{I}

---

3 Δίκαιος εἶ] δίκαιός σοι H^{I} **3 – 4** πρὸς – λαλήσω] *om.* V^{W} P T **5** ἀθέτημα] ἀθετήματα V^{W}, *om.* $V^{E}V^{O}V^{Ph}$ H^{I}

α′ Περὶ θείας μυσταγωγίας.

β′ Περὶ θείας μυσταγωγίας.

I suppl. 161 / V cap. Θ 1, 1

Ἠσαΐου·

Τὸ μυστήριον ἐμοὶ καὶ τοῖς ἐμοῖς.

I suppl. 162 / V cap. Θ 1, 2

Ματθαίου, κεφαλαίου νβ′·

Μὴ δότε τὸ ἅγιον τοῖς κυσίν, μὴ δὲ βάλητε τοὺς μαργαρίτας ὑμῶν ἔμπροσθεν τῶν χοίρων, μήποτε καταπατήσωσιν αὐτοὺς ἐν τοῖς ποσὶν αὐτῶν καὶ στραφέντες ῥήξωσιν ὑμᾶς.

Μὴ δότε τὰ ἅγια τοῖς κυσί.

---

1 Περὶ – μυσταγωγίας] cf. I / C^{pin} Παραπομπὴ A 3 (SJD VIII/1)

---

5 I suppl. 161 Is. 24, 16 (app. crit.) (Wahl, *Prophetenzitate*, p. 343) **8 – 10 I suppl. 162 *Versio* V PM** Matth. 7, 6 **11 I suppl. 162 *Versio* R** Matth. 7, 6

---

1 Titlos (a) V^{E} (131r11) $V^{W}V^{O}V^{Ph}$ $A^{I\,pin}$; *deest in* $H^{I}A^{I\,txt}$; PG 96, 9, 2 **2 Titlos (b)** $PML^{b\,pin}$ R; *deest in* $L^{b\,txt}$ **4 – 5 I suppl. 161** V^{E} cap. Θ 1, 1 (131r[11]12); V^{W} cap. Θ 1, 1; V^{O} cap. Θ 1, 1; V^{Ph} cap. Θ 1, 1; P cap. Θ 2, 1; M cap. Θ 2, 1; R cap. Θ 5, 1; *deest in* H^{I} L^{b}; PG 96, 9, 3 **7 – 11 I suppl. 162** V^{E} cap. Θ 1, 2 (131r[12]12–15); V^{W} cap. Θ 1, 2; V^{O} cap. Θ 1, 2; V^{Ph} cap. Θ 1, 2; P cap. Θ 2, 2; M cap. Θ 2, 2; R cap. Θ 5, 2; *deest in* H^{I} L^{b}; PG 96, 9, 4–7

---

1 Titlos (a) α′] *praem. (iuxta* Στοιχεῖον Θ*)* τίτλος α′ $V^{E\,pin}V^{O\,pin}$, *praem.* τίτλος $V^{W\,txt}$, *propt. mg. resect. non liquet in* $A^{I\,pin}$ *(α′ secund. ser.)* θείας] *praem.* τῆς $V^{E\,pin}V^{O}V^{Ph\,pin}$ **2 Titlos (b)** β′] *om.* P^{txt} *(β′ secund. ser.)*, ε′ R^{pin}, τίτλος ε′ R^{txt}

I suppl. 161 ἠσαϊου P, ησαϊου M **I suppl. 162** (a) M (b) Ματθαίου $V^{E}V^{O}V^{Ph}$ R (c) Τοῦ εὐαγγελίου V^{W} (d) *s. a.* P

---

8 τὰ ἅγϊα V^{Ph} βάλλητε V^{W} **9** καταπατησωσιν M, καταπατήσουσιν M

I suppl. 163 / V cap. Θ 1, 3

Λουκᾶ, κεφαλαίου μ′·

Οὐδεὶς βάλλει οἶνον νέον εἰς ἀσκοὺς παλαιούς· εἰ δὲ μή, ῥήξει ὁ νέος οἶνος τοὺς ἀσκούς, καὶ αὐτὸς ἐκχυθήσεται, καὶ οἱ ἀσκοὶ ἀπολοῦνται· ἀλλ’ οἶνον νέον εἰς ἀσκοὺς καινοὺς βλητέον, καὶ ἀμφότεροι συντηροῦνται.

I suppl. 164 / V cap. Θ 1, 4

Βασιλείου, εἰς τὰς Παροιμίας·

Τὸ εἰς τοὺς τυχόντας ῥίπτειν τὰ τῆς σωτηρίας μυστήρια, καὶ πάντας ὁμοίως παραδέχεσθαι τοὺς μήτε βίῳ καθαρῷ, μήτε λόγῳ ἐξητασμένῳ καὶ ἀκριβεῖ κεχρημένους, ὅμοιόν ἐστιν ὥσπερ ἂν <εἴ> τις ἐν ἀγγείῳ ῥυπαρῷ τὸ πολυτίμητον μύρον ἐμβάλοι.

---

3 – 6 I suppl. 163 Luc. 5, 37–38 **9 – 12 I suppl. 164** BASILIUS CAESARIENSIS, *Homilia in principium Proverbiorum*, 4 (PG 31, 393, 26–31)

---

2 – 6 I suppl. 163 V^{E} cap. Θ 1, 3 (131r[15]15–18); V^{W} cap. Θ 1, 3; V^{O} cap. Θ 1, 3; V^{Ph} cap. Θ 1, 3; P cap. Θ 2, 3; M cap. Θ 2, 3; R cap. Θ 5, 3; *deest in* H^{I} L^{b}; PG 96, 9, 8–12 **8 – 12 I suppl. 164** V^{E} cap. Θ 1, 4 (131r[18]19–22); V^{W} cap. Θ 1, 4; V^{O} cap. Θ 1, 4; V^{Ph} cap. Θ 1, 4; P cap. Θ 2, 4; M cap. Θ 2, 4; R cap. Θ 5, 4; *deest in* H^{I} L^{b}; PG 96, 9, 13–17

I suppl. 163 (a) PM λουκα P κεφαλαιον P (b) Λουκᾶ $V^{E}V^{O}V^{Ph}$ R λουκα V^{E}, λου $V^{O}V^{Ph}$ (c) Τοῦ εὐαγγελίου V^{W} **I suppl. 164** (a) PM βασιλειου M εἰς – Παροιμίας] ἐκ των παροιμιων M (b) Τοῦ ἁγίου Βασιλείου R (c) Βασιλείου V

---

3 οἶνον] οἶον V^{O} μή] *add.* γε M *(NT)* **4** οἶνος] *om.* V^{O} ἀσκούς] *praem.* παλαιοὺς R ἀσκοὶ] ἀσκοῦ V^{O} **5** καινοὺς] νέους V^{W} **9** τοὺς] τὸ $V^{E}V^{O}V^{Ph}$ $R^{a.c.}$ **10 – 12** ἐξητασμένῳ – ἐμβάλοι] ἐπικίνδυνον R **10 – 11** ἐξητασμένῳ] -η- *e corr.* V^{W}, ἐξετασμένω $V^{E}V^{O}V^{Ph}$ P, ἐξαιτασμενω M **11** ἀκριβῆ *(*-η PM*)* $V^{W}V^{Ph\,a.c.}$ PM ἂν εἴ τις] *correximus (*I 1244 / C cap. Θ 2, 9 *et ed.)*, ἄν τις V PM **12** πολύτιμον V^{W} εμβαλλοι M, ἐμβάλη V^{O}

I suppl. 165 / V cap. Θ 1, 5

Περὶ βαπτίσματος·

Γλυκύτητα μέλιτος πῶς ἀναγγείλω τοῖς ἀγνοοῦσιν;

I suppl. 166 / V cap. Θ 1, 6

Τοῦ Θεολόγου, πρὸς Εὐνόμιον·

Μυστικῶς τὰ μυστικὰ φθεγξώμεθα, καὶ ἁγίως τὰ ἅγια, καὶ μὴ ῥίπτωμεν εἰς βεβήλους ἀκοὰς τὰ μὴ ἔκφορα, μὴ δὲ σεμνοτέρους ἡμῶν ἀποφαίνωμεν τοὺς προσκυνοῦντας τοῖς δαιμονίοις, καὶ τῶν αἰσχρῶν μύθων καὶ πραγμάτων θεραπευτάς.

---

3 I suppl. 165 Basilius Caesariensis, *Homilia exhortatoria ad S. baptisma*, 2 (PG 31, 425, 49–50) **6 – 9 I suppl. 166** Gregorius Nazianzenus, *De theologia I adversus Eunomianos (Orat. 27)*, 5, 23–26 (ed. Gallay/Jourjon, p. 82)

---

2 – 3 I suppl. 165 V^{E} cap. Θ 1, 5 (131r22–23); V^{W} cap. Θ 1, 5; V^{O} cap. Θ 1, 5; V^{Ph} cap. Θ 1, 5; P cap. Θ 2, 5; M cap. Θ 2, 5; *deest in* H^{I} L^{b} R; PG 96, 9, 18–19 **5 – 9 I suppl. 166** V^{E} cap. Θ 1, 6 (131r[23]23–26); V^{W} cap. Θ 1, 6; V^{O} cap. Θ 1, 6; V^{Ph} cap. Θ 1, 6; P cap. Θ 2, 6; M cap. Θ 2, 6; R cap. Θ 5, 5; *deest in* H^{I} L^{b}; PG 96, 9, 20–24

I suppl. 165 (a) M (b) *s. a.* $V^{E}V^{W}V^{Ph}$ P *(fenestra in* P*)* (c) Τοῦ αὐτοῦ V^{O} **I suppl. 166** πρὸς Εὐνόμιον] *om.* V R Εὐνόμιον] *scripsimus*, ευνομιον PM

---

3 γλυκύτατε V^{Ph} ἀναγγείλω] *scripsimus (*I 1245 / C cap. Θ 2, 10 *et ed.)*, ἀναγγέλω M, ἀναγγελῶ V *(cf. app. crit. ed.*, n. 73*)* **6** φθεγξόμεθα $V^{E}V^{W}V^{O}V^{Ph\ p.\ c.}$ P, φθέγξομαι $V^{Ph\ a.\ c.}$ **6 – 7** καὶ² – ἔκφορα] *om.* V^{W} *(suppl. man. rec. in mg.)* **6 – 7** ῥίπτομεν $V^{E}V^{O}$ **7 – 9** μὴ² – θεραπευτάς] *om.* R **7** μὴ δὲ] μη δὲ *e corr.* V^{W} **8** ἀποφαίνωμεν] *correximus (ed.)*, ἀποφαίνομεν V P, ἀποφενόμεν M δαίμοσιν $V^{E}V^{O}V^{Ph}$ **9** ἐσχρῶν V^{E}, ἐχρῶν V^{O}, αἰχθρῶν V^{Ph}

I suppl. 167 / V cap. Θ 1, 7

Φίλωνος, ἐκ τοῦ β′ τῶν ἐν Γενέσει <ζητημάτων>·

Οὐ θέμις τὰ ἱερὰ μυστήρια ἐκλαλεῖν ἀμυήτοις, ἄχρις ἂν καθαρθῶσι τελείᾳ καθάρσει.

---

3 – 4 I suppl. 167 PHILO IUDAEUS, *Quaestiones in Genesim*, II, locus non repertus (ed. Petit, p. 217.2); Royse 176.61

---

2 – 4 I suppl. 167 V^{E} cap. Θ 1, 7 (131r[27]27–28); V^{W} cap. Θ 1, 7; V^{O} cap. Θ 1, 7; V^{Ph} cap. Θ 1, 7; P cap. Θ 2, 7; M cap. Θ 2, 7; *deest in* H^{I} L^{b} R; PG 96, 9, 25–26

I suppl. 167 (a) PM φιλωνος *codd.* β′ τῶν] *om.* M ζητημάτων] *supplevimus (cf.* I 1254 / C cap. Θ 2, 19*)*, *om.* PM (b) Φίλωνος V φήλονος $V^{W\,a.c.}$, φήλωνος $V^{W\,p.c.}$

---

3 ἐκλαλεῖν] λαλεῖν M, ἐκβαλεῖν $V^{E}V^{Ph}$ ἄχρι V^{E} P **3 – 4** καθαρθῶσι] *post* καθάρσει *transpos.* M

β′ Περὶ θυσιῶν, καὶ ὅτι τὰς κιβδήλους θυσίας ὁ θεὸς οὐ προσδέχεται.

γ′ Περὶ θυσιῶν, καὶ ὅτι τὰς κιβδήλους θυσίας ὁ θεὸς οὐ προσδέχεται.

I suppl. 168 / V cap. Θ 2, 1

Γενέσεως·

Εἶπεν κύριος ὁ θεὸς τῷ Κάϊν· Ἱνατί περίλυπος ἐγένου, καὶ ἱνατί συνέπεσεν τὸ πρόσωπόν σου; Οὐκ ἂν ὀρθῶς προσενέγκῃς, ὀρθῶς δὲ μὴ διέλῃς, ἥμαρτες; Ἡσύχασον· πρὸς σὲ ἡ ἀποστροφὴ αὐτοῦ, καὶ σὺ αὐτοῦ ἄρξῃς.

I suppl. 169 / V cap. Θ 2, 2

Τοῦ Λευϊτικοῦ·

Πάντα ὅσα ἔχει μῶμον ἐν ἑαυτῷ, οὐ προσάξουσιν κυρίῳ, διότι οὐ δεκτὰ ἔσται.

---

7 – 10 I suppl. 168 Gen. 4, 6–7 **13 – 14 I suppl. 169** Lev. 22, 20

---

1 – 2 Titlos (a) V^{E} (131r29) $V^{W}V^{O}V^{Ph}$ $A^{I\ pin}$; *deest in* $H^{I}A^{I\ txt}$; PG 96, 9, 27–28 **3 – 4 Titlos (b)** $PML^{b\ pin}$ R; *deest in* $L^{b\ txt}$ **6 – 10 I suppl. 168** V^{E} cap. Θ 2, 1 (31r[29]30–32); V^{W} cap. Θ 2, 1; V^{O} cap. Θ 2, 1; V^{Ph} cap. Θ 2, 1; P cap. Θ 3, 1; M cap. Θ 3, 1; *deest in* H^{I} L^{b} R; PG 96, 9, 29–33 **12 – 14 I suppl. 169** V^{E} cap. Θ 2, 2 (31r[32]33); V^{W} cap. Θ 2, 2; V^{O} cap. Θ 2, 2; V^{Ph} cap. Θ 2, 2; P cap. Θ 3, 2; M cap. Θ 3, 2; R cap. Θ 6, 1; *deest in* H^{I} L^{b}; PG 96, 9, 34–35

---

1 – 2 Titlos (a) **1** β′] *propt. mg. resect. non liquet in* $A^{I\ pin}$ *(β′ secund. ser.)* ὁ] *om.* V^{W} **1 – 2** προσίεται $V^{E\ pin}V^{O\ pin}V^{Ph\ pin}$ **3 – 4 Titlos (b)** **3** γ′] ς′ R, *om.* P^{txt} *(γ′ secund. ser.)* **3 – 4** καὶ – προσδέχεται] *om.* M **3 – 4** δέχεται $L^{b\ pin}$, προσίεται R^{txt}

I suppl. 169 Τοῦ] *om.* V R

---

7 κύριος] *s. l.* M καϊν M ἱνατί] ἤ τΐ *(sic)* V^{O} **8** προσενέγκεις $V^{E\ a.\ c.}$, προσενεγκῆς M, προσήνεγκας V^{W} P **9** διελης M, διεῖλες P, ἕλης *(ἕ-* $V^{E}V^{O}$*)* $V^{E}V^{O}V^{Ph}$ **10** ἄρξης αὐτοῦ P, ἀρξεις αυτοῦ M ἄρξεις V^{W} **13** πάντες *(sic)* V^{O} προσάξεις R

I suppl. 170 / V cap. Θ 2, 3

Μαλαχίου προφήτου·

Ἐὰν προσαγάγητε τυφλὸν εἰς θυσίαν, οὐ κακόν; Καὶ ἐὰν προσαγάγητε χωλὸν ἢ ἄρρωστον, οὐ κακόν; Προσάγαγε δὴ αὐτῷ τῷ ἡγουμένῳ σου, εἰ προσδέξεται ἢ λήψεται πρόσωπόν σου, λέγει κύριος παντοκράτωρ.

I suppl. 171 / V cap. Θ 2, 4

Τοῦ αὐτοῦ·

Ἐπικατάρατος ὃς ἦν δυνατός, καὶ ὑπῆρχεν ἐν τῷ ποιμνίῳ αὐτοῦ ἄρσεν, καὶ ἡ εὐχὴ αὐτοῦ ἐν αὐτῷ, καὶ θύει διεφθαρμένα τῷ κυρίῳ.

---

3 – 6 I suppl. 170 Mal. 1, 8 (Wahl, *Prophetenzitate*, p. 273) **9 – 10 I suppl. 171** Mal. 1, 14 (Wahl, *Prophetenzitate*, p. 273 – 274)

---

2 – 6 I suppl. 170 V^{E} cap. Θ 2, 3 (31r[34]34–31v2); V^{W} cap. Θ 2, 3; V^{O} cap. Θ 2, 3; V^{Ph} cap. Θ 2, 3; P cap. Θ 3, 3; M cap. Θ 3, 3; R cap. Θ 6, 2; *deest in* H^{I} L^{b}; PG 96, 12, 1–5 **8 – 10 I suppl. 171** V^{E} cap. Θ 2, 4 (31v3–4); V^{W} cap. Θ 2, 4; V^{O} cap. Θ 2, 4; V^{Ph} cap. Θ 2, 4; P cap. Θ 3, 4; M cap. Θ 3, 4; R cap. Θ 6, 3; *deest in* H^{I} L^{b}; PG 96, 12, 6–8

---

3 Marginalia Ἐὰν – κακόν] εν υποστιγμι M

I suppl. 170 μαλαχιου PM προφήτου] *om.* V P R **I suppl. 171** (a) V^{O} P R (b) *s. a.* V^{E}V^{W}V^{Ph} M

---

3 προσαγάγητε[1]] *scripsimus cum* V$^{W\ p.c.}$, προσαγάγετε (-γα- PM) V^{E}V$^{W\ a.c.}$ V^{O}V^{Ph} PM R θυσίαν] θυσιαστήριον V^{W} Καὶ] *om.* V^{W} PM R **3 – 4** προσαγάγητε[2]] *scripsimus cum* V$^{W\ p.c.}$, προσαγάγετε V^{E}V$^{W\ a.c.}$ V^{O}V^{Ph} P R, προσαγαγεται M **4** ἢ] *om.* PM R δὴ] δὲ V^{O} αὐτὸ PM *(LXX, sed cf. app. crit.)* **5** εἰ] ἡ M ἢ] ἡ M, εἰ V^{W} P R **9** καὶ] *om.* R **10** διεφθάρμενων *(sic)* M, διεφθαρμέναι V^{O}

α′ Περὶ ἰαμάτων ὑπὸ κυρίου καὶ τῶν προφητῶν καὶ ἀποστόλων γενομένων.

δ′ Περὶ ἰαμάτων ὑπὸ κυρίου καὶ προφητῶν καὶ ἀποστόλων γενομένων.

I suppl. 172 / V cap. I 1, 1

Βασιλειῶν δ′·

Παρεγένετο Νεεμμὰν σὺν τοῖς ἅρμασιν αὐτοῦ, καὶ ἔστη ἐπὶ τῆς θύρας τοῦ οἴκου Ἐλισσαιέ. Καὶ ἀπέστειλεν πρὸς αὐτὸν Ἐλισσαιὲ ἄγγελον, λέγων· Πορευθεὶς λοῦσαι ἐν τῷ Ἰορδάνῃ ἑπτάκις, καὶ ἐπιστρέψει ἡ σάρξ σου ἐπὶ σοί, καὶ καθαρισθήσῃ. Καὶ ἐθυμώθη Νεεμμάν, καὶ εἶπεν· Ἰδοὺ ἔλεγον· Ἐξελεύσεται πρός με, καὶ ἐπικαλέσεται ἐν ὀνόματι κυρίου τοῦ θεοῦ αὐτοῦ, καὶ ἐπιθήσει τὴν χεῖρα αὐτοῦ ἐπὶ τὸ λεπρόν, καὶ ἀποσυνάξει αὐτὸ ἀπὸ τῆς σαρκός μου. Οὐκ ἀγαθὸς Ἀρβανὰ καὶ Φαρδὰδ ποταμοὶ Δαμασκοῦ ὑπὲρ τὸν Ἰορδάνην καὶ ὑπὲρ πάντα τὰ ὕδατα Ἰσραήλ; Οὐχὶ πορευθεὶς λού-

---

7 – 90, 7 I suppl. 172 IV Reg. 5, 9–14 (Wahl, *4 Könige-Text*, p. 126–128)

---

1 – 2 Titlos (a) V^{E} (141v26–27) $V^{W}V^{O}V^{Ph}$ $A^{I\ pin}$; *deest in* $H^{I}A^{I\ txt}$; PG 96, 52, 40–41 **3 – 4 Titlos (b)** $PML^{b\ pin}$ T^{txt}; *desunt in* $L^{b\ txt}$ T^{pin} **6 – 90, 7 I suppl. 172** V^{E} cap. I 1, 1 (141v[27]28–242r6); V^{W} cap. I 1, 1; V^{O} cap. I 1, 1; V^{Ph} cap. I 1, 1; P cap. I 4, 1; M cap. I 4, 1; T cap. I 4, 1; *deest in* H^{I} L^{b}; PG 96, 52, 42 – 53, 3

---

1 – 2 Titlos (a) **1** α′] *praem. (iuxta* Στοιχεῖον I*)* τίτλος α′ $V^{E\ pin}V^{O\ pin}$, *praem.* τίτλος $V^{W\ txt}$, *om.* $V^{O\ txt}$, *propt. mg. resect. non liquet in* $A^{I\ pin}$ *(α′ secund. ser.)* ἰαμάτων] *add.* τῶν $V^{W\ pin}V^{W\ txt\ p.\ c.}$ **1 – 2** καὶ ἀποστόλων] *om.* $V^{E\ pin}V^{O\ pin}V^{Ph\ pin}$ **1 – 2** ἀποστόλων] *praem.* τῶν $V^{W}V^{O\ txt}V^{Ph\ txt}$ $A^{I\ pin}$ **2** γινομένων $V^{E\ pin}V^{W}V^{O\ pin}$ $V^{Ph\ pin}$ **3 – 4 Titlos (b)** **3** δ′] τίτλος δ′ T^{txt} **3 – 4** ὑπὸ – γενομένων] *om.* M^{pin} **3** καὶ[1] – ἀποστόλων] *om.* M^{txt} **4** γενομένων] γινομενων *(sic)* M^{txt}, *om.* $L^{b\ pin}$

I suppl. 172 δ′] α′ PM, *om.* V^{W}

---

7 νεὲμμὰν V^{E}, νεεμὰν $V^{W}V^{Ph\ a.\ c.}$, νεεμμᾶν ὁ Σύρος T, τῶ νεαιμὰν M **7 – 8** ταῖς θύραις V^{W} **8** οἴκου] οἰ $T^{a.\ c.\ man.\ rec.}$ ἐλισσεαί V^{W}, ἐλϊσεέ $V^{O\ a.\ c.}$ ἐλισσεαὶ V^{W}, ἐλισσεε T **9** ἀγγέλους M ἰωρδάνη $V^{W\ a.\ c.}$, ϊορδάνη P, ἰορδάνι M, ϊορδάνηι T ἑπτάκις] ἕβδομον *(ἑ- M)* PM T **10** ἐπιστρέψη V^{E} σου] *s. l.* V^{W} ἐπὶ σοί] ἐν σοὶ PM T **11** νεεμὰν $V^{W}V^{O\ a.\ c.}$, νεεμμαν P, νεαιμὰν M **12** τοῦ] *om.* M T **13** τὸ] τὸν PM ἐπισυνάξει $V^{E}V^{O}V^{Ph}$ αὐτὸ] αὐτῶ $V^{E}V^{Ph}$ T **14** ἀρβανᾶ $V^{W\ e\ corr.}$, ἀρβανα P T, σαρβανὰ M φαρβᾶρ $V^{W\ e\ corr.}$, φαρφὰδ V^{O}, φαρφὰς T, φαρβαδ P, φαρβαθ M δαμασκου M **15** ϊορδάνην P T, ἰορδανην M Ἰσραήλ] ἱερουσαλὴμ V^{O}

σομαι ἐν αὐτοῖς καὶ καθαρισθήσομαι; Καὶ προσῆλθον οἱ παῖδες αὐτοῦ, καὶ εἶπον αὐτῷ· Πάτερ, εἰ μέγαν λόγον ἐλάλησεν πρὸς σὲ ὁ προφήτης, οὐκ ἂν ἐποίησας, καθότι εἶπεν πρὸς σέ· Λοῦσαι καὶ καθαρίσθητι. Καὶ κατέβη Νεεμμάν, καὶ ἐβαπτίσατο ἐν τῷ Ἰορδάνῃ ἑπτάκις κατὰ τὸ ῥῆμα τοῦ ἀνθρώπου τοῦ θεοῦ, καὶ ἐπέστρεψεν ἡ σὰρξ αὐτοῦ ἐπ' αὐτὸν ὡσεὶ παιδαρίου μικροῦ, καὶ ἐκαθαρίσθη.

I suppl. 173 / V cap. I 1, 2

Τῆς αὐτῆς·

Ἦν Ἡσαΐας ἐν τῇ αὐλῇ, καὶ ῥῆμα κυρίου ἐγένετο πρὸς αὐτόν, λέγων· Ἐπίστρεψον καὶ ἐρεῖς πρὸς Ἐζεκίαν, ἡγούμενον τοῦ λαοῦ· Τάδε λέγει κύριος ὁ θεὸς Δαυΐδ, τοῦ πατρός σου· Ἤκουσα τῆς προσευχῆς σου, καὶ εἶδον τὰ δάκρυά σου· ἰδοὺ ἐγὼ ἰάσομαί σε ἐν τῇ ἡμέρᾳ τῇ τρίτῃ, καὶ ἀναβήσῃ εἰς τὸν οἶκον κυρίου, καὶ προσθήσω ἐπὶ τὰς ἡμέρας σου ἔτη δεκαπέντε, καὶ ἐκ χειρὸς βασιλέως Ἀσσυρίων ῥύσομαί σε καὶ τὴν πόλιν ταύτην.

---

10 – 16 I suppl. 173 IV Reg. 20, 4–6 (Wahl, *4 Könige-Text*, p. 137)

---

9 – 16 I suppl. 173 V^{E} cap. I 1, 2 (142r[6]6–12); V^{W} cap. I 1, 2; V^{O} cap. I 1, 2; V^{Ph} cap. I 1, 2; P cap. I 4, 2; M cap. I 4, 2; T cap. I 4, 2; *deest in* H^{I} L^{b}; PG 96, 53, 4–12

I suppl. 173 (a) P (b) Βασιλειῶν δ' $V^{E}V^{O}V^{Ph}$ (c) Ἐκ τῆς προφητείας Ἡσαΐου M ησαΐου *cod.* (d) *s. a.* V^{W} T

2 αὐτῷ] πρὸς αὐτόν V^{W} M, προς αὐτον P, προς αὐτῶν T μέγα V λόγον] *om.* V^{W} **3 – 5** καὶ – ἑπτάκις] *non liquet in* T *(folii parte abscissa)* **4** καθαρισθηται M κατέβην V^{O} νεέμμὰν V^{E}, νεεμμαν P, νεεμᾶν V^{W}, νεαιμὰν M **4 – 5** ϊορδάνη P, ϊορδανη M **5** τοῦ θεοῦ] *in mg.* P **6** αὐτὸν] αὐτῶ M ὡσεὶ] ὡς V^{W} PM T **6 – 7** ἐκαθερίσθη *(-ι- M)* PM **10** Ἦν] *praem.* καὶ M ἠσαϊας P, ησαΐας M **11** εζεκίαν T, ἐζεκιαν *(ε- P)* PM **12** τοῦ] *om.* V^{O} **13** εἶδον] ἴδον $V^{E}V^{W}$ M T, ἶδον P ἐγὼ] *om.* V^{W} *(suppl. man. rec. s. l.)* ἰάσωμαι σε M, ϊασωμέ σε T **15** ἔτη] ἔτι $V^{E}V^{O}$ T δεκαπέντε] ιε' V^{W} P **16** ἀσσυριων P, ἀσυρίων $V^{E}V^{O}V^{Ph}$ M ταύτην] *add.* καὶ ὑπερασπιῶ ὑπερ τῆς πόλεως ταύτης δι' ἐμὲ καὶ διὰ Δαυΐδ τὸν παῖδα μου *(= IV Reg. 20, 6)* T

I suppl. 174 / V cap. I 1, 3

Κατὰ Ματθαῖον, κεφαλαίου ξγ′· Λουκᾶ, κεφαλαίου λγ′·

Καταβαίνοντι αὐτῷ ἀπὸ τοῦ ὄρους, ἠκολούθησαν αὐτῷ ὄχλοι πολλοί. Καὶ ἰδοὺ λεπρὸς προσελθὼν προσεκύνει αὐτῷ, λέγων· Κύριε, ἐὰν θέλῃς, δύνασαί με καθαρίσαι. Καὶ ἐκτείνας τὴν χεῖρα ἥψατο αὐτοῦ, λέγων· Θέλω καθαρίσθητι· καὶ εὐθέως ἐκαθαρίσθη.

I suppl. 175 / V cap. I 1, 4

Κατὰ Ματθαῖον, κεφαλαίου ξγ′· Ἰωάννου, κεφαλαίου λζ′· Λουκᾶ, κεφαλαίου ξθ′·

Εἰσελθόντι αὐτῷ εἰς Καπερναούμ, προσῆλθεν αὐτῷ ἑκατοντάρχης, παρακαλῶν αὐτὸν καὶ λέγων· Κύριε, ὁ παῖς μου βέβληται ἐν τῇ οἰκίᾳ παραλυτικός, δεινῶς βασανιζόμενος. Καὶ λέγει αὐτῷ ὁ Ἰησοῦς· Ἐγὼ ἐλθὼν θεραπεύσω αὐτόν. Καὶ ἀποκριθεὶς ὁ ἑκα-

---

3 – 6 I suppl. 174 Matth. 8, 1–3; Luc. 5, 12–13 **10 – 92, 7 I suppl. 175** Εἰσελθόντι – εὗρον] Matth. 8, 5–10; Ioh 4, 47–53; Luc. 7, 1–9

---

2 – 6 I suppl. 174 V^{E} cap. I 1, 3 (142r[12]12–16); V^{W} cap. I 1, 3; V^{O} cap. I 1, 3; V^{Ph} cap. I 1, 3; P cap. I 4, 3; M cap. I 4, 3; T cap. I 4, 3; *deest in* H^{I} L^{b}; PG 96, 53, 13–18 **8 – 92, 8 I suppl. 175** V^{E} cap. I 1, 4 (142r[16]16–26); V^{W} cap. I 1, 4; V^{O} cap. I 1, 4; V^{Ph} cap. I 1, 4; P cap. I 4, 4; M cap. I 4, 4; T cap. I 4, 4; *deest in* H^{I} L^{b}; PG 96, 53, 19–33

I suppl. 174 (a) PM Κατὰ Ματθαῖον] ματθαίου M λγ′] λε′ M (b) Τοῦ κατὰ Ματθαῖον εὐαγγελίου, κεφαλαίου ξβ′ T (c) Ματθαίου $V^{E}V^{O}V^{Ph}$ (d) Τοῦ εὐαγγελίου V^{W} **I suppl. 175** (a) P ξγ′] ξδ′ *et* ξς′ *exspectav.* ξθ′] ξε′ *et* ξς′ *exspectav.* (b) Ματθαίου, κεφαλαίου ξγ′, Λουκᾶ <***>, Ἰωάννου λζ′, Λουκιανοῦ, κεφαλαίου ξθ′ M ξγ′] ξδ′ *et* ξς′ *exspectav.* *post* Λουκᾶ *numerus divisionis Eusebianae deest (in finem lemmatis transpositus videtur, sed pro* ξθ′ *exspectav.* ξε′ *et* ξς′*)* Λουκιανοῦ] *delendum videtur* (c) Κεφαλαίου ξγ′ T ξγ′] ξδ′ *et* ξς′ *exspectav.* (d) Μάρκου $V^{E}V^{O}V^{Ph}$ (e) Τοῦ αὐτοῦ λόγου V^{W}

---

3 καταβάντι V^{W} PM T αὐτῷ¹] τωι ιησου T ηκουλουθησαν T **4** προσεκύνη P T **5** καθαρισαί με M χεῖραν M T **6** ἐκαθερίσθη *(-ι- M)* V^{E} PM **10** ἐλθόντη *(sic)* T αὐτῷ¹] τῶ ιησου V^{W} καπερναουμ PM, κάπερναοὺμ V^{O} **10 – 11** ἑκατοντάρχης] *scripsimus*, ἑκατοντάρχης $V^{E}V^{O}V^{W\,a.c.}$ V^{Ph}, ἑκατόνταρχος *(-τον P)* P M, ἑκατόνταρχας T **11** αὐτῶ V^{W} **12** δεινὸς P T Καὶ] *om.* M **13 – 92, 1** ἑκατόνταρχος] *correximus*, ἑκατόνταρχος *(-ος e corr.* V^{W}*)* $V^{W}V^{O}V^{Ph}$ M T, εκατόνταρχος *(-ος e corr.* V^{E}*)* V^{E} P

τόνταρχος ἔφη· Κύριε, οὐκ εἰμὶ ἱκανὸς ἵνα μου ὑπὸ τὴν στέγην εἰσέλθῃς, ἀλλὰ μόνον εἰπὲ λόγον, καὶ ἰαθήσεται ὁ παῖς μου. Καὶ γὰρ ἐγὼ ἄνθρωπός εἰμι ὑπὸ ἐξουσίαν, ἔχων ὑπ᾽ ἐμαυτὸν στρατιώτας, καὶ λέγω τούτῳ· Πορεύθητι, καὶ πορεύεται, καὶ ἄλλῳ· Ἔρχου, καὶ ἔρχεται, καὶ τῷ δούλῳ μου· Ποίησον τοῦτο, καὶ ποιεῖ. Ἀκούσας δὲ ὁ Ἰησοῦς εἶπεν· Ἀμὴν λέγω ὑμῖν· οὐδὲ ἐν τῷ Ἰσραὴλ τοσαύτην πίστιν εὗρον. Καὶ εἶπεν τῷ ἑκατοντάρχῃ· Ὕπαγε, καὶ ὡς ἐπίστευσας γενηθήτω σοι.

I suppl. 176 / V cap. I 1, 5

Κατὰ Ματθαῖον, κεφαλαίου ξζ′· κατὰ Μάρκον, κεφαλαίου ρκ′·

Ἐλθὼν ὁ Ἰησοῦς εἰς τὴν οἰκίαν Πέτρου, εἶδεν τὴν πενθερὰν αὐτοῦ πυρέσσουσαν, καὶ ἥψατο τῆς χειρὸς αὐτῆς, καὶ ἀφῆκεν αὐτὴν ὁ πυρετός.

---

7 – 8 Καὶ – σοι] Matth. 8, 13; cf. Luc. 7, 10 **11 – 13 I suppl. 176** Matth. 8, 14–15; Marc. 1, 29–31

---

10 – 13 I suppl. 176 V^{E} cap. I 1, 5 (142r[26]26–28); V^{W} cap. I 1, 5; V^{O} cap. I 1, 5; V^{Ph} cap. I 1, 5; P cap. I 4, 5; M cap. I 4, 5; T cap. I 4, 5; *deest in* H^{I} L^{b}; PG 96, 53, 34–36

I suppl. 176 (a) P ῥκ′] *sic* P *(cf. infra,* I suppl. 177 / V cap. I 1, 6 *[lemma a]),* ιε′ *exspectav.* (b) Ματθαίου, κεφαλαίου ξζ′ M (c) Κεφαλαίου ξζ′ T (d) Τοῦ αὐτοῦ $V^{E}V^{W\ in\ mg.\ inter.}V^{O}$ (e) Μάρκου $V^{W\ in\ mg.\ dextra}$ (f) *s. a.* V^{Ph}

---

2 λόγον] λόγω V^{W} P T *(NT)* **2 – 8** Καὶ – σοι] καὶ τὰ λοιπά P, *om.* M T **4** τοῦτο V^{Ph} ἄλλῳ] *praem.* τῶ V^{W} **6** εἶπεν] *add.* αὐτῶ V^{O} **7** ἑκατοντάρχη $V^{E}V^{O}V^{Ph}$ **8** γενηθήτω σου V^{E} **11** ἴδεν *(ἴ- e corr.* V^{W}*)* V^{W} M T, ἶδεν P, ἴδεν V^{E} **12** πϋρέσουσαν V^{O}, πυρέττουσαν M χειρας T ἀφῆκεν] ἀφιεισεν *(sic)* M αὐτὴν] *om.* V^{O}

I suppl. 177 / V cap. I 1, 6

Κατὰ Ματθαῖον, κεφαλαίου οζ'· Λουκᾶ, κεφαλαίου ρκ'·

Παράγοντι τῷ Ἰησοῦ ἠκολούθησαν αὐτῷ δύο τυφλοί, κράζοντες καὶ λέγοντες· Ἐλέησον ἡμᾶς, κύριε, υἱὸς Δαυΐδ. Λέγει αὐτοῖς ὁ Ἰησοῦς· Πιστεύετε ὅτι δύναμαι τοῦτο ποιῆσαι; Λέγουσιν αὐτῷ· Ναί, κύριε. Τότε ἥψατο τῶν ὀφθαλμῶν αὐτῶν, λέγων· Κατὰ τὴν πίστιν ὑμῶν γενηθήτω ὑμῖν. Καὶ ἀνεῴχθησαν αὐτῶν οἱ ὀφθαλμοί. Αὐτῶν δὲ ἐξερχομένων, ἰδοὺ προσήνεγκαν αὐτῷ ἄνθρωπον κωφὸν δαιμονιζόμενον· καὶ ἐκβληθέντος τοῦ δαιμονίου, ἐλάλησεν ὁ κωφός.

I suppl. 178 / V cap. I 1, 7

Κεφαλαίου ρις'·

Μεταβὰς ὁ Ἰησοῦς ἐκεῖθεν ἦλθεν εἰς τὴν συναγωγὴν αὐτῶν· καὶ ἰδοὺ ἄνθρωπος ἦν, τὴν χεῖρα ἔχων ξηράν. Τότε λέγει τῷ ἀνθρώ-

---

3 – 7 I suppl. 177 Παράγοντι – ὀφθαλμοί] Matth. 9, 27–30; Luc. 18, 35–43 **8 – 10** Αὐτῶν – κωφός] Matth. 9, 32–33; Luc. 11, 14–15 **13 – 14 I suppl. 178** Μεταβὰς – ξηράν] Matth. 12, 9–10 **14 – 94, 2** Τότε – ἄλλη] Ibid. 12, 13

---

2 – 10 I suppl. 177 V^{E} cap. I 1, 6 (142r[28]28–34); V^{W} cap. I 1, 6; V^{O} cap. I 1, 6; V^{Ph} cap. I 1, 6; P cap. I 4, 6; M cap. I 4, 6; T cap. I 4, 6; *deest in* H^{I} L^{b}; PG 96, 53, 37–46 **12 – 94, 2 I suppl. 178** V^{E} cap. I 1, 7 (142r[34]34–242v2); V^{O} cap. I 1, 7; V^{Ph} cap. I 1, 7; P cap. I 4, 7; M cap. I 4, 7; T cap. I 4, 7; *deest in* V^{W} H^{I} L^{b}; PG 96, 53, 47–51

I suppl. 177 (a) P οζ'] *sic* P, οε' *exspectav.* ρκ'] *sic* P *(cf. supra,* I suppl. 176 / V cap. I 1, 5 *[lemma a]),* σκδ' *exspectav. (Luc. 18, 35–43) et* ρκς' *(Luc. 11, 14–15)* (b) Ματθαίου, κεφαλαίου οζ'· ἐκ τοῦ κατὰ Λουκᾶν ρκ' M οζ'] *sic* M, οε' *exspectav.* ρκ'] *sic* M, σκδ' *exspectav. (Luc. 18, 35–43) et* ρκς' *(Luc. 11, 14–15)* (c) Κεφαλαίου οζ' T οζ'] *sic* T, οε' *exspectav.* (d) Λουκᾶ $V^{E}V^{O}V^{Ph}$ λουκά V^{E} (e) Τοῦ αὐτοῦ $V^{W \text{ in mg. inter.}}$ (f) Λουκᾶ $V^{W \text{ in mg. exter.}}$ **I suppl. 178** (a) PM T ρις'] *non liquet in* $T^{(mut.)}$ (b) Τοῦ αὐτοῦ V^{E} (c) Λουκᾶ V^{O} (d) *s. a.* V^{Ph}

---

3 ἠκουλούθησαν *(*η- P*)* P T **4** υἱὲ PM T **5** Ἰησοῦς] *add.* τί θέλεται ποιῆσαι με ὑμᾶς. λέγουσιν αὐτῶι κύριε, ἵνα ανεωχθωσιν ὑμων οἱ ὀφθαλμοι. λεγει αὐτοῖς ὁ Ἰησοῦς *(= Matth. 20, 32–33)* T πιστεύγετε M, πιστεύεται $V^{E}V^{O}V^{Ph}$ T δύναμαι] *post* τοῦτο *transpos.* V^{W} P **7** γεννηθήτω $PM^{a.\,c.}$ ανεόχθησαν T, ἰνεωχθησαν M **8** αὐτῷ] αὐτῶν M **13 – 94, 2** Μεταβὰς – ἄλλη] *non liquet in* $T^{(mut.)}$ **13** ὁ Ἰησοῦς] *om.* PM αὐτῶν] αὐτοῦ P, *om.* M **14** χεῖραν $V^{E}V^{O}V^{Ph}$ M

πῳ· Ἔκτεινον τὴν χεῖρά σου. Καὶ ἐξέτεινεν, καὶ ἀπεκατεστάθη ὑγιὴς ὡς ἡ ἄλλη.

I suppl. 179 / V cap. I 1, 8

Κεφαλαίου ρνγʹ·

Προσήνεγκαν αὐτῷ πάντας τοὺς κακῶς ἔχοντας, καὶ παρεκάλουν αὐτὸν ἵνα μόνον ἅψωνται τοῦ κρασπέδου τοῦ ἱματίου αὐτοῦ· καὶ ὅσοι ἥψαντο, διεσώθησαν.

I suppl. 180 / V cap. I 1, 9

Κεφαλαίου ρνζʹ·

Ἰδοὺ γυνὴ Χαναναία ἀπὸ τῶν ὁρίων ἐκείνων ἐξελθοῦσα…

I suppl. 181 / V cap. I 1, 10

Κεφαλαίου ρξʹ·

Προσῆλθον αὐτῷ ὄχλοι πολλοί, ἔχοντες μεθ’ ἑαυτῶν χωλούς, τυ-

---

5 – 7 I suppl. 179 Matth. 14, 35–36 **10 I suppl. 180** Matth. 15, 22 **13 – 95, 2 I suppl. 181** Matth. 15, 30

---

4 – 7 I suppl. 179 V^{E} cap. I 1, 8 (142v[2]2–4); V^{O} cap. I 1, 8; V^{Ph} cap. I 1, 8; P cap. I 4, 8; M cap. I 4, 8; T cap. I 4, 8; *deest in* V^{W} H^{I} L^{b}; PG 96, 53, 52–55 **9 – 10 I suppl. 180** V^{E} cap. I 1, 9 (142v4–5); V^{O} cap. I 1, 9; V^{Ph} cap. I 1, 9; P cap. I 4, 9; T cap. I 4, 9; *deest in* V^{W} H^{I} ML^{b}; PG 96, 53, 56–57 **12 – 95, 2 I suppl. 181** V^{E} cap. I 1, 10 (142v5–7); V^{O} cap. I 1, 10; V^{Ph} cap. I 1, 10; P cap. I 4, 10; M cap. I 4, 9; T cap. I 4, 10; *deest in* V^{W} H^{I} L^{b}; PG 96, 53, 57 – 56, 2

I suppl. 179 (a) PM (b) Τοῦ αὐτοῦ $V^{E}V^{O}$ (c) *s. a.* V^{Ph} (d) *non liquet in* $T^{(mut.)}$ **I suppl. 180** (a) P (b) *s. a.* $V^{E}V^{O}V^{Ph}$ (c) *non liquet in* $T^{(mut.)}$ **I suppl. 181** (a) PM ρξʹ] ρνζʹ M *(cf. supra,* I 180 / V cap. I 1, 9 *[lemma a])* (b) *s. a.* $V^{E}V^{O}V^{Ph}$ (c) *non liquet in* $T^{(mut.)}$

---

1 χεῖρά σου] *scripsimus*, χειρά σου P, χεῖραν σου $V^{E}V^{O}V^{Ph}$ M απεκαταιστάθη P, ἀποκατεστάθη $V^{E}V^{O}V^{Ph}$ **6** ἅψωνται] *correximus (NT)*, ἅψονται (ἄ- $V^{E}V^{O}$) $V^{E}V^{O}V^{Ph}$ PM **10** Ἰδοὺ – ἐξελθοῦσα] *non liquet in* $T^{(mut.)}$ ἐξελθοῦσα] *add.* καὶ τὰ λοιπά $V^{E}V^{O}V^{Ph}$ **13** Προσῆλθον – ἑαυτῶν] *usque ad* ἑ- *desunt in* $T^{(mut.)}$

φλούς, κωφούς, κυλλούς, καὶ ἔρριψαν αὐτοὺς παρὰ τοὺς πόδας τοῦ Ἰησοῦ, καὶ ἐθεράπευσεν αὐτούς.

I suppl. 182 / V cap. I 1, 11

Κεφαλαίου ροδ′·

Προσῆλθεν αὐτῷ ἄνθρωπος γονυπετῶν αὐτὸν καὶ λέγων· Κύριε, ἐλέησόν μου τὸν υἱόν, ὅτι σεληνιάζεται, καὶ πολλάκις πίπτει εἰς τὸ πῦρ καὶ πολλάκις εἰς τὸ ὕδωρ. Καὶ εἶπεν ὁ Ἰησοῦς· Φέρετέ μοι αὐτὸν ὧδε. Καὶ ἐπετίμησεν αὐτῷ, καὶ ἐξῆλθεν ἀπ᾽ αὐτοῦ τὸ δαιμόνιον.

I suppl. 183 / V cap. I 1, 12

Κεφαλαίου σε′·

Ἰδοὺ δύο τυφλοί, καθήμενοι παρὰ τὴν ὁδόν, καὶ ἔκραξαν λέγοντες· Ἐλέησον ἡμᾶς, κύριε, υἱὸς Δαυΐδ. Καὶ ἐφώνησεν αὐτούς, καὶ εἶπεν· Τί θέλετε ποιήσω ὑμῖν; Λέγουσιν αὐτῷ· Κύριε, ἵνα ἀνοιχθῶσιν ἡμῶν οἱ ὀφθαλμοί. Σπλαγχνισθεὶς δὲ ὁ Ἰησοῦς ἥψατο τῶν ὀφθαλμῶν αὐτῶν, καὶ ἀνέβλεψαν.

---

5 – 7 I suppl. 182 Προσῆλθεν – ὕδωρ] Matth. 17, 14–15 **7 – 9** Καὶ – δαιμόνιον] Ibid. 17, 17–18 **12 – 13 I suppl. 183** Ἰδοὺ – Δαυΐδ] Matth. 20, 30 **13 – 16** Καὶ – ἀνέβλεψαν] Ibid. 20, 32–34

---

4 – 9 I suppl. 182 V^{E} cap. I 1, 11 (142v[7]7–11); V^{O} cap. I 1, 11; V^{Ph} cap. I 1, 11; P cap. I 4, 11; M cap. I 4, 10; T cap. I 4, 11; *deest in* V^{W} H^{I} L^{b}; PG 96, 56, 3–8 **11 – 16 I suppl. 183** V^{E} cap. I 1, 12 (142v[11]11–15); V^{O} cap. I 1, 12; V^{Ph} cap. I 1, 12; P cap. I 4, 12; M cap. I 4, 11; *deest in* V^{W} H^{I} L^{b} $T^{(lac.)}$; PG 96, 56, 9–14

I suppl. 182 (a) PM T (b) Τοῦ αὐτοῦ V^{E} (c) *s. a.* $V^{O}V^{Ph}$ **I suppl. 183** (a) PM σε′] ς′ M (b) Τοῦ αὐτοῦ V^{E} (c) *s. a.* $V^{O}V^{Ph}$

---

1 κυλλούς] *om.* V^{Ph} **2** τοῦ Ἰησοῦ] αὐτοῦ T **5** καὶ] *om.* T *(suppl. man. rec. s. l.)* **7** πολλάκις] *om.* PM T **8** αὐτῷ] αὐτὸν M τὸ] *hic desinit* $T^{(mut.)}$ **12** καὶ] *om.* PM **13** υἱὲ V^{O} PM **14** ὑμᾶς M **14 – 15** ἀνοιχθωσιν M, ἀνυχθῶσιν $V^{E}V^{O}$, ἀνεωχθωσιν P **15** δὲ] οὖν M **16** ἀνέβλεψεν V^{O}

I suppl. 184 / V cap. I 1, 13

Κατὰ Ἰωάννην, κεφαλαίου λη′·

Ἦν ἄνθρωπος, καὶ εἶχεν τριάκοντα ὀκτὼ ἔτη ἐν τῇ ἀσθενείᾳ αὐτοῦ, καὶ λέγει αὐτῷ ὁ Ἰησοῦς· Θέλεις ὑγιὴς γενέσθαι;

I suppl. 185 / V cap. I 1, 14

Κεφαλαίου πθ′·

Ταῦτα εἰπὼν ἔπτυσεν χαμαί, καὶ ἐποίησεν πηλὸν ἐκ τοῦ πτύσματος, καὶ ἐπέχρισεν ἐπὶ τοὺς ὀφθαλμοὺς τοῦ τυφλοῦ, καὶ εἶπεν αὐτῷ· Ὕπαγε νίψαι εἰς τὴν κολυμβήθραν τοῦ Σιλωάμ· καὶ νιψάμενος ἦλθεν βλέπων.

I suppl. 186 / V cap. I 1, 15

Κατὰ Λουκᾶν, κεφαλαίου πε′·

Ἰδοὺ ἀνὴρ ὄνομα Ἰάϊρος πεσὼν παρὰ τοὺς πόδας τοῦ Ἰησοῦ, πα-

---

3 – 4 I suppl. 184 Ioh. 5, 5–6 **7 – 10 I suppl. 185** Ioh. 9, 6–7 **13 – 97, 6 I suppl. 186** Luc. 8, 41–44

---

2 – 4 I suppl. 184 V[E] cap. I 1, 13 (142v[15]15–16); V[W] cap. I 1, 7; V[O] cap. I 1, 13; V[Ph] cap. I 1, 13; P cap. I 4, 13; M cap. I 14, 12; *deest in* H[I] L[b] T[(lac.)]; PG 96, 56, 15–17 **6 – 10 I suppl. 185** V[E] cap. I 1, 14 (142v17–19); V[W] cap. I 1, 8; V[O] cap. I 1, 14; V[Ph] cap. I 1, 14; P cap. I 4, 14; M cap. I 4, 13; *deest in* H[I] L[b] T[(lac.)]; PG 96, 56, 18–22 **12 – 97, 6 I suppl. 186** V[E] cap. I 1, 15 (142v[19]20–24); V[O] cap. I 1, 15; V[Ph] cap. I 1, 15; P cap. I 4, 15; M cap. I 4, 14; *deest in* V[W] H[I] L[b] T[(lac.)]; PG 96, 56, 23–29

I suppl. 184 (a) P (b) Ἰωάννου, κεφαλαίου λη′ M (c) Κατὰ Ἰωάννην V[E]V[O]V[Ph] (d) Τοῦ αὐτοῦ V[W] **I suppl. 185** (a) PM (b) *s. a.* V **I suppl. 186** (a) PM Κατὰ Λουκᾶν] *om.* M (b) Λουκᾶ V[E]V[O]V[Ph] λουκα V[E], λου V[O]V[Ph]

---

3 Ἦν] *add.* δὲ V[W man. rec.] PM ἄνθρωπος] *add.* ἐκεῖ V[W man. rec.] PM *(NT)* καὶ – ἔτη] τριάκοντα καὶ ὀκτω *(-ῶ* V[W] M*)* ἔτη ἔχων V[W] PM *(NT)* ἀσθενείᾳ] ἀρρωστείᾳ M **3 – 4** αὐτοῦ] *om.* M **4** γενέσθαι] *add.* καὶ τὰ ἑξῆς *(ἐ-* V[E], ε- V[O]*)* V[E]V[O]V[Ph], *add.* καὶ τὰ λοιπά V[W] M **9** κολυμβήθρα P, κωλυμβιθρα M σιλωαμ M καὶ] *praem.* ἀπελθῶν *(sic)* δὲ M **10** ἦλθεν βλέπων] ἀνέβλεψεν M **13** ὄνομα] ὃ ὄνομα M, *om.* V[E]V[O]V[Ph] Ἰάϊρος] *scripsimus*, ϊαϊρος P, ιαηρος M, ἰάηρος V[Ph], ἰάηρος V[E], ἰάκρος V[O]

ρεκάλει αὐτὸν εἰσελθεῖν εἰς τὸν οἶκον αὐτοῦ, ὅτι θυγάτηρ μονογενὴς ἦν αὐτῷ ὡς ἐτῶν δώδεκα, καὶ αὕτη ἀπέθνησκεν. Ἐν δὲ τῷ ὑπάγειν αὐτόν, οἱ ὄχλοι συνέπνιγον αὐτόν. Καὶ γυνὴ οὖσα ἐν ῥύσει αἵματος ἀπὸ ἐτῶν δώδεκα ὄπισθεν ἥψατο τοῦ κρασπέδου τοῦ ἱματίου αὐτοῦ, καὶ παραχρῆμα ἔστη ἡ ῥύσις τοῦ αἵματος αὐτῆς.

I suppl. 187 / V cap. I 1, 16

Ἐκ τοῦ αὐτοῦ·

Ἔτι αὐτοῦ λαλοῦντος, ἔρχεται τίς ἀπὸ τοῦ ἀρχισυναγώγου, λέγων αὐτῷ ὅτι Τέθνηκεν ἡ θυγάτηρ σου· μὴ σκύ<λ>λε τὸν διδάσκαλον. Καὶ ἐλθὼν εἰς τὴν οἰκίαν, καὶ κρατήσας τῆς χειρὸς αὐτῆς, ἐφώνησεν λέγων· Ἡ παῖς, ἐγείρου. Καὶ ἐπέστρεψεν τὸ πνεῦμα αὐτῆς.

I suppl. 188 / V cap. I 1, 17

Τοῦ αὐτοῦ, κεφαλαίου ρξα'·

Ἰδοὺ γυνὴ πνεῦμα ἔχουσα ἀσθενείας, ἔτη δεκαοκτώ, καὶ ἦν συγ-

---

9 – 10 I suppl. 187 Ἔτι – διδάσκαλον] Luc. 8, 49 **11** Καὶ – οἰκίαν] Ibid. 8, 51 **11 – 12** καὶ – αὐτῆς] Ibid. 8, 54–55 **15 – 98, 4 I suppl. 188** Luc. 13, 11–13

---

8 – 12 I suppl. 187 V^{E} cap. I 1, 16 (142v[24]24–27); V^{O} cap. I 1, 16; V^{Ph} cap. I 1, 16; P cap. I 4, 16; M cap. I 4, 15; *deest in* V^{W} H^{I} L^{b} $T^{(lac.)}$; PG 96, 56, 30–35 **14 – 98, 4 I suppl. 188** V^{E} cap. I 1, 17 (142v[28]28–30); V^{O} cap. I 1, 17; V^{Ph} cap. I 1, 17; P cap. I 4, 17; M cap. I 4, 16; *deest in* V^{W} H^{I} L^{b} $T^{(lac.)}$; PG 96, 56, 36–40

I suppl. 187 (a) $V^{E}V^{O}$ P Ἐκ] *om.* $V^{E}V^{O}$ (b) *s. a.* V^{Ph} M **I suppl. 188** (a) PM Τοῦ αὐτοῦ] *om.* M ρξα'] *sic* PM, ρξδ' *exspectav.* (b) Τοῦ αὐτοῦ V^{E} (c) *s. a.* $V^{O}V^{Ph}$

---

2 ὡς] ὡσει M ἐτῶν] ἐκ τῶν V^{O} δώδεκα] ιβ' $V^{E}V^{O}V^{Ph}$ P αὕτη] αὕτή $M^{a. c.}$, αὐτη P Ἐν δὲ] καὶ ἐν M **3** οἱ – Καὶ] *om.* $V^{E}V^{O}V^{Ph}$ συνέπνιγον] σὺνέθλιβον *(sic)* M **3 – 4** ἐν ῥύσει] ἐρρύση P **4** ἀπὸ – δώδεκα] *om.* $V^{E}V^{O}V^{Ph}$ δώδεκα] ιβ' P **4 – 6** ὄπισθεν – αὐτῆς] καὶ τὰ λοιπά PM **9** ἔρχεται τίς] ἐπορεύθη τίς $V^{E}V^{O}V^{Ph}$ **10** αὐτῷ] *om.* PM μὴ] μηκέτι P σκύλλε] *correximus*, σκύλε $V^{E}V^{O}V^{Ph}$ M, σκυλε P **11 – 12** Καὶ – αὐτῆς] καὶ τὰ λοιπά PM **15** Ἰδοὺ] *praem.* καὶ P πνεῦμα] *post* ἔχουσα *transpos.* $V^{E}V^{O}V^{Ph}$ δεκαοκτώ] ιη' $V^{E}V^{Ph}$ P, ιε' V^{O} **15 – 98, 1** συνκυπτουσα P, σὺνκύπτουσα M

κύπτουσα καὶ μὴ δυναμένη ἀνακύψαι εἰς τὸ παντελές. Ἰδὼν δὲ αὐτὴν ὁ Ἰησοῦς, προσεφώνησεν, καὶ εἶπεν αὐτῇ· Γύναι, ἀπολέλυσαι ἀπὸ τῆς ἀσθενείας σου. Καὶ ἐπέθηκεν αὐτῇ τὰς χεῖρας, καὶ παραχρῆμα ἀνωρθώθη.

I suppl. 189 / V cap. I 1, 18

Κατὰ Μάρκον, κεφαλαίου ιδʹ·

Ἦν ἄνθρωπος ἐν πνεύματι ἀκαθάρτῳ, καὶ ἀνέκραξεν, λέγων· Ἔα, τί ἡμῖν καὶ σοί, Ἰησοῦ Ναζαρηνέ; Ἦλθες ἀπολέσαι ἡμᾶς; Οἶδα σε τίς εἶ, ὁ ἅγιος τοῦ θεοῦ. Καὶ ἐπετίμησεν αὐτῷ ὁ Ἰησοῦς, λέγων· Φιμώθητι καὶ ἔξελθε ἐξ αὐτοῦ. Καὶ σπαράξαν αὐτὸν τὸ πνεῦμα τὸ ἀκάθαρτον, καὶ φωνῆσαν φωνῇ μεγάλῃ, ἐξῆλθεν ἀπʼ αὐτοῦ.

I suppl. 190 / V cap. I 1, 19

Τοῦ αὐτοῦ, κεφαλαίου κʹ·

Ἔρχονται πρὸς αὐτόν, παραλυτικὸν φέροντες, καὶ ἀπεστέγασαν τὴν στέγην, καὶ χαλῶσιν τὸν κράβαττον, ἐφʼ ᾧ ὁ παραλυτικὸς

---

7 – 11 I suppl. 189 Marc. 1, 23–26 **14 – 99, 2 I suppl. 190** Ἔρχονται – σου] Marc. 2, 3–5

---

6 – 11 I suppl. 189 V^{E} cap. I 1, 18 (142v[30]31–33); V^{O} cap. I 1, 18; V^{Ph} cap. I 1, 18; P cap. I 1, 18; M cap. I 1, 17; *deest in* V^{W} H^{I} L^{b} $T^{(lac.)}$; PG 96, 56, 41–45 **13 – 99, 3 I suppl. 190** V^{E} cap. I 1, 19 (142v[33]33–143r2); V^{O} cap. I 1, 19; V^{Ph} cap. I 1, 19; P cap. I 4, 19; M cap. I 4, 18; *deest in* V^{W} H^{I} L^{b} $T^{(lac.)}$; PG 96, 56, 46–51

I suppl. 189 (a) PM Κατὰ Μάρκον] μαρκου *(sic)* M (b) Μάρκου $V^{E}V^{O}V^{Ph}$
I suppl. 190 (a) PM (b) Τοῦ αὐτοῦ $V^{E}V^{O}$ (c) *s. a.* V^{Ph}

---

1 ἀνακῦψαι $V^{O}V^{Ph}$, ἀνακύμψαι M **1 – 2** Ἰδὼν – αὐτῇ] εἶπεν δὲ αὐτῇ ὁ ἰησοῦς $V^{E}V^{O}V^{Ph}$ **2** Γύναι] *scripsimus*, γῦναι $V^{E}V^{O}V^{Ph}$, γυναι PM **3** ἀπὸ] *om.* $V^{E}V^{O}$ Καὶ – χεῖρας] *om.* $V^{E}V^{O}V^{Ph}$ **4** ἀνωρθώθη] *scripsimus (NT)*, ἀνορθώθη (-ω- P) $V^{E}V^{O}V^{Ph}$ PM **7** ἀνέκραξεν V^{O}, ἔκραξεν M λέγω V^{O} **8** σοί] σὺ $V^{E}V^{O}V^{Ph}$ M Ναζαρηνέ] *scripsimus*, ναζαρηνε P, ναζαρινέ $V^{E}V^{O}V^{Ph}$, ναζωρινὲ M Ἦλθες] *add.* προ καιροῦ M **8 – 9** Οἶδα – θεοῦ] *om.* $V^{E}V^{O}V^{Ph}$ **9** λέγων] *om.* $V^{E}V^{O}V^{Ph}$ **10** ἐξ] ἀπʼ $V^{E}V^{O}V^{Ph}$ **10 – 11** σπαράξαν – μεγάλῃ] *om.* $V^{E}V^{O}V^{Ph}$ **10** ἐσπαραιξεν M **10 – 11** πνεῦμα – ἀκάθαρτον] ἀκαθαρτον πνεῦμα M **11** φωνῆσαν – μεγάλῃ] ἐφώνησεν φωνὴν μεγαλην καὶ M **15** κραβαττον P, κράβατον $V^{E\ a.\ c.}$ V^{Ph} M, κράββατον V^{O}

κατέκειτο. Ἰδὼν δὲ ὁ Ἰησοῦς τὴν πίστιν αὐτῶν, λέγει τῷ παραλυτικῷ· Ἀφέωνταί σοι αἱ ἁμαρτίαι σου. Ἔγειρε, καὶ ἆρον τὸν κράβαττόν σου, καὶ περιπάτει.

I suppl. 191 / V cap. I 1, 20

Τοῦ αὐτοῦ, κεφαλαίου μζʹ·

Ἦλθεν εἰς τὴν χώραν τῶν Γαδαρηνῶν, καὶ ὑπήντησεν αὐτῷ ἐκ τῶν μνημείων ἄνθρωπος ἐν πνεύματι ἀκαθάρτῳ. Ἰδὼν δὲ τὸν Ἰησοῦν μακρόθεν, ἔδραμεν καὶ προσεκύνησεν αὐτῷ, καὶ κράξας φωνῇ μεγάλῃ λέγει· Τί ἐμοὶ καὶ σοί, υἱὲ τοῦ θεοῦ τοῦ ὑψίστου; Ὁρκίζω σε τὸν θεόν, μή με βασανίσῃς. Καὶ ἐπηρώτησεν αὐτόν· Τί ὄνομά σοι; Καὶ λέγει αὐτῷ· Λεγεὼν ὄνομά μοι. Καὶ παρεκάλουν αὐτὸν ἵνα μὴ ἐξαποστείλῃ αὐτοὺς ἔξω τῆς χώρας. Ἦν δὲ ἐκεῖ ἀγέλη χοίρων βοσκομένη, καὶ παρεκάλουν αὐτὸν οἱ δαίμονες, λέγοντες· Πέμψον ἡμᾶς εἰς τοὺς χοίρους. Καὶ ἐπέτρεψεν αὐτοῖς ὁ Ἰησοῦς. Καὶ ἐξελθόντα τὰ πνεύματα τὰ ἀκάθαρτα εἰσῆλθον εἰς τοὺς χοίρους, καὶ ὥρμησεν ἡ ἀγέλη κατὰ τοῦ κρημνοῦ εἰς τὴν θάλασσαν, ὡς δισχίλιοι.

---

2 – 3 Ἔγειρε – περιπάτει] Ibid. 2, 9 **6 – 7 I suppl. 191** Ἦλθεν – ἀκαθάρτῳ] Marc. 5, 1–2 **7 – 10** Ἰδὼν – βασανίσῃς] Ibid. 5, 6–7 **10 – 17** Καὶ – δισχίλιοι] Ibid. 5, 9–13

---

5 – 17 I suppl. 191 V^{E} cap. I 1, 20 (143r[2]2–11); V^{O} cap. I 1, 20; V^{Ph} cap. I 1, 20; P cap. I 4, 20; M cap. I 4, 19; *deest in* V^{W} H^{I} L^{b} $T^{(lac.)}$; PG 96, 56, 52 – 57, 7

I suppl. 191 (a) PM (b) Λουκᾶ $V^{E}V^{O}V^{Ph}$ λουκα V^{E}, λου $V^{O}V^{Ph}$

---

1 ὁ] *om.* P **2** Ἀφέωνταί σοι] *scripsimus*, ἄφέωνταί σοι *(sic)* P, ἀφέονταί σοι $V^{E}V^{O}$, ἐφέονταί σοι V^{Ph}, ἀφεονταισσου M Ἔγειρε] ἔγειραι V^{Ph}, *praem.* ἑταῖρε (ἑτε- P) PM καὶ] *om.* PM **2 – 3** κράβατον σου M, κράβατόν σου V^{Ph}, κραβατόν σου P, κραββατόν σου V^{O} **6** Ἦλθεν] *add.* ὁ ἰησοῦς $V^{E}V^{O}V^{Ph}$ γαδαρινῶν $V^{E}V^{O}V^{Ph}$ P αὐτὸν M **7** τῶν] *s. l.* V^{E} ἄνθρωπος] *add.* ἐξερχόμενος $V^{E}V^{O}V^{Ph}$ δὲ] *add.* ὁ Ἰησοῦς τὴν πίστιν αὐτῶν V^{Ph} *(sed cancellav.)* **8** αὐτόν $V^{E\,p.\,c.}$ $V^{O}V^{Ph}$ M **8 – 9** φωνὴ μεγάλη $V^{O}V^{Ph}$, φηνῆ *(sic)* μεγάλη V^{E}, φωνη μεγαλη P, μεγαλη φωνη M **9 – 11** λέγει – Καὶ] *om.* M **9** σοί] σὺ $V^{E}V^{O}V^{Ph}$ P **10** αὐτῶ $V^{E}V^{O}V^{Ph}$ P **11** ὄνομά σοι] τὸ ονομα σου P αὐτῷ] *om.* PM Λεγεὼν] λεγέων M, *acc. non liquet in* P ὄνομα μου M **12** ἐξαποστελει M, ἐξαποστέλῃ V^{O}, ἀποστείλῃ V^{E} **14** Πέμψον – χοίρους] εἰ ἐκβάλεις *(sic)* ἡμᾶς ἐπίτρεψον ἡμᾶς εἰς τὴν ἀγέλην τῶν χοίρων ἀπελθεῖν *(= Matth. 8, 31 cum app. crit.)* M **16 – 17** καὶ – ὡς] ἦσαν δὲ $V^{E}V^{O}V^{Ph}$ **16** ἀγέλῃ] *add.* τῶν χοίρων M **17** ὡς δισχίλιοι] καὶ ἀπεπνήγη *(= Luc. 8, 33)* M

I suppl. 192 / V cap. I 1, 21

Κεφαλαίου οδʹ·

Φέρουσιν αὐτῷ κωφὸν μογγιλάλον, καὶ ἔβαλεν τοὺς δακτύλους αὐτοῦ εἰς τὰ ὦτα αὐτοῦ, καὶ ἥψατο τῆς γλώσσης αὐτοῦ, καὶ ἰάθη εὐθέως.

I suppl. 193 / V cap. I 1, 22

Τοῦ αὐτοῦ, κεφαλαίου παʹ·

Φέρουσιν αὐτῷ τυφλόν, καὶ ἔθηκεν τὰς χεῖρας αὐτοῦ ἐπὶ τοὺς ὀφθαλμοὺς αὐτοῦ, καὶ ἀνέβλεψεν.

I suppl. 194 / V cap. I 1, 23

Τῶν Πράξεων·

Εἶπεν Πέτρος· Ἀργύριον καὶ χρυσίον οὐχ' ὑπάρχει μοι, ὃ δὲ ἔχω, τοῦτο σοι δίδωμι· Ἐν τῷ ὀνόματι Ἰησοῦ Χριστοῦ περιπάτει. Καὶ παραχρῆμα ἐστερεώθησαν αὐτοῦ αἱ βάσεις καὶ τὰ σφυρά, καὶ περιεπάτει.

---

3 – 4 I suppl. 192 Φέρουσιν – αὐτοῦ] Marc. 7, 32–33 **4 – 5** καὶ – εὐθέως] cf. ibid. 7, 35 **8 I suppl. 193** Φέρουσιν – τυφλόν] Marc. 8, 22 **8 – 9** καὶ – ἀνέβλεψεν] Ibid. 8, 25 **12 – 15 I suppl. 194** Act. 3, 6–8

---

2 – 5 I suppl. 192 V^{E} cap. I 1, 21 (143r[11]11–13); V^{O} cap. I 1, 21; V^{Ph} cap. I 1, 21; P cap. I 4, 21; M cap. I 4, 20; *deest in* V^{W} H^{I} L^{b} $T^{(lac.)}$; PG 96, 57, 8–11 **7 – 9 I suppl. 193** V^{E} cap. I 1, 22 (143r13–14); V^{O} cap. I 1, 22; V^{Ph} cap. I 1, 22; P cap. I 4, 22; M cap. I 4, 21; *deest in* V^{W} H^{I} L^{b} $T^{(lac.)}$; PG 96, 57, 12–13 **11 – 15 I suppl. 194** V^{E} cap. I 1, 23 (143r[15]15–17); V^{W} cap. I 1, 9; V^{O} cap. I 1, 23; V^{Ph} cap. I 1, 23; P cap. I 4, 23; M cap. I 4, 22; *deest in* H^{I} L^{b} $T^{(lac.)}$; PG 96, 57, 14–18

I suppl. 192 (a) PM οδʹ] cδʹ M (b) Τοῦ αὐτοῦ $V^{E}V^{O}$ (c) *s. a.* V^{Ph} **I suppl. 193** (a) PM Τοῦ αὐτοῦ] *om.* P (b) *s. a.* $V^{E}V^{O}V^{Ph}$ **I suppl. 194** Τῶν] *om.* V P

---

3 Φέρουσιν] *add.* δὲ $V^{E}V^{O}V^{Ph}$ μογγιλάλον] *sic* $V^{E}V^{O}V^{Ph}$, μογγιλαλον PM **4** αὐτοῦ – ὦτα] *om.* M γλώττης M **8** αὐτῷ] αὐτὸν M **8 – 9** αὐτοῦ – ὀφθαλμοὺς] *om.* PM **12** Πέτρος] *add.* πρὸς (τὸν *addendum)* ἐν τῇ ὡραίᾳ πύλῃ καθήμενον χωλόν *(cf. Act. 3, 2)* $V^{W\ \text{man. rec. in mg.}}$ **13** περιπάτει] *praem.* ἔγειρε καὶ V^{W} M **14** αἱ] οι M **14 – 15** περιεπάτει] παραχρῆμα περιεπάτη M

I suppl. 195 / V cap. I 1, 24

Τῶν αὐτῶν·

Διὰ τῶν χειρῶν τῶν ἀποστόλων ἐγένετο σημεῖα καὶ τέρατα ἐν τῷ λαῷ πολλά.

I suppl. 196 / V cap. I 1, 25

Τῶν αὐτῶν·

…κατὰ τὰς πλατείας ἐκφέρειν τοὺς ἀσθενοῦντας, ἵνα ἐρχομένου Πέτρου, κἂν ἡ σκιὰ ἐπισκιάσῃ τινὶ αὐτῶν.

I suppl. 197 / V cap. I 1, 26

Τῶν αὐτῶν·

Ἐγένετο Πέτρον διερχόμενον διὰ πάντων κατελθεῖν καὶ πρὸς τοὺς ἁγίους τοὺς κατοικοῦντας Λύδδαν, καὶ εὗρεν ἐκεῖ ἄνθρωπον Αἰνέαν ὀνόματι, ἐξ ἐτῶν ὀκτὼ κατακείμενον ἐπὶ κραβάττου, ὃς ἦν παραλελυμένος. Καὶ εἶπεν αὐτῷ Πέτρος· Αἰνέα, ἰᾶταί σε Ἰησοῦς ὁ Χριστός· καὶ εὐθέως ἰάθη.

---

3 – 4 I suppl. 195 Act. 5, 12 **7 – 8 I suppl. 196** Act. 5, 15 **11 – 15 I suppl. 197** Act. 9, 32–34

---

2 – 4 I suppl. 195 V^{E} cap. I 1, 24 (143r17–18); V^{W} cap. I 1, 10; V^{O} cap. I 1, 24; V^{Ph} cap. I 1, 24; P cap. I 4, 24; M cap. I 4, 23; *deest in* H^{I} L^{b} $T^{(lac.)}$; PG 96, 57, 19–20 **6 – 8 I suppl. 196** V^{E} cap. I 1, 25 (143r18–20); V^{W} cap. I 1, 11; V^{O} cap. I 1, 25; V^{Ph} cap. I 1, 25; P cap. I 4, 25; M cap. I 4, 24; *deest in* H^{I} L^{b} $T^{(lac.)}$; PG 96, 57, 20–22 **10 – 15 I suppl. 197** V^{E} cap. I 1, 26 (143r20–24); V^{W} cap. I 1, 12; V^{O} cap. I 1, 26; V^{Ph} cap. I 1, 26; P cap. I 4, 26; M cap. I 4, 25; *deest in* H^{I} L^{b} $T^{(lac.)}$; PG 96, 57, 23–28

I suppl. 195 (a) V^{W} PM αὐτῶν] *add.* πραξεων M (b) *s. a.* $V^{E}V^{O}V^{Ph}$ **I suppl. 196** (a) P (b) *s. a.* $V^{E}V^{O}V^{Ph}$ (c) *s. d.* V^{W} M **I suppl. 197** (a) V^{W} PM (b) *s. a.* $V^{E}V^{O}V^{Ph}$

---

4 πολλά] *om.* V **7** κατὰ] *praem.* ὥστε καὶ M, *praem.* ὥστε $V^{W\,s.\,l.}$ τὰς] *om.* M διερχομένου $V^{E}V^{O}V^{Ph}$ **8** ἐπισκιάσει τινὶ V **11** διὰ πάντων] *om.* V^{W} PM εἰσελθεῖν V^{W} P καὶ] *om.* P **12** λυδδαν P, λύδαν M καὶ εὗρεν] εὗρεν *(sic)* δὲ M ἥυρεν P **13** ἐνέαν *(-αί- e corr.* V^{W}*)* ὀνόματι $V^{E}V^{W}V^{O}$ P, ὀνοματι ἐναία M κραβάτου M, κραββάτου $V^{E}V^{O}$, κραβάττω V^{W} P **14** Πέτρος] *praem.* ὁ M ἐνέα $V^{E}V^{O}$, ενέα P, ἐναία $V^{W\,e\,corr.}$ M **14 – 15** Ἰησοῦς – Χριστός] ὁ κύριος V^{W} PM

I suppl. 198 / V cap. I 1, 27

Τῶν αὐτῶν·

Ἀνὴρ τίς ἀδύνατος τοῖς ποσὶν ἐκάθητο, χωλὸς ἐκ κοιλίας μητρὸς αὐτοῦ, ὅς οὐδέποτε περιπεπατήκει. Εἶπεν δὲ ὁ Παῦλος· Ἀνάστηθι ἐπὶ τοὺς πόδας σου ὀρθός· καὶ ἥλατο καὶ περιεπάτει.

I suppl. 199 / V cap. I 1, 28

Τῶν αὐτῶν·

Παιδίσκη ἔχουσα πνεῦμα Πύθωνος, παραπορευομένων αὐτῶν, ἔκραξεν, λέγουσα· Οὗτοι οἱ ἄνθρωποι δοῦλοι τοῦ θεοῦ τοῦ ὑψίστου εἰσίν. Εἶπεν δὲ ὁ Παῦλος· Παραγγέλλω σοι ἐν τῷ ὀνόματι Ἰησοῦ Χριστοῦ·Ἔξελθε ἐξ αὐτῆς.

---

3 – 4 I suppl. 198 Ἀνὴρ – περιπεπατήκει] Act. 14, 8 **4 – 5** Εἶπεν – περιεπάτει] Ibid. 14, 10 **8 – 11 I suppl. 199** Act. 16, 16–18 (multis omissis vel mutatis)

---

2 – 5 I suppl. 198 V^{E} cap. I 1, 27 (143r[24]24–27); V^{W} cap. I 1, 13; V^{O} cap. I 1, 27; V^{Ph} cap. I 1, 27; P cap. I 4, 27; M cap. I 4, 26; *deest in* H^{I} L^{b} $T^{(lac.)}$; PG 96, 57, 29–32 **7 – 11 I suppl. 199** V^{E} cap. I 1, 28 (143r27–30); V^{W} cap. I 1, 14; V^{O} cap. I 1, 28; V^{Ph} cap. I 1, 28; P cap. I 4, 28; M cap. I 4, 27; *deest in* H^{I} L^{b} $T^{(lac.)}$; PG 96, 57, 33–37

I suppl. 198 (a) V^{W} PM (b) Ἐκ τῶν Πράξεων $V^{E}V^{O}$ (c) *s. a.* V^{Ph} **I suppl. 199** (a) V^{W} (b) Τοῦ αὐτοῦ M (c) *s. a.* $V^{E}V^{O}V^{Ph}$ P

---

3 τίς] *add.* ἦν P ἐκάθητο] *praem.* καὶ $P^{s. l.}$ **4** περιπεπατήκη $V^{W\,a.\,c.}$, περιπεπατήκει P, περιἐπάτη M δὲ] *add.* αὐτῶ M, αὐτῶ V^{W} **5** ὀρθῶς V, ὄρθως P ἥλατο V^{E}, ἥλλατο (-λα- *e corr.* V^{W}) V^{W} M, ἤλλατο P περὶεπάτει M, περιπάτει P **8** Παιδίσκη] παιδίσκη τις (τις $V^{W\,s.\,l.\,man.\,rec.}$) V^{W}, παιδίσκη τινὸς M πύθονος V^{W}, πυθωνως P, πυθώνος M **9** ἔκραζεν V^{O} **10** εἰσίν] *add.* οἵτινες καταγγέλουσιν *(sic)* ἡμῖν ὁδὸν σωτηρίας *(= Act. 16, 17)* M παυλος P παραγγέλω σοι PM τῷ] *om.* PM **11** ἐξελθεῖν V^{W} M, εξελθειν P αὐτῆς] *add.* καὶ ἐξῆλθεν αὐτῆ τῆ ὡρα *(= Act. 16, 18)* M

I suppl. 200 / V cap. I 1, 29

Τῶν αὐτῶν·

Ἐγένετο τὸν πατέρα Πουπλίου πυρετοῖς καὶ δυσεντερίῳ συνεχόμενον κατακεῖσθαι· πρὸς ὃν ὁ Παῦλος εἰσελθὼν καὶ προσευξάμενος, ἐπιθεὶς τὰς χεῖρας, ἰάσατο αὐτόν.

---

3 – 5 I suppl. 200 Act. 28, 8

---

2 – 5 I suppl. 200 V^{E} cap. I 1, 29 (143r30–32); V^{W} cap. I 1, 15; V^{O} cap. I 1, 29; V^{Ph} cap. I 1, 29; P cap. I 4, 29; M cap. I 4, 28; *deest in* H^{I} L^{b} $T^{(lac.)}$; PG 96, 57, 38–41

I suppl. 200 (a) V^{W} P (b) Τοῦ αὐτοῦ M (c) *s. a.* $V^{E}V^{O}V^{Ph}$

---

3 τὸν] *om.* V^{O} Πουπλίου] τοῦ ποπλίου M *(NT)* δυσεντερία $V^{E}V^{W\,p.\,c.}V^{O}V^{Ph}$ **3 – 4** συνεχόμενον] *post* κατακεῖσθαι *transpos.* M **4** εἰσελθὸν V^{E}, συνελθῶν M **5** ἐπιθεὶς] ἐπιθείς τε V^{W}, ἐπιθεῖς τε P, ἐπιθεις τε M

η′ Περὶ μεταμελείας θεοῦ, καὶ ἐν τίσιν ὁ δημιουργὸς μετεμελήθη.

I suppl. 201 / V cap. M 8, 1

Γενέσεως·

Ἰδὼν κύριος ὅτι ἐπληθύνθησαν αἱ κακίαι τῶν ἀνθρώπων ἐπὶ τῆς γῆς, καὶ πᾶς τίς διανοεῖται ἐν τῇ καρδίᾳ αὐτοῦ ἐπιμελῶς ἐπὶ τὰ πονηρὰ πάσας τὰς ἡμέρας, καὶ ἐνεθυμήθη ὁ θεὸς ὅτι ἐποίησεν τὸν ἄνθρωπον ἐπὶ τῆς γῆς. Καὶ εἶπεν ὁ θεός· Ἀπαλείψω τὸν ἄνθρωπον, ὃν ἐποίησα, ἀπὸ προσώπου τῆς γῆς, ἀπὸ ἀνθρώπου ἕως κτήνους, ὅτι ἐνεθυμήθην ὅτι ἐποίησα τὸν ἄνθρωπον.

I suppl. 202 / V cap. M 8, 2

Βασιλειῶν α′·

Ἐγενήθη ῥῆμα κυρίου πρὸς Σαμουήλ, λέγων· Μεταμεμέλημαι ὅτι ἔχρισα τὸν Σαοὺλ εἰς βασιλέα, καὶ ἀπέστρεψεν ἀπὸ ὀπίσω μου καὶ τοὺς λόγους μου οὐκ ἐτήρησεν. Καὶ ἠθύμησε Σαμουήλ, καὶ ἐβόησε πρὸς κύριον τὴν νύκτα ὅλην.

---

5 – 10 I suppl. 201 Gen. 6, 5–7 **13 – 16 I suppl. 202** I Reg. 15, 10–11 (Wahl, *1 Samuel-Text*, p. 57)

---

1 – 2 Titlos V^E^ (172v15) V^O^V^Ph^ A^I pin^; *deest in* V^W^ H^I^A^I txt^; PG 96, 172, 22–23 **4 – 10 I suppl. 201** V^E^ cap. M 8, 1 (172v[15]16–20); V^O^ cap. M 8, 1; V^Ph^ cap. M 8, 1; *deest in* H^I^; PG 96, 172, 24–31 **12 – 16 I suppl. 202** V^E^ cap. M 8, 2 (172v[20]21–23); V^O^ cap. M 8, 2; V^Ph^ cap. M 8, 2; *deest in* H^I^; PG 96, 172, 32–36

---

1 – 2 Titlos **1** η′] *om.* V^Ph pin^ *(η′ secund. ser.), propt. mg. resect. non liquet in* A^I pin^ *(η′ secund. ser.)*

---

6 πᾶς τις V^Ph^, πᾶς τί V^O^ **13** μετὰ μέλημαι V^O^ **14** ἔχρισα] *correximus (LXX)*, ἔχρησα V^E^V^O^V^Ph^

I suppl. 203 / V cap. M 8, 3

<***>

Οὐ προσέθετο ἔτι Σαμουὴλ ἰδεῖν τὸν Σαοὺλ ἕως ἡμέρας θανάτου αὐτοῦ· καὶ κύριος μετεμελήθη ὅτι ἐβασίλευσεν Σαοὺλ ἐπὶ τὸν Ἰσραήλ.

I suppl. 204 / V cap. M 8, 4

Δαυΐδ·

Εἶδεν κύριος ἐν τῷ θλίβεσθαι αὐτοὺς <***>.

I suppl. 205 / V cap. M 8, 5

Ἰωνᾶς·

Περιεβάλλοντο σάκκους οἱ ἄνθρωποι καὶ τὰ κτήνη, καὶ ἀνεβόησαν πρὸς τὸν θεὸν ἐκτενῶς. Καὶ ἀπέστρεψεν ἕκαστος ἀπὸ τῆς ὁδοῦ αὐτοῦ τῆς πονηρᾶς καὶ ἀπὸ τῆς ἀδικίας τῆς ἐν χερσὶν αὐτῶν, λέγοντες· Τίς οἶδεν εἰ μετανοήσει ὁ θεὸς καὶ ἀποστρέψει ἐξ ὀργῆς θυμοῦ αὐτοῦ, καὶ οὐ μὴ ἀπολώμεθα; Καὶ εἶδεν ὁ θεὸς τὰ ἔργα αὐτῶν ὅτι ἀπέστρεψαν ἀπὸ τῶν ὁδῶν αὐτῶν τῶν πονηρῶν, καὶ μετενόησεν ὁ θεὸς ἐπὶ τῇ κακίᾳ, ᾗ ἐλάλησε τοῦ ποιῆσαι αὐτοῖς, καὶ οὐκ ἐποίησεν.

---

3 – 5 I suppl. 203 I Reg. 15, 35 (Wahl, *1 Samuel-Text*, p. 60) **8 I suppl. 204** Ps. 105, 44^{1} **11 – 18 I suppl. 205** Ion. 3, 8–10 (Wahl, *Prophetenzitate*, p. 225–227)

---

2 – 5 I suppl. 203 V^{E} cap. M 8, 3 (172v24–25); V^{O} cap. M 8, 3; V^{Ph} cap. M 8, 3; *deest in* H^{I}; PG 96, 172, 36–39 **7 – 8 I suppl. 204** V^{E} cap. M 8, 4 (172v[25]26); V^{O} cap. M 8, 4; V^{Ph} cap. M 8, 4; *deest in* H^{I}; PG 96, 172, 40 **10 – 18 I suppl. 205** V^{E} cap. M 8, 5 (172v[26]26–32); V^{O} cap. M 8, 5; V^{Ph} cap. M 8, 5; *deest in* H^{I}; PG 96, 172, 41–50

I suppl. 203 *s. a.* $V^{E}V^{O}V^{Ph}$ **I suppl. 204** (a) V^{E} (b) *s. a.* $V^{O}V^{Ph}$

---

8 *post* αὐτοὺς *quaedam excidisse videntur (forsan locus usque ad Ps. 105,* 45^{2} *continuabat)* **12** τὸν θεὸν] κύριον V^{E} **14** Τίς] τί V^{O} οἶδεν] εἶδεν V^{Ph} ἀποστρέψῃ V^{E} **17** ἐπὶ – κακίᾳ] ἀπὸ τῆς κακΐας V^{O}

I suppl. 206 / V cap. M 8, 6

<***>

Πέρας λαλήσω ἐπ᾽ ἔθνος ἢ ἐπὶ βασιλείαν τοῦ ἐξᾶραι αὐτοὺς καὶ τοῦ ἀπο<λ>λύειν. Καὶ ἐὰν ἐπιστρέψῃ τὸ ἔθνος ἐκεῖνο ἀπὸ πάντων τῶν κακῶν αὐτῶν, καὶ μετανοήσω περὶ τῶν κακῶν, ὧν ἐλογισάμην τοῦ ποιῆσαι αὐτοῖς. Καὶ πέρας λαλήσω ἐπὶ ἔθνος καὶ βασιλείαν τοῦ ἀνοικοδομεῖσθαι καὶ τοῦ καταφυτεύεσθαι, καὶ ἐὰν ποιήσωσι τὰ πονηρὰ ἐναντίον μου, καὶ μετανοήσω περὶ τῶν ἀγαθῶν, ὧν ἐλάλησα τοῦ ποιῆσαι αὐτοῖς.

---

3 – 9 I suppl. 206 Ier. 18, 7–10 (Wahl, *Prophetenzitate*, p. 536–537)

---

2 – 9 I suppl. 206 V^{E} cap. M 8, 6 (172v33–173r3); V^{O} cap. M 8, 6; V^{Ph} cap. M 8, 6; *deest in* H^{I}; PG 96, 172, 51 - 173, 4

I suppl. 206 (a) *s. a.* V^{E} (b) Ματθαίου $V^{O}V^{Ph}$ *(cancellav.* $V^{O\ man.\ rec.}$*)*

---

3 ἐξάραι $V^{E}V^{O}$ **4** ἀπολλύειν] *scripsimus (ed.)*, ἀπολύειν $V^{E}V^{O}V^{Ph}$ ἐπιστρέψει $V^{E}V^{O}$ **7 – 8** ποιήσω V^{O}

β′ Περὶ ξένων κολάσεων ἀπὸ θεοῦ καὶ ἀνθρώπων δικαίως ἐπενεχθεισῶν.

γ′ Περὶ ξένων κολάσεων ἀπὸ θεοῦ καὶ ἀνθρώπων δικαίως ἐπενεχθεισῶν.

I suppl. 207 / V cap. Ξ 2, 1

Τῶν Κριτῶν·

Κατελάβοντο τὴν πόλιν, καὶ τὸν λαὸν τὸν ἐν αὐτῇ ἀπέκτειναν, καὶ καθεῖλαν τὴν πόλιν, καὶ ἔσπειραν εἰς ἅλας.

I suppl. 208 / V cap. Ξ 2, 2

Τῶν αὐτῶν·

Κατέδραμον ὀπίσω Ἀδωνιβεζέκ· καὶ κατελάβοντο αὐτόν, καὶ ἀπέκοψαν τὰ ἄκρα τῶν ποδῶν αὐτοῦ καὶ τῶν χειρῶν αὐτοῦ. Καὶ εἶ-

---

7 – 8 I suppl. 207 Iud. 9, 45 (Wahl, *Richter-Text*, p. 29) **11 – 108, 4 I suppl. 208** Iud. 1, 6–7 (Wahl, *Richter-Text*, p. 21)

---

1 – 2 Titlos (a) V^{E} (181v21) $V^{O}V^{Ph}$ $A^{I\,pin}$; *deest in* V^{W} $H^{I}A^{I\,txt}$ $L^{c\,pin\,(lac.)\,et\,txt\,(fenestra)}$; PG 96, 205, 46–47 **3 – 4 Titlos (b)** $PML^{b\,pin}$; *deest in* $L^{b\,txt}$ **6 – 8 I suppl. 207** V^{E} cap. Ξ 2, 1 (181v[21]22–23); V^{O} cap. Ξ 2, 1; V^{Ph} cap. Ξ 2, 1; L^{c} cap. Ξ 2, 1; P cap. Ξ 3, 1; M cap. Ξ 3, 1; *deest in* H^{I} L^{b}; PG 96, 205, 48–50 **10 – 108, 4 I suppl. 208** V^{E} cap. Ξ 2, 2 (181v23–28); V^{O} cap. Ξ 2, 2; V^{Ph} cap. Ξ 2, 3; L^{c} cap. Ξ 2, 2; P cap. Ξ 3, 2; M cap. Ξ 3, 2; *deest in* H^{I} L^{b}; PG 96, 205, 51 – 208, 3

---

1 – 2 Titlos (a) **1** β′] *om.* $V^{Ph\,pin}$ *(β′ secund. ser.), propt. mg. resect. non liquet in* $A^{I\,pin}$ *(β′ secund. ser.), fenestra in* $L^{c\,txt}$ *(β′ secund. ser.)* δικαίως] *om.* $V^{E\,txt}V^{O\,txt}$ $V^{Ph\,txt}$ $A^{I\,pin}$ **1 – 2** ἐπενεχθεισῶν] *scripsimus*, ἐπενεχθέντων $V^{E\,pin}$ $V^{O\,pin}$ $V^{Ph\,pin}$, ἐνεχθεισῶν $V^{Ph\,txt}$ $A^{I\,pin}$, ἐνεχθησῶν $V^{E\,txt}V^{O\,txt}$ **3 – 4 Titlos (b)** **3 – 4** ἀπὸ – ἐπενεχθεισῶν] *om.* M^{pin} **3 – 4** δικαίως ἐπενεχθεισῶν] *om.* M^{txt} **3 – 4** ἐπενεχθεισῶν] *add.* τέλος τοῦ Ξ στοιχείου $L^{b\,pin}$

I suppl. 207 (a) $V^{E}V^{O}V^{Ph}$ PM Τῶν] *om.* $V^{E}V^{O}V^{Ph}$ (b) *s. a.* L^{c} **I suppl. 208** (a) PM (b) *s. a.* $V^{E}V^{Ph}$ L^{c} (c) *s. d.* V^{O}

---

7 κατέλαβον M **8** καθεῖλον L^{c} εἰς] αὐτὴν M ἅλας $V^{E}V^{O}$ M, αλλας P **11** ἀδονιβεζέκ V^{E}, αβενιβεζεκ P, ἀβεδονεζέκ M **12** τῶν[1] – καὶ] *om.* L^{c} ποδῶν] χειρῶν P *(LXX)* αὐτοῦ[1]] *om.* M χειρῶν] ποδῶν P *(LXX)*

πεν Ἀδωνιβεζέκ· Ἑβδομήκοντα βασιλεῖς τὰ ἄκρα τῶν ποδῶν αὐτῶν καὶ τῶν χειρῶν αὐτῶν ἀποκεκομμένοι ἦσαν, συλλέγοντες τὰ ὑποκάτω τῆς τραπέζης μου. Καθὼς οὖν ἐποίησα, οὕτως ἀνταπέδωκέν μοι ὁ θεός.

I suppl. 209 / V cap. Ξ 2, 3

Παραλειπομένων α'·

Ἐπάταξεν τὴν Ῥαμμὰ καὶ κατέσκαψεν αὐτὴν Δαυΐδ, καὶ σκύλα πολλὰ τῆς πόλεως ἐξήνεγκεν σφόδρα, καὶ τὸν λαὸν τὸν ἐν αὐτῇ ἐξήγαγεν καὶ διέπρισεν ἐν πρίοσι καὶ σκεπάρνοις σιδηροῖς· οὕτως ἐποίησε Δαυΐδ τοῖς παισὶν υἱοῖς Ἀμμών.

I suppl. 210 / V cap. Ξ 2, 4

Ἱερεμίου προφήτου·

Ἔσφαξεν ὁ βασιλεὺς Βαβυλῶνος τοὺς υἱοὺς Σεδεκίου κατ' ὀφθαλμοὺς αὐτοῦ, καὶ πάντας τοὺς ἄρχοντας Ἰούδα ἔσφαξεν· καὶ τοὺς ὀφθαλμοὺς Σεδεκίου ἐξετύφλωσεν, καὶ ἔδησεν αὐτὸν ἐν πέδαις,

---

7 – 10 I suppl. 209 I Par. 20, 1–3 (pluribus omissis; Wahl, *1 Chronik-Text*, p. 141) **13 – 109, 2 I suppl. 210** Ier. 52, 10–11 (Wahl, *Prophetenzitate*, p. 588–589)

---

6 – 10 I suppl. 209 V^{E} cap. Ξ 2, 3 (181v[mg]29–32); V^{O} cap. Ξ 2, 3; V^{Ph} cap. Ξ 2, 3; L^{c} cap. Ξ 2, 3; P cap. Ξ 3, 3; M cap. Ξ 3, 3; *deest in* H^{I} L^{b}; PG 96, 208, 4–8 **12 – 109, 2 I suppl. 210** V^{E} cap. Ξ 2, 4 (181v[32]32–182r1); V^{O} cap. Ξ 2, 4; V^{Ph} cap. Ξ 2, 4; L^{c} cap. Ξ 2, 4; P cap. Ξ 3, 4; M cap. Ξ 3, 4; *deest in* H^{I} L^{b}; PG 96, 208, 9–14

I suppl. 209 (a) V^{E} L^{c} M α'] *om.* V^{E} L^{c} (b) Τῶν Παραλειπομένων P (c) Παροιμιῶν $V^{O}V^{Ph}$ **I suppl. 210** (a) P Ἱερεμίου] *scripsimus*, ϊηρεμίου *cod.* (b) Τοῦ προφήτου Ἱερεμίου M ϊερεμίου *cod.* (c) Ἱερεμίου $V^{E}V^{O}V^{Ph}$ L^{c} ἰερεμίου $V^{E}V^{Ph}$ L^{c}

---

1 ἀδονιβεζέκ *(*-εκ P*)* $V^{E}V^{O}V^{Ph}$ P, αβενεζέκ *(sic)* M εὐδομήκοντα V^{O} **1 – 2** αὐτῶν] *om.* M **2** συλλέγοντες] σῦ λέγοντες V^{O}, καὶ λέγοντες P **2 – 4** τὰ – θεός] *om.* P L^{c} **3 – 4** Καθὼς – θεός] *om.* M **3** ἐποίησαν V^{O} **7** ραμμὰ V^{O}, ῥαμὰ L^{c}, ραμᾶ P, ῥαμᾶν M, ῥαθαμμὰ $V^{Ph\ a.c.}$ σκύλα] *sic acc.* $V^{E}V^{O}V^{Ph}$ L^{c} M, σκυλα P **8** πολλὰ] *om.* M **9 – 10** ἐξήγαγεν – Ἀμμών] ἐξέβαλεν *(*ἐξε- PM*)* L^{c} PM **10** παισὶν] *sic* $V^{E}V^{O}V^{Ph}$, πᾶσιν *LXX (sed cf. app. crit.)* ἀμών $V^{E}V^{Ph}$ **13** Σεδεκίου] *praem.* τοῦ M **14** Ἰούδα] αὐτοῦ L^{c} PM κατέσφαξεν M **15** ἐτύφλωσεν V^{Ph} M

καὶ ἤγαγεν αὐτὸν ὁ βασιλεὺς Βαβυλῶνος εἰς Βαβυλῶνα, καὶ ἔδησεν αὐτὸν εἰς οἶκον μυλῶνος ἕως ἡμέρας ἧς ἀπέθανεν.

1 εἰς Βαβυλῶνα] *om.* $V^{E}V^{O}V^{Ph}$ εἰς] *om.* $P^{a.c.}$ **1–2** ἔδησεν] ἔδωκεν *LXX* **2** μύλωνος L^{c} $P^{ut\ videtur}$ M

ς′ Περὶ προφητῶν ἀνδροφονησάντων καὶ εὐαρεστησάντων θεῷ.

λ′ Περὶ προφητῶν ἀνδροφονησάντων καὶ εὐαρεστησάντων θεῷ.

I suppl. 211 / V cap. Π 6, 1

Ἐξόδου·

Ἔστη Μωσῆς ἐπὶ τῆς πύλης τῆς παρεμβολῆς καὶ λέγει· Εἴ τις πρὸς κύριον, ἴτω πρός με. Καὶ ἦλθον πρὸς αὐτὸν πάντες υἱοὶ Λευΐ. Καὶ λέγει αὐτοῖς· Τάδε λέγει κύριος ὁ θεὸς Ἰσραήλ· Θέτε ἕκαστος τὴν ἑαυτοῦ ῥομφαίαν ἐπὶ τὸν μηρόν, καὶ διέλθετε καὶ ἀνακάμψατε ἀπὸ πύλης εἰς πύλην διὰ τῆς παρεμβολῆς, καὶ ἀποκτείνατε ἕκαστος τὸν ἀδελφὸν αὐτοῦ, καὶ ἕκαστος τὸν πλησίον αὐτοῦ καὶ τὸν ἔγγιστα. Καὶ ἐποίησαν υἱοὶ Λευΐ καθὰ ἐλάλησεν αὐτοῖς Μωσῆς, καὶ ἔπεσαν ἐκ τοῦ λαοῦ τῇ ἡμέρᾳ ἐκείνῃ τρισχίλιοι ἄνδρες.

---

7 – 14 I suppl. 211 Ex. 32, 26–28

---

1 – 2 Titlos (a) V^{E} (189r11–12) $V^{W}V^{O}V^{Ph}$ $A^{I\,pin}$; *deest in* $H^{I}A^{I\,txt}$; PG 96, 237, 8–9 **3 – 4 Titlos (b)** PM^{pin} $L^{b\,pin}$ R; *deest in* $M^{txt\,(lac.)}$ $L^{b\,txt}$ **6 – 14 I suppl. 211** V^{E} cap. Π 6, 1 (189r[12]13–19); V^{W} cap. Π 6, 1; V^{O} cap. Π 6, 1; V^{Ph} cap. Π 6, 1; P cap. Π 30, 1; R cap. Π 34, 1; *deest in* H^{I} $M^{(lac.)}$ L^{b}; PG 96, 237, 10–19

---

1 – 2 Titlos (a) **1** ς′] τίτλος ς′ $V^{W\,txt}$, *propt. mg. resect. non liquet in* $A^{I\,pin}$ *(ς′ secund. ser.)* προφητῶν] *praem.* τῶν $V^{O\,pin}$ ἀνδροφοησάντων $V^{E\,pin}$, ἀνδροφησάντων $V^{O\,pin}$, κἀνδροφονησάντων $V^{E\,txt}$, ἀνδρῶν φρονησάντων V^{W} εὐαρεστησάντων] εὐαρεστήσαι τῷ $V^{E\,pin\,a.\,c.}$ **2** θεῷ] *om.* $V^{W\,pin}$, τῷ θεῷ $V^{W\,txt}$ **3 – 4 Titlos (b)** **3** λ′] λδ′ R^{pin}, τίτλος λδ′ R^{txt} **3 – 4** ἀνδροφονησάντων – θεῷ] *om.* M **3** ἀνδροφωνησάντων P^{pin} **4** θεῷ] *praem.* τῷ $L^{b\,pin}$

I suppl. 211 Ἐξόδου] *praem.* τῆς R

---

7 μωσης V^{O}, μωϋσῆς V^{W} **8** κύριον] θεὸν $V^{E}V^{O}V^{Ph}$ εἴτω $V^{E}V^{O}V^{Ph}$, ἤτω *(*ἡ- P*)* V^{W} P $R^{a.\,c.\,ut\,videtur}$ υἱοὶ] *praem.* οἱ P λευϊ P **10** μηρόν] μικρὸν $P^{ut\,videtur}$, *add.* ἑαυτοῦ V^{W} διέλθατε *(*-ἕ- P*)* $V^{W\,a.\,c.}$ P, ἔλθετε R **11** ἀπὸ – παρεμβολῆς] *om.* $V^{E}V^{O}V^{Ph}$ **12** ἀδελφὸν] πλησίον V^{W} αὐτοῦ[1] – πλησίον] *om.* R πλησίον] ἀδελφὸν V^{W} **13** υἱοὶ] *praem.* οἱ P λευϊ P μωϋσῆς R **14** ἔπεσον V^{W} R, επεσεν P τῇ – ἐκείνῃ] ἐν ἐκείνῃ *(*-ει- P*)* τῇ *(*τῆι R*)* ἡμέρα *(*-αι R*)* P R

I suppl. 212 / V cap. Π 6, 2

Ἀριθμῶν·

Φινεὲς υἱὸς Ἐλεάζαρ υἱοῦ Ἀαρὼν τοῦ ἱερέως ἐξανέστη ἐκ μέσου τῆς συναγωγῆς, καὶ λαβὼν σιρομάστην ἐν τῇ χειρί, ἀπεκέντησεν ἀμφοτέρους, τόν τε ἄνθρωπον τὸν Ἰσραηλίτην καὶ τὴν γυναῖκα διὰ τῆς μήτρας αὐτῆς· καὶ ἐπαύσατο ἡ ὀργὴ ἀπὸ τῶν υἱῶν Ἰσραήλ. Ἐγένοντο δὲ οἱ τεθνηκότες εἰκοσιτέσσαρες χιλιάδες. Καὶ ἐλάλησε κύριος πρὸς Μωϋσῆν· Φινεὲς υἱὸς Ἐλεάζαρ κατέπαυσε τὸν θυμόν μου. Ἰδοὺ δίδωμι αὐτῷ τὴν διαθήκην μου, διαθήκην εἰρήνης, καὶ ἔσται αὐτῷ καὶ τῷ σπέρματι αὐτοῦ μετ᾽ αὐτόν, διαθήκην ἱερατείας αἰωνίαν, ἀνθ᾽ ὧν ἐζήλωσε τῷ θεῷ αὐτοῦ καὶ ἐξιλάσατο περὶ τῶν υἱῶν Ἰσραήλ.

I suppl. 213 / V cap. Π 6, 3

Βασιλειῶν α′·

Εἶπε Σαμουήλ· Προσαγάγετέ μοι τὸν Ἀγάγ, βασιλέα Ἀμαλήκ. Καὶ προσῆλθεν Ἀγὰγ τρέμων. Καὶ εἶπε Σαμουήλ· Καθότι ἠτέκνωσε γυναῖκας ἡ ῥομφαία σου, οὕτως ἀτεκνωθήσεται ἐκ γυναικῶν ἡ μήτηρ σου. Καὶ ἔσφαξεν αὐτὸν ἐνώπιον κυρίου.

---

3 – 12 I suppl. 212 Num. 25, 7–13 **15 – 18 I suppl. 213** I Reg. 15, 32–33 (Wahl, *1 Samuel-Text*, p. 60)

---

2 – 12 I suppl. 212 V^{E} cap. Π 6, 2 (189r[19]19–27); V^{W} cap. Π 6, 2–3; V^{O} cap. Π 6, 2; V^{Ph} cap. Π 6, 2; P cap. Π 30, 2; R cap. Π 34, 2; *deest in* H^{I} $M^{(lac.)}$ L^{b}; PG 96, 237, 20–32 **14 – 18 I suppl. 213** V^{E} cap. Π 6, 3 (189r[27]28–30); V^{W} cap. Π 6, 4; V^{O} cap. Π 6, 3; V^{Ph} cap. Π 6, 3; P cap. Π 30, 3; R cap. Π 34, 3; *deest in* H^{I} $M^{(lac.)}$ L^{b}; PG 96, 237, 33–37

I suppl. 212 (a) $V^{E}V^{O}V^{Ph}$ P R (b) Ἀριθμῶν / Τοῦ αὐτοῦ V^{W} *(cf. app. crit. txt.)*

---

3 φινεες P ἐλεαζαρ P ἀάρὼν V^{O}, ααρων P **4** συναγωγῆς] παρεμβολῆς R σειρομάστην $V^{W\,p.\,c.}$ R **5** ϊσραηλίτην P τὴν] *praem.* τὴν μαδιανίτιν R **6** τῶν] *om.* R **7** οἱ] ὁ V^{E} εἰκοσιτέσσαρες] κδ′ V P χιλιάδες] *hic caesura in* V^{W} **8** μωϋσὴν $V^{E}V^{O}V^{Ph}$, μωσὴν $V^{W\,a.\,c.}$, μωσῆν $V^{W\,p.\,c.}$, μωσην P **10** αὐτοῦ] *om.* R αὐτόν] αὐτῶν $V^{W\,a.\,c.}$ **11** ἱερατίας V^{W}, ἰατρείας R **15** σαμουηλ P προσάγαγέ μοι $V^{E}V^{Ph}$ M, προσαγαγέ μοι P, προσάγατέ μοι V^{O} ἄγαγ $V^{W\,p.\,c.}$ R, ἀγὰτ V^{O}, αγαβ P ἀμαλικ P **16** ἄγαγ $V^{W\,p.\,c.}$ R, ἀγαγ P, ἀγὰτ V^{O} σαμουηλ P Καθότι] καθάπερ V^{W} **17** οὕτως ἀτεκνωθήσεται] *in mg.* P

I suppl. 214 / V cap. Π 6, 4

Βασιλειῶν γ′·

Εἶπεν Ἡλιοῦ πρὸς τὸν λαόν· Συλλάβετε τοὺς προφήτας τοῦ Βάαλ· μηδεὶς σωθήτω ἐξ αὐτῶν. Καὶ συνέλαβον αὐτούς, καὶ κατάγει αὐτοὺς Ἡλιοῦ εἰς τὸν χειμάρρουν Κισσών, καὶ κατέσφαξεν αὐτοὺς ἐκεῖ.

---

3 – 6 I suppl. 214 III Reg. 18, 40 (Wahl, *3 Könige-Text*, p. 113)

---

2 – 6 I suppl. 214 V^{E} cap. Π 6, 4 (189r[31]31–33); V^{W} cap. Π 6, 5; V^{O} cap. Π 6, 4; V^{Ph} cap. Π 6, 4; P cap. Π 30, 4; R cap. Π 34, 4; *deest in* H^{I} $M^{(lac.)}$ L^{b}; PG 96, 237, 38–42

I suppl. 214 (a) $V^{E}V^{O}V^{Ph}$ P R Βασιλειῶν] *om.* $V^{O}V^{Ph}$ (b) Τῶν αὐτῶν V^{W}

---

3 ἡλιοῦ $R^{a.\,c.}$, ἡλιοὺ $R^{p.\,c.}$ τοῦ] τῆς R βαάλ R, βααλ P **5** ἡλιοὺ R κισσῶν V^{W} R, κισσων P

η′ Περὶ προφητῶν ἐπιτιμησάντων βασιλεῦσι μετὰ παρρησίας.

λβ′ Περὶ προφητῶν ἐπιτιμησάντων βασιλεῦσιν μετὰ παρρησίας.

I suppl. 215 / V cap. Π 8, 1

Βασιλειῶν α′·

Εἶπεν Σαμουὴλ πρὸς Σαούλ· Μεματαίωταί σοι, ὅτι οὐκ ἐφύλαξας τὴν ἐντολήν, ἣν ἐνετείλατό σοι κύριος, καὶ νῦν ἡ βασιλεία σου οὐ στήσεται.

I suppl. 216 / V cap. Π 8, 2

Βασιλειῶν β′·

Ἐγένετο ὡς ἤκουσεν Ἀχιὰ φωνὴν ποδῶν, εἶπεν· Εἴσελθε, γυνὴ Ἱεροβοάμ· ἐγώ εἰμι ἀπόστολος πρὸς σὲ σκληρός.

---

5 – 7 I suppl. 215 I Reg. 13, 13–14 (Wahl, *1 Samuel-Text*, p. 54) **10 – 11 I suppl. 216** II Reg., re vera III Reg. 14, 6 (Wahl, *3 Könige-Text*, p. 108)

---

1 Titlos (a) V^{E} (189v13) $V^{W}V^{O}V^{Ph}$ $A^{I\,pin}$; *deest in* $H^{I}A^{I\,txt}$; PG 96, 240, 11–12 **2 Titlos (b)** PM^{pin} $L^{b\,pin}$ R; *deest in* $M^{txt\,(lac.)}$ $L^{b\,txt}$ **4 – 7 I suppl. 215** V^{E} cap. Π 8, 1 (189v[13]14–15); V^{W} cap. Π 8, 1; V^{O} cap. Π 8, 1; V^{Ph} cap. Π 8, 1; P cap. Π 32, 1; R cap. Π 35, 1; *deest in* H^{I} $M^{(lac.)}$ L^{b}; PG 96, 240, 13–15 **9 – 11 I suppl. 216** V^{E} cap. Π 8, 2 (189v[16]16–17); V^{W} cap. Π 8, 2; V^{O} cap. Π 8, 2; V^{Ph} cap. Π 8, 2; P cap. Π 32, 2; *deest in* H^{I} $M^{(lac.)}$ L^{b} R; PG 96, 240, 16–18

---

1 Titlos (a) η′] τίτλος η′ $V^{W\,txt}$, *propt. mg. resect. non liquet in* $A^{I\,pin}$ (η′ *secund. ser.)* **2 Titlos (b)** λβ′] λε′ R^{pin}, τίτλος λε′ R^{txt} ἐπιτιμησάντων – παρρησίας] *om.* M^{pin}

I suppl. 215 α′] *om.* V^{W} **I suppl. 216** (a) $V^{E}V^{O}V^{Ph}$ P Βασιλειῶν] *om.* $V^{O}V^{Ph}$ β′] *sic* $V^{E}V^{O}V^{Ph}$, γ′ *exspectav.* (b) Τῶν αὐτῶν V^{W}

---

5 σαουλ P μεματαίοταί σοι $V^{E}V^{O}V^{Ph}$ **6** ἡ] *om.* $V^{E}V^{O}V^{Ph}$ **7** σταθήσεται R **10** ἀχια P γυνὴ] *praem.* ἡ V^{W} **10 – 11** ϊεροβοαμ V^{W} P **11** ἐγὼ εἰμὶ $V^{O}V^{Ph}$

I suppl. 217 / V cap. Π 8, 3

Βασιλειῶν γ'·

Εἶπεν Ἀχαὰβ πρὸς Ἡλιοῦ· Εἰ σὺ εἶ ὁ διαστρέφων τὸν Ἰσραήλ; Καὶ εἶπεν Ἡλιοῦ· Οὐ διαστρέφω ἐγὼ τὸν Ἰσραήλ, ἀλλὰ σὺ καὶ ὁ οἶκος τοῦ πατρός σου, τοῦ καταλιμπάνειν ὑμᾶς κύριον, καὶ πορεύεσθαι ὀπίσω τῶν Βααλίμ.

I suppl. 218 / V cap. Π 8, 4

<Βασιλειῶν> δ'·

Ἐλάλησε κύριος πρὸς Ἡλιοῦ, καὶ εἶπεν· Κατάβηθι, μὴ φοβηθῇς ἀπὸ προσώπου αὐτῶν. Καὶ ἀνέστη Ἡλιοῦ, καὶ κατέβη μετ' αὐτῶν, καὶ εἶπεν Ἡλιοῦ· Τάδε λέγει κύριος· Ἀνθ' ὧν ἐξαπέστειλας ἀγγέλους ζητῶν ἐν τῷ Βάαλ μυῖαν θεὸν Ἀκκαρῶν – οὐχ' οὕτως –, ἡ κλίνη, ἐφ' ἧς ἀνέβης ἐκεῖ, οὐ καταβήσῃ ἀπ' αὐτῆς, ὅτι θανάτῳ ἀποθανῇ. Καὶ ἀπέθανε κατὰ τὸ ῥῆμα κυρίου, ὃ ἐλάλησε διὰ Ἡλιοῦ.

---

3 – 6 I suppl. 217 III Reg. 18, 17–18 (Wahl, *3 Könige-Text*, p. 112) **9 – 14 I suppl. 218** IV Reg. 1, 15–17 (Wahl, *4 Könige-Text*, p. 120–121)

---

2 – 6 I suppl. 217 V^{E} cap. Π 8, 3 (189v[18]18–21); V^{W} cap. Π 8, 3; V^{O} cap. Π 8, 3; V^{Ph} cap. Π 8, 3; P cap. Π 32, 3; R cap. Π 35, 2; *deest in* H^{I} $M^{(lac.)}$ L^{b}; PG 96, 240, 19–23 **8 – 14 I suppl. 218** V^{E} cap. Π 8, 4 (189v21–26); V^{W} cap. Π 8, 4; V^{O} cap. Π 8, 4; V^{Ph} cap. Π 8, 4; P cap. Π 32, 4; *deest in* H^{I} $M^{(lac.)}$ L^{b} R; PG 96, 240, 24–31

I suppl. 217 Βασιλειῶν] *om.* $V^{O}V^{Ph}$ **I suppl. 218** (a) V^{W} Βασιλειῶν] *supplevimus, om. cod.* (b) Τῆς αὐτῆς P (c) *s. a.* $V^{E}V^{O}V^{Ph}$

---

3 ἀχααβ P ἠλιοὺ R **4** ἠλιοῦ $V^{W\ a.c.}$, ἠλιοὺ R Οὐ] οὔ R διαστρέφω – Ἰσραήλ] *om.* R ἐγὼ] *om.* V^{W} P **5** καταλειμπάνειν $V^{E}V^{O\ p.c.}V^{Ph}$ P ἡμᾶς R πορευεσθε P **6** τῶν] τὸν $V^{E}V^{O}V^{Ph}$, τῆς R βααλιμ P, βαάλ R **9** ηλιοὺ P φοβηθεὶς $V^{E}V^{O}V^{Ph}$ **10** ἀπὸ] ἀ V^{Ph} αὐτῶν[1]] αὐτὸ $V^{W\ a.c.\ ut\ videtur}$ ἠλιοῦ V^{E} **12** βααλ P θεῶν $V^{E\ a.c.}$ V^{W}, θεων P *(cf. etiam supra*, I suppl. 10 / V cap. A 16, 6*)* ἀκκαρων P, ἀκαρὸν $V^{O\ a.c.}$, ἀκαρῶν $V^{O\ p.c.}$ **13** ἀνέβη $P^{a.c.}$ **13 – 14** ἀποθανῇ] *correximus (LXX)*, ἀποθάνη (-θᾶ- $V^{W\ a.c.}$, -θα- P) V^{W} P, ἀποθανεῖ $V^{E}V^{O}V^{Ph}$

I suppl. 219 / V cap. Π 8, 5

Βασιλειῶν δʹ·

Εἶπεν Ἐλισσαιὲ πρὸς τὸν βασιλέα Ἰσραήλ· Τί ἐμοὶ καὶ σοί; Δεῦρο πρὸς τοὺς προφήτας τοῦ πατρός σου καὶ τῆς μητρός σου. Καὶ εἶπεν ὁ βασιλεὺς Ἰσραήλ· Μή, ὅτι κέκληκε κύριος τοὺς τρεῖς βασιλεῖς τοῦ παραδοῦναι αὐτοὺς εἰς χεῖρας Μωάβ. Καὶ εἶπεν Ἐλισσαιέ· Ζῇ κύριος τῶν δυνάμεων, ὅτι εἰ μὴ πρόσωπον Ἰωσαφὰτ βασιλέως Ἰούδα ἐγὼ λαμβάνω, εἰ ἐπέβλεψα πρὸς σὲ καὶ εἶδον σε.

---

3 – 8 I suppl. 219 IV Reg. 3, 13–14 (Wahl, *4 Könige-Text*, p. 123)

---

2 – 8 I suppl. 219 V^{E} cap. Π 8, 5 (189v26–32); V^{W} cap. Π 8, 5; V^{O} cap. Π 8, 5; V^{Ph} cap. Π 8, 5; P cap. Π 32, 5; R cap. Π 35, 3; *deest in* H^{I} M$^{(lac.)}$ L^{b}; PG 96, 240, 32–39

I suppl. 219 (a) V^{W} P R Βασιλειῶν] *om.* V^{W} (b) *s. a.* V^{E}V^{O}V^{Ph}

---

3 ἐλισσεὲ V$^{W\,a.\,c.}$ V^{Ph} σοί] σὺ V^{W} **4** καὶ – σου^{2}] *om.* V^{W} *(suppl. man. rec. in mg.)* **6** αὐτοῦ V^{O} μοᾶβ V$^{W\,a.\,c.}$, μωαβ P ἐλισσαιε P, ἐλισσεέ V^{E}V^{O}V^{Ph}, ἐλισσαιεί V^{W} **7** ϊωσαφατ P **8** ἰοῦδα V$^{W\,a.\,c.}$ V$^{Ph\,a.\,c.}$, ϊουδα P ἴδον *(ϊ- P)* σε V^{W}

λε′ Περὶ παιδείας θεοῦ κατὰ δοκιμὴν καὶ πεῖραν γενομένης.

ν′ Περὶ παιδείας θεοῦ κατὰ δοκιμὴν καὶ πεῖραν γινομένης.

I suppl. 220 / V cap. Π 35, 1

Γενέσεως·

Ἐγένετο μετὰ τὰ ῥήματα ταῦτα, ὁ θεὸς ἐπείραζε τὸν Ἀβραάμ, καὶ εἶπεν αὐτῷ· Ἀβραὰμ Ἀβραάμ. Καὶ εἶπεν· Ἰδοὺ ἐγώ. Καὶ εἶπεν· Λάβε τὸν υἱόν σου τὸν ἀγαπητόν, ὃν ἠγάπησας, τὸν Ἰσαάκ, καὶ πορεύθητι εἰς τὴν γῆν τὴν ὑψηλήν, καὶ ἀνένεγκε αὐτὸν εἰς ὁλοκάρπωσιν ἐφ᾽ ἓν τῶν ὀρέων, ὧν ἄν σοι εἴπω.

I suppl. 221 / V cap. Π 35, 2

Δευτερονομίου·

Μνήσθητι πᾶσαν τὴν ὁδόν, ἣν ἤγαγέν σε κύριος ὁ θεός σου ἐν τῇ ἐρήμῳ, ὅπως ἂν κακώσῃ σε καὶ πειράσῃ σε, καὶ διαγνῷ τὰ ἐν τῇ

---

5 – 9 I suppl. 220 Gen. 22, 1–2 **12 – 117, 5 I suppl. 221** Deut. 8, 2–3 (Wahl, *Deuteronomium-Text*, p. 122)

---

1 Titlos (a) V^{E} (209r12) $V^{W}V^{O}V^{Ph}$ $A^{I\,pin}$; *deest in* $H^{I}A^{I\,txt}$; PG 96, 324, 1–2 **2 Titlos (b)** PM^{pin} $L^{b\,pin}$ E^{txt} R; *deest in* $M^{txt\,(lac.)}$ $L^{b\,txt}$ $E^{pin\,(lac.)}$ **4 – 9 I suppl. 220** V^{E} cap. Π 35, 1 (209r[12]13–17); V^{W} cap. Π 35, 1; V^{O} cap. Π 35, 1; V^{Ph} cap. Π 35, 1; P cap. Π 50, 1; E cap. 202, 1; R cap. Π 52, 1; *deest in* H^{I} $M^{(lac.)}$ L^{b}; PG 96, 324, 3–9 **11 – 117, 5 I suppl. 221** V^{E} cap. Π 35, 2 (209r[17]17–22); V^{W} cap. Π 35, 2; V^{O} cap. Π 35, 2; V^{Ph} cap. Π 35, 2; P cap. Π 50, 2; E cap. 202, 2; *deest in* H^{I} $M^{(lac.)}$ L^{b} R; PG 96, 324, 10–18

---

1 Titlos (a) λε′] λδ′ $V^{O\,pin\,a.\,c.}$ $V^{Ph\,pin}$, *propt. mg. resect. non liquet in* $A^{I\,pin}$ (λδ′ *secund. ser.*) πείραν $V^{W\,txt}V^{O\,txt}$ γινομένης $V^{E\,pin}$ $V^{W}V^{O\,pin}V^{Ph\,pin}$ **2 Titlos (b)** ν′] cβ′ E^{txt}, νβ′ R^{pin}, τίτλος νβ′ R^{txt} κατὰ – γινομένης] *om.* M^{pin} πείραν P γινομένης] *add.* τέλος τοῦ Π στοιχείου $L^{b\,pin}$

---

5 ἀβραὰμ V^{W} E R, ἀβρααμ P **6** Ἀβραὰμ – εἶπεν²] *om.* R Ἀβραὰμ] ἀβραὰμ $V^{W\,p.\,c.}$ E, ἀβρααμ P Ἀβραάμ] ἀβραάμ $V^{W\,p.\,c.}$, ἀβρααμ P E **7 – 9** ὃν – εἴπω] καὶ τὰ ἑξῆς R **7** ἰσαὰκ $V^{E}V^{O}$, ἴσαακ P **8** ἀνένεγκαι $V^{E}V^{O}V^{Ph\,a.\,c.}$ **9** ἐφ᾽] ἐπὶ *(-ι)* P E ὀρέων, ὧν] ορεων $P^{a.\,c.}$, ορεων ων $P^{p.\,c.\,man.\,rec.}$ **12** ὁδόν] γην P **13** κακώσει *(-ω- P)* σε $V^{E}V^{O}V^{Ph}$ P πειράσει *(-α- P)* σε V^{Ph} P

καρδίᾳ σου, εἰ φυλάξῃ τὰς ἐντολὰς αὐτοῦ ἢ οὔ. Καὶ ἐκάκωσέν σε καὶ ἐλιμαγχόνησέν σε καὶ ἐψώμισέν σε τὸ μάννα, ἃ οὐκ ἤδεισαν οἱ πατέρες σου, ἵνα ἀναγγείλῃ σοι ὅτι οὐκ ἐπ' ἄρτῳ μόνῳ ζήσεται ἄνθρωπος, ἀλλ' ἐπὶ παντὶ ῥήματι ἐκπορευομένῳ διὰ στόματος αὐτοῦ ζήσεται ἄνθρωπος.

I suppl. 222 / V cap. Π 35, 3

<***>

Πειράζει κύριος ὁ θεὸς ὑμᾶς, εἰδέναι εἰ ἀγαπᾶτε κύριον τὸν θεὸν ὑμῶν.

I suppl. 223 / V cap. Π 35, 4

Ἰώβ·

Μὴ ἀποποιοῦ μου τὸ κρίμα.
Οἴῃ δέ με ἄλλως σοι κεχρηματικέναι ἢ ἵνα ἀναφανῇς δίκαιος;

---

8 – 9 I suppl. 222 Deut. 13, 3 (Wahl, *Deuteronomium-Text*, p. 127) **12 – 13 I suppl. 223** Iob 40, 8^{1-2}

---

7 – 9 I suppl. 222 V^{E} cap. Π 35, 3 (209r22–23); V^{W} cap. Π 35, 3; V^{O} cap. Π 35, 3; V^{Ph} cap. Π 35, 3; P cap. Π 50, 3; E cap. 202, 3; R cap. Π 52, 2; *deest in* H^{I} $M^{(lac.)}$ L^{b}; PG 96, 324, 19–20 **11 – 13 I suppl. 223** V^{E} cap. Π 35, 4 (209r[23]23–25); V^{W} cap. Π 35, 4; V^{O} cap. Π 35, 4; V^{Ph} cap. Π 35, 4; P cap. Π 50, 4; E cap. 202, 4; *deest in* H^{I} $M^{(lac.)}$ L^{b} R; PG 96, 324, 21–22

I suppl. 222 (a) *s. a.* V P E (b) Τοῦ Δευτερονομίου R **I suppl. 223** ϊώβ P

1 φυλάξεις E ἢ] ἡ P, ἥ $V^{E}V^{O}$ **1 – 5** Καὶ – ἄνθρωπος] *om.* E **2** τὸ] τὸν V^{O} ἃ] ἅ V^{E}, ά P, ὃ *LXX* ἤδεισαν] *scripsimus*, ηδεισαν P, ἤδησαν *(ἤ- e corr.* V^{W}*)* V **3** ἀναγγείλῃ σοι] *correximus (LXX)*, ἀναγγείλω σοι $V^{E}V^{O}V^{Ph}$ P, ἀναγγείλλω σοι V^{W} **4** ἐκπονηρευομενω P **5** ἄνθρωπος] *praem.* ὁ P **8** κύριον] *praem.* τὸν R **9** ὑμῶν] *om.* $V^{E}V^{O}V^{Ph}$ **12** κρῖμα $V^{E}V^{W\ a.c.}V^{Ph}$, κριμα P **13** Οἴῃ – με] μὴ δὲ οἴου με $E^{in\ mg.}$ Οἴῃ] οἴει *(οι- P)* $E^{a.c.}$ P ἄλλος $V^{E}V^{W}V^{O}$

I suppl. 224 / V cap. Π 35, 5

Δαυΐδ, ψαλμοῦ ξε′·

Ἐδοκίμασας ἡμᾶς ὁ θεός,
ἐπύρωσας ἡμᾶς, ὡς πυροῦται τὸ ἀργύριον·
εἰσήγαγες ἡμᾶς εἰς τὴν παγίδα,
ἔθου θλίψεις ἐπὶ τὸν νῶτον ἡμῶν.
Ἐπεβίβασας ἀνθρώπους ἐπὶ τὰς κεφαλὰς ἡμῶν,
διήλθομεν διὰ πυρὸς καὶ ὕδατος,
καὶ ἐξήγαγες ἡμᾶς εἰς ἀναψυχήν.

I suppl. 225 / V cap. Π 35, 6

Ἐκ τῆς Ἰακώβου ἐπιστολῆς·

Μακάριος ἄνθρωπος, ὃς ὑπομένει πειρασμόν, ὅτι δόκιμος γενόμενος λήψεται τὸν στέφανον, ὃν ἐπηγγείλατο ὁ θεὸς τοῖς ἀγαπῶσιν αὐτόν.

---

3 – 9 I suppl. 224 Ps. 65, 10^{1}–12^{3} **12 – 14 I suppl. 225** Iac. 1, 12

---

2 – 9 I suppl. 224 V^{E} cap. Π 35, 5 (209r[25]25–28); V^{W} cap. Π 35, 5; V^{O} cap. Π 35, 5; V^{Ph} cap. Π 35, 5; P cap. Π 50, 5; E cap. 202, 5; R cap. Π 52, 3; *deest in* H^{I} $M^{(lac.)}$ L^{b}; PG 96, 324, 23–28 **11 - 14 I suppl. 225** V^{E} cap. Π 35, 6 (209r[29]29–30); V^{W} cap. Π 35, 6; V^{O} cap. Π 35, 6; V^{Ph} cap. Π 35, 6; P cap. Π 50, 6; E cap. 202, 6; *deest in* H^{I} $M^{(lac.)}$ L^{b} R; PG 96, 324, 29–31

I suppl. 224 (a) P (b) Ψαλμὸς ξη′ R (c) Δαυΐδ V E **I suppl. 225** (a) P ϊακώβου *cod.* (b) Ἐκ τοῦ Ἰακώβου $V^{E}V^{O}V^{Ph}$ (c) Ἀποστόλου Ἰακώβου E ἰακωβου *cod.* (d) Ἰακώβου V^{W}

---

4 – 9 ἐπύρωσας – ἡμᾶς] ἕως R **5 – 9** εἰσήγαγες – ἀναψυχήν] *om.* E **6 – 9** ἔθου – ἀναψυχήν] καὶ τὰ ἑξῆς V^{W} **6 – 7** ἡμῶν – κεφαλὰς] *om.* P **12** ἄνθρωπος] ἀνὴρ (-ηρ P) V^{W} P E ὑπομείνει V^{W} **13** ἐπηγγείλλατο (-η- *e corr.*) V^{W} **14** αὐτόν] *om.* E

I suppl. 226 / V cap. Π 35, 7

Τοῦ Χρυσοστόμου·

Ἀκούσας Ἀβραὰμ τὴν φωνὴν τοῦ πλάστου· *Λάβε τὸν υἱόν σου καὶ ἐπὶ ἓν τῶν ὀρέων* σφάξον μοι, μετὰ πολλῆς προθυμίας τὸ ἔργον ἐπλήρου. Καὶ γὰρ τὴν σύζυγον Σάρραν ἔκρυψεν, καὶ τοὺς παῖδας ἔλαθεν, καὶ μόνον τὸ παιδάριον λαβών, ἀνήει ἐπὶ τὸ ὄρος, μὴ ἐκκακῶν, μήτε ῥαθυμῶν. Ἐννόησον τίς ἦν ὁ μακάριος ἐκεῖνος τότε, ποῖα δὲ σπλάγχνα ἦν ἐνδεδυμένος, μόνος μόνῳ διαλεγόμενος τῷ παιδαρίῳ· τότε γὰρ πλεῖον τὰ σπλάγχνα διαθερμαίνονται, καὶ πλεῖον τὸ φίλτρον ἐξάπτεται. Ποῖος λόγος παραστῆσαι δυνήσεται τὴν ἀνδρείαν τοῦ γέροντος, πῶς συνδήσας αὐτοῦ χεῖρας καὶ πόδας ἐπάνω τῶν ξύλων ἐπέθηκεν; Ὡς δὲ ἤμελλεν ἐμβάπτειν τῷ λαιμῷ τοῦ παιδίου τὸ σιδήριον, διπλῆν φωνὴν ἀφῆκεν ὁ εὔσπλαγχνος· Λῦσον τὸ παιδάριον. Πῶς οὐκ ἐνάρκησεν ἡ χείρ; Πῶς οὐκ ἐξελύθη τὰ νεῦρα; Πῶς οὐ κατέπεσεν, θεωρῶν τὴν ὄψιν τοῦ παιδαρίου; Ἴδετε ἀνδρείαν τοῦ γέροντος· καὶ γὰρ ἔσφαξε τὸν υἱὸν αὐτοῦ, εἰ καὶ μὴ τῇ χειρί, ἀλλὰ τῇ προθυμίᾳ.

I suppl. 227 / V cap. Π 35, 8

Διδύμου, εἰς τὸ κατὰ Ματθαῖον β′·

Οὐ πᾶς κάμνων αἰτίαν ἔχει τῆς νόσου ἁμαρτίαν· εἰσὶ γὰρ ὑπὲρ τοῦ

---

3 – 4 Gen. 22, 2

---

3 – 10 I suppl. 226 Ἀκούσας – ἐξάπτεται] IOHANNES CHRYSOSTOMUS, *De Lazaro conciones*, V, 5 (PG 48, 1024, 45–56) **10 – 16** Ποῖος – παιδαρίου] IBID. (PG 48, 1025, 7–15 [pluribus omissis vel mutatis]) **16 – 17** Ἴδετε – προθυμίᾳ] IBID. (PG 48, 1025, 26) **20 – 120, 2 I suppl. 227** DIDYMUS ALEXANDRINUS, *In Matthaeum*, II, locus non repertus

---

2 – 17 I suppl. 226 V^{E} cap. Π 35, 7 (209r[31]31–209v9); V^{O} cap. Π 35, 7; V^{Ph} cap. Π 35, 7; *deest in* V^{W} H^{I} PM$^{(lac.)}$ L^{b} E R; PG 96, 324, 32–50 **19 – 120, 2 I suppl. 227** V^{E} cap. Π 35, 8 (209v[9]9–11); V^{W} cap. Π 35, 7; V^{O} cap. Π 35, 8; V^{Ph} cap. Π 35, 8; P cap. Π 50, 7; E cap. 202, 7; R cap. Π 52, 4; *deest in* H^{I} M$^{(lac.)}$ L^{b}; PG 96, 324, 51–53

I suppl. 226 Τοῦ] *om.* V^{Ph} **I suppl. 227** (a) P R β′] *om.* R (b) Διδύμου V E

---

6 ἀνήει] *correximus (ed.)*, ἀνίει V^{E}V^{O}V^{Ph} **8** δεδϋμένος V^{O} **12 – 13** λαιμῷ] *correximus*, λεμῶ V^{E}V^{O}V^{Ph} **14** λύσον V^{E}V^{O} **20** Οὐ] *om.* V^{O}

δόκιμοι ἀναφανῆναι, ἢ καὶ ἄλλως συμφερόντως κακώσεσιν ὑποβαλλόμενοι.

I suppl. 228 / V cap. Π 35, 9

Τοῦ αὐτοῦ, εἰς τὸν προφήτην Ἠσαΐαν·

Ἐπεὶ συμπτώματα τὰ αὐτὰ ἁμαρτωλοῖς καὶ δικαίοις συμβαίνει, μὴ πάντας τοὺς περιστατικοῖς ὑποβαλλομένους ἡγούμεθα ἐκ προλαβούσης ἁμαρτίας ὑπομεμενηκέναι τὰ πικρά.

---

5 – 7 I suppl. 228 Didymus Alexandrinus, *In Isaiam*, locus non repertus

---

4 – 7 I suppl. 228 V^{E} cap. Π 35, 9 (209v[11]11–14); V^{W} cap. Π 35, 8; V^{O} cap. Π 35, 9; V^{Ph} cap. Π 35, 9; P cap. Π 50, 8; R cap. Π 52, 5; *deest in* H^{I} $M^{(lac.)}$ L^{b} E; PG 96, 325, 1–4

I suppl. 228 (a) R (b) Εἰς τὸν Ἠσαΐαν P ἡσαϊαν *cod.* (c) Ἠσαΐου $V^{E}V^{O}V^{Ph}$ (d) *s. a.* V^{W}

---

1 ἢ] *om.* E ἄλλος $V^{E}V^{O}$ κακώσεσιν] κακῶς (-ω- P) εἰσὶν P R **1 – 2** ὑπολαμβανόμενοι E R, ὑπολαμβανομενοι P **5** συνπτωματα P αὐτὰ] αὐτοις P **6** τοὺς] τοῖς $V^{W\ p.c.}$ ἡγούμεθα] ἠγνοούμεθα R, *forsan* ἡγώμεθα *legendum* **7** ἁμαρτίας] πονηρίας $V^{E}V^{O}V^{Ph}$ πικρα P, πονηρά $V^{E}V^{O}V^{Ph}$

α′ Περὶ χαρισμάτων καὶ δωρημάτων τοῦ θεοῦ, καὶ ὅτι βίῳ σεμνῷ ἀντιδίδονται παρὰ τοῦ ἁγίου πνεύματος, καὶ ὡς ἀσύγγνωστα πταίουσιν οἱ τὴν χάριν τοῦ θεοῦ δώροις καὶ χρήμασι κτᾶσθαι νομίζοντες.

δ′ Περὶ χαρισμάτων καὶ δωρημάτων θεοῦ, καὶ ὅτι βίῳ σεμνῷ ἀντιδίδονται παρὰ τοῦ ἁγίου πνεύματος.

I suppl. 229 / V cap. X 1, 1

Ἐκ τοῦ κατὰ Ἰωάννην εὐαγγελίου·

Ἀπεκρίθη Ἰωάννης καὶ εἶπεν· Οὐ δύναται ἄνθρωπος λαμβάνειν ἀφ' ἑαυτοῦ οὐδέν, ἐὰν μὴ ᾖ δεδομένον αὐτῷ ἐκ τοῦ οὐρανοῦ.

I suppl. 230 / V cap. X 1, 2

Ἐκ τῆς πρὸς Ῥωμαίους·

Ἀμεταμέλητα τὰ χαρίσματα καὶ ἡ κλῆσις τοῦ θεοῦ.

---

9 - 10 I suppl. 229 Ioh. 3, 27 **13 I suppl. 230** Rom. 11, 29

---

1 - 4 Titlos (a) V[E] (238v32–34) V[W]V[O]V[Ph]; *deest in* H[I]A[I (lac.)]; PG 96, 421, 8–12 **5 - 6 Titlos (b)** PM[pin] L[b pin] E[txt] R; *deest in* M[txt] *(ubi sententiae cap.* X 4 *leguntur sub titulo cap.* X 2 *(f. 276vA3–276vB24)* L[b txt] E[pin] **8 - 10 I suppl. 229** V[E] cap. X 1, 1 ([238v34]239r1–2); V[W] cap. X 4, 1; V[O] cap. X 1, 1; V[Ph] cap. X 1, 1; P cap. X 4, 1; M cap. X 4, 1; E cap. 266, 1; R cap. X 4, 1; *deest in* H[I] L[b]; PG 96, 421, 13–15 **12 - 13 I suppl. 230** V[E] cap. X 1, 2 (239r2–3); V[W] cap. X 4, 2; V[O] cap. X 1, 2; V[Ph] cap. X 1, 2; P cap. X 4, 2; M cap. X 4, 2; E cap. 266, 2; R cap. X 4, 2; *deest in* H[I] L[b]; PG 96, 421, 16–17

---

1 - 4 Titlos (a) **1** α′] δ′ V[W pin], *praem. (iuxta* Στοιχεῖον X*)* τίτλος α′ V[E pin] V[O pin], *om.* V[Ph pin] τοῦ] *om.* V[E pin] V[W]V[O pin] V[Ph pin] **2** ἀντϊδῖδοται V[Ph pin] **2 - 4** καὶ – νομίζοντες] *om.* V[W pin] **2 - 3** ἀσύγνωστα V[E pin] V[Ph pin] **5 - 6 Titlos (b)** **5** δ′] cξς′ E[txt] **5 - 6** καὶ[1] – πνεύματος] *om.* M[pin] **6** ἀντιδονται P[txt a. c.]

I suppl. 229 (a) R (b) Ἰωάννου V[E]V[O]V[Ph] (c) Ἀποστόλου V[W] E (d) Πρὸς Ῥωμαίους P (e) Γενέσεως M **I suppl. 230** (a) M E R Ἐκ τῆς] *om.* R ρωμαιους M (b) Ἐκ τῆς αὐτῆς P (c) *s. a.* V[E]V[W]V[Ph] (d) *s. d.* V[O]

9 ϊωαννης PM **10** ἀφ' ἑαυτοῦ] *om.* V[W] PM E ᾖ] ἣ V[W], ἡ P, ῆ M δομένον V[W] αὐτῷ – οὐρανοῦ] ἄνωθεν V[Ph] οὐρανοῦ] θεοῦ M

I suppl. 231 / V cap. X 1, 3

Τῶν Πράξεων·

Ἰδὼν Σίμων ὅτι διὰ τῆς χειρὸς τῶν ἀποστόλων δίδοται τὸ πνεῦμα τὸ ἅγιον, προσήνεγκεν αὐτοῖς χρήματα, λέγων· Δότε κἀμοὶ τὴν ἐξουσίαν ταύτην, ἵνα ᾧ ἐὰν ἐπιθῶ τὰς χεῖρας μου, λαμβάνῃ πνεῦμα ἅγιον. Εἶπεν δὲ Πέτρος πρὸς αὐτόν· Τὸ ἀργύριόν σου σὺν σοὶ εἴη εἰς ἀπώλειαν, ὅτι τὴν δωρεὰν τοῦ θεοῦ ἐνόμισας διὰ χρημάτων κτᾶσθαι. Οὐκ ἔστι σοι μερὶς οὐδὲ κλῆρος ἐν τῷ λόγῳ τούτῳ· ἡ γὰρ καρδία σου οὐκ ἔστιν εὐθεῖα ἐναντίον τοῦ θεοῦ.

I suppl. 232 / V cap. X 1, 4

Ἐκ τῆς Ἰακώβου ἐπιστολῆς·

Πᾶσα δόσις ἀγαθὴ καὶ πᾶν δώρημα τέλειον ἄνωθέν ἐστι καταβαῖνον ἀπὸ τοῦ πατρὸς τῶν φώτων, παρ᾽ ᾧ οὐκ ἔστι παραλλαγὴ ἢ τροπῆς ἀποσκίασμα.

---

3 – 9 I suppl. 231 Act. 8, 18 – 21 **12 – 14 I suppl. 232** Iac. 1, 17

---

2 – 9 I suppl. 231 V^{E} cap. X 1, 3 (239r[3]3–8); V^{W} cap. X 4, 3; V^{O} cap. X 1, 3; V^{Ph} cap. X 1, 3; P cap. X 4, 3; M cap. X 4, 3; *deest in* H^{I} L^{b} E; PG 96, 421, 18–25 **11 – 14 I suppl. 232** V^{E} cap. X 1, 4 (239r9–10); V^{W} cap. X 4, 4; V^{O} cap. X 1, 4; V^{Ph} cap. X 1, 4; P cap. X 4, 4; M cap. X 4, 4; E cap. 266, 3; *deest in* H^{I} L^{b}; PG 96, 421, 26–29

I suppl. 231 (a) P (b) Πράξεων $V^{E}V^{W}V^{O\ p.\ c.\ man.\ rec.}$ V^{Ph} M (c) Παροιμιῶν $V^{O\ a.\ c.}$ **I suppl. 232** (a) $V^{O}V^{Ph}$ PM ἰακώβου P, ἰακωβ M ἐπιστολῆς] *om.* $V^{O}V^{Ph}$ (b) Ἰακώβου V^{W} E (c) *s. a.* V^{E}

---

3 εἰδὼν (-ῶν P) $V^{E}V^{O}$ P, ἴδων δὲ M σιμων P χειρὸς] ἐπιθέσεως τῶν χειρῶν V^{W} PM *(NT)* **5** ἐὰν] ἂν V^{W} χεῖρας μου] χειρας M (χεῖρας *NT)* λαμβάνῃ] *scripsimus (NT)*, λαμβάνει $V^{E}V^{W}V^{O}$ P, λαμβάνειν V^{Ph} **6** Εἶπεν – Πέτρος] πέτρος δὲ εἶπεν V^{W} PM *(NT)* **9** ἐναντι PM *(cf. NT)* **12** ἄνωθεν ἐστῖ V^{Ph} **13** ἀπὸ] ἐκ V^{E} **13 – 14** παρ᾽ – ἀποσκίασμα] *om.* E **13** παρ᾽ ᾧ] παρῶ PM, παρὸ̈ V^{E}, παρὃ V^{O}, παρ᾽ ὃ V^{Ph} οὐκ ἔστι] ουκένι M

I suppl. 233 / V cap. X 1, 5

Διδύμου, ἐκ τοῦ εἰς τὸν Ἡσαΐαν·

Κηδόμενος ὁ θεὸς ἐπιπλέον τῶν εὐεργετημάτων, οὐ παραυτὰ ἔστιν ὅτε ἐπιμετρεῖ καὶ ἐπομβρεῖ τὰ τῆς δωρεᾶς, συμφερόντως, ἵνα μὴ μείζονι κολάσει ὑπεύθυνοι γένωνται οἱ πατήσαντες τὰς θείας χάριτας, ἠγνοηκότες τὸ μέγεθος αὐτῶν, τῷ ἐξ ἑτοίμου τετυχηκέναι αὐτῶν.

I suppl. 234 / V cap. X 1, 6

Τοῦ αὐτοῦ, ἐκ τῆς πρὸς Κορινθίους α'·

...ἃ χαρίζεται ὁ πατήρ, διακονοῦντος τοῦ υἱοῦ, ὑφιστῶντος τοῦ πνεύματος, οὐχ' ὡς δυνατὸς τῇ μεγαλειότητι τῆς θεότητος, ἀλλ' ὡς συμφέρει τοῖς λαμβάνουσιν.

3–7 I suppl. 233 DIDYMUS ALEXANDRINUS, *In Isaiam*, locus non repertus **10–12 I suppl. 234** DIDYMUS ALEXANDRINUS (secund. R et forsan etiam secund. PM), *In Epistulam I ad Corinthios*, locus non repertus; IOHANNES CHRYSOSTOMUS (secund. $V^{E}V^{O}V^{Ph}$), locus non repertus

---

2–7 I suppl. 233 V^{E} cap. X 1, 5 (239r[10]11–14); V^{W} cap. X 4, 5; V^{O} cap. X 1, 5; V^{Ph} cap. X 1, 5; P cap. X 4, 5; M cap. X 4, 5; E cap. 266, 4; R cap. X 4, 10; *deest in* H^{I} L^{b}; PG 96, 421, 30–35 **9–12 I suppl. 234** V^{E} cap. X 1, 6 (239r[14]14–16); V^{W} cap. X 4, 6; V^{O} cap. X 1, 6; V^{Ph} cap. X 1, 6; P cap. X 4, 6; M cap. X 4, 6; R cap. X 4, 11; *deest in* H^{I} L^{b} E; PG 96, 421, 36–39

I suppl. 233 (a) PM R διδυμου M ἐκ τοῦ] *om.* M ἡσαϊαν PM (b) Διδύμου V E **I suppl. 234** (a) PM R Τοῦ αὐτοῦ] *om.* PM ἐκ τῆς] *om.* M (b) Τοῦ Χρυσοστόμου $V^{E}V^{O}V^{Ph}$ Τοῦ] *om.* V^{Ph} (c) *s. a.* V^{W}

---

3 ἐπὶ πλέον $V^{O}V^{Ph}$ E R, ἐπὶ πλεῖον V^{W} εὐεργετουμένων V^{Ph} R **5** μὴ] *om.* V^{O} R γένονται $V^{E}V^{W}$, γίνωνται E **6** τῷ] *scripsimus cum* E, τὸ V PM R ἐξ ἑτοίμου] ἐξετοίμου (-οι- M) $V^{E}V^{O}V^{Ph}$ PM, ἐξ ἑτοίμου R, ἐξ ἑτοίμου με V^{W} **6–7** τετυχικέναι V^{E}, τυχηκέναι V^{W} **7** αὐτόν V^{W} P **10** ὁ] *om.* M **10–11** διακονοῦντος – πνεύματος] *om.* V^{Ph} **10** ὑφιστῶντος] καὶ ὑφιστῶντος R, ὑφιστοντος P, ἐφιστῶντος M **11** δυνατως M, δυνατὸν *(an recte?)* V^{Ph}

B. Loci

I suppl. 235 / V cap. A 1, 5

<***>

Ἴδετε ἴδετε ὅτι ἐγὼ εἰμί,
καὶ οὐκ ἔστι θεὸς πλὴν ἐμοῦ.

I suppl. 236 / V cap. A 1, 6

Δαυῒδ ἐν ψαλμῷ ιζʹ·

Τίς θεὸς πάρεξ τοῦ κυρίου ἡμῶν,
ἢ τίς θεὸς πλὴν τοῦ θεοῦ ἡμῶν;

---

3 – 5 I suppl. 235 inter I 21 / C cap. A 1, 21 et I 22 / C cap. A 1, 22 **7 – 9 I suppl. 236** inter I 21 / C cap. A 1, 21 et I 22 / C cap. A 1, 22

---

4 – 5 I suppl. 235 Deut. 32, 39^{1-2} (Wahl, *Deuteronomium-Text*, p. 151) **8 – 9 I suppl. 236** Ps. 17, 32^{1-2}

---

3 – 5 I suppl. 235 V^{E} cap. A 1, 5 (15v8–9); V^{W} cap. A 1, 5; V^{O} cap. A 1, 5; V^{Ph} cap. A 1, 5; H^{I} cap. A 1, 5; L^{c} cap. A 23, 5; P cap. A 36, 4; M cap. A 36, 4; L^{b} cap. A 36, 4; T cap. A 58, 4; PG 95, 1069, 43–44 **7 – 9 I suppl. 236** V^{E} cap. A 1, 6 (15v[mg]9); V^{W} cap. A 1, 6; V^{O} cap. A 1, 6; V^{Ph} cap. A 1, 6; H^{I} cap. A 1, 6; L^{c} cap. A 23, 6; P cap. A 36, 5; M cap. A 36, 5; L^{b} cap. A 36, 5; T cap. A 58, 5; PG 95, 1072, 1–2

I suppl. 235 (a) *s. a.* V H^{I} L^{c} (b) Δευτερονομίου PM T (c) Ἐκ τοῦ Δευτερονομίου L^{b} **I suppl. 236** (a) PM T (b) Ἐκ τοῦ ιζʹ ψαλμοῦ L^{b} (c) Ψαλμὸς ιζʹ L^{c} (d) Δαυῒδ $V^{E}V^{W}$ H^{I} (e) *s. a.* $V^{O}V^{Ph}$

---

4 ἐγώ εἰμι $V^{E}V^{W}V^{O}$ L^{b}, ἐγω (ε- M) εἰμι M T, ἐγὼ εἰμὶ θεός L^{c} **5** θεὸς] *om.* L^{c} **8** ἡμῶν] *om.* V^{W} PML^{b} T

I suppl. 237 / V cap. A 1, 7

Ψαλμοῦ λβʹ·

Τῷ λόγῳ κυρίου οἱ οὐρανοὶ ἐστερεώθησαν,
καὶ τῷ πνεύματι τοῦ στόματος αὐτοῦ πᾶσα ἡ δύναμις αὐτῶν.

I suppl. 238 / V cap. A 1, 8

Ψαλμοῦ ογʹ·

Ὁ δὲ θεὸς βασιλεὺς ἡμῶν πρὸ αἰώνων.

I suppl. 239 / V cap. A 1, 9

Ψαλμοῦ πεʹ·

Οὐκ ἔστιν ὅμοιός σοι ἐν θεοῖς, κύριε,
καὶ οὐκ ἔστι κατὰ τὰ ἔργα σου.

---

2 – 4 I suppl. 237 inter I 21 / C cap. A 1, 21 et I 22 / C cap. A 1, 22 **6 – 7 I suppl. 238** inter I 25 / C cap. A 1, 25 et I 26 / C cap. A 1, 26 **9 – 11 I suppl. 239** inter I 25 / C cap. A 1, 25 et I 26 / C cap. A 1, 26

---

3 – 4 I suppl. 237 Ps. 32, 6^{1-2} **7 I suppl. 238** Ps. 73, 12^{1} **10 – 11 I suppl. 239** Ps. 85, 8^{1-2}

---

2 – 4 I suppl. 237 V^{E} cap. A 1, 7 (15v10); V^{W} cap. A 1, 7; V^{O} cap. A 1, 7; V^{Ph} cap. A 1, 7; H^{I} cap. A 1, 7; L^{c} cap. A 23, 7; P cap. A 36, 6; M cap. A 36, 6; L^{b} cap. A 36, 6; T cap. A 58, 6; PG 95, 1072, 3–5 **6 – 7 I suppl. 238** V^{E} cap. A 1, 8 (15v10–11); V^{W} cap. A 1, 8; V^{O} cap. A 1, 8; V^{Ph} cap. A 1, 8; H^{I} cap. A 1, 8; L^{c} cap. A 23, 8; P cap. A 36, 7; M cap. A 36, 7; L^{b} cap. A 36, 7; T cap. A 58, 7; PG 95, 1072, 6 **9 – 11 I suppl. 239** V^{E} cap. A 1, 9 (15v11–12); V^{O} cap. A 1, 9; V^{Ph} cap. A 1, 9; H^{I} cap. A 1, 9; L^{c} cap. A 23, 9; P cap. A 36, 8; M cap. A 36, 8; L^{b} cap. A 36, 8; T cap. A 58, 8; *deest in* V^{W}; PG 95, 1072, 7–8

I suppl. 237 (a) PM T ψαλμω M (b) Ἐκ τοῦ <*fenestra*> ψαλμοῦ L^{b} (c) λβʹ L^{c} (d) Δαυῒδ V^{W} (e) *s. a.* $V^{E}V^{O}V^{Ph}$ H^{I} **I suppl. 238** (a) PM T ψαλμος M (b) Ἐκ τοῦ <*fenestra*> ψαλμοῦ L^{b} (c) Δαυῒδ $V^{W}V^{O}V^{Ph}$ (d) *s. a.* V^{E} H^{I} L^{c} **I suppl. 239** (a) PM T ψαλμος M (b) Ἐκ τοῦ <*fenestra*> ψαλμοῦ L^{b} (c) πεʹ L^{c} (d) *s. a.* $V^{E}V^{O}V^{Ph}$ H^{I}

---

4 καὶ – αὐτῶν] καὶ τὰ λοιπά L^{b}, *om.* P αὐτοῦ – αὐτῶν] *om.* $V^{E}V^{Ph}$ L^{c} πᾶσα – αὐτῶν] *om.* V^{O} αὐτῶν] *om.* H^{I} **7** αἰώνων] αἰῶνος V^{W}, *add.* εἰργάσατο σωτηρίαν ἐν μέσῳ τῆς γῆς *(= Ps. 73, 12^{2})* V^{W} M T **10** ὁμοιός σου T, ὁμοιος (ομ- M) σου PM

I suppl. 240 / V cap. A 1, 10

Ψαλμοῦ πθ'·

Κύριε, καταφυγὴ ἐγενήθης ἡμῖν ἐν γενεᾷ καὶ γενεᾷ.

I suppl. 241 / V cap. A 1, 11

Ψαλμοῦ ρμδ'·

Ἡ βασιλεία σου, βασιλεία πάντων τῶν αἰώνων,
καὶ ἡ δεσποτεία σου ἐν πάσῃ γενεᾷ καὶ γενεᾷ.

I suppl. 242 / V cap. A 1, 13

Τοῦ αὐτοῦ·

Ἐγὼ θεὸς πρῶτος, καὶ εἰς τὰ ἐπερχόμενα ἐγώ εἰμι.

---

2 – 3 I suppl. 240 inter I 25 / C cap. A 1, 25 et I 26 / C cap. A 1, 26 **5 – 7 I suppl. 241** inter I 25 / C cap. A 1, 25 et I 26 / C cap. A 1, 26 **9 – 10 I suppl. 242** inter I 27 / C cap. A 1, 27 et I 28 / C cap. A 1, 28

---

3 I suppl. 240 Ps. 89, 1^{2} **6 – 7 I suppl. 241** Ps. 144, 13^{1-2} **10 I suppl. 242** Is. 41, 4 (Wahl, *Prophetenzitate*, p. 387–388)

---

2 – 3 I suppl. 240 V^{E} cap. A 1, 10 (15v12); V^{O} cap. A 1, 10; V^{Ph} cap. A 1, 10; H^{I} cap. A 1, 10; L^{c} cap. A 23, 10; P cap. A 36, 9; M cap. A 36, 9; L^{b} cap. A 36, 9; T cap. A 58, 9; *deest in* V^{W}; PG 95, 1072, 9–10 **5 – 7 I suppl. 241** V^{E} cap. A 1, 11 (15v12–13); V^{W} cap. A 1, 9; V^{O} cap. A 1, 11; V^{Ph} cap. A 1, 11; H^{I} cap. A 1, 11; L^{c} cap. A 23, 11; P cap. A 36, 10; M cap. A 36, 10; L^{b} cap. A 36, 10; T cap. A 58, 10; PG 95, 1072, 11–12 **9 – 10 I suppl. 242** V^{E} cap. A 1, 13 (15v20); V^{W} cap. A 1, 11; V^{O} cap. A 1, 13; V^{Ph} cap. A 1, 13; H^{I} cap. A 1, 13; L^{c} cap. A 23, 13; P cap. A 36, 12; M cap. A 36, 12; L^{b} cap. A 36, 12; T cap. A 58, 12; PG 95, 1072, 23–24

I suppl. 240 (a) PM T ψαλμος M (b) Ἐκ τοῦ <*fenestra*> ψαλμοῦ L^{b} (c) πθ' L^{c} (d) *s. a.* $V^{E}V^{O}V^{Ph}$ H^{I} **I suppl. 241** (a) PM T ψαλμος M (b) Ἐκ τοῦ <*fenestra*> ψαλμοῦ L^{b} (c) μα' *(sic)* L^{c} (d) Δαυῒδ V^{W} (e) *s. a.* $V^{E}V^{O}V^{Ph}$ H^{I} **I suppl. 242** (a) V^{W} PML^{b} $T^{s. l.}$ (b) *s. a.* $V^{E}V^{O}V^{Ph}$ H^{I} L^{c}

---

3 καταφυγὴ – ἐν] *a* -φυγὴ *usque ad* ἐν *non liquent in* $H^{I\,(mut.)}$ ἐγεννήθης L^{c} **6** βασιλεία σου] βασιλεία $L^{c\,a.\,c.}$ *(atramento rubro)* **7** καὶ[1] – γενεᾷ[2]] καὶ τῶ λ$^{o'}$ $V^{E}V^{Ph}$, καὶ τῶ λ^{οι} V^{O}, καὶ τολοιπόν L^{c}, *om.* PL^{b} T ἐν – γενεᾷ[2]] $V^{W\,e\,corr.}$ M, *om.* $V^{E}V^{O}V^{Ph}$ H^{I} **10** ἐγὼ εἰμί $V^{O}V^{Ph}$

I suppl. 243 / V cap. A 1, 14

<***>

Γνῶτε καὶ πιστεύσατέ μοι, καὶ συνῆτε ὅτι ἐγώ εἰμι· ἔμπροσθέν μου οὐκ ἐγένετο ἄλλος θεός, καὶ μετ' ἐμὲ οὐκ ἔσται· ἐγώ εἰμι θεός, καὶ οὐκ ἔστι πάρεξ ἐμοῦ σώζων.

I suppl. 244 / V cap. A 1, 15

Τοῦ αὐτοῦ·

Οὕτως λέγει κύριος ὁ θεὸς ὁ βασιλεὺς Ἰσραὴλ καὶ ὁ ῥυσάμενος αὐτὸν κύριος Σαβαώθ· Ἐγὼ πρῶτος, καὶ ἐγὼ μετὰ ταῦτα, καὶ πλὴν ἐμοῦ οὐκ ἔστιν θεός. Τίς ὥσπερ ἐγώ; Στήτω καὶ καλεσάτω καὶ ἀναγγειλάτω καὶ ἑτοιμασάτω μοι, ἀφ' οὗ ἐποίησα ἄνθρωπον εἰς τὸν αἰῶνα, καὶ τὰ ἐρχόμενα πρὸ τοῦ ἐλθεῖν ἀπαγγειλάτω μοι.

---

2 – 5 I suppl. 243 inter I 27 / C cap. A 1, 27 et I 28 / C cap. A 1, 28 **7 – 12 I suppl. 244** inter I 27 / C cap. A 1, 27 et I 28 / C cap. A 1, 28

---

3 – 5 I suppl. 243 Is. 43, 10–11 (Wahl, *Prophetenzitate*, p. 396) **8 – 12 I suppl. 244** Is. 44, 6–7 (Wahl, *Prophetenzitate*, p. 399–400)

---

2 – 5 I suppl. 243 V^{E} cap. A 1, 14 (15v20–22); V^{W} cap. A 1, 12; V^{O} cap. A 1, 14; V^{Ph} cap. A 1, 14; H^{I} cap. A 1, 14; L^{c} cap. A 23, 14; P cap. A 36, 13; M cap. A 36, 13; L^{b} cap. A 36, 13; T cap. A 58, 13; PG 95, 1072, 25–28 **7 – 12 I suppl. 244** V^{E} cap. A 1, 15 (15v22–26); V^{W} cap. A 1, 13; V^{O} cap. A 1, 15; V^{Ph} cap. A 1, 15; H^{I} cap. A 1, 15; L^{c} cap. A 23, 15; P cap. A 36, 14; M cap. A 36, 14; L^{b} cap. A 36, 14; T cap. A 58, 14; PG 95, 1072, 29–35

I suppl. 243 (a) *s. a.* V H^{I} (b) *s. d.* L^{c} PML^{b} T **I suppl. 244** (a) V^{W} PML^{b} T (b) *s. a.* $V^{E}V^{O}V^{Ph}$ H^{I} L^{c}

---

3 καὶ[1] – μοι] ἐπιστεύσατέ μοι $V^{E\ a.\ c.\ ut\ videtur}$ $V^{O}V^{Ph\ a.\ c.}$ πιστεύσητε μοι P, πιστεύσεταί μοι T σύνετε (*-ε- e corr.* V^{W}) V^{W} L^{c} PL^{b}, συνετε T, συνῆται V^{O}, συνεῖτε V^{Ph} M ἐγὼ εἰμί V^{Ph} ἔμπροσθέν μου] *praem.* καὶ P T **4** ἐμὲ] ἐμοῦ $V^{E\ a.\ c.\ ut\ videtur}$ $V^{W\ a.\ c.\ ut\ videtur}$ $V^{O}V^{Ph}$ οὐκ ἔστιν L^{b} ἐγώ εἰμι] *iterav.* V H^{I}, ἐγώ εἰμι[1] *eras.* V^{W} H^{I} θεός[2]] *praem.* ὁ *ut videtur* V^{W}, *sed eras.* **5** ἔσται (ἐ- T, ε- M) V^{W} PM T σώζων] *praem.* ὁ V^{W} **8** οὔτω L^{b}, οὗτος V^{O} ὁ[2]] *om.* L^{c} **9 – 10** πλὴν ἐμοῦ] *post* οὐκ ἔστιν *transpos.* M **10** στή$^{\tau}$ V^{O} καλέσατε V^{O} **11** ἀναγγεῖλα$^{\tau}$ V^{O} ἀφ'] ἐφ' V^{W} ἐποίησεν V^{W} **12** ἀπαγγειλάτω μοι] ἐπαγγειλατω μοι M, ἀπαγγειλλάτω $V^{W\ a.\ ras.}$, ἀπαγγειλάτω $V^{W\ p.\ ras.}$

I suppl. 245 / V cap. A 1, 16

Τοῦ αὐτοῦ·

Ἐγὼ κύριος ὁ θεός· τὴν δόξαν μου ἑτέρῳ οὐ δώσω, οὐδὲ τὰς ἀρετάς μου τοῖς γλυπτοῖς.

I suppl. 246 / V cap. A 1, 17

Ἱερεμίου·

Κύριος ὁ θεὸς ἀληθινός ἐστι θεὸς ζώντων καὶ βασιλεὺς αἰώνιος.

---

2 – 4 I suppl. 245 inter I 27 / C cap. A 1, 27 et I 28 / C cap. A 1, 28 **6 – 7 I suppl. 246** inter I 29 / C cap. A 1, 29 et I 30 / C cap. A 1, 30

---

3 – 4 I suppl. 245 Is. 42, 8 (Wahl, *Prophetenzitate*, p. 391) **7 I suppl. 246** Ier. 10, 10 (Wahl, *Prophetenzitate*, p. 520–521)

---

2 – 4 I suppl. 245 V^{E} cap. A 1, 16 (15v[mg]26–27); V^{W} cap. A 1, 14; V^{O} cap. A 1, 16; V^{Ph} cap. A 1, 16; H^{I} cap. A 1, 16; L^{c} cap. A 23, 16; P cap. A 36, 15; M cap. A 36, 15; L^{b} cap. A 36, 15; T cap. A 58, 15; PG 95, 1072, 36–37 **6 – 7 I suppl. 246** V^{E} cap. A 1, 17 (15v27–28); V^{W} cap. A 1, 15; V^{O} cap. A 1, 17; V^{Ph} cap. A 1, 17; H^{I} cap. A 1, 17; L^{c} cap. A 23, 17; P cap. A 36, 16; M cap. A 36, 16; L^{b} cap. A 36, 16; T cap. A 58, 16; PG 95, 1072, 38–39

I suppl. 245 (a) P T αὐτοῦ] *non liquet in* P (b) Ἱερεμίας H^{I} *(cf. infra*, I suppl. 246 / V cap. A 1, 17 *[lemma a])* (c) Ἱερεμίου V^{E} *(cf. infra*, I suppl. 246 / V cap. A 1, 17 *[lemma a])* ἱερ^{ε} *cod.* (d) *s. a.* $V^{W}V^{O}V^{Ph}$ L^{c} (e) *s. d.* ML^{b} **I suppl. 246** (a) $V^{W}V^{O}V^{Ph}$ PML^{b} T ἵερεμίου T, ἱέρεμιου V^{W}, ἠρεμίου *(*-ι- M*)* PM, ἱερε $V^{O}V^{Ph}$ (b) Ἱερεμίας L^{c} (c) *s. a.* V^{E} H^{I} *(cf. supra*, I suppl. 245 / V cap. A 1, 16 *[lemmata b et c])*

---

4 γλυπτοῖς] *praem.* μὴ L^{c} **7** Κύριος – θεὸς^{1}] κύριος $V^{W}V^{O}$ PL^{b} T, <*>ς *(vitio rubricatoris)* L^{c}, θεὸς V^{Ph} H^{I} M ἀληθινός ἐστι] ἀληθινὸς T αἰώνων $V^{E}V^{O}V^{Ph}$ H^{I}

I suppl. 247 / V cap. A 1, 18

Βαρούχ·

Οὗτος ὁ θεὸς ἡμῶν· οὐ λογισθήσεται ἕτερος πρὸς αὐτόν.

I suppl. 248 / V cap. A 1, 19

Δανιήλ·

Ἡ βασιλεία αὐτοῦ βασιλεία αἰώνιος, καὶ ἡ ἐξουσία αὐτοῦ εἰς γενεὰς γενεῶν.

---

2 – 3 I suppl. 247 inter I 29 / C cap. A 1, 29 et I 30 / C cap. A 1, 30 **5 – 7 I suppl. 248** inter I 29 / C cap. A 1, 29 et I 30 / C cap. A 1, 30

---

3 I suppl. 247 Bar. 3, 36 (Wahl, *Prophetenzitate*, p. 596) **6 – 7 I suppl. 248** Dan. 3, 100 (Wahl, *Prophetenzitate*, p. 683)

---

2 – 3 I suppl. 247 V^{E} cap. A 1, 18 (15v28–29); V^{W} cap. A 1, 16; V^{O} cap. A 1, 18; V^{Ph} cap. A 1, 18; H^{I} cap. A 1, 18; L^{c} cap. A 23, 18; P cap. A 36, 17; M cap. A 36, 17; L^{b} cap. A 36, 17; T cap. A 58, 17; PG 95, 1072, 40–41 **5 – 7 I suppl. 248** V^{E} cap. A 1, 19 (15v[mg]29–30); V^{W} cap. A 1, 17; V^{O} cap. A 1, 19; V^{Ph} cap. A 1, 19; H^{I} cap. A 1, 19; L^{c} cap. A 23, 19; P cap. A 36, 18; M cap. A 36, 18; L^{b} cap. A 36, 18; T cap. A 58, 18; PG 95, 1072, 42–43

I suppl. 247 (a) V^{W} PML^{b} T βαρουχ M (b) <O>υτος βαρούκ *(sic)* L^{c} (c) *s. a.* V^{E}V^{O}V^{Ph} H^{I} **I suppl. 248** (a) V H^{I} L^{c} PML^{b} T δανιηλ PM (b) *s. a.* H^{I} *(forsan propt. mg. resect.)*

---

3 Οὗτος] *om.* L^{c} *(vide autem lemma b)* **6 – 7** γενεὰς] γενεὰν L$^{c\ a.\ c.}$, γενεὰ καὶ V^{O}

I suppl. 249 / V cap. A 1, 20

Τοῦ κατὰ Ματθαῖον εὐαγγελίου, κεφαλαίου ιδ'·

Βαπτισθεὶς ὁ Ἰησοῦς ἀνέβη εὐθὺς ἀπὸ τοῦ ὕδατος, καὶ ἰδοὺ ἀνεώχθησαν αὐτῷ οἱ οὐρανοί, καὶ εἶδεν τὸ πνεῦμα τοῦ θεοῦ καταβαῖνον ὡσεὶ περιστερὰν καὶ ἐρχόμενον ἐπ' αὐτόν· καὶ ἰδοὺ φωνὴ ἐκ τῶν οὐρανῶν, λέγουσα· Οὗτος ἐστὶν ὁ υἱός μου ὁ ἀγαπητός, ἐν ᾧ ηὐδόκησα.

I suppl. 250 / V cap. A 1, 21

Τῶν Πράξεων·

Στέφανος δὲ ὑπάρχων πλήρης πνεύματος ἁγίου, ἀτενίσας εἰς τὸν οὐρανόν, εἶδεν δόξαν θεοῦ, καὶ Ἰησοῦν ἑστῶτα ἐκ δεξιῶν τοῦ θεοῦ, καὶ εἶπεν· Ἰδοὺ θεωρῶ τοὺς οὐρανοὺς ἀνεωγμένους καὶ τὸν υἱὸν τοῦ ἀνθρώπου ἐκ δεξιῶν ἑστῶτα τοῦ θεοῦ.

---

2 – 7 I suppl. 249 inter I 29 / C cap. A 1, 29 et I 30 / C cap. A 1, 30 **9 – 13 I suppl. 250** inter I 31 / C cap. A 1, 31 et I 32 / C cap. A 1, 32

---

3 – 7 I suppl. 249 Matth. 3, 16–17 **10 – 13 I suppl. 250** Act. 7, 55–56

---

2 – 7 I suppl. 249 V^{E} cap. A 1, 20 (15v30–33); V^{W} cap. A 1, 18; V^{O} cap. A 1, 18; V^{Ph} cap. A 1, 18; H^{I} cap. A 1, 20; L^{c} cap. A 23, 20; P cap. A 36, 19; M cap. A 36, 19; L^{b} cap. A 36, 19; T cap. A 58, 19; PG 95, 1072, 44–49 **9 – 13 I suppl. 250** V^{E} cap. A 1, 21 (15v[mg]33–16r1); V^{W} cap. A 1, 19; V^{O} cap. A 1, 21; V^{Ph} cap. A 1, 21; H^{I} cap. A 1, 21; L^{c} cap. A 23, 21; P cap. A 36, 20; M cap. A 36, 20; L^{b} cap. A 36, 20; T cap. A 58, 20; PG 95, 1072, 50–54

I suppl. 249 (a) P T Τοῦ] *om.* T εὐαγγελίου] *om.* T (b) Ματθαίου, κεφαλαίου ιδ' M (c) Ματθαίου $V^{E}V^{O}V^{Ph}$ L^{b} (d) Ματθαῖος H^{I} (e) Τοῦ εὐαγγελίου V^{W} (f) *s. a.* L^{c}
I suppl. 250 Τῶν] *praem.* ἐκ L^{b}, *om.* V H^{I} L^{c}

---

3 Βαπτισθεὶς] *praem.* καὶ $V^{E}V^{O}V^{Ph}$ H^{I} Ἰησοῦς] κύριος $V^{E}V^{O}V^{Ph}$ εὐθὺς ἀνέβη M **4** ἴδεν T, ἴδεν P, ἰδεν M **6** τοῦ οὐρανοῦ V^{O} T οὗτός ἐστιν $V^{W\,p.\,c.}$ P, ουτος εστιν M **7** εὐδόκησα L^{b} **10** πνεύματος πλήρης L^{b} **11** ἴδεν T, ἴδεν P, ἰδεν M Ἰησοῦν] *praem.* τὸν L^{c} L^{b} ἑστῶτα] *post* δεξιῶν *transpos.* L^{c} **11 – 13** τοῦ – ἑστῶτα] *om.* L^{b}

I suppl. 251 / V cap. A 1, 22

Ἐκ τῆς πρὸς Κορινθίους α′ ἐπιστολῆς·

Οὐδεὶς θεός, εἰ μὴ εἷς· καὶ γὰρ εἴπέρ εἰσι θεοὶ λεγόμενοι, εἴτε ἐν οὐρανῷ, εἴτε ἐπὶ τῆς γῆς ὥσπέρ εἰσι θεοὶ πολλοί, ἀλλ᾽ ἡμῖν εἷς θεός, ὁ πατήρ, ἐξ οὗ τὰ πάντα, καὶ ἡμεῖς εἰς αὐτόν, καὶ εἷς κύριος Ἰησοῦς Χριστός, δι᾽ οὗ τὰ πάντα, καὶ ἡμεῖς δι᾽ αὐτοῦ, καὶ ἓν πνεῦμα ἅγιον, ἐν ᾧ τὰ πάντα, καὶ ἡμεῖς ἐξ αὐτοῦ.

[I suppl. 252 / V cap. A 1, 22V^{W}]

Δευτερονομίου·

Κύριος μόνος ἦγεν αὐτούς,
καὶ οὐκ ἦν μετ᾽ αὐτῶν θεὸς ἀλλότριος.

---

2 – 7 I suppl. 251 inter I 31 / C cap. A 1, 31 et I 32 / C cap. A 1, 32 **9 – 11 I suppl. 252** inter V cap. A 1, 23 (I 38 / C cap. A 1, 38) et 24 (I 50 / C cap. A 1, 50)

---

3 – 7 I suppl. 251 I Cor. 8, 4–6 **10 – 11 I suppl. 252** Deut. 32, 12^{1-2} (deest apud Wahl, *Deuteronomium-Text*)

---

2 – 7 I suppl. 251 V^{E} cap. A 1, 22 (16r[mg]1–4); V^{W} cap. A 1, 20; V^{O} cap. A 1, 22; V^{Ph} cap. A 1, 22; H^{I} cap. A 1, 22; L^{c} cap. A 23, 22; P cap. A 36, 21; M cap. A 36, 21; L^{b} cap. A 36, 21; T cap. A 58, 21; PG 95, 1072, 55 – 1073, 5 **9 – 11 I suppl. 252** V^{W} cap. A 1, 22 (12rA[mg]6–7)

I suppl. 251 (a) PML^{b} T α′] *om.* M ἐπιστολῆς] *om.* P T (b) Πρὸς Κορινθίους α′ V^{W} L^{c} (c) Πρὸς Κορινθίους $V^{E}V^{O}V^{Ph}$ H^{I}

---

3 εἴπερ εἰσΐ V^{Ph}, εἴπερ εἰσΐ V^{O}, εἴπερ εἰσίν P T, εἰπερ εισιν M λεγόμενοι θεοὶ M **4** τῆς] *om.* ML^{b} ὥσπέρ – πολλοί] *om.* $V^{E}V^{O}V^{Ph}$ H^{I} L^{c} πολλοί] *add.* καὶ κύριοι (κυ- M*)* πολλοὶ (-οι M*)* (*= I Cor. 8, 5)* ML^{b} **5** καὶ^{1} – αὐτόν] *om.* M κύριος] *om.* V^{Ph} **6** καὶ^{1} – αὐτοῦ] *om.* M **7** καὶ – αὐτοῦ] *om.* V^{W} PML^{b} T **9 – 11** Δευτερονομίου – ἀλλότριος] *seclusimus*

[I suppl. 253 / V cap. A 1, 23V^W]

Δαυῒδ·

Ἐδίψησεν ἡ ψυχή μου πρὸς τὸν θεὸν τὸν ἰσχυρὸν τὸν ζῶντα·
πότε ἥξω καὶ ὀφθήσομαι τῷ προσώπῳ τοῦ θεοῦ;

[I suppl. 254 / V cap. A 1, 24V^W]

<***>

Σοὶ εἶπεν ἡ καρδία μου· Κύριον ζητήσω. Ἐξεζήτησέ σε τὸ πρόσωπόν μου·
τὸ πρόσωπόν σου, κύριε, ζητήσω.

[I suppl. 255 / V cap. A 1, 25V^W]

<***>

Ἐξεγέρθητι, κύριε, καὶ πρόσχες τῇ κρίσει μου·
ὁ θεός μου καὶ ὁ κύριός μου, εἰς τὴν δίκην μου.

---

2 – 4 I suppl. 253 inter V cap. A 1, 23 (I 38 / C cap. A 1, 38) et 24 (I 50 / C cap. A 1, 50) **3** Ἐδίψησεν – ζῶντα] exstat etiam in I 24 / C cap. A 1, 24 (SJD VIII/1) **6 – 8 I suppl. 254** inter V cap. A 1, 23 (I 38 / C cap. A 1, 38) et 24 (I 50 / C cap. A 1, 50) **10 – 12 I suppl. 255** inter V cap. A 1, 23 (I 38 / C cap. A 1, 38) et 24 (I 50 / C cap. A 1, 50)

---

3 – 4 I suppl. 253 Ps. 41, 3^{1-2} **7 – 8 I suppl. 254** Ps. 26, 8^{1-2} **11 – 12 I suppl. 255** Ps. 34, 23^{1-2}

---

2 – 4 I suppl. 253 V^W cap. A 1, 23 (12rA[mg]8–11) **6 – 8 I suppl. 254** V^W cap. A 1, 24 (12rA12–15) **10 – 12 I suppl. 255** V^W cap. A 1, 25 (12rA16–18)

I suppl. 254 *s. a.* V^W **I suppl. 255** *s. a.* V^W

---

2 – 4 Δαυῒδ – θεοῦ] *seclusimus* **7 – 8** Σοὶ – ζητήσω] *seclusimus* **11 – 12** Ἐξεγέρθητι – μου²] *seclusimus* **11** πρόσσχες $V^{W\ p.c.}$

[I suppl. 256 / V cap. A 1, 26V^{W}]

<***>

Ἐξομολογεῖσθε τῷ κυρίῳ ὅτι ἀγαθός·
ἐξομολογεῖσθε τῷ θεῷ τῶν θεῶν,
ἐξομολογεῖσθε τῷ κυρίῳ τῶν κυρίων
ὅτι εἰς τὸν αἰῶνα τὸ ἔλεος αὐτοῦ.

[I suppl. 257 / V cap. A 1, 27V^{W}]

<***>

Ζῇ κύριος, ὅς οὕτω με κέκρικεν,
καὶ ὁ παντοκράτωρ ὁ παραπικράνας μου τὴν ψυχήν.

[I suppl. 258 / V cap. A 1, 28V^{W}]

<***>

Πνεῦμα θεῖον τὸ ποιῆσαν με,
πνοὴ δὲ παντοκράτορος ἡ διδάσκουσά με.

---

2 – 6 I suppl. 256 inter V cap. A 1, 23 (I 38 / C cap. A 1, 38) et 24 (I 50 / C cap. A 1, 50) **8 – 10 I suppl. 257** inter V cap. A 1, 23 (I 38 / C cap. A 1, 38) et 24 (I 50 / C cap. A 1, 50) **12 – 14 I suppl. 258** inter V cap. A 1, 23 (I 38 / C cap. A 1, 38) et 24 (I 50 / C cap. A 1, 50)

---

3 I suppl. 256 Ἐξομολογεῖσθε – ἀγαθός] Ps. 135, 1^{2} **4** ἐξομολογεῖσθε – θεῶν] Ibid. 135, 2^{1} **5 – 6** ἐξομολογεῖσθε – αὐτοῦ] Ibid. 135, 3^{1-2} **9 – 10 I suppl. 257** Iob 27, 2^{1-2} **13 – 14 I suppl. 258** Iob 33, 4^{1-2}

---

2 – 6 I suppl. 256 V^{W} cap. A 1, 26 (12rA19–23) **8 – 10 I suppl. 257** V^{W} cap. A 1, 27 (12rA24–26) **12 – 14 I suppl. 258** V^{W} cap. A 1, 28 (12rA27–29)

I suppl. 256 *s. a.* V^{W} **I suppl. 257** *s. a.* V^{W} **I suppl. 258** *s. a.* V^{W}

---

3 – 6 Ἐξομολογεῖσθε – αὐτοῦ] *seclusimus* **9 – 10** Ζῇ – ψυχήν] *seclusimus* **13 – 14** Πνεῦμα – με] *seclusimus* **13** ποιῆσαν με] *sic acc.* V^{W}

[I suppl. 259 / V cap. A 1, 29V^W]

<***>

Τάδε λέγει κύριος, ἐκτείνων τὸν οὐρανόν, καὶ θεμελιῶν τὴν γῆν καὶ πλάσσων πνεῦμα ἀνθρώπου ἐν αὐτῷ.

[I suppl. 260 / V cap. A 1, 30V^W]

Τοῦ Εὐαγγελίου·

Καὶ ἐγὼ ἐρωτήσω τὸν πατέρα, καὶ ἄλλον παράκλητον πέμψει ὑμῖν, ἵνα μένῃ μεθ᾽ ὑμῶν εἰς τὸν αἰῶνα.

[I suppl. 261 / V cap. A 1, 31V^W]

<***>

Ἐν τούτῳ γινώσκομεν ὅτι ἐν τῷ θεῷ μένομεν, καὶ αὐτὸς ἐν ἡμῖν, ὅτι ἐκ τοῦ πνεύματος αὐτοῦ δέδωκεν ἡμῖν. Καὶ ἡμεῖς τεθεάμεθα καὶ μαρτυροῦμεν ὅτι ὁ πατὴρ ἀπέσταλκε τὸν υἱὸν σωτῆρα τοῦ κόσμου.

---

2 – 4 I suppl. 259 inter V cap. A 1, 23 (I 38 / C cap. A 1, 38) et 24 (I 50 / C cap. A 1, 50) **6 – 8 I suppl. 260** inter V cap. A 1, 23 (I 38 / C cap. A 1, 38) et 24 (I 50 / C cap. A 1, 50) **10 – 13 I suppl. 261** inter V cap. A 1, 23 (I 38 / C cap. A 1, 38) et 24 (I 50 / C cap. A 1, 50)

---

3 – 4 I suppl. 259 Zach. 12, 1 (deest apud Wahl, *Prophetenzitate*) **7 – 8 I suppl. 260** Ioh. 14, 16 **11 – 13 I suppl. 261** I Ioh. 4, 13–14

---

2 – 4 I suppl. 259 V^W cap. A 1, 29 (12rA30–12rB3) **6 – 8 I suppl. 260** V^W cap. A 1, 30 (12rB[mg]3–6) **10 – 13 I suppl. 261** V^W cap. A 1, 31 (12rB7–13)

I suppl. 259 *s. a.* V^W **I suppl. 261** *s. a.* V^W

---

3 – 4 Τάδε – αὐτῷ] *seclusimus* **6 – 8** Τοῦ – αἰῶνα] *seclusimus* **11 – 13** Ἐν – κόσμου] *seclusimus*

[I suppl. 262 / V cap. A 1, 32V^{W}]

Τοῦ Ἀποστόλου·

Μάρτυς γάρ μου ἐστὶν ὁ θεός, ᾧ λατρεύω ἐν τῷ πνεύματί μου, ἐν τῷ εὐαγγελίῳ τοῦ υἱοῦ αὐτοῦ, ὡς ἀδιαλείπτως μνείαν ὑμῶν ποιοῦμαι πάντοτε ἐπὶ τῶν προσευχῶν μου.

[I suppl. 263 / V cap. A 1, 33V^{W}]

<***>

Οἱ θεολόγοι τὸν ὑπὲρ πάντα θεόν, ᾗ αὐτός, οὐδενὶ φασὶν εἶναι ὅμοιον, αὐτὸν δὲ ὁμοιότητα θείαν δωρεῖσθαι τοῖς ἐπ᾽ αὐτὸν ἐπιστρεφομένοις. Οὐδὲ γὰρ αὐτοῖς τὸν θεὸν ὅμοιον φασίν.

[I suppl. 264 / V cap. A 1, 34V^{W}]

<***>

Ἡ Χριστιανῶν πίστις καὶ ὁ τούτων τρισυπόστατος θεὸς οὔτε ἔστι τὴν ὑπόστασιν ἀνθρωπόμορφος, ὡς οἱ Ἑλλήνων παῖδες μυθεύονται, οὔτε πάλιν τρεῖς τινὲς θεοί, ὥσπερ ἀλλήλων ἀπέχοντες. Ἄπαγε τῆς ἑλληνικῆς μυθολογίας. Ἀδιαίρετος γὰρ ἐν ταῖς τρισὶν ὑποστάσεσιν ἡ τῆς μιᾶς οὐσίας θεότης.

---

2 – 5 I suppl. 262 inter V cap. A 1, 23 (I 38 / C cap. A 1, 38) et 24 (I 50 / C cap. A 1, 50) **7 – 10 I suppl. 263** inter V cap. A 1, 23 (I 38 / C cap. A 1, 38) et 24 (I 50 / C cap. A 1, 50) **12 – 137, 3 I suppl. 264** inter V cap. A 1, 23 (I 38 / C cap. A 1, 38) et 24 (I 50 / C cap. A 1, 50)

---

3 – 5 I suppl. 262 Rom. 1, 9–10 **8 – 9 I suppl. 263** Οἱ – ἐπιστρεφομένοις] Ps.-Dionysius Areopagita, *De divinis nominibus*, IX. 6 (ed. Suchla, p. 211, 15–17) **9 – 10** Οὐδὲ – φασίν] Ibid. (p. 211, 20) **13 – 16 I suppl. 264** Ἡ – θεότης] Ps.-Athanasius Alexandrinus, *Quaestiones ad Antiochum ducem*, I (PG 28, 600, 4–9)

---

2 – 5 I suppl. 262 V^{W} cap. A 1, 32 (12rB[mg]14–19) **7 – 10 I suppl. 263** V^{W} cap. A 1, 33 (12rB20–26) **12 – 137, 3 I suppl. 264** V^{W} cap. A 1, 34 (12rB27–12vA15)

I suppl. 263 *s. a.* V^{W} **I suppl. 264** *s. a.* V^{W}

---

2 – 5 Τοῦ – μου] *seclusimus* **8 – 10** Οἱ – φασίν] *seclusimus* **13 – 137, 3** Ἡ – κατερχόμενον] *seclusimus* **13** ἔστι] εἷς ἐστι *ed.*

Δεῦρο ἐν Ἰορδάνῃ, καὶ ὅρα διὰ πραγμάτων τηλαυγῶς τῆς ἁγίας καὶ ὁμοουσίου τριάδος τὴν δύναμιν· πατέρα μὲν ἄνωθεν μαρτυροῦντα, υἱὸν δὲ κάτωθεν βαπτιζόμενον, πνεῦμα δὲ πανάγιον ἐν εἴδει περιστερᾶς κατερχόμενον.

[I suppl. 265 / V cap. A 1, 35V[W]]

Τοῦ Θεολόγου, ἐκ τοῦ εἰς τὰ Φῶτα λόγου·

Ἓν ἐν τρισὶν ἡ θεότης, καὶ τὰ τρία ἕν, τὰ ἐν οἷς ἡ θεότης, ἢ τό γε ἀκριβέστερον εἰπεῖν, ἃ ἡ θεότης. Εἷς οὖν θεὸς ἐν τρισί, καὶ τὰ τρία ἕν, ὥσπερ ἔφαμεν.

[I suppl. 266 / V cap. A 1, 36V[W]]

Ἐκ τοῦ εἰς τὸ βάπτισμα·

Φύλασσέ μοι τὴν εἰς πατέρα καὶ υἱὸν καὶ ἅγιον πνεῦμα ὁμολογίαν, τὴν μίαν θεότητά τε καὶ δύναμιν, ἐν τοῖς τρισὶν εὑρισκομένην ἑνικῶς, καὶ τὰ τρία συλλαμβάνουσαν μεριστῶς, οὔτε ἀνώμαλον οὐσίαις ἢ φύσεσιν, οὔτε δὲ αὐξανομένην ἢ μειουμένην ὑπερβολαῖς καὶ ὑφέσεσι, πάντοθεν ἴσην, τὴν αὐτὴν πάντοθεν.

---

2 πατέρα – μαρτυροῦντα] cf. Marc. 1, 11; Luc. 3, 22 **2 – 3** υἱὸν – κατερχόμενον] cf. Matth. 3, 16–17; Marc. 1, 9–10; Luc. 3, 21–22; Ioh. 1, 29–34 **5 – 7 I suppl. 265** inter V cap. A 1, 23 (I 38 / C cap. A 1, 38) et 24 (I 50 / C cap. A 1, 50) **7** Εἷς – ἔφαμεν] exstat etiam in I 59 / C cap. A 1, 59 **9 – 14 I suppl. 266** inter V cap. A 1, 23 (I 38 / C cap. A 1, 38) et 24 (I 50 / C cap. A 1, 50) **10** Φύλασσέ μοι] exstat etiam in I 63 / C cap. A 1, 63 (SJD VIII/1)

---

1 – 3 Δεῦρο – κατερχόμενον] IBID. (PG 28, 600, 29–33) **6 – 7 I suppl. 265** Ἓν – θεότης] GREGORIUS NAZIANZENUS, *In S. Lumina (Orat. 39)*, 11, 19–21 (ed. Moreschini, p. 172) **7** Εἷς – ἔφαμεν] IBID., 12, 27–28 (p. 176) **10 I suppl. 266** Φύλασσέ μοι] GREGORIUS NAZIANZENUS, *In S. baptisma (Orat. 40)*, 41, 1 (ed. Moreschini, p. 292) τὴν – ὁμολογίαν] IBID., 41, 4–5 (p. 292) **10 – 14** τὴν – πάντοθεν] IBID., 41, 7–11 (p. 292)

---

5 – 7 I suppl. 265 V[W] cap. A 1, 35 (12vA[16]17–22) **9 – 14 I suppl. 266** V[W] cap. A 1, 36 (12vA[22]23–12vB4)

---

5 – 7 Τοῦ – ἔφαμεν] *seclusimus* **9 – 14** Ἐκ – πάντοθεν] *seclusimus*

[I suppl. 267 / V cap. A 1, 37V^{W}]

Τοῦ αὐτοῦ, ἐκ τοῦ περὶ υἱοῦ λόγου α'·

Τρεῖς αἱ ἀνωτάτω δόξαι περὶ θεοῦ, ἀναρχία καὶ πολυαρχία καὶ μοναρχία. Αἱ μὲν οὖν δύο παισὶν Ἑλλήνων ἐπαίχθησαν καὶ παιζέσθωσαν. Τό τε γὰρ ἄναρχον, ἄτακτον· τό τε πολύαρχον στασιῶδες, καὶ οὕτως ἄναρχον, καὶ οὕτως ἄτακτον· εἰς ταὐτὸν γὰρ ἀμφότερα φέρει, τὴν ἀταξίαν, ἡ δὲ εἰς λύσιν. Ἡμῖν δὲ μοναρχία τὸ τιμώμενον· μοναρχία δὲ οὐχ' ἣ<ν> ἓν περιγράφει πρόσωπον – ἔστι γὰρ καὶ τὸ ἓν στασιάζον πρὸς ἑαυτὸ πολλὰ καθίστασθαι –, ἀλλ' ἣν φύσεως ὁμοτιμία συνίστησι, καὶ γνώμης σύμπνοια, καὶ ταυτότης κινήσεως, καὶ πρὸς τὸ ἓν τῶν ἐξ αὐτοῦ σύννευσις, ὅπερ ἀμήχανον ἐπὶ τῆς γενητῆς φύσεως, ὥστε κἂν ἀριθμῷ διαφέρῃ, τῇ ἐξουσίᾳ μὴ τέμνεσθαι. Διατοῦτο μονὰς *ἀπ' ἀρχῆς* εἰς δυάδα κινηθεῖσα, μέχρι τριάδος ἔστη. Καὶ τοῦτό ἐστιν ἡμῖν ὁ πατὴρ καὶ ὁ υἱὸς καὶ τὸ ἅγιον πνεῦμα· ὁ μὲν γεννήτωρ καὶ προβολεύς, καὶ τὰ ἑξῆς.

I suppl. 268 / V cap. A 1, 31

Τοῦ ἁγίου Ἀθανασίου, ἐκ τοῦ περὶ τῆς θείας σαρκώσεως·

Μία δόξα πατρὸς καὶ υἱοῦ καὶ ἁγίου πνεύματος· *Τὴν δόξαν γάρ*

---

2 – 14 I suppl. 267 inter V cap. A 1, 23 (I 38 / C cap. A 1, 38) et 24 (I 50 / C cap. A 1, 50) **3 – 14** Τρεῖς – προβολεύς] exstat etiam in I 54 / C cap. A 1, 54 **12** ἀπ' ἀρχῆς] I Ioh. 1, 1 **16 – 139, 8 I suppl. 268** inter I 82 / C cap. A 1, 82 et I 83 / C cap. A 1, 83 **17 – 139, 1** Is. 48, 11

---

3 – 14 I suppl. 267 Gregorius Nazianzenus, *De filio I (Orat. 29)*, 2, 1–15 sqq. (ed. Gallay/Jourjon, p. 178–180) **17 – 139, 8 I suppl. 268** Ps.-Athanasius Alexandrinus, *De divina incarnatione*, re vera Marcellus Ancyranus, *De incarnatione et contra Arianos*, 19 (PG 26, 1017, 11–24)

---

2 – 14 I suppl. 267 V^{W} cap. A 1, 37 (12vB[5]6–13rA6) **16 – 139, 8 I suppl. 268** V^{E} cap. A 1, 31 (16v23–29); V^{W} cap. A 1, 38; V^{O} cap. A 1, 31; V^{Ph} cap. A 1, 31; A^{I} cap. A 1, 8; L^{c} cap. A 23, 31; P cap. A 36, 30; M cap. A 36, 30; L^{b} cap. A 36, 30; T cap. A 58, 30; *deest in* $H^{I\,(lac.)}$; PG 95, 1076, 38–48

I suppl. 268 (a) PML^{b} T Τοῦ ἁγίου] *om.* ML^{b} ἀθανασιου M T, αθανασίου P τῆς] *om.* T (b) Ἀθανάσιος αὐτοῦ *(sic, ἐκ τοῦ legendum)* περὶ τῆς θείας σαρκώσεως L^{c} (c) *s. a.* V *(signum solare in mg. appositum in* V^{W}*)* (d) *s. d.* A^{I}

---

2 – 14 Τοῦ – ἑξῆς] *seclusimus* **7** ἣν] *correximus (ed.)*, ἣ V^{W} **17** καὶ[1]] *om.* L^{b} **17 – 139, 1** Τὴν – μου] τὴν γὰρ δόξαν μου L^{b}

μου, φησίν, ἑτέρῳ οὐ δώσω. Οὐ γάρ ἐστι δεύτερος θεὸς ὁ υἱός, ἀλλὰ λόγος τοῦ ἑνὸς καὶ μόνου θεοῦ, θεολογούμενος ἐν πατρί, ὡς καὶ πατὴρ ἐν υἱῷ θεολογεῖται, καθὼς καὶ Ἡσαΐας λέγει, θεολογῶν υἱὸν σὺν πατρί· *Προσκυνήσουσί σοι, καὶ ἐν σοὶ προσεύξονται, ὅτι ἐν σοὶ ὁ θεὸς τοῦ Ἰσραὴλ σωτήρ· αἰσχυνθήσονται καὶ ἐντραπήσονται πάντες οἱ ἀντικείμενοι αὐτῷ*. Ἀντίκεινται δὲ αὐτῷ οἱ μὴ ὁμολογοῦντες αὐτὸν καὶ τὸ πνεῦμα αὐτοῦ τῆς αὐτῆς τῷ πατρὶ οὐσίας, καὶ *πλὴν* αὐτοῦ *μὴ εἶναι θεόν*.

I suppl. 269 / V cap. A 1, 32

Ἐκ τοῦ κατὰ Ἀρειανῶν β′ λόγου·

Οὐκ ἔστιν οὕτω, μὴ γένοιτο. Οὐκ ἔστιν γεννητὴ ἡ τριάς, ἀλλ᾽ ἀΐδιος, καὶ μία θεότης ἐν τριάδι, καὶ μία δόξα τῆς ἁγίας τριάδος· καὶ σχίζειν αὐτὴν εἰς διαφόρους φύσεις τολμᾶτε;

---

4 – 6 Ibid. 45, 14–16 **8** Ibid. 45, 14 **10 – 13 I suppl. 269** inter I 82 / C cap. A 1, 82 et I 83 / C cap. A 1, 83

---

11 – 13 I suppl. 269 Athanasius Alexandrinus, *Oratio contra Arianos*, II, re vera I, 18,1 (ed. Metzler/Savvidis, p. 127)

---

10 – 13 I suppl. 269 V^{E} cap. A 1, 32 (16v29–31); V^{W} cap. A 1, 39; V^{O} cap. A 1, 32; V^{Ph} cap. A 1, 32; A^{I} cap. A 1, 10; L^{c} cap. A 23, 32; P cap. A 36, 31; M cap. A 36, 31; L^{b} cap. A 36, 31; T cap. A 58, 31; *deest in* $H^{I\,(lac.)}$; PG 95, 1076, 49 – 1077, 2

I suppl. 269 (a) L^{c} PML^{b} T Ἐκ] *praem.* τοῦ αὐτοῦ T αριανῶν P, αριανων M, ἀρεανῶν T *(correx. man. rec. ut videtur)* β′] δευτέρου L^{b}, α′ *exspectav.* (b) *s. a.* V A^{I}

---

1 θεὸς] *post* υἱὸς *transpos.* V^{W} **2** θεοῦ] *om.* V^{W} πατρί] πνεύματι T **2 – 3** ὡς – πατὴρ] ὡς πατὴρ PL^{b} T, ὥσπερ M **3** πατὴρ] *e corr.* A^{I}, πατρὶ V^{O} θεολογεῖται] *add.* ὅτι ἐν σοὶ ὁ θεὸς τοῦ ἰσραήλ V^{W} ἠσαΐας P, ἡσαϊας M **4** προσκυνήσομαί σοι L^{c} **6** Ἀντίκειται – αὐτῷ²] *om.* V^{O} **7** αὐτὸν] αὐτῶ V^{O} **11** γενητὴ V^{W}, γενητοὶ $V^{O\,a.c.}$, γεννητοὶ $V^{O\,p.c.}$ ἡ] *om.* V^{W} ἀλλὰ *(-α M)* V^{W} M

I suppl. 270 / V cap. A 1, 33

<***>

Μόνῳ θεῷ ἁρμόττει λέγειν τὸ ἐμόν· αὐτοῦ γὰρ μόνου ὄντως κτήματα πάντα.

[I suppl. 271 / H^{I} cap. A 57, 2]

<***>

Κύριος ἀπέσταλκέν με.

I suppl. 272 / V cap. A 2, 6

Ψαλμοῦ ρλζ′·

Ὑψηλὸς κύριος καὶ τὰ ταπεινὰ ἐφορᾷ,
καὶ τὰ ὑψηλὰ ἀπὸ μακρόθεν γινώσκει.

---

2 – 4 I suppl. 270 post I 91 / C cap. A 1, 91 **6 – 7 I suppl. 271** inter H^{I} cap. A 57, 1 (I 92 / C cap. A 2, 1) et 3 (I 93 / C cap. A 2, 2) **9 – 11 I suppl. 272** inter I 128 / C cap. A 3, 14 et I 129 / C cap. A 3, 15

---

3 – 4 I suppl. 270 PHILO IUDAEUS, *Legum allegoriae*, III, 195 (ed. Cohn, p. 156, 26–27) **7 I suppl. 271** cf. Ex. 3, 14 **10 – 11 I suppl. 272** Ps. 137, 6$^{1-2}$

---

2 – 4 I suppl. 270 V^{E} cap. A 1, 33 (16v32); V^{O} cap. A 1, 33; V^{Ph} cap. A 1, 33; A^{I} cap. A 1, 11; L^{c} cap. A 23, 33; *deest in* V^{W} H$^{I\ (lac.)}$ PML^{b} T; PG 95, 1077, 2–4 **6 – 7 I suppl. 271** H^{I} cap. A 57, 2 (39vB27) **9 – 11 I suppl. 272** V^{E} cap. A 2, 6 (17r4–5); V^{O} cap. A 2, 6; V^{Ph} cap. A 2, 6; P cap. A 37, 6; M cap. A 37, 6; L^{b} cap. A 37, 6; T cap. A 59, 6; *deest in* V^{W}; PG 95, 1077, 17–18

I suppl. 270 (a) *s. a.* V^{E}V^{O}V^{Ph} (b) *s. d.* A^{I} L^{c} **I suppl. 271** *s. a.* H^{I} **I suppl. 272** (a) P (b) Ψαλμὸς ρλη′ M (c) Ἐκ τοῦ ρλζ′ ψαλμοῦ L^{b} (d) Ὁ αὐτὸς ἐν ψαλμῷ ρλζ′ T (e) *s. a.* V^{E}V^{Ph} (f) *s. d.* V^{O}

---

3 μόνον V^{O} ὄντως] *praem.* τὰ L^{c} **3 – 4** κτίσματα V$^{E\ p.c.}$ **4** πάντα] *om.* L^{c} **7** Κύριος – με] *seclusimus* **10** τὰ] *om.* V^{Ph}

I suppl. 273 / V cap. A 2, 25

Διδύμου, ἐκ τοῦ εἰς τὸν Ἰώβ·

Μόνης τῆς θεότητος ἐστὶ τὸ τὰς διανοίας ὁρᾶν.

I suppl. 274 / V cap. A 3, 14

Τοῦ ἁγίου Βασιλείου, ἐκ τοῦ εἰς τὸ βάπτισμα·

Εἰ βούλῃ περὶ θεοῦ λέγειν τί ἢ ἀκούειν, ἄφες τὸ σῶμα ἑαυτοῦ, ἄφες τὰς σωματικὰς αἰσθήσεις, κατάλειπε τὴν γῆν, κατάλειπε τὴν θάλασσαν, κάτω σεαυτοῦ ποίησον τὸν ἀέρα, παράδραμε ὥρας, καιρῶν εὐταξίας, τὰς περὶ γῆν διακοσμήσεις· ὑπὲρ τὸν αἰθέρα γενοῦ, διάβηθι τοὺς ἀστέρας, τὰ περὶ αὐτοὺς θαύματα, τὴν εὐκοσμίαν αὐτῶν, τὰ μεγέθη, τὰς χρείας, τὴν λαμπρότητα, τὴν θέσιν, τὴν κτίσιν.

---

2 – 3 I suppl. 273 inter I 168 / C cap. A 3, 54 et I 169 / C cap. A 3, 55 **5 – 12 I suppl. 274** inter I 203 / C cap. A 4, 29 et I 204 / C cap. A 4, 30

---

3 I suppl. 273 Didymus Alexandrinus, *Commentarii in Iob*, p. 14, 24–25 (ed. Henrichs, I, p. 62) **6 – 12 I suppl. 274** Basilius Caesariensis, *Homilia exhortatoria ad S. baptisma*, re vera *Homilia de fide*, 1 (PG 31, 465, 12–21)

---

2 – 3 I suppl. 273 V^{E} cap. A 2, 25 (17v[mg]3); V^{W} cap. A 2, 25; V^{O} cap. A 2, 25; V^{Ph} cap. A 2, 25; H^{II} cap. A 2, 31; P cap. A 37, 26; M cap. A 37, 26; L^{b} cap. A 37, 25; T cap. A 59, 26; PG 95, 1080, 25 **5 – 12 I suppl. 274** V^{E} cap. A 3, 14 (17v[mg]32–18r2); V^{W} cap. A 3, 14; V^{O} cap. A 3, 14; V^{Ph} cap. A 3, 14; A^{I} cap. A 2, 13; P cap. A 38, 14; M cap. A 38, 14; T cap. A 60, 14; R cap. A 48, 23; *deest in* $H^{I\,(lac.)}$; PG 95, 1081, 27–35

I suppl. 273 (a) PML^{b} T διδυμου M ϊώβ P, ϊωβ M T (b) Διδύμου V H^{II} **I suppl. 274** (a) PM T R Τοῦ ἁγίου] *om.* M (b) Βασιλείου V A^{I}

---

3 θεότητός ἐστι H^{II} L^{b}, θεότητος ἔστι T, θεοτητος ἐστιν PM τὰς] τῆς V^{O} M **6** βούλει $V^{E}V^{Ph}$ R **7** κατάλειπε[1]] κατάλιπε $V^{W\,p.c.}$ A^{I} M R κατάλειπε[2]] κατάλιπε $V^{W\,p.c.}$ A^{I} M R **8** ἀέρα] ἀστερα M **11** αὐτῶ V^{O} **11 – 12** τὰς – κτίσιν] καὶ τὰ ἑξῆς V^{W} **11** θέσιν] κτισιν M **12** κτίσιν] κτησιν P, θεσιν M, κίνησιν *ed.*

I suppl. 275 / V cap. A 3, 26

Εἰς Ἥρωνα·

Κρεῖσσον καμεῖν ἐν τοῖς λογισμοῖς μετὰ τῆς ὁδηγίας τοῦ πνεύματος ἢ προχείρως ἀσεβεῖν, τὴν ῥαστώνην διώκοντα.

I suppl. 276 / V cap. A 3, 28

Ἀθηνοδώρου τοῦ ἀδελφοῦ Γρηγορίου, ἐκ τοῦ περὶ ἑβραϊσμοῦ·

Ἄλλη μὲν τοῖς ἐκκεκαθαρμένοις παντελῶς τὴν διάνοιαν ἁρμόζει θεολογία, ἡ μάλιστα ἀληθής, ἄλλη δὲ τοῖς πολλοῖς, ἡ δυναμένη τὴν διάνοιαν αὐτῶν εἰς εὐσέβειαν ἐκκαλεῖσθαι καὶ δικαιοπραγίαν, ἐν τῇ πρὸς ἀλλήλους κοινωνίᾳ ἀπαλλάττουσα τοῦ θηριώδους βίου.

---

2 – 4 I suppl. 275 inter I 226 / C cap. A 4, 52 et I 227 / C cap. A 4, 53 **6 – 11 I suppl. 276** inter I 234 / C cap. A 4, 60 et I 235 / C cap. A 4, 61

---

3 – 4 I suppl. 275 Gregorius Nazianzenus, *In laudem Heronis philosophi (Orat. 25)*, 18, 6–8 (ed. Mossay/Lafontaine, p. 200) **7 – 11 I suppl. 276** Athenodorus (Gregorii Thaumaturgi frater), *De Hebraismo*, locus non repertus; Holl, n° 411

---

2 – 4 I suppl. 275 V^{E} cap. A 3, 26 (18v[mg]11–12); V^{W} cap. A 3, 24; V^{O} cap. A 3, 26; V^{Ph} cap. A 3, 26; A^{I} cap. A 2, 25; L^{c} cap. A 32, 23; P cap. A 38, 26; M cap. A 38, 26; L^{b} cap. A 38, 26; T cap. A 60, 26; *deest in* $H^{I\,(lac.)}$ R; PG 95, 1085, 3–5 **6 – 11 I suppl. 276** V^{E} cap. A 3, 28 (18v14–17); V^{W} cap. A 3, 26; V^{O} cap. A 3, 28; V^{Ph} cap. A 3, 28; A^{I} cap. A 2, 27; L^{c} cap. A 32, 25; P cap. A 38, 28; M cap. A 38, 28; L^{b} cap. A 38, 28; T cap. A 60, 28; R cap. A 48, 66; *deest in* $H^{I\,(lac.)}$; PG 95, 1085, 9–14; PG 96, 477, 53 – 480, 4

I suppl. 275 (a) $V^{E}V^{O}V^{Ph}$ PM T *praem.* ἐκ τοῦ T ηρωνα T (b) Τοῦ Θεολόγου V^{W} (c) *s. a.* L^{c} L^{b} (d) *non liquet in* A^{I} **I suppl. 276** (a) L^{c} PML^{b} T αθηνοδωρου M γρηγοριου M (b) Ἀθηνοδώρου V^{W} A^{I} R (c) *s. a.* $V^{E}V^{O}V^{Ph}$

---

4 διώκοντας V^{W} **7** ἁρμόζειν V^{O} **8** ἀληθῆς P, ἀληθεῖς $V^{E\,a.\,c.}V^{O}V^{Ph}$ **9** αὐτῶν] αὐτου M, τῶν L^{b} **10** ἐν] *om.* V^{Ph} κοινωνίαν V^{O}

I suppl. 277 / V cap. A 3, 31

Διδύμου·

Ἀνθρώπιναι λέξεις θεοῦ οὐσίαν ἑρμηνεῦσαι οὐ δύνανται.

I suppl. 278 / V cap. A 5, 8

Σοφία Σολομῶντος·

Ὁ μὴ ἐνθυμηθεὶς κατὰ τοῦ κυρίου πονηρά,
δοθήσεται αὐτῷ τῆς πίστεως χάρις ἐκλεκτή.

---

2 – 3 I suppl. 277 inter I 247 / C cap. A 4, 73 et I 248 / C cap. A 4, 74 **5 – 7 I suppl. 278** inter I 308 / C cap. A 6, 19 et I 309 / C cap. A 6, 20

---

3 I suppl. 277 Didymus Alexandrinus, locus non repertus **6 – 7 I suppl. 278** Sap. 3, 14^{2-3}

---

2 – 3 I suppl. 277 V^{E} cap. A 3, 31 (19r[mg]1); V^{W} cap. A 3, 29; V^{O} cap. A 3, 31; V^{Ph} cap. A 3, 31; A^{I} cap. A 2, 30; L^{c} cap. A 32, 35; P cap. A 38, 31; M cap. 38, 31; L^{b} cap. A 38, 31; T cap. A 60, 31; *deest in* $H^{I\,(lac.)}$ R; PG 95, 1085, 41–42 **5 – 7 I suppl. 278** V^{E} cap. A 5, 8 (20v[mg]24–25); V^{W} cap. A 5, 8; V^{O} cap. A 5, 8; V^{Ph} cap. A 5, 8; A^{I} cap. A 4, 8; L^{c} cap. A 44, 8; P cap. A 40, 9; M cap. A 40, 9; L^{b} cap. A 40, 9; T cap. A 62, 9; R cap. A 51, 18; *deest in* $H^{I\,(lac.)}$; PG 95, 1096, 3–4

I suppl. 277 (a) V L^{c} PML^{b} T δίδϋμου L^{c}, διδυμου M (b) *non liquet in* A^{I} **I suppl. 278** (a) L^{c} L^{b} (b) Σολομῶντος $V^{E}V^{O}$ R (c) <***>όντος $A^{I\,(mut.)}$ (d) Τοῦ αὐτοῦ V^{W} (e) *s. a.* V^{Ph} P (f) *s. d.* M T

---

3 λέξις $V^{E}V^{O}$ δύναται V^{O} **6** Ὁ] οὐ *(vitio rubricatoris)* L^{c} T, *om.* V^{Ph} **7** τῆς πίστεως] *om.* R

I suppl. 279 / V cap. A 5, 11

Ἐκ τῆς πρὸς Κορινθίους α′·

Μὴ ἐκπειράζωμεν τὸν κύριον, καθώς τινες αὐτὸν ἐξεπείρασαν, καὶ ὑπὸ τῶν ὄφεων ἀπώλοντο.

I suppl. 280 / V cap. A 38, 4

Σοφονίου προφήτου·

Ἐξερευνήσω τὴν Ἱερουσαλὴμ μετὰ λύχνου, καὶ ἐκδικήσω ἐπὶ τοὺς ἄνδρας τοὺς καταφρονοῦντας ἐπὶ τὰ φυλάγματα αὐτῶν.

---

2 – 4 I suppl. 279 inter I 314 / C cap. A 6, 25 et I 315 / C cap. A 6, 26 **6 – 8 I suppl. 280** inter I 328 / C cap. A 7, 5 et I 329 / C cap. A 7, 6

---

3 – 4 I suppl. 279 I Cor. 10, 9 **7 – 8 I suppl. 280** Soph. 1, 12 (Wahl, *Prophetenzitate*, p. 240–241)

---

2 – 4 I suppl. 279 V^{E} cap. A 5, 11 (20v[mg]29–30); V^{W} cap. A 5, 11; V^{O} cap. A 5, 11; V^{Ph} cap. A 5, 11; L^{c} cap. A 44, 11; A^{I} cap. A 4, 11; P cap. A 40, 12; M cap. A 40, 12; L^{b} cap. A 40, 12; T cap. A 62, 12; R cap. A 51, 24; *deest in* $H^{I\,(lac.)}$; PG 95, 1096, 11–12 **6 – 8 I suppl. 280** V^{E} cap. A 38, 4 (42v[31]32–33); V^{W} cap. A 38, 4; V^{O} cap. A 38, 4; V^{Ph} cap. A 38, 4; H^{I} cap. A 36, 4; P cap. A 67, 4; M cap. A 67, 4; T cap. A 89, 4; *deest in* L^{b}; PG 95, 1248, 44–46

I suppl. 279 (a) PML^{b} T R α′] *add.* ἐπιστολῆς L^{b}, *om.* R (b) Πρὸς Κορινθίους V L^{c} A^{I} **I suppl. 280** σοφωνίου $V^{E}V^{O}V^{Ph}$ H^{I} M προφήτου] *om.* V H^{I} PM

---

3 ἐκπειράζομεν V^{O} κύριον] θεόν M αυτῶν M **4** ἀπόλοντο V^{W}, ἀπόλωντο V^{O}, ἀπώλλοντο L^{b} R **7** ἱερουσαλὴμ V^{Ph} λυχνίας (-ι- M) M T, λυχνείας P **8** αὐτῶν] ὑμῶν M

I suppl. 281 / V cap. A 38, 5

Ἱερεμίου προφήτου·

Ἀνοίξατε τὰς ἀποθήκας αὐτῆς, ἐρευνήσατε αὐτὴν ὡς σπήλαιον, καὶ ἐξολοθρεύσατε αὐτήν· μὴ †γενέσθαι αὐτῇ κατάλυμα†.

I suppl. 282 / V cap. A 38, 6

<***>

Γῆ, γῆ, ἄκουσον λόγον κυρίου· Γράψον τὸν ἄνδρα τοῦτον ἐκκήρυκτον ἀνθρώποις, ὅτι οὐ μὴ αὐξηθῇ ἐκ τοῦ σπέρματος αὐτοῦ ἀνὴρ καθήμενος ἐπὶ θρόνου Δαυῒδ, ἄρχων ἔτι ἐν τῷ Ἰούδα.

---

2 – 4 I suppl. 281 inter I 328 / C cap. A 7, 5 et I 329 / C cap. A 7, 6 **6 – 9 I suppl. 282** inter I 328 / C cap. A 7, 5 et I 329 / C cap. A 7, 6

---

3 – 4 I suppl. 281 Ier. 27, 26 (Wahl, *Prophetenzitate*, p. 555) **7 – 9 I suppl. 282** Ier. 22, 29–30 (Wahl, *Prophetenzitate*, p. 545–546)

---

2 – 4 I suppl. 281 V^{E} cap. A 38, 5 (42v33–35); V^{W} cap. A 38, 5; V^{O} cap. A 38, 5; V^{Ph} cap. A 38, 5; H^{I} cap. A 36, 5; P cap. A 67, 5; M cap. A 67, 5; T cap. A 89, 5; *deest in* L^{b}; PG 95, 1248, 47–49 **6 – 9 I suppl. 282** V^{E} cap. A 38, 6 (42v35–43r3); V^{W} cap. A 38, 6; V^{O} cap. A 38, 6; V^{Ph} cap. A 38, 6; H^{I} cap. A 36, 6; P cap. A 67, 6; M cap. A 67, 6; T cap. A 89, 6; *deest in* L^{b}; PG 95, 1248, 50–53

I suppl. 281 (a) V^{W} PM T ἱερεμίου T, ἡρεμίου PM προφήτου] *om.* V^{W} PM (b) Ἱερεμίας H^{I} (c) *s. a.* $V^{E}V^{O}V^{Ph}$ **I suppl. 282** (a) *s. a.* $V^{E}V^{O}V^{Ph}$ H^{I} (b) Τοῦ αὐτοῦ V^{W} (c) *s. d.* PM T

---

3 αὐτῆς] *sc.* γῆς Χαλδαίων αὐτὴν] αὐτὴ $V^{W\ a.\ c.\ man.\ rec.}$ **4** †γενέσθαι αὐτῇ κατάλυμα†] *cruces apposuimus*, γενέσθω αὐτῆς κατάλειμμα *LXX* γένεσθαι $V^{E\ a.\ c.}$, γένεσθε V^{Ph} H^{I}, γίνεσθε P T, γινεσθαι M αὐτῆν $V^{W\ man.\ rec.}$, αὐτη V^{O} καταλυμμα M, κατάλημα *(-η- e corr.)* V^{E} **8** ἄνθρωπον V^{Ph} *(LXX)* αὐξηθεῖ $V^{E\ a.\ c.\ man.\ rec.\ ut\ videtur}$ $V^{O}V^{Ph\ a.\ c.}$, αὐξηνθεῖ $V^{Ph\ p.\ c.\ ut\ videtur}$ **9** ἔτι] ὅτι T, *om.* M τῷ] *om.* V^{W} ἰουδα PM

I suppl. 283 / V cap. A 6, 3

Διδύμου·

Φανοτάτης οὔσης τῆς οὐσίας τῶν ἀγγέλων, μᾶλλον δὲ οὐρανίου, οὐκ ἀποτεταγμένον ἓν εἶδος ἢ μία μορφὴ περὶ αὐτὰ εὑρίσκεται· οὐ γὰρ σκληραὶ καὶ ἀντίτυποι φύσεις σωμάτων εἰσίν.

[I suppl. 284 / PML^b cap. A 42, 1L^b]

<***>

Ἰδοὺ ἐγὼ ἀποστέλλω φύλακας.

I suppl. 285 / H^{II} cap. A 7, 13

Τοῦ ἁγίου Βασιλείου, εἰς τὸν λγʹ ψαλμόν·

Παντὶ πεπιστευκότι εἰς τὸν κύριον ἄγγελος παρεδρεύει, ἐὰν μήποτε αὐτὸν ἡμεῖς ἐκ τῶν πονηρῶν ἔργων ἀποδιώξωμεν. Ὡς γὰρ τὰς μελίσσας καπνὸς φυγαδεύει, καὶ τὰς περιστερὰς ἐξελαύνει δυσωδία, οὕτω καὶ τὸν φύλακα τῆς ζωῆς ἡμῶν ἄγγελον ἡ πολύδακρυς καὶ δυσώδης ἀφίστησιν ἁμαρτία.

---

2 – 5 I suppl. 283 inter I 354 / C cap. A 8, 23 et I 355 / C cap. A 8, 24 **7 – 8 I suppl. 284** ante PML^b cap. A 42, 1 (inter I 360 / C cap. A 9, 3 et I 361 / C cap. A 9, 4) **10 – 15 I suppl. 285** inter H^{II} cap. A 7, 12 (I 372 / C cap. A 9, 15) et 14 (I 373 / C cap. A 9, 16)

---

3 – 5 I suppl. 283 Didymus Alexandrinus, locus non repertus **8 I suppl. 284** locus non repertus **11 – 15 I suppl. 285** Basilius Caesariensis, *Homilia in Psalmum XXXIII*, 5 (PG 29, 364, 15–21)

---

2 – 5 I suppl. 283 V^E cap. A 6, 3 (21r[15]15–17); V^O cap. A 6, 3; V^{Ph} cap. A 6, 3; L^c cap. A 2, 5; *deest in* V^W H$^{I\,(lac.)}$ A$^{I\,(lac.)}$ PML^b T R; PG 95, 1097, 5–8 **7 – 8 I suppl. 284** L^b cap. A 42, 1 (72v17–18) **10 – 15 I suppl. 285** H^{II} cap. A 7, 13 (75rB[36–37]37–75vA6)

I suppl. 284 *s. a.* L^b

---

4 μορφῆ V^{O}V$^{Ph\,a.\,c.}$ αὐτοὺς L^c **8** Ἰδοὺ – φύλακας] *seclusimus* **13** μελίσσας] *scripsimus*, μέλισσας H^{II}

I suppl. 286 / V cap. A 7, 5

Διδύμου·

Τοὺς μὲν ἁγίους φωταγωγοὶ φυλάττουσιν ἄγγελοι, τοὺς δὲ φαύλους σκοτεινοί.

I suppl. 287 / V cap. A 7, 6

Εὐαγρίου, εἰς τὰς Παροιμίας·

Πλοῦτος γνώσεως καὶ σοφίας προστίθησιν ἡμῖν ἀγγέλους *πολλούς*, *ὁ δὲ* ἀκάθαρτος *καὶ ἀπὸ τοῦ* δοθέντος αὐτῷ ἐκ παιδὸς ἀγγέλου χωρίζεται. Ἡ γὰρ πνευματικὴ φιλία ἐστὶν ἀρετὴ καὶ γνῶσις θεοῦ, δι᾽ ὧν συναπτόμεθα πρὸς φιλίαν ταῖς ἁγίαις δυνάμεσιν, εἴγε οἱ μετανοοῦντες ἄνθρωποι χαρᾶς αἴτιοι γίνονται τοῖς ἀγγέλοις.

2–4 I suppl. 286 inter I 372 / C cap. A 9, 15 et I 373 / C cap. A 9, 16 **6–11 I suppl. 287** inter I 372 / C cap. A 9, 15 et I 373 / C cap. A 9, 16 **7–9** Πλοῦτος – χωρίζεται] Prov. 19, 4^{1-2} **7** γνώσεως – σοφίας] cf. I Cor. 1, 5 **10–11** εἴγε – ἀγγέλοις] cf. Luc. 15, 10

3–4 I suppl. 286 Didymus Alexandrinus, *Commentarii in Iob*, 375, 1–3 (ed. U. Hagedorn/D. Hagedorn/Koenen, IV.1, p. 144) **7–11 I suppl. 287** Euagrius Ponticus, *Expositio in Proverbia Salomonis*, 189, 1–5 (ed. Géhin, p. 282)

2–4 I suppl. 286 V^{E} cap. A 7, 5 (21v[4]4–5); V^{W} cap. A 7, 5; V^{O} cap. A 7, 5; V^{Ph} cap. A 7, 5; L^{c} cap. A 1, 5; P cap. A 42, 5; M cap. A 42, 5; L^{b} cap. A 42, 6; T cap. A 64, 5; R cap. A 53, 14; *deest in* $H^{I\,(lac.)}$ $A^{I\,(lac.)}$; PG 95, 1097, 35–36 **6–11 I suppl. 287** V^{E} cap. A 7, 6 (21v[5]5–9); V^{W} cap. A 7, 6; V^{O} cap. A 7, 6; V^{Ph} cap. A 7, 6; L^{c} cap. A 1, 6; P cap. A 42, 6; M cap. A 42, 6; L^{b} cap. A 42, 7; T cap. A 64, 6; R cap. A 53, 15; *deest in* $H^{I\,(lac.)}$ $A^{I\,(lac.)}$; PG 95, 1097, 37–43

I suppl. 286 διδυμου M **I suppl. 287** (a) $V^{E}V^{O}V^{Ph}$ Εὐαγρίου] *om.* $V^{O}V^{Ph}$, *supplev.* $V^{O\,man.\,rec.}$ (b) Εὐαγρίου V^{W} L^{c} PML^{b} T R ευαγρίου P, εὐαγριου T, ευαγριου V^{W} M

---

3 φυλάττουσιν] ἀπ[ά]γου[σιν] *ed.* **4** σκοτεινοί] σ[κότ]ι οι *ed.* **7** πολλούς] *om.* L^{b} **8** ἐκ παιδὸς] *post* ἀγγέλου *transpos.* M **9–11** Ἡ – ἀγγέλοις] *om.* V^{W} PML^{b} T R **10** συναπτώμεθα $V^{E}V^{O}V^{Ph}$ οἱ] *om.* L^{c}

I suppl. 288 / V cap. A 15, 2

Ψαλμοῦ ργ′·

Ἀντανελεῖς τὸ πνεῦμα αὐτῶν, καὶ ἐκλείψουσιν
καὶ εἰς τὸν χοῦν αὐτῶν ἐπιστρέψουσιν.

I suppl. 289 / V cap. A 15, 10

Μαλαχίου προφήτου·

Ἰδοὺ ἔρχεται, λέγει κύριος παντοκράτωρ, καὶ τίς ὑπομενεῖ ἡμέραν εἰσόδου αὐτοῦ; Διότι αὐτὸς εἰσπορεύεται ὡς πῦρ χωνευτηρίου καὶ ὡς πόα πλυνόντων, καὶ καθιεῖται χωνεύων καὶ καθαρίζων ὡς τὸ ἀργύριον.

---

2 – 4 I suppl. 288 inter I 378 / C cap. A 10, 5 et I 379 / C cap. A 10, 6 **6 – 10 I suppl. 289** inter I 1139 / C cap. H 1, 6 et I 1140 / C cap. A H 1, 7

---

3 – 4 I suppl. 288 Ps. 103, 29^{2-3} **7 – 10 I suppl. 289** Mal. 3, 1–3 (quibusdam omissis; Wahl, *Prophetenzitate*, p. 277–278)

---

2 – 4 I suppl. 288 V^{Ph} cap. A 15, 2 (41r6–8); V^{W} cap. A 15, 2; V^{O} cap. A 15, 2; H^{I} cap. A 13, 2; L^{c} cap. A 42, 2; P cap. A 46, 2; M cap. A 46, 2; T cap. A 68, 2; *deest in* $V^{E\,(lac.)}$ L^{b} R; PG 95, 1176, 16–17 **6 – 10 I suppl. 289** V^{Ph} cap. A 15, 10 (41r[mg] 26–29); V^{W} cap. A 15, 10; V^{O} cap. A 15, 10; H^{I} cap. A 13, 10; L^{c} cap. A 42, 10; P cap. A 46, 10; M cap. A 46, 10; E cap. 153, 1; T cap. A 68, 9; *deest in* $V^{E\,(lac.)}$ L^{b} R; PG 95, 1176, 46–50

I suppl. 288 (a) PM T ψαλμός M (b) *s. a.* $V^{Ph}V^{W}V^{O}$ H^{I} L^{c} **I suppl. 289** (a) T (b) Μαλαχίου $V^{Ph}V^{W}V^{O}$ PM E (c) Μαλαχίας H^{I}

---

7 λέγει] *om.* E παντοκράτωρ] *om.* M ὑπομείνη P E, ὑπομείνει T, ὑποστησεται M **8** χονευτηρίου V^{Ph} M, χονευτηρῖω V^{O} **9** ποα $M^{p.c.}$, ποια $PM^{a.c.}$ καθίειτε M, καθιειτε P χονεύων $V^{Ph}V^{O}$ PM T καθαρίζων] *add.* αὐτὸ L^{c} τὸ] *om.* L^{c}

I suppl. 290 / V cap. A 15, 29

Μάρκου·

Γρηγορεῖτε, ὅτι οὐκ οἴδατε τὴν ἡμέραν οὐδὲ τὴν ὥραν.

I suppl. 291 / V cap. A 15, 31

Λουκᾶ·

Καθὼς ἐγένετο ἐν ταῖς ἡμέραις Νῶε, οὕτως ἔσται καὶ ἐν ταῖς ἡμέραις τοῦ υἱοῦ τοῦ ἀνθρώπου· ἤσθιον, ἔπινον, ἐγάμουν, ἐξεγαμίσκοντο, ἄχρι ἧς ἡμέρας εἰσῆλθεν Νῶε εἰς τὴν κιβωτὸν καὶ ἦλθεν ὁ κατακλυσμὸς καὶ ἀπώλεσεν πάντας. Ὁμοίως καὶ ὡς ἐγένετο ἐν ταῖς ἡμέραις Λώτ· ἤσθιον, ἔπινον, ἠγόραζον, ἐπώλουν, ἐφύτευον, ᾠκοδόμουν, ᾗ δὲ ἡμέρᾳ ἐξῆλθεν Λὼτ ἀπὸ Σοδόμων, ἔβρεξεν θεῖον ἀπ᾽ οὐρανοῦ, καὶ ἀπώλεσεν ἅπαντας. Κατὰ ταῦτα ἔσται ἡ ἡμέρα, ἐν ᾗ ὁ υἱὸς τοῦ ἀνθρώπου ἀποκαλύπτεται.

---

2 – 3 I suppl. 290 inter I 1145 / C cap. H 1, 12 et I 1146 / C cap. H 1, 13 **5 – 13 I suppl. 291** inter I 1145 / C cap. H 1, 12 et I 1146 / C cap. H 1, 13

---

3 I suppl. 290 Marc., re vera Matth. 25, 13 **6 – 13 I suppl. 291** Luc. 17, 26–30

---

2 – 3 I suppl. 290 V^{Ph} cap. A 15, 29 (42v[mg]8–9); V^{W} cap. A 15, 25; V^{O} cap. A 15, 30; H^{I} cap. A 13, 29; L^{c} cap. A 42, 30; *deest in* $V^{E\,(lac.)}$ PML^{b} T R; PG 95, 1180, 38–39 **5 – 13 I suppl. 291** V^{Ph} cap. A 15, 31 (42v[mg]12–19); V^{W} cap. A 15, 27; V^{O} cap. A 15, 32; H^{I} cap. A 13, 31; L^{c} cap. A 42, 32; P cap. A 46, 30; M cap. A 46, 30; E cap. 153, 5; T cap. A 68, 29; *deest in* $V^{E\,(lac.)}$ L^{b} R; PG 95, 1180, 44–54

I suppl. 290 (a) $V^{Ph}V^{O}$ H^{I} μρκ $V^{O}V^{Ph}$ μάρκος H^{I} (b) Τοῦ αὐτοῦ V^{W} (c) *s. a.* L^{c} **I suppl. 291** (a) $V^{Ph}V^{O}$ H^{I} Λουκᾶ] *scripsimus*, λ $V^{Ph}V^{O}$, λουκᾶς H^{I} (b) Κατὰ Ἰωάννην, κεφαλαίου μδ' PM T Κατὰ Ἰωάννην] ἰωαννου M, λουκα *(recte)* T μδ'] *sic* PM T, ϲζ' *et* ϲη' *exspectav.* (c) Τοῦ αὐτοῦ V^{W} (d) μβ' *(sic, atramento nigro)* L^{c} (e) *s. a.* E

---

6 νώε P, νωε M οὕτως ἔσται] οὕτω V^{W} καὶ] *om.* M T **7 – 8** ἐγαμίσκοντο V^{Ph}, ἐγαμίζοντο V^{W} L^{c} PM, ἐγεμίζοντο E **8** ἄχρι ἧς] ἄχρϊς ἧς V^{Ph}, ἀχρι ἦς M, ἄχρι ἤ V^{O}, ἄχρις *(ἀ- P E)* P E T νωε PM **9** ἄπαντας M **9 – 13** Ὁμοίως – ἀποκαλύπτεται] καὶ τὰ ἑξῆς V^{W} **9 – 12** Ὁμοίως – ἅπαντας] *om.* E **9** καὶ ὡς] καθῶς *(sic)* PM **10** λωτ M ἠγόραζον, ἐπώλουν] ἐπωλουν ηγοραζων M ἐπώλουν] *om.* V^{Ph} **11 – 12** ᾗ – ἅπαντας] *om.* M **11 – 12** ᾗ – οὐρανοῦ] *om.* P T **11** σωδόμων V^{O} **12** ἀπ᾽] ἐπ᾽ V^{O} **13** ἐν ᾗ] *om.* M

I suppl. 292 / V cap. A 15, 36

Ἐκ τῆς πρὸς Κορινθίους α′·

Ἑκάστου τὸ ἔργον ὁποῖόν ἐστιν, τὸ πῦρ δοκιμάσει. Εἴ τινος τὸ ἔργον μένει ὃ ἐπωκοδόμησεν, μισθὸν λήψεται· εἴ τινος τὸ ἔργον κατακαήσεται, ζημιωθήσεται, αὐτὸς δὲ σωθήσεται, οὕτως δὲ ὡς διὰ πυρός.

I suppl. 293 / V cap. A 15, 39

Πρὸς Γαλάτας·

Ὃ γὰρ ἂν σπείρῃ ἄνθρωπος, τοῦτο καὶ θερίσει.

---

2 – 6 I suppl. 292 inter I 472 / C cap. A 12, 36 et I 473 / C cap. A 12, 37 **8 – 9 I suppl. 293** inter I 473 / C cap. A 12, 37 et I 474 / C cap. A 12, 38

---

3 – 6 I suppl. 292 I Cor. 3, 13–15 **9 I suppl. 293** Gal. 6, 7

---

2 – 6 I suppl. 292 V^{Ph} cap. A 15, 36 (47r[mg]4–6); V^{W} cap. A 15, 31; V^{O} cap. A 15, 37; H^{I} cap. A 13, 36; L^{c} cap. A 42, 37; P cap. A 46, 35; M cap. A 46, 35; T cap. A 68, 34; *deest in* $V^{E\,(lac.)}$ L^{b} R; PG 95, 1181, 16–20 **8 – 9 I suppl. 293** V^{Ph} cap. A 15, 39 (47r[mg]26); V^{W} cap. A 15, 34; V^{O} cap. A 15, 40; H^{I} cap. A 13, 39; L^{c} cap. A 42, 40; P cap. A 46, 38; M cap. A 46, 38; T cap. A 68, 37; *deest in* $V^{E\,(lac.)}$ L^{b} R; PG 95, 1181, 48–49

I suppl. 292 (a) L^{c} PM T Ἐκ τῆς] *om.* L^{c} M (b) Πρὸς Κορινθίους $V^{Ph}V^{O}$ (c) Τοῦ αὐτοῦ V^{W} (d) *s. a.* H^{I} **I suppl. 293** (a) $V^{Ph}V^{O}$ H^{I} L^{c} PM T *praem.* ἐκ τῆς T (b) Τοῦ αὐτοῦ V^{W}

---

3 δοκιμάσει] *praem.* αυτο M, *sed eras. ut videtur* **4** μενεῖ V^{Ph} ἐποικοδόμησεν $V^{W\,a.\,c.}$ P T **5 – 6** αὐτὸς – πυρός] *om.* V^{W} **5** αὐτὸς – σωθήσεται] *om.* T οὕτως δὲ] *om.* P οὕτως] οὗτος H^{I} **9** ἄνθρωπος] *praem.* ὁ L^{c}

I suppl. 294 / V cap. A 15, 43

Πρὸς Ἑβραίους·

Φοβερὸν τὸ ἐμπεσεῖν εἰς χεῖρας θεοῦ ζῶντος.

I suppl. 295 / V cap. A 15, 49

Τοῦ αὐτοῦ, ἐκ τοῦ περὶ ὀργῆς·

Ἐκεῖ κρίνεται οὐχὶ μόνον ὁ καθηγησάμενος τοῦ δεινοῦ, ἀλλὰ καὶ ὁ πονηρῷ ἡγεμόνι πρὸς τὴν ἁμαρτίαν ἀκολουθήσας.

I suppl. 296 / V cap. A 15, 54

<***>

Ἀντίστασις ἔσται ἐκεῖ τῶν πονηρῶν πράξεων καὶ τῶν οὐ τοιούτων· κἂν μὲν αὗται καθελκύσωσιν τὸν ζυγόν, ἔσωσαν οὐ μικρῶς

---

2 – 3 I suppl. 294 inter I 473 / C cap. A 12, 37 et I 474 / C cap. A 12, 38 **5 – 7 I suppl. 295** inter I 482 / C cap. A 12, 46 et I 483 / C cap. A 12, 47 **9 – 152, 5 I suppl. 296** inter I 488 / C cap. A 12, 52 et I 489 / C cap. A 12, 53

---

3 I suppl. 294 Hebr. 10, 31 **6 – 7 I suppl. 295** Basilius Caesariensis, *Homilia adversus eos qui irascuntur*, 4 (PG 31, 361, 32–35) **10 – 152, 5 I suppl. 296** Iohannes Chrysostomus, *Ad Theodorum lapsum*, I, 21, 53–60 (ed. Dumortier, p. 212–214)

---

2 – 3 I suppl. 294 V^{Ph} cap. A 15, 43 (47v[24]25); V^{W} cap. A 15, 39; V^{O} cap. A 15, 44; H^{I} cap. A 13, 43; L^{c} cap. A 42, 44; P cap. A 46, 42; M cap. A 46, 42; T cap. A 68, 41; *deest in* $V^{E\,(lac.)}$ L^{b} R; PG 95, 1184, 29 **5 – 7 I suppl. 295** V^{Ph} cap. A 15, 49 (48r23–25); V^{O} cap. A 15, 50; H^{I} cap. A 13, 49; L^{c} cap. A 42, 50; P cap. A 46, 48; M cap. A 46, 48; T cap. A 68, 47; R cap. A 71, 55; *deest in* $V^{E\,(lac.)}$ V^{W} L^{b}; PG 95, 1185, 9–11 **9 – 152, 5 I suppl. 296** V^{Ph} cap. A 15, 54 (48v10–16); V^{W} cap. A 15, 47; V^{O} cap. A 15, 55; H^{I} cap. A 13, 54; L^{c} cap. A 42, 56; P cap. A 46, 52; M cap. A 46, 52; T cap. A 68, 51; *deest in* $V^{E\,(lac.)}$ L^{b} R; PG 95, 1185, 32–40

I suppl. 294 (a) $V^{Ph}V^{O}$ H^{I} L^{c} PM T *praem.* ἐκ τῆς πέτρου V^{Ph}, *praem.* ἐκ τῆς T εβραιους PM **I suppl. 295** (a) PM T R Τοῦ αὐτοῦ] *om.* PM (b) Τοῦ αὐτοῦ V^{O} (c) *s. a.* V^{Ph} H^{I} L^{c} **I suppl. 296** *s. a.* $V^{Ph}V^{W}V^{O}$ H^{I} L^{c} PM T

---

3 ἐμπεσιν P, ἐμπεσεῖ H^{I} (-εῖν *a. ras. ut videtur*) **10** οὐ] μὴ L^{c} **11** αὐταὶ $V^{Ph}V^{W\,p.c.}$ V^{O} H^{I}, αὖται P ἔσωσαν] ἕως ἂν P, ἕως ἀν T μικρὸς T, μικρὸν V^{W} P

τὸν ἐργάτην τὸν ἑαυτῶν, κἂν τοσοῦτον ἴσχυσεν ἡ τῶν πονηρῶν πράξεων ἐργασία βλάψαι, ὅσον κατασπᾶσαι τῆς πρώτης χώρας αὐτόν· <***> εἰς τὸ τῆς γεέννης ἀπάγουσι πῦρ, διὰ τὸ μὴ τοσοῦτον εἶναι τὸ πλῆθος τῶν κατορθωμάτων, ὡς καὶ δυνηθῆναι στῆναι πρὸς τὸν βίαιον ἐκεῖνον ἀνωθισμόν.

I suppl. 297 / V cap. A 15, 57

Τοῦ αὐτοῦ, ἐκ τοῦ εἰς τὴν παραβολὴν τῶν μυρίων ταλάντων·

Καθάπερ ἡμεῖς τοῖς οἰκέταις τοῖς ἡμετέροις οὐχὶ τῆς ἐξόδου μόνον, ἀλλὰ καὶ τῆς εἰσόδου ἀπαιτοῦμεν τὸν λόγον, ἐξετάζοντες πόθεν ὑπεδέξαντο τὰ χρήματα καὶ παρὰ τίνων καὶ πότε καὶ πῶς καὶ πόσα, οὕτω δὴ καὶ ὁ θεὸς οὐχὶ τῆς δαπάνης μόνον, ἀλλὰ καὶ τῆς κτήσεως ἀπαιτεῖ τὰς εὐθύνας.

---

7 – 12 I suppl. 297 inter I 490 / C cap. A 12, 54 et I 491 / C cap. A 12, 55 **8 – 12** exstat etiam ap. Ps.-Max. Conf., *Loci communes*, 38.7./45.7. (ed. Ihm, p. 711)

---

8 – 12 I suppl. 297 IOHANNES CHRYSOSTOMUS, *De decem millium talentorum debitore*, 4 (PG 51, 22, 41–47)

---

7 – 12 I suppl. 297 V^{Ph} cap. A 15, 57 (48v26–49r1); V^{W} cap. A 15, 51; V^{O} cap. A 15, 58; H^{I} cap. A 13, 57; L^{c} cap. A 42, 65; P cap. A 46, 55; M cap. A 46, 55; T cap. A 68, 54; R cap. A 71, 66; *deest in* $V^{E\,(lac.)}$ L^{b}; PG 95, 1185, 53 – 1188, 2

I suppl. 297 (a) L^{c} PM T R Τοῦ – τοῦ] *om.* L^{c} PM παραβολὴν] παρακοὴν L^{c} μυρίων] *om.* L^{c} (b) Τοῦ Χρυσοστόμου V^{W} (c) Τοῦ αὐτοῦ V^{O} (d) *s. a.* V^{Ph} H^{I}

1 τὸν[2]] τῶν $V^{Ph}V^{W\,a.\,c.\,in\,mg.}$ V^{O} H^{I} M T κἂν] *sic* $V^{Ph}V^{W}V^{O}$, κὰν H^{I}, ἂν L^{c} P T, καὶ M *(ed.)* τοσούτων $V^{Ph}V^{O}$ L^{c} ἡ τῶν] *om.* $V^{Ph}V^{O}$ H^{I} **2** κατασπάσαι L^{c}, κατασπόσαι V^{W}, κατασπασαι M **3** *ante* εἰς *quaedam excidisse videntur (*ἐὰν δὲ ἐκεῖναι περιγένωνται *ed.)* τὸ[1]] τὸν V^{O} απαγουσαι M **4** ὡς καὶ] ὥστε M **4 – 5** στῆναι] στηναι PM, ἀντιστῆναι $V^{Ph}V^{O}$ H^{I} L^{c} **5** τὸν] τὸ $V^{Ph\,a.\,c.}$ ἀνωθισμόν] *lectio suspecta*, συνωθισμόν M, ὠθισμόν *ed.* **8** τοὺς οικετας τοὺς ἡμετερους M **8 – 9** *post* μόνον *hab.* τῶν χρημάτων *ed.* **9** ἀπαιτοῦμεν] ποιοῦμεν (-ού- P, -ου- M) V^{W} PM T R τὸν] *om.* T **10** τὰ] *om.* $V^{Ph}V^{O}$ H^{I} πῶς] ποῖα $V^{W\,p.\,c.}$ T R, ποία P, ποια M **11** καὶ πόσα] *om.* R οὕτω δὴ] οὕτως δεῖ V^{W}, οὐτω (ού- M) PM T R **12** κτίσεως (-ι- M) $V^{Ph}V^{W\,a.\,c.}$ V^{O} H^{I} PM T $R^{a.\,c.}$ ἀπαιτήσει $V^{Ph}V^{O}$ H^{I}

I suppl. 298 / V cap. A 15, 58

Διονυσίου τοῦ Ἀρεοπαγίτου·

Οὐ τὸ κολάζεσθαι ἐνταῦθα κακόν, ἀλλὰ τὸ ἄξιον τῆς ἐκεῖσε γενέσθαι κολάσεως.

I suppl. 299 / V cap. B 3, 6

Βασιλειῶν β'·

Εἶπεν Ἀβεσαλὼμ καὶ πᾶς ἀνὴρ Ἰσραήλ· Ἀγαθὴ ἡ βουλὴ Χουσὶ ὑπὲρ τὴν βουλὴν Ἀχιτόφελ, ὅπως ἐπαγάγῃ κύριος ἐπὶ Ἀβεσαλὼμ τὰ κακά.

---

2 – 4 I suppl. 298 inter I 491 / C cap. A 12, 55 et I 492 / C cap. A 12, 56 **3 – 4** exstat etiam ap. Ps.-Max. Conf., *Loci communes*, 38.14./45.14. (ed. Ihm, p. 714) **6 – 9 I suppl. 299** inter I 613 / C cap. B 2, 12 et I 614 / C cap. B 2, 13

---

3 – 4 I suppl. 298 Ps.-Dionysius Areopagita, *De divinis nominibus*, IV. 22 (ed. Suchla, p. 170, 8–9) **7 – 9 I suppl. 299** II Reg. 17, 14 (Wahl, *2 Samuel-Text*, p. 92–93)

---

2 – 4 I suppl. 298 V^{Ph} cap. A 15, 58 (49r[mg]1–2); V^{W} cap. A 15, 49; V^{O} cap. A 15, 59; H^{I} cap. A 13, 58; L^{c} cap. A 42, 66; P cap. A 46, 56; M cap. A 46, 56; T cap. A 68, 55; R cap. A 71, 68; *deest in* $V^{E\,(lac.)}$ L^{b}; PG 95, 1188, 3–4 **6 – 9 I suppl. 299** V^{E} cap. B 3, 6 (47v[27]28–29); V^{W} cap. B 3, 6; V^{O} cap. B 3, 6; V^{Ph} cap. B 3, 6; H^{I} cap. B 3, 6; P cap. B 5, 6; M cap. B 7, 6; T cap. B 10, 6; *deest in* L^{b} R; PG 95, 1268, 14–16

I suppl. 298 (a) $V^{Ph}V^{O}$ H^{I} PM T διονυσιου PM τοῦ] *om.* $V^{Ph}V^{O}$ H^{I} αρεοπαγιτου P (b) Διονυσίου V^{W} (c) Τοῦ αὐτοῦ R (d) Εἰς τὴν παρακοὴν *(sic)* τῶν ταλάντων L^{c} **I suppl. 299** β'] *om.* V^{W}

---

7 ἀβεσαλωμ M, αβεσαλωμ P, ἀβεσσαλὼμ $V^{W\,man.\,rec.}$ T Χουσὶ] χουσι καὶ M **8** ἀχιτόβελ V^{O}, ἀχιτοφελ M ἀβεσσαλὼμ $V^{W\,man.\,rec.}$, αβεσαλωμ M

I suppl. 300 / V cap. B 3, 7

<Σχόλιον·>

Εἰσῆλθον τέσσαρες λεπροὶ καὶ θεοῦ εὐδοκήσαντος ὅλον τὸ στρατόπεδον Συρίας ἐφόβησαν.

I suppl. 301 / V cap. B 3, 9

Δαυῒδ ἐν ψαλμῷ κς'·

Κύριος φωτισμός μου καὶ σωτήρ μου· τίνα φοβηθήσομαι;
καὶ τὰ λοιπά.

---

2 – 4 I suppl. 300 inter I 613 / C cap. B 2, 12 et I 614 / C cap. B 2, 13 **3 – 4** Εἰσῆλθον – ἐφόβησαν] cf. IV Reg. 7, 3 – 7 **6 – 8 I suppl. 301** inter I 622 / C cap. B 2, 21 et I 623 / C cap. B 2, 22

---

3 – 4 I suppl. 300 locus non repertus (Wahl, *2 Samuel-Text*, p. 157); forsan scholium in IV Reg. 7, 3 – 7 (si ita est, IV Reg. 7, 3 – 7 olim in *Sacris* exstabat) **7 – 8 I suppl. 301** Ps. 26, 1^{2} sqq.

---

2 – 4 I suppl. 300 V^{E} cap. B 3, 7 (47v29 – 31); V^{W} cap. B 3, 7; V^{O} cap. B 3, 7; V^{Ph} cap. B 3, 7; H^{I} cap. B 3, 7; P cap. B 5, 7; M cap. B 7, 7; T cap. B 10, 7; *deest in* L^{b} R; PG 95, 1268, 17 – 18 **6 – 8 I suppl. 301** V^{E} cap. B 3, 9 (48r[1]1 – 2); V^{W} cap. B 3, 9; V^{O} cap. B 3, 9; V^{Ph} cap. B 3, 9; H^{I} cap. B 3, 9; P cap. B 5, 9; M cap. B 7, 9; T cap. B 10, 9; R cap. B 10, 10; *deest in* L^{b}; PG 95, 1268, 26 – 27

I suppl. 300 (a) Σχόλιον] *supplevimus* (b) Τοῦ αὐτοῦ V^{W} P (c) *s. a.* $V^{E}V^{O}V^{Ph}$ H^{I} T (d) *s. d.* M **I suppl. 301** (a) P T (b) Ψαλμὸς κς' M R (c) Δαυῒδ V H^{I}

---

3 τέσσαρις P **3 – 4** στρατοπαιδον P, στρατόπον H^{I} **4** Συρίας] *praem.* τῆς V^{W} PM T ἐφοβήθη V^{W} **8** καὶ – λοιπά] ἕως δειλιάσω (= *Ps. 26,* 1^{3}) R, *om.* V^{W} H^{I} M

I suppl. 302 / V cap. B 3, 15

Ἰωνᾶ προφήτου·

Ἐβόησα ἐν θλίψει μου πρὸς κύριον τὸν θεόν μου, καὶ εἰσήκουσέν μου.

I suppl. 303 / V cap. B 3, 16

Ζαχαρίου προφήτου·

Ἔσομαι αὐτῇ πύργος κυκλόθεν, καὶ εἰς δόξαν ἔσομαι ἐν μέσῳ αὐτῆς, καὶ ποιήσω ἐκδίκησιν ἐν πᾶσιν τοῖς ἀτιμάζουσιν αὐτούς.

---

2 – 4 I suppl. 302 inter I 628 / C cap. B 2, 27 et I 629 / C cap. B 2, 28 **6 – 8 I suppl. 303** inter I 628 / C cap. B 2, 27 et I 629 / C cap. B 2, 28

---

3 – 4 I suppl. 302 Ion. 2, 3 (Wahl, *Prophetenzitate*, p. 223 – 224) **7 – 8 I suppl. 303** Ἔσομαι – αὐτῆς] Zach. 2, 5 (Wahl, *Prophetenzitate*, p. 251) **8** καὶ – αὐτούς] Ez. 28, 26 (Wahl, p. 656)

---

2 – 4 I suppl. 302 V^{E} cap. B 3, 15 (48r[5]5 – 6); V^{W} cap. B 3, 15; V^{O} cap. B 3, 14; V^{Ph} cap. B 3, 13; H^{I} cap. B 3, 15; P cap. B 5, 15; M cap. B 7, 15; T cap. B 10, 15; R cap. B 10, 15; *deest in* L^{b}; PG 95, 1268, 36 – 37 **6 – 8 I suppl. 303** V^{E} cap. B 3, 16 (48r[6]6 – 8); V^{W} cap. B 3, 16; V^{O} cap. B 3, 15; V^{Ph} cap. B 3, 14; H^{I} cap. B 3, 16; P cap. B 5, 17; M cap. B 7, 17; T cap. B 10, 17; R cap. B 10, 16; *deest in* L^{b}; PG 95, 1268, 38 – 41

I suppl. 302 (a) V^{W} PM T R ἰωνᾶ M, ἴωνα P, ἰωνᾶ T προφήτου] *om.* V^{W} PM R (b) Ἰωνᾶς $V^{E}V^{O}V^{Ph}$ H^{I} **I suppl. 303** (a) $V^{E}V^{O}V^{Ph}$ M T R προφήτου] *om.* $V^{E}V^{O}V^{Ph}$ M R (b) Ζαχαρίας H^{I} (c) *s. a.* V^{W} P

---

7 Ἔσομαι] *praem.* καὶ $P^{ut\ videtur}$ πῦργος $V^{E}V^{O}V^{Ph}$ H^{I}, πυργος PM, τεῖχος πυρὸς *LXX* ἔσομαι] *om.* M ἐν μέσῳ] *om.* V^{O} **8** ἐκδίκησιν] κρίμα *LXX (et* I 1042 / C cap. E 4, 7 [SJD VIII/1]*)* ἐν] *om.* V^{O} M

I suppl. 304 / V cap. B 3, 20

<***>

Κύριος δίδωσι ζωὴν τοῖς συντετριμμένοις τὴν καρδίαν.

I suppl. 305 / V cap. B 3, 26

Νείλου μοναχοῦ·

Εἰ πάντα, ὅσα διεσπούδαζον οἱ πονηροὶ καὶ ἄθεοι γόητες, ἐξεγίνετο αὐτοῖς τε καὶ τοῖς τούτων ὑπερασπισταῖς καὶ συνεργοῖς δαίμοσιν, οὐκ ἂν ἀφῆκαν ἐπὶ τῆς γῆς ἕνα που ζῶντα Χριστιανὸν ἄνθρωπον, οὐκ εὐκτήριον οἶκον, οὐ παραίνεσιν ἀγαθήν, οὐ λόγον οὐδαμοῦ παραφανῆναι σωτήριον.

---

2 – 3 I suppl. 304 inter I 633 / C cap. B 2, 32 et I 634 / C cap. B 2, 33 **5 – 10 I suppl. 305** inter I 642 / C cap. B 2, 41 et I 643 / C cap. B 2, 42

---

3 I suppl. 304 Is. 57, 15 (Wahl, *Prophetenzitate*, p. 446–447) **6 – 10 I suppl. 305** NILUS MONACHUS (ANCYRANUS?), locus non repertus

---

2 – 3 I suppl. 304 V^{E} cap. B 3, 20 (48r12); V^{W} cap. B 3, 20; V^{O} cap. B 3, 19; V^{Ph} cap. B 3, 18; H^{I} cap. B 3, 20; P cap. B 5, 20; M cap. B 7, 20; T cap. B 10, 20; R cap. B 10, 19; *deest in* L^{b}; PG 95, 1268, 48–49 **5 – 10 I suppl. 305** V^{E} cap. B 3, 26 (48r[25]25–29); V^{W} cap. B 3, 26; V^{O} cap. B 3, 25; V^{Ph} cap. B 3, 24; H^{I} cap. B 3, 26; *deest in* PML^{b} T R; PG 95, 1269, 15–20

I suppl. 304 (a) *s. a.* V H^{I} PM T (b) Τοῦ αὐτοῦ R **I suppl. 305** νίλου $V^{E}V^{O}V^{Ph}$ μοναχοῦ] *om.* V

---

3 δίδωσι] δώσι $V^{E\,a.c.}$ T, δώσει $V^{E\,p.c.}$, διδοὺς *LXX* **7** αὐτοῖς τὲ V^{Ph} **8** ἕνα ποῦ $V^{E}V^{O}$ H^{I}, ἕνα V^{W} χρηστιανὸν $V^{E\,a.c.}V^{O}$ **9** ἀγαθήν] ἀπαθῆ V^{W} **10** περιφανῆναι V^{O}

I suppl. 306 / V cap. B 4, 5

Ματθαίου·

Δεῦτε πρός με πάντες οἱ κοπιῶντες καὶ πεφορτισμένοι, κἀγὼ ἀναπαύσω ὑμᾶς.

I suppl. 307 / V cap. B 4, 8

Πρὸς Ἑβραίους·

Ἀδύνατον τοὺς ἅπαξ φωτισθέντας, γευσαμένους τὲ τῆς δωρεᾶς τῆς ἐπουρανίου καὶ μετόχους γενηθέντας πνεύματος ἁγίου καὶ καλὸν γευσαμένους θεοῦ ῥῆμα δυνάμεις τὲ μέλλοντος αἰῶνος, καὶ παραπεσόντας, πάλιν ἀνακαινίζειν εἰς μετάνοιαν, ἀνασταυροῦντας ἑαυτοῖς τὸν υἱὸν τοῦ θεοῦ καὶ παραδειγματίζοντας.

---

2 – 4 I suppl. 306 inter I 652 / C cap. B 3, 7 et I 653 / C cap. B 3, 8 **6 – 11 I suppl. 307** inter I 659 / C cap. B 3, 14 et I 660 / C cap. B 3, 15

---

3 – 4 I suppl. 306 Matth. 11, 28 **7 – 11 I suppl. 307** Hebr. 6, 4–6

---

2 – 4 I suppl. 306 V^{E} cap. B 4, 5 (48r[35]35–48v1); V^{W} cap. B 4, 5; V^{O} cap. B 4, 5; V^{Ph} cap. B 4, 5; H^{I} cap. B 4, 5; P cap. B 6, 5; M cap. B 9, 5; T cap. B 11, 5; *deest in* L^{b}; PG 95, 1269, 31–32 **6 – 11 I suppl. 307** V^{E} cap. B 4, 8 (48v[7]7–11); V^{W} cap. B 4, 8; V^{O} cap. B 4, 8; V^{Ph} cap. B 4, 8; H^{I} cap. B 4, 8; P cap. B 6, 8; M cap. B 9, 8; T cap. B 11, 8; *deest in* L^{b}; PG 95, 1269, 42–48

I suppl. 306 (a) V^{E}V^{Ph} H^{I} P (b) Τοῦ κατὰ Ματθαῖον εὐαγγελίου κεφαλαίου T (c) Τοῦ εὐαγγελίου V^{W} (d) *s. a.* V^{O} M **I suppl. 307** (a) V H^{I} PM Πρὸς] *praem.* τοῦ αὐτοῦ V^{W} ἐβραίους V^{E}, εβραίους V^{W}, ἐβραιους PM (b) Τοῦ Ἀποστόλου, ἐκ τῆς πρὸς Ἑβραίους T

---

3 πρός με] *om.* M **7** Ἀδύνατον] *add.* γαρ M *(NT)* γευσαμένους τὲ] γευσαμένους τε *(*-με- M*)* V^{W}V^{O} PM, γεναμένους δὲ T **8** γεννηθέντας *(*-θε- M$^{a. c. et p. c.}$*)* V^{O} PM$^{a. c.}$ **9** δυνάμεις τὲ] δυνάμεις τε V^{W}V^{O} T, δυνάμις *(*-α- P*)* τε PM **10** ἀνακαινίζεται P **10 – 11** ἀνασταυροῦντες V^{O}

I suppl. 308 / V cap. B 4, 21

Διδύμου·

Βαπτίζεται ἁγίῳ πνεύματι ὁ διὰ πάσης νοήσεως καὶ λόγων καὶ πράξεων ἁγιαζόμενος καὶ ὢν πνευματικός. Ὡς γὰρ ὁ εἰς ὕδωρ βαπτιζόμενος, ὅλως ὑγραίνεται, οὕτως ὁ ἐν ἁγίῳ πνεύματι βαπτιζόμενος, ὅλως πνευματικὸς καὶ ἅγιος γίνεται, γνώμῃ καὶ πράξει τοιοῦτος ἀποτελούμενος.

I suppl. 309 / R cap. B 16, 5

Τοῦ αὐτοῦ, κεφαλαίου ρπηʹ·

Ὡμοιώθη ἡ βασιλεία τῶν οὐρανῶν ἀνθρώπῳ βασιλεῖ, ὃς ἠθέλησε συνᾶραι λόγον μετὰ τῶν δούλων αὐτοῦ. Ἀρξαμένου δὲ αὐτοῦ συναίρειν, προσηνέχθη αὐτῷ εἷς ὀφειλέτης μυρίων ταλάντων. Μὴ ἔχοντος δὲ αὐτοῦ ἀποδοῦναι, ἐκέλευσεν αὐτὸν ὁ κύριος αὐτοῦ πραθῆναι καὶ τὴν γυναῖκα αὐτοῦ καὶ τὰ τέκνα καὶ πάντα ὅσα εἶχεν, καὶ ἀποδοθῆναι. Πεσὼν οὖν ὁ δοῦλος, προσεκύνει αὐτῷ, λέγων· Κύριε, μακροθύμησον ἐπ' ἐμοὶ καὶ πάντα σοι ἀποδώσω. Σπλαγχνισθεὶς δὲ ὁ κύριος τοῦ δούλου ἐκείνου, ἀπέλυσεν αὐτὸν καὶ τὸ δάνειον ἀφῆκεν αὐτῷ. Ἐξελθὼν δὲ ὁ δοῦλος ἐκεῖνος, εὗρεν ἕνα τῶν συνδούλων αὐτοῦ, ὃς ὤφειλεν αὐτῷ ἑκατὸν δηνάρια, καὶ κρατήσας αὐτὸν ἔπνιγε, λέγων· Ἀπόδος μοι, εἴ τι ὀφείλεις. Πεσὼν οὖν ὁ σύνδουλος αὐτοῦ εἰς τοὺς πόδας αὐτοῦ, παρεκάλει αὐτόν, λέγων· Μακροθύμησον ἐπ' ἐμοί, καὶ ἀποδώσω σοι. Ὁ δὲ οὐκ ἤθελεν, ἀλλ' ἀπελθὼν ἔβαλλεν αὐτὸν εἰς φυλακήν, ἕως οὗ ἀποδῷ τὸ ὀφειλόμενον. Ἰδόντες δὲ οἱ σύνδουλοι αὐτοῦ τὰ γενόμενα, ἐλυπή-

---

2 – 7 I suppl. 308 post I 670 / C cap. B 3, 30 **9 – 159, 9 I suppl. 309** inter I 674 / C cap. B 4, 4 et I 675 / C cap. B 4, 5

---

3 – 7 I suppl. 308 DIDYMUS ALEXANDRINUS, locus non repertus **10 – 159, 9 I suppl. 309** Matth. 18, 23–35

---

2 – 7 I suppl. 308 V^E cap. B 4, 21 (50r[32]32–50v1); V^W cap. B 4, 23; V^O cap. B 4, 21; V^{Ph} cap. B 4, 21; H^I cap. B 4, 21; *deest in* PML^b T; PG 95, 1277, 8–13 **9 – 159, 9 I suppl. 309** R cap. B 16, 5 (126r[11]11–33)

---

3 λόγω V^W **4** πράξεως V^W ὢν] ὂν V^EV^O, ὧν V^W πνευματικῶς (-ώς V^E) $V^EV^WV^O$ **5** ὅλος V^W **6** ὅλος V^W πράξῃ V^EV^O

θησαν σφόδρα, καὶ ἐλθόντες διεσάφησαν τῷ κυρίῳ ἑαυτῶν πάντα τὰ γενόμενα. Τότε προσκαλεσάμενος αὐτὸν ὁ κύριος αὐτοῦ, λέγει αὐτῷ· Δοῦλε πονηρέ, πᾶσαν τὴν ὀφειλὴν ἐκείνην ἀφῆκα σοι, ἐπεὶ παρεκάλεσάς με· οὐκ ἔδει καὶ σὲ ἐλεῆσαι τὸν σύνδουλόν σου, ὡς καὶ ἐγώ σε ἠλέησα; Καὶ ὀργισθεὶς ὁ κύριος αὐτοῦ, παρέδωκεν αὐτὸν τοῖς βασανισταῖς, ἕως οὗ ἀποδῷ πᾶν τὸ ὀφειλόμενον αὐτῷ. Οὕτως καὶ ὁ πατήρ μου ὁ ἐπουράνιος ποιήσει ὑμῖν, ἐὰν μὴ ἀφῆτε ἕκαστος τῷ ἀδελφῷ αὐτοῦ ἀπὸ τῶν καρδιῶν ὑμῶν τὰ παραπτώματα αὐτῶν.

I suppl. 310 / V cap. B 1, 9

Ὁμοίως·

Ἔλεγεν· Τίνι ὁμοιώσω τὴν βασιλείαν τοῦ θεοῦ, ἢ ἐν ποίᾳ παραβολῇ παραβάλωμεν αὐτήν; Ὡς κόκκῳ σινάπεως, ὃς ὅταν σπαρῇ ἐπὶ τῆς γῆς, μικρότερον πάντων τῶν σπερμάτων τῶν ἐπὶ τῆς γῆς ἐστι, καὶ ὅταν σπαρῇ, ἀναβαίνει καὶ γίνεται πάντων τῶν λαχάνων μείζων, καὶ ποιεῖ κλάδους μεγάλους, ὥστε δύνασθαι ὑπὸ τὴν σκιὰν αὐτοῦ τὰ πετεινὰ τοῦ οὐρανοῦ κατασκηνοῦν.

---

11 – 17 I suppl. 310 inter I 678 / C cap. B 4, 8 et I 679 / C cap. B 4, 9

---

12 – 17 I suppl. 310 Marc. 4, 30–32

---

11 – 17 I suppl. 310 V^{E} cap. B 1, 9 (46v[mg]1–6); V^{W} cap. B 1, 9; V^{O} cap. B 1, 9; V^{Ph} cap. B 1, 9; H^{I} cap. B 1, 9; *deest in* PML^{b} T R; PG 95, 1261, 32–39

I suppl. 310 (a) $V^{E}V^{O}V^{Ph}$ (b) Τοῦ αὐτοῦ V^{W} (c) *s. a.* H^{I}

12 Ἔλεγεν] *add.* πάλιν $V^{W\ s.\ l.}$ **13** παραβάλωμεν] *scripsimus*, παραβάλομεν $V^{E}V^{Ph}$ H^{I}, παραβάλλωμεν V^{W}, παραβάλλομεν V^{O} **14** ἐπὶ[1]] ἀπὸ V^{O} **14 – 15** σπερμάτων – ἐστι] σπερμάτων ἐστί V^{W} **14 – 15** γῆς ἔστι V^{O} H^{I}, γῆς ἐστί $V^{E}V^{Ph}$ **15** καὶ γίνεται] *om.* V^{O} **16** μεῖζον $V^{W}V^{O\ a.\ c.}V^{Ph\ a.\ c.}$, μεῖζων $V^{O\ p.\ c.}$

I suppl. 311 / V cap. Δ 1, 4

<***>

Οἶδα ὅτι πάντα δύνασαι,
ἀδυνατεῖ δέ σοι οὐδέν.

I suppl. 312 / V cap. Δ 1, 5

Τοῦ αὐτοῦ·

…τὸν ποιοῦντα ταπεινοὺς εἰς ὕψος
καὶ ἀπολωλότας ἐξεγείροντα.

I suppl. 313 / V cap. Δ 1, 11

Βασιλειῶν α′·

Τόξον δυνατῶν ἠσθένησεν,
καὶ οἱ ἀσθενοῦντες περιεζώσαντο δύναμιν.

---

2 – 4 I suppl. 311 inter I 709 / C cap. Δ 1, 4 et I 710 / C cap. Δ 1, 5 **6 – 8 I suppl. 312** inter I 709 / C cap. Δ 1, 4 et I 710 / C cap. Δ 1, 5 **10 – 12 I suppl. 313** inter I 717 / C cap. Δ 1, 12 et I 718 / C cap. Δ 1, 13

---

3 – 4 I suppl. 311 Iob 42, 2$^{1-2}$ **7 – 8 I suppl. 312** Iob 5, 11$^{1-2}$ **11 – 12 I suppl. 313** I Reg. 2, 4$^{1-2}$ (Wahl, *1 Samuel-Text*, p. 44)

---

2 – 4 I suppl. 311 V^{E} cap. Δ 1, 4 (68v5–6); V^{O} cap. Δ 1, 4; V^{Ph} cap. Δ 1, 4; H^{I} cap. Δ 1, 4; P cap. Δ 15, 4; M cap. Δ 15, 4; T cap. Δ 27, 4; R cap. Δ 29, 4; *deest in* L^{b} H^{III}; PG 95, 1348, 12 **6 – 8 I suppl. 312** V^{E} cap. Δ 1, 5 (68v6–7); V^{O} cap. Δ 1, 5; V^{Ph} cap. Δ 1, 5; H^{I} cap. Δ 1, 5; P cap. Δ 15, 5; M cap. Δ 15, 5; T cap. Δ 27, 5; R cap. Δ 29, 5; *deest in* L^{b} H^{III}; PG 95, 1348, 13–14 **10 – 12 I suppl. 313** V^{E} cap. Δ 1, 11 (68v[17]18); V^{O} cap. Δ 1, 11; V^{Ph} cap. Δ 1, 11; H^{I} cap. Δ 1, 11; P cap. Δ 15, 11; M cap. Δ 15, 11; R cap. Δ 29, 10; *deest in* L^{b} T H^{III}; PG 95, 1348, 30–31

I suppl. 311 (a) *s. a.* V^{E}V^{O}V^{Ph} H^{I} P T (b) *s. d.* M R **I suppl. 312** (a) R (b) *s. a.* V^{E}V^{O}V^{Ph} H^{I} PM T **I suppl. 313** βασιλεῶν R α′] πρώτης H^{I}

---

8 ἐξαγείροντα V^{O}, ἐξεγείρονται H^{I}, ἐγείροντα R **11** δυνατὸν (-ον M) V^{E}V$^{O\ a.\ c.}$ M, δυνατὼν (-ὼ- *e corr.*) P **12** καὶ – δύναμιν] καὶ τὰ λοιπά P R

I suppl. 314 / V cap. Δ 1, 12

<***>

Κύριος πτωχίζει καὶ πλουτίζει,
ταπεινοῖ καὶ ἀνυψοῖ, καὶ τὰ λοιπά.

I suppl. 315 / V cap. Δ 1, 17

Ψαλμοῦ πθʹ·

Χίλια ἔτη ἐν ὀφθαλμοῖς σου, κύριε,
ὡς ἡ ἡμέρα ἡ ἐχθές, ἥτις διῆλθεν,
καὶ φυλακὴ ἐν νυκτί.

I suppl. 316 / V cap. Δ 1, 18

<***>

Τίς γινώσκει τὸ κράτος τῆς ὀργῆς σου,
καὶ ἀπὸ τοῦ φόβου σου τὸν θυμόν σου;

---

2 – 4 I suppl. 314 inter I 717 / C cap. Δ 1, 12 et I 718 / C cap. Δ 1, 13 **6 – 9 I suppl. 315** inter I 722 / C cap. Δ 1, 17 et I 723 / C cap. Δ 1, 18 **11 – 13 I suppl. 316** inter I 722 / C cap. Δ 1, 17 et I 723 / C cap. Δ 1, 18

---

3 – 4 I suppl. 314 I Reg. 2, 7$^{1-2}$ sqq. (Wahl, *1 Samuel-Text*, p. 44) **7 – 9 I suppl. 315** Ps. 89, 4$^{1-3}$ **12 – 13 I suppl. 316** Ps. 89, 11$^{1-2}$

---

2 – 4 I suppl. 314 V^{E} cap. Δ 1, 12 (68v19); V^{O} cap. Δ 1, 12; V^{Ph} cap. Δ 1, 12; H^{I} cap. Δ 1, 12; P cap. Δ 15, 13; M cap. Δ 15, 12; *deest in* L^{b} T H^{III} R; PG 95, 1348, 31–32 **6 – 9 I suppl. 315** V^{E} cap. Δ 1, 17 (68v22–23); V^{Ph} cap. Δ 1, 17; H^{I} cap. Δ 1, 17; P cap. Δ 15, 17; M cap. Δ 15, 17; T cap. Δ 27, 15; H^{III} cap. Δ 23, 5; R cap. Δ 29, 14; *deest in* V^{O} L^{b} **11 – 13 I suppl. 316** V^{E} cap. Δ 1, 18 (68v23); V^{O} cap. Δ 1, 17; V^{Ph} cap. Δ 1, 18; H^{I} cap. Δ 1, 18; *deest in* PML^{b} T H^{III} R; PG 95, 1348, 39–40

I suppl. 314 (a) *s. a.* V^{E}V^{O}V^{Ph} H^{I} M (b) *s. d.* P **I suppl. 315** (a) PM T R Ψαλμοῦ] ψ^{α} P, ψ M, *om.* R (b) *s. a.* V^{E}V^{Ph} H^{I} H^{III} **I suppl. 316** *s. a.* V^{E}V^{O}V^{Ph} H^{I}

---

4 ταπεινοῖ – λοιπά] *om.* P καὶ^{2} – λοιπά] *om.* H^{I} M **8** ὡς ἡ] ὡσεὶ H^{I} ἡ^{1}] *om.* P **8 – 9** ἡ^{2} – νυκτί] *om.* V^{E}, καὶ τὰ λοιπά V^{Ph} **8** χθές H^{I} R **8 – 9** ἥτις – νυκτί] *om.* H^{I} PM R **13** τοῦ – σου^{2}] *om.* V^{E}, καὶ τὰ λοιπά V^{O}V^{Ph}

I suppl. 317 / V cap. Δ 1, 20

Ψαλμοῦ ριβʹ·

…ὁ ἐγείρων ἀπὸ γῆς πτωχὸν
καὶ ἀπὸ κοπρίας ἀνιστῶν πένητα.

I suppl. 318 / V cap. Δ 1, 26

Ἱερεμίου προφήτου·

Ὁ λυτρωσάμενος αὐτοὺς ἰσχυρὸς κύριος· παντοκράτωρ ὄνομα αὐτῷ.

---

2 – 4 I suppl. 317 inter I 723 / C cap. Δ 1, 18 et I 724 / C cap. Δ 1, 19 **6 – 8 I suppl. 318** inter I 730 / C cap. Δ 1, 25 et I 731 / C cap. Δ 1, 26

---

3 – 4 I suppl. 317 Ps. 112, 7^{1-2} **7 – 8 I suppl. 318** Ier. 27, 34 (Wahl, *Prophetenzitate*, p. 555–556)

---

2 – 4 I suppl. 317 V^{E} cap. Δ 1, 20 (68v24–25); V^{O} cap. Δ 1, 19; V^{Ph} cap. Δ 1, 20; H^{I} cap. Δ 1, 20; P cap. Δ 15, 19; M cap. Δ 15, 18; T cap. Δ 27, 17; H^{III} cap. Δ 23, 7; R cap. Δ 29, 16; *deest in* L^{b}; PG 95, 1348, 41–42 **6 – 8 I suppl. 318** V^{E} cap. Δ 1, 26 (68v[33]34); V^{O} cap. Δ 1, 25; V^{Ph} cap. Δ 1, 26; H^{I} cap. Δ 1, 26; P cap. Δ 15, 25; M cap. Δ 15, 24; T cap. Δ 27, 23; R cap. Δ 29, 22; *deest in* L^{b} H^{III}; PG 95, 1349, 4–5

I suppl. 317 (a) PM T R Ψαλμοῦ] $ψ^{α}$ P, ψ M, *om.* R (b) *s. a.* $V^{E}V^{O}V^{Ph}$ H^{I} H^{III} **I suppl. 318** (a) T Ἱερεμίου] *scripsimus*, ϊερεμίου *cod.* (b) Ἱερεμίου $V^{E}V^{O}V^{Ph}$ PM R ϊηρεμιου PM (c) Ἱερεμίας H^{I}

---

3 ἐγειρῶν *(*ε- M*)* PM, ἐγείρον T **4** ἀνιστῶν πένητα] *om.* V^{E} P R, καὶ τὰ λοιπά $V^{O}V^{Ph}$ ἀνιστῶν] *sic* H^{I}, ἀνυψῶν *(*-ων M*)* M T H^{III} **7** ἰσχυρὸς – παντοκράτωρ] *sic interpunx.* $V^{E}V^{Ph}$ H^{I} P T R *(cf. etiam* I 1426 / C cap. O 1, 6*)*, ἰσχυρὸς· κύριος παντοκράτωρ V^{O} *(LXX)*, *nulla interpunctio in* M **8** αὐτοῦ V^{Ph} M

I suppl. 319 / V cap. Δ 1, 31

Τοῦ αὐτοῦ·

Τοῖς κραταιοῖς ἰσχυρὰ ἐφίσταται ἔρευνα.

I suppl. 320 / V cap. Δ 1, 32

Τοῦ αὐτοῦ·

Τὴν σὴν χεῖρα ἐκφυγεῖν ἀδύνατον.

I suppl. 321 / V cap. Δ 1, 38

Νείλου μοναχοῦ·

Λέγω ὑμῖν ὅτι ἐκ τῶν λίθων τούτων, τουτέστιν τῶν λατρευόντων τοῖς λίθοις, *δύναται ὁ θεὸς ἐγεῖραι τέκνα τῷ Ἀβραάμ.*

---

2 – 3 I suppl. 319 inter I 734 / C cap. Δ 1, 29 et I 735 / C cap. Δ 1, 30 **5 – 6 I suppl. 320** inter I 734 / C cap. Δ 1, 29 et I 735 / C cap. Δ 1, 30 **8 – 10 I suppl. 321** post I 751 / C cap. Δ 1, 46 **9 – 10** Matth. 3, 9 vel Luc. 3, 8

---

3 I suppl. 319 Sap. 6, 8 **6 I suppl. 320** Sap. 16, 15 **9 – 10 I suppl. 321** NILUS MONACHUS (ANCYRANUS?), locus non repertus

---

2 – 3 I suppl. 319 V^{E} cap. Δ 1, 31 (69r6–7); V^{O} cap. Δ 1, 30; V^{Ph} cap. Δ 1, 31; H^{I} cap. Δ 1, 30; P cap. Δ 15, 30; M cap. Δ 15, 29; T cap. Δ 27, 28; R cap. Δ 29, 27; *deest in* L^{b} H^{III}; PG 95, 1349, 15 **5 – 6 I suppl. 320** V^{E} cap. Δ 1, 32 (69r7); V^{O} cap. Δ 1, 31; V^{Ph} cap. Δ 1, 32; H^{I} cap. Δ 1, 32; P cap. Δ 15, 31; M cap. Δ 15, 30; T cap. Δ 27, 29; R cap. Δ 29, 28; *deest in* L^{b} H^{III}; PG 95, 1349, 15–16 **8 – 10 I suppl. 321** V^{E} cap. Δ 1, 38 (69r[16]16–17); V^{O} cap. Δ 1, 37; V^{Ph} cap. Δ 1, 38; H^{I} cap. Δ 1, 39; *deest in* PML^{b} T H^{III} R; PG 95, 1349, 29–31

I suppl. 319 (a) T (b) *s. a.* $V^{E}V^{Ph}$ H^{I} PM (c) *s. d.* V^{O} R **I suppl. 320** (a) T (b) *s. a.* $V^{E}V^{O}V^{Ph}$ H^{I} M (c) *s. d.* P R **I suppl. 321** (a) H^{I} (b) Νίλου $V^{E}V^{O}V^{Ph}$

---

10 ἀβραὰμ $V^{O\,a.\,c.}$, ἀβρααμ H^{I}

I suppl. 322 / T cap. Δ 28, 4

Ἐν ψαλμῷ ϙδʹ·

Θεὸς μέγας κύριος
καὶ βασιλεὺς μέγας ἐπὶ πᾶσαν τὴν γῆν.

I suppl. 323 / V cap. Δ 2, 4

Ψαλμοῦ ϙδʹ·

Αὐτοῦ ἐστιν ἡ θάλασσα, καὶ αὐτὸς ἐποίησεν αὐτήν.

Αὐτοῦ ἐστιν ἡ θάλασσα, καὶ αὐτὸς ἐποίησεν αὐτήν,
καὶ τὴν ξηρὰν αἱ χεῖρες αὐτοῦ ἔπλασαν.

Ὅτι ἐν τῇ χειρὶ αὐτοῦ τὰ πέρατα τῆς γῆς,
καὶ τὰ ὕψη τῶν ὀρέων αὐτοῦ εἰσίν·
ὅτι αὐτοῦ ἐστιν ἡ θάλασσα, καὶ αὐτὸς ἐποίησεν αὐτήν,
καὶ τὴν ξηρὰν αἱ χεῖρες αὐτοῦ ἔπλασαν.

---

2 – 4 I suppl. 322 inter I 755 / C cap. Δ 2, 4 et I 756 / C cap. Δ 2, 5 **6 – 13 I suppl. 323** inter I 755 / C cap. Δ 2, 4 et I 756 / C cap. Δ 2, 5

---

3 – 4 I suppl. 322 Ps. 94, 3^{1-2} **7 I suppl. 323 *Versio* $V^{E}V^{O}V^{Ph}$ H^{I}** Ps. 94, 5^{1} **8 – 9 I suppl. 323 *Versio* PM R** Ps. 94, 5^{1-2} **10 – 13 I suppl. 323 *Versio* T** Ps. 94, 4^{1}–5^{2}

---

2 – 4 I suppl. 322 T cap. Δ 28, 4 (138vB[16]17–18) **6 – 13 I suppl. 323** V^{E} cap. Δ 2, 4 (69r23); V^{O} cap. Δ 2, 4; V^{Ph} cap. Δ 2, 4; H^{I} cap. Δ 2, 4; P cap. Δ 16, 4; M cap. Δ 16, 4; T cap. Δ 28, 5; R cap. Δ 30, 3; *deest in* L^{b}; PG 95, 1349, 41–42

I suppl. 323 (a) PM T R Ψαλμοῦ] ψαλμὸς R, ψ M ϙδʹ] ϙαʹ PM (b) *s. a.* $V^{E}V^{O}V^{Ph}$ H^{I}

---

7 αὐτοῦ ἐστὶν $V^{O}V^{Ph}$ H^{I} **8** αὐτου ἐστίν M

I suppl. 324 / V cap. Δ 2, 11

Σοφίας Σολομῶντος·

Ὁ θεὸς θάνατον οὐκ ἐποίησεν,
οὐδὲ τέρπεται ἐπ᾽ ἀπωλείᾳ ζώντων.
Ἔκτισε γὰρ εἰς τὸ εἶναι τὰ πάντα,
καὶ σωτήριοι αἱ γενέσεις τοῦ κόσμου,
καὶ οὐκ ἔστιν ἐν αὐταῖς φάρμακον ὀλέθρου,
οὐδὲ Ἅδου βασίλειον ἐπὶ τῆς γῆς.

I suppl. 325 / V cap. Δ 2, 18

Τοῦ ἁγίου Βασιλείου, ἐκ τοῦ ε′ λόγου τῆς Ἑξαημέρου·

Βλαστησάτω ἡ γῆ βοτάνην χόρτου. Καὶ συνεξεδόθη τοῖς τροφίμοις τὰ δηλητήρια· μετὰ τοῦ σίτου τὸ κόνιον, μετὰ τῶν λοιπῶν τροφίμων ἐλλέβορος καὶ ἀκόνητον καὶ μανδραγόρας καὶ ὁ τῆς μήκωνος ὀπός. Τί οὖν; Ἀφέντες ἐπὶ τοῖς χρησίμοις τὴν χάριν ὁμολογεῖν, ἐγκαλέσομεν τῷ δημιουργῷ ἐπὶ τοῖς φθαρτικοῖς ἡμῶν τῆς ζωῆς; Ἐκεῖνο οὐ λογιζόμεθα, ὅτι οὐ πάντα τῆς γαστρὸς ἕνεκεν τῆς

---

2 – 8 I suppl. 324 inter I 764 / C cap. Δ 2, 13 et I 765 / C cap. Δ 2, 14 **10 – 166, 3 I suppl. 325** inter I 772 / C cap. Δ 2, 21 et I 773 / C cap. Δ 2, 22 **11** Gen. 1, 11

---

3 – 8 I suppl. 324 Sap. 1, 13^{1}–14^{4} **11 – 166, 3 I suppl. 325** BASILIUS CAESARIENSIS, *Homiliae in Hexaemeron*, V, 4 (ed. Mendieta†/Rudberg, p. 74, 15 – 22)

---

2 – 8 I suppl. 324 V^{E} cap. Δ 2, 11 (69v[1]1–4); V^{O} cap. Δ 2, 11; V^{Ph} cap. Δ 2, 11; H^{I} cap. Δ 2, 11; P cap. Δ 16, 11; M cap. Δ 16, 11; T cap. Δ 28, 12; *deest in* L^{b} R; PG 95, 1352, 10 – 14 **10 – 166, 3 I suppl. 325** V^{E} cap. Δ 2, 18 (69v[13]13 – 22); V^{O} cap. Δ 2, 18; V^{Ph} cap. Δ 2, 18; H^{I} cap. Δ 2, 18; P cap. Δ 16, 18; M cap. Δ 16, 18; T cap. Δ 28, 19; R cap. Δ 30, 19; *deest in* L^{b}; PG 95, 1352, 32–43

I suppl. 324 (a) T (b) Σολομῶντος $V^{E}V^{O}V^{Ph}$ PM σολομωντος PM (c) Σολομών H^{I} σολομῶν *cod.* **I suppl. 325** (a) PM T R Τοῦ ἁγίου] *om.* PM βασιλειου M (b) Βασιλείου $V^{E}V^{O}V^{Ph}$ H^{I}

---

5 ἔκτησαι V^{E}, ἔκτησε V^{O} τὸ εἶναι] τὸν αἰῶνα V^{O} **7** αὐτῶ H^{I} **8** ἄδου V^{E}, ἀδου P, αδου M τῆς] *om.* PM T **11 – 12** τροφήμοις $V^{E}V^{O}V^{Ph}$ T **12** κώνειον R **13** τροφήμων $V^{O}V^{Ph}$ P, τροφήμον V^{E} ἐλέβορος $V^{E}V^{O}V^{Ph}$ H^{I}, ἐλεβορος M ἀκόνητον] *sic* $V^{E}V^{O}V^{Ph}$ H^{I} PM T, ἀκόνιτον R ὁ] ἡ M, *om.* R **14** μήκονος *(μη- M)* PM T R **15** ἐγκαλέσομαι V^{O}, ἐγκαλέσωμεν V^{Ph} P T *(ed., sed cf. app. crit.)* **16** οὐ[1]] οὖν T R, οὗν PM λογιζώμεθα R

ἡμετέρας δεδημιούργηται; Ἀλλ’ ἡμῖν μὲν αἱ ἀποτεταγμέναι τροφαὶ πρόχειροι καὶ πᾶσιν εὔγνωστοι, ἕκαστον δὲ τῶν γενομένων ἴδιόν τινα λόγον ἐν τῇ κτίσει πληροῖ.

I suppl. 326 / V cap. Δ 2, 19

<***>

Παρὰ θεοῦ τὸ κακὸν τὴν γένεσιν ἔχειν, οὐκ εὐσεβές ἐστι λέγειν, διὰ τὸ μηδὲν τῶν ἐναντίων παρὰ τοῦ ἐναντίου γίνεσθαι. Οὔτε γὰρ ζωὴ θάνατον γεννᾷ, οὔτε τὸ σκότος φωτός ἐστιν ἀρχή, οὔτε ἡ νόσος ὑγείας δημιουργός. Τί οὖν φαμέν; Ὅτι τὸ κακόν ἐστιν οὐχὶ οὐσία ζῶσα καὶ ἔμψυχος, ἀλλὰ διάθεσις ἐν ψυχῇ, ἐναντίως ἔχουσα πρὸς ἀρετήν, διὰ τὴν τοῦ καλοῦ ἀπόπτωσιν τοῖς ῥαθύμοις ἐγγινομένη. Μὴ τοίνυν ἔξωθεν τὸ κακὸν περισκόπει, καὶ τῆς ἐν αὐτῷ κακίας ἕκαστος ἑαυτὸν ἀρχηγὸν γνωριζέτω.

---

5 – 13 I suppl. 326 inter I 772 / C cap. Δ 2, 21 et I 773 / C cap. Δ 2, 22

---

6 – 9 I suppl. 326 Παρὰ – δημιουργός] Basilius Caesariensis, *Homiliae in Hexaemeron*, II, 4 (ed. Mendieta†/Rudberg, p. 28, 10 – 13) **9 – 13** Τί – γνωριζέτω] Ibid., II, 4 – 5 (p. 28, 18 – 23)

---

5 – 13 I suppl. 326 V^{E} cap. Δ 2, 19 (69v22–28); V^{O} cap. Δ 2, 19; V^{Ph} cap. Δ 2, 19; H^{I} cap. Δ 2, 19; P cap. Δ 16, 19; M cap. Δ 16, 19; T cap. Δ 28, 20; R cap. Δ 30, 20; *deest in* L^{b}; PG 95, 1352, 44 – 54

I suppl. 326 (a) *s. a.* $V^{E}V^{O}V^{Ph}$ H^{I} P (b) *s. d.* M T R

---

1 αἱ] *om.* R **2** δὲ] *om.* M γινομένων *(*-με- M*)* PM T **3** ἴδιον τινὰ V^{Ph} T, ϊδιον τινα PM κτησει P, κτισι M πληροῦν M **6** εὐσεβὲς ἐστὶ R **8** ζωην θανατος M γενᾶ V^{O} φωτὸς ἐστὶν $V^{E}V^{O}$ R, φωτος εστιν P, φωτος ἔστιν M **9** οὖν φαμέν] οὖν *(*οῦν PM*)* φαμεν PM T τὸ] *om.* PM T R **9 – 10** οὐχὶ οὐσία] ουχουσια M **11** *ante* τοῦ *hab.* ἀπὸ *ed.* **12** Μὴ] *e coniectura* R, *om.* $V^{E}V^{O}V^{Ph}$ H^{I} PM T περισκόπη P, περισκοπεῖ T καὶ] ἀλλὰ R *(ed.)*, *om.* P T **13** ἑαυτῶν $P^{p. c. ut videtur}$ γνωρίζεται V^{O}

I suppl. 327 / V cap. Δ 2, 21

Τοῦ Χρυσοστόμου, ἐκ τοῦ εἰς τὸ *Πᾶς ὁ ἐμβλέψας γυναικί*·

Οὐχ' ἡ φύσις αὐτὴ τῶν κινήσεων καθ' ἑαυτὴν πονηρά, ἀλλ' ἡ τῶν ψυχικῶν κινημάτων παρατροπή, τῆς ψυχῆς τὰς ὁρμὰς ὡς πάθη διέβαλλεν. Ὁ γὰρ δημιουργὸς τὴν λύραν καλὴν καὶ εὔφθογγον ἡρμόσατο, οἱ δὲ κρούοντες, διαφόρως ἅπτονται τῶν χορδῶν, καὶ ἀπὸ τῆς αὐτῆς κιθάρας ὁ μὲν ὕμνον, ὁ δὲ ἀπηχεῖ βλασφημίαν, οὐχ' ὡς τῆς τῶν χορδῶν φύσεως τὸ διεστραμμένον ἐχούσης, ἀλλ' ὡς τῆς τῶν ψηλαφώντων ἀμαθίας παραφθειρούσης τὸ ὄργανον.

I suppl. 328 / V cap. Δ 2, 22

<Τοῦ αὐτοῦ, ἐκ τοῦ εἰς τὴν παραβολὴν τῶν ζιζανίων·>

Ταῖς τῶν κακῶν ἐπισποραῖς αἰτία τῶν ἀνθρώπων ἡ ῥαθυμία· *Ἐν*

---

2 – 9 I suppl. 327 inter I 789 / C cap. Δ 2, 38 et I 790 / C cap. Δ 2, 39 **11 – 168, 2 I suppl. 328** inter I 789 / C cap. Δ 2, 38 et I 790 / C cap. Δ 2, 39 **12 – 168, 2** Matth. 13, 25

---

3 – 9 I suppl. 327 IOHANNES CHRYSOSTOMUS, *In illud:* Omnis qui viderit mulierem *(Matth. 5, 28)*, locus non repertus; Haidacher 180.31 **12 – 168, 2 I suppl. 328** IOHANNES CHRYSOSTOMUS, *In parabolam de zizaniis (Matth. 13, 24–30)*, locus non repertus

---

2 – 9 I suppl. 327 V^{E} cap. Δ 2, 21 (69v[29]29–70r1); V^{O} cap. Δ 2, 21; V^{Ph} cap. Δ 2, 21; H^{I} cap. Δ 2, 21; P cap. Δ 16, 21; M cap. Δ 16, 21; T cap. Δ 28, 22; *deest in* L^{b} R; PG 95, 1353, 1–9 **11 – 168, 2 I suppl. 328** V^{E} cap. Δ 2, 22 (70r1–3); V^{O} cap. Δ 2, 22; V^{Ph} cap. Δ 2, 22; H^{I} cap. Δ 2, 22; P cap. Δ 16, 22; M cap. Δ 16, 22; T cap. Δ 28, 23; *deest in* L^{b} R; PG 95, 1353, 10–13

I suppl. 327 (a) PM T ἐκ τοῦ] *om.* PM εἰς τὸ] οτι M ἐμβλέπων T (b) Τοῦ Χρυσοστόμου $V^{E}V^{O}V^{Ph}$ H^{I} Τοῦ] *om.* V^{Ph} **I suppl. 328** (a) Τοῦ – ζιζανίων] *supplevimus (secund.* I 1477 / C cap. Ο 2, 35*)* (b) *s. a.* $V^{E}V^{O}V^{Ph}$ H^{I} P T (c) *s. d.* M

---

3 Οὐχ' ἡ] οὐχῆ V^{E}, οὐχὴ $V^{O\ a.\ c.}$, οὐχῒ $V^{O\ p.\ c.\ man.\ rec.}$, οὐχι P αὐτὴ $V^{E}V^{O}$, αὐτη P, αὔτη T ἡ²] ἣν $V^{E\ ut\ videtur}$, ἣ $V^{O}V^{Ph}$, η P **4** ψυχηκῶν (-ων P*)* P T **4 – 5** διεβαλεν (διὲ- P*)* PM *(cf.* I 1476 / C cap. Ο 2, 34*)*, διέβαλον V^{O} **5 – 6** ἡρμόσατο] *scripsimus*, εἱρμώσατο (εἰ- V^{E}; -ῶ- $V^{O}V^{Ph}$*)* $V^{E}V^{O}V^{Ph}$, εἱρμόσατο (-μο- M*)* H^{I} M, ειρμοσατο P, εἰργάσατο T **6** διαφόρως] *om.* T **7** ὁ δὲ] *om.* T **8** τῆς] τὴν $V^{O\ a.\ c.}$ δῒατετραμμένον V^{Ph} **9** ψηλαφών τῶν M, ψηλαφόντων P T, ψηλαφούντων $V^{E}V^{O}V^{Ph}$ H^{I} ἀμαθείας P T **12 – 168, 1** Ἐν – γὰρ] ἐν (ἐκ P*)* γὰρ (γαρ P T*)* τὸ (το PM*)* PM T

τῷ γὰρ καθεύδειν, φησίν, τοὺς ἀνθρώπους ἦλθεν ὁ ἐχθρός, καὶ ἔσπειρεν τὰ ζιζάνια ἀναμέσον τοῦ σίτου.

I suppl. 329 / V cap. Δ 2, 24

Διδύμου·

Ἑνὶ νεύματι βουλήσεως ἃ θέλει συνίστησιν ἐκ μὴ ὄντων, μόνος ὢν ἀΐδιος, μόνος ὢν ἄναρχος, μόνος ἁπλοῦς οὐσίᾳ καὶ βουλήσει.

I suppl. 330 / V cap. Δ 3, 7

Ψαλμοῦ μς΄·

Ψάλατε τῷ θεῷ ἡμῶν, ψάλατε,
ψάλατε τῷ βασιλεῖ ἡμῶν, ψάλατε.

---

4 – 6 I suppl. 329 inter I 796 / C cap. Δ 2, 45 et I 797 / C cap. Δ 2, 46 **8 – 10 I suppl. 330** inter I 815 / C cap. Δ 3, 14 et I 816 / C cap. Δ 3, 15

---

5 – 6 I suppl. 329 Didymus Alexandrinus, locus non repertus **9 – 10 I suppl. 330** Ps. 46, 7^{1-2}

---

4 – 6 I suppl. 329 V^E cap. Δ 2, 24 (70r[7]8–9); V^O cap. Δ 2, 24; V^{Ph} cap. Δ 2, 24; H^I cap. Δ 2, 24; P cap. Δ 16, 24; M cap. Δ 16, 24; T cap. Δ 28, 25; *deest in* L^b R; PG 95, 1353, 20–22 **8 – 10 I suppl. 330** V^E cap. Δ 3, 7 (70r19); V^W cap. Δ 3, 7; V^O cap. Δ 3, 7; V^{Ph} cap. Δ 3, 7; H^I cap. Δ 3, 7; P cap. Δ 17, 7; M cap. Δ 17, 7; T cap. Δ 29, 7; R cap. Δ 31, 12; *deest in* L^b; PG 95, 1353, 40–41

I suppl. 329 (a) $V^EV^OV^{Ph}$ H^I (b) *s. d.* PM T **I suppl. 330** (a) PM T R ψαλμοῦ] ψ M, *om.* R (b) Τοῦ αὐτοῦ V^W (c) *s. a.* $V^EV^OV^{Ph}$ H^I

---

1 καθεύδην V^EV^O **5** ἃ] *s. l.* P θέλη PM T μὴ ὄντων] μηόντων V^EV^O P, μη ὄντων H^I, μιόντων *(*μιώ- M*)* M T **9** Ψάλατε] ψάλλατε V^W H^I T $R^{p.c.}$ ψάλατε] ψάλλατε V^W H^I T $R^{p.c.}$ **10** ψάλατε¹ – ψάλατε²] *om.* M R ψάλατε¹] ψάλλατε V^W H^I T ψάλατε²] ψαλλατε V^W H^I T

I suppl. 331 / V cap. Δ 3, 10

Ψαλμοῦ ξε'·

Ἀλαλάξατε τῷ θεῷ, πᾶσα ἡ γῆ,
ψάλατε δὴ τῷ ὀνόματι αὐτοῦ,
δότε δόξαν αἰνέσει αὐτοῦ.

I suppl. 332 / V cap. Δ 3, 11

Ψαλμοῦ ξς'·

Ἐξομολογησάσθωσάν σοι λαοί, ὁ θεός,
ἐξομολογησάσθωσάν σοι λαοί.

---

2 – 5 I suppl. 331 inter I 817 / C cap. Δ 3, 16 et I 818 / C cap. Δ 3, 17 **7 – 9 I suppl. 332** inter I 817 / C cap. Δ 3, 16 et I 818 / C cap. Δ 3, 17

---

3 – 5 I suppl. 331 Ps. 65, 1^{2}–2^{2} **8 – 9 I suppl. 332** Ps. 66, 4^{1-2} vel 66, 6^{1-2}

---

2 – 5 I suppl. 331 V^{E} cap. Δ 3, 10 (70r21–22); V^{W} cap. Δ 3, 10; V^{O} cap. Δ 3, 10; V^{Ph} cap. Δ 3, 10; H^{I} cap. Δ 3, 10; P cap. Δ 17, 9; M cap. Δ 17, 10; T cap. Δ 29, 10; *deest in* L^{b} R; PG 95, 1353, 45–46 **7 – 9 I suppl. 332** V^{E} cap. Δ 3, 11 (70r22–23); V^{W} cap. Δ 3, 11; V^{O} cap. Δ 3, 11; V^{Ph} cap. Δ 3, 11; H^{I} cap. Δ 3, 11; M cap. Δ 17, 11; *deest in* PL^{b} T R; PG 95, 1353, 47–48

I suppl. 331 (a) PM T ψαλμ^{o} M (b) *s. a.* V H^{I} **I suppl. 332** (a) M Ψαλμοῦ] *scripsimus,* ψαλμ^{o} *cod.* (b) *s. a.* V H^{I}

---

3 θεῷ] κυρίῳ T **4 – 5** ψάλατε – αὐτοῦ] και τα λοιπα P, *om.* V^{W} M **4** ψάλλατε H^{I} T δὴ] *om.* V^{O} **5** δότε – αὐτοῦ] *om.* $V^{E}V^{O}V^{Ph}$ H^{I} **9** ἐξομολογησάσθωσάν – λαοί] ἐξομολογησάσθωσάν *(sic)* V^{O}, *om.* M λαοί] *om.* H^{I}, *add.* πᾶντες *(sic)* V^{W} *(cf. LXX)*

I suppl. 333 / V cap. Δ 3, 12

Ψαλμοῦ ξζ′·

Ἐν ἐκκλησίαις εὐλογεῖτε τὸν θεόν,
κύριον ἐκ πηγῶν Ἰσραήλ.

I suppl. 334 / V cap. Δ 3, 13

<***>

Αἱ βασιλεῖαι τῆς γῆς, ᾄσατε τῷ θεῷ, ψάλατε τῷ κυρίῳ.

I suppl. 335 / V cap. Δ 3, 15

Ψαλμοῦ πη′·

Τὰ ἐλέη σου, κύριε, εἰς τὸν αἰῶνα ᾄσομαι,
εἰς γενεὰν καὶ γενεάν.

---

2 – 4 I suppl. 333 inter I 817 / C cap. Δ 3, 16 et I 818 / C cap. Δ 3, 17 **6 – 7 I suppl. 334** inter I 817 / C cap. Δ 3, 16 et I 818 / C cap. Δ 3, 17 **9 – 11 I suppl. 335** inter I 819 / C cap. Δ 3, 18 et I 820 / C cap. Δ 3, 19

---

3 – 4 I suppl. 333 Ps. 67, 27^{1-2} **7 I suppl. 334** Ps. 67, 33 **10 – 11 I suppl. 335** Ps. 88, 2^{1-2}

---

2 – 4 I suppl. 333 V^{E} cap. Δ 3, 12 (70r23); V^{W} cap. Δ 3, 12; V^{O} cap. Δ 3, 12; V^{Ph} cap. Δ 3, 12; H^{I} cap. Δ 3, 12; P cap. Δ 17, 10; T cap. Δ 29, 11; R cap. Δ 31, 11; *deest in* ML^{b}; PG 95, 1353, 49–50 **6 – 7 I suppl. 334** V^{E} cap. Δ 3, 13 (70r24); V^{W} cap. Δ 3, 13; V^{O} cap. Δ 3, 13; V^{Ph} cap. Δ 3, 13; H^{I} cap. Δ 3, 13; P cap. Δ 17, 11; M cap. Δ 17, 11; T cap. Δ 29, 12; R cap. Δ 31, 17; *deest in* L^{b}; PG 95, 1353, 50–51 **9 – 11 I suppl. 335** V^{E} cap. Δ 3, 15 (70r25–26); V^{W} cap. Δ 3, 15; V^{O} cap. Δ 3, 15; V^{Ph} cap. Δ 3, 15; H^{I} cap. Δ 3, 15; P cap. Δ 17, 13; M cap. Δ 17, 13; T cap. Δ 29, 14; R cap. Δ 31, 18; *deest in* L^{b}; PG 95, 1353, 54–55

I suppl. 333 (a) P T R Ψαλμοῦ] *om.* R (b) *s. a.* V H^{I} **I suppl. 334** (a) *s. a.* V H^{I} P T (b) *s. d.* R (c) Ψαλμὸς ξζ′ M ψαλμ° *cod.* **I suppl. 335** (a) PM T R Ψαλμοῦ] ψαλμ° M, *om.* R (b) *s. a.* V H^{I}

---

4 κύριον – Ἰσραήλ] *om.* P R **7** ψάλατε – κυρίῳ] *om.* V^{W} PM R ψάλλατε H^{I} T κυρίῳ] ὀνόματι αὐτοῦ *(= Ps. 67, 5^{1})* T **10** ἀσωμαι M, ασωμε P **11** εἰς – γενεάν] *om.* V^{W} PM T R

I suppl. 336 / V cap. Δ 3, 18

Ψαλμοῦ ϙε′·

Ἄσατε τῷ κυρίῳ ᾆσμα καινόν,
ᾄσατε τῷ κυρίῳ πᾶσα ἡ γῆ.

I suppl. 337 / V cap. Δ 3, 19

Ψαλμοῦ τοῦ αὐτοῦ·

Ἐνέγκατε τῷ κυρίῳ, αἱ πατριαὶ τῶν ἐθνῶν,
ἐνέγκατε…

I suppl. 338 / V cap. Δ 3, 20

Ψαλμοῦ ϙη′·

Ὑψοῦτε κύριον τὸν θεὸν ἡμῶν
καὶ προσκυνεῖτε τὸ ὑποπόδιον…

2–4 I suppl. 336 inter I 821 / C cap. Δ 3, 20 et I 822 / C cap. Δ 3, 21 **6–8 I suppl. 337** inter I 821 / C cap. Δ 3, 20 et I 822 / C cap. Δ 3, 21 **10–12 I suppl. 338** inter I 821 / C cap. Δ 3, 20 et I 822 / C cap. Δ 3, 21

3–4 I suppl. 336 Ps. 95, 1^{3-4} **7–8 I suppl. 337** Ps. 95, 7^{1-2} **11–12 I suppl. 338** Ps. 98, 5^{1-2}

2–4 I suppl. 336 V^{E} cap. Δ 3, 18 (70r28); V^{W} cap. Δ 3, 18; V^{O} cap. Δ 3, 18; V^{Ph} cap. Δ 3, 18; H^{I} cap. Δ 3, 18; P cap. Δ 17, 16; M cap. Δ 17, 16; T cap. Δ 29, 17; *deest in* L^{b} R; PG 95, 1356, 5–6 **6–8 I suppl. 337** V^{E} cap. Δ 3, 19 (70r28–29); V^{W} cap. Δ 3, 19; V^{O} cap. Δ 3, 19; V^{Ph} cap. Δ 3, 19; H^{I} cap. Δ 3, 19; P cap. Δ 17, 17; M cap. Δ 17, 17; T cap. Δ 29, 18; *deest in* L^{b} R; PG 95, 1356, 6–7 **10–12 I suppl. 338** V^{E} cap. Δ 3, 20 (70r29–30); V^{W} cap. Δ 3, 20; V^{O} cap. Δ 3, 20; V^{Ph} cap. Δ 3, 20; H^{I} cap. Δ 3, 20; P cap. Δ 17, 18; T cap. Δ 29, 19; *deest in* ML^{b} R; PG 95, 1356, 8–9

I suppl. 336 (a) PM T Ψαλμοῦ] $ψ^{α}$ P, ψ M (b) *s. a.* V H^{I} **I suppl. 337** (a) P (b) Ψαλμοῦ ϙε′ T (c) *s. a.* V H^{I} (d) *s. d.* M **I suppl. 338** (a) P T (b) *s. a.* V H^{I}

---

3 ἄσμα $V^{W\,p.\,c.}$ $H^{I\,a.\,c.}$ T **4** ἄσατε – γῆ] *om.* PM γῆ] *add.* ἄσατε τῷ κυρίῳ εὐλογήσατε τὸ ὄνομα αὐτοῦ *(= Ps. 95, 2¹)* T **8** ἐνέγκατε] *om.* V^{W} H^{I} PM T **12** καὶ – ὑποπόδιον] *om.* P τὸ ὑποπόδιον] τῷ ὑποποδίῳ τῶν ποδῶν αὐτοῦ *(= Ps. 98, 5²)* V^{W}, τῷ ὑποποδίῳ τῶν ποδῶν αὐτοῦ ὅτι ἅγιον *(= Ps. 98, 5^{2-3})* H^{I}, εἰς ὄρος ἅγιον αὐτοῦ, ὅτι ἅγιος κύριος ὁ θεὸς ἡμῶν *(= Ps. 98, 9^{2-3})* T

I suppl. 339 / V cap. Δ 3, 22

Ψαλμοῦ ρβ′·

Εὐλόγει, ἡ ψυχή μου, τὸν κύριον
καὶ πάντα τὰ ἐντός μου, τὸ ὄνομα τὸ ἅγιον αὐτοῦ.

I suppl. 340 / T cap. Δ 29, 22

Τοῦ αὐτοῦ·

Εὐλόγει, ἡ ψυχή μου, τὸν κύριον
καὶ μὴ ἐπιλανθάνου πάσας τὰς ἀνταποδόσεις αὐτοῦ.

I suppl. 341 / V cap. Δ 3, 23

Τοῦ αὐτοῦ·

Εὐλογεῖτε τὸν κύριον, πάντα τὰ ἔργα αὐτοῦ
ἐν παντὶ τόπῳ τῆς δεσποτείας αὐτοῦ.

---

2 – 4 I suppl. 339 inter I 823 / C cap. Δ 3, 22 et I 824 / C cap. Δ 3, 23 **6 – 8 I suppl. 340** inter I 823 / C cap. Δ 3, 22 et I 824 / C cap. Δ 3, 23 **10 – 12 I suppl. 341** inter I 823 / C cap. Δ 3, 22 et I 824 / C cap. Δ 3, 23

---

3 – 4 I suppl. 339 Ps. 102, 1$^{2-3}$ **7 – 8 I suppl. 340** Ps. 102, 2$^{1-2}$ **11 – 12 I suppl. 341** Ps. 102, 22$^{1-2}$

---

2 – 4 I suppl. 339 V^{E} cap. Δ 3, 22 (70r31–32); V^{W} cap. Δ 3, 22; V^{O} cap. Δ 3, 22; V^{Ph} cap. Δ 3, 22; H^{I} cap. Δ 3, 22; P cap. Δ 17, 20; M cap. Δ 17, 19; T cap. Δ 29, 21; R cap. Δ 31, 23; *deest in* L^{b}; PG 95, 1356, 12–13 **6 – 8 I suppl. 340** T cap. Δ 29, 22 (140vA[25]26–28) **10 – 12 I suppl. 341** V^{E} cap. Δ 3, 23 (70r32–33); V^{W} cap. Δ 3, 23; V^{O} cap. Δ 3, 23; V^{Ph} cap. Δ 3, 23; H^{I} cap. Δ 3, 23; P cap. Δ 17, 21; M cap. Δ 17, 20; T cap. Δ 29, 23; *deest in* L^{b} R; PG 95, 1356, 13–14

I suppl. 339 (a) PM T R Ψαλμοῦ] ψ M, *om.* R (b) *s. a.* V H^{I} **I suppl. 341** (a) T (b) *s. a.* V H^{I} PM

---

4 τὸ^{2} – αὐτοῦ] *om.* V^{E}V^{O}V^{Ph} P **8** ἀνταποδόσεις] *correximus*, ἀνταποδώσεις T **12** τῆς – αὐτοῦ] *om.* P δεσποτίας V^{E}V^{O} H^{I}, δεσπο$^{τ′}$ V^{Ph} αὐτοῦ] *om.* V^{Ph}, *add.* εὐ^{o} *(i.e.* εὐλογεῖτε, *cf. Ps. 102, 22^{3})* H^{I}

I suppl. 342 / V cap. Δ 3, 24

Ψαλμοῦ ργ′·

Ἡδυνθείη αὐτῷ ἡ διαλογή μου.

I suppl. 343 / V cap. Δ 3, 25

Ψαλμοῦ ρδ′·

Ἐξομολογεῖσθε τῷ κυρίῳ καὶ ἐπικαλεῖσθε τὸ ὄνομα αὐτοῦ.

I suppl. 344 / V cap. Δ 3, 28

Ψαλμοῦ ριβ′·

Αἰνεῖτε, παῖδες, κύριον,
αἰνεῖτε τὸ ὄνομα κυρίου·
εἴη τὸ ὄνομα κυρίου…

---

2 – 3 I suppl. 342 inter I 823 / C cap. Δ 3, 22 et I 824 / C cap. Δ 3, 23 **5 – 6 I suppl. 343** inter I 823 / C cap. Δ 3, 22 et I 824 / C cap. Δ 3, 23 **8 – 11 I suppl. 344** inter I 824 / C cap. Δ 3, 23 et I 825 / C cap. Δ 3, 24

---

3 I suppl. 342 Ps. 103, 34^{1} **6 I suppl. 343** Ps. 104, 1^{2} **9 – 11 I suppl. 344** Ps. 112, 1^{2}–2^{1}

---

2 – 3 I suppl. 342 V^{E} cap. Δ 3, 24 (70r33–34); V^{W} cap. Δ 3, 24; V^{O} cap. Δ 3, 24; V^{Ph} cap. Δ 3, 24; H^{I} cap. Δ 3, 24; P cap. Δ 17, 22; M cap. Δ 17, 21; T cap. Δ 29, 24; *deest in* L^{b} R; PG 95, 1356, 15 **5 – 6 I suppl. 343** V^{E} cap. Δ 3, 25 (70r34–35); V^{W} cap. Δ 3, 25; V^{O} cap. Δ 3, 25; V^{Ph} cap. Δ 3, 25; H^{I} cap. Δ 3, 25; P cap. Δ 17, 23; M cap. Δ 17, 22; T cap. Δ 29, 25; R cap. Δ 31, 22; *deest in* L^{b}; PG 95, 1356, 16–17 **8 – 11 I suppl. 344** V^{E} cap. Δ 3, 28 (70v1–2); V^{W} cap. Δ 3, 27; V^{O} cap. Δ 3, 28; V^{Ph} cap. Δ 3, 28; H^{I} cap. Δ 3, 28; P cap. Δ 17, 25; M cap. Δ 17, 24; T cap. Δ 29, 27; R cap. Δ 31, 25; *deest in* L^{b}; PG 95, 1356, 22–23

I suppl. 342 (a) PM T Ψαλμοῦ] ψ M (b) *s. a.* V H^{I} **I suppl. 343** (a) PM T Ψαλμοῦ] ψαλμº M, *om.* R ρδ′] ρε′ T (b) *s. a.* V H^{I} **I suppl. 344** (a) PM T R Ψαλμοῦ] ψ M, *om.* R (b) *s. a.* V H^{I}

---

3 διαλογή μου] *add.* ἐγὼ δε εὐφρανθήσομαι ἐπι τῶ κυρίω *(= Ps. 103, 34^{2})* M **6** ἐξομολογεῖσθαι *(-γει- PM)* $V^{E}V^{O}V^{Ph\ a.c.}$ PM ἐπικαλεῖσθαι PM, ἐπὶκαλεῖσθαι V^{O} **11** εἴη – κυρίου] *om.* V^{W} PM T R κυρίου] *om.* $V^{O}V^{Ph}$

I suppl. 345 / V cap. Δ 3, 31

Ψαλμοῦ ρις´·

Αἰνεῖτε τὸν κύριον πάντα τὰ ἔθνη,
ἐπαινέσατε αὐτόν, πάντες οἱ λαοί.

I suppl. 346 / V cap. Δ 3, 32

Ψαλμοῦ ρλγ´·

Ἰδοὺ δὴ εὐλογεῖτε τὸν κύριον,
πάντες οἱ δοῦλοι κυρίου.

I suppl. 347 / V cap. Δ 3, 46

Ἐκ τῆς Πέτρου καθολικῆς α´ ἐπιστολῆς·

Κύριον τὸν Χριστὸν ἁγιάσατε ἐν ταῖς καρδίαις ὑμῶν.

---

2 – 4 I suppl. 345 inter I 826 / C cap. Δ 3, 25 et I 827 / C cap. Δ 3, 26 **6 – 8 I suppl. 346** inter I 826 / C cap. Δ 3, 25 et I 827 / C cap. Δ 3, 26 **10 – 11 I suppl. 347** inter I 843 / C cap. Δ 3, 42 et I 844 / C cap. Δ 3, 43

---

3 – 4 I suppl. 345 Ps. 116, 1^{2-3} **7 – 8 I suppl. 346** Ps. 133, 1^{2-3} **11 I suppl. 347** I Petr. 3, 15

---

2 – 4 I suppl. 345 V^{E} cap. Δ 3, 31 (70v4); V^{W} cap. Δ 3, 31; V^{O} cap. Δ 3, 31; V^{Ph} cap. Δ 3, 31; H^{I} cap. Δ 3, 31; P cap. Δ 17, 29; M cap. Δ 17, 28; T cap. Δ 29, 29; *deest in* L^{b} R; PG 95, 1356, 28 **6 – 8 I suppl. 346** V^{E} cap. Δ 3, 32 (70v5); V^{W} cap. Δ 3, 32; V^{O} cap. Δ 3, 32; V^{Ph} cap. Δ 3, 32; H^{I} cap. Δ 3, 32; P cap. Δ 17, 30; M cap. Δ 17, 29; T cap. Δ 29, 30; *deest in* L^{b} R; PG 95, 1356, 29–30 **10 – 11 I suppl. 347** V^{E} cap. Δ 3, 46 (70v[21]21–22); V^{W} cap. Δ 3, 46; V^{O} cap. Δ 3, 46; V^{Ph} cap. Δ 3, 46; H^{I} cap. Δ 3, 46; P cap. Δ 17, 44; M cap. Δ 17, 43; T cap. Δ 29, 44; *deest in* L^{b} R; PG 95, 1357, 10–11

I suppl. 345 (a) PM T Ψαλμοῦ] ψ M (b) *s. a.* V H^{I} **I suppl. 346** (a) PM T ψαλμ^{o} M (b) *s. a.* V H^{I} **I suppl. 347** (a) T (b) Πέτρου ἐπιστολῆς α´ PM πετρου M (c) Ἐκ τῆς Πέτρου ἐπιστολῆς V^{E}V^{O}V^{Ph} H^{I} ἐπιστολῆς] *om.* V^{E}V^{O}V^{Ph} (d) Πέτρου V^{W}

---

3 αἰνεῖται V^{E} κύριον] *om.* V^{Ph} **4** ἐπαινέσατε – λαοί] *om.* V^{W} PM πάντες – λαοί] *om.* V^{E}V^{O}V^{Ph} **7** εὐλογεῖται V^{E}V^{O}, εὐλογῆτε M **11** Χριστὸν] θεὸν P T ἁγιάσαντα V^{O} ἡμῶν V^{O}

I suppl. 348 / V cap. Δ 3, 49

Κατὰ Εὐνομίου·

Δόξαζε τὸν ποιητήν, ἐν ᾧ ἐκτίσθη τὰ πάντα, εἴτε ὁρατὰ εἴτε ἀόρατα, εἴτε ἀρχαὶ εἴτε ἐξουσίαι, καὶ εἴ τινές εἰσιν ἕτεραι λογικαὶ φύσεις ἀκατονόμαστοι.

I suppl. 349 / V cap. Δ 3, 54

Εὐαγρίου·

Τὸν θεὸν ἔργοις μὲν σέβου, λόγοις δὲ ὕμνει, ἐννοίᾳ δὲ τίμα.

---

2 – 5 I suppl. 348 inter I 848 / C cap. Δ 3, 47 et I 849 / C cap. Δ 3, 48 **7 – 8 I suppl. 349** inter I 860 / C cap. Δ 3, 59 et I 861 / C cap. Δ 3, 60 **8** exstat etiam ap. Ps.-Max. Conf., *Loci communes*, 45.7./52.7. (ed. Ihm, p. 768 – 769)

---

3 – 5 I suppl. 348 Basilius Caesariensis, *Adversus Eunomium*, re vera *Ad Amphilochium (De Spiritu sancto)*, XVI, 38, 9 – 13 (ed. Pruche, p. 376) **8 I suppl. 349** Euagrius Ponticus, *Sententiae per alphabetum I* (olim *Capita paraenetica*) (ed. Elter, p. LII.8)

---

2 – 5 I suppl. 348 V^{E} cap. Δ 3, 49 (70v25 – 27); V^{W} cap. Δ 3, 49; V^{O} cap. Δ 3, 49; V^{Ph} cap. Δ 3, 49; H^{I} cap. Δ 3, 49; P cap. Δ 17, 47; M cap. Δ 17, 46; T cap. Δ 29, 47; R cap. Δ 31, 48; *deest in* L^{b}; PG 95, 1357, 16 – 19 **7 – 8 I suppl. 349** V^{E} cap. Δ 3, 54 (71r[2]2 – 3); V^{W} cap. Δ 3, 54; V^{O} cap. Δ 3, 54; V^{Ph} cap. Δ 3, 54; H^{I} cap. Δ 3, 54; P cap. Δ 17, 52; M cap. Δ 17, 51; E cap. 156, 15; T cap. Δ 29, 52; R cap. Δ 31, 61; *deest in* L^{b}; PG 95, 1357, 35 – 36

I suppl. 348 (a) PM T R Κατὰ] *praem.* τοῦ αὐτοῦ *(i. e.* Βασιλείου*)* T κατα ευνομιου P, κατευνομιου M *(de titulo vide ed., p. 250, app. crit.)* (b) Τοῦ αὐτοῦ V^{W}V^{O}V^{Ph} H^{I} (c) *s. a.* V^{E} **I suppl. 349** εὐαγριου M, ευαγρίου E

---

3 δοξάζε V^{E} **4** εἴ τΐνές εἰσΐν V^{O}, εἴ τινες εἰσὶν V^{W}V^{Ph} T R, εἰ τινές εἰσιν P, ει τινες εἰσιν M ἕτεραι M, ἑτέραι V^{W}V^{Ph} H^{I}, ἑτέραι V^{E}, ετέραι V^{O}, ἑτεραι P **4 – 5** φύσεις λογΐκαὶ V^{Ph} **5** φύσις V^{E}V^{O}V$^{Ph\ a.\ c.}$ ἀκατανόμαστοι V^{E}V^{O} H^{I} M, ἀκατονόμασται *(*-νο- P*)* V^{W} P T, ἀκατονόμα^{στ} R **8** μὲν] σεμνοῖς V^{E}V^{O}V^{Ph} H^{I} ὑμνεῖ V$^{W\ a.\ c.\ ut\ videtur}$ V^{O}, ὑμνει M, ὕμει P ἔννοια V$^{E\ a.\ c.}$ V^{O} τιμᾶ V^{E}V^{O}

I suppl. 350 / V cap. E 7, 1

Γενέσεως·

Ἐξῆλθεν Μωσῆς ἀπὸ Φαραὼ ἔξω τῆς πόλεως, καὶ ἐξεπέτασε τὰς χεῖρας αὐτοῦ πρὸς τὸν κύριον, καὶ ἐπαύσαντο αἱ φωναὶ καὶ ἡ χάλαζα.

I suppl. 351 / V cap. E 7, 2

Κριτῶν·

Ἀνεβόησε Σαμψὼν πρὸς κύριον καὶ εἶπεν· Κύριε, ἐνίσχυσόν με τὸ ἅπαξ τοῦτο, καὶ ἀνταποδώσω ἀνταπόδοσιν μίαν περὶ τῶν δύο ὀφθαλμῶν μου τοῖς ἀλλοφύλοις. Καὶ περιέλαβεν Σαμψὼν τοὺς δύο στύλους τοὺς μέσους, ἐφ' οὓς ὁ οἶκος ἐπεστήρικτο, καὶ εἶπεν· Ἀποθανέτω ἡ ψυχή μου μετὰ τῶν ἀλλοφύλων. Καὶ ἔπεσεν ὁ οἶκος, καὶ ἐθανάτωσεν ὑπὲρ οὓς ἐθανάτωσεν ἐν τῇ ζωῇ αὐτοῦ.

---

2 – 5 I suppl. 350 inter I 914 / C cap. E 1, 2 et I 915 / C cap. E 1, 3 **7 – 13 I suppl. 351** inter I 917 / C cap. E 1, 5 et I 918 / C cap. E 1, 6

---

3 – 5 I suppl. 350 Gen., re vera Ex. 9, 33 **8 – 13 I suppl. 351** Iud. 16, 28–30 (Wahl, *Richter-Text*, p. 38–39)

---

2 – 5 I suppl. 350 V^{E} cap. E 7, 1 (90v[7]8–9); V^{W} cap. E 7, 1; V^{O} cap. E 7, 1; V^{Ph} cap. E 7, 1; H^{I} cap. E 7, 1; P cap. E 17, 1; M cap. E 17, 1; T cap. E 18, 1; *deest in* L^{b} R; PG 95, 1436, 15–17 **7 – 13 I suppl. 351** V^{E} cap. E 7, 2 (90v[9]10–15); V^{W} cap. E 7, 2; V^{O} cap. E 7, 2; V^{Ph} cap. E 7, 2; H^{I} cap. E 7, 2; P cap. E 17, 2; M cap. E 17, 2; T cap. E 18, 2; *deest in* L^{b} R; PG 95, 1436, 18–25

I suppl. 350 (a) $V^{E}V^{O}V^{Ph}$ H^{I} PM (b) Ἀπὸ τῆς Ἐξόδου *(e coniectura)* V^{W} T Ἀπὸ τῆς] *om.* V^{W} **I suppl. 351** (a) $V^{E}V^{O}V^{Ph}$ H^{I} PM T Κριτῶν] *praem.* ἐκ τῶν M, ἀπο τῶν T (b) Βασιλειῶν V^{W}

---

3 μωϋσῆς V^{W} H^{I} P T *(LXX, sed cf. app. crit.)*, μωσης M φαραῶ $V^{E\ a.\ c.}$ $V^{W}V^{Ph}$ P **3 – 5** καὶ – χάλαζα] *in mg. add.* $V^{W\ man.\ rec.}$ **4** τὸν] *om.* V^{W} PM T *(LXX, sed cf. app. crit.)* κύριον] θεόν H^{I} ἐπαύσαντο] *praem.* αὐτίκα V^{W} **8** σαμψῶν P, σαμψὼ $V^{W\ a.\ c.\ man.\ rec.}$, σαμ'ψων *(sic)* M ἐνίσχυσόν με] με *(sic)* V^{O}, *om.* V^{Ph} *(fenestra)* **9** ἀνταπόδωσιν $V^{E}V^{O}$ T **10** περι λαβον *(sic)* $M^{p.\ ras.}$, περιεβαλεν T σαμψῶν $V^{E\ a.\ c.}$ P, σαμψων M **11** οὓς] οἷς $V^{W\ a.\ c.\ ut\ videtur}$ ἐπεστήρικτω $V^{E}V^{O}V^{Ph}$ P **13** ἐθανάτωσεν[2]] *add.* σαμψὼν T

I suppl. 352 / V cap. E 7, 3

Παραλειπομένων β′·

Προσηύξατο Ἐζεκίας ὁ βασιλεύς, καὶ ἀπέστειλεν ὁ κύριος ἄγγελον, καὶ ἐξέτριψεν πάντα δυνατὸν καὶ πολεμιστὴν καὶ ἄρχοντα καὶ στρατηγὸν ἐν τῇ παρεμβολῇ βασιλέως Ἀσούρ.

I suppl. 353 / PML^{b} cap. E 17, 4

Σχόλιον·

Ἰστέον ὅτι ἐν τῷ Ἡσαΐᾳ γέγραπται ρπε′ χιλιάδας τῶν Ἀ<σ>συρίων ἀνῃρηκέναι τὸν τοῦ θεοῦ ἄγγελον.

…ὅτε καὶ ὁ ἀποσταλεὶς παρὰ θεοῦ ἄγγελος ἀνεῖλε ρπε′ χιλιάδας.

ρπε′ χιλιάδας ἀνεῖλεν ὁ ἄγγελος.

2–5 I suppl. 352 inter I 921 / C cap. E 1, 9 et I 922 / C cap. E 1, 10 **7–11 I suppl. 353** inter I 921 / C cap. E 1, 9 et I 922 / C cap. E 1, 10

3–5 I suppl. 352 II Par. 32, 20–21 (Wahl, *2 Chronik-Text*, p. 154) **8–9 I suppl. 353** ***Versio*** **T** *Scholion in II Par. 32, 20–21* **10 I suppl. 353** ***Versio*** **V$^{W\ man.\ rec.}$** *Scholion in II Par. 32, 20–21* **11 I suppl. 353** ***Versio*** **P** *Scholion in II Par. 32, 20–21*

2–5 I suppl. 352 V^{E} cap. E 7, 3 (90v[15]15–18); V^{W} cap. E 7, 3; V^{O} cap. E 7, 3; V^{Ph} cap. E 7, 3; H^{I} cap. E 7, 3; P cap. E 17, 3; M cap. E 17, 3; T cap. E 18, 3; *deest in* L^{b} R; PG 95, 1436, 26–29 **7–11 I suppl. 353** P cap. E 17, 4 (161vB[mg]14); T cap. E 18, 4; V^{W} cap. E 7, 4; *deest in* ML^{b} R

I suppl. 352 Παραλειπομένων] *praem.* ἐκ τῶν H^{I} β′] *om.* V H^{I} **I suppl. 353** (a) P T (b) *s. d.* V^{W}

---

3 εζεκίας T ὁ^{2}] *om.* V^{W} P T *(LXX)* **5** βασιλέως Ἀσούρ] -λέως ἀσούρ *scripta a man rec. (p. ras. ut videtur)* V^{W} βασιλέως] *praem.* τοῦ M **8** ησαϊαι T **8–9** Ἀσσυρίων] *scripsimus*, ασυρίων T **10** ὅτε – χιλιάδας] *scripta a man rec. (p. ras. ut videtur)* V^{W}

I suppl. 354 / V cap. E 7, 6

Βασιλειῶν γ'·

Ἀνεβόησεν Ἠλιοῦ εἰς τὸν οὐρανὸν καὶ εἶπεν· Κύριε ὁ θεὸς Ἀβραὰμ καὶ Ἰσαὰκ καὶ Ἰακώβ, ἐπάκουσόν μου ἐν πυρί. Καὶ ἔπεσεν πῦρ παρὰ κυρίου ἐκ τοῦ οὐρανοῦ καὶ κατέφαγεν τὸ ὁλοκαύτωμα καὶ τὰς σχίδακας καὶ τοὺς λίθους καὶ τὸν χοῦν καὶ τὸ ὕδωρ τὸ ἐν τῇ †θαλαᾶ† ἐξέλιξεν τὸ πῦρ.

I suppl. 355 / V cap. E 7, 7

Βασιλειῶν δ'·

Ὤρθρισεν ὁ λειτουργὸς Ἐλισσαιέ, καὶ ἰδοὺ δύναμις κυκλοῦσα τὴν πόλιν καὶ ἵπποι καὶ ἅρματα, καὶ εἶπεν τὸ παιδάριον πρὸς αὐτόν· Τί ποιήσωμεν; Καὶ εἶπεν Ἐλισσαιέ· Μὴ φοβοῦ, ὅτι πλείους οἱ μεθ' ἡ-

---

2 – 7 I suppl. 354 inter I 923 / C cap. E 1, 11 et I 924 / C cap. E 1, 12 **9 – 179, 5 I suppl. 355** inter I 923 / C cap. E 1, 11 et I 924 / C cap. E 1, 12

---

3 – 4 I suppl. 354 Ἀνεβόησεν – πυρί] III Reg. 18, 36 (Wahl, *3 Könige-Text*, p. 112) **4 – 7** Καὶ – πῦρ] Ibid. 18, 38 (Wahl, p. 113) **10 – 179, 5 I suppl. 355** IV Reg. 6, 15–18 (Wahl, *4 Könige-Text*, p. 128–129)

---

2 – 7 I suppl. 354 V^{E} cap. E 7, 6 (90v[22]22–26); V^{W} cap. E 7, 6; V^{O} cap. E 7, 6; V^{Ph} cap. E 7, 6; H^{I} cap. E 7, 6; P cap. E 17, 7; M cap. E 17, 6; T cap. E 18, 7; *deest in* L^{b} R; PG 95, 1436, 37–42 **9 – 179, 5 I suppl. 355** V^{E} cap. E 7, 7 (90v[26]26–33); V^{W} cap. E 7, 7; V^{O} cap. E 7, 7; V^{Ph} cap. E 7, 7; H^{I} cap. E 7, 7; P cap. E 17, 8; M cap. E 17, 7; T cap. E 18, 8; *deest in* L^{b} R; PG 95, 1436, 43–51

I suppl. 355 (a) V H^{I} P T δ'] *om.* V^{W} (b) *s. a.* M

---

3 ἠλιοῦ V^{W} H^{I} *(spir. e corr.)*, ἠλίου M εἰς τὸν] πρὸς τὸν $V^{O\ a.\ c.\ man.\ prim.}$, προστὸν M οὐρανὸν] *propt. mutilat. non liquet in* M **3 – 4** ἀβραὰμ $V^{W}V^{Ph}$ H^{I}, ἀβρααμ PM, αβρααμ T **4** ϊσαὰκ P T, ϊσαακ M ϊακὼβ T, ϊακωβ PM ἐπάκουσόν μου] *add.* σήμερον T **5** τὰ ὁλοκαυτώματα *(sic)* V^{Ph} **6** σχηδακας M, σχίζας $V^{O}V^{Ph}$ H^{I} **7** †θαλαᾶ†] *cruces apposuimus, sic* $V^{E}V^{W\ a.\ c.}$ $V^{O}V^{Ph}$ H^{I} M, θαλᾶι T, θαλαὰ $V^{W\ p.\ c.}$, θαλασση P, θααλὰ *textus Antiochenus (cf. etiam app. crit. LXX)* ἐξέληξεν T, εξεληξεν P **10** ὄρθρισεν P T Ἐλισσαιέ] ἐλισσεὲ $V^{E}V^{Ph\ p.\ c.}$, ἐλισεέ $V^{Ph\ a.\ c.}$, ἐλῖσσαιε P, ἑλισσαιὲ *(spir. e corr.)* ἀναστῆναι καὶ ἐξῆλθε *(= IV Reg. 6, 15)* V^{W}, ἐλισαιε M **11** καὶ[1] – ἅρματα] *om.* M Τί] ὦ κύριε, πῶς V^{W} **12** ἑλισσαιὲ V^{W}, ἐλισσεὲ $V^{E}V^{O}V^{Ph}$, ελισσαιὲ T, ἐλισσαιε PM ὅτι] ὁ τοῦ V^{O} **12 – 179, 1** ἡμῶν] ὑμῶν V^{Ph}, *add.* ὑπὲρ τοὺς μετ' αὐτῶν *(= IV Reg. 6, 16)* V^{W}

μῶν. Καὶ προσηύξατο Ἐλισσαιὲ καὶ εἶπεν· Κύριε, διάνοιξον τοὺς ὀφθαλμοὺς τοῦ παιδαρίου, καὶ ἰδέτω. Καὶ διήνοιξεν τοὺς ὀφθαλμοὺς αὐτοῦ, καὶ ἰδοὺ τὸ ὄρος πλήρης ἵππων, καὶ ἅρμα πυρὸς κύκλῳ Ἐλισσαιέ. Καὶ προσηύξατο Ἐλισσαιὲ καὶ εἶπεν· Πάταξον τὸ ἔθνος τοῦτο ἀορασίᾳ.

I suppl. 356 / PML^{b} cap. E 17, 12

Ψαλμοῦ ξε΄·

Ἀποδώσω σοι τὰς εὐχάς μου,
ἃς διέστειλεν τὰ χείλη μου.

I suppl. 357 / T cap. E 18, 14

Ἰωνᾶ προφήτου·

Ἐγὼ δὲ μετὰ φωνῆς αἰνέσεως καὶ ἐξομολογήσεως θύσω σοι·
ὅσα ηὐξάμην ἀποδώσω σοι εἰς σωτηρία<ν> μου τῷ κυρίῳ.

7–9 I suppl. 356 inter I 928 / C cap. E 1, 16 et I 929 / C cap. E 1, 17 **11–13 I suppl. 357** inter I 931 / C cap. E 1, 19 et I 932 / C cap. E 1, 20

8–9 I suppl. 356 Ps. 65, 13^{2}–14^{1} **12–13 I suppl. 357** Ion. 2, 10^{1-2} (deest apud Wahl, *Prophetenzitate*)

7–9 I suppl. 356 P cap. E 17, 12 (162rB[23]24–26); M cap. E 17, 11; T cap. E 18, 12; V^{W} cap. E 7, 11; *deest in* L^{b} R **11–13 I suppl. 357** T cap. E 18, 14 (181vB[7]8–13)

I suppl. 356 (a) PM T Ψαλμοῦ] ψα T, ψ M (b) Δαυΐδ $V^{W\ man.\ rec.}$ **I suppl. 357** Ἰωνᾶ] *scripsimus*, ἴωνα *cod.*

---

1 ἐλισσαιὲ V^{W}, ἐλισσεὲ $V^{E}V^{O}V^{Ph}$, ελισσαιε P T διάνοιξον] *add.* δὴ V^{W} **2** διήνοιξεν] *add.* κύριος V^{W} PM T *(LXX, sed cf. app. crit.)* **2–3** ὀφθαλμοὺς^{2}] *add.* τοῦ παιδαρίου καὶ ἰδετω· καὶ διήνοιξεν τοὺς ὀφθαλμοὺς V^{O} **3** αὐτοῦ] *add.* καὶ εἶδεν V^{W} πληρες M **4** Ἐλισσαιέ – προσηύξατο] *om.* H^{I} PM T ἐλισσαιέ *(spir. e corr.)* V^{W}, ἐλΐσσεέ $V^{E}V^{Ph}$ ἐλισσαιὲ *(spir. e corr.)* V^{W}, ἐλισσεὲ $V^{E}V^{O}V^{Ph}$, ἐλισσαιε P, ἐλισαιε M **5** ἀορασίᾳ] *add.* καὶ ἐπάταξεν αὐτοὺς κύριος *(= IV Reg. 6, 18)* $V^{W\ man.\ rec.}$ **8–9** Ἀποδώσω – μου] *in mg. add.* $V^{W\ man.\ rec.}$ **9** χείλη μου] *add.* καὶ ἐλάλησε τῶ *(sic)* στόμα μου εν τῆ θλίψει μου *(= Ps. 65, 14^{2})* $V^{W\ man.\ rec.}$ **13** σωτηρίαν] *scripsimus (LXX app. crit. et Od. 6, 10^{2})*, σωτηρία T

I suppl. 358 / V cap. E 7, 25

Κεφαλαίου σπα'·

Γενόμενος ἐπὶ τοῦ τόπου, εἶπεν αὐτοῖς· Προσεύχεσθε μὴ εἰσελθεῖν εἰς πειρασμόν. Καὶ αὐτὸς ἀπεσπάσθη ἀπ' αὐτῶν ὡσεὶ λίθου βολήν, καὶ θεὶς τὰ γόνατα προσηύξατο, λέγων· Πάτερ, εἰ βούλῃ, παρένεγκε τὸ ποτήριον τοῦτο ἀπ' ἐμοῦ· πλὴν μὴ τὸ θέλημα τὸ ἐμόν, ἀλλὰ τὸ σὸν γενέσθω. Καὶ ἐλθὼν ἐπὶ τοὺς μαθητὰς εὗρεν αὐτοὺς καθεύδοντας, καὶ εἶπεν αὐτοῖς· Προσεύχεσθε ἵνα μὴ εἰσέλθητε εἰς πειρασμόν.

I suppl. 359 / V cap. E 7, 29

Τῶν αὐτῶν·

Προσκαλεσάμενοι οἱ δώδεκα τὸ πλῆθος τῶν μαθητῶν, εἶπον· Οὐκ ἀρεστόν ἐστι καταλιπόντας ἡμᾶς τὸν λόγον τοῦ θεοῦ διακονεῖν τραπέζαις. Ἐπισκέψασθε οὖν, ἀδελφοί, ἄνδρας ἐξ ὑμῶν μαρτυρου-

---

2 – 9 I suppl. 358 inter I 946 / C cap. E 1, 34 et I 947 / C cap. E 1, 35 **11 – 181, 3 I suppl. 359** inter I 949 / C cap. E 1, 37 et I 950 / C cap. E 1, 38

---

3 – 7 I suppl. 358 Γενόμενος – γενέσθω] Luc. 22, 40–42 **7 – 9** Καὶ – πειρασμόν] Ibid. 22, 45–46 **12 – 181, 3 I suppl. 359** Act. 6, 2–4

---

2 – 9 I suppl. 358 V^{E} cap. E 7, 25 (91r[33]34–91v4); V^{W} cap. E 7, 26; V^{O} cap. E 7, 25; V^{Ph} cap. E 7, 25; H^{I} cap. E 7, 25; P cap. E 17, 27; M cap. E 17, 27; T cap. E 18, 25; *deest in* L^{b} R; PG 95, 1437, 51 – 1440, 2 **11 – 181, 3 I suppl. 359** V^{E} cap. E 7, 29 (91v10–15); V^{W} cap. E 7, 30; V^{O} cap. E 7, 29; V^{Ph} cap. E 7, 29; H^{I} cap. E 7, 29; P cap. E 17, 31; M cap. E 17, 31; T cap. E 1, 29; *deest in* L^{b} R; PG 95, 1440, 11–18

I suppl. 358 (a) P T Κεφαλαίου] *om.* P (b) Τοῦ αὐτοῦ $V^{E}V^{W}V^{O}$ (c) *s. a.* V^{Ph} H^{I} M
I suppl. 359 (a) T (b) Πράξεων V^{W} (c) *s. a.* P (d) *s. d.* $V^{E}V^{O}V^{Ph}$ H^{I} M

---

3 τόπου] *add.* ὁ χριστὸς $V^{W\ man.\ rec.}$ προσεύχεσθαι *(*-ευ- M T*)* V^{O} PM T μὴ εἰσελθεῖν] ἵνα μη εἰσέλθητε *(*-ἔλ- P*)* P T **4** ἀπεστη M ἀπ' αὐτῶν] ἐξαυτῶν V^{W} **5 – 9** λέγων – πειρασμόν] καὶ τὰ λοιπά V^{W} **5** βούλει H^{I} **6** παρένεγκεν V^{O}, παρενεγκεῖν *(*-ειν T*)* M T, παρεγκειν P **7** γινέσθω *(*-ε- M*)* PM T **8** προσεύχεσθαι *(*-εῦ- P, -ευ- M T*)* $V^{E}V^{O}V^{Ph}$ PM T **12** Προσκαλεσάμενοι] *praem.* καὶ $V^{E}V^{O}V^{Ph}$ H^{I}, *add.* δὲ M εἶπαν *(*εἰ- M*)* $V^{W\ p.\ c.\ ut\ videtur}$ PM T **13** ἀρεστόν ἐστι] αρεστόν ἐστὶ V^{E}, αρεστὸν ἐστίν P, αρεστον ἡμῖν M καταλιπόντας ἡμᾶς] καταλειπόντας ἡμᾶς $V^{E}V^{O}V^{Ph}$, ἡμᾶς *(*ἡ- P*)* καταλειπόντας P T, καταλιποντας M **14** ἐπισκέψασθαι *(*-σκε- PM T*)* $V^{E}V^{O}V^{Ph}$ PM T, ἐπισκέψασθα V^{W} ἄνδρες V^{O}

μένους ἑπτὰ πλήρεις πνεύματος καὶ σοφίας, οὓς καταστήσομεν ἐπὶ τῆς χρείας ταύτης· ἡμεῖς δὲ τῇ προσευχῇ καὶ τῇ διακονίᾳ τοῦ λόγου προσκαρτερήσομεν.

I suppl. 360 / R cap. E 43, 37

Τοῦ αὐτοῦ·

Ἐξομολογεῖσθε ἀλλήλοις τὰ παραπτώματα, καὶ εὔχεσθε ὑπὲρ ἀλλήλων ὅπως ἰαθῆτε. Πολὺ ἰσχύει δέησις δικαίου ἐνεργουμένη. Ἡλίας ἄνθρωπος ἦν ὁμοιοπαθὴς ἡμῖν, καὶ προσευχῇ προσηύξατο τοῦ μὴ βρέξαι, καὶ οὐκ ἔβρεξεν ἐπὶ τῆς γῆς ἐνιαυτοὺς τρεῖς καὶ μῆνας ἕξ· καὶ πάλιν προσηύξατο, καὶ ὁ οὐρανὸς ὑετὸν ἔδωκε καὶ ἡ γῆ ἐβλάστησε τὸν καρπὸν αὐτῆς. Ἀδελφοί, ἐάν τις ἐν ὑμῖν πλανηθῇ ἀπὸ τῆς ἀληθείας καὶ ἐπιστρέψῃ τίς αὐτόν, γινωσκέτω ὅτι ὁ ἐπιστρέψας ἁμαρτωλὸν ἐκ πλάνης ὁδοῦ αὐτοῦ, σώσει ψυχὴν ἐκ θανάτου καὶ καλύψει πλῆθος ἁμαρτιῶν.

I suppl. 361 / V cap. E 7, 41

Τοῦ αὐτοῦ·

Παρὰ σοῦ μοι ζωή, παρὰ σοῦ γενέσθω καὶ ἡ πρὸς τὸ ζῆν ἀφορμή.

---

5 – 14 I suppl. 360 inter I 956 / C cap. E 1, 44 et I 957 / C cap. E 1, 45 **16 – 17 I suppl. 361** inter I 972 / C cap. E 1, 60 et I 973 / C cap. E 1, 61

---

6 – 14 I suppl. 360 Iac. 5, 16–20 **17 I suppl. 361** GREGORIUS NYSSENUS, *In illud:* Pater noster *(Matth. 6, 9) (De oratione dominica)*, IV (ed. Boudignon/Cassin, p. 466, 16–17)

---

5 – 14 I suppl. 360 R cap. E 43, 37 (164v[19]19–26) **16 – 17 I suppl. 361** V^E cap. E 7, 41 (92r16–17); V^O cap. E 7, 41; V^{Ph} cap. E 7, 41; H^I cap. E 7, 41; P cap. E 17, 43; M cap. E 17, 43; T cap. E 18, 41; R cap. E 43, 50; *deest in* V^W L^b; PG 95, 1441, 13–14

I suppl. 361 (a) T R (b) *s. a.* V^EV^{Ph} H^I M (c) *s. d.* V^O P

---

1 ἑπτὰ] ἑπτὰ *(-α M)* PM, ζʹ V^W πλήρης V P T, πληρις M καταστήσωμεν P T **2 – 3** καὶ – λόγου] *om.* V^W P **3** προσκαρτερήσομεν] προσκαρτερήσωμεν *(-ρη- M)* $V^{W\,p.c.}$ M, προσκαρ$^{\tau}$ V^EV^{Ph}, πρὸσκαρτερουν$^{\tau}$ V^O, *om.* H^I **8** Ἡλίας] *scripsimus*, ἡλίας R

I suppl. 362 / V cap. E 7, 51

Τοῦ αὐτοῦ, ἐκ τοῦ εἰς τὴν Χαναναίαν·

Ἐξῆλθεν ὁ Ἰησοῦς εἰς τὰ μέρη Τύρου καὶ Σιδῶνος, καὶ ἰδοὺ γυνή, τὸ παλαιὸν ὅπλον τοῦ διαβόλου, ἡ τοῦ παραδείσου με ἐκβαλοῦσα, ἡ μήτηρ τῆς παρανομίας, ἡ ἀρχὴ τῆς ἁμαρτίας, αὐτὴ ἐκείνη ἡ γυνὴ ἔρχεται. Καινὸν πρᾶγμα καὶ παράδοξον· Ἰουδαῖοι φεύγουσι, καὶ γυνὴ καταδιώκει. Καὶ παρεκάλει αὐτόν, λέγουσα· *Κύριε, υἱὲ Δαυΐδ, ἐλέησόν με*. Εὐαγγελίστρια γίνεται ἡ γυνή, καὶ τὴν θεότητα καὶ τὴν οἰκονομίαν ὁμολογεῖ· *Κύριε*, τὴν δεσποτείαν, *υἱὲ Δαυΐδ*, τῆς σαρκὸς τὴν ἀνάληψιν. *Ἐλέησόν με*· οὐκ ἔχω κατόρθωμα βίου, οὐκ ἔχω παρρησίαν πολιτείας, ἐπὶ ἔλεον καταφεύγω, ὅπου δικαστήριον οὐκ ἔνι, ἐπὶ ἔλεον καταφεύγω, ὅπου ἀνεξέταστος ἡ σωτηρία. †Καὶ τί εἶδες†, οὕτω πονηρὰ οὖσα καὶ παράνομος, πῶς ἐτόλμησας προσελθεῖν; Καὶ ὅρα γυναικὸς φιλοσοφίαν· οὐ παρακαλεῖ Ἰάκωβον, οὐ δέεται Ἰωάννου, οὐδὲ προσέρχεται Πέτρῳ, ἀλλὰ διέτεμε τὸν χορόν. Οὐκ ἔχω μεσίτου χρείαν, ἀλλὰ λαβοῦσα τὴν

---

2 – 190, 17 I suppl. 362 inter I 981 / C cap. E 1, 69 et I 982 / C cap. E 1, 70 **3** Matth. 15, 21–22 **7 – 8** Ibid. 15, 22 **9** Ibid. **10** Ibid.

---

3 – 184, 25 I suppl. 362 *Versio* V H^{I} PM T Ἐξῆλθεν – λόγον] (Ps.-)IOHANNES CHRYSOSTOMUS, *De patientia propter Deum (De Chananaea)*, 4–5 (PG 52, 451, 59 – 453, 19)

---

2 – 190, 17 I suppl. 362 V^{E} cap. E 7, 51 (93r[1]1–95r23); V^{W} cap. E 7, 46; V^{O} cap. E 7, 51; V^{Ph} cap. E 7, 51; H^{I} cap. E 7, 51; P cap. E 17, 52; M cap. E 17, 52; E cap. 157, 14; T cap. E 18, 50; *deest in* L^{b} R; PG 95, 1444, 38 – 1452, 19

I suppl. 362 (a) PM T Τοῦ – τοῦ] *om.* PM εἰς – Χαναναίαν] *eadem homilia sub alio titulo citatur in* II^{1}2036 / K cap. T 1, 2 (SJD VIII/5) χαναναιαν M, χανανᾶαν T (b) Τοῦ αὐτοῦ V^{E} (c) Τοῦ Χρυσοστόμου $V^{O}V^{Ph}$ Τοῦ] *om.* V^{Ph} (d) Τοῦ εὐαγγελίου V^{W} (e) *s. a.* H^{I} E

---

3 Ἐξῆλθεν – Ἰησοῦς] ἐξελθόντος τοῦ ἰησοῦ $V^{W\,p.c.}$ ἐξελθων P τυρου M σϊδώνος V^{O}, σιδόνος $V^{E}V^{Ph}$ P, σηδόνος H^{I} καὶ[2]] *eras.* V^{W} **4** με] *om.* V^{W} *(supplev. man. rec.)* **5** αὐτὴ] αὐτῆ M, αὕτη P T *(ed.)* ἡ γυνὴ] *om.* V^{W} M **6** καὶ[1]] *om.* M ϊουδαίοι PM, ϊουδέοι T **7** παρεκάλη *(*-κα- P*)* $V^{W\,a.c.}$ P, παρακαλεῖ *(*-ει M*)* M T **8 – 190, 13** με – δεσπότου] καὶ τὰ ἑξῆς V^{W} **8** γίνεται] φαίνεται V^{Ph} **9** οἰκονομίαν] *in mg.* V^{O} Κύριε] *correximus (ed.)*, καὶ $V^{E}V^{O}V^{Ph}$ H^{I} PM T **10** βΐον V^{O} **11 – 12** ἐπὶ – ἔνι] *om.* V^{O} **11 – 12** ὅπου – καταφεύγω] *om.* M **12** ἡ] *om.* $V^{E}V^{O}V^{Ph}$ H^{I} **13** †Καὶ τί εἶδες†] *cruces apposuimus, sic* $V^{E}V^{O}V^{Ph}$ H^{I} P T, καὶ τι ϊδες M, καίτοι *ed.* **14** Καὶ] ἀλλ' M **15** ϊάκωβον T, ϊακωβον PM ϊωἄννου P, ϊωάννου M T πέτρον $V^{O}V^{Ph}$ **16** ἔχω] εχων P, ἐχου^{σα} $T^{p.c.}$ τὴν] *om.* M

μετάνοιαν συνήγορον, αὐτῇ τῇ πηγῇ προσέρχομαι. Διατοῦτο κατέβη, διατοῦτο σάρκα ἀνέλαβεν, ἵνα ἐγὼ αὐτῷ διαλεχθῶ. Ἄνω τὰ χερουβὶμ αὐτὸν τρέμουσιν, καὶ κάτω αὐτῷ πόρνη διαλέγεται. *Ἐλέησόν με.* Ψιλὸν ῥῆμα, καὶ πέλαγος ἀχανὲς σωτηρίας. *Ἐλέησόν με·* διατοῦτο παρεγένου, διατοῦτο σάρκα ἀνέλαβες, διατοῦτο ἐγένου ὅπερ εἰμί. Ἄνω τρόμος καὶ κάτω παρρησία. *Ἐλέησόν με.* Οὐ χρείαν ἔχω <με>σίτου. *Ἐλέησόν με.* Τί ἔχεις; Ἔλεον ζητῶ. Τί πάσχεις; *Ἡ θυγάτηρ μου κακῶς δαιμονίζεται.* Ἡ συμπάθεια γυμνάζει· ἡ φύσις βασανίζεται. Ἐξῆλθεν συνήγορος τοῦ θυγατρίου· οὐ φέρει τὴν νοσοῦσαν, ἀλλὰ φέρει τὴν πίστιν· θεός ἐστι καὶ τὰ πάντα βλέπει. *Ἡ θυγάτηρ μου κακῶς δαιμονίζεται.* Πένθος χαλεπόν· τὸ κέντρον τῆς φύσεως τὴν μήτραν διέσχισεν, κλυδώνιον τοῖς σπλάγχνοις εἰργάσατο. Τί ποιήσω; Ἀπόλλυμαι.

Καὶ διατί οὐκ εἶπεν· Ἐλέησον τὴν θυγατέρα μου, ἀλλ' *Ἐλέησόν με;* Ἐκείνη γὰρ ἐν ἀσθενείᾳ ἔχει τὸ πάθος· οὐκ οἶδεν τί πάσχει καὶ οὐκ αἰσθάνεται τῆς ὀδύνης, παραπέτασμα τῆς συμφορᾶς ἔχουσα τὸ ἀνώδυνον, μᾶλλον δὲ τὸ ἀναίσθητον. *Ἐμὲ δὲ ἐλέησον*, τὴν θεωρὸν τῶν καθημερινῶν κακῶν· θέατρον ἔχω συμφορᾶς ἐν τῇ οἰκίᾳ. Ποῦ ἀπέλθω; Εἰς τὴν ἔρημον; Ἀλλ' οὐ τολμῶ αὐτὴν καταλιπεῖν μόνην. Ἀλλ' εἰς τὴν οἰκίαν; Ἀλλ' εὑρίσκω τὸν πόλεμον ἔνδον, τὰ κύματα ἐν τῷ λιμένι. Τί αὐτὴν καλέσω; Νεκράν; Ἀλλὰ κινεῖται. Ἀλλὰ ζῶσαν; Ἀλλ' οὐκ οἶδεν τί πάσχει. Οὐκ οἶδα εὑρεῖν ὄνομα ἑρμηνεῦον τὸ πάθος. *Ἐμὲ ἐλέησον.* Εἰ τεθνήκει τὸ θυγάτριόν μου, οὐκ ἂν τοιαῦτα ἔπαθον. Παρέδωκα ἂν τὸ σῶμα τοῖς κόλποις τῆς γῆς, καὶ τῷ χρόνῳ τὴν λήθην εἰσήγαγον, καὶ διεφόρησα τὸ ἕλκος. Νῦν δὲ νεκρὸν ἔχω, διηνεκῆ μοι θεωρίαν ἐργαζόμενον, ὑφαίνοντά

---

3 – 4 Ibid. **4** Ibid. **6** Ibid. **7** Ibid. **7 – 8** Ibid. **11** Ibid. **14 – 15** Ibid. **17** Ibid. **23** Ibid.

---

1 διὰτοῦτων $\mathrm{V^{O}}$ **2** σάρκαν $\mathrm{V^{O}}$ **3** χερουβὴμ $\mathrm{V^{E}}$, χερουβεὶμ T, χαιρουβειμ P, χαιρουβιμ M αὐτῷ] *om.* M **4** πελάγους $\mathrm{V^{Ph}}$ Ἐλέησόν με] *om.* T **5** διατοῦτο παρεγένου] *in mg.* T σάρκαν $\mathrm{V^{O}}$ **6** ὅπερ εἰμί] ὅπερ ἠμί $\mathrm{V^{E}}$ a. c. ut videtur $\mathrm{V^{O}V^{Ph}}$ **6 – 7** Ἐλέησόν – μεσίτου] *om.* $\mathrm{V^{O}}$ **7** μεσίτου] *correximus cum* M, σίτου *(*σίτοῦ $\mathrm{H^{I}}$*)* $\mathrm{V^{E}V^{O}V^{Ph}}$ $\mathrm{H^{I}}$ P T ἔχεις] ἔχης P, θελεῖς *(sic)* M **8 – 11** δαιμονίζεται – κακῶς] *om.* M **8** συμπάθεια γυμνάζει] σϋμνάζει $\mathrm{V^{O}}$ a. c., γϋμνάζει $\mathrm{V^{O}}$ p. c. γυμνάζει] γυμνάζεται *ed.* **10** θεὸς ἐστὶ $\mathrm{V^{O}V^{Ph}}$ **12** διέσχησεν *(*διὲ- PM*)* $\mathrm{V^{E}}$ a. c. ut videtur $\mathrm{V^{O}V^{Ph}}$ PM **15** ἀσθενείᾳ] ἀναισθησίᾳ *ed.* οιδεν M, εἶδεν $\mathrm{V^{Ph}}$ τί] *om.* M **17** ἀνωδυνον M, ἀνόδυνον $\mathrm{V^{E}V^{O}V^{Ph}}$ $\mathrm{H^{I}}$ P T **23** τεθνικει M, τεθνήκην $\mathrm{V^{Ph}}$, ετέθνήκει *(sic)* T **24** τοῖς κόλποις] *post* γῆς *transpos.* M **26** νεκρὰν $\mathrm{V^{E}V^{O}V^{Ph}}$ $\mathrm{H^{I}}$ διηνεκή *(*-ή T*)* P T, διήνεκεῖ $\mathrm{V^{E}V^{O}}$ $\mathrm{H^{I}}$ a. c. ut videtur

μοι τὰ τραύματα, πλεονάζοντά μοι τὸ ἕλκος. Πῶς ἴδω ὀφθαλμοὺς διαστρεφομένους, χεῖρας στραγγαλουμένας, πλοκάμους λυομένους, ἀφρὸν †προϊεμένην†, τὸν δήμιον ἔνδον ὄντα καὶ μὴ φαινόμενον, τὰς μάστιγας φαινομένας; Ἕστηκα θεωρὸς τῶν ἀλλοτρίων κακῶν, τῆς φύσεώς με κεντριζούσης. *Ἐλέησόν με.* Χαλεπὸν τὸ κλυδώνιον, πάθος καὶ φόβος· πάθος φύσεως, καὶ φόβος δαίμονος. Προσελθεῖν οὐ δύναμαι, οὐδὲ κατασχεῖν. Ὠθεῖ με τὸ πάθος, καὶ διακρούεταί με ὁ φόβος. *Ἐλέησόν με.*

Ἀλλ' ἐννόησον γυναικὸς φιλοσοφίαν. Οὐκ ἀπῆλθεν πρὸς μάντεις, οὐ περίαπτα ἐποίησεν, οὐ μαγγανιστρίας γυναῖκας ἐμισθώσατο, ταύτας τὰς γυμναζούσας τοὺς δαίμονας καὶ αὐξούσας τὸ ἕλκος, ἀλλ' ἀφῆκεν τοῦ διαβόλου τὸ ἐργαστήριον, καὶ ἔρχεται πρὸς τὸν σωτῆρα τῶν ψυχῶν τῶν ἡμετέρων. *Ἐλέησόν με· ἡ θυγάτηρ μου κακῶς δαιμονίζεται.* <***> ὅσοι πατέρες ἐγένεσθε· βοηθήσατε τῷ λόγῳ, ὅσαι μητέρες κατεσκευάσθητε. Οὐ δύναμαι ἑρμηνεῦσαι τὸν χειμῶνα, ὃν ὑπέμεινεν τὸ γύναιον. *Ἐλέησόν με·* τὸ θυγάτριόν μου κακῶς δαιμονίζεται. Εἶδες τὴν καρτερίαν, τὴν ἀνδρείαν, τὴν ὑπομονήν; *Ὁ δὲ οὐκ ἀπεκρίνατο αὐτῇ λόγον.* Καινὰ πράγματα. Παρακαλεῖ, δέεται, κλαίει τὴν συμφοράν, αὔξει τὴν τραγωδίαν, διηγεῖται τὸ πάθος, καὶ ὁ φιλάνθρωπος οὐκ ἀποκρίνεται· ὁ λόγος σιγᾷ, ἡ πηγὴ ἀποκλείεται, ὁ ἰατρὸς τὰ φάρμακα συστέλλει; Τί τὸ καινόν; Τί τὸ παράδοξον; Ἄλλοις ἐπιτρέχεις, καὶ ταύτην ἐπιτρέχουσαν ἀπελαύνεις;

Ἀλλ' ἐννόησον τοῦ ἰατροῦ τὴν σοφίαν. *Ὁ δὲ οὐκ ἀπεκρίνατο αὐτῇ λόγον.* Τί οὖν; Ἐπειδὴ οὐκ ἐπέτυχεν ἀποκρίσεως, προσελ-

---

5 Matth. 15, 22 **8** Ibid. **13 – 14** Ibid. **16** Ibid. **18** Ibid. 15, 23 **24 – 25** Ibid.

---

25 – 185, 13 Τί – ἕλκος] (Ps.-)IOHANNES CHRYSOSTOMUS, *De patientia propter Deum (De Chananaea)*, 5 (PG 52, 453, 21–39)

---

1 ϊδω M, εἴδω V^{Ph} P T, εἶδω $V^{E}V^{O}$ **3** ἀφρὸν] ἀφνω M †προϊεμένην†] *cruces apposuimus, sic* $V^{E}V^{O}V^{Ph}$ PM T, προϊέμενον *ed.* δημιον M, δημίων T **6** καὶ[2]] *om.* PM T **8** διακρούεταί με] διακρούεται *(-ου- PM)* PM T **10** περιαπτα PM, περίαπται V^{E}, περϊάπται $V^{O}V^{Ph}$ μαγγανευτρίας *ed.* **11** γυμναζούσας] γοητευούσας *ed.* **12** ἀλλ'] ἀλλὰ M **12 – 13** καὶ – ἡμετέρων] *om.* V^{O} **14** *ante* ὅσοι *quaedam excidisse videntur (*Ἴστε τὸ πάθος *ed.)* ἐγένεσθαι *(-γε- M)* $V^{E}V^{O}$ PM T **14 – 15** βοηθήσαται P T, βοήσατε V^{O} **15** ὅσαι] *praem.* καὶ $V^{E}V^{O}V^{Ph}$ H^{I} **16 – 17** Ἐλέησόν – δαιμονίζεται] *om.* $V^{E}V^{O}V^{Ph}$ H^{I} **17** ἴδες $V^{E}V^{O}V^{Ph}$, ϊδες M **18** ἀπεκρίθη $V^{E}V^{O}V^{Ph}$ H^{I} **19** πράγματα] *praem.* τὰ $V^{E}V^{O}V^{Ph}$ H^{I} κλέει PM T αὐξαίνει *(sic)* M **21** ἀποκεκλησται M **21 – 22** συστέλλειν V^{O}

θόντες οἱ μαθηταὶ αὐτοῦ, λέγουσιν αὐτῷ· *Ἀπόλυσον αὐτήν, ὅτι κράζει ὄπισθεν ἡμῶν.* Σὺ τὴν ἔξω κραυγὴν βλέπεις, ἀλλ᾽ ἐγὼ τὴν ἔσω· μεγάλη ἡ φωνὴ τοῦ στόματος, μείζων ἡ τῆς διανοίας. *Ἀπόλυσον αὐτήν, ὅτι κράζει ὄπισθεν ἡμῶν.* Ἄλλος εὐαγγελιστὴς λέγει· ἔμπροσθεν ἡμῶν. Ἐναντία τὰ εἰρημένα, ἀλλ᾽ οὐ ψευδῆ· ἀμφότερα γὰρ ἐποίει. Πρὸ τούτου *ὄπισθεν* ἔκραζεν· ὅτε οὐκ ἀπεκρίθη, ἔμπροσθεν ἦλθεν, καθάπερ κύων περιλείχων τοὺς πόδας τοῦ δεσπότου. *Ἀπόλυσον αὐτήν.* Θέατρον περιέστησεν, δῆμον συνήγαγεν· τὴν αἰσχύνην τὴν ἀνθρωπίνην ἐκεῖνοι, ὁ δεσπότης τὴν φιλανθρωπίαν, τὴν σωτηρίαν τῆς γυναικός. *Ἀπόλυσον αὐτήν, ὅτι κράζει ὄπισθεν ἡμῶν.* Τί οὖν αὐτός; *Οὐκ ἀπεστάλην, εἰ μὴ εἰς τὰ πρόβατα τὰ ἀπολωλότα οἴκου Ἰσραήλ.*

Ὅτε ἀπεκρίθη, χεῖρον ἐποίησεν αὐτῆς τὸ ἕλκος. Τοῦτο ὅλον; Διατοῦτο ἄνθρωπος ἐγένου, σάρκα ἀνέλαβες, οἰκονομίας τοσαύτας εἰργάσω, ἵνα μίαν γωνίαν σώσῃς;

Ἀπειρημένοι Χαναναῖοι, βδελυκτοί, ἀσεβεῖς, ἐναγεῖς, μιαροί, ἀκάθαρτοι· οὔτε ἀκοῦσαι αὐτῶν ἠνείχοντο οἱ Ἰουδαῖοι, τὸν νόμον τελοῦντες καὶ πληροῦντες αὐτόν. Ἐπειδὴ ἡ γυνὴ Χαναναία ἦν καὶ *τοῦ ὁρίου ἐκείνου* τοῦ ἀπειρημένου, ἔνθα καὶ λύσσα καὶ μανία καὶ ἀσέβεια ἐπέκειτο, καὶ διαβόλου τυραννὶς καὶ δαιμόνων βακχ<εῖ>αι καὶ φύσις πατουμένη καὶ εἰς ἀλόγων ἀλογίαν κατηνέχθη-

---

1–2 Ibid. **3–4** Ibid. **5** ἔμπροσθεν ἡμῶν] cf. Marc. 7, 25 **8** Matth. 15, 23 **10–11** Ibid. **11–12** Ibid. 15, 24 **19** Ibid. 15, 22

13–15 Τοῦτο – σώσῃς] Ibid., 6 (PG 52, 453, 44–46) **16–18** Ἀπειρημένοι – αὐτόν] Ibid., 7 (PG 52, 455, 23–26) **18 – 186, 3** Ἐπειδὴ – περιέθηκα] Ibid., 8 (PG 52, 455, 34–43)

---

2 ὄπισθεν] ἐμπροσθεν M *(s. l. correx. man. rec.)* ἀλλ᾽ ἐγὼ] ἐγὼ PM T, ἐγὼ δὲ *ed.* **3** ἡ[1]] η *s. l.* T σώματος H^{I} ἡ[2]] ἢ V^{O} **4** ὄπισθεν] ἐμ᾽προσθεν M **5** ἔμπροσθεν] ὀπισθεν M **6** γὰρ] *e corr.* P, *om.* T ὄπισθεν] ἐμπροσθεν M **7** ἔμπροσθεν] ὀπισθεν M περιλίχων *(*-λι- M*)* PM T **9–10** τὴν[1] – γυναικός] *om.* $V^{E}V^{O}V^{Ph}H^{I}$ **9** αἰσχύνην] ὀδύνην ἐθεώρουν *ed.* δεσπότης] δὲ δεσπότης *ed.* **11** ὄπισθεν] ἔμπροσθεν P T ἡμῶν] *hic male caesura in* P, *qui novum lemma (*τοῦ αὐτοῦ*) inseruit auroque illevit* εἰ μὴ] εἰμι P, εἰμει T, *om.* V^{Ph} **12** τὰ] *s. l.* P **13** Τοῦτο ὅλον] τί οὖν $V^{E}V^{O}V^{Ph}H^{I}$ **15** σώσεις $V^{E}V^{O}$ **16** ἀπηρημένοι V^{O}, ἀπεριμμένοι *(*α- T*)* P T, ἀπερριμενοι M χαναναιοι M, χανανέοι P ἀσεβεῖς] τῆς ἀσεβείας $V^{E}V^{O}V^{Ph}H^{I}$ **17** οἱ] *om.* PM T ἰουδαῖοι T, ἰουδαιοι PM **18** Ἐπειδὴ] ἐπειδὴ οὖν *(*οὗν P*)* P T, ἐπειδαν οὖν M χαναναῖα $V^{E}V^{O}V^{Ph}H^{I}$, χαναναια PM, χαναῖα T **19** ὁρίου $V^{E}V^{O}$, οὐρίου H^{I}, χωριου M ἐκείνου] *om.* V^{Ph} ἀπερριμενου M, ἀπερημμενου P T **20** τυραννῆς *(*-ής T*)* P T **20–21** βακχεῖαι] *correximus (ed.)*, βακχίαι T, βάκχαι *(*βα- M*)* $V^{E}V^{O}V^{Ph}H^{I}$ M, βαχχαι P

σαν, εἰς δαιμόνων κακίαν, ἐπέτασσε δὲ ὁ νόμος· Μηδέν σοι καὶ Χαναναίοις, μὴ δῷς, μὴ λάβῃς μετ’ ἐκείνων, μὴ γυναῖκα λάβῃς, μὴ συμβόλαια, μὴ συναλλάγματα, διατοῦτο *φραγμὸν περιέθηκα.*

Ἵνα οὖν μὴ λέγωσιν οἱ Ἰουδαῖοι ὅτι Ἀφῆκας ἡμᾶς, καὶ ἀπῆλθες ἔξω, διατοῦτο οὐκ ἐπιστεύσαμέν σοι, ἰδοὺ ἀπὸ ἐθνῶν ἔρχονται, καὶ οὐ δέχομαι αὐτούς, ὑμᾶς δὲ φεύγοντας καλῶ· *Δεῦτε πρός με πάντες, οἱ κοπιῶντες καὶ πεφορτισμένοι, κἀγὼ ἀναπαύσω ὑμᾶς,* καὶ οὐκ ἔρχεσθε· ταύτην δὲ ἀπορρίπτω, καὶ παραμένει. *Ἐμφανὴς ἐγενόμην τοῖς ἐμὲ μὴ ζητοῦσιν.*

Ἀπόλυσον αὐτήν, ὅτι κράζει ὄπισθεν ἡμῶν. Ἴδωμεν οὖν τί λέγει· *Οὐκ ἀπεστάλην, εἰ μὴ εἰς τὰ πρόβατα τὰ ἀπολωλότα οἴκου Ἰσραήλ.* Ἡ δὲ ἀκούσασα ἦλθεν καὶ προσεκύνησεν, λέγουσα· *Ναί, κύριε.* *Ὁ δέ,* φησίν, *οὐκ ἀπεκρίνατο αὐτῇ λόγον.* Ἀλλ’ ὅρα τὴν ἀπόκρισιν· *Οὐκ ἔστιν καλὸν λαβεῖν τὸν ἄρτον τῶν τέκνων καὶ βαλεῖν τοῖς κυναρίοις,* ὑμῖν τοῖς Χαναναίοις.

Τί οὖν ἡ γυνή; *Ναί, κύριε· βοήθει μοι.* Ὦ βία γυναικός. Ὦ φιλοσοφία ψυχῆς. Ὁ ἰατρὸς λέγει Οὐχί, καὶ αὐτὴ λέγει Ναί, οὐκ αὐστηρὰ οὖσα, οὐδὲ ἀναίσχυντος, ἀλλὰ σωτηρίαν ἀπεκδεχομένη.

---

1 – 3 Μηδέν – συναλλάγματα] cf. Ex. 23, 24; Deut. 7, 2–3 **3** Is. 5, 2 **6 – 7** Matth. 11, 28 **8 – 9** Is. 65, 1 **10** Matth. 15, 23 **11 – 12** Ibid. 15, 24 **12** Ibid. 15, 27 **13** Ibid. 15, 23 **14 – 15** Ibid. 15, 26 **16** Ibid. 15, 27 et 25

---

4 – 8 Ἵνα – παραμένει] (Ps.-)Iohannes Chrysostomus, *De patientia propter Deum (De Chananaea)*, 9 (PG 52, 456, 58 – 457, 2) **8 – 12** Ἐμφανὴς – Ἰσραήλ] Ibid. (PG 52, 457, 4 –9) **12 – 15** Ἡ – Χαναναίοις] Ibid. (PG 52, 457, 13–21 [quibusdam omissis]) **16 – 188, 2** Τί – ἐξέρχονται] Ibid., 10 (PG 52, 457, 31 – 458, 10)

---

1 κακίαν] διαμονήν *(*-ην PM*)* PM T, μανίας *ed.* ἐπετασεν $M^{a.c.}$, ἐπέτατε *ed.*, προσέτασσε $V^{Ph\,p.c.}$, προσέτασε $V^{E}V^{O}V^{Ph\,a.c.}$ H^{I} **2** χαναναιοις P δῶς $V^{O}V^{Ph}$, δὸς P T μετ’] μετα P, παρ’ *ed.* **3** σύμβολα M περιέθηκε V^{O} **4** μὴ] *in mg.* P λέγουσιν P οἱ] *om.* M ϊουδαῖοι PM Ἀφῆκας] *correximus (ed.)*, ἀφῆκες *(*-η- M*)* $V^{E}V^{O}V^{Ph}$ H^{I} M T, ἀφεικες P **5** διατοῦτο] *praem.* καὶ P T **6** οὐ δέχομαι] ουκέχομαι T **8** ἔρχεσθαι *(*έ- V^{E}, ε- PM*)* $V^{E}V^{O}$ PM T ἀπορίπτω *(*-ι- M T*)* $V^{E}V^{O}V^{Ph}$ H^{I} PM T **9** ἐμὲ] εἰς ἐμὲ H^{I} μὴ] *s. l.* T **10** Ἀπόλυσον] *praem.* πόθεν ἡ χαναναία *(*-αῖα T, -αια M*)* PM T ἴδωμεν T, ϊδωμεν M, εἰδομεν P **13** δέ φησιν V^{E}, δὲ φησὶν V^{Ph} οὐκ – ἀπόκρισιν] *om.* $V^{E}V^{O}V^{Ph}$ H^{I} **14** Οὐκ ἔστιν] οὐκ ἔστην T, ουκ εστι φισι M βαλεῖν] βαλιν M, βαλην T, λαβεῖν V^{O} **15** χαναναῖοις V^{Ph} P, χαναναιοις M **16** βοήθει μοι] *hic male caesura in* P, *qui novum lemma* (τοῦ αὐτοῦ) *inseruit auroque illevit, fenestra in* M Ὦ^{1} – γυναικός] *om.* PM T Ὦ^{1}] ὤ H^{I} Ὦ^{2}] ὤ H^{I}, ὡ M **17** ψυχῆς] γυναικος M καὶ] *om.* PM T **17 – 18** οὐκ αὐστηρᾶ H^{I}, οὐ καυστηρὰ V^{E}, οὐ κατάρα *(*-τα- T*)* P T, οὐκ ἄρα M, οὐ κατηγοροῦσα *ed.* **18** οὐδὲ] *om.* M

Οὐκ ἔστιν καλὸν λαβεῖν τὸν ἄρτον τῶν τέκνων καὶ βαλεῖν τοῖς κυναρίοις. Τί οὖν; *Ναί, κύριε.* Κύνα με λέγεις, ἐγώ σε κύριον καλῶ. Σύ με ὑβρίζεις, ἐγώ σε αἰνῶ. *Ναί, κύριε· καὶ γὰρ τὰ κυνάρια ἐσθίει ἀπὸ τῶν ψιχίων τῶν πιπτόντων ἀπὸ τῆς τραπέζης τῶν κυρίων αὐτῶν.* Ὦ σοφία γυναικός. Κύνα με λέγεις; Ὡς κύνα με θρέψον. Οὐ παραιτοῦμαι τὸ ὄνειδος· λάβω οὖν τὴν τροφὴν τοῦ κυνός. Κύνα με ἐκάλεσας, δός μοι ψιχίον. Συνήγορος ἐγένου μοι τῇ αἰτήσει· ἐν τῇ παραιτήσει τὴν συγκατάθεσιν ἐπίδειξον.

Ναί, κύριε· καὶ γὰρ τὰ κυνάρια ἐσθίει ἀπὸ τῶν ψιχίων τῶν πιπτόντων ἀπὸ τῆς τραπέζης τῶν κυρίων αὐτῶν. Τί οὖν ὁ παραιτούμενος, ὁ διώκων, ὁ λέγων· *Οὐκ ἔστι καλὸν λαβεῖν τὸν ἄρτον τῶν τέκνων καὶ* δοῦναι *τοῖς κυναρίοις,* ὁ λέγων· *Οὐκ ἀπεστάλην, εἰ μὴ εἰς τὰ πρόβατα τὰ ἀπολωλότα οἴκου Ἰσραήλ;* Τί φησιν; *Ὦ γύναι.* Ἐπαινέτης ἐγένου; Ἀνακηρύττεις τὴν γυναῖκα; Οὐκ ᾔσχυνες αὐτήν, οὐκ ἐδίωκες; Διατοῦτο ἐδίωκον. Εἰ γὰρ ἐξ ἀρχῆς αὐτὴν ἀπέλυσα, οὐκ ἂν ἔμαθες αὐτῆς τὴν πίστιν. Εἰ ἐκ προοιμίων ἔλαβεν, ἀνεχώρει καὶ τὸν θησαυρὸν αὐτῆς οὐκ ἠπίστατο. Διατοῦτο ἀνεβαλόμην τὴν δόσιν, ἵνα δείξω αὐτῆς τὴν πίστιν. *Ὦ γύναι,* θεὸς λέγει, *ὦ γύναι.* Ἀκουέτωσαν οἱ εὐχόμενοι μετὰ βαναυσίας. Ὅταν εἴπω· Παρακάλεσον τὸν θεόν, δεήθητι αὐτοῦ, ἱκέτευσον αὐτόν, λέγει· Παρεκάλεσα ἅπαξ, δεύτερον, τρίτον, δέκατον, καὶ οὐκ ἔλαβον. Μὴ ἀποστῇς ἕως ἂν λάβῃς· τότε ἀπόστηθι, ὅταν λάβῃς, μᾶλλον δὲ μὴ δὲ τότε, ἀλλὰ καὶ τότε παράμενε. Κἂν μὴ λάβῃς, αἴτει· ὅταν δὲ λάβῃς, εὐχαρίστησον ὅτι ἔλαβες.

---

1 – 2 Ibid. 15, 26 **2** Ibid. 15, 27 **3 – 5** Ibid. **9 – 10** Ibid. **11 – 12** Ibid. 15, 26 **12 – 13** Ibid. 15, 24 **13** Ibid. 15, 28 **18 – 19** Ibid.

---

1 βαλεῖν] λαβεῖν V^{O} **2** οὖν] *add.* φησι M **3** ὑβρίζης $V^{E}V^{O}V^{Ph}$, ὑβριζεῖς M ἐγὼ σὲ V^{O} **5** Ὦ] ὢ H^{I} λέγεις] καλεῖς P T, καλῇς M **6** λάβω οὖν] λαβεὶν *(sic)* M τοῦ] τῆς P T **7** ἐκάλεσας] *om.* M (καλεῖς *supplev. man. rec.)* ψιχίων $V^{E}V^{O\,a.\,c.}V^{Ph}$ H^{I}, ψυχίων $V^{O\,p.\,c.}$, ψιχια M **8** παραιτήσει] *scripsimus (ed.)*, παραιτησει M, παρετήσει (-η- P), παροχῇ $V^{E}V^{O}V^{Ph}$ H^{I} συγκατάβασιν *(συν-* P; *-τα-* M*)* PM T ἐπίδειξαι T **13** τί φησίν $V^{O}V^{Ph}$ P T, τι φησιν M **14** ηΐσχυνες T, ἴσχυνες H^{I} P, ησχυνας M **15** ἐδίωκον] ἐδίωκεν P T, ἀνεβαλόμην *ed.* **16** Εἰ] ἢ $V^{E\,a.\,c.}V^{O}V^{Ph}$, εἰ γὰρ P ἔλαβεν] *om.* M **17** ἠπίστατο] ἠπίστασο *(-ι-* M*)* H^{I} PM T, ἂν ἠπίστατό τις *ed.* **17 – 18** ἀνεβαλλόμην *(-λώ-* M*)* M T **19** ὦ γύναι] *om.* M βανευσιας M **20** αὐτοῦ] αὐτὸν P **21** ἅπαξ] *add.* καὶ $V^{E}V^{O}V^{Ph}$ H^{I} δέκατον] *om.* M **22** λάβῃς[1] – ὅταν] *om.* H^{I} M **23** αἰτεῖ V^{O}, αιτει M **24** δὲ] *om.* PM T εὐχαριστη M

Εἰσέρχονται πολλοὶ εἰς τὴν ἐκκλησίαν καὶ ἀπαρτίζουσιν μυρίους στίχους εὐχῆς, καὶ ἐξέρχονται. Μὴ γὰρ πολλῶν χρείαν ἔχει ὁ θεὸς λόγων; Τῆς εὐχῆς σου μόνον χρῄζει. Καὶ τί φησιν; Ἔκλινα καὶ ηὐξάμην. Ἔκλινας τὰ γόνατα, ἀλλ' ἡ διάνοιά σου ἔξω ἐπέτατο· τὸ σῶμα σου ἔσω, καὶ ἡ ψυχή σου ἔξω. Τὸ στόμα σου ἔλεγεν, καὶ ἡ διάνοιά σου ἠρίθμει τοὺς τόκους, συμβόλαια, συναλλάγματα, χωρία, κτήματα. Ὁ γὰρ διάβολος πονηρὸς ὢν καὶ εἰδὼς ὅτι ἐν καιρῷ εὐχῆς μεγάλα ἀνύομεν, τότε ἐπέρχεται. Πολλάκις κείμεθα ὕπτιοι καὶ οὐδὲν λογιζόμεθα, καὶ ὁ νοῦς ἠρεμεῖ· ἤλθομεν εὔξασθαι, καὶ μυρίοι λογισμοὶ ἐπέρχονται, ἵνα ἡμᾶς ἐκβάλῃ κενούς.

Ταῦτα εἰδώς, ἐν ταῖς εὐχαῖς γίνωσκε τὴν Χαναναίαν. Ἀλλ' οὐκ ἔχεις θυγατέρα δαιμονιζομένην; Ἀλλ' ἔχεις ψυχὴν δαιμονιζομένην. Τί εἶπεν ἡ Χαναναία; *Ἐλέησόν με· ἡ θυγάτηρ μου κακῶς δαιμονίζεται.* Εἰπὲ καὶ σύ· Ἡ ψυχή μου κακῶς δαιμονίζεται. Μέγας γὰρ δαίμων ἁμαρτία. Ὁ δαιμονιῶν ἐλεεῖται, ὁ ἁμαρτάνων μισεῖται· ἐκεῖνος συγγνώμην ἔχει, οὗτος ἀπολογίας ἐστέρηται. *Ἐλέησόν με.* Βραχὺ τὸ ῥῆμα, καὶ πέλαγος φιλανθρωπίας· ὅπου γὰρ ἔλεος, πάντα τὰ ἀγαθά.

Κἂν ἔξω ᾖς, κράζε καὶ λέγε· *Ἐλέησόν με*, μὴ κινῶν τὰ χείλη, ἀλλὰ τῇ διανοίᾳ βοῶν· καὶ σιωπώντων ἀκούει ὁ θεός. Οὐ ζητεῖται τόπος, ἀλλ' ἀρχὴ τρόπου. Ὁ Ἱερεμίας *ἐν βορβόρῳ ἦν*, καὶ τὸν θεὸν ἐπεσπάσατο· ὁ Δανιὴλ ἐν λάκκῳ λεόντων, καὶ τὸν θεὸν ἐξευμενίσατο· οἱ τρεῖς παῖδες ἐν τῇ καμίνῳ ἦσαν, καὶ τὸν θεὸν ἐδυσώπη-

---

13 – 14 Matth. 15, 22 **16 – 17** Ibid. **19** Ibid. **21** Ier. 45, 6 **22** ὁ – λεόντων] cf. Dan. 6, 16 **23** οἱ – ἦσαν] cf. ibid. 3, 21

---

2 – 3 Μὴ – φησιν] (Ps.-)IOHANNES CHRYSOSTOMUS, *De patientia propter Deum (De Chananaea)*, locus non repertus **3 – 11** Ἔκλινα – Χαναναίαν] IBID., 10 – 11 (PG 52, 458, 13 – 24) **11 – 189, 3** Ἀλλ' – κατεσκεύασεν] IBID., 11 (PG 52, 458, 26 – 44)

---

2 χρείαν] *post* θεὸς *(l. 3) transpos.* M **3** ἔκκλινα $V^{E}V^{O}V^{Ph\ a.\ c.}$ **4** ἔκκλινας $V^{E}V^{O}$ ἐπέτετο *ed.* **5** τὸ] τῶ $V^{E}V^{O}V^{Ph\ a.\ c.}$ **5 – 6** ἡ² – σου] *om.* V^{Ph} **6** συναλάγματα $V^{E}V^{O}V^{Ph}$ H^{I} M, συνάλλαματα *(sic)* T **8** εὐχῆς] πρὸσεὐχῆς P, προσευχῆς M T ἀπέρχεται $V^{O}V^{Ph}$ **11** Ταῦτα] ταυτ' M γίνωσκε] μιμησαι M, γίνεσθαι *ed.* Χαναναίαν] χαναναῖαν T, χαναναιαν M, Χαναναίαν μίμησαι *ed.* **12** θυγατεραν M δαιμονιζομένην – ψυχὴν] *om.* V^{O} H^{I} **13** χαναναῖα V^{Ph}, χανανᾶια *(sic)* T, χαναναια M **13 – 14** κακῶς – μου] *om.* V^{Ph} **15** δαιμόνων V^{O} **18** τὰ] *om.* M **19** Κἂν] καὶ V^{O} **20** σιωπῶντων T, -ωντων M, -όντων $V^{E}V^{O}V^{Ph}$ P ζειτιται M, ζητεῖτε $V^{E}V^{O}V^{Ph}$ P **21** ἀλλ'] ἀλλὰ M ἀρχὴ] ἀρχη P, ἀρχι M, ἀρκὴ V^{E}, ἀρκεῖ $V^{O}V^{Ph}$ H^{I} τρόπος $V^{E}V^{O}V^{Ph}$ H^{I} ἰερεμίας T, ϊερεμιας P, ϊηρεμιας M **21 – 22** τὸν – Δανιὴλ] *om.* H^{I} **22** δανιηλ M λάκω $V^{O}V^{Ph}$

σαν· ὁ ληστὴς ἐσταυρώθη, καὶ ὁ σταυρὸς οὐκ ἐκώλυσεν, ἀλλὰ παράδεισον ἤνοιξεν· ὁ Ἰὼβ ἐν κοπρίᾳ ἦν, καὶ τὸν θεὸν ἵλεω κατεσκεύασεν. Ὅπου ἐὰν ᾖς, εὔχου. Κἂν δικαστῇ παραστῇς, εὔχου· ὅταν ὀργίζεταί σοι ὁ δικαστής, εὔχου.

Θάλασσα ἦν ἔμπροσθεν, ὄπισθεν οἱ Αἰγύπτιοι ἐδίωκον, μέσος ὁ Μωϋσῆς· πολλὴ εὐχὴ ἐν τῇ στενοχωρίᾳ, ἀλλὰ μέγα τὸ πέλαγος τῆς εὐχῆς. Ὄπισθεν οἱ Αἰγύπτιοι ἐδίωκον, <***> καὶ μέση ἡ εὐχή· καὶ οὐδὲν ἐλάλει ὁ Μωϋσῆς. Καὶ λέγει αὐτῷ ὁ θεός· *Τί βοᾷς πρός με;* Κἂν τὸ στόμα σου σιγᾷ, ἡ δὲ καρδία σου βοᾷ. Καὶ σύ, ὅταν παραστῇς δικαστῇ μεμηνότι, τυραννοῦντι, καὶ ἐπ᾽ αὐτῶν τῶν δημίων, εὔχου τῷ θεῷ· εὐχομένου δὲ σοῦ, τὰ κύματα καταστέλλεται. Ὁ δικαστὴς ἐπὶ σέ; Πρὸς τὸν θεὸν φεῦγε. Ὁ ἄρχων πλησίον σου; Σὺ τὸν δεσπότην παρακάλεσον. Μὴ γὰρ ἄνθρωπός ἐστιν; Ἀεὶ ἐγγύς ἐστιν καὶ πανταχοῦ ἐστιν, καὶ πάντα πληροῖ. Ἐὰν θέλῃς παρακαλέσαι ἄνθρωπον καὶ μαθεῖν τί ποιεῖ, λέγουσίν σοι· Καθεύδει. Τί ποιεῖ; Ἀσχολεῖται. Τί ποιεῖ; Ὁ διακονῶν οὐκ ἀποκρίνεται. Ἐπὶ δὲ τοῦ θεοῦ οὐδὲν τοιοῦτον· ὅπου δ᾽ ἂν ἀπέλθῃς καὶ καλῇς, ἀκούει· οὐ θυρωρός, οὐκ οἰκονόμος, οὐ μεσίτης, οὐ διάκονος, οὐδὲν τούτων.

Εἰπέ· *Ἐλέησόν με*, καὶ ὁ θεὸς παραγίνεται. *Ἔτι λαλοῦντός σου, ἐρεῖ· Ἰδοὺ πάρειμι.* Ὦ ῥῆμα ἡμερότητος γέμον· οὐκ ἀναμένω τελέσαι τὴν εὐχήν· οὐδέπω τελεῖς τὴν εὐχήν, καὶ λαμβάνεις τὴν δόσιν. *Ἐλέησόν με.* Ταύτην μιμησώμεθα τὴν Χαναναίαν. *Ἐλέησόν με·* *ἡ*

1–2 ὁ[1] – ἤνοιξεν] cf. Luc. 23, 40–43 **2** ὁ – ἦν] cf. Iob 2, 8[2] **8–9** Ex. 14, 15 **20** Matth. 15, 22 **20–21** Is. 58, 9 **23–190, 1** Matth. 15, 22

3–190, 2 Ὅπου – θέλεις] Ibid. (PG 52, 458, 46 – 459, 15)

---

1 ἐσταυρώθη] ἐν σταυρω ἠν M **2** ϊὼβ T, ϊωβ PM ἵλεω V^{E} H^{I} T, ἱλέω P, ἱλεω M, ἵλεον $V^{O}V^{Ph}$ **2–3** κατεσκευασθ M **4** ὀργίζηταί σοι T **5** ὄπισθεν] *om.* H^{I} αἰγύπτϊοι V^{O}, αιγύπτιοι M μέσως T, μέσον V^{O} **6** μωϋσης P, μωσῆς $V^{E}V^{O}V^{Ph}$ H^{I} μέγα] μετὰ (-α M T) PM T πέλαγος] πλάτος *ed.* **7** αἰγύπτϊοι $V^{O\ a.\ c.}$, αἰγυπτιοι M *post* ἐδίωκον *quaedam excidisse videntur (*ἔμπροσθεν ἡ θάλασσα *ed.)* ἐδίωκων T, ἐδιώκων P **8** ὁ[1]] *om.* M μωϋσης P, μωσῆς $V^{E}V^{O}V^{Ph}$ H^{I} **8–9** πρός με] *om.* PM T **9** Κἂν] καὶ PM T ἡ δὲ] ἀλλ᾽ ἡ $V^{E}V^{O}V^{Ph}$ H^{I} καρδία σου] καρδία PM T **11** δὲ σοῦ] δέ σου V^{Ph}, σου PM T **12** Ὁ[1] – φεῦγε] *om.* PM T **13** αἰεὶ T **14** θέλεις $V^{E}V^{Ph}$ **15–16** ποιεῖ – Τί] *om.* V^{O} **17** καλῇς] καλὴς V^{E}, κάλεὶς V^{O}, καλεῖς V^{Ph}, καλῇ H^{I}, λαλεῖς P, λαλῇς T, λαλησης M ακούη P, εἰσακούει H^{I} **20** λαλοῦντος σοῦ V^{O}, λαλοῦντος σου V^{Ph} H^{I} P T, λαλουντοσσσου *(sic)* M **21** γέμων $V^{E}V^{O}V^{Ph}$ ἀναμένων V^{O} **21–22** τελέσαι] καλέσαι P T **22** τὴν[3]] *om.* H^{I} **23** μιμησόμεθα P T χαναναῖαν $H^{I\ a.\ c.}$ T, χαναναιαν PM

θυγάτηρ μου κακῶς δαιμονίζεται. Καὶ τί ἤκουσεν; *Ὦ γύναι, μεγάλη σου ἡ πίστις· γενηθήτω σοι ὡς θέλεις.* Ἐξεπορήθης, ὑβρίσθης παρ' ἐμοῦ· ἀπεδίωξά σε, καὶ οὐκ ἀνεχώρησας, ἀλλὰ παρέμενες. Ἀληθῶς, *ὦ γύναι, μεγάλη σου ἡ πίστις.* Ἀπέθανεν ἡ γυνή, καὶ τὸ ἐγκώμιον αὐτῆς μένει διαδήματος λαμπρότερον. Εἰς ὅσην ἥλιος ἐφορᾷ γῆν, ἀκούεις τοῦ Χριστοῦ λέγοντος· *Ὦ γύναι, μεγάλη σου ἡ πίστις· γενηθήτω σοι ὡς θέλεις.* Οὐκ εἶπεν· <***> τὸ θυγάτριόν σου, ἀλλ' *ὡς θέλεις σύ.* Καὶ ἐξῆλθεν τὸ δαιμόνιον, *καὶ ἰάθη ἡ θυγάτηρ αὐτῆς.* Πότε; Ἀπὸ τῆς ὥρας ἐκείνης· οὐκ ἐξότε ἦλθεν ἡ μήτηρ αὐτῆς, ἀλλ' ἐξ ἧς ἤκουσεν παρὰ τοῦ σωτῆρος ἡμῶν· *Ὦ γύναι, μεγάλη σου ἡ πίστις· γενηθήτω σοι ὡς θέλεις.* Καὶ λοιπὸν ἦλθεν προσδοκοῦσα εὑρεῖν δαιμονιζομένην, καὶ εὗρεν ὑγιαίνουσαν, τῷ θελήματι αὐτῆς θεραπευθεῖσαν κατὰ τὴν κέλευσιν τοῦ δεσπότου.

Ὁ διάβολος πονηρὸς ὢν καὶ εἰδὼς ὅτι ἐν καιρῷ προσευχῆς μεγάλα ἀνύομεν, τότε ἐπέρχεται. Πολλάκις κείμεθα ὕπτιοι καὶ οὐδὲν λογιζόμεθα, καὶ ὁ νοῦς ἠρεμεῖ· ἤλθομεν εὔξασθαι, καὶ μυρίοι λογισμοὶ ἐπέρχονται, ἵνα ἡμᾶς ἐκβάλῃ κενούς.

---

1 – 2 Matth. 15, 28 **4** Ibid. **6 – 7** Ibid. **8** Ibid. **10 – 11** Ibid.

2 – 8 Ἐξεπορήθης – σύ] (Ps.-)Iohannes Chrysostomus, *De patientia propter Deum (De Chananaea)*, 11 (PG 52, 459, 25 – 460, 8 [multis omissis vel mutatis]) **8 – 13** Καὶ – δεσπότου] Ibid. (PG 52, 460, 24–28) **14 – 17 I suppl. 362 *Versio* E** (Ps.-)Iohannes Chrysostomus, *De patientia propter Deum (De Chananaea)*, 10 (PG 52, 458, 17–22)

---

2 θέλης PM T **3 – 4** ἀλλὰ – Ἀληθῶς] *om.* H^{I} **3** παρέμεινες $V^{O}V^{Ph}$, παραμένεις (-με- PM) PM T **4 – 6** Ἀπέθανεν – πίστις] *in mg.* M **5** ἥλιος] *praem.* ὁ (ο M) PM **7** γεννηθήτω $V^{E}V^{O\ p.\ c.}$ ὡς – ἀλλ'] *om.* V^{O} τὸ – σου] τῶ θυγατρίω σου M, *ante* τὸ θυγάτριόν σου *hab.* Θεραπευθήτω *ed.* **8** θέλεις σύ] θέλεις (θε- M) M T, θέλης P **11** γεννηθητω σοι M προσδοκῶσα T, προσδωκωσα M **12** εὗρεν] ἥυρεν P **16** ἠρεμεῖ] *sic spir.* E

[I suppl. 363 / V cap. E 7, 54]

Νείλου μοναχοῦ, κεφαλαίου ,γχμα'·

Προσέταξέ σοι κύριος ἵνα *ἐπικαλέσῃ* αὐτὸν *ἐν ἡμέρᾳ θλίψεως*. Διὸ οὐ χρὴ κατοκνεῖν, ἀλλὰ παντὶ μὲν καιρῷ ἐπικαλεῖσθαι τὸν θεόν, μάλιστα δὲ ἐν τοῖς καιροῖς τῶν θλίψεων, ἵνα δείξωμεν τοῖς ἐχθροῖς ὅτι οὐ κατεπόθημεν ὑπὸ τῶν περιστάσεων, ἀλλὰ μετὰ πεποιθήσεως πρὸς τὸν θεὸν ἄνω βλέπομεν.

[I suppl. 364 / V cap. E 7, 55]

Κεφαλαίου ,γχπζ'·

Πλειστάκις δεηθεὶς καὶ ἀποτυχών, μὴ ἀποκάμῃς, μὴ δὲ ἀπελπίσῃς, ἀλλὰ ἀνακαινίσας τοὺς πρὸς θεὸν λιβέλλους, πάλιν πρόσελθε ἀναιδῶς τῷ δεσπό-

---

2–6 I suppl. 363 inter I 984 / C cap. E 1, 72 et I 985 / C cap. E 1, 73 **3** Ps. 49, 15^{1}
8–192, 2 I suppl. 364 inter I 984 / C cap. E 1, 72 et I 985 / C cap. E 1, 73

3–6 I suppl. 363 Nilus Monachus (Ancyranus), *Epistulae*, 3641, locus non repertus **9–192, 2 I suppl. 364** Nilus Monachus (Ancyranus), *Epistulae*, 3687 = III, 266 (PG 79, 516, 57 – 517, 5)

2–6 I suppl. 363 V^{E} cap. E 7, 54 (95r[26]27–31); V^{W} cap. E 7, 48; V^{O} cap. E 7, 54; V^{Ph} cap. E 7, 54; H^{I} cap. E 7, 54; P cap. E 17, 56; M cap. E 17, 56; T cap. E 18, 54; R cap. E 43, 61; *deest in* L^{b}; PG 95, 1452, 28–33 **8–192, 2 I suppl. 364** V^{E} cap. E 7, 55 (95r[31]31–35); V^{W} cap. E 7, 49; V^{O} cap. E 7, 55; V^{Ph} cap. E 7, 55; H^{I} cap. E 7, 55; P cap. E 17, 57; M cap. E 17, 57; E cap. 157, 17; T cap. E 18, 55; R cap. E 43, 62; *deest in* L^{b}; PG 95, 1452, 34–39

I suppl. 363 (a) PM T νειλου P, νηλου M κεφαλαίου ,γχμα'] *om.* M κεφαλαίου] *om.* P (b) Νείλου V H^{I} R νίλου $V^{E}V^{O}V^{Ph}$ **I suppl. 364** (a) P T Κεφαλαίου] *om.* P (b) Τοῦ αὐτοῦ $V^{E}V^{O}$ H^{I} R (c) Νείλου E (d) *s. a.* $V^{W}V^{Ph}$ (e) *s. d.* M

2–6 Νείλου – βλέπομεν] *seclusimus (a FlorVat redactore addita videntur)* **3** Προσέταξέ σοι] προσέταξε V^{O} κύριος] *praem.* ὁ *(*ὀ M*)* V^{W} PM T αὐτῶν V^{O} **4** οκνειν M ἀλλὰ] ἀλλ' ἐν R μὲν] *om.* R τὸν] *om.* V^{W} PM T R **4–5** τοῖς – θλίψεων] τω καιρω τῆς θλιψεως M **5** οὐ κατεπόθημεν] οὐκ ἀπόθημεν V^{Ph} **6** τῆς περιστάσεως V^{W} πρὸς] ἐπι M ἄνω βλέπομεν] *cf. etiam* II^{1}suppl. 317 / V cap. Θ 5, 70 (SJD VIII/8), ἄνω βλέπωμεν $V^{E}V^{O}$, αναβλέπωμεν T, ἀναβλέπομεν V^{W} P R, ἀναβλεπομαιν M **8–192, 2** Κεφαλαίου – κύριος] *seclusimus (a FlorVat redactore addita videntur)* **9–192, 2** $μὴ^{2}$ – κύριος] *om.* R **9** ἀφελπίσῃς P T ἀλλὰ] ἀλλ' P E T **9–10** ἀνακαινίσας] ἀνακαινήσας P T, ἀνακαινισα σου $M^{a. c.}$, ἀνακαινίσας σου $M^{p. c.}$ **10** τοὺς] *s. l.* M λιβέλους V H^{I} M

τη. Προτιμᾶται γὰρ ἐν ταῖς ἀνάγκαις, τῆς αἰδοῦς ἡ ἀναίδεια· *διὰ* γὰρ *τὴν ἀναίδειαν αὐτοῦ δοθήσεται αὐτῷ ὅσον θέλει*, καθὼς εἶπεν ὁ κύριος.

[I suppl. 365 / V cap. E 7, 56]

Τοῦ αὐτοῦ, κεφαλαίου ͵δτμηʹ·

Ὥσπερ τὸ ἀναπνεῖν οὐδέποτε ἄκαιρον, οὕτως οὐδὲ τὸ αἰτεῖσθαι παρὰ κυρίου αἰτήματα μυστικὰ μέχρις ἐσχάτης ἀναπνοῆς.

[I suppl. 366 / V cap. E 7, 57]

Τοῦ αὐτοῦ·

Ἡμέρας, φησίν, *ἐκέκραξα καὶ ἐν νυκτὶ ἐναντίον σου, κύριε ὁ θεός μου*. Ὁρᾷς πῶς Δαυῒδ ὁ θεσπέσιος ὑποτύπωσις ἡμῖν γίνεται πρὸς τὸ ἀδιαλείπτως εὔχεσθαι καὶ μὴ καταφέρεσθαι εἰς ἀκηδίαν; Εἰ πλεονάκις ὠφελήθημεν ἀνδρὶ ἀ-

---

1 – 2 Luc. 11, 8 **4 – 6 I suppl. 365** inter I 984 / C cap. E 1, 72 et I 985 / C cap. E 1, 73 **5 – 6** exstat etiam ap. Ps.-Max. Conf., *Loci communes*, 14.23./22. (ed. Ihm, p. 351–352) **8 – 193, 2 I suppl. 366** inter I 984 / C cap. E 1, 72 et I 985 / C cap. E 1, 73 **9** Ps. 87, 2^2

---

5 – 6 I suppl. 365 NILUS MONACHUS (ANCYRANUS), *Epistulae*, 4348 = III, 159 (PG 79, 460, 15–17) **9 – 193, 2 I suppl. 366** NILUS MONACHUS (ANCYRANUS), *Epistulae*, IV, 25 (PG 79, 561, 16–23)

---

4 – 6 I suppl. 365 V^E cap. E 7, 56 (95r35–95v2); V^O cap. E 7, 56; V^{Ph} cap. E 7, 56; H^I cap. E 7, 56; P cap. E 17, 58; M cap. E 17, 58; E cap. 157, 18; T cap. E 18, 56; *deest in* V^W L^b R; PG 95, 1452, 40–42 **8 – 193, 2 I suppl. 366** V^E cap. E 7, 57 (95v[2]2–7); V^O cap. E 7, 57; V^{Ph} cap. E 7, 57; H^I cap. E 7, 57; P cap. E 17, 59; M cap. E 17, 59; T cap. E 18, 57; R cap. E 43, 63; *deest in* V^W L^b; PG 95, 1452, 43 – 1453, 4

I suppl. 365 (a) P T Τοῦ αὐτοῦ] *om.* T κεφαλαίου] *om.* P (b) *s. a.* $V^E V^O V^{Ph}$ H^I M E **I suppl. 366** (a) $V^E V^O$ R (b) Ὁμοίως P T (c) *s. a.* V^{Ph} H^I M

---

1 προτημᾶται *(-ά- P)* P T **2** αὐτοῦ] *add.* φησὶν $V^{W\ man.\ rec.}$ αὐτῷ] *om.* V^W P T **4 – 6** Τοῦ – ἀναπνοῆς] *seclusimus (a FlorVat redactore addita videntur)* **5** οὐδὲ] οὔτε P E T **8 – 193, 2** Τοῦ – ὅλων] *seclusimus (a FlorVat redactore addita videntur)* **9** φησίν] *om.* P **10 – 11** εὔχεσθαι] προσεὔχεσθαι P, προσευχεσθαι M T R, λιτανεύειν *ed.* **11** ακιδιαν M, αδίκιαν P

γαθῷ συντυχόντες, πηλίκα κερδανοῦμεν, μεθ' ἡμέραν καὶ νύκτωρ προσδιαλεγόμενοι δι' εὐχῆς καὶ ψαλμῳδίας τῷ δεσπότῃ τῶν ὅλων;

[I suppl. 367 / V cap. E 7, 58]

Τοῦ αὐτοῦ·

Οὐ τὸ τυχὸν ἀγαθόν, ἀλλὰ καὶ ἄγαν μέγα τὸ πάντοτε διὰ τῆς ἱκετείας ἑαυτοὺς τῷ κρείττονι παρατίθεσθαι.

[I suppl. 368 / V cap. E 7, 59]

͵δτϙγ'·

Οὐ μικρὸν τοῖς ἐλαχίστοις καὶ τὸ μίαν βαθμίδα τῆς τῶν ἀρετῶν κλίμακος ἀναβῆναι, καὶ τέως ἄνω γενέσθαι τῆς γῆς.

---

4 – 6 I suppl. 367 inter I 984 / C cap. E 1, 72 et I 985 / C cap. E 1, 73 **8 – 10 I suppl. 368** inter I 984 / C cap. E 1, 72 et I 985 / C cap. E 1, 73

---

5 – 6 I suppl. 367 Nilus Monachus (Ancyranus?), locus non repertus **9 – 10 I suppl. 368** Nilus Monachus (Ancyranus), *Epistulae*, 4393 = IV, 42 (PG 79, 569, 39 – 41)

---

4 – 6 I suppl. 367 V^E cap. E 7, 58 (95v7–8); V^O cap. E 7, 58; V^{Ph} cap. E 7, 58; H^I cap. E 7, 58; P cap. E 17, 60; M cap. E 17, 60; T cap. E 18, 58; R cap. E 43, 64; *deest in* V^W L^b; PG 95, 1453, 5 – 7 **8 – 10 I suppl. 368** V^E cap. E 7, 59 (95v[8]9 – 10); V^O cap. E 7, 59; V^{Ph} cap. E 7, 59; H^I cap. E 7, 59; P cap. E 17, 61; M cap. E 17, 61; T cap. E 18, 59; R cap. E 43, 65; *deest in* V^W L^b; PG 95, 1453, 8 – 10

I suppl. 367 (a) R (b) Ὁμοίως P T (c) *s. a.* $V^EV^OV^{Ph}$ H^I M **I suppl. 368** (a) P T (b) Τοῦ αὐτοῦ V^EV^O R (c) *s. a.* V^{Ph} H^I (d) *s. d.* M

---

1 κερδάνομεν $V^EV^OV^{Ph}$ P T, κερδάνωμεν H^I καθ' ἡμέραν R, καθημεραν M νύκτωρ] νύκτα R **4 – 6** Τοῦ – παρατίθεσθαι] *seclusimus (a FlorVat redactore addita videntur)* **5** ἀλλὰ] *om.* R μεγαν M **5 – 6** ἑαυτοὺς] *post* κρείττονι *transpos.* M **6** τὸ κρείττον $H^{I\,a.c.}$, τῶ κρείττον $H^{I\,p.c.}$ **8 – 10** ͵δτϙγ' – γῆς] *seclusimus (a FlorVat redactore addita videntur)* **10** γενέσθαι] *add.* ἄνω V^{Ph}

[I suppl. 369 / V cap. E 7, 60]

,δυμζʹ·

Τόλμησον προσελθεῖν μετὰ κλαυθμοῦ τῷ οὐρανίῳ ἀρχιητρῷ Ἰησοῦ, καὶ πάντα τῆς ψυχῆς ἀπογυμνῶσαι τὰ τραύματα. Οὐδὲν γὰρ ἂν εἴη πάθος, ὅπερ μὴ ἰσχύει θεραπεῦσαι Χριστὸς ὁ φιλανθρωπότατος.

[I suppl. 370 / V cap. E 7, 61]

,δυλγʹ·

Τοὺς σκώληκας τῆς διανοίας ἐξαφανίζειν σπεῦδε δι' εὐχῆς καὶ νηστείας καὶ ἀγρυπνίας εὐτόνου.

---

2 – 5 I suppl. 369 inter I 984 / C cap. E 1, 72 et I 985 / C cap. E 1, 73 **7 – 9 I suppl. 370** inter I 984 / C cap. E 1, 72 et I 985 / C cap. E 1, 73

---

3 – 5 I suppl. 369 Nilus Monachus (Ancyranus), *Epistulae*, 4447 = III, 327 (PG 79, 540, 37–40) **8 – 9 I suppl. 370** Nilus Monachus (Ancyranus), *Epistulae*, 4433, locus non repertus

---

2 – 5 I suppl. 369 V^{E} cap. E 7, 60 (95v10–13); V^{W} cap. E 7, 50; V^{O} cap. E 7, 60; V^{Ph} cap. E 7, 60; H^{I} cap. E 7, 60; P cap. E 17, 62; M cap. E 17, 62; E cap. 157, 19; T cap. E 18, 60; R cap. E 43, 66; *deest in* L^{b}; PG 95, 1453, 11–14 **7 – 9 I suppl. 370** V^{E} cap. E 7, 61 (95v[13]13–15); V^{O} cap. E 7, 61; V^{Ph} cap. E 7, 61; H^{I} cap. E 7, 61; P cap. E 17, 63; M cap. E 17, 63; E cap. 157, 20; T cap. E 18, 61; R cap. E 43, 67; *deest in* V^{W} L^{b}; PG 95, 1453, 15–16

I suppl. 369 (a) P T (b) Τοῦ αὐτοῦ R (c) *s. a.* V H^{I} M E **I suppl. 370** (a) P (b) Ὁμοίως T (c) Τοῦ αὐτοῦ $V^{E}V^{O}$ R (d) *s. a.* V^{Ph} H^{I} E (e) *s. d.* M

---

2 – 5 ,δυμζʹ – φιλανθρωπότατος] *seclusimus (a FlorVat redactore addita videntur)* **3** Τόλμησον προσελθεῖν] πρόσελθε E προσελθεῖν] *post* κλαυθμοῦ *transpos.* M ἀρχιΐτρῶ *(-ϊ- e corr. man. rec.)* V^{W}, αρχηΐητρω M **4** πάντα] *add.* τὰ *(*τα M T*)* PM E T R ἀπογύμνωσαι V^{W} H^{I} E T, ἀπογυμνασαι M, ἀπογύμνωσον *ed.* τὰ] *om.* V^{W} PM E T R εἴη] εἰς H^{I} **5** ἰσχύη V^{W} φιλανωτω^{τ} H^{I} **7 – 9** ,δ<*>λγʹ – εὐτόνου] *seclusimus (a FlorVat redactore addita videntur)* **9** ἐντόνου T

[I suppl. 371 / V cap. E 7, 62]

͵δφμβʹ·

Εὖ ἴσθι· καὶ εἰς τὸ γῆρας αὐτὸ ἐληλακότας τινὰς ἔγνωμεν δι᾽ εὐχῆς καὶ ἐλπίδος, μεγίστου λελογχότας ἐπουρανίου χαρίσματος.

[I suppl. 372 / V cap. E 7, 63]

<***>

Οὐδὲν παντελῶς ἀντιτάξασθαι δύναται τῷ κυρίῳ, οὐ χρόνος, οὐ τόπος, οὐ πρᾶγμα, οὐ διάβολος βρέμων, οὐ δαίμονες πολεμοῦντες, οὐκ ἀσθένεια ψυχικὴ ἢ σωματική, οὐ λογισμῶν σκληρώσεις, οὐ νόμος μελῶν σαρκός τε καὶ αἵματος, ὧν κατακαυχᾶται ὁ Σατανᾶς καὶ δράκων, ὁ *τὴν ἰσχὺν ἐπ᾽ ὀσφύος* κεκτημένος, *τὴν δὲ δύναμιν* αὐτοῦ, τὴν μεστὴν βδελυγμίας, *ἐπ᾽ ὀμφαλοῦ τῆς γαστρός*, οὐχ᾽ ἕξις κακίστη πολυπαθής, οὐ συνήθεια πολυέτης τὲ καὶ χρόνιος.

---

2 – 4 I suppl. 371 inter I 984 / C cap. E 1, 72 et I 985 / C cap. E 1, 73 **6 – 13 I suppl. 372** inter I 984 / C cap. E 1, 72 et I 985 / C cap. E 1, 73 **10 – 12** Iob 40, 16^{1-2}

---

3 – 4 I suppl. 371 Nilus Monachus (Ancyranus), *Epistulae*, 4542, locus non repertus **7 – 13 I suppl. 372** locus non repertus (forsan Nilo Monacho [Ancyrano?] attribuendus [cf. lemma I suppl. 371 / V cap. E 7, 62])

---

2 – 4 I suppl. 371 V^{E} cap. E 7, 62 (95v15–16); V^{O} cap. E 7, 62; V^{Ph} cap. E 7, 62; H^{I} cap. E 7, 62; P cap. E 17, 64; M cap. E 17, 64; T cap. E 18, 62; *deest in* V^{W} L^{b} R; PG 95, 1453, 17–19 **6 – 13 I suppl. 372** V^{E} cap. E 7, 63 (95v16–23); V^{O} cap. E 7, 63; V^{Ph} cap. E 7, 63; H^{I} cap. E 7, 63; P cap. E 17, 65; M cap. E 17, 65; T cap. E 18, 63; *deest in* V^{W} L^{b} R; PG 95, 1453, 20–28

I suppl. 371 (a) P T (b) Τοῦ αὐτοῦ V^{O} (c) *s. a.* $V^{E}V^{Ph}$ H^{I} M **I suppl. 372** (a) *s. a.* $V^{E}V^{Ph}$ H^{I} P T (b) *s. d.* M (c) Τοῦ αὐτοῦ V^{O}

---

2 – 4 ͵δφμβʹ – χαρίσματος] *seclusimus (a FlorVat redactore addita videntur)* **3** ἐγνωμεν τινας M **4** μέγϊστον V^{O} λελαχοτας M **7 – 13** Οὐδὲν – χρόνιος] *seclusimus (a FlorVat redactore addita videntur)* **7** Οὐδὲν] *add.* γὰρ M τῷ] *s. l.* T κυρίῳ] θεῶ M **8** πράγμα $V^{E}V^{O}V^{Ph}$ PM βρέμων] ἀρεμων M **9** σκλήρωσις PM T, σκηρώσεις $V^{E}V^{O}V^{Ph}$ H^{I} **11** βδελυριας M **12** οὐχ᾽ ἕξις] οὐκέξις *(-ε- M)* V^{E} PM, οὐκἕξις $V^{O}V^{Ph}$ H^{I} T πολυπαθείς $V^{E}V^{O}V^{Ph}$ πολυἔτης τὲ V^{E}, πολυετῆς *(-ής T)* τε PM T, πολϋέκτεις τὲ V^{O}

[I suppl. 373 / V cap. E 7, 64]

͵δφνγ'·

Οὐ περιποιητέον ἡμῖν τοὺς ἀρέσκοντας τῷ διαβόλῳ λογισμούς, ἀλλὰ ἀναιρετέον τῇ τοῦ θείου λόγου παραξιφίδι.

[I suppl. 374 / V cap. E 7, 65]

͵δχμ'·

Ἡ ψυχὴ ἡμῶν, φησίν, ὡς στρουθίον ἐρρύσθη ἐκ τῆς παγίδος τῶν θηρευόντων δαιμόνων. Ὥσπερ γὰρ τὰ στρουθία διὰ τῆς τῶν πτερῶν κινήσεως μετάρσια γίνεται ἄνω τῆς γῆς, οὕτω καὶ ὁ θεοσεβὴς ἄνθρωπος ἀπὸ τῶν ἐπιγείων πρὸς τὰ ἐπουράνια διὰ προσευχῶν μετατίθησιν ἑαυτόν.

---

2 – 4 I suppl. 373 inter I 984 / C cap. E 1, 72 et I 985 / C cap. E 1, 73 **6 – 10 I suppl. 374** inter I 984 / C cap. E 1, 72 et I 985 / C cap. E 1, 73 **7** Ps. 123, 7^{1-2} **8 – 10** Ὥσπερ – ἑαυτόν] exstat etiam ap. Ps.-Max. Conf., *Loci communes*, 14.20./19. (ed. Ihm, p. 350)

---

3 – 4 I suppl. 373 Nilus Monachus (Ancyranus), *Epistulae*, 4553 vel 4583, locus non repertus **7 – 10 I suppl. 374** Nilus Monachus (Ancyranus), *Epistulae*, 4640, locus non repertus

---

2 – 4 I suppl. 373 V^{E} cap. E 7, 64 (95v[23]23–25); V^{O} cap. E 7, 64; V^{Ph} cap. E 7, 64; H^{I} cap. E 7, 64; P cap. E 17, 66; M cap. E 17, 66; T cap. E 18, 64; R cap. E 43, 68; *deest in* V^{W} L^{b}; PG 95, 1453, 29–31 **6 – 10 I suppl. 374** V^{E} cap. E 7, 65 (95v25–29); V^{O} cap. E 7, 65; V^{Ph} cap. E 7, 65; H^{I} cap. E 7, 65; P cap. E 17, 67; P cap. E 17, 70; M cap. E 17, 67; T cap. E 18, 65; R cap. E 43, 69; *deest in* V^{W} L^{b}; PG 95, 1453, 32–37

I suppl. 373 (a) P T ͵δφνγ'] ͵δφπγ' T (b) Τοῦ αὐτοῦ $V^{E}V^{O}$ R (c) *s. a.* V^{Ph} H^{I} M
I suppl. 374 (a) $P^{cap. E 17, 67 et 70}$ T (b) *s. a.* $V^{E}V^{O}V^{Ph}$ H^{I} M (c) *s. d.* R

---

2 – 4 ͵δφνγ' – παραξιφίδι] *seclusimus (a FlorVat redactore addita videntur)* **3** ἀλλὰ] ἀλλα M, ἀλλ' P T R **3 – 4** εναρετέον P, ἀναρεταίον T **4** θεου M παραξιφίδη P, παραξιφιδι M, παρεξιφίδι V^{Ph} **6 – 10** ͵δχμ' – ἑαυτόν] *seclusimus (a FlorVat redactore addita videntur)* **7** στρουθιον M T, στρουθειον $P^{cap. E 17, 67 et 70}$ ἐρύσθη V^{Ph} $P^{cap. E 17, 67 a. c.}$ $P^{cap. E 17, 70}$ τῆς] *om.* $P^{cap. E 17, 67 et 70}$ τῶν] *om.* $P^{cap. E 17, 67 et 70}$ T **8** στρουθια M, στρουθεια $P^{cap. E 17, 67}$ πτερῶν] πετρῶν V^{Ph} T R *(correx. man. rec. in mg.)* **9** ἄνω – γῆς] *om.* M **10** οὐράνια M R

[I suppl. 375 / PML^b cap. E 17, 68]

Ὁμοίως·

Τοῖς νοητοῖς στρουθίοις οὐ πολλῆς χρείας πρὸς ἄμυναν, οὐ τόξων, οὐ βελῶν καὶ ἀσπίδων καὶ τὰ ἑξῆς· εὐχῶν δὲ χρεία καὶ ψαλμῶν ἐλπίδος, δι᾽ ὧν πᾶσα παγὶς τῶν ἐχθρῶν συντρίβεται καὶ ἡμεῖς ῥυόμεθα.

[I suppl. 376 / PML^b cap. E 17, 73]

Τοῦ αὐτοῦ, ,δχος′·

Πρόσχωμεν ἑαυτοῖς, μήποτε καθάπέρ ποτε οἱ Ἰουδαῖοι αἰσθητῶς τὸν ἅγιον Στέφανον, οὕτως ἀρτίως οἱ δαίμονες νοητῶς ἡμᾶς συναρπάσαντες ἐκβάλλωσιν ἔξω τῆς παναρέτου καὶ ἀγαθῆς πόλεως, καὶ θανατώσωσιν τὴν ἡμετέραν ψυχὴν λιθοβολήσαντες τοῖς λίθοις τῆς ἀσεβείας καὶ τῆς ἀκαθαρσίας.

---

2 – 5 I suppl. 375 inter I 984 / C cap. E 1, 72 et I 985 / C cap. E 1, 73 **7 – 11 I suppl. 376** inter I 984 / C cap. E 1, 72 et I 985 / C cap. E 1, 73 **8 – 11** τὸν – ἀκαθαρσίας] cf. Act. 7, 54–59

---

3 – 5 I suppl. 375 Nilus Monachus (Ancyranus?), locus non repertus **8 – 11 I suppl. 376** Nilus Monachus (Ancyranus), *Epistulae*, 4676, locus non repertus

---

2 – 5 I suppl. 375 P cap. E 17, 68 (171vA[29]30–171vB4); P cap. E 17, 71 (172rA[3]4–14); M cap. E 17, 68; T cap. E 18, 66; R cap. E 43, 70; *deest in* L^b **7 – 11 I suppl. 376** P cap. E 17, 73 (172rA[33]34–172rB13); M cap. E 17, 70; T cap. E 18, 68; R cap. E 43, 72; *deest in* L^b

---

I suppl. 375 (a) P$^{cap. E 17, 68 et 71}$ T (b) *s. d.* M R **I suppl. 376** (a) P T Τοῦ αὐτοῦ] *om.* T (b) Τοῦ αὐτοῦ R (c) *s. d.* M

---

2 – 5 Ὁμοίως – ῥυόμεθα] *seclusimus (a FlorVat redactore addita videntur)* **4** καὶ ἀσπίδων] *om.* R χρεία] *om.* M ἐλπίδος] *praem.* καὶ R **5** συντρίβετε P$^{cap. E 17, 71}$, συντριβησεται M ρυσθησομεθα M **7 – 11** Τοῦ – ἀκαθαρσίας] *seclusimus (a FlorVat redactore addita videntur)* **8** προσχῶμεν R, προσχωμεν PM καθάπέρ ποτε] καθαπερ ποται M, καθάπερ R οἱἸουδαῖοι] ὁι ϊουδαιοι P, όιουδαῖοι T, ϊουδαιοι M **9 – 10** ἐκβαλωσιν M, ἐκβάλουσιν P$^{ut videtur}$ **10** ἀγαθῆς πόλεως] ὀρθῆς πολιτείας R θανατωσουσι PM

I suppl. 377 / V cap. E 7, 66

Βασιλείου·

Τὴν δύναμιν πληροῦτε τῆς προσευχῆς· *εἴτε γὰρ ἐσθίετε*, φησίν, *εἴτε πίνετε, εἴτε τί ποιεῖτε, πάντα εἰς δόξαν θεοῦ ποιεῖτε*. Καθεζόμενος ἐπὶ τραπέζης, προσεύχου. Προσφερόμενος τὸν ἄρτον, τῷ δεδωκότι τὴν χάριν ἀποπλήρου. Παρῆλθεν ἡ χρεία τῶν βρωμάτων; Ἡ μέντοι μνήμη τοῦ εὐεργέτου μὴ παρερχέσθω. Τὸν χιτῶνα ἐνδυόμενος, εὐχαρίστει τῷ δεδωκότι. Τὸ ἱμάτιον περιβαλλόμενος, αὔξησον τὴν εἰς θεὸν ἀγάπην, ὃς καὶ χειμῶνι καὶ θέρει ἐπιτήδεια ἡμῖν *σκεπάσματα* ἐχαρίσατο, τήν τε ζωὴν ἡμῶν συντηροῦντα καὶ τὸ ἄσχημον περιστέλλοντα. Ἐπληρώθη ἡ ἡμέρα; Εὐχαρίστει τῷ τὸν ἥλιον εἰς ὑπηρεσίαν τῶν ἡμερινῶν ἔργων χαρισαμένῳ ἡμῖν, πῦρ δὲ παρασχομένῳ τοῦ φωτίζειν τὴν νύκτα, καὶ ταῖς λοιπαῖς χρείαις ταῖς κατὰ τὸν βίον ὑπηρετεῖν. Ὅταν ἀναβλέψῃς πρὸς οὐρανὸν καὶ πρὸς τὰ τῶν ἀστέρων ἐνατενίσῃς κάλλη, προσεύχου τῷ δεσπότῃ τῶν ὁρωμένων, καὶ προσκύνει τὸν ἀριστοτέχνην τῶν ὅλων θεόν, ὃς ἐν σοφίᾳ τὰ πάντα ἐποίησεν.

---

2 – 17 I suppl. 377 inter I 984 / C cap. E 1, 72 et I 985 / C cap. E 1, 73 **3 – 4** I Cor. 10, 31 **7 – 8** Τὸν – δεδωκότι] cf. Gen. 3, 21 **10** σκεπάσματα] I Tim. 6, 8

---

3 – 6 I suppl. 377 Τὴν – ἀποπλήρου] BASILIUS CAESARIENSIS, *Homilia in martyrem Iulittam*, 3 (PG 31, 244, 12–17) **6 – 17** Παρῆλθεν – ἐποίησεν] IBID. (PG 31, 244, 20–35)

---

2 – 17 I suppl. 377 V^{E} cap. E 7, 66 (95v[29]29–96r7); V^{O} cap. E 7, 66; V^{Ph} cap. E 7, 66; H^{I} cap. E 7, 66; *deest in* V^{W} PML^{b} T R; PG 95, 1453, 38–56

I suppl. 377 (a) $V^{E}V^{O}V^{Ph}$ βασι V^{E}, βα $V^{O}V^{Ph}$ (b) Βασιλείου H^{I}

---

3 πληροῦται $V^{E}V^{O}V^{Ph}$ **4** εἶτέ τι H^{I} **6** ἀποπλήρου] δίδου V^{Ph} **7** χειτῶνα $V^{E}V^{O}$ H^{I} **9** ἐπιτήδια $V^{E}V^{O}$ H^{I} **11** τῷ] τὸν H^{I} **13** λοιπαῖς] λυπαῖς $V^{E}V^{O}V^{Ph\ a.c.}$ **15** ἐνατενίσῃς] εὐ ἀτενίσῃς V^{O}

[I suppl. 378 / V cap. E 7, 67]

,δψογʹ·

Ὅταν περί τινος ἀγαθοῦ παρακαλέσῃς τὸν θεόν, καὶ μὴ εἰσακούσῃ σου παραυτίκα, μὴ ὀλιγωρήσῃς, μὴ δὲ μικροψυχήσῃς· πολλάκις γὰρ πρὸς τὸ παρὸν οὐ συμφέρει σοι τὸ αἴτημα.

[I suppl. 379 / V cap. E 7, 68]

,δωοςʹ·

Πᾶς ὁ αἰτῶν λαμβάνει, φησίν, λαμβάνει δέ, εἴπερ ζητοίη τὰ συμφέροντα τῇ ψυχῇ.

---

2 – 5 I suppl. 378 inter I 984 / C cap. E 1, 72 et I 985 / C cap. E 1, 73 **3 – 5** exstat etiam ap. Ps.-Max. Conf., *Loci communes*, 14.24./23. (ed. Ihm, p. 352) **7 – 9 I suppl. 379** inter I 984 / C cap. E 1, 72 et I 985 / C cap. E 1, 73 **8** Matth. 7, 8

---

3 – 5 I suppl. 378 Nilus Monachus (Ancyranus), *Epistulae*, 4773, locus non repertus **8 – 9 I suppl. 379** Nilus Monachus (Ancyranus), *Epistulae*, 4876, locus non repertus

---

2 – 5 I suppl. 378 V^{E} cap. E 7, 67 (96r[8]8 – 10); V^{O} cap. E 7, 67; V^{Ph} cap. E 7, 67; H^{I} cap. E 7, 67; P cap. E 17, 74; M cap. E 17, 71; T cap. E 18, 69; R cap. E 43, 73; *deest in* V^{W} L^{b}; PG 95, 1453, 57 – 1456, 3 **7 – 9 I suppl. 379** V^{E} cap. E 7, 68 (96r10 – 11); V^{O} cap. E 7, 68; V^{Ph} cap. E 7, 68; H^{I} cap. E 7, 68; P cap. E 17, 75; M cap. E 17, 72; E cap. 157, 22; T cap. E 18, 70; R cap. E 43, 74; *deest in* V^{W} L^{b}; PG 95, 1456, 3 – 5

I suppl. 378 (a) P T ,δψαογʹ *(sic)* T (b) Νείλου μοναχοῦ H^{I} (c) Νείλου $V^{E}V^{O}V^{Ph}$ R νίλου V^{E}, νι $V^{O}V^{Ph}$ **I suppl. 379** (a) P T (b) *s. a.* $V^{E}V^{O}V^{Ph}$ H^{I} E (c) *s. d.* M R

---

2 – 5 ,δψογʹ – αἴτημα] *seclusimus (a FlorVat redactore addita videntur)* **3** παρακαλεσεις P εἰσακούσει (εισ- T; -σι T*)* σου V^{E} H^{I} P T, εἰσακούσει σοι R **4** ὀλιγορήσης R, ὀλιγορήσεις *(*ολιγορη- P*)* $V^{E}V^{O}V^{Ph\ a.\ c.}$ P, ὀλιγωρήσεις $V^{Ph\ p.\ c.}$, ὀλιγωρισης M μικροψυχήσεις P, μηκροψυχήσης *(*-χη- M*)* M T **7 – 9** ,δωοςʹ – ψυχῇ] *seclusimus (a FlorVat redactore addita videntur)* **8** Πᾶς] *praem.* εἰ R ξυμφέροντα H^{I}

[I suppl. 380 / V cap. E 7, 69]

Τοῦ αὐτοῦ·

Μὴ πλοῦτον ἐν προσευχῇ ζητήσῃς, μὴ ὑγείαν, μὴ τῶν ἐχθρῶν ἄμυναν, μὴ δόξαν ἀνθρωπίνην, ἀλλὰ μόνον τὰ συντελοῦντα πρὸς σωτηρίαν ψυχῆς.

[I suppl. 381 / V cap. E 7, 70]

Τοῦ αὐτοῦ·

Ἐὰν κακῶς καὶ ἀξυμφόρως αἰτῇς, καθάπερ ὁ πυρέττων ἄνθρωπος παρακαλεῖ παρασχεῖν αὐτῷ οἶνον, προβλέπων ὁ θεὸς τὰ μέλλοντα, οὐ ποιεῖ τὸ θέλημά σου· οὐ παρέχει τὴν ἀλόγιστον αἴτησιν.

---

2 – 4 I suppl. 380 inter I 984 / C cap. E 1, 72 et I 985 / C cap. E 1, 73 **3 – 4** exstat etiam ap. Ps.-Max. Conf., *Loci communes*, 14.22./21. (ed. Ihm, p. 351) **6 – 9 I suppl. 381** inter I 984 / C cap. E 1, 72 et I 985 / C cap. E 1, 73 **7 – 9** exstat etiam ap. Ps.-Max. Conf., *Loci communes*, 14.21./20. (ed. Ihm, p. 351)

---

3 – 4 I suppl. 380 Nilus Monachus (Ancyranus?), locus non repertus **7 – 9 I suppl. 381** Nilus Monachus (Ancyranus?), locus non repertus

---

2 – 4 I suppl. 380 V^{E} cap. E 7, 69 (96r[12]12–14); V^{O} cap. E 7, 69; V^{Ph} cap. E 7, 69; H^{I} cap. E 7, 69; P cap. E 17, 76; M cap. E 17, 73; E cap. 157, 23; T cap. E 18, 71; R cap. E 43, 75; *deest in* V^{W} L^{b}; PG 95, 1456, 6–8 **6 – 9 I suppl. 381** V^{E} cap. E 7, 70 (96r[14]14–17); V^{O} cap. E 7, 70; V^{Ph} cap. E 7, 70; H^{I} cap. E 7, 70; P cap. E 17, 77; M cap. E 17, 74; T cap. E 18, 72; R cap. E 43, 76; *deest in* V^{W} L^{b}; PG 95, 1456, 9–12

I suppl. 380 (a) $V^{E}V^{O}$ (b) *s. a.* V^{Ph} H^{I} PM E (c) *s. d.* T R **I suppl. 381** (a) $V^{E}V^{O}$ R (b) Ὁμοίως P T (c) *s. a.* V^{Ph} H^{I} M

---

2 – 4 Τοῦ – ψυχῆς] *seclusimus (a FlorVat redactore addita videntur)* **3** πλοῦτος V^{O} ζητήσεις V^{O} P μὴ ὑγείαν] *om.* M **6 – 9** Τοῦ – αἴτησιν] *seclusimus (a FlorVat redactore addita videntur)* **7** ἀσυμφόρος M αἰτεῖς (-εις M) $V^{E}V^{O}V^{Ph}$ PM ἄνθρωπος] τὸν ἄνθρωπον $P^{a. c.}$, ἄνθρωπον $P^{p. c.}$ T R **7 – 8** παρακαλέσει R

[I suppl. 382 / V cap. E 7, 71]

Εὐσεβίου·

Μνησθῶμεν τοῦ προδότου Ἰούδα, καὶ μὴ ἐξέλθωμεν τῆς ἐκκλησίας. Ἐκείνῳ γὰρ ἀρχὴ ἀπωλείας γέγονεν τὸ μὴ παραμένειν τῇ εὐχῇ. Λαβὼν γὰρ τὸν ἄρτον, πρῶτος τῶν λοιπῶν ἐξῆλθεν, καὶ εὐθέως ἐχώρησεν εἰς αὐτὸν ὁ Σατανᾶς καὶ εἰς τὴν προδοσίαν ἐσπούδασεν. Ἐὰν οὖν τις πρὸ τῆς ἀπολύσεως ἐξέλθῃ, τὰς τοῦ Ἰούδα εὐθύνας ἀποτίσει. Μὴ οὖν διὰ μίαν ὥραν μέλλομεν μετὰ Ἰούδα κατακρίνεσθαι; Οὐδὲν ἡμᾶς βαρήσει ἡ παραμονή· οὐ χειμῶνα ἔνδον ἔχει, οὐ πῦρ, οὐχ' ἕτερα κολαστήρια.

2–9 I suppl. 382 inter I 984 / C cap. E 1, 72 et I 985 / C cap. E 1, 73 **4–6** Λαβὼν – Σατανᾶς] cf. Ioh. 13, 27

3–9 I suppl. 382 Ps.-Eusebius Alexandrinus, *Sermo XVI (De die dominica)*, 2 (PG 86, 416, 48 – 417, 2); Holl, n° 486 et 136

2–9 I suppl. 382 V^{E} cap. E 7, 71 (96r[17]17–24); V^{W} cap. E 7, 51; V^{O} cap. E 7, 71; V^{Ph} cap. E 7, 71; H^{I} cap. E 7, 71; P cap. E 17, 55; M cap. E 17, 55; E cap. 157, 16; T cap. E 18, 53; R cap. E 43, 59; *deest in* L^{b}

I suppl. 382 (a) V εὐσ^ε^ $V^{O}V^{Ph}$ (b) Τοῦ αὐτοῦ P T R (c) *s. a.* H^{I} E (d) *s. d.* M

2–9 Εὐσεβίου – κολαστήρια] *seclusimus (a FlorVat redactore addita videntur)* **3** ἰοῦδα $V^{W\,a.c.}$, ϊοῦδα T, ϊουδα PM μὴ ἐξέλθωμεν] μὴ ἐξερχόμεθα $V^{W\,e\,ras.}$ ἐκκλησίας] *add.* τῆς εὐχῆς τελουμένης $V^{W\,man.\,rec.}$ **4** ἀπωλείας] ἀπολογείας V^{O}, προδοσίας V^{W} γὰρ²] *om.* V^{W} **6** οὖν τίς V^{O} H^{I} P E T R **7** ἰοῦδα $V^{W\,a.c.}$ $E^{a.c.}$, ϊοῦδα T, ϊουδα PM ἀποτισει M, ἀποτήσει T, ἀπὸτήσει P, ἀποκτίσει V^{O}, ἀπαιτήση $V^{W\,a.c.}$, ἀπατήση $V^{W\,p.c.}$ μίας ὥρας H^{I} μέλλωμεν *(*με- M*)* H^{I} M E T, θελήσωμεν R **8** Ἰούδα] ἰοῦδα $V^{W\,a.c.}$, ϊουδα PM, ϊοῦδα T, *praem.* τοῦ $V^{W\,man.\,rec.}$ T βαρέσει T, βαρέση *(-ε- M)* PM, βλάψει $V^{W\,e\,ras.}$, βλάπτει *ed.* οὐ] οὐ γὰρ $V^{W\,e\,ras.}$

[I suppl. 383 / V cap. E 7, 72]

N<ε>ίλου·

Εἰ λέγει τῷ ἀνθρώπῳ ὁ κύριος ἐν τοῖς εὐαγγελίοις ὅτι *παντὶ τῷ αἰτοῦντι σε δίδου* τὴν ἐλεημοσύνην, πολλῷ μᾶλλον αὐτὸς ὁ κύριος παντὶ τῷ δεομένῳ δώσει πλούσια τὰ ἐλέη καὶ τῶν ἁμαρτημάτων τὴν ἄφεσιν, καὶ τῶν λυπηρῶν τὴν λύσιν.

[I suppl. 384 / V cap. E 7, 73]

‚δχνα'·

Χριστὸς ὁ παμβασιλεὺς θεὸς οὐδαμῶς ἀποστρέφεται τοὺς πρὸς αὐτὸν κεχηνότας καὶ ἀπὸ βάθους καρδίας στενάζοντας, κἂν πολλοῖς ἁμαρτήμασι πεφορτισμένοι τυγχάνωσιν, ἀλλὰ καὶ προσίεται καὶ καθαρίζει τούτους, καὶ τῆς υἱοθεσίας δωρεῖται τὸ χάρισμα, καὶ ἀρετῶν ἐργάτας ἀποφαίνει, προϊόντος τοῦ χρόνου.

---

2 – 6 I suppl. 383 inter I 984 / C cap. E 1, 72 et I 985 / C cap. E 1, 73 **3 – 4** Luc. 6, 30 **8 – 13 I suppl. 384** inter I 984 / C cap. E 1, 72 et I 985 / C cap. E 1, 73

---

3 – 6 I suppl. 383 Nilus Monachus (Ancyranus?), locus non repertus **9 – 13 I suppl. 384** Nilus Monachus (Ancyranus), *Epistulae*, 4651 = III, 277 (PG 79, 521, 15–21)

---

2 – 6 I suppl. 383 V^{E} cap. E 7, 72 (96r[24]24–28); V^{O} cap. E 7, 72; V^{Ph} cap. E 7, 72; H^{I} cap. E 7, 72; P cap. E 17, 78; M cap. E 17, 75; E cap. 157, 24; T cap. E 18, 73; R cap. E 43, 77; *deest in* V^{W} L^{b}; PG 95, 1456, 23–27 **8 – 13 I suppl. 384** V^{E} cap. E 7, 73 (96r28–32); V^{O} cap. E 7, 73; V^{Ph} cap. E 7, 73; H^{I} cap. E 7, 73; P cap. E 17, 69; P cap. E 17, 72; M cap. E 17, 69; E cap. 157, 21; T cap. E 18, 67; R cap. E 43, 71; *deest in* V^{W} L^{b}; PG 95, 1456, 28–34

I suppl. 383 (a) $V^{E}V^{O}V^{Ph}$ Νείλου] *scripsimus*, νίλου V^{E}, νι $V^{O}V^{Ph}$ (b) Ὁμοίως T (c) *s. a.* H^{I} PM E (d) *s. d.* R **I suppl. 384** (a) $P^{cap.\ E\ 17,\ 69\ et\ 72}$ T (b) Τοῦ αὐτοῦ R (c) *s. a.* $V^{E}V^{O}V^{Ph}$ H^{I} M E

---

2 – 6 Νείλου – λύσιν] *seclusimus (a FlorVat redactore addita videntur)* **3** Εἰ] εἴ τι M ὁ κύριος] *post* εὐαγγελίοις *transpos.* R ὅτι] *om.* R αἰτοῦντί σε E **5** ἐλέη] *add.* αὐτοῦ V^{E} καὶ[1]] *om.* PM E T R καὶ[2]] *om.* PM E T R **6** λύσιν] *add.* τὰ *(*τα PM T*)* μυρία *(*-ια PM*)* καλά *(*-α P*)* PM E T R **8 – 13** ‚δχνα' – χρόνου] *seclusimus (a FlorVat redactore addita videntur)* **9** πανβασιλευς $P^{cap.\ E\ 17,\ 69}$ **11** τυγχάνουσιν *(*-α- $P^{cap.\ E\ 17,\ 72}$ M*)* $P^{cap.\ E\ 17,\ 69\ et\ 72}$ M **12** ἐργάτας] ἐργασίας H^{I}

I suppl. 385 / V cap. E 6, 11

Ψαλμοῦ κη'·

Προσκυνήσατε τῷ κυρίῳ ἐν αὐλῇ ἁγίᾳ αὐτοῦ.

I suppl. 386 / V cap. E 6, 29

Πρὸς Κορινθίους α'·

Μὴ οἰκίας οὐκ ἔχετε εἰς τὸ ἐσθίειν καὶ πίνειν, ἢ τῆς ἐκκλησίας τοῦ θεοῦ καταφρονεῖτε; Ἐπαινέσω ὑμᾶς ἐν τούτῳ; Οὐκ ἐπαινῶ.

I suppl. 387 / V cap. E 6, 34

Τοῦ αὐτοῦ·

Μὴ ἀπέχου ἀπὸ ἐκκλησίας· οὐδὲν ἐκκλησίας ἰσχυρότερον· τῆς πέ-

---

2–3 I suppl. 385 inter I 1009 / C cap. E 3, 11 et I 1010 / C cap. E 3, 12 **5–7 I suppl. 386** inter I 1026 / C cap. E 3, 28 et I 1027 / C cap. E 3, 29 **9–204, 5 I suppl. 387** inter I 1033 / C cap. E 3, 35 et I 1034 / C cap. E 3, 36

---

3 I suppl. 385 Ps. 28, 2[2] **6–7 I suppl. 386** I Cor. 11, 22 **10 I suppl. 387** Μὴ – ἰσχυρότερον] (Ps.-)IOHANNES CHRYSOSTOMUS, *Homilia de capto Eutropio*, 6 (PG 52, 402, 3–4) **10–204, 1** τῆς – ἐστίν[1]] locus non repertus

---

2–3 I suppl. 385 V^E cap. E 6, 11 (89v21–22); V^O cap. E 6, 11; V^{Ph} cap. E 6, 11; H^I cap. E 6, 11; P cap. E 16, 11; M cap. E 16, 12; T cap. E 17, 11; *deest in* V^W L^b R; PG 95, 1432, 36 **5–7 I suppl. 386** V^E cap. E 6, 29 (90r[9]9–11); V^W cap. E 6, 17; V^O cap. E 6, 29; V^{Ph} cap. E 6, 29; H^I cap. E 6, 29; P cap. E 16, 29; M cap. E 16, 30; T cap. E 17, 30; *deest in* L^b R; PG 95, 1433, 26–28 **9–204, 5 I suppl. 387** V^E cap. E 6, 34 (90v[1]1–6); V^O cap. E 6, 34; V^{Ph} cap. E 6, 34; H^I cap. E 6, 34; *deest in* V^W PML^b T R; PG 95, 1436, 5–12

I suppl. 385 (a) PM T (b) *s. a.* $V^EV^OV^{Ph}$ H^I **I suppl. 386** (a) $V^EV^OV^{Ph}$ H^I PM T Πρὸς] *praem.* τοῦ αποστολου ἐκ τῆς T α'] *om.* $V^EV^OV^{Ph}$ H^I M (b) Τοῦ Ἀποστόλου V^W **I suppl. 387** (a) V^EV^O (b) *s. a.* V^{Ph} H^I

---

3 αὐτοῦ] *add.* καὶ τὰ λοιπά V^OV^{Ph} **6** Μὴ] *add.* γὰρ M **7** καταφρονεῖτε] καταφρονεῖται καὶ καταισχυνεται τοὺς μη εχοντας τι εἰπῶ ὑμῖν *(= I Cor. 11, 22)* M Ἐπαινέσω] ἐπαινῶ V^W τούτῳ] τούτοις *(sine interpunctione)* V^O **10–204, 1** ἰσχυρότερον – πέτρας] *om.* H^I

τρας ἰσχυροτέρα ἐστίν, τοῦ οὐρανοῦ <***> πλατυτέρα ἐστίν· ὃν γὰρ οὐκ ἐχώρησε τὰ ἄνω καὶ τὰ κάτω, γαστὴρ οὐκ ἐστενοχωρήθη χωρήσασα. Οὐδέποτε γηρᾷ ἡ ἐκκλησία, ἀλλὰ πάντα ἀκμάζει. Διατί *ὄρος* αὐτὴν ἐκάλεσεν ἡ Γραφή; Διὰ τὸ ἀπερίτρεπτον. Καὶ *πέτραν* καλεῖ αὐτὴν διὰ τὸ ἄφθορον.

I suppl. 388 / R cap. E 42, 6

<Ψαλμοῦ> ρκζʹ·

Εὐλογήσει σε κύριος ἐκ Σιών,
ὁ ποιήσας τὸν οὐρανὸν καὶ τὴν γῆν,
ἕως Ἰσραήλ.

I suppl. 389 / V cap. Z 1, 6

Ἐν ψαλμῷ οβʹ·

Οἱ μακρύνοντες ἑαυτοὺς ἀπὸ σοῦ ἀπολοῦνται.

---

1 – 3 ὃν – χωρήσασα] cf. (Ps.-)Ioh. Chrys., *In S. Pascha*, 54–55 (ed. Baur, p. 109) **4** ὄρος] Ez. 34, 13 (cf. Clem. Alex., *Paedagogus*, I. Cap. IX. 84, 2–3 [ed. Stählin/Treu, p. 139, 14–22]) **5** πέτραν] Matth. 16, 18 **7 – 10 I suppl. 388** inter I 1076 / C cap. E 5, 30 et I 1077 / C cap. E 5, 31 **12 – 13 I suppl. 389** inter I 1093 / C cap. Z 1, 8 et I 1094 / C cap. Z 1, 9

---

1 τοῦ – ἐστίν[2]] (Ps.-)Iohannes Chrysostomus, *Homilia de capto Eutropio*, 6 (PG 52, 402, 5–6) **1 – 3** ὃν – χωρήσασα] locus non repertus **3** Οὐδέποτε – ἀκμάζει] (Ps.-)Iohannes Chrysostomus, *Homilia de capto Eutropio*, 6 (PG 52, 402, 7) **4** Διατί – ἀπερίτρεπτον] cf. ibid. (PG 52, 402, 7–9) **4 – 5** Καὶ – ἄφθορον] locus non repertus **8 – 9 I suppl. 388** Εὐλογήσει – γῆν] Ps. 133, 3^{1-2} **10** ἕως Ἰσραήλ] usque ad Ps. 134, 4^{1} ut videtur **13 I suppl. 389** Ps. 72, 27^{1}

---

7 – 10 I suppl. 388 R cap. E 42, 6 (162v[39]39–40) **12 – 13 I suppl. 389** V^{E} cap. Z 1, 6 (126r6–7); V^{W} cap. Z 1, 5; V^{O} cap. Z 1, 6; V^{Ph} cap. Z 1, 6; P cap. Z 1, 6; T cap. Z 1, 9; *deest in* H^{I} ML^{b} R; PG 95, 1568, 36

I suppl. 388 Ψαλμοῦ] *supplevimus*, *om.* R ρκζʹ] *sic* R *(vide etiam lemma* I 1076 / C cap. E 5, 30*)* **I suppl. 389** (a) T οβʹ] *scripsimus*, οαʹ *cod.* (b) Ψαλμοῦ ογʹ P ψ^{α} *cod.* (c) *s. a.* V

---

1 *post* οὐρανοῦ *quaedam excidisse videntur*, ὑψηλοτέρα ἐστὶ, τῆς γῆς *ed.* **3** γηρὰ $V^{E}V^{O}V^{Ph\ a.\ c.}$

I suppl. 390 / V cap. Z 1, 19

Τοῦ ἁγίου Βασιλείου, ἐκ τοῦ οὐκ ἔστιν αἴτιος τῶν κακῶν ὁ θεός·

Ἀμήχανον ἐκτραπῆναι τῆς δικαίας ὁδοῦ, μὴ λήθην θεοῦ ταῖς ψυχαῖς νοσήσαντας.

I suppl. 391 / V cap. Θ 3, 5

Ψαλμοῦ ριη′·

Μακάριοι οἱ ἐξερευνῶντες τὰ μαρτύρια αὐτοῦ.

I suppl. 392 / V cap. Θ 3, 6

Τοῦ αὐτοῦ·

Ἐν τῇ ὁδῷ τῶν μαρτυρίων σου ἐτέρφθην
ὡς ἐπὶ παντὶ πλούτῳ.

---

2 – 4 I suppl. 390 inter I 1119 / C cap. Z 1, 34 et I 1120 / C cap. Z 1, 35 **6 – 7 I suppl. 391** inter I 1193 / C cap. Θ 1, 6 et I 1194 / C cap. Θ 1, 7 **9 – 11 I suppl. 392** inter I 1194 / C cap. Θ 1, 7 et I 1195 / C cap. Θ 1, 8

---

3 – 4 I suppl. 390 Basilius Caesariensis, *Quod deus non est auctor malorum*, 1 (PG 31, 332, 3–4) **7 I suppl. 391** Ps. 118, 2^{1} **10 – 11 I suppl. 392** Ps. 118, 14^{1-2}

---

2 – 4 I suppl. 390 V^{E} cap. Z 1, 19 (126r[19]19–20); V^{W} cap. Z 1, 15; V^{O} cap. Z 1, 19; V^{Ph} cap. Z 1, 19; P cap. Z 1, 19; M cap. Z 1, 17; T cap. Z 1, 19; R cap. Z 1, 29; *deest in* H^{I} L^{b}; PG 95, 1569, 15–16 **6 – 7 I suppl. 391** V^{E} cap. Θ 3, 5 (131v17); V^{W} cap. Θ 3, 4; V^{O} cap. Θ 3, 5; V^{Ph} cap. Θ 3, 5; P cap. Θ 4, 5; M cap. Θ 4, 5; R cap. Θ 7, 5; *deest in* H^{I} L^{b}; PG 96, 12, 26 **9 – 11 I suppl. 392** V^{E} cap. Θ 3, 6 (131v17–18); V^{O} cap. Θ 3, 6; V^{Ph} cap. Θ 3, 6; P cap. Θ 4, 6; M cap. Θ 4, 6; R cap. Θ 7, 7; *deest in* V^{W} H^{I} L^{b}; PG 96, 12, 27–28

I suppl. 390 (a) PM T Τοῦ ἁγίου] *om.* PM ἐκ τοῦ] εκ του οτι M, εἰς τὸ $P^{ut\ videtur}$ (b) Βασιλείου V (c) Τοῦ αὐτοῦ R **I suppl. 391** (a) PM R ψαλμος P (b) Δαυῒδ V^{W} (c) *s. a.* $V^{E}V^{O}V^{Ph}$ **I suppl. 392** (a) M R αὐτοῦ] *add.* ψαλμοῦ M (b) *s. a.* $V^{E}V^{O}V^{Ph}$ P

---

3 τραπηναι *(sic)* M δικαίας] μακαρίας V^{W} **4** νοησαντες *(sic)* P **7** ἐξηρευνῶντες P αὐτοῦ] *add.* ἐν ὅλῃ καρδίᾳ ἐκζητήσουσιν αὐτόν *(= Ps. 118, 2^{2})* V^{W}

I suppl. 393 / V cap. Θ 3, 7

Τοῦ αὐτοῦ·

Ὡς γλυκέα τῷ λάρυγγί μου τὰ λόγιά σου,
ὑπὲρ μέλι τῷ στόματί μου.

I suppl. 394 / V cap. Θ 3, 8

Τοῦ αὐτοῦ·

Ἀγαλλιάσομαι ἐγὼ ἐπὶ τὰ λόγιά σου
ὡς ὁ εὑρίσκων σκύλα πολλά.

I suppl. 395 / V cap. Θ 3, 22

Τοῦ Θαυματουργοῦ, ἐκ τοῦ εἰς τὸν Ὠριγένην·

Τῆς αὐτῆς δυνάμεως δεῖται προφητεύουσί τε καὶ ἀκροωμένοις

---

2 – 4 I suppl. 393 inter I 1194 / C cap. Θ 1, 7 et I 1195 / C cap. Θ 1, 8 **6 – 8 I suppl. 394** inter I 1194 / C cap. Θ 1, 7 et I 1195 / C cap. Θ 1, 8 **10 – 207, 2 I suppl. 395** inter I 1224 / C cap. Θ 1, 37 et I 1225 / C cap. Θ 1, 38

---

3 – 4 I suppl. 393 Ps. 118, 103$^{1-2}$ **7 – 8 I suppl. 394** Ps. 118, 162$^{1-2}$ **11 – 207, 2 I suppl. 395** Gregorius Thaumaturgus, *In Origenem oratio panegyrica*, XV, 31–34 (ed. Crouzel, p. 170); Holl, n° 401

---

2 – 4 I suppl. 393 V^{E} cap. Θ 3, 7 (131v18–19); V^{W} cap. Θ 3, 5; V^{O} cap. Θ 3, 7; V^{Ph} cap. Θ 3, 7; P cap. Θ 4, 7; M cap. Θ 4, 7; R cap. Θ 7, 8; *deest in* H^{I} L^{b}; PG 96, 12, 28–29 **6 – 8 I suppl. 394** V^{E} cap. Θ 3, 8 (131v19–20); V^{W} cap. Θ 3, 6; V^{O} cap. Θ 3, 8; V^{Ph} cap. Θ 3, 8; P cap. Θ 4, 8; M cap. Θ 4, 8; R cap. Θ 7, 9; *deest in* H^{I} L^{b}; PG 96, 12, 29–30 **10 – 207, 2 I suppl. 395** V^{E} cap. Θ 3, 22 (132r[17]17–19); V^{W} cap. Θ 3, 18; V^{O} cap. Θ 3, 22; V^{Ph} cap. Θ 3, 22; P cap. Θ 4, 21; M cap. Θ 4, 21; R cap. Θ 7, 31; *deest in* H^{I} L^{b}; PG 96, 13, 26–29

I suppl. 393 (a) PM R (b) Δαυῒδ V^{W} (c) *s. a.* V^{E}V^{O}V^{Ph} **I suppl. 394** (a) PM R (b) *s. a.* V **I suppl. 395** (a) PM ἐκ τοῦ] *om.* P τὸν] *om.* P Ὠριγένην] *scripsimus (cf. Sacra* II^{1}1381 / K cap. Λ 1, 25 [SJD VIII/5] *et* II^{1}1786 / K cap. Π 8, 12 [Ibid.]*)*, ωριγενην PM (b) Τοῦ ἁγίου Γρηγορίου τοῦ θαυματουργοῦ R (c) Γρηγορίου V^{W} (d) Τοῦ Θαυματουργοῦ V^{E}V^{O}V^{Ph}

---

3 γλυκεία V$^{W\,a.\,c.}$, γλυκία *(*-ι- M*)* PM **8** ὁ] *om.* V^{O} σκύλα] *sic acc.* V PM R **11** προφητεύουσί τε] προφητευούση τε P

προφητῶν, καὶ οὐκ ἂν ἀκούσῃ προφήτου, †ᾧ τὸ μὴ αὐτὸ† προφητεῦσαν πνεῦμα τὴν σύνεσιν τῶν αὐτοῦ λόγων ἐδωρήσατο.

I suppl. 396 / V cap. Θ 3, 23

Τοῦ Χρυσοστόμου, εἰς τὸ βάπτισμα·

Ἀκόρεστος ἡ γλυκύτης τῶν πνευματικῶν ῥημάτων.

I suppl. 397 / V cap. Θ 4, 8

Τοῦ αὐτοῦ, εἰς τὰ Θεοφάν<ε>ια·

Τί ποιεῖς, ἄνθρωπε; Τοῦ Χριστοῦ παρόντος, ἀγγέλων παρισταμένων, τῆς τραπέζης προκειμένης, τῶν ἀδελφῶν σου μυσταγωγουμένων ἔτι, αὐτὸς καταλιμπάνων ἀποπηδᾷς; Καὶ ἐπὶ δεῖπνον μὲν κληθείς, κἂν πρότερος κορεσθῇς, οὐ τολμᾷς τῶν ἄλλων κατακειμένων ἀναχωρῆσαι πρὸ τῶν φίλων· ἐνταῦθα δέ, τῶν μυστηρίων

---

4 – 5 I suppl. 396 inter I 1224 / C cap. Θ 1, 37 et I 1225 / C cap. Θ 1, 38 **7 – 209, 7 I suppl. 397** inter I 1253 / C cap. Θ 2, 18 et I 1254 / C cap. Θ 2, 19

---

5 I suppl. 396 (Ps.-)Iohannes Chrysostomus, *In baptismum (In S. Theophania seu baptismum Christi)* (PG 50, 805, 8 – 9) **8 – 209, 7 I suppl. 397** Iohannes Chrysostomus, *In Theophania (De baptismo Christi)*, 4 (PG 49, 370, 47 – 372, 17)

---

4 – 5 I suppl. 396 V^{E} cap. Θ 3, 23 (132r[20]20); V^{W} cap. Θ 3, 19; V^{O} cap. Θ 3, 23; V^{Ph} cap. Θ 3, 23; P cap. Θ 4, 22; M cap. Θ 4, 22; E cap. 159, 61; R cap. Θ 7, 32; *deest in* H^{I} L^{b}; PG 96, 13, 30 – 31 **7 – 209, 7 I suppl. 397** V^{E} cap. Θ 4, 8 (133r[26]26 – 133v24); V^{W} cap. Θ 4, 8; V^{O} cap. Θ 4, 8; V^{Ph} cap. Θ 4, 8; M cap. Θ 5, 8; R cap. Θ 8, 12; *deest in* H^{I} $P^{(lac.)}$ L^{b}; PG 96, 17, 31 – 20, 16

I suppl. 396 (a) PM βαπτιστην P (b) Τοῦ Χρυσοστόμου V E R Τοῦ] *om.* V^{Ph} E **I suppl. 397** (a) M R Θεοφάνεια] *scripsimus*, θεοφάνια *codd.* (b) Τοῦ αὐτοῦ $V^{E}V^{O}$ (c) Τοῦ Χρυσοστόμου V^{W} (d) *s. a.* V^{Ph}

---

1 ἀκούσει P, ἀκούσαι *ed.* †ᾧ – αὐτὸ†] *cruces apposuimus*, ᾧ (ὦ P) τὸ μὴ αὐτὸ V^{W} P, ὁ *(eras. ut videtur)* τὸ αὐτὸ M, ᾧ τὸ μὴ αὐτῷ R, ὃ τῷ μὴ αὐτῷ $V^{E}V^{O}V^{Ph}$, *forsan legendum* ᾧ μὴ αὐτὸ τὸ *(cf. ed.)* **2** τὴν – λόγων] *om.* R **9 – 10** μυσταγωγουμένων – αὐτὸς] μυσταγωγουμένων· ἔτι αὐτὸς V^{W} R, *nulla interpunctio in* M **11** πρότερον *(*προ- M*)* V^{O} M *(ed.)* κορεσθὴς M, κορεσθεὶς V **11 – 12** ἀνακειμένων $V^{W\,p.c.}$ R *(ed.)* **12** πρὸ – φίλων] προς το φῖλον *(sic)* M τῶν[2]] *om.* M μυστηρίων] *praem.* ἱερῶν R *(*φρικτῶν τοῦ Χριστοῦ μυστηρίων *ed.)*

ἐπιτελουμένων, τῆς ἱερᾶς τελετῆς συνεστώσης ἔτι, καταλιμπάνεις ἐν μέσῳ πάντα καὶ ἀναχωρεῖς;

Καὶ ποῦ ταῦτα συγγνώμης ἄξια; Ποίας δὲ ἀπολογίας; Βούλεσθε εἴπω τίνος ἔργον ποιοῦσιν οἱ πρὸ τῆς ἐσχάτης εὐχαριστίας ἀναχωροῦντες καὶ τὰς εὐχαριστηρίους ᾠδὰς οὐκ ἐπιφέροντες τῷ τέλει τῆς τραπέζης; Τάχα φορτικόν ἐστι τὸ μέλλον λεχθῆναι, ἀλλ' ὅμως ἀναγκαῖον εἰπεῖν διὰ τὴν τῶν πολλῶν ῥαθυμίαν. Ὅτε ἐκοινώνησεν τὸν ἔσχατον δεῖπνον ὁ Ἰούδας κατὰ τὴν τελευταίαν νύκτα ἐκείνην, τῶν ἄλλων ἁπάντων ἀνακειμένων, αὐτὸς προπηδήσας ἐξῆλθε. Ἐκεῖνον μιμοῦνται καὶ οὗτοι οἱ πρὸ τῆς ἐσχάτης εὐχῆς ἀποπηδήσαντες. Ἐκεῖνος εἰ μὴ ἐξῆλθεν, οὐκ ἂν ἐγένετο προδότης· εἰ μὴ κατέλιπεν τοὺς μαθητάς, οὐκ ἂν ἀπώλετο· εἰ μὴ τῆς ἀγέλης ἑαυτὸν ἀπέρρηξεν, οὐκ ἂν αὐτὸν μόνον εὗρεν ὁ λύκος καὶ κατέφαγεν· εἰ μὴ τοῦ ποιμένος ἑαυτὸν ἐχώρισεν, οὐκ ἂν θηριάλωτος γέγονεν.

Διατοῦτο ἐκεῖνος μὲν μετὰ Ἰουδαίων, οὗτοι δὲ μετὰ τοῦ δεσπότου. *Καὶ ὑμνήσαντες*, φησίν, *ἐξῆλθον* εὐθέως. Ὁρᾷς ὅτι ἡ ἐσχάτη μετὰ τὴν θυσίαν εὐχὴ κατ' ἐκεῖνον γίνεται τὸν τύπον; Ταῦτα δὴ ἐννοῶμεν, ταῦτα λογιζώμεθα. Φοβηθῶμεν τὸ κείμενον ἐπὶ τούτῳ κρίμα. Αὐτός σοι τῆς σαρκὸς μεταδίδωσι· σὺ δὲ οὐδὲ λόγοις αὐτὸν ἀμείβῃ, οὐδὲ εὐχαριστεῖς ὑπὲρ ὧν ἔλαβες; Ἀλλὰ σωματικῆς μὲν τροφῆς ἀπολαύων, μετὰ τὴν τράπεζαν εἰς εὐχὴν τρέπῃ· πνευματικῆς δὲ τῆς ὑπερβαλλούσης τὴν κτίσιν ἅπασαν, τήν τε ὁρατήν, τήν τε ἀόρατον μετέχων, ἄνθρωπος ὢν καὶ τῆς εὐτελοῦς φύσεως, οὐ μένεις εὐχαριστῶν καὶ ῥήμασι καὶ πράγμασιν; Καὶ πῶς οὐκ ἐσχάτης κολάσεως ταῦτα ἄξια; Ταῦτα λέγω, οὐχ'

7 – 10 Ὅτε – ἐξῆλθε] cf. Ioh. 13, 30 **17** Matth. 26, 30; Marc. 14, 26

1 καταλιμπάνης $V^{E}V^{Ph}$, καταλιμπάνις M **5** καὶ] *om.* $V^{W\ p.\ ras.}$ εὐχαρϊστηρΐας V^{O} ἐπιφέροντες] ἐπιστρέφοντες R **6** φορτικὸν ἐστΐ R, φορτικόν ἐστὶν M λεχθῆναι] ῥηθήσεσθαι *ed.* **7** ἀναγκαῖον εἰπεῖν] λεχθῆναι ἀναγκαῖον M, ἀναγκαῖον λεχθῆναι *ed.* **8** τὸν] *sic* V M R ϊοῦδας M **8 – 9** νύκταν $V^{E}V^{Ph}$ M **9** ἄλλων] ἀγγέλων V^{Ph} **9 – 10** προσπηδήσας M **10** μιμοῦντα $V^{E}V^{O}$ **11** ἀποπειδοῦντες M, ἀποπηδῶντες *ed.* **12** κατέλειπε(ν) $V^{E}V^{W}V^{Ph}$ M **13** ἑαυτὸν] *om.* $V^{E}V^{O}V^{Ph}$ εὗρεν] εὑρὼν R, *post* λύκος *transpos.* M καὶ] *om.* R **13 – 14** κατέφαγεν] *add.* αὐτὸν $V^{E}V^{O}V^{Ph}$ **14** ἐχώρησεν V M **16 – 209, 7** Διατοῦτο – ἀγαθῶν] *om.* M R **17** Καὶ] *deest in* V^{W} *(fenestra p. ras.)* ὑμνήσαντες, φησίν] ὑμνήσαντές φησιν V^{Ph} ἡ] *om.* V^{W} **19** δὴ] δῆ V^{E}, δὲ V^{O} λογιζόμεθα V^{W} **20** τοῦτο $V^{E}V^{W\ a.\ c.}V^{Ph}$, τοῦτον V^{O} κρῖμα V^{Ph} μεταδίδοσι $V^{E}V^{Ph}$, μετὰδίδοσΐ V^{O} οὐδὲ] οὔτε V^{W} **21** οὐδὲ] οὔτε V^{W} **23** τρέπει $V^{E}V^{O}V^{Ph}$ δὲ] *add.* καὶ V^{W} *(ed.)* **24** ὁρατήν, τήν τε] ὁρατήν τε V^{O}

ἵνα θορυβῆτε καὶ κράζετε, ἀλλ’ ἵνα τὴν προσήκουσαν εὐταξίαν ἐπιδείκνυσθε. Μυστήρια καὶ λέγεται καὶ ἐστίν· ἔνθα δὲ μυστήρια, πολλὴ σιγή. Μετὰ πολλῆς τοίνυν τῆς κατανύξεως, μετὰ πολλῆς τῆς εὐκοσμίας, μετὰ τῆς προσηκούσης ἡμῖν εὐλαβείας, τῆς ἱερᾶς ταύτης ἁψώμεθα θυσίας, ἵνα εἰς πλείονα εὔνοιαν τὸν θεὸν ἐπισπασώμεθα, καὶ τὴν ψυχὴν ἐκκαθάραντες, οὕτως δυνηθῶμεν τῶν αἰωνίων τυχεῖν ἀγαθῶν.

I suppl. 398 / V cap. I 7, 2

Τοῦ Θεολόγου·

Οὐκ ἐθέλει γὰρ
Χριστὸς ἄναξ, τεκέων τῷ μὲν πατέρ’ ἤπιον εἶναι,
Τῷ δὲ βαρυφρονέοντα.

9 – 12 I suppl. 398 inter I 1272 / C cap. I 2, 5 et I 1273 / C cap. I 2, 6

10 – 12 I suppl. 398 Gregorius Nazianzenus, *Carmina*, II,2,3 *(Ad Vitalianum, filiorum nomine)*, 221–223 (ed. Bénin, p. 65)

9 – 12 I suppl. 398 V^{E} cap. I 7, 2 (145r[21]21–22); V^{W} cap. I 7, 2; V^{O} cap. I 7, 2; V^{Ph} cap. I 7, 2; P cap. I 7, 2; M cap. I 7, 2; *deest in* H^{I} L^{b} R; PG 96, 65, 12–13

I suppl. 398 Τοῦ] *om.* V^{W}

1 κράζεται V^{O}, κράζητε V^{W} **3** τῆς] *om.* V^{W} **5** ἁψώμεθα] *scripsimus*, ἀψώμεθα $V^{E}V^{O}V^{Ph}$, ἁπτώμεθα *(-πτώ- e corr.)* V^{W} *(ed.)* **6** ἐκκαθαρεύοντες V^{W} **7** ἀγαθῶν τυχεῖν V^{E} **11** Χριστὸς] *om.* M ἄνεξ V^{Ph} τῷ] *correximus (ed.)*, τῶν V PM πατέρ’] *correximus (ed.)*, πατὴρ V PM ἤπιον] *correximus (ed.)*, ἤπιος V M, ἤπειος P **12** Τῷ] *correximus (ed.)*, τῶν $V^{E}V^{O}V^{Ph}$ M, τὸν V^{W} P βαρυφρονέοντα] *correximus (ed.)*, βαρυφρενέοντα *(-νε- P)* V P, βαρὺ φρενέοντα M

I suppl. 399 / V cap. I 7, 3

Κυρίλλου, κατὰ Ἰουλιανοῦ·

Οὐκ ἔστι προσωποληψία παρὰ τῷ θεῷ, κατὰ τὸ γεγραμμένον, ἀλλ' εἴτε τίς εἴη μέγας καὶ σοβαρός, πλούτῳ τὲ καὶ δόξῃ τῇ κατὰ τὸν κόσμον εἰς ὕψος ἠρμένος, τὴν ἀκλεᾶ καὶ ἀγέλαστον ἀποίσεται ψῆφον, τοῖς τῆς φαυλότητος αἰτιάμασιν ἐνεχόμενος· εἴτε τίς εἴη μικρός, πτωχείᾳ τὲ καὶ ἀδοξίᾳ συζῶν, καταδικασθήσεται πρὸς ἀκαθαρσίαν, εἰ μὴ τοῖς εἰς ἀρετὴν ἐπαυχοίη τρόποις.

I suppl. 400 / V cap. K 11, 6

Τοῦ αὐτοῦ·

Ὁ καταλαμβάνων σοφοὺς ἐν τῇ φρονήσει,
βουλὴν δὲ πολυπλόκων ἐξέστησεν.

---

2 – 8 I suppl. 399 inter I 1272 / C cap. I 2, 5 et I 1273 / C cap. I 2, 6 **3** Rom. 2, 11; Eph. 6, 9 **10 – 12 I suppl. 400** inter I 1280 / C cap. K 1, 5 et I 1281 / C cap. K 1, 6

---

3 – 8 I suppl. 399 Cyrillus Alexandrinus, *Contra Iulianum imperatorem*, re vera *De adoratione et cultu in spiritu et veritate*, XIV (PG 68, 924, 11–18) **11 – 12 I suppl. 400** Iob 5, 13^{1-2}

---

2 – 8 I suppl. 399 V^{E} cap. I 7, 3 (145r[22]22–27); V^{W} cap. I 7, 3; V^{O} cap. I 7, 3; V^{Ph} cap. I 7, 3; P cap. I 7, 3; M cap. I 7, 3; R cap. I 5, 5; *deest in* H^{I} L^{b}; PG 96, 65, 14–21 **10 – 12 I suppl. 400** V^{E} cap. K 11, 6 (149v35–150r1); V^{W} cap. K 11, 6; V^{O} cap. K 11, 6; V^{Ph} cap. K 11, 6; P cap. K 10, 6; M cap. K 10, 6; *deest in* H^{I} L^{b} R; PG 96, 84, 40–41

I suppl. 399 (a) PM ϊουλιανου *codd.* κατὰ Ἰουλιανοῦ] *similis error in* I 1323 / C cap. K 1, 49 (SJD VIII/2) (b) Κυρίλλου V R Κυρίλλου] κυρίλου V^{W}, *praem.* τοῦ ἁγίου R **I suppl. 400** (a) PM (b) *s. d.* V

---

3 κατὰ] *om.* V^{W} *(in mg. supplev. man. rec.)* **4** εἶτέ τῖς V^{Ph}, εἰτέ τις V^{W}, ειτε τις M τὸν] *om.* M **5** ἀκλεα $M^{a. c.}$, ἀκλέαια $M^{p. c.}$, ἀκλαιᾶ *(-α P)* V^{W} P, ἀνακλεᾶ V^{O} ἀγέλαστον] *sic* V PM R *(et* I 1323 / C cap. K 1, 49 [SJD VIII/2]*)*, ἀγέραστον *ed.* **6** αἰτιώμασιν M, αἰτήμασιν V^{W} ἀνεχόμενος R εἴτε τῖς V^{Ph}, εἰτέ τις V^{W}, εἰτε τίς M **8** εἰ] *s. l.* V^{W} εἰς ἀρετὴν] τῆς ἀρετῆς M ἐπαυχοίη] ἐπυχοίη P, κομᾶ R **11** σοφοὺς] *praem.* τοὺς M **12** βουλὴ V^{Ph} πολύπλοκον *(-υ- P)* PM ἐξέστησαν $V^{E}V^{O}$

I suppl. 401 / V cap. K 11, 7

Δαυῒδ ἐν ψαλμῷ θʹ·

Ἐκάθισας ἐπὶ θρόνου, ὁ κρίνων δικαιοσύνην.

I suppl. 402 / V cap. K 11, 9

Ψαλμοῦ ιηʹ·

Τὰ κρίματα κυρίου ἀληθινά, δεδικαιωμένα ἐπιτοαυτό.

I suppl. 403 / PML^{b} cap. K 10, 14

Ψαλμοῦ ϙγʹ·

Θεὸς ἐκδικήσεων κύριος,
θεὸς ἐκδικήσεων ἐπαρρησιάσατο.

---

2 – 3 I suppl. 401 inter I 1281 / C cap. K 1, 6 et I 1282 / C cap. K 1, 7 **5 – 6 I suppl. 402** inter I 1282 / C cap. K 1, 7 et I 1283 / C cap. K 1, 8 **8 – 10 I suppl. 403** inter PML^{b} cap. K 10, 13 (I 1286 / C cap. K 1, 11) et 15 (I 1287 / C cap. K 1, 12)

---

3 I suppl. 401 Ps. 9, 5^{2} **6 I suppl. 402** Ps. 18, 10^{2} **9 – 10 I suppl. 403** Ps. 93, 1$^{2-3}$

---

2 – 3 I suppl. 401 V^{E} cap. K 11, 7 (150r[1]2); V^{W} cap. K 11, 7; V^{O} cap. K 11, 7; V^{Ph} cap. K 11, 7; P cap. K 10, 7; M cap. K 10, 7; *deest in* H^{I} L^{b} R; PG 96, 84, 42 **5 – 6 I suppl. 402** V^{E} cap. K 11, 9 (150r3); V^{W} cap. K 11, 9; V^{O} cap. K 11, 9; V^{Ph} cap. K 11, 9; P cap. K 10, 9; M cap. K 10, 9; *deest in* H^{I} L^{b} R; PG 96, 84, 45–46 **8 – 10 I suppl. 403** P cap. K 10, 14 (221rA[6]6–9); *deest in* ML^{b}

I suppl. 401 (a) P (b) Ψαλμὸς θʹ M (c) Δαυῒδ V **I suppl. 402** (a) PM ψαλμος M (b) *s. a.* V

---

3 ἐκάθησας *(-κα- P)* V^{E} P, ἐκάθησεν M **6** δεδικαιομένα V^{E}V^{W}V^{Ph}, δὲ δϊκαιομένα V^{O}, δεδικαίομενα *(sic)* M ἐπῒ *(-ι V^{E})* τὸ αὐτῶ V^{E}V^{Ph}

I suppl. 404 / V cap. K 11, 14

Ψαλμοῦ ρκη'·

Κύριος δίκαιος συνέκοψεν αὐχένας ἁμαρτωλῶν.

I suppl. 405 / V cap. K 11, 19

<***>

Οὐχ' ὑποστελεῖται πρόσωπον ὁ πάντων δεσπότης, οὐδὲ ἐντραπήσεται μέγεθος.

I suppl. 406 / V cap. K 11, 23

Τοῦ αὐτοῦ·

Ἔδωκα τὸ πνεῦμά μου ἐπ' αὐτόν, κρίσιν τοῖς ἔθνεσιν ἐξοίσει. Οὐ κεκράξεται, οὐδὲ †ἀνανεύσει†, οὐδὲ ἀκουσθήσεται ἔξω ἡ φωνή. Κάλαμον τεθραυσμένον οὐ συντρίψει καὶ λίνον καπνιζόμενον οὐ

---

2 – 3 I suppl. 404 inter I 1288 / C cap. K 1, 13 et I 1289 / C cap. K 1, 14 **5 – 7 I suppl. 405** inter I 1292 / C cap. K 1, 17 et I 1293 / C cap. K 1, 18 **9 – 213, 3 I suppl. 406** inter I 1295 / C cap. K 1, 20 et I 1296 / C cap. K 1, 21

---

3 I suppl. 404 Ps. 128, 4 **6 – 7 I suppl. 405** Sap. 6, 7$^{1-2}$ **10 – 213, 3 I suppl. 406** Is. 42, 1–4 (Wahl, *Prophetenzitate*, p. 389–391)

---

2 – 3 I suppl. 404 V^{E} cap. K 11, 14 (150r6); V^{W} cap. K 11, 10; V^{O} cap. K 11, 14; V^{Ph} cap. K 11, 14; P cap. K 10, 17; M cap. K 10, 14; *deest in* H^{I} L^{b} R; PG 96, 85, 5 **5 – 7 I suppl. 405** V^{E} cap. K 11, 19 (150r10–11); V^{W} cap. K 11, 15; V^{O} cap. K 11, 19; V^{Ph} cap. K 11, 19; P cap. K 10, 22; M cap. K 10, 19; *deest in* H^{I} L^{b} R; PG 96, 85, 13–14 **9 – 213, 3 I suppl. 406** V^{E} cap. K 11, 23 (150r14–19); V^{W} cap. K 11, 19; V^{O} cap. K 11, 23; V^{Ph} cap. K 11, 23; P cap. K 10, 26; M cap. K 10, 23; *deest in* H^{I} L^{b} R; PG 96, 85, 20–26

I suppl. 404 (a) PM ψα P, ψαλμὸς M (b) Τοῦ αὐτοῦ V^{W} (c) *s. a.* V^{E}V^{O}V^{Ph} **I suppl. 405** (a) *s. a.* V P (b) Τῶν αὐτῶν M **I suppl. 406** (a) PM (b) *s. a.* V

---

3 δίκαιως V^{E}, δικαίως V^{O} **6** οὐκ υποστελειται P **10** κρίσιν] τίσιν V$^{Ph\ a.\ c.}$, *praem.* καὶ M ἐξοίσει] καὶ ἐξοισει P, καὶ ἐξίσου M **10 – 11** Οὐ κεκράξεται] και (και *e corr.)* κεκράξεται V^{W}, καὶ κραξεται P, και κράξεται M **11** †ἀνανεύσει†] *cruces apposuimus, sic* V PM, ἀνήσει *LXX (cf.* I 1824 / C cap. X 3, 83 [SJD VIII/2]*)* ἀκουτισθησεται M **12** λῖνον V$^{O\ p.\ c.}$ V$^{W\ p.\ c.}$ V^{Ph}, λινὸν M, λινον P, λῆνον V$^{O\ a.\ c.}$

σβέσει, ἀλλ᾽ εἰς ἀλήθειαν ἐξοίσει κρίσιν. Ἀναλάμψει καὶ οὐ θραυσθήσεται, ἕως οὗ θῇ ἐπὶ τῆς γῆς κρίσιν· καὶ τῷ ὀνόματι αὐτοῦ ἔθνη ἐλπιοῦσιν.

I suppl. 407 / V cap. K 11, 24

Τοῦ αὐτοῦ·

Ἐγὼ τὴν κρίσιν σου κρινῶ, καὶ ἐγὼ τοὺς υἱούς σου ῥύσομαι· καὶ φάγονται οἱ θλίβοντές σε τὰς σάρκας αὐτῶν, καὶ πίονται ὡς οἶνον νέον τὸ αἷμα αὐτῶν.

I suppl. 408 / V cap. K 11, 28

Σοφία Σολομῶντος·

Σὺ δεσπόζων ἰσχύος, ἐν ἐπιεικείᾳ κρίνεις,
καὶ μετὰ πολλῆς φειδοῦς διοικεῖς ἡμᾶς.

---

5 – 8 I suppl. 407 inter I 1295 / C cap. K 1, 20 et I 1296 / C cap. K 1, 21 **10 – 12 I suppl. 408** inter I 1303 / C cap. K 1, 28 et I 1304 / C cap. K 1, 29 – 30 **11 – 12** exstat etiam ap. Ps.-Max. Conf., *Loci communes*, 41.3./48.3. (ed. Ihm, p. 740)

---

6 – 8 I suppl. 407 Is. 49, 25 – 26 (Wahl, *Prophetenzitate*, p. 422) **11 – 12 I suppl. 408** Sap. 12, 18^{1-2}

---

5 – 8 I suppl. 407 V^E cap. K 11, 24 (150r19 – 21); V^W cap. K 11, 20; V^O cap. K 11, 24; V^{Ph} cap. K 11, 24; P cap. K 10, 27; M cap. K 10, 24; R cap. K 24, 19; *deest in* H^I L^b; PG 96, 85, 27 – 30 **10 – 12 I suppl. 408** V^E cap. K 11, 28 (150r[23]23 – 24); V^W cap. K 11, 24; V^O cap. K 11, 28; V^{Ph} cap. K 11, 28; P cap. K 10, 31; M cap. K 10, 27; *deest in* H^I L^b R; PG 96, 85, 35 – 36

I suppl. 407 (a) V^W PM (b) *s. a.* $V^EV^OV^{Ph}$ (c) *s. d.* R **I suppl. 408** (a) PM Σολομῶντος] *scripsimus*, σολομωντος *codd.* (b) Σολομῶντος V σολομοντος V^E, σολομ V^W, σολ° V^OV^{Ph}

---

1 – 2 κρίσιν – γῆς] *om.* M **2** οὗ] ἂν *LXX* **2 – 3** αὐτοῦ – ἐλπιοῦσιν] *om.* V^W *(suppl. man. rec.)* **6** κρινω P καὶ[1]] *om.* M **7** φάγωνται R πίωνται R, πίνονται V^O **11** Σὺ] σοὶ V^W δεσπόζον V^E κρινεῖς M, κρινεις P

I suppl. 409 / V cap. K 11, 45

Τοῦ ἁγίου Κυρίλλου·

Τὸ νέμειν ἴσα τοῖς ἀνίσοις, τῆς μεγίστης ἐστὶν ἀδικίας.

I suppl. 410 / V cap. K 1, 5

Τοῦ αὐτοῦ·

Εἶδον τὸν ἀσεβῆ ὑπερυψούμενον
καὶ ἐπαιρόμενον ὡς τὰς κέδρους τοῦ Λιβάνου·
καὶ παρῆλθον, καὶ ἰδοὺ οὐκ ἦν.

I suppl. 411 / V cap. K 1, 10

Τῶν αὐτῶν·

Θησαυρίζεται δικαίοις πλοῦτος ἀσεβῶν.

---

2 – 3 I suppl. 409 inter I 1323 / C cap. K 1, 49 et I 1324 / C cap. K 1, 50 **5 – 8 I suppl. 410** inter I 1333 / C cap. K 2, 8 – 9 et I 1334 / C cap. K 2, 10 **10 – 11 I suppl. 411** inter I 1340 / C cap. K 2, 16 et I 1341 / C cap. K 2, 17

---

3 I suppl. 409 CYRILLUS ALEXANDRINUS, *Contra Iulianum imperatorem*, XII (?) (fr. 12, ed. Kinzig/Brüggemann, p. 769) **6 – 8 I suppl. 410** Ps. 36, 35^{1}–36^{1} **11 I suppl. 411** Prov. 13, 22^{2} (Wahl, *Proverbien-Text*, p. 69)

---

2 – 3 I suppl. 409 V^{E} cap. K 11, 45 (150v15); V^{W} cap. K 11, 39; V^{O} cap. K 11, 43; V^{Ph} cap. K 11, 45; P cap. K 10, 46; M cap. K 10, 40; R cap. K 24, 41; *deest in* H^{I} L^{b}; PG 96, 88, 26 – 27 **5 – 8 I suppl. 410** V^{E} cap. K 1, 5 (145v7 – 8); V^{W} cap. K 1, 5; V^{O} cap. K 1, 5; V^{Ph} cap. K 1, 5; P cap. K 9, 5; M cap. K 9, 5; *deest in* H^{I} L^{b} R; PG 96, 65, 40 – 43 **10 – 11 I suppl. 411** V^{E} cap. K 1, 10 (145v12 – 13); V^{W} cap. K 1, 10; V^{O} cap. K 1, 10; V^{Ph} cap. K 1, 10; P cap. K 9, 10; M cap. K 9, 10; R cap. K 23, 16; *deest in* H^{I} L^{b}; PG 96, 65, 51

I suppl. 409 (a) V^{W} P R Τοῦ ἁγίου] *om.* V^{W} P κυρίλου V^{W} (b) *s. a.* $V^{E}V^{O}V^{Ph}$ (c) *s. d.* M **I suppl. 410** (a) V^{W} M αὐτοῦ] *add.* ψαλμου M (b) *s. a.* $V^{E}V^{O}V^{Ph}$ P **I suppl. 411** (a) PM Τῶν] *om.* V^{Ph} αὐτῶν] *add.* παροιμιων M (b) Παροιμιῶν V^{Ph} (c) Τοῦ αὐτοῦ V^{W} (d) Ψαλμῶν R (e) *s. a.* $V^{E}V^{O}$

---

3 ἶσα R, ἰσα M, ϊσα P **6** ἴδον $V^{E}V^{W}$ M, ϊδον P **7** ἐπερώμενον $V^{E}V^{O}V^{Ph}$, ἐπερομενον M **8** καὶ^{1} – ἦν] καὶ τα λοιπα P, *om.* V^{W} M **11** θησαυρίζετε $V^{E}V^{O}$

I suppl. 412 / V cap. K 1, 11

Ἡσαΐου·

Ἔσται ὡς κονιορτὸς ἀπὸ τροχοῦ ὁ πλοῦτος τῶν ἀσεβῶν καὶ ὡς χοῦς φερόμενος, καὶ ἔσται ὡς στιγμή. Καὶ ἔσται ὡς ἐνυπνιαζόμενος καθ' ὕπνου ὁ πλοῦτος τῶν ἐθνῶν, καὶ ἔσονται ὡς οἱ ἐν τῷ ὕπνῳ πίνοντες καὶ ἐσθίοντες, καὶ ἐξαναστάντων αὐτῶν μάταιον τὸ ἐνύπνιον, καὶ ὃν τρόπον ἐνυπνιάζεται ὁ διψῶν ὡς ὁ πίνων καὶ ἐξαναστὰς ἔτι διψᾷ, ἡ δὲ ψυχὴ αὐτοῦ εἰς κενὸν ἤλπισεν, οὕτως ἔσται ὁ πλοῦτος πάντων τῶν ἐθνῶν.

I suppl. 413 / V cap. K 1, 14

Σολομῶντος·

Δι' ὧν ἐκολάσθησαν οἱ ἐχθροὶ αὐτῶν,
διατοῦτο αὐτοὶ ἀποροῦντες εὐεργετήθησαν.

---

2 – 9 I suppl. 412 inter I 1340 / C cap. K 2, 16 et I 1341 / C cap. K 2, 17 **11 – 13 I suppl. 413** inter I 1343 / C cap. K 2, 19 et I 1344 / C cap. K 2, 20

---

3 – 4 I suppl. 412 Ἔσται – στιγμή] Is. 29, 5 (Wahl, *Prophetenzitate*, p. 357) **4 – 9** Καὶ – ἐθνῶν] Ibid. 29, 7–8 (Wahl, p. 357–358) **12 – 13 I suppl. 413** Sap. 11, 5^{1-2}

---

2 – 9 I suppl. 412 V^{E} cap. K 1, 11 (145v13–19); V^{W} cap. K 1, 11; V^{O} cap. K 1, 11; V^{Ph} cap. K 1, 11; P cap. K 9, 11; M cap. K 9, 11; *deest in* H^{I} L^{b} R; PG 96, 65, 52 – 68, **11 – 13 I suppl. 413** V^{E} cap. K 1, 14 (145v23–24); V^{W} cap. K 1, 14; V^{O} cap. K 1, 14; V^{Ph} cap. K 1, 14; P cap. K 9, 14; M cap. K 9, 14; *deest in* H^{I} L^{b} R; PG 96, 68, 13–14

I suppl. 412 (a) V^{W} PM ἡσαΐου P, ησαΐου M (b) Παροιμιῶν V^{O} (c) *s. a.* $V^{E}V^{Ph}$ **I suppl. 413** (a) V^{W} PM σολομωντος PM, σολομ V^{W} (b) *s. a.* $V^{E}V^{Ph}$ (c) Ἱερεμίου V^{O}

---

4 χνοῦς *LXX (sed cf. app. crit.)* **5** καθ' ὕπνου] *scripsimus (LXX in app. crit.)*, καθύπνου $V^{E}V^{Ph}$, καθῦπνου V^{W}, καθύπνον V^{O}, *om.* PM ἐθνῶν] ἀσεβῶν V^{W} οἱ] *om.* $V^{E}V^{O}V^{Ph}$, *non liquet in* M **6** πίνοντες] πινόντες P *(πεινῶντες LXX)*, ἐσθίοντες M ἐσθίοντες] αἰσθίοντες $V^{E}V^{Ph\ a.\ c.\ ut\ videtur}$, πίνοντες M **7** ὁ²] *om.* M **8** αὐτοῦ] αὐτῶν V^{E} οὕτος M, οὗτος P **13** διατοῦτο] διὰ τούτων *LXX (sed cf. app. crit.)*

[I suppl. 414 / V cap. K 1, 24]

Νείλου μοναχοῦ, κεφαλαίου ͵γψμʹ·

Φασὶ τινές· Διατί δίκαιοι ἀσθενοῦσι καὶ πένονται, ἄδικοι δὲ ῥώννυνται καὶ πλουτοῦσι; Διατί τοῦτο; Ἵνα οἱ μὲν στεφανωθῶσιν, οἱ δὲ τιμωρηθῶσιν εἰς αἰῶνα.

[I suppl. 415 / V cap. K 1, 25]

Τοῦ αὐτοῦ, κεφαλαίου ͵γχξςʹ·

Εἴρηκας· Διατί ὁ θεὸς τοῦτον κέκρικεν ἀθυμεῖν καὶ θλίβεσθαι, ἀγαθὸν ὑπάρχοντα, καὶ ἄλλον ἱλαρεύεσθαι καὶ πλουτεῖν, πάμφαυλον τυγχάνοντα, καὶ διατί ἄλλος ἐν πᾶσιν εὐοδοῦται καὶ ἄλλος ἐν πᾶσιν ἀποτυγχάνει, διατί οὗτος ἔρρωται, κἀκεῖνος νοσηλεύεται, καὶ ἄλλος χρηστός τις ἀνὴρ ἐν τῷ δαιμονίῳ συντρίβεται; Μὴ περιεργάζου τὰ ὑπὲρ σέ, μόνον δὲ γίνωσκε ὅτι

---

2 – 5 I suppl. 414 inter I 1364 / C cap. K 2, 40 et I 1365 / C cap. K 2, 41 **7 – 217, 11 I suppl. 415** inter I 1364 / C cap. K 2, 40 et I 1365 / C cap. K 2, 41

---

3 – 5 I suppl. 414 Nilus Monachus (Ancyranus), *Epistulae*, 3740, locus non repertus **8 – 217, 5 I suppl. 415 *Versio* V PM R** Nilus Monachus (Ancyranus), *Epistulae*, 3666 vel 3663, locus non repertus

---

2 – 5 I suppl. 414 V^{E} cap. K 1, 24 (146r[27]27–29); V^{W} cap. K 1, 24; V^{O} cap. K 1, 24; V^{Ph} cap. K 1, 24; P cap. K 9, 25; M cap. K 9, 25; R cap. K 23, 31; *deest in* H^{I} L^{b}; PG 96, 69, 19–22 **7 – 217, 11 I suppl. 415** V^{E} cap. K 1, 25 (146r30–146v4); V^{W} cap. K 1, 25; V^{O} cap. K 1, 25; V^{Ph} cap. K 1, 25; P cap. K 9, 26; M cap. K 9, 26; E cap. 159, 85; R cap. K 23, 32; *deest in* H^{I} L^{b}; PG 96, 69, 23–37

I suppl. 414 (a) PM μοναχοῦ, κεφαλαίου] *om.* M (b) Νείλου V R νίλου V^{E}, νι $V^{O}V^{Ph}$ **I suppl. 415** (a) PM R κεφαλαίου ͵γχξςʹ] *om.* R κεφαλαίου] *om.* M ͵γχξςʹ] γχξγ M (b) Τοῦ αὐτοῦ V^{O} (c) Νείλου E (d) *s. a.* $V^{E}V^{W}V^{Ph}$

---

2 – 5 Νείλου – αἰῶνα] *seclusimus (a FlorVat redactore addita videntur)* **3** Φασὶ τινές] *scripsimus*, φασί τινες *correx. Lequien*, φησὶ τινὲς $V^{E}V^{O}V^{Ph}$, φησὶ(ν) *(*-ι P*)* V^{W} PM R δίκαιον V^{O} πένωνται *(*πε- P*)* P R ῥώνυνται $V^{O}V^{Ph}$, αἴρονται V^{W}, ἔρρωνται *(*ἐ- P, ἕ- M*)* PM R **4** Διατί τοῦτο] φημὶ V^{W} P R, φημὶ δὴ M τοῦτο] τούτων $V^{O\ a.\ c.}$, τούτον $V^{O\ p.\ c.}$ στεφανοθῶσιν $V^{E}V^{Ph\ a.\ c.}$ **4 – 5** εἰς αἰῶνα] αἰωνίως V^{W} PM R **7 – 217, 11** Τοῦ – Προφήτης] *seclusimus (a FlorVat redactore addita videntur)* **9** παμφαυλον P, πᾶν φαυλον M, πάνυ φαῦλον $V^{O}V^{Ph}$, πάνοι φαύλον V^{E} τυγχάνοντα] ὑπαρχοντα M **10** καὶ[1]] *om.* V^{W} P R εὐοδοῦνται M ἀπὸτυχάνει M **11** νοσιλεύεται V PM **11 – 12** καὶ – συντρίβεται] *om.* R **11** ἄλλος] ἄλλος τίς M **12** δαιμονίῳ] διαμωνίω *(*-νι- P*)* PM

βουλήσει τοῦ κρείττονος καὶ ψήφῳ ταῦτα πάντα γίνεται· μὴ μέντοι καταζητήσῃς τὸν λόγον τῆς ἀκριβείας. Παῦλος ὁ τηλικοῦτος ἀπεφήνατο *ἀνεξερεύνητα* εἶναι *τὰ κρίματα τοῦ θεοῦ*. Οὐκ ἔστι τοίνυν δυνατὸν καταλαβεῖν *τὰ ἴχνη τῶν ποδῶν κυρίου* καὶ τῶν αὐτοῦ βουλημάτων· *τὰ* γὰρ *κρίματα* αὐτοῦ *ἄβυσσος πολλή*, καθὰ φησὶν ὁ Προφήτης.

Μὴ περιεργάζου τὰ ὑπὲρ σέ, μόνον δὲ γίνωσκε ὅτι βουλήσει τοῦ θεοῦ καὶ ψήφῳ ταῦτα πάντα γίνεται· μὴ μέντοι καταζητήσῃς τὸν λόγον τῆς ἀκριβείας. Παῦλος ὁ τηλικοῦτος ἀπεφήνατο *ἀνεξερεύνητα* εἶναι *τὰ κρίματα τοῦ θεοῦ*. Οὐκ ἔστι δυνατὸν καταλαβεῖν *τὰ ἴχνη τῶν* ὁδῶν *κυρίου* καὶ τῶν αὐτοῦ βουλευμάτων· *τὰ* γὰρ *κρίματα* αὐτοῦ *ἄβυσσος πολλή*, καθὰ φησὶν ὁ Προφήτης.

[I suppl. 416 / V cap. K 1, 26]

Εὐσεβίου·

Ἐάν τις ἀπελθὼν βούλεται περᾶσαι ποταμόν, καὶ ὁρᾷ αὐτὸν παφλάζοντα καὶ κατασυρόμενον φοβερῶς, καὶ μηδενὸς ἄλλου ἐπιχειροῦντος διελθεῖν δι᾽ αὐτοῦ, παραβουλεύσηται δὲ καὶ εἰσέλθῃ, θέλων ἐπιδείξασθαι ἑαυτὸν ὡς γενναῖον καὶ δυνατόν, καὶ ἀποθάνῃ ἐν τῷ ποταμῷ, μετὰ τῶν παραβούλων

---

2 – 3 Rom. 11, 33 **4** III Reg. 5, 17 **4 – 5** Ps. 35, 7^2 **8 – 9** Rom. 11, 33 **9** III Reg. 5, 17 **10** Ps. 35, 7^2 **13 – 219, 4 I suppl. 416** inter I 1364 / C cap. K 2, 40 et I 1365 / C cap. K 2, 41

---

6 – 11 I suppl. 415 ***Versio*** **E** Nilus Monachus (Ancyranus), *Epistulae*, 3666 vel 3663, locus non repertus **14 – 218, 10 I suppl. 416** ***Versio*** **V PM R** Ἐάν – θάνατος] Ps.-Eusebius Alexandrinus, *Sermo VI (De iis qui laqueis impliciti pereunt)* (PG 86, 349, 40 – 352, 5 [pluribus omissis vel mutatis]); Holl, n° 481, 1–17

---

13 – 219, 4 I suppl. 416 V^{E} cap. K 1, 26 (146v4–22); V^{W} cap. K 1, 26; V^{O} cap. K 1, 26; V^{Ph} cap. K 1, 26; P cap. K 9, 27; M cap. K 9, 27; E cap. 159, 86–87–88; R cap. K 23, 33; *deest in* H^{I} L^{b}; PG 96, 69, 38 – 72, 12

I suppl. 416 ευσεβίου P, εὐσεβειου M

---

1 – 2 καταζητήσεις *(-τη- P)* $V^{E}V^{O}V^{Ph}$ P, καταζητείσης M, ζητήσης R **3** τοίνυν] *om.* PM R **5** καθὼς φησὶν M **13 – 219, 4** Εὐσεβίου – πάντα] *seclusimus (a FlorVat redactore addita videntur)* **14** βούλετε V^{E}, βούληται *(-ηται e corr.* V^{W}*)* V^{W} $R^{p. c.}$ περάσαι $V^{E}V^{Ph}$ P R, περασαι M παφλάζοντα] κοχλάζοντα *(-α- P)* $V^{W\,a. c.}$ P R, καχλάζοντα $V^{W\,p. c.}$ M **15** δι᾽] *om.* V^{W} **16** παραβουλευσεται M δὲ] *om.* V^{W} PM R ἑαυτὸν] αὐτὸν R *(ed.)* **17** ἀποθάνει V^{W} M παραβολῶν V^{O}

κρίνεται ἡ ψυχὴ αὐτοῦ, ἐπειδὴ βλέπων τὸν θάνατον αὐτοῦ, παρήκουσε τῆς Γραφῆς, λεγούσης· *Μὴ βιάζου ῥοῦν ποταμοῦ.* Ἐὰν δὲ ἴδῃ τὸν ποταμὸν ἡσύχως ῥέοντα, καὶ μὴ ἀπειλοῦντα βρυγμοὺς θανατηφόρους, ἀλλὰ πραῦν καὶ εὐμαρῆ, καὶ πολλοὺς διερχομένους, καὶ εἰσέλθῃ τοῦ διελθεῖν δι᾽ αὐτοῦ, καὶ ἐπαγάγῃ αὐτῷ ὁ Σατανᾶς κῦμα κατὰ συγχώρησιν θεοῦ, ἢ καὶ τὸν πόδα αὐτοῦ σκάσῃ, καὶ πεσὼν ἐν τῷ ὕδατι αὐτοῦ ἀποθάνῃ, μαρτυρικὸς αὐτῷ ὁ θάνατος λογισθήσεται. Πλὴν καὶ ἡ ὥρα τοῦ θανάτου παρῆν αὐτῷ, ἀλλ᾽ οὐ μέντοι ἐν τῷ οὕτως ἀποθανεῖν αὐτόν· ὁ γὰρ διάβολος, βλέπων τὴν ὥραν τοῦ θανάτου, προλαβὼν ἑτοιμάζει τὸ πτῶμα, ἵνα τῇ παγίδι ἐπιγραφῇ ὁ θάνατος.

Ὁμοίως καὶ οἱ ἀπὸ θηρίων ἀποθνήσκοντες· ἐάν τις τῇ οἰκείᾳ προαιρέσει ἀπέλθῃ σφάξαι τὸ θηρίον, ἐπιδεικνύμενος τὴν ἑαυτοῦ δύναμιν, καὶ ἐγείρῃ τὸ θηρίον καὶ ἀποθάνῃ ἐξ αὐτοῦ, μετὰ τῶν παραβούλων κρίνεται ἡ ψυχὴ αὐτοῦ· ἐὰν δὲ αἰφνιδίως ἐπέλθῃ τὸ θηρίον καὶ διαρρήξῃ τὸν ἄνθρωπον, μαρτυρικῷ θανάτῳ τέθνηκεν ὁ τοιοῦτος· ὁμοίως καὶ εἰς τὴν θάλασσαν καὶ εἰς τὴν γῆν.

Μὴ βιάζου ῥοῦν ποταμοῦ, φησὶν ἡ Γραφή.

Ὁ διάβολος βλέπων τὴν ὥραν τοῦ θανάτου, προλαβὼν ἑτοιμάζει τὸ πτῶμα, ἵνα τῇ παγίδι ἐπιγραφῇ ὁ θάνατος.

Ἐάν τις τῇ οἰκείᾳ προαιρέσει ἀπέλθῃ σφάξαι θηρίον, ἐπιδεικνύμενος τὴν

---

2 Sir. 4, 26[2] **17** Ibid.

---

11 – 15 Ὁμοίως – τοιοῦτος] PS.-EUSEBIUS ALEXANDRINUS, *Sermo VI (De iis qui laqueis impliciti pereunt)* (PG 86, 352, 26–32); Holl, n° 481, 17–23 **15 – 16** ὁμοίως – γῆν] locus non repertus; Holl, n° 481, 23 **17 I suppl. 416 *Versio* E**$^{\mathrm{cap.\ 159,\ 86}}$ locus non repertus; Holl, n° 481, 7 **18 – 19 I suppl. 416 *Versio* E**$^{\mathrm{cap.\ 159,\ 87}}$ PS.-EUSEBIUS ALEXANDRINUS, *Sermo VI (De iis qui laqueis impliciti pereunt)* (PG 86, 352, 3–5); Holl, n° 481, 15–17 **20 – 219, 3 I suppl. 416 *Versio* E**$^{\mathrm{cap.\ 159,\ 88}}$ Ἐάν – τοιοῦτος] PS.-EUSEBIUS ALEXANDRINUS, *Sermo VI (De iis qui laqueis impliciti pereunt)* (PG 86, 352, 27–32); Holl, n° 481, 18–23

---

2 ποταμον P **3** ἀπηλοῦντα *(*-ου- M*)* $V^{E}V^{O}V^{Ph\ a.c.}$ $M^{a.c.}$ βρυχμοὺς *(*-χ- *e corr.* V^{W}*)* V^{W} P **4** εὐμαρὴν V^{O} M **5** ἐπαγάγει V M αὐτῷ] *om.* V^{O} κοιμα M, κύματα V^{W} κατὰ – θεοῦ] *praem.* καὶ PM, *post* καὶ *transpos.* R ἢ] *om.* M **6** σκάσῃ] *scripsimus*, σκάσει V R, σκασαι PM αὐτοῦ[2]] *om.* V^{W} M R μαρτυρικῶς $V^{E}V^{W\ a.c.\ ut\ videtur}V^{O}V^{Ph}$, -ὼς P, -ως M αὐτῷ] αὐτοῦ V^{O} **8** τῷ οὕτως] τῶ τοιούτω V^{W}, τοιούτω *(*-οῦ- P*)* P R, τοιούτω θανάτω M τὴν] *praem.* αὐτὴν M **11** ἐάν τις] ἐὰν M R **12** τὸ – ἐγείρῃ] *om.* V^{O} ἐγείρει $V^{E}V^{W}V^{Ph}$ PM R **14** αἰφνιδίως] αἰ- *e corr.* V^{W}, ἐφνηδίως $V^{E}V^{O}V^{Ph}$ P, ἐφνιδίως M ἐπέλθῃ] ἀπέλθη V^{O} διαρρίξη M, διαρρήξει $V^{E}V^{O}V^{Ph}$ **15 – 16** ὁμοίως – γῆν] *om.* M **16** τὴν] *om.* $V^{W}V^{Ph}$ P ἑαυτοῦ δύναμιν, καὶ ἐγείρῃ τὸ θηρίον καὶ ἀποθάνῃ ἐξ αὐτοῦ, μετὰ τῶν παραβούλων κρίνεται ἡ ψυχὴ αὐτοῦ· ἐὰν δὲ αἰφνιδίως ἐπέλθῃ τὸ θηρίον καὶ διαρρήξῃ τὸν ἄνθρωπον, μαρτυρικῷ θανάτῳ τέθνηκεν ὁ τοιοῦτος· ὁμοίως καὶ εἰς ποταμὸν καὶ εἰς θάλασσαν καὶ εἰς πῦρ καὶ εἰς τὰ λοιπὰ πάντα.

I suppl. 417 / V cap. X 4, 13

Εὐαγρίου, Γνωμῶν·

Χριστιανοῦ ἀνδρὸς μὴ τὸ σχῆμα ἀποδέχου, ἀλλὰ τὸ τῆς ψυχῆς φρόνημα.

I suppl. 418 / V cap. M 2, 4

Ψαλμοῦ μδʹ·

Ἠγάπησας δικαιοσύνην καὶ ἐμίσησας ἀνομίαν.

---

6 – 8 I suppl. 417 post I 1398 / C cap. Λ 1, 32 **10 – 11 I suppl. 418** inter I 1406 / C cap. M 1, 8 et I 1407 / C cap. M 1, 9

---

3 – 4 ὁμοίως – πάντα] locus non repertus **7 – 8 I suppl. 417** Euagrius Ponticus, *Sententiae per alphabetum I* (olim *Capita paraenetica*) (ed. Elter, p. LII.22) **11 I suppl. 418** Ps. 44, 8[1]

---

6 – 8 I suppl. 417 V^{E} cap. X 4, 13 (240v31–32); V^{W} cap. X 7, 13; V^{O} cap. X 4, 13; V^{Ph} cap. X 4, 13; P cap. X 7, 13; M cap. X 5, 9; R cap. X 6, 27; *deest in* H^{I} L^{b}; PG 96, 429, 14–15 **10 – 11 I suppl. 418** V^{E} cap. M 2, 5 (154v16–17); V^{W} cap. M 2, 4; V^{O} cap. M 2, 4; V^{Ph} cap. M 2, 4; P cap. M 5, 4; M cap. M 5, 4; R cap. M 11, 4; *deest in* H^{I} L^{b}; PG 96, 104, 27–28

I suppl. 417 (a) V^{W} PM R εὐαγριου PM, εὐαγρου V^{W} Γνωμῶν] γν^{ω} P, *om.* V^{W} M R (b) *s. a.* V^{E}V^{O}V^{Ph} **I suppl. 418** (a) PM R ψαλμὸς M R (b) Τοῦ αὐτοῦ V^{W} (c) *s. a.* V^{E}V^{O}V^{Ph}

---

7 τὸ[2]] *post* ψυχῆς *transpos.* V^{E}V^{O}V^{Ph}

I suppl. 419 / V cap. M 2, 5

Ψαλμοῦ νβʹ·

Ὁ θεὸς διεσκόρπισεν ὀστᾶ ἀνθρωπαρέσκων·
κατησχύνθησαν ὅτι ὁ θεὸς ἐξουδένωσεν <αὐτούς>.

I suppl. 420 / V cap. M 2, 6

Ψαλμοῦ ριηʹ·

Ἐξουδένωσας πάντας τοὺς ἀποστατοῦντας ἀπὸ τῶν
[δικαιωμάτων σου,
ὅτι ἄδικον τὸ ἐνθύμημα αὐτῶν.

I suppl. 421 / V cap. M 2, 7

Παροιμιῶν·

Βδέλυγμα κυρίῳ χείλη ψευδῆ.

---

2 – 4 I suppl. 419 inter I 1406 / C cap. M 1, 8 et I 1407 / C cap. M 1, 9 **6 – 9 I suppl. 420** inter I 1406 / C cap. M 1, 8 et I 1407 / C cap. M 1, 9 **11 – 12 I suppl. 421** inter I 1406 / C cap. M 1, 8 et I 1407 / C cap. M 1, 9

---

3 – 4 I suppl. 419 Ps. 52, 6$^{2-3}$ **7 – 9 I suppl. 420** Ps. 118, 118$^{1-2}$ **12 I suppl. 421** Prov. 12, 22^{1} (Wahl, *Proverbien-Text*, p. 64)

---

2 – 4 I suppl. 419 V^{E} cap. M 2, 6 (154v17–18); V^{O} cap. M 2, 5; V^{Ph} cap. M 2, 5; P cap. M 5, 5; M cap. M 5, 5; *deest in* V^{W} H^{I} L^{b} R; PG 96, 104, 28–30 **6 – 9 I suppl. 420** V^{E} cap. M 2, 7 (154v18–20); V^{O} cap. M 2, 6; V^{Ph} cap. M 2, 6; P cap. M 5, 6; M cap. M 5, 6; R cap. M 11, 5; *deest in* V^{W} H^{I} L^{b}; PG 96, 104, 30–32 **11 – 12 I suppl. 421** V^{E} cap. M 2, 8 (154v[20]20); V^{W} cap. M 2, 5; V^{O} cap. M 2, 7; V^{Ph} cap. M 2, 7; P cap. M 5, 7; M cap. M 5, 7; *deest in* H^{I} L^{b} R; PG 96, 104, 33

I suppl. 419 (a) PM (b) *s. a.* V^{E}V^{O}V^{Ph} **I suppl. 420** (a) PM R ψαλμὸς M R (b) Παροιμιῶν V^{O}V^{Ph} *(cf. infra*, I suppl. 421 / V cap. M 2, 7 *[lemma a])* (c) *s. a.* V^{E} **I suppl. 421** (a) V^{E}V^{W} PM (b) *s. a.* V^{O}V^{Ph} *(cf. supra*, I suppl. 420 / V cap. M 2, 6 *[lemma b])*

---

4 κατησχύνθησαν – ἐξουδένωσεν] *om.* PM αὐτούς] *supplevimus (cf.* II^{1}1282 / K cap. K 6, 4 [SJD VIII/5] *et* *II^{2}359 / T cap. A 22, 1 [SJD VIII/6]*)*, *om.* V^{E}V^{O}V^{Ph} **9** ὅτι – αὐτῶν] *om.* PM R ἐνθύμημα] ἐνθυ^{μ} V^{E}V^{Ph}, εὐθύμημα V^{O} αὐτῶν] *om.* V^{E}V^{Ph}

I suppl. 422 / V cap. M 2, 8

Τῶν αὐτῶν·

Βδέλυγμα κυρίῳ λογισμὸς ἄδικος.

I suppl. 423 / V cap. M 2, 9

Τῶν αὐτῶν·

Ὃς δίκαιον κρίνει τὸν ἄδικον, ἄδικον δὲ τὸν δίκαιον, ἀκάθαρτος καὶ βδελυκτὸς παρὰ κυρίῳ.

I suppl. 424 / V cap. M 2, 10

Τῶν αὐτῶν·

Κύριος ὑπερηφάνοις ἀντιτάσσεται.

---

2 – 3 I suppl. 422 inter I 1406 / C cap. M 1, 8 et I 1407 / C cap. M 1, 9 **5 – 7 I suppl. 423** inter I 1406 / C cap. M 1, 8 et I 1407 / C cap. M 1, 9 **9 – 10 I suppl. 424** inter I 1406 / C cap. M 1, 8 et I 1407 / C cap. M 1, 9

---

3 I suppl. 422 Prov. 15, 26^{1} (Wahl, *Proverbien-Text*, p. 78) **6 – 7 I suppl. 423** Prov. 17, 15^{1-2} (Wahl, *Proverbien-Text*, p. 87) **10 I suppl. 424** Prov. 3, 34^{1} (Wahl, *Proverbien-Text*, p. 31)

---

2 – 3 I suppl. 422 V^{E} cap. M 2, 9 (154v20–21); V^{W} cap. M 2, 6; V^{O} cap. M 2, 8; V^{Ph} cap. M 2, 8; P cap. M 5, 8; M cap. M 5, 8; *deest in* H^{I} L^{b} R; PG 96, 104, 33–34 **5 – 7 I suppl. 423** V^{E} cap. M 2, 10 (154v21–22); V^{W} cap. M 2, 7; V^{O} cap. M 2, 9; V^{Ph} cap. M 2, 9; P cap. M 5, 9; M cap. M 5, 9; *deest in* H^{I} L^{b} R; PG 96, 104, 35–36 **9 – 10 I suppl. 424** V^{E} cap. M 2, 11 (154v22); V^{W} cap. M 2, 8; V^{O} cap. M 2, 10; V^{Ph} cap. M 2, 10; P cap. M 5, 10; M cap. M 5, 10; *deest in* H^{I} L^{b} R; PG 96, 104, 37

I suppl. 422 (a) V^{W} P (b) Τοῦ αὐτοῦ M (c) *s. d.* $V^{E}V^{O}V^{Ph}$ **I suppl. 423** (a) P (b) Τοῦ αὐτοῦ M (c) *s. a.* V **I suppl. 424** (a) P (b) Τοῦ αὐτοῦ M (c) *s. a.* V

---

6 ἄδικον^{1}] *om.* V^{O} **10** ἀντιτάσσεται] *add.* ταπεινοῖς δὲ δίδωσι χάριν *(= Prov. 3, 34*^{2}*)* M

I suppl. 425 / V cap. M 2, 11

Τῶν αὐτῶν·

Βδέλυγμα κυρίῳ διεστραμμέναι ὁδοί.

I suppl. 426 / V cap. M 2, 12

Τῶν αὐτῶν·

Ἀκάθαρτος παρὰ κυρίῳ πᾶς ὑψηλοκάρδιος.

I suppl. 427 / V cap. M 2, 15

Τοῦ Σιράχ·

Μισητὴ ἔναντι κυρίου καὶ ἀνθρώπων ὑπερηφανία.

---

2 – 3 I suppl. 425 inter I 1406 / C cap. M 1, 8 et I 1407 / C cap. M 1, 9 **5 – 6 I suppl. 426** inter I 1406 / C cap. M 1, 8 et I 1407 / C cap. M 1, 9 **8 – 9 I suppl. 427** inter I 1413 / C cap. M 1, 15 et I 1414 / C cap. M 1, 16 **9** exstat etiam ap. Ps.-Max. Conf., *Loci communes*, 34.5./4. (ed. Ihm, p. 665)

---

3 I suppl. 425 Prov. 11, 20^{1} (Wahl, *Proverbien-Text*, p. 58 –59) **6 I suppl. 426** Prov. 16, 5^{1} (Wahl, *Proverbien-Text*, p. 80) **9 I suppl. 427** Sir. 10, 7^{1} (Wahl, *Sirach-Text*, p. 73)

---

2 – 3 I suppl. 425 V^{E} cap. M 2, 12 (154v22–23); V^{W} cap. M 2, 9; V^{O} cap. M 2, 11; V^{Ph} cap. M 2, 11; P cap. 5, 11; M cap. 5, 11; *deest in* H^{I} L^{b} R; PG 96, 104, 37–38 **5 – 6 I suppl. 426** V^{E} cap. M 2, 13 (154v23); V^{W} cap. M 2, 10; V^{O} cap. M 2, 12; V^{Ph} cap. M 2, 12; P cap. M 5, 12; M cap. M 5, 12; *deest in* H^{I} L^{b} R; PG 96, 104, 38 –39 **8 – 9 I suppl. 427** V^{E} cap. M 2, 16 (154v28 –29); V^{W} cap. M 2, 13; V^{O} cap. M 2, 15; V^{Ph} cap. M 2, 15; P cap. M 5, 15; M cap. M 5, 15; E cap. 160, 9; *deest in* H^{I} L^{b} R; PG 96, 104, 47–48

I suppl. 425 (a) P (b) *s. a.* V M **I suppl. 426** (a) P (b) Τοῦ αὐτοῦ M (c) *s. a.* V **I suppl. 427** (a) P (b) Σιράχ $V^{E}V^{W}V^{Ph}$ E (c) *s. d.* V^{O} *(cf. infra,* I suppl. 428 / V cap. M 2, 16 *[lemma b])*

---

3 διεστραμμένοι M **6** κυρίῳ] θεῷ V^{W} P **9** ὑπερηφανία] *praem.* ἡ E

I suppl. 428 / V cap. M 2, 16

Τοῦ κατὰ Λουκᾶν εὐαγγελίου, κεφαλαίου ρϙβʹ·

Τὸ ἐν ἀνθρώποις ὑψηλόν, βδέλυγμα ἐνώπιον κυρίου.

I suppl. 429 / R cap. O 18, 14

Τοῦ αὐτοῦ, ὅτι οὐκ ἔστιν αἴτιος τῶν κακῶν ὁ θεός·

Τὸ κακὸν οὐκ ἐκ τοῦ θεοῦ, ἐπεὶ καὶ ἰατρὸς ἐξαίρει τὴν νόσον, ἀλλ᾽ οὐχὶ νόσον ἐμβάλλει τῷ σώματι. Πόλεων δὲ ἀφανισμοί, σεισμοί τε καὶ ἐπικλύσεις καὶ ναυάγια, καὶ πᾶσαι αἱ πολυάνθρωποι φθοραί, εἴτε ἐκ γῆς, εἴτε ἐκ θαλάττης, εἴτε ἐξ ἀέρος, ἢ ἐκ πυρὸς ἢ ἐξ ὁποιασοῦν αἰτίας ἐπιγινόμεναι, εἰς τὸν τῶν ὑπολειπομένων σωφρονισμὸν γίνονται, τὴν πάνδημον πονηρίαν δημοσίαις μάστιξι τοῦ θεοῦ σωφρονίζοντος.

I suppl. 430 / V cap. Π 3, 1

Ψαλμῶν κϛʹ·

Πιστεύω τοῦ ἰδεῖν τὰ ἀγαθὰ κυρίου ἐν γῇ ζώντων.

---

2 – 3 I suppl. 428 inter I 1414 / C cap. M 1, 16 et I 1415 / C cap. M 1, 17 **5 – 12 I suppl. 429** inter I 1470 / C cap. O 2, 28 et I 1471 / C cap. O 2, 29 **14 – 15 I suppl. 430** inter I 1496 / C cap. Π 1, 1 et I 1497 / C cap. Π 1, 2

---

3 I suppl. 428 Luc. 16, 15 **6 – 12 I suppl. 429** Basilius Caesariensis, *Quod deus non est auctor malorum*, 5 (PG 31, 337, 44–53) **15 I suppl. 430** Ps. 26, 13

---

2 – 3 I suppl. 428 V^{E} cap. M 2, 17 (154v29); V^{W} cap. M 2, 14; V^{O} cap. M 2, 16; V^{Ph} cap. M 2, 16; P cap. M 5, 16; E cap. 160, 10; *deest in* H^{I} ML^{b} R; PG 96, 104, 49–50 **5 – 12 I suppl. 429** R cap. O 18, 14 (222r[40]41–222v5) **14 – 15 I suppl. 430** V^{E} cap. Π 3, 1 (186v[34]35); V^{W} cap. Π 3, 1; V^{O} cap. Π 3, 1; V^{Ph} cap. Π 3, 1; E cap. 183, 1; R cap. Π 31, 1; *deest in* H^{I} $PM^{(lac.)}$ L^{b}; PG 96, 228, 43–44

I suppl. 428 (a) P (b) Σιράχ V^{O} *(cf. supra*, I suppl. 427 / V cap. M 2, 15 *[lemma c])* (c) *s. a.* $V^{E}V^{W}V^{Ph}$ (d) Εὐαγγελίου E **I suppl. 430** (a) P (b) Δαυῒδ V E

---

6 ἐξαίρει] *sic acc.* R, ἐξαιρεῖ *ed.* **11** γίνονται] *correximus (ed.)*, γίνεται R **15** πϊστεύων V^{O} ἐν – ζώντων] *om.* $V^{E}V^{O}V^{Ph}$

I suppl. 431 / V cap. Π 3, 12

Τοῦ αὐτοῦ·

Τέθηκα πρὸ προσώπου σου τὴν ζωὴν καὶ τὸν θάνατον, τὸ ἀγαθὸν καὶ τὸ κακόν· δύο ἀντικείμεναι ἀλλήλαις φύσεις. Ἀντιστάθμησον αὐτὰς ἐπὶ τοῦ οἰκείου σεαυτοῦ κριτηρίου. Ζυγοστάτησον ἀκριβῶς τί σοι λυσιτελέστερον, τὴν πρόσκαιρον ἑλέσθαι ἡδονὴν καὶ δι' αὐτῆς τὸν αἰώνιον λαβεῖν θάνατον, ἢ τὴν ἐν τῇ ἀσκήσει τῆς ἀρετῆς ἑλόμενον κακοπάθειαν, ταύτῃ προξένῳ χρήσασθαι τῆς αἰωνίου ζωῆς.

Τέθεικα πρὸ προσώπου σου τὴν ζωὴν καὶ τὸν θάνατον, τὸ ἀγαθὸν καὶ τὸ κακόν· ὃ θέλεις, ἔκλεξαι.

I suppl. 432 / V cap. Π 4, 6

<***>

Τὴν μὲν ὁλκάδα πρὸς ὄρεξιν πορισμῶν ἐποίησαν ἄνθρωποι, τεχνίτης δὲ σοφίᾳ κατεσκεύασεν,

---

2 – 11 I suppl. 431 inter I 1521 / C cap. Π 1, 26 et I 1522 / C cap. Π 1, 27 **3 – 4** Deut. 30, 15 **10 – 11** Ibid. **13 – 225, 8 I suppl. 432** inter I 1558 / C cap. Π 2, 12 et I 1559 / C cap. Π 2, 13

---

3 – 9 I suppl. 431 ***Versio*** **V P** Basilius Caesariensis, *Homilia in Psalmum LXI*, 4 (PG 29, 480, 3–11) **10 – 11 I suppl. 431** ***Versio*** **E** cf. Basilius Caesariensis, *Homilia in Psalmum LXI*, 4 (PG 29, 480, 3–11) **14 – 225, 8 I suppl. 432** Sap. 14, 2^{1}–5^{3}

---

2 – 11 I suppl. 431 V^{E} cap. Π 3, 12 (187v[7]7–13); V^{W} cap. Π 3, 16; V^{O} cap. Π 3, 12; V^{Ph} cap. Π 3, 12; P cap. Π 27, 1; E cap. 183, 10; *deest in* H^{I} $M^{(lac.)}$ L^{b} R; PG 96, 232, 7–14 **13 – 225, 8 I suppl. 432** V^{E} cap. Π 4, 6 (188r31–188v2); V^{W} cap. Π 4, 7; V^{O} cap. Π 4, 6; V^{Ph} cap. Π 4, 6; P cap. Π 28, 7; *deest in* H^{I} $M^{(lac.)}$ L^{b} R; PG 96, 233, 37–45

I suppl. 431 (a) V (b) *s. a.* E (c) *lemma deest in* $P^{(lac.)}$ **I suppl. 432** (a) *s. a.* $V^{E}V^{W}V^{Ph}$ P (b) *s. d.* V^{O}

---

3 – 7 Τέθηκα – τῆς] *desunt in* $P^{(lac.)}$ **4** τὸ] *om.* V^{W} ἀντικείμεναι] ἀντικειμένας *ed.* ἀλλήλαι $V^{E}V^{O}V^{Ph}$ ἀντιστάθμισον V^{W} **5** σαυτοῦ V^{W} **6** σοι] *om.* V^{W} *(s. l. add. man. rec.)* **8** κακοπάθειαν] και κακοπαθιαν P **14** ὁλκάδα *(-κα-* V^{O}*)* V πρὸς ὄρεξιν] ὀρέξει V^{W} P πορισμὸν V^{W} **15** τεχνητης P, τεχνίτις $V^{W\,p.\,c.}$

ἡ δὲ σή, πάτερ, διακυβερνᾷ πρόνοια,
ὅτι καὶ ἐν θαλάσσῃ ἔδωκας ὁδὸν
καὶ ἐν κύμασι τρίβον ἀσφαλῆ,
δεικνὺς ὅτι δύνασαι ἐκ πάντων σώζειν,
κἂν ἄνευ τέχνης τίς ἐπιβῇ.
Θέλεις δὲ μὴ ἀργὰ εἶναι τὰ τῆς σοφίας ἔργα·
διατοῦτο καὶ ἐν ἐλαχίστῳ ξύλῳ πιστεύουσιν ἄνθρωποι ψυχάς,
καὶ διελθόντες κλύδωνα, σχεδίᾳ διεσώθησαν.

I suppl. 433 / V cap. Π 4, 12

Διδύμου·

Πάντων λογικῶν ἐπιστάμενος τὸ κρυπτὸν ὁ δημιουργός, προνοεῖται τῶν ὅλων, οὐ μόνον ἐξ ὧν διάκεινται καὶ πράττουσιν, ἀλλὰ καὶ ἐξ ὧν προγινώσκει ἄγων τὴν βελτίωσιν.

I suppl. 434 / V cap. Π 2, 7

Εὐαγρίου·

Ὁ καλῶς φροντίζων ἑαυτοῦ, φροντίζεται ὑπὸ τοῦ θεοῦ.

---

10 – 13 I suppl. 433 inter I 1567 / C cap. Π 2, 21 et I 1568 / C cap. Π 2, 22 **11 – 13** exstat etiam ap. Ps.-Max. Conf., *Loci communes*, 41.11./48.11. (ed. Ihm, p. 744) **15 – 16 I suppl. 434** post I 1598 / C cap. Π 4, 13

---

11 – 13 I suppl. 433 Didymus Alexandrinus, locus non repertus **16 I suppl. 434** Euagrius Ponticus, *Aliae sententiae* (ed. Elter, p. LIII.56)

---

10 – 13 I suppl. 433 V^{E} cap. Π 4, 12 (188v[22]22–23); V^{W} cap. Π 4, 12; V^{O} cap. Π 4, 12; V^{Ph} cap. Π 4, 12; P cap. Π 28, 12; E cap. 184, 6; R cap. Π 32, 13; *deest in* H^{I} $M^{(lac.)}$ L^{b}; PG 96, 236, 22–25 **15 – 16 I suppl. 434** V^{E} cap. Π 2, 7 (186v32); V^{W} cap. Π 2, 8; V^{O} cap. Π 2, 7; V^{Ph} cap. Π 2, 7; E cap. 182, 5; R cap. Π 30, 4; *deest in* H^{I} $P^{(lac.)}$ $M^{(lac.)}$ L^{b}; PG 96, 228, 38–39

I suppl. 433 (a) V P E (b) *s. d.* R **I suppl. 434** (a) V^{W} E R (b) *s. a.* $V^{E}V^{O}V^{Ph}$

---

5 κἂν] καὶ P τίς] *in mg.* V^{W} **7** ἄνθρωποι] *om.* V^{E} **8** σχεδίᾳ] *scripsimus (LXX)*, σχεδια *(-ια e corr.* V^{W}*)* V^{W} P, σχεδίως $V^{E}V^{O}V^{Ph}$ ἐσωθησαν P **12 – 13** οὐ – βελτίωσιν] *om.* R **12 – 13** ὧν – ἐξ] *om.* $V^{E}V^{O}V^{Ph}$ **13** ἄγων] *om.* $V^{E}V^{O}V^{Ph}$

I suppl. 435 / V cap. Σ 8, 12

Διδύμου·

Οὐδὲν ἐν ἀνθρώποις ἐστὶ τῶν κυρίως ὠφελίμων καὶ ἀληθῶς ἐπαινετῶν, ὅ μὴ ἐκ θεοῦ δέδοται.

I suppl. 436 / V cap. Σ 24, 5

Τοῦ Χρυσοστόμου·

Εἰ τί ὑπέστη ὁ Χριστός, οὐχ' ὑπέστη δι' ἑαυτόν, οὐδὲ διὰ τὸν πατέρα τὸν ἑαυτοῦ, ἀλλ' ἵνα σώσῃ τὸ ἀνθρώπινον γένος. Καὶ εἰ θέλεις γνῶναι, ἀγαπητέ, τὴν δύναμιν τοῦ σταυροῦ, ἄκουε. Σταυρός, Χριστιανῶν ἐλπίς· σταυρός, τυφλῶν ὁδηγός· σταυρός, πεπλανημένων ὁδός· σταυρός, χωλῶν βακτηρία· σταυρός, πενήτων παραμυθία· σταυρός, πλουσίων χαλινός· σταυρός, ὑπερηφάνων καθαίρεσις· σταυρός, τρόπαιον κατὰ δαιμόνων· σταυρός, κατὰ διαβόλου νῖκος· σταυρός, ἀπόρων εὐπορία· σταυρός, ἀπηλπισμένων ἐλπίς· σταυρός, νεκρῶν ἀνάστασις· σταυρός, πλεόντων κυβερνήτης· σταυρός, χειμαζομένων λιμήν· σταυρός, πολεμουμένων τεῖχος· σταυρός, πατὴρ ὀρφανῶν· σταυρός, προστάτης χηρῶν· σταυρός, ἀδίκων κριτής· σταυρός, θλιβομένων ἄνεσις· σταυρός, νηπίων φύλαξ· σταυρός, φῶς τοῖς ἐν σκότει καθημένοις· σταυρός, δούλων ἐλευθερία· σταυρός, μοναζόντων ἄσκησις· σταυρός, παρθένων

---

2 – 4 I suppl. 435 inter I 1621 / C cap. Σ 1, 23 et I 1622 / C cap. Σ 1, 24 **6 – 227, 3 I suppl. 436** post I 1629 / C cap. Σ 2, 6

---

3 – 4 I suppl. 435 Didymus Alexandrinus, locus non repertus **7 – 227, 3 I suppl. 436** (Ps.-)Iohannes Chrysostomus, *In venerabilem crucem sermo* (PG 50, 819, 9–42 [pluribus omissis])

---

2 – 4 I suppl. 435 V^{E} cap. Σ 8, 12 (213r15–16); V^{W} cap. Σ 8, 13; V^{O} cap. Σ 8, 12; V^{Ph} cap. Σ 8, 12; P cap. Σ 22, 13; E cap. 224, 11; R cap. Σ 21, 10; *deest in* H^{I} $M^{(lac.)}$ L^{b}; PG 96, 340, 33–34 **6 – 227, 3 I suppl. 436** V^{E} cap. Σ 24, 5 (220r[6]6–19); V^{O} cap. Σ 24, 4; V^{Ph} cap. Σ 24, 5; *deest in* V^{W} H^{I}; PG 96, 368, 34–54

I suppl. 435 (a) V^{W} P E R (b) *s. a.* $V^{E}V^{O}V^{Ph}$ **I suppl. 436** Τοῦ] *om.* V^{Ph}

3 ὠφελήμων $V^{E}V^{O}$ P **3 – 4** ἐπαινετὸν V^{W} **7** Εἰ τί] εἴ τη $V^{E}V^{O}$, εἴ τι V^{Ph} **8** σώσει $V^{E}V^{O}$ τὸ] τὸν V^{Ph} **14** νίκος $V^{E}V^{O}$ ἀπηλπισμένων] *scripsimus (ed.)*, ἀπελπισμένων $V^{E}V^{O}V^{Ph}$

σωφροσύνη· σταυρός, ἱερέων χαρά· σταυρός, ἐκκλησίας θεμέλιος· σταυρός, πεινώντων ἄρτος· σταυρός, διψώντων πηγή· σταυρός, γυμνῶν σκέπη.

[I suppl. 437 / V cap. Σ 24, 6]

Εὐσεβίου·

Ἐπειδὴ διὰ τοῦ ξύλου τοῦ ἐν τῷ παραδείσῳ ἐθανάτωσε τὸν πρωτόπλαστον ὁ Σατανᾶς, διατοῦτο ὁ κύριος ἐνανθρωπήσας διὰ τοῦ ξύλου τοῦ σταυροῦ αὐτοῦ τὸν διάβολον καταπάτημα τῶν ποδῶν τοῦ ἀνθρώπου πεποίηκεν. Ὅσοι γὰρ ἔχουσι τὸ τοῦ σταυροῦ σημεῖον, *καταπατοῦσιν* αὐτοῦ *τὴν δύναμιν*.

[I suppl. 438 / V cap. Σ 24, 7]

<***>

Ἐὰν ἀπέρχῃ εἰς πόλεμον καὶ βλέπῃς τὸν ἐχθρὸν κατὰ σοῦ ἀκονοῦντα ξίφη, σὺ μηδὲν τοιοῦτον ἐπικομίσῃ, ἀλλὰ τὸ σημεῖον τοῦ σταυροῦ ἔχε εἰς τὴν καρδίαν σου καὶ ἐπὶ τοῦ μετώπου σου, καὶ πορεύου πρὸς αὐτόν, λέγων· *Οὗτοι ἐν ἅρμασι, καὶ οὗτοι ἐν ἵπποις, ἡμεῖς δὲ ἐν ὀνόματι κυρίου θεοῦ ἡμῶν ἐπι-*

---

5 – 10 I suppl. 437 post I 1629 / C cap. Σ 2, 6 **9 – 10** Luc. 10, 19 **12 – 228, 7 I suppl. 438** post I 1629 / C cap. Σ 2, 6 **15 – 228, 1** Ps. 19, 8^{1-2}

---

6 – 10 I suppl. 437 Ps.-Eusebius Alexandrinus, *Sermo III (De incarnatione Domini, et quam ob causam incarnatus sit* (PG 86, 329, 47–54 [pluribus mutatis]); Holl, n° 476 **13 – 228, 7 I suppl. 438** locus non repertus (forsan Ps.-Eusebio Alexandrino [cf. I suppl. 437 / V cap. Σ 24, 6] attribuendus); Holl, n° 496

---

5 – 10 I suppl. 437 V^{E} cap. Σ 24, 6 (220r[20]20–24); V^{O} cap. Σ 24, 5; V^{Ph} cap. Σ 24, 6; *deest in* V^{W} H^{I}; PG 96, 369, 1–6 **12 – 228, 7 I suppl. 438** V^{E} cap. Σ 24, 7 (220r24–34); V^{O} cap. Σ 24, 7; V^{Ph} cap. Σ 24, 7; *deest in* V^{W} H^{I}; PG 96, 369, 7–22

I suppl. 438 *s. a.* $V^{E}V^{O}V^{Ph}$

---

2 πεινώντων] *scripsimus (ed.)*, πεινόντων $V^{E}V^{O}V^{Ph}$ διψόντων $V^{E}V^{O}$ **5 – 10** Εὐσεβίου – δύναμιν] *seclusimus (a FlorVat redactore addita videntur)* **6** ἐν – παραδείσῳ] *om.* V^{O} **7** διατοῦτο] διατοῦ V^{E} ἐνανθρωπίσας $V^{E}V^{Ph}$ **13 – 228, 7** Ἐὰν – αὐτῷ] *seclusimus (a FlorVat redactore addita videntur)* **13** βλέπῃς] *scripsimus*, βλέπεις $V^{E}V^{O}V^{Ph}$ ἐχθρὸν] ἐχθρόν σου V^{O} ἀκονοῦντα] *sic* $V^{E}V^{O}V^{Ph}$ ξίφη] *scripsimus*, ξίφει $V^{E}V^{O}V^{Ph}$

καλεσόμεθα. Καὶ βλέπεις ὅτι ἐκεῖνα ὅλα ὡς ἄχυρα λικμηθήσονται, σὺ δὲ ἀνορθοῦσαι καὶ ἀνίστασαι. Προεῖπεν γὰρ ὁ Δαυῒδ περὶ τοῦ σημείου τοῦ σταυροῦ, λέγων· *Ἔδωκας τοῖς φοβουμένοις σε σημείωσιν τοῦ φυγεῖν ἀπὸ προσώπου τόξου.* Ποῖον σημεῖον ἔδωκεν ἡμῖν, εἰ μὴ τὸ τοῦ σταυροῦ μυστήριον; Τούτῳ τῷ σημείῳ τείχη παραλύονται, ἐχθροὶ πίπτουσιν ὡς χόρτος, δαίμονες φυγαδεύονται· πάντα ὑποτάσσεται τῷ ξύλῳ τοῦ σταυροῦ διὰ τὴν δύναμιν τοῦ σταυρωθέντος ἐπ' αὐτῷ.

I suppl. 439 / V cap. Υ 10, 2

<***>

Ἄνθρωπος τῶν υἱῶν Ἰσραὴλ ἐὰν εὔξηται εὐχὴν κυρίῳ ἢ ὀμόσῃ ὅρκον ὁρισμῷ, ἢ ὁρίσηται περὶ τῆς ψυχῆς αὐτοῦ, οὐ βεβηλώσει τὸ ῥῆμα αὐτοῦ· πάντα, ὅσα ἂν ἐξέλθῃ ἐκ τοῦ στόματος αὐτοῦ, ποιήσει.

I suppl. 440 / V cap. Υ 10, 6

<***>

Τὰ ἐκπορευόμενα διὰ τῶν χειλέων μου οὐ μὴ ἀθετήσω.

---

3 – 4 Ps. 59, 6^{1-2} **9 – 13 I suppl. 439** inter I 1634 / C cap. Υ 1, 5 et I 1635 / C cap. Υ 1, 6 **15 – 16 I suppl. 440** inter I 1639 / C cap. Υ 1, 10 et I 1640 / C cap. Υ 1, 11

---

10 – 13 I suppl. 439 Num. 30, 3 **16 I suppl. 440** Ps. 88, 35^{2}

---

9 – 13 I suppl. 439 V^{E} cap. Υ 10, 2 (226v18–21); V^{W} cap. Υ 10, 2; V^{O} cap. Υ 10, 2; V^{Ph} cap. Υ 10, 2; PG 96, 380, 43–47 **15 – 16 I suppl. 440** V^{E} cap. Υ 10, 6 (226v26); V^{W} cap. Υ 10, 5; V^{Ph} cap. Υ 10, 6; *deest in* V^{O} H^{I}

I suppl. 439 *s. a.* V **I suppl. 440** (a) *s. a.* $V^{E}V^{Ph}$ (b) Τοῦ αὐτοῦ V^{W}

---

10 ὀμόσῃ] *scripsimus (LXX)*, ὀμόσει $V^{E}V^{O\ p.\ c.}V^{Ph}$, ὠμόσει $V^{O\ a.\ c.}$, ὀμώσει V^{W} **11** ὡρίσηται V^{W}, ὁρίσεται V^{O}

I suppl. 441 / V cap. Υ 10, 8

Μιχαίου·

Ἐπικατάρατος ὃς ἦν δυνατός, καὶ ὑπῆρχεν ἐν τῷ ποιμνίῳ αὐτοῦ ἄρσεν, καὶ ἡ εὐχὴ αὐτοῦ ἐν αὐτῷ, καὶ θύει διεφθαρμένα τῷ κυρίῳ.

I suppl. 442 / V cap. Υ 10, 10

Τοῦ Θεολόγου·

Μηδὲν ποτὲ εὔξῃ, μὴ δὲ τῶν μικρῶν, θεῷ·
Θεοῦ γὰρ ἐστὶν πρὶν λαβεῖν. Τί οὖν λέγω;
Κλέπτεις τὰ σαυτοῦ, μὴ διδούς. Καινοῦ χρέους.
Ἀνανίας σε πειθέτω Σάπφιρά τε.

---

2 – 4 I suppl. 441 inter I 1640 / C cap. Υ 1, 11 et I 1641 / C cap. Υ 1, 12 **6 – 10 I suppl. 442** inter I 1650 / C cap. Υ 1, 21 et I 1651 / C cap. Υ 1, 22 **10** Ἀνανίας – τε] cf. Act. 5, 5–10

---

3 – 4 I suppl. 441 Mich., re vera Mal. 1, 14 (Wahl, *Prophetenzitate*, p. 273–274) **7 – 10 I suppl. 442** GREGORIUS NAZIANZENUS, *Carmina*, I,2,33 *(Tetrastichae sententiae)*, 29–32 (PG 37, 930, 6–9)

---

2 – 4 I suppl. 441 V^{E} cap. Υ 10, 8 (226v[27]27–28); V^{W} cap. Υ 10, 6; V^{O} cap. Υ 10, 5; V^{Ph} cap. Υ 10, 5; *deest in* H^{I}; PG 96, 381, 5–7 **6 – 10 I suppl. 442** V^{E} cap. Υ 10, 10 (226v[29]30–31); V^{W} cap. Υ 10, 8; V^{Ph} cap. Υ 7, 10; *deest in* V^{O} H^{I}

I suppl. 442 Τοῦ] *om.* V^{W}

---

3 δυνατός – ὑπῆρχεν] *om.* $V^{E}V^{O}V^{Ph}$ **7** Μηδὲν ποτὲ] μὴ δέποτε V^{W}, Μηδέν ποτ' *ed.* **8** γάρ ἐστιν $V^{W}V^{Ph}$ **9** Καινοῦ] καὶ νοῦ V^{E}, κενοῦ V^{W} **10** Ἀνανίας σε] ἀνανίασε V^{E} Σάπφιρά τε] *scripsimus*, σαπφιράται $V^{E}V^{Ph\ a.c.}$, σαπφιρά τε $V^{Ph\ p.c.}$, σάμφιρά τε V^{W}, Σάπφειρά τε *ed.*

I suppl. 443 / V cap. Φ 2, 3

Δαυῒδ ἐν ψαλμῷ ζʹ·

Ὁ θεὸς κριτὴς δίκαιος καὶ ἰσχυρὸς καὶ μακρόθυμος, καὶ μὴ ὀργὴν…

I suppl. 444 / V cap. Φ 2, 4

Ψαλμοῦ θʹ·

Κατὰ τὸ πλῆθος τῆς ὀργῆς αὐτοῦ οὐκ ἐκζητήσει.

I suppl. 445 / V cap. Φ 2, 12

<Ψαλμοῦ> ριʹ·

Ἐλεήμων καὶ οἰκτίρμων ὁ κύριος· τροφὴν ἔδωκεν τοῖς…

---

2 – 4 I suppl. 443 inter I 1656 / C cap. Φ 1, 2 et I 1657 / C cap. Φ 1, 3 **6 – 7 I suppl. 444** inter I 1656 / C cap. Φ 1, 2 et I 1657 / C cap. Φ 1, 3 **9 – 11 I suppl. 445** inter I 1665 / C cap. Φ 1, 11 et I 1666 / C cap. Φ 1, 12

---

3 – 4 I suppl. 443 Ps. 7, 12^{1-2} **7 I suppl. 444** Ps. 9, 25^{2} **10 – 11 I suppl. 445** Ps. 110, 4^{2}–5^{1}

---

2 – 4 I suppl. 443 V^{E} cap. Φ 2, 3 (232r[30]30); V^{W} cap. Φ 2, 3; V^{O} cap. Φ 2, 3; V^{Ph} cap. Φ 2, 3; P cap. Φ 10, 3; M cap. Φ 10, 3; E cap. 257, 3; R cap. Φ 12, 3; *deest in* L^{b}; PG 96, 393, 3–4 **6 – 7 I suppl. 444** V^{E} cap. Φ 2, 4 (232r31); V^{O} cap. Φ 2, 4; V^{Ph} cap. Φ 2, 4; P cap. Φ 10, 4; M cap. Φ 10, 4; R cap. Φ 12, 4; *deest in* V^{W} L^{b}; PG 96, 393, 5–6 **9 – 11 I suppl. 445** V^{E} cap. Φ 2, 12 (232v1); V^{W} cap. Φ 2, 6; V^{O} cap. Φ 2, 12; V^{Ph} cap. Φ 2, 12; P cap. Φ 10, 12; *deest in* ML^{b} R; PG 96, 393, 17–18

I suppl. 443 (a) P (b) Ψαλμοῦ ζʹ M R (c) Δαυῒδ V E **I suppl. 444** (a) PM R (b) *s. a.* $V^{E}V^{O}V^{Ph}$ **I suppl. 445** (a) P Ψαλμοῦ] *supplevimus*, *om.* P (b) Τοῦ αὐτοῦ V^{W} (c) *s. a.* $V^{E}V^{O}V^{Ph}$

---

4 καὶ – ὀργὴν] καὶ τὰ λοιπά P, *om.* V E R **7** ἐκζητήση V^{E}, εκζη^{τ} $V^{O}V^{Ph}$, εκζητησω M **11** τροφὴν – τοῖς] *om.* V^{W} P

I suppl. 446 / V cap. Φ 2, 18

Τοῦ αὐτοῦ·

Ἐξεπέτασα τὰς χεῖρας μου ὅλην τὴν ἡμέραν πρὸς λαὸν ἀπειθοῦντα καὶ ἀντιλέγοντα, τοῖς πορευομένοις ὁδῷ οὐ καλῇ, ἀλλ' ὀπίσω τῶν ἁμαρτιῶν αὐτῶν.

I suppl. 447 / V cap. Φ 2, 25

Λουκᾶ·

Τότε ἀπῆλθον ἐπὶ τὸν τόπον τὸν καλούμενον Κρανίον, καὶ ἐκεῖ ἐσταύρωσαν τὸν Ἰησοῦν καὶ τοὺς κακούργους, τὸν μὲν ἐκ δεξιῶν, τὸν δὲ ἐξ ἀριστερῶν. Ὁ δὲ Ἰησοῦς ἔλεγεν· Πάτερ, ἄφες αὐτοῖς· οὐ γὰρ οἴδασι τί ποιοῦσιν.

---

2 – 5 I suppl. 446 inter I 1678 / C cap. Φ 1, 24 et I 1679 / C cap. Φ 1, 25 **7 – 11 I suppl. 447** inter I 1689 / C cap. Φ 1, 35 et I 1690 / C cap. Φ 1, 36

---

3 – 5 I suppl. 446 Is. 65, 2 (Wahl, *Prophetenzitate*, p. 469) **8 – 11 I suppl. 447** Luc. 23, 33 –34

---

2 – 5 I suppl. 446 V^{E} cap. Φ 2, 18 (232v9 –11); V^{W} cap. Φ 2, 12; V^{O} cap. Φ 2, 18; V^{Ph} cap. Φ 2, 18; P cap. Φ 10, 18; M cap. Φ 10, 18; *deest in* L^{b} R; PG 96, 393, 33 –35 **7 – 11 I suppl. 447** V^{E} cap. Φ 2, 25 (232v[22]22–25); V^{W} cap. Φ 2, 19; V^{O} cap. Φ 2, 25; V^{Ph} cap. Φ 2, 25; *deest in* PML^{b} R; PG 96, 396, 1–5

I suppl. 446 (a) V^{W} M (b) *s. a.* $V^{E}V^{O}V^{Ph}$ P **I suppl. 447** (a) $V^{E}V^{O}V^{Ph}$ λουκα *codd.* (b) Τοῦ αὐτοῦ V^{W}

---

3 ἐξέπεσα V^{O} τὰς] *om.* P ὅλην – ἡμέραν] *om.* $V^{E}V^{O}V^{Ph}$ **8** καὶ ἐκεῖ] κακεῖ *(κα- e corr.)* V^{W}

I suppl. 448 / V cap. Φ 2, 28

Βασιλείου, πρὸς πλουτοῦντας·

Καίτοιγε ὁ ἀγαθὸς ἀγαθῶν παρεκτικός ἐστι δηλονότι.

I suppl. 449 / V cap. Φ 2, 31

Τοῦ Νύσης·

Ὁ τῇ φύσει ἀγαθὸς καὶ ἀγαθῶν πάντως παρεκτικὸς γίνεται.

I suppl. 450 / V cap. Φ 2, 36

Τοῦ αὐτοῦ·

Τὴν ἄφατον τοῦ θεοῦ φιλανθρωπίαν ἐκ τῆς τῶν ἡμετέρων ἁμαρτιῶν μνήμης καταμανθάνομεν.

---

2 – 3 I suppl. 448 inter I 1693 / C cap. Φ 1, 39 et I 1694 / C cap. Φ 1, 40 **5 – 6 I suppl. 449** inter I 1699 / C cap. Φ 1, 45 et I 1700 / C cap. Φ 1, 46 **6** exstat etiam ap. Ps.-Max. Conf., *Loci communes*, 50.12./57.12. (ed. Ihm, p. 824) **8 – 10 I suppl. 450** inter I 1703 / C cap. Φ 1, 49 et I 1704 / C cap. Φ 1, 50

---

3 I suppl. 448 Basilius Caesariensis, *Homilia in divites*, I (ed. Courtonne, p. 39, 23) **6 I suppl. 449** Gregorius Nyssenus, *In Ecclesiasten*, II (ed. Alexander, p. 301, 11–12) **9 – 10 I suppl. 450** Iohannes Chrysostomus, locus non repertus

---

2 – 3 I suppl. 448 V^{E} cap. Φ 2, 28 (232v[26]27); V^{W} cap. Φ 2, 22; V^{O} cap. Φ 2, 28; V^{Ph} cap. Φ 2, 28; P cap. Φ 10, 27; M cap. Φ 10, 25; E cap. 257, 13; R cap. Φ 12, 29; *deest in* L^{b}; PG 96, 396, 10–11 **5 – 6 I suppl. 449** V^{E} cap. Φ 2, 31 (232v[30]30–31); V^{W} cap. Φ 2, 25; V^{O} cap. Φ 2, 31; V^{Ph} cap. Φ 2, 31; P cap. Φ 10, 30; M cap. Φ 10, 28; E cap. 257, 16; R cap. Φ 12, 34; *deest in* L^{b}; PG 96, 396, 16–17 **8 – 10 I suppl. 450** V^{E} cap. Φ 2, 36 (233r[12]13–14); V^{W} cap. Φ 2, 30; V^{O} cap. Φ 2, 36; V^{Ph} cap. Φ 2, 36; P cap. Φ 10, 35; M cap. Φ 10, 33; R cap. Φ 12, 39; *deest in* L^{b}; PG 96, 396, 43–44

I suppl. 448 (a) PM βασιλειου M (b) Τοῦ ἁγίου Βασιλείου R (c) Βασιλείου V E **I suppl. 449** (a) V PM E Τοῦ] *om.* V^{W} E νυσης M, νυ $V^{E}V^{O}V^{Ph}$ (b) Τοῦ ἁγίου Γρηγορίου Νύσσης R **I suppl. 450** (a) $V^{E}V^{W}$ P R Τοῦ αὐτοῦ (b) *s. a.* $V^{O}V^{Ph}$ M

---

3 ἀγαθῶν] *praem.* καὶ E παρεκτϊκόν ἐστιν V^{O} **6** πάντως] *post* παρεκτικὸς *transpos.* M παρεκτικῶς $V^{W\ a.\ c.\ ut\ videtur}$ V^{O} **9** τοῦ] *praem.* αὐτοῦ V^{E} ὑμετέρων V^{Ph}

I suppl. 451 / V cap. Φ 2, 37

Τοῦ ἁγίου Διονυσίου, ἐκ τοῦ περὶ θείων ὀνομάτων·

Τὸ κατὰ πάντα τρόπον τοῦ ἀγαθοῦ ἐστερημένον οὐδαμῇ οὐδαμῶς οὔτε ἦν, οὔτε ἔστιν, οὔτε ἔσται, οὔτε εἶναι δύναται.

I suppl. 452 / V cap. Φ 2, 38

Κλήμεντος Ῥώμης·

Ἀγαθὴ ἡ τοῦ θεοῦ δικαιοσύνη, καὶ δικαία ἐστὶν ἡ ἀγαθότης αὐτοῦ.

---

2 – 4 I suppl. 451 inter I 1693 / C cap. Φ 1, 39 et I 1694 / C cap. Φ 1, 40 **3 – 4** exstat etiam ap. Ps.-Max. Conf., *Loci communes*, 50.14./57.14. (ed. Ihm, p. 825) **6 – 8 I suppl. 452** inter I 1703 / C cap. Φ 1, 49 et I 1704 / C cap. Φ 1, 50

---

3 – 4 I suppl. 451 Ps.-Dionysius Areopagita, *De divinis nominibus*, IV. 20 (ed. Suchla, p. 166, 16 – 167, 2) **7 – 8 I suppl. 452** Clemens Romanus re vera Clemens Alexandrinus, *Stromata*, VI. Cap. XIV. 109, 5 (ed. Stählin/Früchtel/Treu, p. 486, 29–30); Holl, n° 256 (cf. etiam n° 38)

---

2 – 4 I suppl. 451 V^{E} cap. Φ 2, 37 (233r[14]14–16); V^{W} cap. Φ 2, 31; V^{O} cap. Φ 2, 37; V^{Ph} cap. Φ 2, 37; P cap. Φ 10, 36; M cap. Φ 10, 34; *deest in* L^{b} R; PG 96, 396, 45–47 **6 – 8 I suppl. 452** V^{E} cap. Φ 2, 38 (233r[16]16–17); V^{W} cap. Φ 2, 32; V^{O} cap. Φ 2, 38; V^{Ph} cap. Φ 2, 38; P cap. Φ 10, 37; M cap. Φ 10, 35; R cap. Φ 12, 40; *deest in* L^{b}; PG 96, 396, 48–49

I suppl. 451 (a) PM Τοῦ ἁγίου] *om.* P διονυσιου M (b) Διονυσίου τοῦ Ἀρεοπαγίτου V τοῦ Ἀρεοπαγίτου] *om.* $V^{W}V^{O}$ **I suppl. 452** (a) PM R κλημεντος M Ῥώμης] ῥώμης P, ἐπισκοπου ρωμης M (b) Κλήμεντος V

---

3 ἐστερημμενον M, ἀπεστερημένον (-ων $V^{E}V^{O}$) $V^{E}V^{O}V^{Ph}$ **4** οὔτε ἔστιν] οὔτε ἐστῖν V^{Ph}, ουτε ἐστιν M, *om.* P **7 – 8** αὐτοῦ] τοῦ θεοῦ P

I suppl. 453 / V cap. Φ 2, 41

Διδύμου·

Φύσει μὲν καὶ κατ' οὐσίαν ὁ θεὸς οἰκτιρμοὺς ἔχει, ὀργὴν δὲ οὐ κατὰ φύσιν, ἀλλὰ δι' ἄλλους.

I suppl. 454 / V cap. Φ 2, 42

<***>

Πάντων τῶν περὶ θεὸν προηγεῖται ἡ οὐσιώδης ἀγαθότης αὐτοῦ.

*II^{2}994 / T cap. Δ 20, 5

I suppl. 455 / T cap. Δ 20, 5

Τοῦ Ἀποστόλου, ἐκ τῆς πρὸς Ἑβραίους ἐπιστολῆς·

Οὐδεὶς ἀφ' ἑαυτοῦ λαμβάνει τὴν τιμήν, ἀλλὰ καλούμενος ὑπὸ τοῦ θεοῦ.

---

2 – 4 I suppl. 453 inter I 1705 / C cap. Φ 1, 51 et I 1706 / C cap. Φ 1, 52 **6 – 7 I suppl. 454** inter I 1705 / C cap. Φ 1, 51 et I 1706 / C cap. Φ 1, 52 **9 – 11 I suppl. 455** inter I 1718 / C cap. X 1, 9 et I 1719 / C cap. X 1, 10

---

3 – 4 I suppl. 453 Didymus Alexandrinus, locus non repertus **7 I suppl. 454** locus non repertus (forsan Didymo Alexandrino attribuendus [cf. lemma I suppl. 453 / V cap. Φ 2, 41]) **10 – 11 I suppl. 455** Hebr. 5, 4

---

2 – 4 I suppl. 453 V^{E} cap. Φ 2, 41 (233r[20]20–21); V^{W} cap. Φ 2, 35; V^{O} cap. Φ 2, 41; V^{Ph} cap. Φ 2, 41; P cap. Φ 10, 40; M cap. Φ 10, 38; E cap. 257, 19; R cap. Φ 12, 43; *deest in* L^{b}; PG 96, 397, 5–6 **6 – 7 I suppl. 454** V^{E} cap. Φ 2, 42 (233r22); V^{W} cap. Φ 2, 36; V^{O} cap. Φ 2, 42; V^{Ph} cap. Φ 2, 42; P cap. Φ 10, 41; M cap. Φ 10, 39; R cap. Φ 12, 44; *deest in* L^{b}; PG 96, 397, 6–8 **9 – 11 I suppl. 455** T cap. Δ 20, 5 (127rB[20]21–23); H^{III} cap. Δ 16, 5; R cap. Δ 19, 5

I suppl. 453 διδυμου M **I suppl. 454** (a) *s. a.* V (b) *s. d.* PM R **I suppl. 455** Τοῦ – τῆς] *om.* H^{III} Τοῦ Ἀποστόλου] *om.* R ἑβραίους T ἐπιστολῆς] *om.* T H^{III}

---

3 καὶ] *om.* V^{O} R **7** τῶν] *om.* V^{W} θεὸν] θεοῦ V^{W} PM R οὐσιώδης ἀγαθότης] ἀγαθότης ἡ οὐσιώδης R οὐσιώδης] οὐσιώδεις $V^{E}V^{O}V^{Ph}$, οὐσιόδης P

Tabulae

I: Kapitel des *FlorCoislin*, die auch im *FlorVat* enthalten sind

Στοιχεῖον Α

FlorCoislin	*FlorVat*
α′ Περὶ τῆς ἁγίας καὶ ἀκτίστου καὶ συναϊδίου καὶ ὁμοουσίου τριάδος.	α′
γ′ Περὶ τοῦ ἄφυκτον εἶναι τὸν θεὸν καὶ ἀπερίγραπτον, καὶ ὅτι *πάντα* περιδέδρακται καὶ *ἐφορᾷ*, καὶ οὐδὲν αὐτὸν λέληθεν.	β′
δ′ Περὶ τοῦ ἀκατάληπτον εἶναι τὸν θεὸν καὶ τὰ ἔργα αὐτοῦ, καὶ ὅτι οὐ δεῖ ἡμᾶς τὰ κρυπτὰ καὶ ἐπέκεινα τῶν διατεταγμένων ἡμῖν ζητεῖν ἢ περιεργάζεσθαι· ἀνέφικτος γὰρ ἡμῖν καὶ ἀκατάληπτος, ἀνθρώποις οὖσιν, ἡ τούτων εὕρεσις καὶ ἀλυσιτελής.	γ′
ε′ Περὶ ἀναμαρτησίας, καὶ ὅτι οὐδεὶς ἀναμάρτητος, εἰ μὴ εἷς ὁ θεός.	ιγ′
ϛ′ Περὶ ἀντιλογίας πρὸς θεόν, καὶ ὅτι οὐ δεῖ ἀντιλέγειν ἢ δικαιολογεῖσθαι πρὸς θεόν, ἢ πολλὰ ῥήματα περὶ αὐτοῦ λέγειν.	ε′
ζ′ Περὶ ἀποφάσεως παρὰ θεοῦ γινομένης, καὶ ὅτι οὐ δεῖ παρὰ τὰς ἐντολὰς τοῦ θεοῦ φιλανθρωπεύεσθαι.	λη′
θ′ Περὶ ἀγγέλων, ὅτι ἀγγέλους φύλακας ἡμῖν ἐπέστησεν ὁ θεός.	ζ′
ι′ Περὶ τῆς φοβερᾶς ἀναστάσεως.	vgl. ιε′
ια′ Περὶ ἀνακαινισμοῦ τῶν ὁρωμένων, λέγω δὴ οὐρανοῦ καὶ γῆς.	vgl. ιε′
ιβ′ Περὶ ἀμοιβῆς καὶ ἀνταποδόσεως ἐν ἡμέρᾳ κρίσεως, καὶ ὅτι αἰώνια καὶ ἀτελεύτητα τὰ ἑκατέροις ἀποκείμενα, εἴτε ἀγαθά, εἴτε δεινὰ κολαστήρια.	vgl. ιε′
ιδ′ Περὶ αἱρετικῶν καὶ τῶν περὶ τὴν πίστιν λογομαχούντων καὶ ἀμφισβητούντων, καὶ ὅτι οὐ χρὴ τὰς συλλαβὰς καὶ τὰ ὀνόματα περισκοπεῖν, ἀλλὰ τὸν νοῦν καὶ τὴν διάνοιαν τῶν δογμάτων, καὶ μὴ ταράττειν τῆς ἐκκλησίας τὰ θεοπαράδοτα δόγματα.	Λ α′

Στοιχεῖον Β

FlorCoislin	*FlorVat*
α′ Περὶ βουλῆς θεοῦ, καὶ ὅτι ἀνέφικτος τοῖς ἀνθρώποις ὑπάρχει καὶ ἄτρεπτος, καὶ ἀπαράβατος διαμένει.	β′
β′ Περὶ βοηθείας θεοῦ, καὶ ὅτι τοῦ θεοῦ εὐδοκοῦντος, πᾶσα ἐπιβουλὴ καὶ ἐπανάστασις ἐχθρῶν ἀσθενεῖ, καὶ ὀλίγοι πολλῶν κρατοῦσιν.	γ′
γ′ Περὶ βαπτίσματος καὶ τῆς τοῦ θείου λουτροῦ προφητείας.	δ′
δ′ Περὶ βασιλείας οὐρανῶν.	α′

Στοιχεῖον Δ

FlorCoislin	*FlorVat*
α′ Περὶ δυνάμεως θεοῦ.	α′
β′ Περὶ δημιουργίας τοῦ κόσμου, καὶ ὅτι πάντα ὑπὸ θεοῦ γεγένηται καὶ οὐδὲν ὑπ᾽ αὐτοῦ εἰκῆ ἢ περιττὸν γέγονεν.	β′
γ′ Περὶ δοξολογίας θεοῦ, καὶ ὅτι χρὴ δοξάζειν καὶ ἁγιάζειν τὸν θεόν – ὁ γὰρ μὴ τοῦτο δρῶν εὐθύνας εἰσπράττεται–, καὶ ὅτι *τοὺς δοξάζοντας αὐτὸν δοξάζει* ὁ θεός.	γ′
δ′ Περὶ διαφορᾶς θεοῦ καὶ ἀνθρώπων, καὶ ὅτι πολὺ τὸ μέσον θεοῦ καὶ ἀνθρώπων, καὶ τοῦ ἁμαρτάνειν εἰς θεὸν καὶ τοῦ ἁμαρτάνειν εἰς ἀνθρώπους.	λ′
ε′ Περὶ δυσπιστίας εἰς θεόν, καὶ ὅτι οὐ χρὴ δυσπιστεῖν ἔν τινι τῷ θεῷ· πάντα γὰρ δυνατὰ αὐτῷ.	κς′

Στοιχεῖον Ε

FlorCoislin	*FlorVat*
α′ Περὶ εὐχῆς, καὶ ὅσα δι᾽ εὐχῆς κατορθοῦται ἡμῖν.	ζ′
γ′ Περὶ ἐκκλησίας καὶ οἴκου θεοῦ καὶ θυσιαστηρίου.	ϛ′
δ′ Περὶ ἐκδικήσεως ὑπὸ θεοῦ τοῖς ἀδικουμένοις γινομένης, καὶ ὅτι χρὴ θεῷ ἐπιτρέπειν τὰ τῆς ἐκδικήσεως.	κθ′

Στοιχεῖον Ζ

FlorCoislin	*FlorVat*
α′ Περὶ τοῦ ζητεῖν τὸν θεὸν καὶ αὐτῷ ἕπεσθαι καὶ ἀκολουθεῖν, καὶ πάντα ἐπὶ τῷ ὀνόματι αὐτοῦ διαπράττεσθαι.	α′

Στοιχεῖον Θ

FlorCoislin	*FlorVat*
α′ Περὶ θείων λογίων, ὅτι χρὴ σπουδαίους ἡμᾶς εἶναι εἰς τὴν τούτων ἀκρόασιν.	γ′
β′ Περὶ τῶν θείων καὶ κατὰ Χριστὸν μυστηρίων, ὧν σκιὰν φέρων, προετύπου ὁ νόμος, λέγων οὕτως·	δ′

Στοιχεῖον Ι

FlorCoislin	*FlorVat*
α′ Περὶ ἱερατικῶν καὶ τῶν τῷ θεῷ ἀνακειμένων, ὅτι οὐκ ἐφίεται ἰδιωτεύοντι ἅπτεσθαι ἱερατικοῦ σκεύους.	β′
β′ Περὶ ἰσότητος, ὅτι ἴση τάξις παρὰ θεῷ πλουσίου καὶ πένητος.	ζ′

Στοιχεῖον Κ

FlorCoislin	*FlorVat*
α′ Περὶ κρίματος καὶ δικαιοσύνης θεοῦ, καὶ ὅτι τὰ πρὸς ἀξίαν ἑκάστῳ ἀπονέμει ὁ θεός, καὶ *προσωποληψία οὐκ ἔστιν παρ' αὐτῷ*.	ια′
β′ Περὶ κριμάτων θεοῦ ἀνεκφράστων καὶ ἀνεκδιηγήτων, καὶ ὅτι οὐ χρὴ δυσφορεῖν ἢ ἰλιγγιᾶν ἐφ' οἷς δίκαιοι πολλάκις δυσπραγοῦσιν, ἄδικοι δὲ ἔσθ' ὅτε κατὰ τὸν βίον εὐπραγοῦσιν· ἄρρητος γὰρ ἡ τῶν τοιῶνδε αἰτία, καὶ μόνῳ θεῷ ἐγνωσμένη.	α′

Στοιχεῖον Λ

FlorCoislin	*FlorVat*
α′ Περὶ λαοῦ τῶν Χριστιανῶν, ὅτι εὐπειθὴς καὶ πιστὸς τὰ πρὸς τὸν θεόν.	Χ δ′

Στοιχεῖον Μ

FlorCoislin	*FlorVat*
α′ Περὶ μισοπονηρίας θεοῦ.	β′

Στοιχεῖον Π

FlorCoislin	*FlorVat*
α′ Περὶ τῶν προσκαίρων καὶ τῶν αἰωνίων ἀγαθῶν.	γ′
β′ Περὶ προνοίας θεοῦ, καὶ ὅτι κήδεται τῆς σωτηρίας ἡμῶν ὁ θεός.	δ′
γ′ Περὶ προγνώσεως θεοῦ, καὶ ὅτι *τὰ κρύφια καὶ ἄδηλα* τῶν πραγμάτων θεῷ χρὴ καταλιμπάνειν· πάντα γὰρ αὐτῷ μόνῳ γνωστά.	ζ′
δ′ Περὶ πνευματικῆς προκοπῆς.	β′

Στοιχεῖον Σ

FlorCoislin	*FlorVat*
α′ Περὶ σπουδῆς, ὅτι ἀνόνητος πᾶσα σπουδή, μὴ βουλομένου θεοῦ, καὶ ὅτι ὑπὸ θεοῦ κατευθύνονται αἱ ὁδοὶ τῶν ἀνθρώπων, αἵ τε πρὸς τὸ ἀγαθόν, αἵ τε πρὸς ἄμυναν τῶν ἀτακτούντων πολεμίων.	η′
β′ Περὶ τοῦ ἁγίου σταυροῦ προφητεῖαι.	κδ′

Στοιχεῖον Υ

FlorCoislin	*FlorVat*
α′ Περὶ ὑποσχέσεων καὶ συντάξεων καὶ ἀπαρχῶν ἀφιερωμένων θεῷ, καὶ ὅτι χρὴ πληροῦν αὐτά.	ι′

Στοιχεῖον Φ

FlorCoislin	*FlorVat*
α′ Περὶ φιλανθρωπίας καὶ ἀγαθότητος καὶ μακροθυμίας καὶ πραότητος θεοῦ, καὶ ὅτι κρεῖσσον *ἐμπεσεῖν εἰς χεῖρας* θεοῦ καὶ *μὴ εἰς χεῖρας ἀνθρώπων*.	β′

Στοιχεῖον X

FlorCoislin	*FlorVat*
β′ Ὅτι χρὴ θεὸν φοβεῖσθαι μᾶλλον ἢ τοὺς ἀνθρώπους, καὶ αὐτῷ ἐν πᾶσι πειθαρχεῖν.	ε′

II: Kapitel des *FlorCoislin*, die auch im *FlorHierosol* (Buch II) enthalten sind[39]

Στοιχεῖον A

FlorCoislin	H^II	H^I	H^III
α′ Περὶ τῆς ἁγίας καὶ ἀκτίστου καὶ συναϊδίου καὶ ὁμοουσίου τριάδος.	α′	α′	–
β′ Ὅτι ἄτρεπτον καὶ ἀναλλοίωτον καὶ ἀεὶ ὡσαύτως τὸ θεῖον.	–	νζ′ (S.)	–
γ′ Περὶ τοῦ ἄφυκτον εἶναι τὸν θεὸν καὶ ἀπερίγραπτον, καὶ ὅτι *πάντα* περιδέδρακται καὶ *ἐφορᾷ*, καὶ οὐδὲν αὐτὸν λέληθεν.	β′	–	–
δ′ Περὶ τοῦ ἀκατάληπτον εἶναι τὸν θεὸν καὶ τὰ ἔργα αὐτοῦ, καὶ ὅτι οὐ δεῖ ἡμᾶς τὰ κρυπτὰ καὶ ἐπέκεινα τῶν διατεταγμένων ἡμῖν ζητεῖν ἢ περιεργάζεσθαι· ἀνέφικτος γὰρ ἡμῖν καὶ ἀκατάληπτος, ἀνθρώποις οὖσιν, ἡ τούτων εὕρεσις καὶ ἀλυσιτελής.	γ′	β′	–
ε′ Περὶ ἀναμαρτησίας, καὶ ὅτι οὐδεὶς ἀναμάρτητος, εἰ μὴ εἷς ὁ θεός.	δ′	–	–
ς′ Περὶ ἀντιλογίας πρὸς θεόν, καὶ ὅτι οὐ δεῖ ἀντιλέγειν ἢ δικαιολογεῖσθαι πρὸς θεόν, ἢ πολλὰ ῥήματα περὶ αὐτοῦ λέγειν.	ε′	δ′	–
ζ′ Περὶ ἀποφάσεως παρὰ θεοῦ γινομένης, καὶ ὅτι οὐ δεῖ παρὰ τὰς ἐντολὰς τοῦ θεοῦ φιλανθρωπεύεσθαι.	–	λς′	–

[39] Diese Übersicht soll in erster Linie diejenigen Kapitel des *FlorCoislin* aufführen, die in das Buch II und ausnahmsweise auch in das Buch I des *FlorHierosol* eingegangen sind; damit der Leser sich über die zahlreichen Wiederholungen im Kapitelbestand des *FlorHierosol* klarwerden kann, haben wir auch die korrespondierenden Kapitel angeführt, die sich im Buch III dieses Florilegs finden. Die von einem (S.) gefolgten Nummern markieren diejenigen Kapitel, die zum urspünglichen Bestand des Buches I des *FlorHierosol* hinzugefügt wurden.

η′ Περὶ ἁγίων ἀγγέλων, καὶ ὅτι ἐν ἀοιδίμῳ εὐφροσύνῃ καὶ ἀρρήτῳ μακαριότητι διάγουσιν λειτουργοῦντες τῇ σεβασμίῳ τριάδι.	ϛ′	–	–
θ′ Περὶ ἀγγέλων, ὅτι ἀγγέλους φύλακας ἡμῖν ἐπέστησεν ὁ θεός.	ζ′	ϛ′	–
ι′ Περὶ τῆς φοβερᾶς ἀναστάσεως.	η′	ιγ′	–
ια′ Περὶ ἀνακαινισμοῦ τῶν ὁρωμένων, λέγω δὴ οὐρανοῦ καὶ γῆς.	θ′	νη′ (S.)	–
ιβ′ Περὶ ἀμοιβῆς καὶ ἀνταποδόσεως ἐν ἡμέρᾳ κρίσεως, καὶ ὅτι αἰώνια καὶ ἀτελεύτητα τὰ ἑκατέροις ἀποκείμενα, εἴτε ἀγαθά, εἴτε δεινὰ κολαστήρια.	ι′	νθ′ (S.)	–
ιγ′ Περὶ τῶν ἁμαρτανόντων καὶ νομιζόντων λανθάνειν τὸν θεόν.	–	ξ′ (S.)	–
ιδ′ Περὶ αἱρετικῶν καὶ τῶν περὶ τὴν πίστιν λογομαχούντων καὶ ἀμφισβητούντων, καὶ ὅτι οὐ χρὴ τὰς συλλαβὰς καὶ τὰ ὀνόματα περισκοπεῖν, ἀλλὰ τὸν νοῦν καὶ τὴν διάνοιαν τῶν δογμάτων, καὶ μὴ ταράττειν τῆς ἐκκλησίας τὰ θεοπαράδοτα δόγματα.	ια′	–	–

Στοιχεῖον Β

FlorCoislin	H^{II}	H^{I}	H^{III}
α′ Περὶ βουλῆς θεοῦ, καὶ ὅτι ἀνέφικτος τοῖς ἀνθρώποις ὑπάρχει καὶ ἄτρεπτος, καὶ ἀπαράβατος διαμένει.	α′	β′	–
β′ Περὶ βοηθείας θεοῦ, καὶ ὅτι τοῦ θεοῦ εὐδοκοῦντος, πᾶσα ἐπιβουλὴ καὶ ἐπανάστασις ἐχθρῶν ἀσθενεῖ, καὶ ὀλίγοι πολλῶν κρατοῦσιν.	β′	γ′	–
γ′ Περὶ βαπτίσματος καὶ τῆς τοῦ θείου λουτροῦ προφητείας.	γ′	δ′	–
δ′ Περὶ βασιλείας οὐρανῶν.	–	α′	β′

Στοιχεῖον Γ

FlorCoislin	H^{II}	H^{I}	H^{III}
α′ Περὶ τῶν παρὰ γνώμην θεοῦ γινομένων, καὶ ὅτι τέλος οὐκ ἴσχει καλόν.	–	ιη′ (S.)	–

Στοιχεῖον Δ

FlorCoislin	H^{II}	H^{I}	H^{III}
α′ Περὶ δυνάμεως θεοῦ.	α′	α′	κγ′
β′ Περὶ δημιουργίας τοῦ κόσμου, ὅτι πάντα ὑπὸ θεοῦ γεγένηται καὶ οὐδὲν ὑπ᾽ αὐτοῦ εἰκῆ ἢ περιττὸν γέγονεν.	β′	β′	–
γ′ Περὶ δοξολογίας θεοῦ, καὶ ὅτι χρὴ δοξάζειν καὶ ἁγιάζειν τὸν θεόν – ὁ γὰρ μὴ τοῦτο δρῶν εὐθύνας εἰσπράττεται–, καὶ ὅτι *τοὺς δοξάζοντας αὐτὸν δοξάζει* ὁ θεός.	γ′	γ′	–
δ′ Περὶ διαφορᾶς θεοῦ καὶ ἀνθρώπων, καὶ ὅτι πολὺ τὸ μέσον θεοῦ καὶ ἀνθρώπων, καὶ τοῦ ἁμαρτάνειν εἰς θεὸν καὶ τοῦ ἁμαρτάνειν εἰς ἀνθρώπους.	δ′	λ′	–
ε′ Περὶ δυσπιστίας εἰς θεόν, καὶ ὅτι οὐ χρὴ δυσπιστεῖν ἔν τινι τῷ θεῷ· πάντα γὰρ δυνατὰ αὐτῷ.	ε′	κς′	–
ς′ Περὶ διδασκαλίας πνευματικῆς, καὶ ὅτι λιμῷ ἔοικεν ἡ ταύτης ἀφορία.	ς′	λς′ (S.)	–

Στοιχεῖον Ε

FlorCoislin	H^{II}	H^{I}	H^{III}
α′ Περὶ εὐχῆς, καὶ ὅσα δι᾽ εὐχῆς κατορθοῦται ἡμῖν.	α′	ζ′	–
β′ Περὶ ἑορτῆς.	–	λ′ (S.)	–
γ′ Περὶ ἐκκλησίας καὶ οἴκου θεοῦ καὶ θυσιαστηρίου.	β′	ς′	–
δ′ Περὶ ἐκδικήσεως ὑπὸ θεοῦ τοῖς ἀδικουμένοις γινομένης, καὶ ὅτι χρὴ θεῷ ἐπιτρέπειν τὰ τῆς ἐκδικήσεως.	γ′	κζ′	–
ε′ Περὶ εὐλογίας ὑπὸ κυρίου καὶ τῶν προφητῶν καὶ τῶν ἀποστόλων γενομένης.	δ′	λα′ (S.)	–

Στοιχεῖον Z[40]

FlorCoislin	$A^{II\,pin}$	$A^{I\,pin}$	$A^{III\,pin}$
α′ Περὶ τοῦ ζητεῖν τὸν θεὸν καὶ αὐτῷ ἕπεσθαι καὶ ἀκολουθεῖν, καὶ πάντα ἐπὶ τῷ ὀνόματι αὐτοῦ διαπράττεσθαι.	α′	α′	–

Στοιχεῖον H

FlorCoislin	$A^{II\,pin}$	$A^{I\,pin}$	$A^{III\,pin}$
α′ Περὶ ἡμέρας ἐσχάτης καὶ τοῦ Ἀντιχρίστου.	<α′>	–	–
β′ Περὶ ἡλίου καὶ σελήνης καὶ ἄστρων.	<β′>	–	–

Στοιχεῖον Θ

FlorCoislin	$A^{II\,pin}$	$A^{I\,pin}$	$A^{III\,pin}$
α′ Περὶ θείων λογίων, ὅτι χρὴ σπουδαίους ἡμᾶς εἶναι εἰς τὴν τούτων ἀκρόασιν.	<α′>	<γ′>	–
β′ Περὶ τῶν θείων καὶ κατὰ Χριστὸν μυστηρίων, ὧν σκιὰν φέρων, προετύπου ὁ νόμος, λέγων οὕτως·	<β′>	<δ′>	–

Στοιχεῖον I

FlorCoislin	$A^{II\,pin}$	$A^{I\,pin}$	$A^{III\,pin}$
α′ Περὶ ἱερατικῶν καὶ τῶν τῷ θεῷ ἀνακειμένων, ὅτι οὐκ ἐφίεται ἰδιωτεύοντι ἅπτεσθαι ἱερατικοῦ σκεύους.	<α′>	<β′>	–
β′ Περὶ ἰσότητος, ὅτι ἴση τάξις παρὰ θεῷ πλουσίου καὶ πένητος.	<β′>	<ζ′>	–

Στοιχεῖον K

FlorCoislin	$A^{II\,pin}$	$A^{I\,pin}$	$A^{III\,pin}$
α′ Περὶ κρίματος καὶ δικαιοσύνης θεοῦ, καὶ ὅτι τὰ πρὸς ἀξίαν ἑκάστῳ ἀπονέμει ὁ θεός, καὶ *προσωποληψία οὐκ ἔστιν παρ᾽ αὐτῷ*.	<α′>	–	–

[40] Ab hier kennen wir nur noch die Kapitelüberschriften aus dem Pinax der Handschrift Athen, *Ἐθνικὴ Βιβλιοθήκη τῆς Ἑλλάδος*, Μετόχιον τοῦ Παναγίου Τάφου 274 (A).

β′ Περὶ κριμάτων θεοῦ ἀνεκφράστων καὶ ἀνεκδιηγήτων, καὶ ὅτι οὐ χρὴ δυσφορεῖν ἢ ἰλιγγιᾶν ἐφ᾽ οἷς δίκαιοι πολλάκις δυσπραγοῦσιν, ἄδικοι δὲ ἔσθ᾽ ὅτε κατὰ τὸν βίον εὐπραγοῦσιν· ἄρρητος γὰρ ἡ τῶν τοιῶνδε αἰτία, καὶ μόνῳ θεῷ ἐγνωσμένη.	<β′>	<α′>	ιη′ (S.)

Στοιχεῖον Λ

FlorCoislin	$\mathrm{A}^{\mathrm{II\ pin}}$	$\mathrm{A}^{\mathrm{I\ pin}}$	$\mathrm{A}^{\mathrm{III\ pin}}$
α′ Περὶ λαοῦ τῶν Χριστιανῶν, ὅτι εὐπειθὴς καὶ πιστὸς τὰ πρὸς τὸν θεόν.[41]	<α′>	–	–

Στοιχεῖον Μ

FlorCoislin	$\mathrm{A}^{\mathrm{II\ pin}}$	$\mathrm{A}^{\mathrm{I\ pin}}$	$\mathrm{A}^{\mathrm{III\ pin}}$
α′ Περὶ μισοπονηρίας θεοῦ.	–	<β′>	–

Στοιχεῖον Ο

FlorCoislin	$\mathrm{A}^{\mathrm{II\ pin}}$	$\mathrm{A}^{\mathrm{I\ pin}}$	$\mathrm{A}^{\mathrm{III\ pin}}$
α′ Περὶ ὀνόματος θεοῦ.	<α′>	–	–
β′ Ὅτι οὐκ αἴτιος τῶν κακῶν ὁ θεός, καὶ ὅτι οὔτε ὄν, οὔτε ἐνυπόστατον φύσει τὸ κακόν.	β′	–	–
γ′ Ὅτι *κύριος ταπεινοῖ καὶ ἀνυψοῖ.*	<γ′>	–	–

Στοιχεῖον Π

FlorCoislin	$\mathrm{A}^{\mathrm{II\ pin}}$	$\mathrm{A}^{\mathrm{I\ pin}}$	$\mathrm{A}^{\mathrm{III\ pin}}$
α′ Περὶ τῶν προσκαίρων καὶ τῶν αἰωνίων ἀγαθῶν.	<α′>	<γ′>	–
β′ Περὶ προνοίας θεοῦ, καὶ ὅτι κήδεται τῆς σωτηρίας ἡμῶν ὁ θεός.	<β′>	<δ′>	–

[41] Der Redaktor des *FlorVat* hat den Titlos und damit auch das Stichwort verändert (Περὶ Χριστιανισμοῦ καὶ τῆς ἐξ ἐθνῶν ἐκκλησίας) und das Kapitel in den Buchstaben X versetzt. Im Prinzip sollte man diesen Titel im Buch I des *FlorHierosol* unter diesem Buchstaben finden müssen, doch kann dies aufgrund der Lücke im Pinax von A nicht verifiziert werden (siehe die folgende Anmerkung).

γ' Περὶ προγνώσεως θεοῦ, καὶ ὅτι *τὰ κρύφια καὶ ἄδηλα* τῶν πραγμάτων θεῷ χρὴ καταλιμπάνειν· πάντα γὰρ αὐτῷ μόνῳ γνωστά.	<γ'>	<ζ'>	–
δ' Περὶ πνευματικῆς προκοπῆς.	<δ'>	β'	–

Στοιχεῖον Σ

FlorCoislin	$\mathrm{A}^{\mathrm{II\,pin}}$	$\mathrm{A}^{\mathrm{I\,pin}}$	$\mathrm{A}^{\mathrm{III\,pin}}$
α' Περὶ σπουδῆς, ὅτι ἀνόνητος πᾶσα σπουδή, μὴ βουλομένου θεοῦ, καὶ ὅτι ὑπὸ θεοῦ κατευθύνονται αἱ ὁδοὶ τῶν ἀνθρώπων, αἵ τε πρὸς τὸ ἀγαθόν, αἵ τε πρὸς ἄμυναν τῶν ἀτακτούντων πολεμίων.	<α'>	<η'>	–
β' Περὶ τοῦ ἁγίου σταυροῦ προφητεῖαι.	–	κδ'	–

Στοιχεῖον Υ[42]

FlorCoislin	$\mathrm{A}^{\mathrm{II\,pin}}$	$\mathrm{A}^{\mathrm{I\,pin}}$	$\mathrm{A}^{\mathrm{III\,pin}}$
α' Περὶ ὑποσχέσεων καὶ συντάξεων καὶ ἀπαρχῶν ἀφιερωμένων θεῷ, και ὅτι χρὴ πληροῦν αὐτά.	<α'>	<ι'>	lac.

Στοιχεῖον Φ

FlorCoislin	$\mathrm{A}^{\mathrm{II\,pin}}$	$\mathrm{A}^{\mathrm{I\,pin}}$	$\mathrm{A}^{\mathrm{III\,pin}}$
α' Περὶ φιλανθρωπίας καὶ ἀγαθότητος καὶ μακροθυμίας καὶ πραότητος θεοῦ, καὶ ὅτι κρεῖσσον *ἐμπεσεῖν εἰς χεῖρας* θεοῦ καὶ *μὴ εἰς χεῖρας ἀνθρώπων*.	lac.	lac.	lac.

Στοιχεῖον Χ

FlorCoislin	$\mathrm{A}^{\mathrm{II\,pin}}$	$\mathrm{A}^{\mathrm{I\,pin}}$	$\mathrm{A}^{\mathrm{III\,pin}}$
α' Περὶ χαρισμάτων καὶ δωρεῶν θεοῦ, καὶ ὅτι *παρ'* αὐτοῦ *πᾶσα σοφία* καὶ *πᾶσα δόσις ἀγαθή*.[43]	lac.	lac.	–

[42] Infolge eines Blätterausfalls im Pinax von A kennen wir den Inhalt der Bücher III–IV des Buchstabens Υ, der Bücher I–IV des Buchstabens Φ und der Bücher I–II des Buchstabens Χ nicht.

[43] Dieses Kapitel findet sich mit einem modifizierten Titlos in der zweiten Rezension des Buches II der *Sacra*; von dort ist es in das *FlorThess* (*II^{2}990–1000 / T cap. Δ 20, 1–11) eingegangen und in der Folge in das Buch III des *FlorHierosol* (cap. Δ 16).

β′ Ὅτι χρὴ θεὸν φοβεῖσθαι μᾶλλον ἢ τοὺς ἀνθρώπους, καὶ αὐτῷ ἐν πᾶσι πειθαρχεῖν.	lac.	lac.	–
γ′ Περὶ Χριστοῦ τοῦ θεοῦ ἡμῶν προφητεῖαι.	lac.	lac.	–

III: *Sacra* I-Kapitel des *FlorRup*, die auch im *FlorThess/FlorPML^b* und/oder im *FlorCoislin* enthalten sind[44]

Στοιχεῖον Α

FlorRup	*FlorThess/FlorPML^b*	*FlorCoislin*
μδ′ Περὶ ἁγίων καὶ μακαριζομένων ἐφ᾽ οἷς δρῶσιν καὶ ὑπὲρ ὧν τετυχήκασιν.	νε′ / λγ′	–
με′ Περὶ ἀφέσεως ἁμαρτιῶν, καὶ πῶς καὶ κατὰ πόσους τρόπους κεχάρισται ἡμῖν παρὰ θεοῦ, τοῦ μόνου δυναμένου ἀφιέναι ἁμαρτίας, ὁ ἱλασμὸς τῶν πλημμελημάτων.	νς′ / λδ′	–
μς′ Περὶ ἀναθέματος καὶ ἀφορισμοῦ, καὶ ποσαχῶς τὸ ἀνάθεμα λαμβάνεται.	νζ′ / λε′	–
μζ′ Περὶ τοῦ ἄφευκτον εἶναι τὸν θεὸν καὶ ἀπερίγραπτον, καὶ ὅτι πάντα περιδέδρακται καὶ ἐφορᾷ, καὶ οὐδὲν αὐτὸν λέληθεν.	νθ′ / λζ′	γ′
μη′ Περὶ τοῦ ἀκατάληπτον εἶναι τὸν θεὸν καὶ τὰ ἔργα αὐτοῦ, καὶ ὅτι οὐ δεῖ ἡμᾶς τὰ κρυπτὰ καὶ ἐπέκεινα τῶν διατεταγμένων ἡμῖν ζητεῖν ἢ περιεργάζεσθαι· ἀνέφικτος γὰρ καὶ ἀκατάληπτος ἡμῖν, ἀνθρώποις οὖσιν, ἡ τούτων εὕρεσις καὶ ἀλυσιτελής.	ξ′ / λη′	δ′
να′ Περὶ ἀντιλογίας πρὸς θεόν, καὶ ὅτι οὐ δεῖ ἀντιλέγειν ἢ δικαιολογεῖσθαι πρὸς αὐτόν, ἢ πολλὰ ῥήματα περὶ αὐτοῦ λέγειν.	ξβ′ / μ′	ς′
νβ′ Περὶ τοῦ ὅτι καὶ ἄγγελοι ἁμαρτήσαντες κολάζονται.	ξγ′ / μα′	–

[44] Der Grund, aus dem wir hier das *FlorThess* mit dem *FlorPML^b* verbinden, ist in SJD VIII/1 (Anm. 3) dargelegt.

νγ' Περὶ τοῦ ὅτι ἀγγέλους φύλακας ἡμῖν ἐπέστησεν ὁ θεός.	ξδ' / μβ'	θ'
νδ' Περὶ ἀποφάσεως παρὰ θεοῦ γινομένης, καὶ ὅτι οὐ δεῖ παρὰ τὰς ἐντολὰς τοῦ θεοῦ φιλανθρωπεύεσθαι.	πθ' / ξζ'	ζ'
νε' Περὶ ἀνακαινισμοῦ τῶν ὁρωμένων, λέγω δὴ οὐρανοῦ καὶ γῆς.	–	ια'
νζ' Περὶ ἀναμαρτησίας, καὶ ὅτι οὐδεὶς ἀναμάρτητος, εἰ μὴ εἷς ὁ θεός.	ξζ' / με'	ε'
νη' Περὶ τῶν ἁμαρτανόντων καὶ νομιζόντων λανθάνειν τὸν θεόν.	– / –	ιγ'
νθ' Περὶ ἀρᾶς ὑπὸ κυρίου καὶ προφητῶν καὶ ἀποστόλων γενομένης.	ξθ' / μζ'	–
ξθ'[2] Περὶ ἀπαρχῶν καὶ δεκάτων, ὅτι χρὴ ταύτας προσφέρειν τῷ θεῷ.	πδ' / ξβ'	–
οα' Περὶ ἀμοιβῆς καὶ ἀνταποδόσεως ἐν ἡμέρᾳ κρίσεως, καὶ ὅτι αἰώνια καὶ ἀτελεύτητα τὰ ἑκατέροις ἀποκείμενα, εἴτε ἀγαθά, εἴτε δεινὰ κολαστήρια.	– / –	ιβ'
ογ' Περὶ τῆς φοβερᾶς ἀναστάσεως.	cf. ξη' / μς'	ι'
οδ' Περὶ τῆς ἁγίας καὶ ἀκτίστου καὶ συναϊδίου καὶ ὁμοουσίου τριάδος.	νη' / λς'	α'
οε' Περὶ ἁγίων ἀγγέλων, καὶ ὅτι ἐν ἀοιδίμῳ εὐφροσύνῃ καὶ ἀρρήτῳ μακαριότητι διάγουσι λειτουργοῦντες τῇ σεβασμίῳ τριάδι.	– / –	η'
ος' Περὶ αἱρετικῶν καὶ τῶν περὶ τὴν πίστιν λογομαχούντων καὶ ἀμφισβητούντων, καὶ ὅτι οὐ χρὴ τὰς συλλαβὰς καὶ τὰ ὀνόματα περισκοπεῖν, ἀλλὰ τὸν νοῦν καὶ τὴν διάνοιαν τῶν δογμάτων, καὶ μὴ ταράττειν τὰ τῆς ἐκκλησίας θεοπαράδοτα λόγια.	– / –	ιδ'

Στοιχεῖον Β

FlorRup	*FlorThess/FlorPML*[b]	*FlorCoislin*
θ' Περὶ βουλῆς θεοῦ, ὅτι ἄτρεπτος καὶ ἀνέφικτος ἀνθρώποις, καὶ ἀπαράβατος διαμένει.	θ' / Β cap. $5^{M}/4^{P}$	α'

ι′ Περὶ βοηθείας θεοῦ, καὶ ὅτι τοῦ θεοῦ βοηθοῦντος, πᾶσα ἐπιβουλὴ καὶ ἐπανάστασις ἀσθενεῖ, καὶ ὀλίγοι πολλῶν κρατοῦσιν.	ι′ / B cap. 7ᴹ/5ᴾ	β′
ια′ Περὶ βαπτίσματος καὶ τῆς τοῦ θείου λουτροῦ προφητείας.	ια′ / B cap. 8ᴹ/6ᴾ	γ′
ις′ Περὶ βασιλείας οὐρανῶν.	δ′ / B cap. 15ᴹ/13ᴾ	δ′

Στοιχεῖον Δ

FlorRup	*FlorThess/FlorPML*ᵇ	*FlorCoislin*
κθ′ Περὶ δυνάμεως θεοῦ.	κζ′ / ιε′	α′
λ′ Περὶ δημιουργίας τοῦ κόσμου, καὶ ὅτι πάντα ὑπὸ θεοῦ γεγένηται, καὶ οὐδὲν ὑπ᾽ αὐτοῦ εἰκῇ ἢ περιττὸν γέγονεν.	κη′ / ις′	β′
λα′ Περὶ δοξολογίας θεοῦ, καὶ ὅτι χρὴ δοξάζειν τὸν θεόν – ὁ δὲ μὴ τοῦτο δρῶν εὐθύνας εἰσπράττεται –, καὶ ὅτι τοὺς δοξάζοντας αὐτὸν δοξάζει ὁ θεός.	κθ′ / ιζ′	γ′
λβ′ Περὶ διαφορᾶς θεοῦ καὶ ἀνθρώπων, καὶ ὅτι πολὺ τὸ μέσον θεοῦ καὶ ἀνθρώπων, καὶ τοῦ ἁμαρτάνειν εἰς θεὸν καὶ τοῦ ἁμαρτάνειν εἰς ἀνθρώπους.	μα′ / κθ′	δ′
λγ′ Περὶ δυσπιστίας εἰς θεόν, καὶ ὅτι οὐ χρὴ δυσπιστεῖν ἔν τινι τῷ θεῷ – πάντα γὰρ δυνατὰ αὐτῷ –, καὶ ὅτι ἐπ᾽ εὐλόγῳ αἰτίᾳ ὁ δυσπιστήσας θεῷ συγγινώσκεται.	μγ′ / λα′	ε′

Στοιχεῖον Ε

FlorRup	*FlorThess/FlorPML*ᵇ	*FlorCoislin*
μ′ Περὶ ἐκκλησίας θεοῦ καὶ θυσιαστηρίου, καὶ ὅτι οὐ δεῖ ἐν ἐκκλησίᾳ ἐσθίειν.[45]	ιζ′ / ις′	γ′
μα′ Περὶ ἑορτῆς.	– / –	β′

[45] Der Titlos ist nach dem Pinax zitiert, da infolge eines Blätterausfalls der Titlos und der Anfang dieses Kapitels im Text fehlen.

μβʹ Περὶ εὐλογίας ὑπὸ κυρίου καὶ τῶν προφητῶν καὶ τῶν ἀποστόλων γενομένης.	– / –	εʹ
μγʹ Περὶ εὐχῆς, καὶ ὅσα δι᾽ εὐχῆς κατορθοῦται ἡμῖν.	ιηʹ / ιζʹ	αʹ

Στοιχεῖον Ζ

FlorRup	*FlorThess/FlorPML*[b]	*FlorCoislin*
αʹ Περὶ τοῦ ἐπιζητεῖν τὸν θεὸν καὶ αὐτῷ ἕπεσθαι καὶ ἀκολουθεῖν καὶ πάντα ἐπὶ τῷ ὀνόματι αὐτοῦ διαπράττεσθαι.	αʹ / αʹ	αʹ

Στοιχεῖον Η

FlorRup	*FlorThess/FlorPML*[b]	*FlorCoislin*
δʹ Περὶ ἡμέρας ἐσχάτης καὶ τοῦ Ἀντιχρίστου.	– / –	αʹ

Στοιχεῖον Θ

FlorRup	*FlorThess/FlorPML*[b]	*FlorCoislin*
εʹ Περὶ θείας μυσταγωγίας.	lac. / βʹ	–
ςʹ Περὶ θυσιῶν, καὶ ὅτι τὰς κιβδήλους θυσίας ὁ θεὸς οὐ προσδέχεται.	lac. / γʹ	–
ζʹ Περὶ θείων λογίων, ὅτι χρὴ σπουδαίους εἶναι εἰς τὴν τούτων ἀκρόασιν.	lac. / δʹ	αʹ
ηʹ Περὶ θείων καὶ κατὰ Χριστὸν μυστηρίων.	lac. / εʹ	βʹ

Στοιχεῖον Ι

FlorRup	*FlorThess/FlorPML*[b]	*FlorCoislin*
δʹ Περὶ ἱερατικῶν καὶ τῶν τῷ θεῷ ἀνακειμένων, καὶ ὅτι οὐκ ἔξεστιν ἰδιωτεύοντα ἅπτεσθαι ἱερατικοῦ σκεύους.	lac. / εʹ	αʹ
εʹ Περὶ ἰσότητος, ὅτι ἴση παρὰ θεῷ τάξις πλουσίου καὶ πένητος.	lac. / ζʹ	βʹ

Στοιχεῖον Κ

FlorRup	*FlorThess/FlorPML^b^*	*FlorCoislin*
κγ′ Περὶ κριμάτων θεοῦ ἀνεκφράστων καὶ ἀνεκδιηγήτων, καὶ ὅτι οὐ χρὴ δυσφορεῖν ἢ ἰλιγγιᾶν ἐφ' οἷς δίκαιοι πολλάκις δυσπραγοῦσιν, ἄδικοι δὲ ἔσθ' ὅτε κατὰ τὸν βίον εὐπραγοῦσιν· ἄρρητος γὰρ ἡ τῶν τοιῶνδε αἰτία, καὶ μόνῳ θεῷ ἐγνωσμένη.	lac. / θ′	β′
κδ′ Περὶ κρίματος καὶ δικαιοσύνης θεοῦ, καὶ ὅτι τὰ πρὸς ἀξίαν ἑκάστῳ ἀπονέμει ὁ θεός, καὶ πρόσωπον οὐ λαμβάνει.	lac. / ι′	α′

Στοιχεῖον Μ

FlorRup	*FlorThess/FlorPML^b^*	*FlorCoislin*
ζ′ Περὶ μαντευομένων καὶ οἰωνιζομένων καὶ κληδονιζομένων [καὶ περὶ τῶν λεγομένων θεῶν, τουτέστι βδελυγμάτων,] ὅτι ἄθεσμα καὶ ἐκκήρυκτα καὶ ἀπηγορευμένα τῇ ἱερᾷ Γραφῇ τάδε πάντα καὶ ὅμοια.[46]	B ιβ′ / B cap. $9^{M}/7^{P}$	–
ια′ Περὶ μισοπονηρίας θεοῦ καὶ τῶν ἀπαρεσκόντων αὐτῷ.	lac. / ε′	α′

Στοιχεῖον Ο

FlorRup	*FlorThess/FlorPML^b^*	*FlorCoislin*
ιη′ Περὶ τοῦ ὅτι οὐκ ἔστιν αἴτιος τῶν κακῶν ὁ θεός, καὶ ὅτι οὔτε ὄν, οὔτε ἐνυπόστατον φύσει τὸ κακόν.	lac. / –	β′
ιθ′ Περὶ ὀνόματος θεοῦ.	lac. / –	α′

Στοιχεῖον Π

FlorRup	*FlorThess/FlorPML^b^*	*FlorCoislin*
λ′ Περὶ πνευματικῆς προκοπῆς.	lac. / κς′	δ′

[46] Zum diesem Titlos siehe SJD VIII/1 (CXXXII).

λα′ Περὶ τῶν προσκαίρων καὶ τῶν αἰωνίων ἀγαθῶν, καὶ ὅτι χρὴ τῶν παρόντων τὰ μέλλοντα προτιμᾶν.	lac. / κζ′	α′
λβ′ Περὶ προνοίας, ὅτι κήδεται καὶ προνοεῖται ἡμῶν ὁ θεός.	lac. / κη′	β′
λδ′ Περὶ προφητῶν ἀνδροφονησάντων καὶ εὐαρεστησάντων θεῷ.	lac. / λ′	–
λε′ Περὶ προφητῶν ἐπιτιμησάντων βασιλεῦσι μετὰ παρρησίας.	lac. / λβ′	–
λς′ Περὶ προγνώσεως θεοῦ, καὶ ὅτι *τὰ κρύφια καὶ ἄδηλα* τῶν πραγμάτων τῷ θεῷ χρὴ καταλιμπάνειν· πάντα γὰρ αὐτῷ μόνῳ γνωστά.	lac. / λα′	γ′
νβ′ Περὶ παιδείας θεοῦ κατὰ δοκιμὴν καὶ πεῖραν γινομένης.	lac. / ν′	–

Στοιχεῖον Σ

FlorRup	*FlorThess/FlorPML*[b]	*FlorCoislin*
κα′ Περὶ σπουδῆς, ὅτι ἀνόνητος πᾶσα σπουδή, μὴ βουλομένου θεοῦ, καὶ ὅτι ὑπὸ θεοῦ κατευθύνονται αἱ ὁδοὶ τῶν ἀνθρώπων, αἵ τε πρὸς τὸ ἀγαθόν, αἵ τε πρὸς ἄμυναν τῶν ἀτακτούντων πολεμίων.	lac. / κβ′	α′
κβ′ Περὶ τοῦ ἁγίου σταυροῦ προφητεῖαι.	lac. / –	β′

Στοιχεῖον Τ

FlorRup	*FlorThess/FlorPML*[b]	*FlorCoislin*
η′ Ὅτι *κύριος ταπεινοῖ καὶ ἀνυψοῖ.*	lac. / –	Ο γ′

Στοιχεῖον Υ

FlorRup	*FlorThess/FlorPML*[b]	*FlorCoislin*
ιθ′ Περὶ ὑποσχέσεων καὶ συντάξεων καὶ ἀπαρχῶν ἀφιερωμένων θεῷ, καὶ ὅτι χρὴ πληροῦν αὐτάς.[47]	lac. / –	α′

[47] Dieser Titlos fehlt im Pinax von R.

Στοιχεῖον Φ

FlorRup	*FlorThess/FlorPML[b]*	*FlorCoislin*
ιβʹ Περὶ φιλανθρωπίας καὶ ἀγαθότητος καὶ μακροθυμίας καὶ πραότητος θεοῦ, καὶ ὅτι κρεῖσσον ἐμπεσεῖν εἰς χεῖρας θεοῦ καὶ μὴ εἰς χεῖρας ἀνθρώπων.	lac. / ιʹ	αʹ

Στοιχεῖον Χ

FlorRup	*FlorThess/FlorPML[b]*	*FlorCoislin*
δʹ Περὶ χαρισμάτων καὶ δωρημάτων θεοῦ, καὶ ὅτι βίῳ σεμνῷ ἀντιδίδονται παρὰ τοῦ ἁγίου πνεύματος.	lac. / δʹ	–[48]
ϛʹ Περὶ Χριστιανισμοῦ καὶ τῆς ἐξ ἐθνῶν ἐκκλησίας.	lac. / ζʹ	Λ αʹ
ζʹ Ὅτι χρὴ θεὸν φοβεῖσθαι μᾶλλον ἢ τοὺς ἀνθρώπους, καὶ αὐτῷ ἐν πᾶσι πειθαρχεῖν.	lac. / ηʹ	βʹ

IV: Kapitel des *FlorVat*, die auch im *FlorCoislin* enthalten sind[49]

Στοιχεῖον Α

FlorVat	*FlorCoislin*
αʹ Περὶ ἀϊδίου θεότητος τῆς ἁγίας καὶ ὁμοουσίου τριάδος, καὶ ὅτι εἷς καὶ μόνος ἐπὶ πᾶσιν ὁ θεός.	αʹ
βʹ Περὶ τοῦ ἄφευκτον εἶναι τὸν θεόν, καὶ ὅτι *πάντα ἐφορᾷ*, καὶ οὐδὲν αὐτὸν λέληθεν.	γʹ
γʹ Περὶ τοῦ ἀκατάληπτον εἶναι τὸν θεὸν καὶ τὰ ἔργα αὐτοῦ, καὶ ὅτι οὐ δεῖ ἡμᾶς τὰ κρυπτὰ ζητεῖν ἢ περιεργάζεσθαι· ἀνέφικτος γὰρ καὶ ἀκατάληπτος ἡ τούτων εὕρεσις.	δʹ
εʹ Περὶ ἀντιλογίας πρὸς θεόν, καὶ ὅτι οὐ δεῖ ἀντιλέγειν ἢ δικαιολογεῖσθαι πρὸς θεόν.	ϛʹ

[48] Zitate aus dem Kapitel X 1 des *FlorCloisin* wurden in das Kapitel X 4 des *FlorRup* integriert (siehe SJD VIII/1 [LXXXI–LXXXII]).
[49] Für die *Sacra* I zugewiesenen Kapitel, die keine Entsprechung im *FlorCoislin* haben, siehe SJD VIII/1 (XCVII–C).

ζ′ Περὶ ἀγγέλων, ὅτι ἀγγέλους φύλακας ἡμῖν ἐπέστησεν ὁ θεός.	θ′
ιγ′ Περὶ ἀναμαρτησίας, ὅτι οὐδεὶς ἀναμάρτητος, εἰ μὴ εἷς ὁ θεός.	ε′
ιε′ Περὶ ἀναστάσεως καὶ κρίσεως καὶ αἰωνίας κολάσεως.[50]	Α ι′–ιβ′ und Η α′
λη′ Περὶ ἀποφάσεως καὶ ἀνταποδόσεως καὶ ἀκριβείας θεοῦ, καὶ ὅτι οὐ δεῖ τῆς ὀργῆς τοῦ θεοῦ πλέον ἀμύνασθαι ἢ παρὰ τὰς ἐντολὰς αὐτοῦ φιλανθρωπεύεσθαι.	ζ′

Στοιχεῖον Β

FlorVat	*FlorCoislin*
α′ Περὶ βασιλείας οὐρανῶν.	δ′
β′ Περὶ βουλῆς θεοῦ, καὶ ὅτι ἄτρεπτος καὶ ἀνέφικτος ἀνθρώποις ὑπάρχει.	α′
γ′ Περὶ βοηθείας θεοῦ, καὶ ὅτι τοῦ θεοῦ εὐδοκοῦντος, πᾶσα ἐπιβουλὴ ἀνθρώπων ἀσθενεῖ, καὶ ὀλίγοι πολλῶν κρατοῦσι.	β′
δ′ Περὶ βαπτίσματος καὶ τῆς τοῦ θείου λουτροῦ προφητείας.	γ′

Στοιχεῖον Δ

FlorVat	*FlorCoislin*
α′ Περὶ δυνάμεως θεοῦ.	α′
β′ Περὶ δημιουργίας θεοῦ, καὶ ὡς οὐδὲν εἰκῇ γέγονεν παρ᾽ αὐτοῦ.	β′
γ′ Περὶ δοξολογίας θεοῦ, καὶ ὅτι χρὴ δοξάζειν καὶ ἁγιάζειν τὸν θεόν, καὶ ὅτι *τοὺς δοξάζοντας αὐτὸν δοξάζει* ὁ θεός.	γ′
κς′ Περὶ δυσπιστίας, καὶ ὅτι ὁ ἐπ᾽ εὐλόγῳ αἰτίᾳ δυσπιστήσας θεῷ, συγγινώσκεται.	ε′
λ′ Περὶ διαφορᾶς θεοῦ καὶ ἀνθρώπων, καὶ ὅτι πολὺ τὸ μέσον θεοῦ καὶ ἀνθρώπων, καὶ τοῦ ἁμαρτάνειν εἰς θεὸν ἢ εἰς ἀνθρώπους.	δ′

[50] Das Kapitel A 15 des *FlorVat* stellt eine Fusion aus vier Kapiteln dar.

Στοιχεῖον Ε

FlorVat	*FlorCoislin*
ϛʹ Περὶ ἐκκλησίας καὶ οἴκου θεοῦ καὶ θυσιαστηρίου καὶ θυσίας ἱερατικῆς, καὶ ὅτι οὐ δεῖ ἐν ἐκκλησίᾳ ἐσθίειν.	γʹ
ζʹ Περὶ εὐχῆς, καὶ ὅσα δι' εὐχῆς κατορθοῦται ἡμῖν.	αʹ
κθʹ Περὶ ἐκδικήσεως ἀπὸ θεοῦ τοῖς ἀδικουμένοις γινομένης, καὶ ὅτι χρὴ θεῷ ἐπιτρέπειν τὰ τῆς ἐκδικήσεως.	δʹ

Στοιχεῖον Ζ

FlorVat	*FlorCoislin*
αʹ Περὶ τοῦ ζητεῖν τὸν θεὸν καὶ αὐτῷ ἕπεσθαι καὶ ἀκολουθεῖν, καὶ ἐπὶ τῷ ὀνόματι αὐτοῦ πάντα ἡμᾶς διαπράττεσθαι.	αʹ

Στοιχεῖον Θ

FlorVat	*FlorCoislin*
γʹ Περὶ θείων λογίων, καὶ ὅτι χρὴ ἀκροᾶσθαι αὐτῶν καὶ διὰ μελέτης ἔχειν αὐτά.	αʹ
δʹ Περὶ θείων μυστηρίων.	βʹ

Στοιχεῖον Ι

FlorVat	*FlorCoislin*
βʹ Περὶ ἱερατικῶν, καὶ ὅτι οὐκ ἔξεστιν ἰδιωτεύοντι ἅπτεσθαι ἱερατικοῦ σκεύους.	αʹ
ζʹ Περὶ ἰσότητος, ὅτι ἴση τάξις παρὰ θεῷ πλουσίου καὶ πένητος.	βʹ

Στοιχεῖον Κ

FlorVat	*FlorCoislin*
αʹ Περὶ κριμάτων θεοῦ, καὶ ὅτι οὐ χρὴ δυσφορεῖν ἐφ' οἷς δίκαιοι μὲν δυσπραγοῦσιν, ἄδικοι δὲ εὐπραγοῦσιν.	βʹ
ιαʹ Περὶ κρίματος καὶ δικαιοσύνης θεοῦ, καὶ ὅτι τὰ πρὸς ἀξίαν ἑκάστῳ νέμει ὁ θεός, καὶ πρόσωπον ἀνθρώπου οὐ λαμβάνει.	αʹ

Στοιχεῖον Λ

FlorVat	*FlorCoislin*
α' Περὶ λογομαχούντων καὶ ἀμφισβητούντων περὶ τὴν πίστιν.	Α ιδ'

Στοιχεῖον Μ

FlorVat	*FlorCoislin*
β' Περὶ μισοπονηρίας καὶ τῶν ἀπαρεσκόντων θεῷ.	α'

Στοιχεῖον Π

FlorVat	*FlorCoislin*
β' Περὶ προκοπῆς πνευματικῆς.	δ'
γ' Περὶ προσκαίρων καὶ αἰωνίων, καὶ ὅτι τὰ μέγιστα πλημμελοῦσιν οἱ τὰ παρόντα τῶν μελλόντων προτιμῶντες.	α'
δ' Περὶ προνοίας θεοῦ, καὶ ὅτι κήδεται καὶ προνοεῖται ἡμῶν ὁ θεός.	β'
ζ' Περὶ προγνώσεως θεοῦ, καὶ ὅτι *τὰ κρύφια καὶ ἄδηλα* τῶν πραγμάτων τῷ θεῷ χρὴ καταλιμπάνειν.	γ'

Στοιχεῖον Σ

FlorVat	*FlorCoislin*
η' Περὶ σπουδῆς, ὅτι ἀνόνητος πᾶσα σπουδή, μὴ βουλομένου θεοῦ.	α'
κδ' Περὶ τοῦ ἁγίου σταυροῦ.	β'

Στοιχεῖον Υ

FlorVat	*FlorCoislin*
ι' Περὶ ὑποσχέσεων καὶ συντάξεων, καὶ ὡς χρὴ πληροῦν αὐτάς.	α'

Στοιχεῖον Φ

FlorVat	*FlorCoislin*
β′ Περὶ φιλανθρωπίας θεοῦ καὶ ἀγαθότητος καὶ μακροθυμίας, καὶ ὅτι κρεῖττον *ἐμπεσεῖν εἰς χεῖρας* θεοῦ καὶ *μὴ εἰς χεῖρας ἀνθρώπων*.	α′

Στοιχεῖον Χ

FlorVat	*FlorCoislin*
δ′ Περὶ Χριστιανισμοῦ καὶ τῆς ἐξ ἐθνῶν ἐκκλησίας.	Λ α′
ε′ Ὅτι χρὴ μᾶλλον φοβεῖσθαι θεὸν ἢ ἀνθρώπους.	β′

V: Im *FlorL*$^{c\,pin}$ enthaltene *Sacra* I-Kapitel des *FlorVat*[51]

Στοιχεῖον Α

FlorL$^{c\,pin}$	*FlorVat*
α′ Περὶ τοῦ ὅτι ἀγγέλους φύλακας ἡμῖν ἐπέστησεν ὁ θεός.	ζ′
β′ Περὶ τοῦ ὅτι ἄγγελοι ἁμαρτήσαντες κολάζονται.*	ς′
ζ′ Περὶ τῶν ἁγίων καὶ μακαριζομένων ἐφ' οἷς δρῶσι καὶ ὑπὲρ ὧν τετυχήκασι, καὶ ὅτι τοῖς ἁγίοις αὐτοῦ ἐπαναπαύεται ὁ θεός.*	λα′
κγ′ Περὶ τῆς ἀϊδίου θεότητος τῆς ἁγίας καὶ ὁμοουσίου τριάδος, καὶ ὅτι εἷς καὶ μόνος ἐπὶ πᾶσιν ὁ θεός.	α′
λβ′ [λα′ cod.] Περὶ τοῦ ἀκατάληπτον εἶναι τὸν θεὸν καὶ τὰ ἔργα αὐτοῦ, καὶ ὅτι οὐ δεῖ ἡμᾶς τὰ κρυπτὰ ζητεῖν ἢ περιεργάζεσθαι· ἀνέφικτος γὰρ καὶ ἀκατάληπτος ἡ τούτων εὕρεσις.	γ′
μα′ [μ′ cod.] Περὶ ἀναμαρτησίας, ὅτι οὐδεὶς ἀναμάρτητος, εἰ μὴ εἷς ὁ θεός.	ιγ′
μβ′ [μα′ cod.] Περὶ ἀναστάσεως καὶ κρίσεως καὶ αἰωνίας κολάσεως.	ιε′
μδ′ [μγ′ cod.] Περὶ ἀντιλογίας πρὸς θεόν, ὅτι οὐ δεῖ ἀντιλέγειν ἢ δικαιολογεῖσθαι πρὸς θεόν.	ε′
μς′ [με′ cod.] Περὶ ἀναθέματος καὶ ἀφορισμοῦ.*	ν′

[51] Das Sternchen markiert diejenigen Kapitel, die nicht im *FlorCoislin* erscheinen und deshalb dem Buch I der *Sacra* auf der Basis ihres Inhaltes und ihrer Position zugeschrieben wurden.

νε′ [νδ′ cod.] Περὶ ἀποφάσεως καὶ ἀνταποδόσεως καὶ ἀκριβείας θεοῦ, καὶ ὅτι οὐ δεῖ τῆς ὀργῆς τοῦ θεοῦ πλέον ἀμύνεσθαι ἢ παρὰ τὰς ἐντολὰς αὐτοῦ φιλανθρωπεύεσθαι.	λη′
νθ′ [νη′ cod.] Περὶ ἀπαρχῶν καὶ ἀποδεκατούντων, καὶ ὡς χρὴ προσφέρειν θεῷ τὰς ἀπαρχάς.*	λβ′
ος′ [οε′ cod.] Περὶ ἀρᾶς ὑπὸ κυρίου καὶ προφητῶν καὶ ἀποστόλων γενομένης.*	ις′
ϙ′ [πθ′ cod.] Περὶ τοῦ ἄφευκτον εἶναι τὸν θεόν, καὶ ὅτι *πάντα ἐφορᾷ*, καὶ οὐδὲν αὐτὸν λέληθεν.	β′
ϙβ′ [ϙα′ cod.] Περὶ ἀφέσεως ἁμαρτιῶν καὶ κατὰ ποίους τρόπους δυνάμεθα τυχεῖν συγχωρήσεως.*	μη′

Στοιχεῖον Β

FlorL$^{c\ \mathrm{pin}}$	*FlorVat*
α′ Περὶ βασιλείας οὐρανῶν.	α′
ζ′ Περὶ βαπτίσματος καὶ τῆς τοῦ θείου λουτροῦ προφητείας· ἐν ᾧ καὶ περὶ τοῦ κατὰ τὸ βάπτισμα διδομένου ἁγίου πνεύματος, καὶ διατί ἐν τῇ τοῦ βαπτίσματος θεογενεσίᾳ ἕτεροι ἀντὶ τῶν βρεφῶν ἐπερωτῶνται καὶ ὑπὲρ αὐτῶν ἀποκρίνονται.	δ′
θ′ Περὶ βδελυγμάτων καὶ τῶν λεγομένων θεῶν ἤτοι τῶν εἰδώλων.*	ε′
ιγ′ Περὶ βοηθείας θεοῦ, ὅτι τοῦ θεοῦ εὐδοκοῦντος, πᾶσα ἐπιβουλὴ ἀνθρώπων ἀσθενεῖ, καὶ ὀλίγοι πολλῶν κρατοῦσιν.	γ′
ιδ′ Περὶ βουλῆς θεοῦ, ὅτι ἄτρεπτος καὶ ἀνέφικτος ἀνθρώποις.	β′

Στοιχεῖον Δ

FlorL$^{c\ \mathrm{pin}}$	*FlorVat*
ς′ Περὶ δημιουργίας θεοῦ, καὶ ὡς οὐδὲν εἰκῇ γέγονε παρ᾽ αὐτοῦ, ἀλλὰ πάντα καλὰ λίαν.	β′
ια′ Περὶ διαφορᾶς θεοῦ καὶ ἀνθρώπων, καὶ τοῦ ἁμαρτάνειν εἰς θεὸν καὶ εἰς ἀνθρώπους, καὶ ὅτι πολὺ τὸ μέσον θεοῦ καὶ ἀνθρώπων.	λ′
κβ′ Περὶ δικαιολογίας, καὶ τίνες ἐδικαιολογήσαντο πρὸς θεόν.*	δ′

λβ' Περὶ δοξολογίας θεοῦ, καὶ ὅτι χρὴ δοξάζειν καὶ ἁγιάζειν τὸν θεόν, καὶ ὅτι τοὺς δοξάζοντας αὐτὸν δοξάζει ὁ θεός.	γ'
λθ' Περὶ δυσπιστίας, καὶ ὅτι ὁ ἐπὶ εὐλόγῳ αἰτίᾳ δυσπιστήσας θεῷ, συγγινώσκεται.	κς'
μ' Περὶ δυνάμεως θεοῦ.	α'

Στοιχεῖον Ε

FlorL$^{c\ pin}$	*FlorVat*
η' Περὶ ἐκκλησίας καὶ οἴκου θεοῦ καὶ θυσιαστηρίου καὶ θυσίας ἱερατικῆς, καὶ ὅτι οὐ δεῖ ἐν ἐκκλησίᾳ ἐσθίειν, καὶ τίνων τύπος ἡ ἐκκλησία, καὶ περὶ τῆς θείας ἱερουργίας.	ς'
ια' Περὶ ἐκδικήσεως ἀπὸ θεοῦ τοῖς ἀδικουμένοις γινομένης, καὶ ὅτι χρὴ θεῷ ἐπιτρέπειν τὰ τῆς ἐκδικήσεως.	κθ'
λη' Περὶ εὐχῆς, καὶ ὅσα δι' εὐχῆς κατορθοῦνται ἡμῖν.	ζ'

Στοιχεῖον Ζ

FlorL$^{c\ pin}$	*FlorVat*
α' Περὶ τοῦ ζητεῖν τὸν θεὸν καὶ ἀκολουθεῖν αὐτῷ, καὶ ἐπὶ τῷ ὀνόματι αὐτοῦ πάντα διαπράττεσθαι καὶ πρὸ ἐργασίας πάσης τῇ τούτου μνήμῃ ἁγιάζεσθαι.	α'

Στοιχεῖον Θ

FlorL$^{c\ pin}$	*FlorVat*
ζ' Περὶ θείας μυσταγωγίας.*	α'
η' Περὶ θείων μυστηρίων.	δ'
θ' Περὶ θείων λογίων, καὶ ὅτι χρὴ ἀκροᾶσθαι αὐτῶν καὶ διὰ μελέτης ἔχειν αὐτά.	γ'
ιβ' Περὶ θυσιῶν, καὶ ὅτι τὰς κιβδήλους θυσίας ὁ θεὸς οὐ προσδέχεται.*	β'

Στοιχεῖον Ι

FlorL$^{c\ pin}$	*FlorVat*
α' Περὶ ἰαμάτων ὑπὸ κυρίου καὶ τῶν προφητῶν καὶ τῶν ἀποστόλων γενομένων.*	α'

δ′ Περὶ ἱερατικῶν, καὶ ὅτι οὐκ ἔξεστιν ἰδιωτεύοντι ἱερατικοῦ σκεύους ἅπτεσθαι.	β′
ι′ Περὶ ἰσότητος, ὅτι ἴση τάξις παρὰ θεῷ πλουσίου καὶ πένητος.	ζ′

Στοιχεῖον Κ

FlorL$^{c\ pin}$	*FlorVat*
κ′ Περὶ κρίματος καὶ δικαιοσύνης θεοῦ, καὶ ὅτι τὰ πρὸς ἀξίαν ἑκάστῳ παρέχει καὶ πρόσωπον ἀνθρώπου οὐ λαμβάνει.	ια′
κα′ Περὶ κριμάτων θεοῦ, καὶ ὅτι οὐ χρὴ δυσφορεῖν ἐφ᾽ οἷς δίκαιοι μὲν δυσπραγοῦσιν, ὡσαύτως καὶ εὐγενεῖς, ἄδικοι δὲ ἢ δυσγενεῖς εὐπαθοῦσιν.	α′

Στοιχεῖον Λ

FlorL$^{c\ pin}$	*FlorVat*
ε′ Περὶ λογομαχούντων καὶ ἀμφισβητούντων περὶ τὴν πίστιν.	α′

Στοιχεῖον Μ

FlorL$^{c\ pin}$	*FlorVat*
ζ′ Περὶ μεταμελείας θεοῦ, καὶ ἐν τίσιν ὁ δημιουργὸς μετεμελήθη.*	η′
ια′ Περὶ μισοπονηρίας καὶ τῶν ἀπαρεσκόντων θεῷ.	β′

Στοιχεῖον Ξ

FlorL$^{c\ txt}$	*FlorVat*
<β′ Περὶ ξένων κολάσεων ἀπὸ θεοῦ καὶ ἀνθρώπων δικαίως ἐπενεχθεισῶν.>*[52]	β′

[52] Der Titlos wurde gemäß V$^{E\ pin\ et\ txt}$ ergänzt (siehe SJD VIII/1, CX).

Στοιχεῖον Φ[53]

FlorL$^{c\,pin}$ gemäß A^{pin}	*FlorVat*
<δʹ> Περὶ φιλανθρωπίας θεοῦ καὶ ἀγαθότητος καὶ μακροθυμίας, καὶ ὅτι κρεῖσσον *ἐμπεσεῖν εἰς χεῖρας* θεοῦ καὶ *μὴ εἰς χεῖρας ἀνθρώπων*.	βʹ
<κγʹ> Ὅτι φοβεῖσθαι χρὴ μᾶλλον τὸν θεὸν ἢ ἀνθρώπους.	Χ εʹ

Στοιχεῖον Χ

FlorL$^{c\,pin}$ gemäß A^{pin}	*FlorVat*
<αʹ> Περὶ χαρισμάτων καὶ δωρημάτων θεοῦ, καὶ ὅτι βίῳ σεμνῷ ἀντιδίδονται, καὶ οὐχ᾽ ὡς ἔτυχε παντάπασι μεταδίδονται, καὶ ὅτι πᾶν τὸ παρὰ θεοῦ ἀγαθόν, καὶ ὡς ἀσύγγνωστα πταίουσιν οἱ τὴν χάριν τοῦ θεοῦ κτᾶσθαι δώροις νομίζοντες.	αʹ
<ζʹ> Περὶ Χριστιανισμοῦ καὶ τῆς ἐξ ἐθνῶν ἐκκλησίας.	δʹ

VI: Im *FlorHierosol* (Buch I) enthaltene *Sacra* I-Kapitel des *FlorVat*[54]

Στοιχεῖον Α

H^{I}	H^{II}	H^{III}	*FlorVat*
αʹ Περὶ ἀϊδίου θεότητος τῆς ἁγίας καὶ ὁμοουσίου τριάδος, καὶ ὅτι εἷς καὶ μόνος ἐπὶ πᾶσιν ὁ θεός.	αʹ	–	αʹ
βʹ Περὶ τοῦ ἀκατάληπτον εἶναι τὸν θεὸν καὶ τὰ ἔργα αὐτοῦ, καὶ ὅτι οὐ δεῖ ἡμᾶς τὰ κρυπτὰ ζητεῖν ἢ περιεργάζεσθαι.	γʹ	–	γʹ
δʹ Περὶ ἀντιλογίας πρὸς θεόν, καὶ ὅτι οὐ δεῖ ἀντιλέγειν ἢ δικαιολογεῖσθαι πρὸς θεόν.	εʹ	–	εʹ
εʹ Περὶ ἀγγέλων, ὅτι καὶ ἄγγελοι ἁμαρτήσαντες κολάζονται.*	–	–	ϛʹ

53 Der Inhalt der Stoicheia Φ und X des *FlorL*^{c} ist uns teilweise aus dem Pinax (f. 24–25) der Handschrift Athen, *Ἐθνικὴ Βιβλιοθήκη τῆς Ἑλλάδος*, Μετόχιον τοῦ Παναγίου Τάφου 274 (A) bekannt; siehe SJD VIII/1 (II. 2.1 und II. 2.3).

54 Wir geben auch die korrespondierenden Kapitel in den Büchern II und III des *FlorHierosol* an. Was die Verwendung der Sternchen betrifft, vgl. oben, Anm. 51.

ς′ Περὶ ἀγγέλων, ὅτι ἀγγέλους φύλακας ἡμῖν ἐπέστησεν ὁ θεός.	ζ′	–	ζ′
ιγ′ Περὶ ἀναστάσεως καὶ κρίσεως καὶ αἰωνίου κολάσεως.	–	–	ιε′
ιδ′ Περὶ ἀρᾶς ὑπὸ κυρίου καὶ τῶν προφητῶν καὶ τῶν ἀποστόλων γενομένης.*	–	–	ις′
κθ′ Περὶ ἁγίων καὶ μακαριζομένων ἐφ᾽ οἷς δρῶσιν καὶ ὑπὲρ ὧν.*	–	–	λα′
λ′ Περὶ ἀπαρχῶν καὶ ἀποδεκατούντων, καὶ ὡς χρὴ προσφέρειν θεῷ τὰς ἀπαρχάς.*	–	–	λβ′
λς′ Περὶ ἀποφάσεως καὶ ἀνταποδόσεως καὶ ἀκριβείας θεοῦ, καὶ ὅτι οὐ δεῖ τῆς ὀργῆς τοῦ θεοῦ πλέον ἀμύνασθαι ἢ παρὰ τὰς ἐντολὰς αὐτοῦ φιλανθρωπεύεσθαι.	–	–	λη′
μς′ Περὶ ἀφέσεως ἁμαρτιῶν, καὶ κατὰ ποίους τρόπους δυνάμεθα τυχεῖν συγχωρήσεως.*	–	–	μη′
μη′ Περὶ ἀναθέματος καὶ ἀφορισμοῦ.*	–	–	ν′

Στοιχεῖον Β

H^{I}	H^{II}	H^{III}	*FlorVat*
α′ Περὶ βασιλείας οὐρανῶν.	–	β′	α′
β′ Περὶ βουλῆς θεοῦ, καὶ ὅτι ἄτρεπτος καὶ ἀνέφικτος τοῖς ἀνθρώποις ὑπάρχει.	α′	–	β′
γ′ Περὶ βοηθείας θεοῦ, καὶ ὅτι τοῦ θεοῦ εὐδοκοῦντος (*sic pro* ἐκδι-), πᾶσα ἐπιβουλὴ ἀνθρώπων ἀσθενεῖ, καὶ ὀλίγοι πολλῶν κρατοῦσιν.	β′	–	γ′
δ′ Περὶ βαπτίσματος καὶ τῆς τοῦ θείου λουτροῦ προφητείας.	γ′[55]	–	δ′
ε′ Περὶ βδελυγμάτων καὶ τῶν λεγομένων θεῶν.*	–	–	ε′

Στοιχεῖον Δ

H^{I}	H^{II}	H^{III}	*FlorVat*
α′ Περὶ δυνάμεως θεοῦ.	α′	κγ′	α′

[55] Dieses Kapitel ist im Pinax von A^{II} nicht verzeichnet, jedoch im Text von H^{II} und A^{II} vorhanden.

β′ Περὶ δημιουργίας θεοῦ, καὶ ὡς οὐδὲν εἰκῆ γέγονεν παρ᾽ αὐτοῦ.	β′	–	β′
γ′ Περὶ δοξολογίας θεοῦ, καὶ ὅτι χρὴ δοξάζειν καὶ ἁγιάζειν τὸν θεόν, καὶ ὅτι τοὺς δοξάζοντας αὐτὸν δοξάζει ὁ θεός.	γ′	–	γ′
δ′ Περὶ δικαιολογίας, καὶ τίνες ἐδικαιολογήσαντο πρὸς τὸν θεόν.*	–	–	δ′
κς′ Περὶ δυσπιστίας, καὶ ὅτι ὁ ἐπ᾽ εὐλόγῳ αἰτίᾳ δυσπιστήσας θεῷ, συγγινώσκεται.	ε′	–	κς′
λ′ Περὶ διαφορᾶς θεοῦ καὶ ἀνθρώπων, καὶ ὅτι πολὺ τὸ μέσον θεοῦ καὶ ἀνθρώπων, καὶ τοῦ ἁμαρτάνειν εἰς θεὸν ἢ εἰς ἀνθρώπους.	δ′	–	λ′

Στοιχεῖον Ε

H^{I}	H^{II}	H^{III}	*FlorVat*
ϛ′ Περὶ ἐκκλησίας καὶ οἴκου θεοῦ καὶ θυσιαστηρίου καὶ θυσίας ἱερατικῆς, καὶ ὅτι οὐ δεῖ ἐν ἐκκλησίαις ἐσθίειν.	β′	–	ϛ′
ζ′ Περὶ εὐχῆς καὶ ὅσα δι᾽ εὐχῆς κατορθοῦται ἡμῖν.	α′	–	ζ′
κζ′ Περὶ ἐκδικήσεως θεοῦ τοῖς ἀδικουμένοις γινομένης, καὶ ὅτι χρὴ θεῷ ἐπιτρέπειν τὰ τῆς ἐκδικήσεως.	γ′	–	κθ′

Στοιχεῖον Ζ[56]

$A^{I\ pin}$	$A^{II\ pin}$	$A^{III\ pin}$	*FlorVat*
α′ Περὶ τοῦ ζητεῖν τὸν θεὸν καὶ ἀκολουθεῖν αὐτῷ, καὶ ἐπὶ τῷ ὀνόματι αὐτοῦ πάντα χρὴ ἡμᾶς πράττειν *(sic)*.	α′	–	α′

Στοιχεῖον Θ

$A^{I\ pin}$	$A^{II\ pin}$	$A^{III\ pin}$	*FlorVat*
<α′> Περὶ θείας μυσταγωγίας.*	–	–	α′
<β′> Περὶ θυσιῶν, καὶ ὅτι τὰς κιβδήλους θυσίας ὁ θεὸς οὐ προσδέχεται.*	–	–	β′

[56] Ab hier kennen wir nur noch die Kapitelüberschriften aus dem Pinax der Handschrift Athen, *Ἐθνικὴ Βιβλιοθήκη τῆς Ἑλλάδος*, Μετόχιον τοῦ Παναγίου Τάφου 274 (A).

<γ'> Περὶ θείων λογίων, καὶ ὅτι χρὴ ἀκροᾶσθαι αὐτῶν καὶ διὰ μελέτης ἔχειν αὐτά.	<α'>	–	γ'
<δ'> Περὶ θείων μυστηρίων.	<β'>	–	δ'

Στοιχεῖον Ι

$A^{\text{I pin}}$	$A^{\text{II pin}}$	$A^{\text{III pin}}$	*FlorVat*
<α'> Περὶ ἰαμάτων ὑπὸ κυρίου καὶ τῶν προφητῶν καὶ τῶν ἀποστόλων γενομένων.*	–	–	α'
<β'> Περὶ ἱερατικῶν, καὶ ὅτι οὐκ ἔξεστιν ἰδιωτεύοντι ἀνθρώπῳ ἅπτεσθαι ἱερατικοῦ σκεύους.	<α'>	–	β'
<ζ'> Περὶ ἰσότητος, ὅτι ἴση τάξις παρὰ θεῷ, πάντων.	<β'>	–	ζ'

Στοιχεῖον Κ

$A^{\text{I pin}}$	$A^{\text{II pin}}$	$A^{\text{III pin}}$	*FlorVat*
<α'> Περὶ κριμάτων θεοῦ, καὶ ὅτι οὐ χρὴ δυσφορεῖν ἐφ' οἷς δίκαιοι μὲν δυσπραγοῦσιν, ἄδικοι δὲ εὐπαθοῦσιν.	<β'>	<ιη'>	α'

Στοιχεῖον Λ

$A^{\text{I pin}}$	$A^{\text{II pin}}$	$A^{\text{III pin}}$	*FlorVat*
<α'> Περὶ λογομαχούντων καὶ ἀμφισβητούντων περὶ τὴν πίστιν.[57]	–	–	α'

Στοιχεῖον Μ

$A^{\text{I pin}}$	$A^{\text{II pin}}$	$A^{\text{III pin}}$	*FlorVat*
<β'> Περὶ μισοπονηρίας καὶ τῶν ἀπαρεσκόντων θεῷ.	–	–	β'
<η'> Περὶ μεταμελείας θεοῦ, καὶ ἐν τίσιν ὁ δημιουργὸς μετεμελήθη.*	–	–	η'

[57] Das Buch II des *FlorHierosol* enthält ein diesem Titlos korrespondierendes Kapitel unter dem Buchstaben A (H^{II} cap. A 11); der Redaktor des *FlorVat* hat es in den Buchstaben Λ versetzt, was erklärt, warum es sich auch im Buch I des *FlorHierosol* unter diesem Buchstaben findet.

Στοιχεῖον Ξ

$A^{I\ pin}$	$A^{II\ pin}$	$A^{III\ pin}$	*FlorVat*
<β′> Περὶ ξένων κολάσεων ἀπὸ θεοῦ καὶ ἀνθρώπων ἐνεχθεισῶν.*	–	–	β′

Στοιχεῖον Π

$A^{I\ pin}$	$A^{II\ pin}$	$A^{III\ pin}$	*FlorVat*
β′ Περὶ προκοπῆς πνευματικῆς.	<δ′>	–	β′
<γ′> Περὶ προσκαίρων καὶ αἰωνίων, καὶ ὅτι τὰ μέγιστα πλημμελοῦσιν οἱ τὰ παρόντα τῶν μελλόντων προτιμῶντες.	<α′>	–	γ′
<δ′> Περὶ προνοίας θεοῦ, καὶ ὅτι προνοεῖ *(sic)* ἡμῶν ὁ θεός.	<β′>	–	δ′
<ς′> Περὶ προφητῶν ἀνδροφονησάντων καὶ εὐαρεστησάντων θεῷ.*	–	–	ς′
<ζ′> Περὶ προγνώσεως θεοῦ, καὶ ὅτι τὰ κρύφια καὶ ἄδηλα τῶν πραγμάτων τῷ θεῷ χρὴ καταλιμπάνειν.	<γ′>	–	ζ′
<η′> Περὶ προφητῶν ἐπιτιμησάντων βασιλεῦσι μετὰ παρρησίας.*	–	–	η′
<λδ′> Περὶ παιδείας θεοῦ κατὰ δοκιμὴν καὶ πεῖραν γενομένης.*	–	–	λε′

Στοιχεῖον Σ

$A^{I\ pin}$	$A^{II\ pin}$	$A^{III\ pin}$	*FlorVat*
<η′> Περὶ σπουδῆς, ὅτι ἀνόνητος πᾶσα σπουδή, μὴ βουλομένου τοῦ θεοῦ.	<α′>	–	η′
κδ′ Περὶ τοῦ ἁγίου σταυροῦ.	–	–	κδ′

Στοιχεῖον Υ

$A^{I\ pin}$	$A^{II\ pin}$	$A^{III\ pin}$	*FlorVat*
<ι′> Περὶ ὑποσχέσεων καὶ συντάξεων, καὶ ὡς χρὴ πληροῦν αὐτάς.	<α′>	lac.	ι′

VII: Im *FlorThess/FlorPML^b* enthaltene *Sacra* I-Kapitel des *FlorVat*[58]

Στοιχεῖον Α

FlorThess/FlorPML^b	*FlorVat*
νε′ / λγ′ Περὶ ἁγίων καὶ μακαριζομένων ἐφ᾽ οἷς δρῶσιν καὶ ὑπὲρ ὧν τετυχήκασιν.*	λα′
νς′ / λδ′ Περὶ ἀφέσεως ἁμαρτιῶν, καὶ κατὰ πόσους τρόπους κεχάρισται ἡμῖν.*	μη′
νζ′ / λε′ Περὶ ἀναθέματος καὶ ἀφορισμοῦ.*	ν′
νη′ / λς′ Περὶ ἀϊδίου θεότητος τῆς ἁγίας καὶ ὁμοουσίου τριάδος.	α′
νθ′ / λζ′ Περὶ τοῦ ἄφευκτον εἶναι τὸν θεόν, καὶ ὅτι *πάντα ἐφορᾷ*, καὶ οὐδὲν αὐτὸν λέληθεν.	β′
ξ′ / λη′ Περὶ τοῦ ἀκατάληπτον εἶναι τὸν θεὸν καὶ τὰ ἔργα αὐτοῦ.	γ′
ξβ′ / μ′ Περὶ ἀντιλογίας, καὶ ὅτι οὐ δεῖ ἀντιλέγειν τῷ θεῷ.	ε′
ξγ′ / μα′ Περὶ τοῦ ὅτι καὶ ἄγγελοι ἁμαρτήσαντες κολάζονται.*	ς′
ξδ′ / μβ ′ Περὶ τοῦ ὅτι ἀγγέλους φύλακας ἡμῖν ἐπέστησεν ὁ θεός.	ζ′
ξζ′ / με′ Περὶ ἀναμαρτησίας, ὅτι οὐδεὶς ἀναμάρτητος, εἰ μὴ εἷς ὁ θεός.	ιγ′
ξη′ / μς′ Περὶ ἀναστάσεως καὶ ἡμέρας κρίσεως καὶ αἰωνίου κολάσεως.	ιε′
ξθ′ / μζ′ Περὶ ἀρᾶς ὑπὸ κυρίου καὶ προφητῶν καὶ ἀποστόλων γενομένης.*	ις′
πδ′ / ξβ′ Περὶ ἀπαρχῶν καὶ δεκάτων, καὶ ὡς χρὴ ταύτας προσφέρειν τῷ θεῷ.*	λβ′
πθ′ / ξζ′ Περὶ ἀποφάσεως καὶ ἀνταποδόσεως καὶ ἀκριβείας θεοῦ.	λη′

Στοιχεῖον Β

FlorThess/FlorPML^b	*FlorVat*
θ′ / Β 5^M/4^P Περὶ βουλῆς θεοῦ, ὅτι ἄτρεπτος καὶ ἀνέφικτος ἀνθρώποις.	β′

[58] Der Grund, aus dem wir hier das *FlorThess* mit dem *FlorPML^b* verbinden, ist in SJD VIII/1, Anm. 3 dargelegt; zur Bedeutung der Sternchen siehe oben, Anm. 51.

ι′ / Β $7^{M}/5^{P}$ Περὶ βοηθείας θεοῦ, καὶ ὅτι τοῦ θεοῦ βοηθοῦντος, πᾶσα ἐπιβουλὴ ἀσθενεῖ.	γ′
ια′ / Β $8^{M}/6^{P}$ Περὶ βαπτίσματος καὶ τῆς τοῦ θείου λουτροῦ προφητείας.	δ′
ιβ′ / Β $9^{M}/7^{P}$ Περὶ βδελυγμάτων καὶ τῶν λεγομένων θεῶν.*	ε′
δ′ / Β $15^{M}/13^{P}$ Περὶ βασιλείας οὐρανῶν.	α′

Στοιχεῖον Δ

FlorThess/FlorPML^{b}	*FlorVat*
κζ′ / ιε′ Περὶ δυνάμεως θεοῦ.	α′
κη′ / ις′ Περὶ δημιουργίας θεοῦ, καὶ ὡς οὐδὲν εἰκῇ γέγονεν παρ᾽ αὐτοῦ.	β′
κθ′ / ιζ′ Περὶ δοξολογίας θεοῦ, καὶ ὅτι χρὴ δοξάζειν αὐτὸν καὶ ἁγιάζειν, καὶ ὅτι τοὺς δοξάζοντας αὐτὸν δοξάζει.	γ′
λ′ / ιη′ Περὶ δικαιολογίας, καὶ τίνες ἐδικαιολογήσαντο πρὸς τὸν θεόν.*	δ′
μα′ / κθ′ Περὶ διαφορᾶς θεοῦ καὶ ἀνθρώπων, καὶ ὅτι πολὺ τὸ μέσον θεοῦ καὶ ἀνθρώπων, καὶ τοῦ ἁμαρτάνειν εἰς θεὸν ἢ εἰς ἀνθρώπους.	λ′
μγ′ / λα′ Περὶ δυσπιστίας, καὶ ὅτι ἐπ᾽ εὐλόγῳ αἰτίᾳ ὁ δυσπιστήσας θεῷ, συγγινώσκεται.	κς′

Στοιχεῖον Ε

FlorThess/FlorPML^{b}	*FlorVat*
ιζ′ / ις′ Περὶ ἐκκλησίας θεοῦ καὶ θυσιαστηρίου, καὶ ὅτι οὐ δεῖ ἐν ἐκκλησίᾳ ἐσθίειν.	ς′
ιη′ / ιζ′ Περὶ εὐχῆς, καὶ ὅσα δι᾽ εὐχῆς κατορθοῦται ἡμῖν.	ζ′
κζ′ / κζ′ Περὶ ἐκδικήσεως ἀπὸ θεοῦ τοῖς ἀδικουμένοις γινομένης, καὶ ὅτι χρὴ θεῷ ἐπιτρέπειν τὰ τῆς ἐκδικήσεως.	κθ′

Στοιχεῖον Ζ

FlorThess/FlorPML^{b}	*FlorVat*
α′ / α′ Περὶ τοῦ ἐπιζητεῖν τὸν θεὸν καὶ αὐτῷ ἕπεσθαι, καὶ ἐπὶ τῷ ὀνόματι αὐτοῦ πάντα διαπράττειν.	α′

Στοιχεῖον Θ[59]

FlorThess/FlorPML^b	*FlorVat*
– / β' Περὶ θείας μυσταγωγίας.*	α'
– / γ' Περὶ θυσιῶν, καὶ ὅτι τὰς κιβδήλους θυσίας ὁ θεὸς οὐ προσδέχεται.*	β'
– / δ' Περὶ θείων λογίων, καὶ ὅτι χρὴ ἀκροᾶσθαι αὐτῶν.	γ'
– / ε' Περὶ θείων μυστηρίων.	δ'

Στοιχεῖον Ι

FlorThess/FlorPML^b	*FlorVat*
δ' / δ' Περὶ ἰαμάτων ὑπὸ κυρίου καὶ προφητῶν καὶ ἀποστόλων γενομένων.* [60]	α'
– / ε' Περὶ ἱερατικῶν, καὶ ὅτι οὐκ ἔξεστιν ἰδιωτεύοντα ἅπτεσθαι ἱερατικοῦ σκεύους.	β'
– / ζ' Περὶ ἰσότητος, ὅτι <ἴσ>η τάξις παρὰ θεῷ πλουσίου καὶ πένητος.	ζ'

Στοιχεῖον Κ

FlorThess/FlorPML^b	*FlorVat*
– / θ' Περὶ κριμάτων θεοῦ, καὶ ὅτι οὐ χρὴ δυσφορεῖν ἐφ' οἷς δίκαιοι μὲν δυσπραγοῦσιν, ἄδικοι δὲ εὐπραγοῦσιν.	α'
– / ι' Περὶ κρίματος καὶ δικαιοσύνης θεοῦ, καὶ ὅτι πρὸς ἀξίαν ἑκάστῳ νέμει ὁ θεός, καὶ πρόσωπον οὐ λαμβάνει.	ια'

Στοιχεῖον Λ

FlorThess/FlorPML^b	*FlorVat*
– / γ' Περὶ λογομαχούντων καὶ ἀμφισβητούντων περὶ τὴν πίστιν.	α'

[59] Infolge des Ausfalles eines Blattes in der Handschrift T wissen wir nicht, ob diese Kapitel im *FlorThess* enthalten waren.

[60] Infolge der Verstümmelung der Handschrift T haben wir ab Kapitel I 4, 11 (I suppl. 182 / V cap. I 1, 11) keine weitere Kenntnis über den Inhalt des *FlorThess*.

Στοιχεῖον Μ

*FlorThess/FlorPML^b^*	*FlorVat*
– / ε′ Περὶ μισοπονηρίας καὶ τῶν ἀπαρεσκόντων θεῷ.	β′

Στοιχεῖον Ξ

*FlorThess/FlorPML^b^*	*FlorVat*
– / γ′ Περὶ ξένων κολάσεων ἀπὸ θεοῦ καὶ ἀνθρώπων δικαίως ἐπενεχθεισῶν.*	β′

Στοιχεῖον Π

*FlorThess/FlorPML^b^*	*FlorVat*
– / κς′ Περὶ προκοπῆς πνευματικῆς.	β′
– / κζ′ Περὶ προσκαίρων καὶ αἰωνίων, καὶ ὅτι χρὴ τῶν παρόντων τὰ μέλλοντα προτιμᾶν.[61]	γ′
– / κη′ Περὶ προνοίας, ὅτι κήδεται καὶ προνοεῖται ἡμῶν ὁ θεός.	δ′
– / λ′ Περὶ προφητῶν ἀνδροφονησάντων καὶ εὐαρεστησάντων θεῷ.*	ς′
– / λα′ Περὶ προγνώσεως θεοῦ, καὶ ὅτι τὰ κρύφια καὶ ἄδηλα τῶν πραγμάτων τῷ θεῷ χρὴ καταλιμπάνειν.	ζ′
– / λβ′ Περὶ προφητῶν ἐπιτιμησάντων βασιλεῦσιν μετὰ παρρησίας.*	η′
– / ν′ Περὶ παιδείας θεοῦ κατὰ δοκιμὴν καὶ πεῖραν γινομένης.*	λε′

Στοιχεῖον Σ

*FlorThess/FlorPML^b^*	*FlorVat*
– / κβ′ Περὶ σπουδῆς, ὅτι ἀνόνητος πᾶσα σπουδή, μὴ βουλομένου θεοῦ.	η′

[61] Titlos und Kapitelinhalt sind nur durch den Pinax des *FlorPML^b^* bekannt.

Στοιχεῖον Φ

FlorThess/FlorPML[b]	*FlorVat*
– / ι′ Περὶ φιλανθρωπίας θεοῦ καὶ ἀγαθότητος καὶ μακροθυμίας.	β′

Στοιχεῖον Χ

FlorThess/FlorPML[b]	*FlorVat*
– / δ′ Περὶ χαρισμάτων καὶ δωρημάτων θεοῦ, καὶ ὅτι βίῳ σεμνῷ ἀντιδίδονται παρὰ τοῦ ἁγίου πνεύματος.*	α′
– / ζ′ Περὶ Χριστιανισμοῦ καὶ τῆς ἐξ ἐθνῶν ἐκκλησίας.	δ′
– / η′ Ὅτι χρὴ μᾶλλον φοβεῖσθαι θεὸν ἢ ἀνθρώπους.	ε′

Index fontium[62]

A. Vetus Testamentum

Genesis

1, 1–2	**I 1** / C cap. A 1, 1
1, 3–4	**I 3** / C cap. A 1, 3
1, 6–7	**I 5** / C cap. A 1, 5
1, 13–18	**I 1164** / C cap. H 2, 1
1, 14	**I 7** / C cap. A 1, 7
1, 16–17	**I 7** / C cap. A 1, 7
1, 26	**I 9** / C cap. A 1, 9
1, 27–28	**I 1047** / C cap. E 5, 1
1, 31	**I 752** / C cap. Δ 2, 1
2, 3	**I 1048** / C cap. E 5, 2
3, 11–13	**I 290** / C cap. A 6, 1
3, 14	**I suppl. 5** / V cap. A 16, 1
3, 16–19	**I suppl. 5** / V cap. A 16, 1
3, 17–19	**I 693** / C cap. Γ 1, 1
3, 22	**I 10** / C cap. A 1, 10
4, 6–7	**I suppl. 168** / V cap. Θ 2, 1
4, 9	**I 292** / C cap. A 6, 3
4, 9–12	**I suppl. 6** / V cap. A 16, 2
4, 21	**I 802** / C cap. Δ 3, 1
4, 26	**I 913** / C cap. E 1, 1
6, 5–7	**I 1399** / C cap. M 1, 1
	I suppl. 201 / V cap. M 8, 1
6, 11–13	**I 1400** / C cap. M 1, 2
9, 1–2	**I 1049** / C cap. E 5, 3
9, 24–25	**I suppl. 7** / V cap. A 16, 3
9, 26^{1}–27^{3}	**I 1050** / C cap. E 5, 4
11, 5–7	**I 12** / C cap. A 1, 12 (Versio C H^{II} R)
11, 7	**I 12** / C cap. A 1, 12 (Versio V H^{I} L^{c} PML^{b} T)
12, 1–3	**I 1051** / C cap. E 5, 5
13, 13	**I 1401** / C cap. M 1, 3
14, 13–16	**I 602** / C cap. B 2, 1
16, 10	**I 358** / C cap. A 9, 1
17, 15–19	**I 881** / C cap. Δ 5, 1
18, 1–5	**I 14** / C cap. A 1, 14
18, 12–15	**I 882** / C cap. Δ 5, 2
18, 17–19	**I 1052** / C cap. E 5, 6
19, 24–26	**I 1402** / C cap. M 1, 4
21, 17–18	**I 359** / C cap. A 9, 2
22, 1–2	**I suppl. 220** / V cap. Π 35, 1
24, 60	**I 1054** / C cap. E 5, 8
25, 21–23	**I 1367** / C cap. Λ 1, 1
26, 2	**I 1743** / C cap. X 3, 1
26, 4	**I 1743** / C cap. X 3, 1
26, 24	**I 1053** / C cap. E 5, 7
27, 26–28^{3}	**I 1055** / C cap. E 5, 9
27, 29^{1}–40^{2}	**I 1057** / C cap. E 5, 11
28, 20–22	**I 914** / C cap. E 1, 2
31, 36	**I 604** / C cap. B 2, 3
31, 42	**I 604** / C cap. B 2, 3
32, 24–25	**I 1421** / C cap. O 1, 1

[62] Die Zitate mit den Nummern **I 1–1085** und **I 1086–1852** sind jeweils publiziert in SJD VIII/1 und VIII/2; diejenigen mit den Nummern **I suppl. 1–455** finden sich im vorliegenden Band. Unter „loci non reperti“ sind zu verstehen: 1. Zitate, die weder in den Werken, denen sie zugeschrieben werden, noch anderswo gefunden wurden; 2. Zitate, die aus heute verlorenen oder nur sehr fragmentarisch erhaltenen Werken stammen; 3. Zitate, bei denen weder der Autor noch das Werk bekannt sind, aus dem die Texte entnommen sind.

Genesis (continuatio)

32, 29 **I 1421** / C cap. O 1, 1
35, 11 **I 1058** / C cap. E 5, 12
48, 15–16 **I 1059** / C cap. E 5, 13
48, 16 **I 360** / C cap. A 9, 3
48, 20 **I 1059** / C cap. E 5, 13
49, 8^{1}–27^{3} **I 1060** / C cap. E 5, 14
49, 10^{1}–12^{2} **I 1744** / C cap. X 3, 2
49, 16^{1}–18^{1} **I 1134** / C cap. H 1, 1

Exodus

1, 12 **I 605** / C cap. B 2, 4
1, 17 **I 1726** / C cap. X 2, 1
1, 20 **I 1726** / C cap. X 2, 1
2, 23–25 **I 915** / C cap. E 1, 3
3, 7–8 **I 606** / C cap. B 2, 5
3, 13–14 **I 1422** / C cap. O 1, 2
3, 14 **I 92** / C cap. A 2, 1
[**I suppl. 271** / H^{I} cap. A 57, 2]
6, 2–3 **I 1423** / C cap. O 1, 3
9, 33 **I suppl. 350** / V cap. E 7, 1
14, 24–25 **I 1403** / C cap. M 1, 5
14, 27–28 **I 1403** / C cap. M 1, 5
15, 1 **I 803** / C cap. Δ 3, 2
15, 2^{2-3} **I 804** / C cap. Δ 3, 3
15, 21 **I 803** / C cap. Δ 3, 2
16, 15–20 **I 694** / C cap. Γ 1, 2
20, 3–5 **I suppl. 143** / V cap. B 5, 1
20, 26 **I 1001** / C cap. E 3, 3
22, 20 **I suppl. 144** / V cap. B 5, 2
22, 29 **I 1630** / C cap. Υ 1, 1
I suppl. 85 / V cap. A 32, 1
23, 15 **I 1631** / C cap. Υ 1, 2
I suppl. 86 / V cap. A 32, 2
23, 19 **I 1000** / C cap. E 3, 2
I 1632 / C cap. Υ 1, 3
I suppl. 87 / V cap. A 32, 3
23, 20–21 **I 361** / C cap. A 9, 4
25, 1 **I 1236** / C cap. Θ 2, 1
25, 22 **I 1236** / C cap. Θ 2, 1
25, 29 **I 1002** / C cap. E 3, 4
I 1236 / C cap. Θ 2, 1
29, 37 **I 999** / C cap. E 3, 1
I 1003 / C cap. E 3, 5
30, 13–15 **I 1268** / C cap. I 2, 1
32, 26–28 **I suppl. 211** / V cap. Π 6, 1
33, 12–13 **I 175** / C cap. A 4, 1 (Versio C H^{II} R)
33, 17 **I 175** / C cap. A 4, 1 (Versio C H^{II} R; Versio V A^{I} L^{c} PML^{b} T)
33, 20 **I 175** / C cap. A 4, 1 (Versio V A^{I} L^{c} PML^{b} T)
33, 20–23 **I 175** / C cap. A 4, 1 (Versio C H^{II} R)
34, 6–7 **I 1655** / C cap. Φ 1, 1
34, 20 **I suppl. 86** / V cap. A 32, 2
35, 4–5 **I suppl. 126** / R cap. A 46, 1

Leviticus

7, 23 **I suppl. 88** / V cap. A 32, 4
10, 3 **I 1086** / C cap. Z 1, 1
16, 2 **I 1004** / C cap. E 3, 6
19, 18 **I 1036** / C cap. E 4, 1
19, 30 **I suppl. 32** / L^{c} cap. A 7, 1
22, 20 **I suppl. 169** / V cap. Θ 2, 2
24, 10–16 **I 1424** / C cap. O 1, 4
26, 2 **I suppl. 32** / L^{c} cap. A 7, 1
27, 30 **I 1633** / C cap. Υ 1, 4
I suppl. 89 / V cap. A 32, 5

Numeri

3, 10 **I 1258** / C cap. I 1, 1
3, 38 **I 1258** / C cap. I 1, 1
4, 15 **I 1260** / C cap. I 1, 3

6, 22–27 **I 16** / C cap. A 1, 16
I 1061 / C cap. E 5, 15
11, 21–23 **I 883** / C cap. Δ 5, 3
14, 13 **I 916** / C cap. E 1, 4
14, 17–20 **I 916** / C cap. E 1, 4
14, 40–45 **I 696** / C cap. Γ 1, 4
14, 41–42 **I 1599** / C cap. Σ 1, 1
16, 44–49 **I 917** / C cap. E 1, 5
17, 12–13 **I 1261** / C cap. I 1, 4
18, 7 **I 1259** / C cap. I 1, 2
20, 12 **I 805** / C cap. Δ 3, 4
22, 18 **I 1727** / C cap. X 2, 2
23, 6–10^{4} **I 1062** / C cap. E 5, 16
23, 6–12 **I 607** / C cap. B 2, 6 (Versio C H^{II} R_{I})
23, 7–8 **I 607** / C cap. B 2, 6 (Versio V H^{I} PM T)
23, 18–24^{4} **I 1063** / C cap. E 5, 17
23, 19^{1-4} **I 578** / C cap. B 1, 1
I 864 / C cap. Δ 4, 1
24, 3 **I 1064** / C cap. E 5, 18
24, 4^{2}–9^{4} **I 1064** / C cap. E 5, 18
24, 17^{3-6} **I 1745** / C cap. X 3, 3
24, 23^{1}–24^{3} **I 1135** / C cap. H 1, 2
25, 7–13 **I suppl. 212** / V cap. Π 6, 2
30, 3 **I suppl. 439** / V cap. Υ 10, 2
31, 41–42 **I suppl. 127** / R cap. A 46, 2
32, 24 **I 1634** / C cap. Υ 1, 5

Deuteronomium

4, 12 **I 176** / C cap. A 4, 2
5, 28–29 **I 1547** / C cap. Π 2, 1
6, 4 **I 18** / C cap. A 1, 18
7, 21 **I 706** / C cap. Δ 1, 1
7, 26 **I suppl. 140** / V cap. A 50, 1
I suppl. 145 / V cap. B 5, 3
8, 2–3 **I suppl. 221** / V cap. Π 35, 2
10, 17 **I 20** / C cap. A 1, 20
I 1276 / C cap. K 1, 1
10, 20–21 **I 1087** / C cap. Z 1, 2
11, 18–21 **I 1188** / C cap. Θ 1, 1
12, 13–14 **I 1005** / C cap. E 3, 7
12, 19 **I suppl. 90** / V cap. A 32, 6
13, 3 **I suppl. 222** / V cap. Π 35, 3
13, 12–16 **I suppl. 128** / R cap. A 46, 3
13, 17 **I suppl. 141** / V cap. A 50, 2
16, 16–17 **I 1636** / C cap. Υ 1, 7
I suppl. 91 / V cap. A 32, 7
18, 17–19 **I 1746** / C cap. X 3, 4
23, 21 **I 1635** / C cap. Υ 1, 6
I 1645 / C cap. Υ 1, 16
23, 23 **I 1635** / C cap. Υ 1, 6
28, 66 **I 1747** / C cap. X 3, 5
29, 29 **I 1571** / C cap. Π 3, 1
32, 4^{1-4} **I 1277** / C cap. K 1, 2
32, 8^{1}–9^{2} **I 362** / C cap. A 9, 5
32, 12^{1-2} [**I suppl. 252** / V cap. A 1, $22V^{W}$]
32, 22^{1}–23^{2} **I 437** / C cap. A 12, 1
32, 39^{1-2} **I suppl. 235** / V cap. A 1, 5
32, 39^{1-3} **I 94** / C cap. A 2, 3
I 374 / C cap. A 10, 1
32, 39^{3-4} **I 115** / C cap. A 3, 1 (app. crit.)
32, 39^{5} **I 115** / C cap. A 3, 1
32, 40^{1-3} **I 94** / C cap. A 2, 3
32, 41^{2-4} **I 1278** / C cap. K 1, 3
32, 43^{1-2} **I 332** / C cap. A 8, 1
32, 43^{5-7} **I 438** / C cap. A 12, 2
32, 43^{8} **I 422** / C cap. A 11, 1
33, 1 **I 1065** / C cap. E 5, 19
33, 6^{1-2} **I 1065** / C cap. E 5, 19
33, 7^{2-4} **I 1065** / C cap. E 5, 19
33, 8^{2-3} **I 1065** / C cap. E 5, 19
33, 9^{1}–19^{4} **I 1065** / C cap. E 5, 19
33, 20^{2-4} **I 1065** / C cap. E 5, 19
33, 22^{2-3} **I 1065** / C cap. E 5, 19
I 1136 / C cap. H 1, 3

Deuteronomium (continuatio)

$33, 23^{2-4}$ **I 1065** / C cap. E 5, 19
$33, 24^{2}-29^{6}$ **I 1065** / C cap. E 5, 19
$33, 29^{1-2}$ **I suppl. 33** / L^{c} cap. A 7, 2

Iosue

1, 1 **I 1066** / C cap. E 5, 20
1, 9 **I 1066** / C cap. E 5, 20
5, 13–14 **I 363** / C cap. A 9, 6
7, 10 **I suppl. 129** / R cap. A 46, 4
I suppl. 142 / V cap. A 50, 3
7, 12–13 **I suppl. 129** / R cap. A 46, 4
I suppl. 142 / V cap. A 50, 3
7, 15–16 **I suppl. 129** / R cap. A 46, 4
I suppl. 142 / V cap. A 50, 3
7, 19–21 **I suppl. 129** / R cap. A 46, 4
I suppl. 142 / V cap. A 50, 3
7, 25 **I suppl. 129** / R cap. A 46, 4
I suppl. 142 / V cap. A 50, 3
9, 14–15 **I 697** / C cap. Γ 1, 5

Iudices

1, 6–7 **I suppl. 208** / V cap. Ξ 2, 2
2, 18 **I 608** / C cap. B 2, 7
7, 2–7 **I 609** / C cap. B 2, 8
9, 45 **I suppl. 207** / V cap. Ξ 2, 1
11, 35 **I 1637** / C cap. Υ 1, 8
16, 28–30 **I suppl. 351** / V cap. E 7, 2

I Regum

Vide etiam *Origenis Hexaplorum quae supersunt sive veterum interpretum Graecorum in totum Vetus Testamentum fragmenta* ... concinnavit, emendavit, et multis partibus auxit Fr. FIELD. I–II, Oxonii 1875.

1, 25–28 **I 1638** / C cap. Υ 1, 9
$2, 3^{3-4}$ **I 1572** / C cap. Π 3, 2
$2, 4^{1-2}$ **I suppl. 313** / V cap. Δ 1, 11
$2, 6^{1-2}$ **I 375** / C cap. A 10, 2
$2, 7^{1-2}$ **I suppl. 314** / V cap. Δ 1, 12
$2, 7^{1}-8^{4}$ **I 1483** / C cap. O 3, 1
$2, 9^{1}$ **I 918** / C cap. E 1, 6
$2, 10^{9-10}$ **I 1279** / C cap. K 1, 4 (Versio V PM)
$2, 10^{10}$ **I 1279** / C cap. K 1, 4 (Versio C R)
2, 20–21 **I 1067** / C cap. E 5, 21
2, 22–25 **I 865** / C cap. Δ 4, 2
2, 30 **I 806** / C cap. Δ 3, 5
7, 8–10 **I 919** / C cap. E 1, 7
8, 10 **I 698** / C cap. Γ 1, 6
8, 18 **I 698** / C cap. Γ 1, 6
13, 13–14 **I suppl. 215** / V cap. Π 8, 1
14, 6–7 **I 610** / C cap. B 2, 9
14, 11–12 **I 611** / C cap. B 2, 10
14, 13–15 **I 612** / C cap. B 2, 11
15, 1–3 **I 325** / C cap. A 7, 1
15, 10–11 **I suppl. 202** / V cap. M 8, 2
15, 17–23 **I 326** / C cap. A 7, 2 (Versio V H^{I} PM T)
15, 17–24 **I 326** / C cap. A 7, 2 (Versio C R_{I})
15, 32–33 **I suppl. 213** / V cap. Π 6, 3
15, 35 **I suppl. 203** / V cap. M 8, 3
16, 7 **I 116** / C cap. A 3, 2
16, 17–19 **I 807** / C cap. Δ 3, 6
16, 21 **I 808** / C cap. Δ 3, 7
16, 23 **I 808** / C cap. Δ 3, 7
17, 40–43 **I 613** / C cap. B 2, 12
17, 45–51 **I 613** / C cap. B 2, 12

II Regum

1, 17–18 **I suppl. 8** / V cap. A 16, 4
$1, 21^{1-3}$ **I suppl. 8** / V cap. A 16, 4
6, 6–7 **I 1262** / C cap. I 1, 5

17, 14 **I suppl. 299** / V cap. B 3, 6
24, 11–16 **I 1656** / C cap. Φ 1, 2

III Regum

14, 6 **I suppl. 216** / V cap. Π 8, 2
17, 10–16 **I 1068** / C cap. E 5, 22
18, 17–18 **I suppl. 217** / V cap. Π 8, 3
18, 36 **I suppl. 354** / V cap. E 7, 6
18, 38 **I suppl. 354** / V cap. E 7, 6
18, 40 **I suppl. 214** / V cap. Π 6, 4
21, 28 **I 327** / C cap. A 7, 3–4 (Versio $C^{\text{cap. A 7, 3}}$ $R_1^{\text{cap. A 7bis, 2}}$)
21, 28–34 **I 327** / C cap. A 7, 3–4 (Versio V H^{I} PM T)
21, 30–34 **I 327** / C cap. A 7, 3–4 (Versio $C^{\text{cap. A 7, 4}}$ $R_1^{\text{cap. A 7bis, 3}}$)
21, 42 **I 328** / C cap. A 7, 5
22, 13–14 **I 1732** / C cap. X 2, 7

IV Regum

1, 9–10 **I suppl. 9** / V cap. A 16, 5
1, 15–17 **I suppl. 218** / V cap. Π 8, 4
1, 16 **I suppl. 10** / V cap. A 16, 6
3, 13–14 **I suppl. 219** / V cap. Π 8, 5
3, 14–19 **I 809** / C cap. Δ 3, 8
4, 1–6 **I 1069** / C cap. E 5, 23
4, 42–44 **I 1070** / C cap. E 5, 24
5, 9–14 **I suppl. 172** / V cap. I 1, 1
6, 15 **I suppl. 355** / V cap. E 7, 7 (app. crit.)
6, 15–17 **I 365** / C cap. A 9, 8
6, 15–18 **I suppl. 355** / V cap. E 7, 7
6, 15–22 **I 617** / C cap. B 2, 16
6, 16 **I suppl. 355** / V cap. E 7, 7 (app. crit.)
6, 18 **I suppl. 355** / V cap. E 7, 7 (app. crit.)
7, 1–2 **I 884** / C cap. Δ 5, 4
7, 8–9 **I 616** / C cap. B 2, 15
7, 18–19 **I 884** / C cap. Δ 5, 4
13, 4–5 **I 614** / C cap. B 2, 13
14, 26–27 **I 615** / C cap. B 2, 14
19, 15–20 **I 924** / C cap. E 1, 12
20, 4–6 **I 926** / C cap. E 1, 14
I suppl. 173 / V cap. I 1, 2
20, 6 **I suppl. 173** / V cap. I 1, 2 (app. crit.)

I Paralipomenon

15, 2 **I 1263** / C cap. I 1, 6
20, 1–3 **I suppl. 209** / V cap. Ξ 2, 3
28, 1 **I 1088** / C cap. Z 1, 3
28, 9 **I 117** / C cap. A 3, 3
I 1088 / C cap. Z 1, 3

II Paralipomenon

13, 12 **I 294** / C cap. A 6, 5
13, 14–15 **I 618** / C cap. B 2, 17
14, 7 **I 1089** / C cap. Z 1, 4
14, 11 **I 619** / C cap. B 2, 18
14, 11–12 **I 921** / C cap. E 1, 9
15, 1–2 **I 1090** / C cap. Z 1, 5
15, 5–6 **I 1137** / C cap. H 1, 4
20, 20–25 **I 920** / C cap. E 1, 8
25, 9–10 **I 1730** / C cap. X 2, 5
26, 18–19 **I 1264** / C cap. I 1, 7
28, 12–15 **I 1728** / C cap. X 2, 3
32, 5–8 **I 621** / C cap. B 2, 20
32, 20–21 **I suppl. 352** / V cap. E 7, 3
33, 2 **I 922** / C cap. E 1, 10 (Versio V^{W})
33, 10–11 **I 922** / C cap. E 1, 10 (Versio $V^{E}V^{O}V^{Ph}$ H^{I} PM T)
33, 10–13 **I 922** / C cap. E 1, 10 (Versio C H^{II})

II Paralipomenon (continuatio)

33, 11 **I 922** / C cap. E 1, 10 (Versio V^{W})
33, 12–13 **I 922** / C cap. E 1, 10 (Versio V^{W})
33, 13 **I 922** / C cap. E 1, 10 (Versio $V^{E}V^{O}V^{Ph}$ H^{I} PM T)

partes loci non repertae

Καὶ ὡς ἐπάταξεν αὐτὸν ἡ καρδία
I 922 / C cap. E 1, 10 (Versio V^{W})
ἐν ὀδύνῃ καὶ στεναγμῷ. Καὶ ἤκουσεν
I 922 / C cap. E 1, 10 (Versio V^{W})

II Esdrae

6, 15–16 **I 1027** / C cap. E 3, 29

Iudith

8, 10–16 **I 870** / C cap. Δ 4, 7
9, 5–6 **I 1577** / C cap. Π 3, 7
9, 11 **I 639** / C cap. B 2, 38

Psalmi

1, 1^{1} **I 1189** / C cap. Θ 1, 2
1, 1^{1-2} **I suppl. 35** / L^{c} cap. A 7, 4
1, 2^{1}–3^{4} **I 1189** / C cap. Θ 1, 2
2, 7^{2}–8^{2} **I 1748** / C cap. X 3, 6
2, 11^{1-2} **I 811** / C cap. Δ 3, 10
3, 9^{1} **I 1548** / C cap. Π 2, 2
4, 3^{1-2} **I 1496** / C cap. Π 1, 1
5, 5^{1}–7^{2} **I 1405** / C cap. M 1, 7
5, 8^{1-2} **I 1006** / C cap. E 3, 8
5, 11^{1-2} **I suppl. 15** / V cap. A 16, 11
6, 11^{1} **I suppl. 16** / V cap. A 16, 12
6, 11^{2} **I suppl. 16** / V cap. A 16, 12 (app. crit.)
7, 10^{3} **I 124** / C cap. A 3, 10
7, 12^{1-2} **I suppl. 443** / V cap. Φ 2, 3
9, 2^{1}–3^{2} **I 812** / C cap. Δ 3, 11
9, 5^{2} **I suppl. 401** / V cap. K 11, 7
9, 5^{2}–9^{2} **I 440** / C cap. A 12, 4 (Versio C H^{II} $H^{I\ cap.\ A\ 59}$ R)
9, 8^{2}–9^{1} **I 440** / C cap. A 12, 4 (Versio $V^{W}V^{O}V^{Ph}$ $H^{I\ cap.\ A\ 13}$ L^{c} PM T)
9, 11^{2} **I 1091** / C cap. Z 1, 6
9, 17^{1-2} **I 1329** / C cap. K 2, 4
9, 25^{2} **I suppl. 444** / V cap. Φ 2, 4
9, 32^{1-2} **I 499** / C cap. A 13, 3
9, 34^{1-2} **I 500** / C cap. A 13, 4
9, 36^{1} **I suppl. 27** / V cap. A 16, 23
10, 4^{1}–5^{1} **I 125** / C cap. A 3, 11
10, 7^{1-2} **I 1282** / C cap. K 1, 7
11, 7^{1-3} **I 1190** / C cap. Θ 1, 3
17, 4^{1-2} **I 814** / C cap. Δ 3, 13
17, 10^{1}–12^{1} **I 1749** / C cap. X 3, 7
17, 31^{2} **I 1191** / C cap. Θ 1, 4
17, 32^{1-2} **I suppl. 236** / V cap. A 1, 6
17, 44^{3}–45^{1} **I 1369** / C cap. Λ 1, 3
18, 7^{1-3} **I 1170** / C cap. H 2, 7
18, 8^{1}–9^{2} **I 1192** / C cap. Θ 1, 5
18, 10^{2} **I suppl. 402** / V cap. K 11, 9
18, 10^{2}–11^{1} **I 1330** / C cap. K 2, 5
18, 13^{1} **I 1331** / C cap. K 2, 6
19, 8^{1}–9^{2} **I 622** / C cap. B 2, 21
21, 8^{1}–9^{2} **I 1750** / C cap. X 3, 8
21, 17^{1}–19^{2} **I 1751** / C cap. X 3, 9
21, 23^{2}–24^{1} **I 1007** / C cap. E 3, 9
21, 24^{1-2} **I 813** / C cap. Δ 3, 12
23, 7^{1}–10^{2} **I 1752** / C cap. X 3, 10
24, 3^{2} **I suppl. 28** / V cap. A 16, 24
24, 6^{1-2} **I 1657** / C cap. Φ 1, 3
25, 8^{1-2} **I 1008** / C cap. E 3, 10
26, 1^{2} **I suppl. 301** / V cap. B 3, 9

Locus	Ref.
26, 1^{3}	**I suppl. 301** / V cap. B 3, 9 (app. crit.)
26, 4^{1-4}	**I 1009** / C cap. E 3, 11
26, 8^{1-2}	[**I suppl. 254** / V cap. A 1, 24V^{W}]
26, 13	**I suppl. 430** / V cap. Π 3, 1
27, 9^{1-2}	**I 1072** / C cap. E 5, 26
28, 2^{2}	**I suppl. 385** / V cap. E 6, 11
28, 11^{1-2}	**I 1073** / C cap. E 5, 27
30, 7^{1}	**I 1406** / C cap. M 1, 8
30, 20^{1-3}	**I 1658** / C cap. Φ 1, 4
31, 9^{2-3}	**I 1092** / C cap. Z 1, 7
32, 5^{1}	**I 1283** / C cap. K 1, 8
32, 5^{2}	**I 1659** / C cap. Φ 1, 5
32, 6^{1-2}	**I suppl. 237** / V cap. A 1, 7
32, 10^{1-3}	**I 1601** / C cap. Σ 1, 3
32, 10^{1}–11^{2}	**I 579** / C cap. B 1, 2
32, 15^{1-2}	**I 126** / C cap. A 3, 12
32, 16^{1}–17^{2}	**I 623** / C cap. B 2, 22
33, 2^{1}–3^{1}	**I 815** / C cap. Δ 3, 14
33, 5^{1-2}	**I 1093** / C cap. Z 1, 8
33, 6^{1-2}	**I 646** / C cap. B 3, 1
33, 8	**I 364** / C cap. A 9, 7
33, 11^{1-2}	**I 1094** / C cap. Z 1, 9
34, 10^{1-3}	**I 624** / C cap. B 2, 23
34, 11–12^{2}	**I 1753** / C cap. X 3, 11
34, 23^{1-2}	[**I suppl. 255** / V cap. A 1, 25V^{W}]
35, 7^{1-2}	**I 1332** / C cap. K 2, 7
35, 7^{3}–8^{1}	**I 1660** / C cap. Φ 1, 6
35, 10^{1-2}	**I 22** / C cap. A 1, 22
36, 1^{2}–2^{2}	**I 1333** / C cap. K 2, 8–9 (Versio C R)
36, 7^{2-3}	**I 1333** / C cap. K 2, 8–9 (Versio C R; Versio V PM)
36, 10^{1-2}	**I 1333** / C cap. K 2, 8–9 (Versio C R)
36, 23^{1}	**I 1602** / C cap. Σ 1, 4
36, 30^{1}–31^{2}	**I 1193** / C cap. Θ 1, 6
36, 35^{1}–36^{1}	**I suppl. 410** / V cap. K 1, 5
37, 12^{1}–15^{2}	**I 1754** / C cap. X 3, 12
38, 6^{3}	**I 1497** / C cap. Π 1, 2
38, 7^{2-3}	**I 1497** / C cap. Π 1, 2
39, 5^{1-2}	**I 1498** / C cap. Π 1, 3
39, 6^{1-3}	**I 581** / C cap. B 1, 4
39, 7^{1}–10^{1}	**I 1755** / C cap. X 3, 13
39, 15^{1}	**I suppl. 17** / V cap. A 16, 13
39, 17^{1}	**I 1095** / C cap. Z 1, 10
40, 7^{3}–9^{1}	**I 1756** / C cap. X 3, 14
40, 10^{2}	**I 1757** / C cap. X 3, 15
41, 2^{1}–3^{1}	**I 24** / C cap. A 1, 24
41, 3^{1-2}	[**I suppl. 253** / V cap. A 1, 23V^{W}]
44, 8^{1}	**I suppl. 418** / V cap. M 2, 4
46, 7^{1-2}	**I suppl. 330** / V cap. Δ 3, 7
47, 3^{2}–4^{2}	**I 1758** / C cap. X 3, 16
47, 11^{3}	**I 1284** / C cap. K 1, 9
49, 2^{2}–6^{2}	**I 441** / C cap. A 12, 5
49, 14^{1}–15^{2}	**I 816** / C cap. Δ 3, 15
	I 928 / C cap. E 1, 16
49, 21^{2-3}	**I 866** / C cap. Δ 4, 3
49, 23^{1-2}	**I 817** / C cap. Δ 3, 16
50, 7^{1-2}	**I 271** / C cap. A 5, 6
52, 6^{2-3}	**I suppl. 419** / V cap. M 2, 5
58, 6^{3}	**I suppl. 18** / V cap. A 16, 14
58, 11^{2}–12^{1}	**I suppl. 19** / V cap. A 16, 15
59, 6^{1}–7^{1}	**I 1624** / C cap. Σ 2, 1
59, 13^{1-2}	**I 625** / C cap. B 2, 24
64, 5^{3-4}	**I 1010** / C cap. E 3, 12
65, 1^{2}–2^{2}	**I suppl. 331** / V cap. Δ 3, 10
65, 3^{2}	**I 718** / C cap. Δ 1, 13
65, 5^{2}	**I 580** / C cap. B 1, 3
65, 10^{1}–12^{3}	**I suppl. 224** / V cap. Π 35, 5
65, 13^{2}–14^{1}	**I suppl. 356** / PML^{b} cap. E 17, 12
65, 13^{2}–14^{2}	**I 1639** / C cap. Υ 1, 10
65, 14^{2}	**I suppl. 356** / PML^{b} cap. E 17, 12 (app. crit.)

Psalmi (continuatio)

66, 2^{1-2} **I 1074** / C cap. E 5, 28
66, 4^{1-2} **I suppl. 332** / V cap. Δ 3, 11
66, 6^{1-2} **I suppl. 332** / V cap. Δ 3, 11
67, 3^{2}–4^{3} **I 442** / C cap. A 12, 6
67, 19^{1-2} **I 1759** / C cap. X 3, 17
67, 21^{1} **I 1549** / C cap. Π 2, 3
67, 27^{1-2} **I 1011** / C cap. E 3, 13
I suppl. 333 / V cap. Δ 3, 12
67, 33 **I suppl. 334** / V cap. Δ 3, 13
67, 36^{1} **I suppl. 36** / L^{c} cap. A 7, 5
68, 22^{1-2} **I 1760** / C cap. X 3, 18
68, 23^{1} **I suppl. 20** / V cap. A 16, 16
68, 23^{2} **I suppl. 20** / V cap. A 16, 16 (app. crit.)
68, 25^{1-2} **I suppl. 21** / V cap. A 16, 17
68, 31^{1}–33^{2} **I 818** / C cap. Δ 3, 17
68, 33^{2} **I 1096** / C cap. Z 1, 11
71, 1^{2}–7^{2} **I 1761** / C cap. X 3, 19
72, 2^{2}–7^{1} **I 1334** / C cap. K 2, 10
72, 12^{1-2} **I 1335** / C cap. K 2, 11
72, 27^{1} **I suppl. 389** / V cap. Z 1, 6
73, 12^{1} **I suppl. 238** / V cap. A 1, 8
73, 12^{2} **I suppl. 238** / V cap. A 1, 8 (app. crit.)
73, 16^{1}–17^{2} **I 754** / C cap. Δ 2, 3
74, 5^{1}–6^{2} **I 302** / C cap. A 6, 13
74, 8^{1}–9^{1} **I 1485** / C cap. O 3, 3
74, 8^{1}–9^{5} **I 1336** / C cap. K 2, 12
75, 8^{1} **I 719** / C cap. Δ 1, 14
75, 12^{2}–13^{2} **I 720** / C cap. Δ 1, 15
76, 4^{1} **I 819** / C cap. Δ 3, 18
76, 8^{1}–10^{2} **I 1661** / C cap. Φ 1, 7
76, 14^{2}–15^{2} **I 721** / C cap. Δ 1, 16
78, 6^{1} **I suppl. 22** / V cap. A 16, 18
80, 12^{1}–13^{2} **I 1443** / C cap. O 2, 1
82, 14^{1-2} **I suppl. 23** / V cap. A 16, 19
82, 17^{1} **I suppl. 24** / V cap. A 16, 20
82, 17^{2} **I suppl. 24** / V cap. A 16, 20 (app. crit.)
83, 2–5^{2} **I 1012** / C cap. E 3, 14
83, 5^{1-2} **I suppl. 37** / L^{c} cap. A 7, 6
83, 5^{2} **I suppl. 37** / L^{c} cap. A 7, 6 (app. crit.)
83, 11^{1-3} **I 1013** / C cap. E 3, 15
84, 11^{1}–14^{2} **I 1762** / C cap. X 3, 20
85, 5^{1-2} **I 1662** / C cap. Φ 1, 8
85, 8^{1-2} **I suppl. 239** / V cap. A 1, 9
85, 15^{1-2} **I 1663** / C cap. Φ 1, 9
86, 5^{1}–6^{1} **I 1763** / C cap. X 3, 21
86, 7 **I 333** / C cap. A 8, 2
88, 2^{1-2} **I suppl. 335** / V cap. Δ 3, 15
88, 2^{1}–3^{1} **I 1664** / C cap. Φ 1, 10
88, 9^{2}–12^{2} **I 722** / C cap. Δ 1, 17
88, 12^{1}–13^{1} **I 755** / C cap. Δ 2, 4
88, 15^{1} **I 1285** / C cap. K 1, 10
88, 16^{2}–18^{2} **I 334** / C cap. A 8, 3
88, 27^{1}–30^{2} **I 1764** / C cap. X 3, 22
88, 35^{2} **I suppl. 440** / V cap. Υ 10, 6
88, 36–38^{2} **I 1765** / C cap. X 3, 23
89, 1^{2} **I suppl. 240** / V cap. A 1, 10
89, 2^{1-3} **I 95** / C cap. A 2, 4
89, 4^{1-3} **I suppl. 315** / V cap. Δ 1, 17
89, 11^{1-2} **I suppl. 316** / V cap. Δ 1, 18
91, 2^{1-2} **I 820** / C cap. Δ 3, 19
91, 3^{1-2} **I 820** / C cap. Δ 3, 19 (app. crit.)
91, 6^{1-2} **I 582** / C cap. B 1, 5
91, 6^{1}–8^{3} **I 1337** / C cap. K 2, 13
91, 16^{1-2} **I 1286** / C cap. K 1, 11
I 1444 / C cap. O 2, 2
92, 5^{2-3} **I 1014** / C cap. E 3, 16
93, 1^{2-3} **I 1037** / C cap. E 4, 2
I suppl. 403 / PML^{b} cap. K 10, 14
93, 6^{1}–11 **I 501** / C cap. A 13, 5
93, 8^{1}–10^{2} **I 127** / C cap. A 3, 13

93, 12^{1-2}	**I suppl. 38** / L^c cap. A 7, 7
94, 1^2–2^2	**I 821** / C cap. Δ 3, 20
94, 3^{1-2}	**I suppl. 322** / T cap. Δ 28, 4
94, 4^1–5^2	**I suppl. 323** / V cap. Δ 2, 4 (Versio T)
94, 5^1	**I suppl. 323** / V cap. Δ 2, 4 (Versio $V^E V^O V^{Ph}$ H^I)
94, 5^{1-2}	**I suppl. 323** / V cap. Δ 2, 4 (Versio PM R)
95, 1^{3-4}	**I suppl. 336** / V cap. Δ 3, 18
95, 2^1	**I suppl. 336** / V cap. Δ 3, 18 (app. crit.)
95, 7^{1-2}	**I suppl. 337** / V cap. Δ 3, 19
95, 10^3–13^4	**I 443** / C cap. A 12, 7
96, 1^2–3^2	**I 444** / C cap. A 12, 8
96, 2^2	**I 1287** / C cap. K 1, 12
97, 2^1–3^3	**I 1766** / C cap. X 3, 24
98, 4^3	**I 1288** / C cap. K 1, 13
98, 5^{1-2}	**I suppl. 338** / V cap. Δ 3, 20
98, 5^{2-3}	**I suppl. 338** / V cap. Δ 3, 20 (app. crit.)
98, 9^{2-3}	**I suppl. 338** / V cap. Δ 3, 20 (app. crit.)
99, 1^2–2^1	**I 823** / C cap. Δ 3, 22
99, 4^{1-2}	**I 1015** / C cap. E 3, 17
100, 3^2	**I 1640** / C cap. Υ 1, 11
101, 18^{1-2}	**I 929** / C cap. E 1, 17
101, 26^1–27^3	**I 423** / C cap. A 11, 2
101, 26^1–28	**I 96** / C cap. A 2, 5
102, 1^{2-3}	**I suppl. 339** / V cap. Δ 3, 22
102, 2^{1-2}	**I suppl. 340** / T cap. Δ 29, 22
102, 6^{1-2}	**I 1038** / C cap. E 4, 3
102, 8^1–13^2	**I 1665** / C cap. Φ 1, 11
102, 20^1–21^2	**I 335** / C cap. A 8, 4
102, 22^{1-2}	**I suppl. 341** / V cap. Δ 3, 23
103, 4^{1-2}	**I 336** / C cap. A 8, 5
103, 19^{1-2}	**I 1171** / C cap. H 2, 8
103, 24^1–25^3	**I 756** / C cap. Δ 2, 5
103, 29^{2-3}	**I suppl. 288** / V cap. A 15, 2
103, 30^{1-2}	**I 379** / C cap. A 10, 6
	I 424 / C cap. A 11, 3
103, 34^1	**I suppl. 342** / V cap. Δ 3, 24
103, 34^2	**I suppl. 342** / V cap. Δ 3, 24 (app. crit.)
104, 1^2	**I suppl. 343** / V cap. Δ 3, 25
104, 3^2–4^2	**I 1097** / C cap. Z 1, 12
104, 7^{1-2}	**I 1338** / C cap. K 2, 14
105, 1^2–2^2	**I 822** / C cap. Δ 3, 21 (Versio T)
105, 2^{1-2}	**I 723** / C cap. Δ 1, 18
	I 822 / C cap. Δ 3, 21 (Versio C V H^I PM R)
105, 3^{1-2}	**I suppl. 39** / L^c cap. A 7, 8
105, 44^1	**I suppl. 204** / V cap. M 8, 4
106, 15^1–20^2	**I 1767** / C cap. X 3, 25
106, 32^{1-2}	**I 1016** / C cap. E 3, 18
108, 17^2	**I suppl. 25** / V cap. A 16, 21
108, 29^1	**I suppl. 26** / V cap. A 16, 22
109, 1^2–4^2	**I 1768** / C cap. X 3, 26
109, 5–6^2	**I 445** / C cap. A 12, 9
110, 1^3–3^1	**I 757** / C cap. Δ 2, 6
110, 4^2–5^1	**I suppl. 445** / V cap. Φ 2, 12
110, 10^3	**I 824** / C cap. Δ 3, 23
111, 1^{2-3}	**I suppl. 40** / L^c cap. A 7, 9
112, 1^2–2^1	**I suppl. 344** / V cap. Δ 3, 28
112, 5^1–6^2	**I 128** / C cap. A 3, 14
112, 7^{1-2}	**I suppl. 317** / V cap. Δ 1, 20
112, 7^1–8^2	**I 1486** / C cap. O 3, 4
113, 12^{1-2}	**I suppl. 146** / V cap. B 5, 4
113, 22^1–23^2	**I 1075** / C cap. E 5, 29
113, 25^1–26^2	**I 825** / C cap. Δ 3, 24
115, 4^2	**I 826** / C cap. Δ 3, 25
115, 6^2	**I suppl. 36** / L^c cap. A 7, 5 (app. crit.)
115, 8	**I 826** / C cap. Δ 3, 25
115, 9^{1-2}	**I 826** / C cap. Δ 3, 25
	I 930 / C cap. E 1, 18

Psalmi (continuatio)

116, 1^{2-3}	**I suppl. 345** / V cap. Δ 3, 31
117, 19^{1}–20^{2}	**I 1017** / C cap. E 3, 19
117, 22^{1}–23^{2}	**I 1769** / C cap. X 3, 27
118, 1^{3}–2^{1}	**I suppl. 41** / L^{c} cap. A 7, 10
118, 2^{1}	**I suppl. 391** / V cap. Θ 3, 5
118, 2^{2}	**I suppl. 391** / V cap. Θ 3, 5 (app. crit.)
118, 9^{2-3}	**I 1194** / C cap. Θ 1, 7
118, 14^{1-2}	**I suppl. 392** / V cap. Θ 3, 6
118, 103^{1-2}	**I suppl. 393** / V cap. Θ 3, 7
118, 105^{2-3}	**I 1195** / C cap. Θ 1, 8
118, 117^{2}	**I 1196** / C cap. Θ 1, 9
118, 118^{1-2}	**I suppl. 420** / V cap. M 2, 6
118, 162^{1-2}	**I suppl. 394** / V cap. Θ 3, 8
121, 1^{2-3}	**I 1018** / C cap. E 3, 20
123, 1^{2}–8^{2}	**I 626** / C cap. B 2, 25
126, 1^{2-5}	**I 1603** / C cap. Σ 1, 5
127, 5^{1}–6^{1}	**I 1076** / C cap. E 5, 30
128, 1^{2}–2^{2}	**I 627** / C cap. B 2, 26
128, 4	**I suppl. 404** / V cap. K 11, 14
129, 3^{1-2}	**I 272** / C cap. A 5, 7
129, 4	**I 272** / C cap. A 5, 7 (app. crit.)
133, 1^{2-3}	**I suppl. 346** / V cap. Δ 3, 32
133, 3^{1}– 134, 4^{1}	**I suppl. 388** / R cap. E 42, 6
134, 1^{1}–3^{2}	**I 827** / C cap. Δ 3, 26 (Versio T)
134, 3^{1-2}	**I 827** / C cap. Δ 3, 26 (Versio C)
134, 3^{2}–4^{1}	**I 827** / C cap. Δ 3, 26 (Versio V H^{I} PM R)
134, 15^{1-2}	**I suppl. 146** / V cap. B 5, 4
135, 1^{2}	[**I suppl. 256** / V cap. A 1, 26V^{W}]
135, 2^{1}	[**I suppl. 256** / V cap. A 1, 26V^{W}]
135, 3^{1-2}	[**I suppl. 256** / V cap. A 1, 26V^{W}]
137, 6^{1-2}	**I suppl. 272** / V cap. A 2, 6
138, 1^{2}–3^{2}	**I 129** / C cap. A 3, 15
138, 4	**I 129** / C cap. A 3, 15 (app. crit.)
138, 5^{1}	**I 129** / C cap. A 3, 15
138, 6^{1-2}	**I 178** / C cap. A 4, 4
138, 7^{1}–10^{2}	**I 130** / C cap. A 3, 16
138, 16^{1-2}	**I 131** / C cap. A 3, 17
139, 13^{1-2}	**I 1039** / C cap. E 4, 4
142, 2^{1-2}	**I 273** / C cap. A 5, 8
143, 4^{1-2}	**I 1499** / C cap. Π 1, 4
143, 11^{1}–15^{2}	**I 1339** / C cap. K 2, 15
144, 8^{1}–9^{2}	**I 1666** / C cap. Φ 1, 12
144, 13^{1-2}	**I suppl. 241** / V cap. A 1, 11
144, 14^{1-2}	**I 1550** / C cap. Π 2, 4
145, 5^{1-2}	**I suppl. 42** / L^{c} cap. A 7, 11
145, 7^{1}	**I 1040** / C cap. E 4, 5
145, 7^{1}–9^{3}	**I 1551** / C cap. Π 2, 5
146, 1^{2-3}	**I 828** / C cap. Δ 3, 27
146, 10^{1}–11^{2}	**I 628** / C cap. B 2, 27

Odae

1, 18	**I 93** / C cap. A 2, 2
12, 3^{2}	**I 1425** / C cap. O 1, 5

Proverbia

2, 6^{1-2}	**I 1712** / C cap. X 1, 3
3, 9^{1}–10^{2}	**I 1643** / C cap. Υ 1, 14
	I suppl. 92 / V cap. A 32, 8
3, 13^{1}	**I suppl. 44** / L^{c} cap. A 7, 13
3, 13^{2}	**I suppl. 44** / L^{c} cap. A 7, 13 (app. crit.)
	I suppl. 57 / L^{c} cap. A 7, 26 (app. crit.)

3, 15^{1} **I suppl. 44** / L^{c} cap. A 7, 13
3, 34^{1} **I suppl. 424** / V cap. M 2, 10
3, 34^{2} **I suppl. 424** / V cap. M 2, 10 (app. crit.)
5, 21$^{1-2}$ **I 134** / C cap. A 3, 20
6, 23^{1} **I 1197** / C cap. Θ 1, 10
7, 1a$^{1-2}$ **I 829** / C cap. Δ 3, 28
9, 10a **I 1200** / C cap. Θ 1, 13
9, 10^{2} **I suppl. 43** / L^{c} cap. A 7, 12
10, 8^{1} **I 1198** / C cap. Θ 1, 11
10, 22$^{1-2}$ **I 1077** / C cap. E 5, 31
11, 3^{1} **I suppl. 46** / L^{c} cap. A 7, 15
11, 20^{1} **I suppl. 425** / V cap. M 2, 11
11, 31$^{1-2}$ **I 446** / C cap. A 12, 10
12, 22^{1} **I suppl. 421** / V cap. M 2, 7
12, 24^{1} **I suppl. 45** / L^{c} cap. A 7, 14
13, 8^{1} **I suppl. 116** / V cap. A 48, 2
13, 22^{2} **I suppl. 411** / V cap. K 1, 10
14, 21^{2} **I suppl. 47** / L^{c} cap. A 7, 16
15, 3$^{1-2}$ **I 133** / C cap. A 3, 19
15, 11$^{1-2}$ **I 132** / C cap. A 3, 18
15, 26^{1} **I suppl. 422** / V cap. M 2, 8
15, 27a^{1} **I suppl. 117** / V cap. A 48, 3
16, 5^{1} **I suppl. 426** / V cap. M 2, 12
16, 8$^{1-2}$ **I 1098** / C cap. Z 1, 13
16, 9^{1} **I 1289** / C cap. K 1, 14
16, 11$^{1-2}$ **I 1290** / C cap. K 1, 15
16, 33^{2} **I 1293** / C cap. K 1, 18
17, 15$^{1-2}$ **I suppl. 423** / V cap. M 2, 9
19, 3$^{1-2}$ **I 1445** / C cap. O 2, 3
19, 21$^{1-2}$ **I 583** / C cap. B 1, 6
20, 9$^{1-2}$ **I 274** / C cap. A 5, 9
20, 9c$^{1-2}$ **I 1041** / C cap. E 4, 6
20, 24$^{1-2}$ **I 1604** / C cap. Σ 1, 6
20, 25$^{1-2}$ **I 1642** / C cap. Υ 1, 13
21, 31$^{1-2}$ **I 1605** / C cap. Σ 1, 7
23, 17$^{1-2}$ **I 1340** / C cap. K 2, 16
24, 12^{3} **I 135** / C cap. A 3, 21
24, 12$^{3-4}$ **I 1292** / C cap. K 1, 17
28, 5^{2} **I 1099** / C cap. Z 1, 14
29, 26$^{1-2}$ **I 1291** / C cap. K 1, 16
30, 5^{1} **I 1199** / C cap. Θ 1, 12

Ecclesiastes

1, 2^{2}–3^{2} **I 1500** / C cap. Π 1, 5
1, 5^{1}–6^{4} **I 1172** / C cap. H 2, 9
1, 18^{2} **I 179** / C cap. A 4, 5
2, 17^{1}–18^{1} **I 1501** / C cap. Π 1, 6
2, 18^{3}–19^{4} **I 1501** / C cap. Π 1, 6
3, 11^{1} **I 758** / C cap. Δ 2, 7
4, 17$^{1-4}$ **I 931** / C cap. E 1, 19
5, 1$^{1-3}$ **I 303** / C cap. A 6, 14
5, 3$^{1-2}$ **I 1641** / C cap. Υ 1, 12 (Versio C R)
5, 4$^{1-2}$ **I 1641** / C cap. Υ 1, 12 (Versio C R; Versio V)
5, 14^{1}–15^{1} **I 1502** / C cap. Π 1, 7
7, 20$^{1-2}$ **I 275** / C cap. A 5, 10
7, 29$^{1-3}$ **I 1448** / C cap. O 2, 6
8, 11$^{1-4}$ **I 1446** / C cap. O 2, 4
8, 17$^{1-7}$ **I 180** / C cap. A 4, 6
9, 11^{2}–12^{1} **I 1606** / C cap. Σ 1, 8
10, 6^{1}–7^{2} **I 1487** / C cap. O 3, 5
12, 1^{1}–2^{1} **I 830** / C cap. Δ 3, 29
12, 14$^{1-3}$ **I 447** / C cap. A 12, 11

Canticum

1, 12$^{1-2}$ **I 1770** / C cap. X 3, 28

Iob

3, 1–10^{2} **I suppl. 11** / V cap. A 16, 7
4, 17^{1}–19^{1} **I 266** / C cap. A 5, 1
5, 5^{3} **I suppl. 12** / V cap. A 16, 8
5, 8^{2}–9^{2} **I 708** / C cap. Δ 1, 3
5, 11$^{1-2}$ **I 1484** / C cap. O 3, 2
I suppl. 312 / V cap. Δ 1, 5

Iob (continuatio)

5, 12^{1}–13^{2} **I 1600** / C cap. Σ 1, 2
5, 13^{1-2} **I 122** / C cap. A 3, 8
I suppl. 400 / V cap. K 11, 6
5, 14^{1}–15^{1} **I suppl. 12** / V cap. A 16, 8
5, 17^{1} **I suppl. 34** / L^{c} cap. A 7, 3
7, 16^{1}–21^{3} **I suppl. 154** / V cap. Δ 4, 1
8, 3^{1-2} **I 1280** / C cap. K 1, 5
8, 5–6^{1} **I 927** / C cap. E 1, 15
9, 3^{1-3} **I 269** / C cap. A 5, 4
9, 5^{1}–8^{2} **I 710** / C cap. Δ 1, 5
9, 9 **I 1167** / C cap. H 2, 4
9, 29–33^{2} **I suppl. 155** / V cap. Δ 4, 2
9, 32^{1-2} **I 296** / C cap. A 6, 7
10, 7^{2} **I 711** / C cap. Δ 1, 6
11, 2^{3} **I 1071** / C cap. E 5, 25
11, 10^{1-2} **I 712** / C cap. Δ 1, 7
11, 15^{2}–17^{1} **I suppl. 115** / V cap. A 48, 1
12, 6^{1-3} **I 498** / C cap. A 13, 2
12, 7^{1}–10^{2} **I 753** / C cap. Δ 2, 2
12, 13^{1-2} **I 716** / C cap. Δ 1, 11
12, 14^{1-2} **I 709** / C cap. Δ 1, 4
12, 16^{1-2} **I 716** / C cap. Δ 1, 11
12, 17^{1}–19^{2} **I 717** / C cap. Δ 1, 12
12, 21^{1} **I 717** / C cap. Δ 1, 12
12, 22^{1} **I 717** / C cap. Δ 1, 12
13, 16^{2} **I 1404** / C cap. M 1, 6
13, 23^{1}–24^{1} **I suppl. 157** / V cap. Δ 4, 4
14, 4–5^{1} **I 267** / C cap. A 5, 2
14, 12^{1-2} **I 376** / C cap. A 10, 3
15, 14^{1} **I 269** / C cap. A 5, 4
15, 14^{1}–16^{2} **I 268** / C cap. A 5, 3 (Versio C H^{II})
15, 15^{2} **I 268** / C cap. A 5, 3 (Versio $V^{W}V^{O}V^{Ph}$ L^{c} PM T)
15, 15^{2}–16^{2} **I 268** / C cap. A 5, 3 (Versio R)
15, 20^{1} **I suppl. 13** / V cap. A 16, 9
15, 21^{2-3} **I suppl. 13** / V cap. A 16, 9
15, 23^{2}–25^{2} **I suppl. 13** / V cap. A 16, 9
15, 28^{1}–30^{3} **I suppl. 13** / V cap. A 16, 9
15, 31^{2}–34^{1} **I suppl. 13** / V cap. A 16, 9
15, 35^{1-3} **I suppl. 13** / V cap. A 16, 9
18, 5^{1-2} **I 439** / C cap. A 12, 3
I suppl. 14 / V cap. A 16, 10
18, 7^{1} **I suppl. 14** / V cap. A 16, 10
18, 8^{1}–9^{1} **I suppl. 14** / V cap. A 16, 10
18, 12^{1} **I suppl. 14** / V cap. A 16, 10
18, 13^{2} **I suppl. 14** / V cap. A 16, 10
18, 15^{2}–17^{1} **I suppl. 14** / V cap. A 16, 10
18, 18 **I suppl. 14** / V cap. A 16, 10
18, 19^{1-3} **I suppl. 14** / V cap. A 16, 10
18, 21^{1-2} **I suppl. 14** / V cap. A 16, 10
19, 25–26^{1} **I 377** / C cap. A 10, 4
21, 7^{1}–9^{2} **I 1328** / C cap. K 2, 3
I suppl. 156 / V cap. Δ 4, 3
21, 11^{1}–12^{1} **I 1328** / C cap. K 2, 3
I suppl. 156 / V cap. Δ 4, 3
21, 13^{1} **I 1328** / C cap. K 2, 3
I suppl. 156 / V cap. Δ 4, 3
21, 22^{1-2} **I 1710** / C cap. X 1, 1
21, 30^{1} **I 1326** / C cap. K 2, 1
25, 4^{1-2} **I 270** / C cap. A 5, 5
25, 5^{2}–6^{2} **I 270** / C cap. A 5, 5
26, 6^{1-2} **I 120** / C cap. A 3, 6
26, 7^{1}–8^{2} **I 713** / C cap. Δ 1, 8
26, 11^{1}–14^{3} **I 713** / C cap. Δ 1, 8
26, 13^{2} **I suppl. 1** / V cap. A 6, 1
27, 2^{1-2} [**I suppl. 257** / V cap. A 1, 27V^{W}]
27, 7^{1-2} **I suppl. 12** / V cap. A 16, 8
28, 24^{1}–26^{1} **I 121** / C cap. A 3, 7
31, 26^{1-2} **I 1165** / C cap. H 2, 2
32, 7^{1}–8^{2} **I 1711** / C cap. X 1, 2
33, 4^{1-2} [**I suppl. 258** / V cap. A 1, 28V^{W}]
34, 10^{2-3} **I 301** / C cap. A 6, 12

34, 12^{1}–13^{1}	**I 1281** / C cap. Κ 1, 6
34, 13^{2}–15^{2}	**I 714** / C cap. Δ 1, 9
34, 21^{1}–22	**I 118** / C cap. Α 3, 4
34, 23^{2}–24^{2}	**I 119** / C cap. Α 3, 5
34, 37$^{2-3}$	**I 295** / C cap. Α 6, 6
35, 13^{1}	**I 1404** / C cap. Μ 1, 6
35, 14^{2}	**I 177** / C cap. Α 4, 3
36, 22$^{1-2}$	**I 707** / C cap. Δ 1, 2
36, 23$^{1-2}$	**I 715** / C cap. Δ 1, 10
36, 26^{1}–27^{1}	**I 715** / C cap. Δ 1, 10
37, 5^{2}–7^{2}	**I 715** / C cap. Δ 1, 10
37, 12^{3}–13^{2}	**I 715** / C cap. Δ 1, 10
37, 15^{2}–16^{1}	**I 715** / C cap. Δ 1, 10
37, 23^{1}	**I 715** / C cap. Δ 1, 10
38, 2$^{1-2}$	**I 123** / C cap. Α 3, 9
	I 497 / C cap. Α 13, 1
38, 12^{2}–13^{1}	**I 1168** / C cap. Η 2, 5
38, 31^{1}–32^{2}	**I 1169** / C cap. Η 2, 6
40, 1–2^{2}	**I 297** / C cap. Α 6, 8
40, 2^{1} σ′	**I 298** / C cap. Α 6, 9
40, 4^{1}–5	**I 299** / C cap. Α 6, 10
40, 6	**I 300** / C cap. Α 6, 11
	I 1327 / C cap. Κ 2, 2
40, 8$^{1-2}$	**I 1327** / C cap. Κ 2, 2
	I suppl. 223 / V cap. Π 35, 4
41, 2^{2}–3^{1}	**I 300** / C cap. Α 6, 11
42, 2$^{1-2}$	**I suppl. 311** / V cap. Δ 1, 4
42, 17	**I 378** / C cap. Α 10, 5
42, 17aα	**I 378** / C cap. Α 10, 5
42, 17bα	**I 378** / C cap. Α 10, 5

Sapientia

1, 1^{3}–2^{2}	**I 1110** / C cap. Ζ 1, 25
1, 6$^{3-5}$	**I 144** / C cap. Α 3, 30
1, 7^{2}–8^{2}	**I 142** / C cap. Α 3, 28
1, 10$^{1-2}$	**I 143** / C cap. Α 3, 29
1, 13^{1}–14^{2}	**I 1449** / C cap. Ο 2, 7
1, 13^{1}–14^{4}	**I suppl. 324** / V cap. Δ 2, 11
2, 1^{1}	**I 1851** / C cap. Χ 3, 110
2, 1$^{1-2}$	**I 1508** / C cap. Π 1, 13
2, 5^{2}	**I 1508** / C cap. Π 1, 13
2, 6^{1}–11^{2}	**I 1508** / C cap. Π 1, 13
2, 12^{1}–19^{1}	**I 1851** / C cap. Χ 3, 110
2, 19^{3}–20^{2}	**I 1851** / C cap. Χ 3, 110
2, 21^{1}–22^{2}	**I 1508** / C cap. Π 1, 13
	I 1852 / C cap. Χ 3, 111
3, 14$^{2-3}$	**I suppl. 278** / V cap. Α 5, 8
5, 17^{1}–23^{3}	**I 467** / C cap. Α 12, 31
6, 7$^{1-2}$	**I suppl. 405** / V cap. Κ 11, 19
6, 7$^{3-4}$	**I 1269** / C cap. Ι 2, 2
	I 1558 / C cap. Π 2, 12
6, 8	**I 1306** / C cap. Κ 1, 32
	I suppl. 319 / V cap. Δ 1, 31
7, 15^{1}–16^{2}	**I 1713** / C cap. Χ 1, 4
8, 1^{2}	**I 1558** / C cap. Π 2, 12
9, 13^{1}–14^{2}	**I 596** / C cap. Β 1, 19
9, 14$^{1-2}$	**I 183** / C cap. Α 4, 9
9, 16^{1}–17^{1}	**I 183** / C cap. Α 4, 9
	I 596 / C cap. Β 1, 19
11, 5$^{1-2}$	**I suppl. 413** / V cap. Κ 1, 14
11, 10$^{1-2}$	**I 1305** / C cap. Κ 1, 31
11, 20^{4}	**I 759** / C cap. Δ 2, 8
11, 21$^{1-2}$	**I 732** / C cap. Δ 1, 27
11, 22^{1}	**I 733** / C cap. Δ 1, 28
11, 23^{1}	**I 733** / C cap. Δ 1, 28
11, 23$^{1-2}$	**I 1683** / C cap. Φ 1, 29
11, 24$^{1-2}$	**I 765** / C cap. Δ 2, 14
11, 24^{1}–12, 1	**I 1557** / C cap. Π 2, 11
11, 25$^{1-2}$	**I 765** / C cap. Δ 2, 14
11, 26–12, 1	**I 1685** / C cap. Φ 1, 31
12, 12$^{1-4}$	**I 736** / C cap. Δ 1, 31
12, 15^{1}–16^{1}	**I 1304** / C cap. Κ 1, 29–30
12, 16$^{1-2}$	**I 734** / C cap. Δ 1, 29
12, 17$^{1-2}$	**I 735** / C cap. Δ 1, 30
12, 18$^{1-2}$	**I suppl. 408** / V cap. Κ 11, 28

Sapientia (continuatio)

12, 18^{1}–19^{2} **I 1686** / C cap. Φ 1, 32
12, 19^{3-4} **I suppl. 119** / V cap. A 48, 5
13, 1^{1}–5^{2} **I suppl. 148** / V cap. B 5, 6
13, 5^{1-2} **I 766** / C cap. Δ 2, 15
13, 10^{1-5} **I suppl. 148** / V cap. B 5, 6
14, 2^{1}–5^{3} **I suppl. 432** / V cap. Π 4, 6
14, 7 **I 1627** / C cap. Σ 2, 4
14, 8^{1}–10 **I suppl. 149** / V cap. B 5, 7
15, 1^{1-2} **I 1684** / C cap. Φ 1, 30
15, 7^{7}–12^{2} **I suppl. 150** / V cap. B 5, 8
16, 15 **I 145** / C cap. A 3, 31
I suppl. 320 / V cap. Δ 1, 32
16, 28^{1-2} **I 837** / C cap. Δ 3, 36
17, 1^{1} **I 1305** / C cap. K 1, 31
17, 3^{1-3} **I 504** / C cap. A 13, 8
19, 4^{1} **I 1307** / C cap. K 1, 33
19, 4^{3} **I 1307** / C cap. K 1, 33

Sirach

Vide etiam *Sirach (Ecclesiasticus)* herausgegeben von W. Thiele (*Vetus Latina. Die Reste der altlateinischen Bibel*, 11/2), Freiburg 1987.

1, 3^{2} La **I 184** / C cap. A 4, 10
2, 3^{1-2} **I 1111** / C cap. Z 1, 26
2, 18^{1-4} **I 1687** / C cap. Φ 1, 33
3, 3 **I suppl. 122** / V cap. A 48, 8
3, 21^{1}–22^{2} **I 185** / C cap. A 4, 11
3, 23^{1}–24^{2} **I 187** / C cap. A 4, 13
3, 26^{2} **I 187** / C cap. A 4, 13
3, 30^{1-2} **I suppl. 120** / V cap. A 48, 6
6, 35^{1-2} **I 1204** / C cap. Θ 1, 17
6, 37^{1-2} **I 1205** / C cap. Θ 1, 18
7, 5^{1} **I 311** / C cap. A 6, 22
7, 10^{1} **I 936** / C cap. E 1, 24
9, 11^{1} **I 1342** / C cap. K 2, 18
9, 15^{2} **I 1206** / C cap. Θ 1, 19
10, 7^{1} **I suppl. 427** / V cap. M 2, 15
11, 4^{3-4} **I 189** / C cap. A 4, 15
11, 5^{1-2} **I 1492** / C cap. O 3, 10
11, 9^{1} **I 188** / C cap. A 4, 14
11, 11^{1}–13^{2} **I 1490** / C cap. O 3, 8
I 1613 / C cap. Σ 1, 15
11, 14^{1-2} **I 1491** / C cap. O 3, 9
11, 17^{2} **I 1078** / C cap. E 5, 32
11, 21^{3-4} **I 1489** / C cap. O 3, 7
11, 22^{1-2} **I 1079** / C cap. E 5, 33
14, 1^{1} **I suppl. 53** / L^{c} cap. A 7, 22
14, 2^{1} **I suppl. 54** / L^{c} cap. A 7, 23
15, 18^{1-2} **I 151** / C cap. A 3, 37
15, 19^{2} **I 151** / C cap. A 3, 37
15, 20^{1-2} **I 1457** / C cap. O 2, 15
16, 7^{1}–11^{2} **I 1414** / C cap. M 1, 16
16, 17^{1}–18^{2} **I 505** / C cap. A 13, 9
16, 20^{1-2} **I 186** / C cap. A 4, 12
16, 23^{1-2} **I 186** / C cap. A 4, 12
16, 26^{1}–27^{2} **I 771** / C cap. Δ 2, 20
17, 19^{1}–20^{2} **I 150** / C cap. A 3, 36
17, 28^{2} **I 838** / C cap. Δ 3, 37
18, 1–2^{1} **I 767** / C cap. Δ 2, 16
18, 4^{2}–7^{2} **I 191** / C cap. A 4, 17
18, 22^{1} **I 937** / C cap. Ė 1, 25
18, 23^{1-2} **I 1645** / C cap. Υ 1, 16
20, 32^{1-2} **I 1113** / C cap. Z 1, 28
23, 18^{1}–19^{3} **I 506** / C cap. A 13, 10
23, 19^{2-4} **I 146** / C cap. A 3, 32
23, 20^{1-2} **I 152** / C cap. A 3, 38
23, 28^{1} **I 1112** / C cap. Z 1, 27
25, 7^{1-4} **I suppl. 55** / L^{c} cap. A 7, 24
25, 8^{1-3} **I suppl. 56** / L^{c} cap. A 7, 25
25, 9^{1}–10^{2} **I suppl. 57** / L^{c} cap. A 7, 26
25, 11^{1} **I suppl. 57** / L^{c} cap. A 7, 26 (app. crit.)
28, 2^{1-2} **I suppl. 121** / V cap. A 48, 7
30, 18^{2}–19^{2} **I suppl. 151** / V cap. B 5, 9
32, 5^{1-2} **I suppl. 123** / V cap. A 48, 9

32, 6	**I 1646** / C cap. Υ 1, 17
	I suppl. 93 / V cap. A 32, 9
32, 11^{1}–12^{1}	**I 1647** / C cap. Υ 1, 18
	I suppl. 94 / V cap. A 32, 10
32, 13^{1-2}	**I 1647** / C cap. Υ 1, 18
	I suppl. 94 / V cap. A 32, 10
32, 15^{2}–16^{1}	**I 1308** / C cap. K 1, 34
35, 13^{1-2}	**I 839** / C cap. Δ 3, 38
36, 7^{1}–12^{4}	**I 1343** / C cap. K 2, 19
36, 13^{1-4}	**I 149** / C cap. A 3, 35
38, 4^{1-2}	**I 770** / C cap. Δ 2, 19
38, 8^{3}	**I 770** / C cap. Δ 2, 19
39, 14^{4}–15^{3}	**I 840** / C cap. Δ 3, 39
39, 16^{1}	**I 771** / C cap. Δ 2, 20
39, 18^{1-2}	**I 1612** / C cap. Σ 1, 14
39, 19^{1-2}	**I 148** / C cap. A 3, 34
39, 20^{1-2}	**I 1578** / C cap. Π 3, 8
39, 21^{1}	**I 769** / C cap. Δ 2, 18 (Versio C)
39, 21^{2}	**I 769** / C cap. Δ 2, 18 (Versio C; Versio R)
39, 22^{1-2}	**I 1080** / C cap. E 5, 34
39, 33^{1-2}	**I 769** / C cap. Δ 2, 18 (Versio C)
39, 33^{1}–34^{2}	**I 769** / C cap. Δ 2, 18 (Versio R; Versio $V^{E}V^{O}V^{Ph}$ H^{I} PM T)
39, 34^{2}	**I 769** / C cap. Δ 2, 18 (Versio C)
42, 16^{1-2}	**I 1174** / C cap. H 2, 11
42, 17^{1-4}	**I 190** / C cap. A 4, 16
42, 18^{3}–21^{3}	**I 147** / C cap. A 3, 33
42, 24^{2}–25^{2}	**I 768** / C cap. Δ 2, 17
43, 2^{1}–9^{2}	**I 1175** / C cap. H 2, 12
43, 27^{1}–28^{1}	**I 192** / C cap. A 4, 18
43, 29^{1-2}	**I 737** / C cap. Δ 1, 32
43, 30^{1}–31^{2}	**I 192** / C cap. A 4, 18

Osee

2, 23	**I 1370** / C cap. Λ 1, 4
6, 1–3	**I 1771** / C cap. X 3, 29
6, 3	**I 1103** / C cap. Z 1, 18
9, 12	**I 1772** / C cap. X 3, 30
9, 14	**I suppl. 29** / V cap. A 16, 25
9, 15	**I 1408** / C cap. M 1, 10
10, 12	**I 1100** / C cap. Z 1, 15
11, 8–9	**I 867** / C cap. Δ 4, 4
	I 1667 / C cap. Φ 1, 13
12, 6	**I 1101** / C cap. Z 1, 16
13, 4	**I 337** / C cap. A 8, 6
13, 10–12	**I 699** / C cap. Γ 1, 7
13, 14	**I 380** / C cap. A 10, 7
14, 2–5	**I suppl. 97** / R cap. A 45, 1

Amos

4, 12–13	**I 1774** / C cap. X 3, 32
5, 6	**I 1102** / C cap. Z 1, 17
5, 8	**I 425** / C cap. A 11, 4
5, 18	**I 450** / C cap. A 12, 14
5, 19–20	**I 451** / C cap. A 12, 15
6, 4–6	**I 1503** / C cap. Π 1, 8
6, 8	**I 1409** / C cap. M 1, 11
8, 4–8	**I 1407** / C cap. M 1, 9
8, 9	**I 1773** / C cap. X 3, 31
8, 11	**I 899** / C cap. Δ 6, 1
8, 11–12	**I 1201** / C cap. Θ 1, 14
9, 11–12	**I 1775** / C cap. X 3, 33

Micheas

2, 8	**I 1776** / C cap. X 3, 34
2, 9–10	**I 1504** / C cap. Π 1, 9
3, 5	**I 1607** / C cap. Σ 1, 9
3, 7–8	**I 1608** / C cap. Σ 1, 10
4, 2–3	**I 1777** / C cap. X 3, 35
4, 6–7	**I 1371** / C cap. Λ 1, 5

Micheas (continuatio)

4, 6–8 **I 1778** / C cap. X 3, 36
4, 12 **I 584** / C cap. B 1, 7
5, 1 **I 1779** / C cap. X 3, 37
5, 1 α′ **I 1780** / C cap. X 3, 38
5, 1 θ′ **I 1782** / C cap. X 3, 40
5, 1 σ′ **I 1781** / C cap. X 3, 39
5, 2–4 **I 1783** / C cap. X 3, 41
6, 3 **I 1668** / C cap. Φ 1, 14
6, 6–8 **I suppl. 101** / R cap. A 45, 5
6, 8 **I 1105** / C cap. Z 1, 20
7, 17–18 **I suppl. 102** / R cap. A 45, 6
7, 18 **I 1669** / C cap. Φ 1, 15
7, 18–19 **I 1670** / C cap. Φ 1, 16
7, 19 **I suppl. 103** / R cap. A 45, 7

Ioel

2, 11 **I 448** / C cap. A 12, 12
I 1138 / C cap. H 1, 5
2, 28 **I 28** / C cap. A 1, 28
2, 30–31 **I 1139** / C cap. H 1, 6
2, 31 **I 28** / C cap. A 1, 28
2, 32 **I 1104** / C cap. Z 1, 19
I 1372 / C cap. Λ 1, 6
3, 12–16 **I 449** / C cap. A 12, 13

Ionas

2, 3 **I suppl. 302** / V cap. B 3, 15
2, 10^{1-2} **I suppl. 357** / T cap. E 18, 14
3, 8–10 **I suppl. 205** / V cap. M 8, 5
4, 9–11 **I 1672** / C cap. Φ 1, 18

Nahum

1, 3 **I 1671** / C cap. Φ 1, 17
1, 4 **I 724** / C cap. Δ 1, 19
1, 9 **I 1294** / C cap. K 1, 19
I 1681 / C cap. Φ 1, 27
1, 11 **I 1784** / C cap. X 3, 42
1, 15 **I 987** / C cap. E 2, 1
1, 15 – 2, 2 **I 1785** / C cap. X 3, 43

Habacuc

1, 2–4 **I suppl. 158** / V cap. Δ 4, 5
1, 12–13 **I 1411** / C cap. M 1, 13
2, 20 **I 1019** / C cap. E 3, 21
3, 6^{1-4} **I 725** / C cap. Δ 1, 20
3, 12^{1-2} **I 726** / C cap. Δ 1, 21
3, 13^{1-2} **I 1786** / C cap. X 3, 44

Sophonias

1, 7 **I 452** / C cap. A 12, 16
1, 10 **I 304** / C cap. A 6, 15
1, 12 **I suppl. 280** / V cap. A 38, 4
1, 12–13 **I 304** / C cap. A 6, 15
1, 14–15 **I 453** / C cap. A 12, 17
2, 11 **I 1787** / C cap. X 3, 45
3, 8–10 **I 1373** / C cap. Λ 1, 7
3, 9 **I 1788** / C cap. X 3, 46
3, 14–15 **I 988** / C cap. E 2, 2
3, 16–17 **I 1789** / C cap. X 3, 47

Aggaeus

1, 6 **I 1608** / C cap. Σ 1, 10
1, 9 **I 1608** / C cap. Σ 1, 10
2, 9 **I 1020** / C cap. E 3, 22
2, 16 **I 1608** / C cap. Σ 1, 10

Zacharias

1, 12 **I suppl. 159** / V cap. Δ 4, 6
2, 5 **I suppl. 303** / V cap. B 3, 16
2, 8 **I suppl. 48** / L^{c} cap. A 7, 17

2, 10 **I 989** / C cap. E 2, 3
2, 10–13 **I 1790** / C cap. X 3, 48
6, 12–13 **I 1791** / C cap. X 3, 49
9, 9–11 **I 1792** / C cap. X 3, 50
11, 11–13 **I 1793** / C cap. X 3, 51
12, 1 **I 647** / C cap. B 3, 2
[**I suppl. 259** / V cap. A 1, 29V^{W}]
12, 8 **I 1794** / C cap. X 3, 52
12, 10 **I 647** / C cap. B 3, 2
I 1794 / C cap. X 3, 52
13, 1–2 **I 1795** / C cap. X 3, 53–54
13, 6–7 **I 1795** / C cap. X 3, 53–54
14, 6–8 **I 1796** / C cap. X 3, 55
14, 9–10 **I 1797** / C cap. X 3, 56
14, 20 **I 1798** / C cap. X 3, 57

Malachias

1, 8 **I suppl. 170** / V cap. Θ 2, 3
1, 11 **I 1374** / C cap. Λ 1, 8
1, 14 **I suppl. 171** / V cap. Θ 2, 4
I suppl. 441 / V cap. Υ 10, 8
2, 6 **I 1799** / C cap. X 3, 58
3, 1 **I 1800** / C cap. X 3, 59
3, 1–3 **I suppl. 289** / V cap. A 15, 10
3, 6 **I 97** / C cap. A 2, 6
3, 18 – 4, 1 **I 454** / C cap. A 12, 18
4, 2 **I 1801** / C cap. X 3, 60
4, 4 **I 1140** / C cap. H 1, 7

Isaias

1, 14–15 **I 1413** / C cap. M 1, 15
1, 16 **I 651** / C cap. B 3, 6
1, 31 **I 458** / C cap. A 12, 22
2, 3 **I 1021** / C cap. E 3, 23
2, 3–4 **I 1802** / C cap. X 3, 61
2, 10 **I 455** / C cap. A 12, 19
2, 11 **I 136** / C cap. A 3, 22
3, 9–10 **I 1821** / C cap. X 3, 80
3, 13–14 **I 1803** / C cap. X 3, 62
3, 24–26 **I suppl. 30** / V cap. A 16, 26
4, 2–3 **I 1804** / C cap. X 3, 63
5, 16 **I 1296** / C cap. K 1, 21
5, 18–19 **I 307** / C cap. A 6, 18
6, 1–3 **I 26** / C cap. A 1, 26
7, 2–4 **I 630** / C cap. B 2, 29
7, 7 **I 630** / C cap. B 2, 29
7, 10–16 **I 1805** / C cap. X 3, 64
8, 1–4 **I 1806** / C cap. X 3, 65
8, 8–9 **I 629** / C cap. B 2, 28 (Versio V H^{I} PM T)
8, 8–10 **I 629** / C cap. B 2, 28 (Versio C R_{1})
8, 13–14 **I 831** / C cap. Δ 3, 30
8, 16 **I 1625** / C cap. Σ 2, 2
9, 1–3 **I 1807** / C cap. X 3, 66
9, 5–7 **I 1808** / C cap. X 3, 67
10, 15 **I 1609** / C cap. Σ 1, 11
11, 1–5 **I 1809** / C cap. X 3, 68
11, 9–10 **I 1810** / C cap. X 3, 69
12, 3 **I 650** / C cap. B 3, 5
12, 3–6 **I 1811** / C cap. X 3, 70
12, 4 **I 834** / C cap. Δ 3, 33
13, 9–11 **I 456** / C cap. A 12, 20 et 21
14, 24 **I 586** / C cap. B 1, 9
14, 27 **I 585** / C cap. B 1, 8
19, 1 **I 1812** / C cap. X 3, 71
19, 12 **I 587** / C cap. B 1, 10
22, 12–14 **I 308** / C cap. A 6, 19
24, 16 **I suppl. 161** / V cap. Θ 1, 1
25, 3–4 **I 631** / C cap. B 2, 30
25, 6–7 **I 648** / C cap. B 3, 3
25, 8 **I 382** / C cap. A 10, 9
25, 8–10 **I 1813** / C cap. X 3, 72
26, 19 **I 381** / C cap. A 10, 8
27, 9 **I suppl. 98** / R cap. A 45, 2

Isaias (continuatio)

27, 11 **I 1814** / C cap. X 3, 73
28, 10–12 **I 1815** / C cap. X 3, 74
28, 13 **I 1816** / C cap. X 3, 75
28, 16 **I 1817** / C cap. X 3, 76
28, 17 **I 1676** / C cap. Φ 1, 22
28, 28 **I 1677** / C cap. Φ 1, 23
29, 5 **I suppl. 412** / V cap. K 1, 11
29, 7–8 **I suppl. 412** / V cap. K 1, 11
29, 15 **I 502** / C cap. A 13, 6
I 701 / C cap. Γ 1, 9
29, 16 **I 305** / C cap. A 6, 16
29, 18–19 **I 1818** / C cap. X 3, 77
29, 19 **I 1819** / C cap. X 3, 78
29, 22–24 **I 1819** / C cap. X 3, 78
30, 1 **I 700** / C cap. Γ 1, 8
30, 2–3 **I 702** / C cap. Γ 1, 10
30, 18 **I suppl. 49** / L^c cap. A 7, 18
30, 26 **I 427** / C cap. A 11, 6
I 1506 / C cap. Π 1, 11
31, 1–2 **I 1106** / C cap. Z 1, 21
31, 2 **I 590** / C cap. B 1, 13
33, 10–11 **I 1820** / C cap. X 3, 79
34, 4 **I 426** / C cap. A 11, 5
35, 1–2 **I 1377** / C cap. Λ 1, 11
35, 2–6 **I 1822** / C cap. X 3, 81
35, 4 **I 1295** / C cap. K 1, 20
35, 10 **I 1507** / C cap. Π 1, 12
40, 3–5 **I 1823** / C cap. X 3, 82
40, 9–11 **I 460** / C cap. A 12, 24
40, 12 **I 727** / C cap. Δ 1, 22
40, 13–14 **I 588** / C cap. B 1, 11
40, 15 **I 728** / C cap. Δ 1, 23
40, 18–19 **I 181** / C cap. A 4, 7
40, 22 **I 729** / C cap. Δ 1, 24
40, 26 **I 138** / C cap. A 3, 24
40, 28 **I 589** / C cap. B 1, 12
41, 4 **I suppl. 242** / V cap. A 1, 13
42, 1–4 **I 1824** / C cap. X 3, 83
I suppl. 406 / V cap. K 11, 23
42, 6–7 **I 1825** / C cap. X 3, 84
42, 8 **I suppl. 245** / V cap. A 1, 16
42, 10 **I 832** / C cap. Δ 3, 31
42, 14 **I 1675** / C cap. Φ 1, 21
42, 16 **I 1379** / C cap. Λ 1, 13
43, 10–11 **I suppl. 243** / V cap. A 1, 14
43, 16 **I suppl. 99** / R cap. A 45, 3
43, 19–21 **I 1376** / C cap. Λ 1, 10 (Versio C R)
43, 20–21 **I 1376** / C cap. Λ 1, 10 (Versio V PM)
I 1383 / C cap. Λ 1, 17
43, 25–26 **I suppl. 99** / R cap. A 45, 3
44, 6–7 **I 1574** / C cap. Π 3, 4
I suppl. 244 / V cap. A 1, 15
44, 21–22 **I suppl. 100** / R cap. A 45, 4
45, 6–7 **I 760** / C cap. Δ 2, 9
45, 9–10 **I 306** / C cap. A 6, 17
45, 12 **I 761** / C cap. Δ 2, 10
45, 14–16 **I 1826** / C cap. X 3, 85
45, 19 **I 1298** / C cap. K 1, 23
45, 21–23 **I 98** / C cap. A 2, 7
45, 23 **I 593** / C cap. B 1, 16
45, 24–25 **I 1107** / C cap. Z 1, 22
46, 3–4 **I 99** / C cap. A 2, 8
46, 4 **I 1673** / C cap. Φ 1, 19
46, 9–10 **I 137** / C cap. A 3, 23
I 1573 / C cap. Π 3, 3
46, 9–11 **I 591** / C cap. B 1, 14
46, 10 **I 594** / C cap. B 1, 17
48, 12 **I 100** / C cap. A 2, 9
49, 8–9 **I 1827** / C cap. X 3, 86
49, 14–15 **I 1552** / C cap. Π 2, 6
49, 25–26 **I suppl. 407** / V cap. K 11, 24
50, 5–6 **I 1828** / C cap. X 3, 87

50, 7	**I 632** / C cap. B 2, 31
50, 9	**I 633** / C cap. B 2, 32
50, 11	**I 462** / C cap. A 12, 26
	I 1450 / C cap. O 2, 8
51, 3	**I 1553** / C cap. Π 2, 7
51, 6	**I 102** / C cap. A 2, 11
51, 12–13	**I 1733** / C cap. X 2, 8
52, 6	**I 1829** / C cap. X 3, 88
52, 11–12	**I suppl. 130** / R cap. A 46, 5
52, 15 – 53, 10	**I 1830** / C cap. X 3, 89
53, 11	**I 1831** / C cap. X 3, 90
53, 12	**I 1832** / C cap. X 3, 91
54, 1	**I 1381** / C cap. Λ 1, 15
54, 9–11	**I 1674** / C cap. Φ 1, 20
54, 11–14	**I 428** / C cap. A 11, 7
54, 17	**I 459** / C cap. A 12, 23
55, 1	**I 649** / C cap. B 3, 4
55, 2–3	**I 1108** / C cap. Z 1, 23
55, 6–9	**I 868** / C cap. Δ 4, 5 (Versio V H^{I} PM E T R)
55, 8–9	**I 868** / C cap. Δ 4, 5 (Versio C H^{II})
55, 10–11	**I 592** / C cap. B 1, 15 (Versio C H^{II} R)
55, 11	**I 592** / C cap. B 1, 15 (Versio V H^{I} PM Q^{2} T)
55, 13	**I 101** / C cap. A 2, 10
56, 2	**I suppl. 50** / L^{c} cap. A 7, 19
56, 7	**I 1022** / C cap. E 3, 24
57, 11	**I 833** / C cap. Δ 3, 32
57, 15	**I 1554** / C cap. Π 2, 8
	I suppl. 304 / V cap. B 3, 20
57, 16	**I 762** / C cap. Δ 2, 11
59, 15	**I 1410** / C cap. M 1, 12
59, 17–18	**I 1300** / C cap. K 1, 25
61, 1–2	**I 1833** / C cap. X 3, 92
61, 8	**I 1297** / C cap. K 1, 22
	I 1412 / C cap. M 1, 14
62, 2	**I 1380** / C cap. Λ 1, 14
63, 1–6	**I 1834** / C cap. X 3, 93
63, 9	**I 1835** / C cap. X 3, 94
63, 15–16	**I 1678** / C cap. Φ 1, 24
64, 8–9	**I 932** / C cap. E 1, 20
65, 1	**I 1378** / C cap. Λ 1, 12
65, 1–2	**I 1836** / C cap. X 3, 95
65, 2	**I suppl. 446** / V cap. Φ 2, 18
65, 15–16	**I 1382** / C cap. Λ 1, 16
65, 16–18	**I 1505** / C cap. Π 1, 10
65, 17–18	**I 429** / C cap. A 11, 8
66, 1–2	**I 730** / C cap. Δ 1, 25
66, 13	**I 1680** / C cap. Φ 1, 26
66, 15–16	**I 461** / C cap. A 12, 25
66, 18	**I 457** / C cap. A 12, 21
66, 18–19	**I 1837** / C cap. X 3, 96
66, 22	**I 430** / C cap. A 11, 9
66, 23	**I 990** / C cap. E 2, 4
66, 24	**I 463** / C cap. A 12, 27

Ieremias

1, 5	**I 1575** / C cap. Π 3, 5
2, 21	**I 1451** / C cap. O 2, 9
4, 9	**I 1842** / C cap. X 3, 101
4, 28	**I 595** / C cap. B 1, 18
5, 1	**I suppl. 118** / V cap. A 48, 4
5, 11–12	**I 309** / C cap. A 6, 20
6, 13–14	**I 309** / C cap. A 6, 20
7, 11	**I 1023** / C cap. E 3, 25
7, 19	**I 1452** / C cap. O 2, 10
8, 16	**I 1141** / C cap. H 1, 8
9, 24	**I 1299** / C cap. K 1, 24
	I 1302 / C cap. K 1, 27
	I 1555 / C cap. Π 2, 9
10, 10	**I suppl. 246** / V cap. A 1, 17
10, 11	**I suppl. 147** / V cap. B 5, 5
10, 14	**I 182** / C cap. A 4, 8
10, 23	**I 1610** / C cap. Σ 1, 12
12, 1	**I suppl. 160** / V cap. Δ 4, 7

Ieremias (continuatio)

12, 1–2 **I 1341** / C cap. K 2, 17
13, 16 **I 835** / C cap. Δ 3, 34
14, 8 **I 1845** / C cap. X 3, 104
15, 20–21 **I 634** / C cap. B 2, 33
16, 16 **I 1846** / C cap. X 3, 105
17, 10 **I 1301** / C cap. K 1, 26
17, 15 **I 310** / C cap. A 6, 21
18, 1–6 **I 383** / C cap. A 10, 10
18, 7–10 **I suppl. 206** / V cap. M 8, 6
20, 11 **I 635** / C cap. B 2, 34
20, 13 **I 636** / C cap. B 2, 35
22, 29–30 **I suppl. 282** / V cap. A 38, 6
23, 5–6 **I 1838** / C cap. X 3, 97
23, 23–24 **I 139** / C cap. A 3, 25
23, 28–32 **I 869** / C cap. Δ 4, 6
23, 29 **I 1203** / C cap. Θ 1, 16
27, 26 **I suppl. 281** / V cap. A 38, 5
27, 34 **I 1426** / C cap. O 1, 6
I suppl. 318 / V cap. Δ 1, 26
28, 15–16 **I 763** / C cap. Δ 2, 12
31, 10 **I 329** / C cap. A 7, 6
32, 16–17 **I 464** / C cap. A 12, 28 (Versio C $A^{\text{I cap. A 59}}$)
32, 17 **I 464** / C cap. A 12, 28 (Versio $V^{W}V^{O}V^{Ph}$ $H^{\text{I cap. A 13}}$ L^{c} PM T)
34, 3–4 **I 1611** / C cap. Σ 1, 13
36, 12–14 **I 933** / C cap. E 1, 21
36, 13–14 **I 1109** / C cap. Z 1, 24
38, 12 **I suppl. 51** / L^{c} cap. A 7, 20
38, 22 **I 1843** / C cap. X 3, 102
38, 22 α′ **I 1843** / C cap. X 3, 102 (marginalia)
38, 33 **I suppl. 104** / R cap. A 45, 8
38, 34 **I suppl. 105** / R cap. A 45, 9
38, 36 **I 1173** / C cap. H 2, 10
39, 19 **I 1301** / C cap. K 1, 26
39, 27 **I 140** / C cap. A 3, 26
39, 41 **I 1679** / C cap. Φ 1, 25
52, 10–11 **I suppl. 210** / V cap. Ξ 2, 4

loci non reperti

Ἀκάνθαις τῶν ἑαυτοῦ πταισμάτων
I 1839 / C cap. X 3, 98
Εἰς ἐμπαιγμὸν ἐγενόμην τῷ λαῷ τούτῳ
I 1840 / C cap. X 3, 99
Καὶ ἔλαβον τὰ τριάκοντα ἀργύρια
I 1844 / C cap. X 3, 103[63]

pars loci non reperta

ἐπὶ τοῖς ἔργοις τοῖς ματαίοις αὐτῶν
I 1452 / C cap. O 2, 10

Baruch

3, 1–2 **I 934** / C cap. E 1, 22
3, 24–25 **I 1024** / C cap. E 3, 26
3, 32–35 **I 764** / C cap. Δ 2, 13
3, 36 **I suppl. 247** / V cap. A 1, 18
3, 36–38 **I 1847** / C cap. X 3, 106
4, 4 **I suppl. 52** / L^{c} cap. A 7, 21

Threni

4, 20[1] **I 1841** / C cap. X 3, 100

Ezechiel

5, 4 **I 1454** / C cap. O 2, 12

[63] In Wahrheit handelt es sich um Matth. 27, 9–10, wo die Worte Καὶ ἔλαβον τὰ τριάκοντα ἀργύρια – Ἰσραήλ Jeremias zugeschrieben werden. Dies erklärt, warum der Kompilator diese Passage unter dem Namen des Propheten zitiert hat.

8, 12	**I 503** / C cap. A 13, 7
	I 1453 / C cap. O 2, 11
8, 17	**I 1453** / C cap. O 2, 11
9, 3–6	**I 1626** / C cap. Σ 2, 3
9, 10	**I 503** / C cap. A 13, 7
11, 5	**I 1576** / C cap. Π 3, 6
18, 23	**I 1456** / C cap. O 2, 14
18, 31–32	**I 1682** / C cap. Φ 1, 28
28, 24	**I 1042** / C cap. E 4, 7
28, 26	**I 1042** / C cap. E 4, 7
	I suppl. 303 / V cap. B 3, 16
34, 15–16	**I 1556** / C cap. Π 2, 10
34, 29	**I 1848** / C cap. X 3, 107
36, 22	**I 652** / C cap. B 3, 7
	I suppl. 106 / R cap. A 45, 10
36, 25	**I suppl. 106** / R cap. A 45, 10
36, 25–29	**I 652** / C cap. B 3, 7
37, 1–14	**I 385** / C cap. A 10, 12 (Versio C H^{II} R)
37, 5–6	**I 385** / C cap. A 10, 12 (Versio $V^{W}V^{O}V^{Ph}$ H^{I} L^{c} PM T)
44, 2–3	**I 1849** / C cap. X 3, 108
44, 30	**I 1644** / C cap. Υ 1, 15
	I suppl. 95 / V cap. A 32, 11

Susanna

20–23	**I 1734** / C cap. X 2, 9
42–46	**I 637** / C cap. B 2, 36
60	**I 638** / C cap. B 2, 37

Daniel

2, 20	**I 836** / C cap. Δ 3, 35
2, 22	**I 141** / C cap. A 3, 27
3, 16–18	**I 1735** / C cap. X 2, 10
3, 27^{2}	**I 1303** / C cap. K 1, 28 (app. crit.)
3, 27^{3}–28^{1}	**I 1303** / C cap. K 1, 28
3, 39–40^{5}	**I 935** / C cap. E 1, 23
3, 100	**I suppl. 248** / V cap. A 1, 19
4, 22	**I 1488** / C cap. O 3, 6
4, 29	**I 1488** / C cap. O 3, 6
4, 32	**I 731** / C cap. Δ 1, 26
7, 7–10	**I 1142** / C cap. H 1, 9
7, 9–10	**I 465** / C cap. A 12, 29
7, 13–14	**I 1850** / C cap. X 3, 109
7, 19–26	**I 1143** / C cap. H 1, 10
12, 1	**I 366** / C cap. A 9, 9
	I 1144 / C cap. H 1, 11
12, 1–3	**I 384** / C cap. A 10, 11
	I 466 / C cap. A 12, 30

B. Novum Testamentum

Matthaeus

3, 16–17	**I suppl. 249** / V cap. A 1, 20
5, 2	**I 1509** / C cap. Π 1, 14
5, 3–12	**I suppl. 58** / L^{c} cap. A 7, 27–35
5, 45	**I 1688** / C cap. Φ 1, 34
6, 5–6	**I 938** / C cap. E 1, 26
6, 7–10	**I 939** / C cap. E 1, 27
6, 14	**I suppl. 107** / R cap. A 45, 11
	I suppl. 124 / V cap. A 48, 10
6, 15	**I suppl. 124** / V cap. A 48, 10 (app. crit.)
6, 33	**I 671** / C cap. B 4, 1
7, 6	**I suppl. 162** / V cap. Θ 1, 2
7, 7–8	**I 940** / C cap. E 1, 28
7, 11	**I 1689** / C cap. Φ 1, 35
7, 13–14	**I 1509** / C cap. Π 1, 14
7, 15–16	**I 900** / C cap. Δ 6, 2
8, 1–3	**I suppl. 174** / V cap. I 1, 3
8, 5–10	**I suppl. 175** / V cap. I 1, 4
8, 13	**I suppl. 175** / V cap. I 1, 4
8, 14–15	**I suppl. 176** / V cap. I 1, 5
8, 31	**I suppl. 191** / V cap. I 1, 20
9, 27–30	**I suppl. 177** / V cap. I 1, 6
9, 32–33	**I suppl. 177** / V cap. I 1, 6
10, 28	**I 1736** / C cap. X 2, 11
11, 12	**I 672** / C cap. B 4, 2
11, 28	**I suppl. 306** / V cap. B 4, 5
12, 9–10	**I suppl. 178** / V cap. I 1, 7
12, 13	**I suppl. 178** / V cap. I 1, 7
12, 25	**I 507** / C cap. A 14, 1
12, 30	**I 507** / C cap. A 14, 1
12, 36–37	**I 468** / C cap. A 12, 32
13, 18–23	**I 1207** / C cap. Θ 1, 20
13, 24–30	**I 1458** / C cap. O 2, 16
13, 36–43	**I 469** / C cap. A 12, 33
13, 44	**I 673** / C cap. B 4, 3
13, 45–46	**I 674** / C cap. B 4, 4
13, 47–50	**I 470** / C cap. A 12, 34
13, 52	**I 1208** / C cap. Θ 1, 21
14, 15–21	**I 1081** / C cap. E 5, 35
14, 35–36	**I suppl. 179** / V cap. I 1, 8
15, 13	**I 1615** / C cap. Σ 1, 17
15, 22	**I suppl. 180** / V cap. I 1, 9
15, 30	**I suppl. 181** / V cap. I 1, 10
15, 32–38	**I 1082** / C cap. E 5, 36
16, 17–18	**I 1025** / C cap. E 3, 27
16, 27	**I 471** / C cap. A 12, 35
17, 14–15	**I suppl. 182** / V cap. I 1, 11
17, 17–18	**I suppl. 182** / V cap. I 1, 11
17, 19–21	**I 941** / C cap. E 1, 29
18, 10	**I 367** / C cap. A 9, 10
18, 23–35	**I suppl. 309** / R cap. B 16, 5
20, 1–16	**I 675** / C cap. B 4, 5
20, 30	**I suppl. 183** / V cap. I 1, 12
20, 32–33	**I suppl. 177** / V cap. I 1, 6 (app. crit.)
20, 32–34	**I suppl. 183** / V cap. I 1, 12
21, 12–13	**I 1026** / C cap. E 3, 28
21, 21–22	**I 947** / C cap. E 1, 35
22, 1–10	**I 676** / C cap. B 4, 6
24, 3–44	**I 1145** / C cap. H 1, 12 (Versio C R)
24, 29–31	**I 1145** / C cap. H 1, 12 (Versio V$^{\mathrm{W}\ \text{cap. A 15, 23}}$ V$^{\mathrm{O}\ \text{cap. A 15, 28}}$ V$^{\mathrm{Ph}\ \text{cap. A 15, 27}}$ H$^{\mathrm{I}\ \text{cap. A 13, 27}}$ L$^{\mathrm{c}\ \text{cap. A 42, 28}}$ PML$^{\mathrm{b}\ \text{cap. A 46, 27}}$ T$^{\text{cap. A 68, 26}}$)

24, 36	**I 1145** / C cap. H 1, 12 (Versio $V^{W\text{ cap. A 15, 24}}$ $V^{O\text{ cap. A 15, 29}}$ $V^{Ph\text{ cap. A 15, 28}}$ $H^{I\text{ cap. A 13, 28}}$ $L^{c\text{ cap. A 42, 29}}$ $PML^{b\text{ cap. A 46, 28}}$ $E^{\text{cap. 153, 4}}$ $T^{\text{ cap. A 68, 27}}$)
25, 1	**I 677** / C cap. B 4, 7
25, 13	**I suppl. 290** / V cap. A 15, 29
25, 31–32	**I suppl. 131** / R cap. A 46, 6
25, 31–46	**I 472** / C cap. A 12, 36
26, 26–28	**I suppl. 108** / R cap. A 45, 12
26, 41	**I 942** / C cap. E 1, 30
27, 9–10	**I 1844** / C cap. X 3, 103
28, 18–19	**I 30** / C cap. A 1, 30
28, 19	**I 653** / C cap. B 3, 8

Marcus

1, 23–26	**I suppl. 189** / V cap. I 1, 18
1, 29–31	**I suppl. 176** / V cap. I 1, 5
2, 3–5	**I suppl. 190** / V cap. I 1, 19
2, 9	**I suppl. 190** / V cap. I 1, 19
4, 26–29	**I 678** / C cap. B 4, 8
4, 30–32	**I suppl. 310** / V cap. B 1, 9
5, 1–2	**I suppl. 191** / V cap. I 1, 20
5, 6–7	**I suppl. 191** / V cap. I 1, 20
5, 9–13	**I suppl. 191** / V cap. I 1, 20
7, 32–33	**I suppl. 192** / V cap. I 1, 21
7, 35	**I suppl. 192** / V cap. I 1, 21
8, 22	**I suppl. 193** / V cap. I 1, 22
8, 25	**I suppl. 193** / V cap. I 1, 22
9, 29	**I 941** / C cap. E 1, 29
11, 23–24	**I 947** / C cap. E 1, 35
11, 25–26	**I 948** / C cap. E 1, 36
12, 18–27	**I 386** / C cap. A 10, 13 (Versio C H^{II} R)
12, 25	**I 386** / C cap. A 10, 13 (Versio $V^{W}V^{O}V^{Ph}$ H^{I} L^{c} PM T)
14, 38	**I 942** / C cap. E 1, 30

Lucas

1, 18–20	**I 886** / C cap. Δ 5, 6
1, 34–35	**I 888** / C cap. Δ 5, 8
1, 38	**I 889** / C cap. Δ 5, 9
1, 52–53	**I 1493** / C cap. O 3, 11
5, 12–13	**I suppl. 174** / V cap. I 1, 3
5, 37–38	**I suppl. 163** / V cap. Θ 1, 3
7, 1–9	**I suppl. 175** / V cap. I 1, 4
7, 10	**I suppl. 175** / V cap. I 1, 4
8, 41–44	**I suppl. 186** / V cap. I 1, 15
8, 49	**I suppl. 187** / V cap. I 1, 16
8, 51	**I suppl. 187** / V cap. I 1, 16
8, 54–55	**I suppl. 187** / V cap. I 1, 16
11, 5–10	**I 945** / C cap. E 1, 33
11, 14–15	**I suppl. 177** / V cap. I 1, 6
11, 27–28	**I suppl. 60** / L^{c} cap. A 7, 37
12, 31	**I 671** / C cap. B 4, 1
12, 37–38	**I suppl. 61** / L^{c} cap. A 7, 38
13, 11–13	**I suppl. 188** / V cap. I 1, 17
16, 15	**I suppl. 428** / V cap. M 2, 16
17, 26–30	**I suppl. 291** / V cap. A 15, 31
18, 1–2	**I 944** / C cap. E 1, 32 (Versio V H^{I} PM T)
18, 1–8	**I 944** / C cap. E 1, 32 (Versio C H^{II} R)
18, 2–8	**I 1043** / C cap. E 4, 8
18, 35–43	**I suppl. 177** / V cap. I 1, 6
21, 25–27	**I 1146** / C cap. H 1, 13
21, 34–35	**I 1147** / C cap. H 1, 14
21, 36	**I 946** / C cap. E 1, 34
22, 40–42	**I suppl. 358** / V cap. E 7, 25
22, 45–46	**I suppl. 358** / V cap. E 7, 25

Lucas (continuatio)

23, 33–34 **I suppl. 447** / V cap. Φ 2, 25
24, 50–51 **I 1084** / C cap. E 5, 38

Iohannes

1, 18 **I 193** / C cap. A 4, 19
1, 47–49 **I 1579** / C cap. Π 3, 9
2, 1–10 **I 1083** / C cap. E 5, 37
3, 5 **I 654** / C cap. B 3, 9
3, 27 **I 1714** / C cap. X 1, 5
I suppl. 229 / V cap. X 1, 1
4, 23–24 **I 841** / C cap. Δ 3, 40
4, 47–53 **I suppl. 175** / V cap. I 1, 4
5, 5–6 **I suppl. 184** / V cap. I 1, 13
5, 27–29 **I 387** / C cap. A 10, 14 (Versio C H^{II} R)
5, 28–29 **I 387** / C cap. A 10, 14 (Versio V^{W}V^{O}V^{Ph} H^{I} L^{c} PM T)
5, 37 **I 194** / C cap. A 4, 20
5, 39–40 **I 1209** / C cap. Θ 1, 22
6, 51 **I 1238** / C cap. Θ 2, 3
6, 53–58 **I 1239** / C cap. Θ 2, 4
6, 63 **I 1211** / C cap. Θ 1, 24
8, 12 **I 1114** / C cap. Z 1, 29
8, 47 **I 1210** / C cap. Θ 1, 23
9, 6–7 **I suppl. 185** / V cap. I 1, 14
14, 16 [**I suppl. 260** / V cap. A 1, 30V^{W}]
14, 23 **I 1614** / C cap. Σ 1, 16
15, 5 **I 1614** / C cap. Σ 1, 16
16, 23 **I 943** / C cap. E 1, 31
20, 24–29 **I 891** / C cap. Δ 5, 11
20, 29 **I suppl. 59** / L^{c} cap. A 7, 36

Actus Apostolorum

1, 6–7 **I 1148** / C cap. H 1, 15
1, 14 **I 949** / C cap. E 1, 37
3, 6–8 **I suppl. 194** / V cap. I 1, 23
3, 12 **I suppl. 109** / R cap. A 45, 13
3, 18–20 **I suppl. 109** / R cap. A 45, 13
4, 19 **I 1737** / C cap. X 2, 12
5, 12 **I suppl. 195** / V cap. I 1, 24
5, 15 **I suppl. 196** / V cap. I 1, 25
5, 29 **I 1738** / C cap. X 2, 13
6, 2–4 **I suppl. 359** / V cap. E 7, 29
7, 9–10 **I 640** / C cap. B 2, 39
7, 55–56 **I suppl. 250** / V cap. A 1, 21
8, 18–21 **I suppl. 231** / V cap. X 1, 3
9, 32–34 **I suppl. 197** / V cap. I 1, 26
10, 1–6 **I 950** / C cap. E 1, 38
10, 34–35 **I 1270** / C cap. I 2, 3
13, 1–3 **I suppl. 132** / R cap. A 46, 7
14, 8 **I suppl. 198** / V cap. I 1, 27
14, 10 **I suppl. 198** / V cap. I 1, 27
14, 22 **I 679** / C cap. B 4, 9
15, 18 **I 1580** / C cap. Π 3, 10
16, 16–18 **I suppl. 199** / V cap. I 1, 28
16, 17 **I suppl. 199** / V cap. I 1, 28 (app. crit.)
16, 18 **I suppl. 199** / V cap. I 1, 28 (app. crit.)
28, 8 **I suppl. 200** / V cap. I 1, 29

Epistula ad Romanos

1, 1 **I suppl. 133** / R cap. A 46, 8
1, 9–10 [**I suppl. 262** / V cap. A 1, 32V^{W}]
6, 3–5 **I 657** / C cap. B 3, 12
8, 18–19 **I 431** / C cap. A 11, 10 (Versio V^{W}V^{O}V^{Ph} H$^{I\ cap.\ A\ 13}$ L^{c} PM T)
8, 19–21 **I 431** / C cap. A 11, 10 (Versio C H$^{I\ cap.\ A\ 58}$ R)

8, 31	**I 641** / C cap. B 2, 40
8, 33–34	**I 314** / C cap. A 6, 25
	I 1309 / C cap. K 1, 35
9, 3	**I suppl. 134** / R cap. A 46, 9
9, 10–21	**I 1344** / C cap. K 2, 20
9, 16	**I 1616** / C cap. Σ 1, 18
9, 20–21	**I 313** / C cap. A 6, 24
11, 29	**I 1715** / C cap. X 1, 6
	I suppl. 230 / V cap. X 1, 2
11, 33	**I 1345** / C cap. K 2, 21
12, 1	**I 842** / C cap. Δ 3, 41
12, 19	**I 1044** / C cap. E 4, 9
14, 17	**I 680** / C cap. B 4, 10
14, 22	**I suppl. 62** / L^{c} cap. A 7, 39
15, 4	**I 1212** / C cap. Θ 1, 25
15, 30–33	**I 951** / C cap. E 1, 39

Epistula I ad Corinthios

1, 18	**I 1628** / C cap. Σ 2, 5
1, 25	**I 871** / C cap. Δ 4, 8
2, 9	**I 1510** / C cap. Π 1, 15
2, 11	**I 195** / C cap. A 4, 21
2, 14	**I 902** / C cap. Δ 6, 4
3, 1–2	**I 901** / C cap. Δ 6, 3
3, 13–15	**I suppl. 292** / V cap. A 15, 36
4, 20	**I 681** / C cap. B 4, 11
5, 8	**I 991** / C cap. E 2, 5
6, 1–3	**I 368** / C cap. A 9, 11
6, 9–10	**I 681** / C cap. B 4, 11
7, 29–31	**I 1511** / C cap. Π 1, 16
8, 4–6	**I suppl. 251** / V cap. A 1, 22
8, 5	**I suppl. 251** / V cap. A 1, 22 (app. crit.)
9, 24–27	**I 1586** / C cap. Π 4, 1 (Versio C)
9, 26–27	**I 1586** / C cap. Π 4, 1 (Versio V P E)
10, 9	**I suppl. 279** / V cap. A 5, 11
10, 21–22	**I 1240** / C cap. Θ 2, 5
11, 22	**I suppl. 386** / V cap. E 6, 29
11, 23–30	**I 1241** / C cap. Θ 2, 6
12, 13	**I 658** / C cap. B 3, 13
12, 31	**I 1587** / C cap. Π 4, 2
15, 12–55	**I 388** / C cap. A 10, 15 (Versio C H^{II} R)
15, 19	**I 1513** / C cap. Π 1, 18
15, 45–56	**I 388** / C cap. A 10, 15 (Versio $V^{W}V^{O}V^{Ph}$ H^{I} L^{c} PM T)
16, 22	**I suppl. 135** / R cap. A 46, 10

Epistula II ad Corinthios

4, 17–18	**I 1512** / C cap. Π 1, 17
5, 10	**I 473** / C cap. A 12, 37

Epistula ad Galatas

1, 8–9	**I suppl. 136** / R cap. A 46, 11
1, 10	**I 1739** / C cap. X 2, 14
1, 15–16	**I suppl. 137** / R cap. A 46, 12
2, 6	**I 1310** / C cap. K 1, 36
3, 27–28	**I 659** / C cap. B 3, 14
6, 7	**I suppl. 293** / V cap. A 15, 39
6, 14	**I 1629** / C cap. Σ 2, 6

Epistula ad Ephesios

4, 14	**I 903** / C cap. Δ 6, 5
4, 22–24	**I 1590** / C cap. Π 4, 5
5, 18–20	**I 843** / C cap. Δ 3, 42
6, 9	**I 1311** / C cap. K 1, 37
6, 18–19	**I 953** / C cap. E 1, 41

Epistula ad Philippenses

3, 13–15 **I 1588** / C cap. Π 4, 3
3, 20–21 **I 390** / C cap. A 10, 17
I 432 / C cap. A 11, 11
4, 4–6 **I 952** / C cap. E 1, 40

Epistula ad Colossenses

1, 16–17 **I 339** / C cap. A 8, 8
3, 1–2 **I 1589** / C cap. Π 4, 4
3, 17 **I 1115** / C cap. Z 1, 30

Epistula I ad Thessalonicenses

4, 13–17 **I 389** / C cap. A 10, 16
5, 1–3 **I 1149** / C cap. H 1, 16

Epistula II ad Thessalonicenses

2, 1–12 **I 1150** / C cap. H 1, 17

Epistula I ad Timotheum

2, 1–3 **I 954** / C cap. E 1, 42
2, 8–9 **I 955** / C cap. E 1, 43
6, 3–5 **I 508** / C cap. A 14, 2
6, 15–16 **I 196** / C cap. A 4, 22
6, 20–21 **I 509** / C cap. A 14, 3

Epistula II ad Timotheum

1, 16 **I 1085** / C cap. E 5, 39
1, 18 **I 1085** / C cap. E 5, 39
2, 14 **I 510** / C cap. A 14, 4
2, 16–17 **I 511** / C cap. A 14, 5
2, 23–24 **I 512** / C cap. A 14, 6
3, 1–5 **I 1151** / C cap. H 1, 18
3, 8–9 **I 513** / C cap. A 14, 7
3, 12–13 **I 1152** / C cap. H 1, 19
3, 16–17 **I 1213** / C cap. Θ 1, 26
4, 14 **I suppl. 31** / V cap. A 16, 27

Epistula ad Titum

3, 9–11 **I 514** / C cap. A 14, 8

Epistula ad Hebraeos

1, 1–3 **I suppl. 113** / R cap. A 45, 17
1, 3 **I suppl. 114** / R cap. A 45, 18
4, 12–13 **I 153** / C cap. A 3, 39
5, 4 **I suppl. 455** / T cap. Δ 20, 5
5, 14 **I 905** / C cap. Δ 6, 7
6, 4–6 **I suppl. 307** / C cap. B 4, 8
10, 31 **I 1312** / C cap. K 1, 38
I suppl. 294 / V cap. A 15, 43
11, 6 **I 1116** / C cap. Z 1, 31
11, 13–16 **I suppl. 63** / L[c] cap. A 7, 40
11, 32–35 **I suppl. 64** / L[c] cap. A 7, 41
11, 40 **I suppl. 63** / L[c] cap. A 7, 40 (app. crit.)
13, 9 **I 904** / C cap. Δ 6, 6
13, 14 **I 1514** / C cap. Π 1, 19

Epistula Iacobi

1, 5–8 **I 1716** / C cap. X 1, 7
1, 6–7 **I 892** / C cap. Δ 5, 12
1, 12 **I suppl. 65** / L[c] cap. A 7, 42
I suppl. 225 / V cap. Π 35, 6
1, 13–15 **I 1459** / C cap. O 2, 17
1, 17 **I 103** / C cap. A 2, 12
I 1717 / C cap. X 1, 8
I suppl. 232 / V cap. X 1, 4
4, 8 **I 1117** / C cap. Z 1, 32
4, 13–15 **I 1118** / C cap. Z 1, 33
5, 11 **I 1690** / C cap. Φ 1, 36

5, 13–15 **I 956** / C cap. E 1, 44
5, 16–20 **I suppl. 360** / R cap. E 43, 37
5, 19–20 **I suppl. 112** / R cap. A 45, 16
5, 20 **I suppl. 125** / V cap. A 48, 11

Epistula I Petri

1, 15 **I 1385** / C cap. Λ 1, 19
2, 9–10 **I 1384** / C cap. Λ 1, 18
2, 11 **I 1515** / C cap. Π 1, 20
3, 15 **I suppl. 347** / V cap. Δ 3, 46
3, 20–21 **I 655** / C cap. B 3, 10
4, 7 **I 957** / C cap. E 1, 45
4, 10–11 **I 1718** / C cap. X 1, 9
5, 7 **I 1119** / C cap. Z 1, 34

Epistula II Petri

1, 10–11 **I 1386** / C cap. Λ 1, 20
2, 1–3 **I 515** / C cap. A 14, 9
2, 4 **I suppl. 2** / V cap. A 6, 5
2, 4–7 **I 474** / C cap. A 12, 38
3, 3–4 **I 1153** / C cap. H 1, 20
3, 8–12 **I 1154** / C cap. H 1, 21 (Versio C R)
3, 10 **I 1154** / C cap. H 1, 21 (Versio $V^{W}V^{O}V^{Ph}$ H^{I} L^{c} PM T)
3, 13 **I 433** / C cap. A 11, 12
I 1516 / C cap. Π 1, 21
3, 15 **I 1691** / C cap. Φ 1, 37

Epistula I Iohannis

1, 8 **I 276** / C cap. A 5, 11
1, 9 **I suppl. 110** / R cap. A 45, 14
2, 1–2 **I suppl. 111** / R cap. A 45, 15
3, 1–3 **I 656** / C cap. B 3, 11
3, 2 **I 1387** / C cap. Λ 1, 21
4, 1 **I 906** / C cap. Δ 6, 8
4, 12 **I 197** / C cap. A 4, 23
4, 13–14 [**I suppl. 261** / V cap. A 1, 31V^{W}]
5, 12 **I 1388** / C cap. Λ 1, 22

Epistula Iudae

6 **I suppl. 3** / V cap. A 6, 6
14–15 **I 476** / C cap. A 12, 40

C. Auctores Christiani

Ambrosius Mediolanensis

De fide (CPL 150); *Sancti Ambrosii opera.* Pars octava. *De fide [ad Gratianum Augustum].* Recensuit O. Faller (CSEL 78), Vindobonae 1962.

II 9, 77, 30–32 (p. 84)	**I 529** / C cap. A 14, 23

Amphilochius Iconiensis

Iambi ad Seleucum (CPG 3230); *Amphilochii Iconiensis Iambi ad Seleucum* edidit E. Oberg (PTS 9), Berlin 1969, p. 29–40; Id., *Das Lehrgedicht des Amphilochios von Ikonion.* Jahrbuch für Antike und Christentum 16 (1973), p. 76–96.

181–187 (p. 34 [= p. 86–87])	**I 1224** / C cap. Θ 1, 37
190–192 (p. 34–35 [= p. 88])	**I 1224** / C cap. Θ 1, 37
193–199 (p. 35 [= p. 88])	**I 91** / C cap. A 1, 91
208–213 (p. 35 [= p. 88])	**I 91** / C cap. A 1, 91
251–260 (p. 36–37 [= p. 92])	**I 1224** / C cap. Θ 1, 37
320 (p. 39 [= p. 94])	**I 1224** / C cap. Θ 1, 37
325 (p. 39 [= p. 94])	**I 1224** / C cap. Θ 1, 37

Amphilochius Iconiensis, locus non repertus, sede nominata[64]

In illud: Dominus fecit me principium viarum suarum *(Prov. 8, 22)* (CPG 3245[4a]); *Amphiloque d'Iconium. Homélies.* Tome II. *Homélies 6–10. Fragments divers. Épître synodale. Lettre à Séleucos.* Traduction, notes et index. M. Bonnet avec la collaboration de S.J. Voicu (SChr 553), Paris 2012. *Amphilochii Iconiensis Opera.* Orationes, pluraque alia quae supersunt, nonnulla etiam spuria quorum editionem curavit C. Datema (CCSG 3), Turnhout–Leuven 1978.

Τὸ ἄχρονον ἄκτιστον, τὸ δὲ ἄκτιστον (*Or. 13*, ed. Bonnet/Voicu, p. 264; Fragmenta, IV, ed. Datema, p. 232)	**I 75** / C cap. A 1, 75

[64] Nach Bonnet und Voicu ist die Zuschreibung dieses Zitates an Amphilochius zweifelhaft.

PS.-AMPHILOCHIUS ICONIENSIS, loci non reperti, sede non nominata (CPG 3245)

Amphilochii Iconiensis Opera. Orationes, pluraque alia quae supersunt, nonnulla etiam spuria quorum editionem curavit C. DATEMA (CCSG 3), Turnhout–Leuven 1978; *S. Amphilochii Iconiensis episcopi sententiae et excerpta* (PG 39, 97–117).

Λόγος ἦν περὶ τῆς ἑνώσεως (Fragmenta spuria, IV [ed. Datema, p. 265])[65]	**I 113** / C cap. A 2, 22
Θεὸς λέγεται διὰ τὸ τεθηκέναι (XXI [PG 39, 117, 32–35])[66]	**I 1440** / C cap. O 1, 20

ANTIPATER BOSTRENSIS

Contradictiones in Eusebium episcopum Caesareae pro Origenis defensione (CPG 6687 b–e)[67], loci non reperti.

<***>	**I 353** / C cap. A 8, 22

[65] Datema fand dieses Zitat im *Marc. gr. 573*, f. 56r (*Doctrina Addaei episcopi*), wo es unter dem Lemma Ἀμφιλοχίου ἐπισκόπου Ἰκονίου περὶ τῆς ἑνώσεως τῶν δύο φύσεων steht.

[66] Diese Etymologie des Wortes θεός findet sich bei Theophilus von Antiochien, *Ad Autolycum*. Es ist nicht ausgeschlossen, dass Amphilochius diese Stelle in einem seiner Werke zitiert hat, doch nach Holl (*Amphilochius von Ikonium in seinem Verhältnis zu den grossen Kappadoziern*, Tübingen–Leipzig 1904, 49) ist es wahrscheinlicher, dass der Kompilator der *Sacra* sich hier ganz einfach nur geirrt hat. Das Zitat befindet sich im *FlorCoislin* nicht an seinem eigentlichen Platz; wenn es ursprünglich direkt vor oder direkt nach I 1428 / C cap. O 1, 8 stand (Τοῦ ἁγίου Βασιλείου, ἐκ τοῦ πρὸς Ἀμφιλόχιον ιη' κεφαλαίου), würde sich die Zuschreibung an Amphilochius, wenn sie falsch ist, durch einen Irrtum erklären, der durch dieses Lemma provoziert wurde.

[67] In Übereinstimmung mit Bardenhewer (*Geschichte*, t. IV, 305–306) und CPG 6687 haben wir fünf der sechs in *Sacra* I enthaltenen Zitate aus Antipater demselben Werk zugewiesen wie das in den Akten des Nicänum II überlieferte Zitat, obwohl das Werk in beiden Quellen mit sehr unterschiedlichen Titeln identifiziert wird: Einerseits mit ἐκ τῶν κατὰ τοῦ δυσωνύμου Ὠριγένους (I 353 / C cap. A 8, 22) bzw. ἐκ τῆς κατὰ τῶν βλασφημιῶν τοῦ δυσωνύμου Ὠρειγένους πραγματείας (I 416 / C cap. A 10, 43), andererseits mit ἀντίρρησις τῆς Εὐσεβίου ἐπισκόπου Καισαρείας ὑπὲρ τῆς Ὠριγένους ἀπολογίας (*Concilium universale Nicaenum secundum. Concilii actiones IV–V.* Ed. E. LAMBERZ [ACO. Series secunda, III.2], Berlin–Boston 2012, 562, 24–25). Kyrill von Scythopolis erwähnt die Schrift des Antipater gegen die Ansichten des Origenes (τὸ σύγγραμμα κατὰ τῶν Ὠριγένους δογμάτων), die Gelasios (537–546), der Abt des Klosters des heiligen Sabas, in der Kirche laut vorlesen ließ, um die Mönche vor den Gefahren des Origenismus zu warnen (*Vita Sabae*, 84; *Kyrillos von Skythopolis* von E. SCHWARTZ [TU 49. Band 2. Heft], Leipzig 1939, 189, 14–22). Das Werk des Antipater wies eine Binnengliederung auf, doch ist die Art dieser Gliederung nicht klar: Kyrill spricht von βίβλοι oder βιβλία (*Vita Sabae*, 85 [p. 191, 15–16]), die *Sacra* von κεφάλαια und die Kon-

ANTIPATER BOSTRENSIS, *Contradictiones in Eusebium episcopum Caesareae pro Origenis defensione* (continuatio)

15	**I 416** / C cap. A 10, 43
15(?)	**I 417** / C cap. A 10, 44
16	**I 418** / C cap. A 10, 45
16(?)	**I 419** / C cap. A 10, 46

ANTIPATER BOSTRENSIS, locus non repertus, sede nominata

Adversus eos qui dicunt „Simul deus simul omnia“.[68] *AnSacr* V.1, p. 63–65.

Εἰ ἅμα θεὸς ἅμα πάντα	**I 796** / C cap. Δ 2, 45

ANTIPATER BOSTRENSIS, locus non repertus, sede non nominata

Ἀΐδιος οὐσία, τροπῆς ἀποσκίασμα	**I 105** / C cap. A 2, 14

APOLLINARIS LAODICENSIS
Siehe unten, IULIUS PAPA ROMAE

ATHANASIUS ALEXANDRINUS

Orationes contra Arianos (CPG 2093); *Athanasius Werke.* Erster Band. Erster Teil. *Die dogmatischen Schriften.* 2. Lieferung. *Orationes I et II contra Arianos.* Edition vorbereitet von K. METZLER, revidiert und besorgt von K. SAVVIDIS, Berlin–New York 1998. 3. Lieferung. *Oratio III contra Arianos.* Edition vorbereitet von K. METZLER, revidiert und besorgt von K. SAVVIDIS, Berlin–New York 2000.

I, 18,1 (p. 127)	**I suppl. 269** / V cap. A 1, 32
I, 29,2 (p. 139)	**I 74** / C cap. A 1, 74
I, 29,5 (p. 139)	**I 74** / C cap. A 1, 74

zilsakten von λόγοι. Die Abweichungen zwischen den in den *Sacra* (und bei Kyrill von Scythopolis) zitierten Titeln im Verhältnis zu dem Titel, der in den Akten steht und der ursprüngliche Titel sein dürfte, da dort auch das Incipit des Werkes zitiert wird, erklärt sich sehr wahrscheinlich aus dem Umstand, dass die Konzilsväter des Nicaenum II sich auf Eusebius von Caesarea konzentrierten, während für Kyrill und den Kompilator der Hauptgegner Origenes war.

[68] Es ist nicht ausgeschlossen, dass dieser Text, auch wenn er den Eindruck eines eigenständigen Opusculum erweckt, aus dem zuvor aufgelisteten großen antiorigenistischen Werk stammt.

II, 57,2–4 (p. 233–234) **I 787** / C cap. Δ 2, 36
III, 22,4 (p. 332) **I 165** / C cap. A 3, 51

Ps.-Athanasius Alexandrinus

De divina incarnatione (*De incarnatione et contra Arianos*) (CPG 2806); PG 26, 984–1028.[69]

19 (1017, 11–24) **I suppl. 268** / V cap. A 1, 31

Oratio IV contra Arianos (CPG 2230); A. Stegmann, *Die pseudoathanasianische „IVte Rede gegen die Arianer" als »κατὰ Ἀρειανῶν λόγος« ein Apollinarisgut*, Rottenburg 1917.

XIX (p. 65, 10–11) **I 788** / C cap. Δ 2, 37

Quaestiones ad Antiochum ducem (CPG 2257); PG 28, 597–700.

I (600, 4–9) [**I suppl. 264** / V cap. A 1, 34V^{W}]
I (600, 29–33) [**I suppl. 264** / V cap. A 1, 34V^{W}]

Athenodorus (Gregorii Thaumaturgi frater)

De Hebraismo, locus non repertus

Ἄλλη μὲν τοῖς ἐκκεκαθαρμένοις **I suppl. 276** / V cap. A 3, 28

Babylae Antiochiae episcopi martyrologium (BHG 205); *Συλλογὴ Παλαιστινῆς καὶ Συριακῆς ἁγιολογίας* ἐκδιδομένη ὑπό Α. Παπαδοπουλου-Κεραμεως … μετά ρωσσικῆς εἰσαγωγῆς Β. Λατυσσεβου. Πρόλογος … Αντ. Παναγιωτου, Θεσσαλονίκη 2001, t. I, p. 75–84 (Wiederabdruck der Ausgabe von 1907).

4 (p. 77, 27–32) **I 1442** / C cap. O 1, 22

[69] Das Werk stammt in Wahrheit von Marcellus Ancyranus (siehe unten).

BASILIUS CAESARIENSIS

Ad Amphilochium (De Spiritu sancto) (CPG 2839);[70] *Basile de Césarée. Sur le Saint-Esprit.* Introduction, texte, traduction et notes par B. PRUCHE (SChr 17bis), Paris ²1968, p. 250–530.

VIII, 19, 28–32 (p. 312–314)	**I 738** / C cap. Δ 1, 33
XIII, 30, 16–18 (p. 352)	**I 371** / C cap. A 9, 14
XVI, 38, 9–13 (p. 376)	**I suppl. 348** / V cap. Δ 3, 49[71]
XVIII, 44, 13 - 45, 14 (p. 404–406)	**I 41** / C cap. A 1, 41
XVIII, 44, 14–16 (p. 404)	**I 1428** / C cap. O 1, 8
XVIII, 47, 17–23 (p. 412)	**I 42** / C cap. A 1, 42

Ad iuvenes (De legendis gentilium libris) (CPG 2867); *Basilio di Cesarea. Discorso ai giovani. Oratio ad adolescentes con la versione latina di Leonardo Bruni* a cura di M. NALDINI (Biblioteca patristica 3), Firenze 1984.

II, 1, 1 - 6, 4 (p. 82–84)	**I 1524** / C cap. Π 1, 29
X, 7, 1–3 (p. 132)	**I 1525** / C cap. Π 1, 30

Adversus Eunomium, I–III (CPG 2837); *Basile de Césarée. Contre Eunome.* Suivi de *Eunome. Apologie.* Introduction, traduction et notes de B. SESBOÜÉ, avec la collaboration pour le texte et l'introduction critiques de G.-M. DE DURAND et L. DOUTRELEAU. I–II (SChr 299.305), Paris 1982.1983.

I, 11, 22–23 (I, p. 210)	**I 537** / C cap. A 14, 31
II, 28, 31–35 (II, p. 118–120)	**I 40** / C cap. A 1, 40
III, 1, 40–41 (II, p. 148)	**I 345** / C cap. A 8, 14

---

[70] Siehe auch den Index quorundam locorum sive parallelorum sive qui (nonnumquam tacite) in locis allatis citantur.

[71] Soweit wir es auf der Grundlage von *Sacra* I und II beurteilen können, bezeichnete der Kompilator den Traktat *De Spiritu sancto* des Basilius mit dem Titel πρὸς Ἀμφιλόχιον, womit Amphilochius, Bischof von Ikonium gemeint ist, an den das Werk gerichtet war. Der Titel κατ' Εὐνομίου, der im Lemma von I suppl. 348 / V cap. Δ 3, 49 angeführt wird, ist demnach wahrscheinlich ein Irrtum des Redaktors des *FlorVat.* Es sei allerdings darauf hingewiesen, dass die Handschrift F des Basiliustraktates das Werk ebenfalls unter dem Titel κατ' Εὐνομίου präsentiert.

Asceticon magnum sive Quaestiones (regulae brevius tractatae) (CPG 2875); PG 31, 1052–1305.

CCLXVII (1264, 45–46)	**I 481** / C cap. A 12, 45 (Versio $V^{O}V^{Ph}$ $H^{I\ cap.\ A\ 13}$ L^{c} PM T)
CCLXVII (1265, 1–6)	**I 481** / C cap. A 12, 45 (Versio $V^{O}V^{Ph}$ $H^{I\ cap.\ A\ 13}$ L^{c} PM T)
CCLXVII (1265, 1–13)	**I 481** / C cap. A 12, 45 (Versio C $H^{I\ cap.\ A\ 59}$ R)

Asceticon magnum sive Quaestiones (regulae fusius tractatae) (CPG 2875); PG 31, 889–1052.

XXVIII, 1 (988, 49 - 989, 6)	**I 330** / C cap. A 7, 7

Contra Eunomium de fide

Siehe unten, PS.-BASILIUS CAESARIENSIS, *Adversus eos qui per calumniam dicunt dici a nobis tres deos*

Contra Sabellianos et Arium et Anomœos (CPG 2869); PG 31, 600–617.

4 (609, 19–31)	**I 39** / C cap. A 1, 39

Epistulae (CPG 2900); *Saint Basile, Correspondance.* Tome I. *Lettres I–C.* Tome II. *Lettres CI–CCXVIII.* Tome III. *Lettres CCXIX–CCCLXVI.* Texte établi et traduit par Y. COURTONNE, Paris 1957.1961.1966.

II (*Ad Gregorium epistula ascetica*), 2, 43–51 (I, p. 7–8)	**I 847** / C cap. Δ 3, 46 (Versio C H^{II} R)
II, 2, 50–51 (I, p. 8)	**I 847** / C cap. Δ 3, 46 (Versio V H^{I} PM E T)
II, 3, 1–9 (I, p. 8–9)	**I 1218** / C cap. Θ 1, 31
II, 4, 3–4 (I, p. 10)	**I 962** / C cap. E 1, 50
II, 4, 4–6 (I, p. 10)	**I 846** / C cap. Δ 3, 45
V (ις'), 2, 17–20 (I, p. 18)	**I 1350** / C cap. K 2, 26
VI (ξβ'), 2, 8–9 (I, p. 20)	**I 1351** / C cap. K 2, 27
VII (*Ad Gregorium* [κε']), 2–7 (I, p. 21–22)	**I 215** / C cap. A 4, 41
XXXVIII (η'), 4, 2–4 (I, p. 84)	**I 1562** / C cap. Π 2, 16

Basilius Caesariensis, *Epistulae* (continuatio)

XXXVIII (*Ad ipsius fratrem Gregorium, de substantia et hypostasi*), 4, 50 – 5, 10 (I, p. 85–87)	**I 44** / C cap. A 1, 44
XXXVIII, 5, 25–63 (I, p. 88–89)	**I 44** / C cap. A 1, 44
XXXVIII, 6, 4–9 (I, p. 89)	**I 45** / C cap. A 1, 45
XXXVIII, 6, 13–14 (I, p. 90)	**I 46** / C cap. A 1, 46
XXXVIII, 7, 17–23 (I, p. 90–91)	**I 47** / C cap. A 1, 47
XC (ιη'), 2, 5–6 (I, p. 196)	**I 538** / C cap. A 14, 32
CL (μθ'), 2, 19–20 (II, p. 73)	**I 963** / C cap. E 1, 51
CL (μθ'), 4, 8–10 (II, p. 75)	**I 1393** / C cap. Λ 1, 27
CXCVII (ιζ'), 2, 4–7 (II, p. 151)	**I suppl. 69** / L[c] cap. A 7, 46
CCXIV (*Ad Terentium*), 4, 6–15 (II, p. 205)	**I 48** / C cap. A 1, 48
CCXXXVI (*Ad Amphilochium*), 6, 11–22 (III, p. 53–54)	**I 43** / C cap. A 1, 43

locus non repertus

μα' Μηδεὶς παρακαλῶ διορθούσθω	**I 317** / C cap. A 6, 28

Homilia adversus eos qui irascuntur (CPG 2854); PG 31, 353–372.

4 (361, 32–35)	**I suppl. 295** / V cap. A 15, 49

Homilia de fide (CPG 2859); PG 31, 464–472.

1 (464, 16–25)	**I 212** / C cap. A 4, 38
1 (464, 26–27)	**I 848** / C cap. Δ 3, 47
1 (464, 26–34)	**I 213** / C cap. A 4, 39
1 (465, 6–8)	**I 214** / C cap. A 4, 40
1 (465, 12–21)	**I suppl. 274** / V cap. A 3, 14
1–2 (465, 28 – 468, 7)	**I 38** / C cap. A 1, 38

Homilia de gratiarum actione

Siehe unten, *Homilia in martyrem Iulittam*

Homilia de invidia (CPG 2855); PG 31, 372–385.

1 (372, 22–23)	**I 1695** / C cap. Φ 1, 41

5 (381, 37–38)	**I 1520** / C cap. Π 1, 25
5 (381, 40–42)	**I 1520** / C cap. Π 1, 25
5 (384, 13–14)	**I 1214** / C cap. Θ 1, 27
5 (384, 16–19)	**I 1214** / C cap. Θ 1, 27

Homilia dicta tempore famis et siccitatis (CPG 2852); PG 31, 304–328.

8 (325, 39–46)	**I 1526** / C cap. Π 1, 31
8 (325, 49 - 328, 3)	**I 1526** / C cap. Π 1, 31
9 (328, 27–33)	**I 480** / C cap. A 12, 44
9 (328, 37–38)	**I 480** / C cap. A 12, 44

Homilia exhortatoria ad S. baptisma (CPG 2857); PG 31, 424–444.

1 (424, 32 - 425, 6)	**I 661** / C cap. B 3, 16–21 (Versio $C^{\text{cap. B 3, 16}}$ $V^{\text{cap. B 4, 9}}$ $H^{\text{I cap. B 4, 9}}$)
1 (425, 6–11)	**I 661** / C cap. B 3, 16–21 (Versio $C^{\text{cap. B 3, 17}}$ $V^{\text{cap. B 4, 10}}$ $H^{\text{I cap. B 4, 10}}$)
1–2 (425, 27 - 428, 1)	**I 661** / C cap. B 3, 16–21 (Versio $V^{\text{cap. B 4, 14}}$ $H^{\text{I cap. B 4, 14}}$)
1–5 (424, 32 - 433, 16)	**I 661** / C cap. B 3, 16–21 (Versio R)
2 (425, 49–50)	**I 1245** / C cap. Θ 2, 10
	I suppl. 165 / V cap. Θ 1, 5
2 (428, 22–40)	**I 661** / C cap. B 3, 16–21 (Versio $C^{\text{cap. B 3, 18}}$ $V^{\text{cap. B 4, 11}}$ $H^{\text{I cap. B 4, 11}}$)
3 (428, 41–47)	**I 661** / C cap. B 3, 16–21 (Versio $C^{\text{cap. B 3, 19}}$ $V^{\text{cap. B 4, 12}}$ $H^{\text{I cap. B 4, 12}}$)
3 (429, 19–31)	**I 661** / C cap. B 3, 16–21 (Versio $C^{\text{cap. B 3, 20}}$ $V^{\text{cap. B 4, 13}}$ $H^{\text{I cap. B 4, 13}}$)
3 (429, 34–39)	**I 1527** / C cap. Π 1, 32
4 (432, 19–21)	**I 661** / C cap. B 3, 16–21 (Versio $V^{\text{cap. B 4, 15}}$ $H^{\text{I cap. B 4, 15}}$)
4–5 (432, 24–44)	**I 661** / C cap. B 3, 16–21 (Versio $V^{\text{cap. B 4, 15}}$ $H^{\text{I cap. B 4, 15}}$)
5 (432, 46 - 433, 25)	**I 661** / C cap. B 3, 16–21 (Versio $V^{\text{cap. B 4, 16}}$ $H^{\text{I cap. B 4, 16}}$)
5 (433, 12–16)	**I 661** / C cap. B 3, 16–21 (Versio $C^{\text{cap. B 3, 21}}$)

Basilius Caesariensis, *Homilia exhortatoria ad S. baptisma* (continuatio)

5 (436, 34 - 437, 3)	**I 661** / C cap. B 3, 16–21 (Versio $V^{\text{cap. B 4, 16}}$ $H^{\text{I cap. B 4, 16}}$)
7 (440, 43–47)	**I 1528** / C cap. Π 1, 33

Homilia in divites (CPG 2851); Y. Courtonne, *Saint Basile. Homélies sur la richesse.* Édition critique et exégétique, Paris 1935, p. 39–71.

I (p. 39, 23)	**I suppl. 448** / V cap. Φ 2, 28
VI (p. 59, 18 - 61, 3)	**I 482** / C cap. A 12, 46
VI (p. 61, 6–11)	**I 482** / C cap. A 12, 46

Homilia in illud: Attende tibi ipsi *(Deut. 15, 9)* (CPG 2847); *L'homélie de Basile de Césarée sur le mot 'Observe-toi toi-même'*. Édition critique du texte grec et étude sur la tradition manuscrite par S.Y. Rudberg (Acta Universitatis Stockholmiensis. Studia Graeca Stockholmiensia II), Stockholm–Göteborg–Uppsala 1962.

3 (p. 27, 2–5)	**I 1522** / C cap. Π 1, 27
3 (p. 27, 14–16)	**I 1523** / C cap. Π 1, 28

Homilia in illud: In principio erat Verbum *(Ioh. 1, 1)* (CPG 2860); PG 31, 472–481.

4 (480, 31–37)	**I 107** / C cap. A 2, 16

Homilia in martyrem Iulittam (CPG 2849);[72] PG 31, 237–261.

3 (244, 4–5)	**I 959** / C cap. E 1, 47
3 (244, 12–17)	**I suppl. 377** / V cap. E 7, 66
3 (244, 20–35)	**I suppl. 377** / V cap. E 7, 66

Homilia in principium Proverbiorum (CPG 2856); PG 31, 385–424.

4 (393, 26–31)	**I 1244** / C cap. Θ 2, 9
	I suppl. 164 / V cap. Θ 1, 4

[72] Das Zitat I 959 / C cap. E 1, 47 steht unter dem Titel ἐκ τοῦ περὶ εὐχαριστίας λόγου, in I suppl. 377 / V cap. E 7, 66 wird nur der Name des Autors (Βασιλείου) angegeben.

7 (401, 10–14)	**I 536** / C cap. A 14, 30
8 (404, 4–9)	**I 1349** / C cap. K 2, 25

Homilia in Psalmum I (CPG 2836); PG 29, 209–228.

1 (209, 5 - 212, 1)	**I 1216** / C cap. Θ 1, 29
1 (212, 7–15)	**I 1216** / C cap. Θ 1, 29
1 (212, 17–29)	**I 845** / C cap. Δ 3, 44
2 (213, 7–13)	**I 845** / C cap. Δ 3, 44
2 (213, 13–23)	**I 1217** / C cap. Θ 1, 30
3 (216, 20–22)	**I 1694** / C cap. Φ 1, 40
3 (216, 40–43)	**I suppl. 66** / L^c cap. A 7, 43
4 (220, 38–41)	**I suppl. 67** / L^c cap. A 7, 44
5 (221, 44 - 224, 1)	**I 1519** / C cap. Π 1, 24 (Versio E)
5 (221, 44 - 224, 30)	**I 1519** / C cap. Π 1, 24 (Versio C V)

Homilia in Psalmum XXXIII (CPG 2836); PG 29, 349–385.

5 (364, 15–21)	**I suppl. 285** / H^{II} cap. A 7, 13

Homilia in Psalmum LXI (CPG 2836); PG 29, 469–484.

4 (480, 3–11)	**I suppl. 431** / V cap. Π 3, 12

Homilia in Psalmum CXIV (CPG 2836); PG 29, 484–493.

3 (489, 9–13)	**I 1315** / C cap. K 1, 41

Homilia in Psalmum CXV (CPG 2836); PG 30, 103–116.

2 (105, 40–52)	**I 210** / C cap. A 4, 36
4 (112, 41–44)	**I 1521** / C cap. Π 1, 26
5 (113, 20–26)	**I 850** / C cap. Δ 3, 49

Homiliae in Hexaemeron (CPG 2835);[73] *Basilius von Caesarea. Homilien zum Hexaemeron.* Herausgegeben von E. AMAND DE MENDIETA† und S.Y. RUDBERG (GCS, N. F., Band 2), Berlin 1997.

I, 2 (p. 5, 6–10)	**I 773** / C cap. Δ 2, 22

[73] Siehe auch den Index quorundam locorum sive parallelorum sive qui (nonnumquam tacite) in locis allatis citantur.

BASILIUS CAESARIENSIS, *Homiliae in Hexaemeron* (continuatio)

I, 4 (p. 8, 9–11) **I 1529** / C cap. Π 1, 34
I, 5 (p. 8, 19 – 9, 4) **I 346** / C cap. A 8, 15
II, 2 (p. 23, 6–8) **I 532** / C cap. A 14, 26
II, 4 (p. 28, 10–13) **I 1469** / C cap. O 2, 27
I suppl. 326 / V cap. Δ 2, 19
II, 4–5 (p. 28, 18–23) **I 1469** / C cap. O 2, 27
I suppl. 326 / V cap. Δ 2, 19
II, 5 (p. 29, 6–11) **I 1470** / C cap. O 2, 28
II, 8 (p. 36, 12–19) **I 483** / C cap. A 12, 47
III, 1 (p. 39, 4–11) **I 960** / C cap. E 1, 48
III, 1 (p. 39, 11–14) **I 961** / C cap. E 1, 49
III, 4 (p. 45, 12–14) **I 211** / C cap. A 4, 37
III, 6 (p. 49, 8–9) **I 1215** / C cap. Θ 1, 28
III, 7 (p. 51, 3–9) **I 1177** / C cap. H 2, 14
IV, 2 (p. 59, 27) **I 781** / C cap. Δ 2, 30
V, 4 (p. 74, 15–22) **I suppl. 325** / V cap. Δ 2, 18
V, 5 (p. 76, 18–26) **I 533** / C cap. A 14, 27
V, 8 (p. 83, 8–9) **I 782** / C cap. Δ 2, 31
VI, 1 (p. 89, 1–5) **I 849** / C cap. Δ 3, 48
VI, 1 (p. 89, 7–10) **I 1530** / C cap. Π 1, 35
VI, 1 (p. 89, 10–16) **I 1182** / C cap. H 2, 19
VI, 2 (p. 90, 17–21) **I 534** / C cap. A 14, 28
VI, 2 (p. 91, 1–6) **I 1178** / C cap. H 2, 15
VI, 3 (p. 92, 11 – 93, 6) **I 1179** / C cap. H 2, 16
VI, 10 (p. 106, 18 – 107, 5) **I 1180** / C cap. H 2, 17
VI, 10–11 (p. 107, 20 – 109, 3) **I 1181** / C cap. H 2, 18
VI, 11 (p. 110, 12–16) **I 739** / C cap. Δ 1, 34
VII, 5 (p. 122, 1–3) **I 1563** / C cap. Π 2, 17
VII, 5 (p. 122, 1–4) **I 156** / C cap. A 3, 42
VIII, 1 (p. 126, 13 – 127, 1) **I 781** / C cap. Δ 2, 30
VIII, 7 (p. 142, 14–15) **I 783** / C cap. Δ 2, 32
IX, 6 (p. 159, 20–21) **I 682** / C cap. B 4, 12

In Mamantem martyrem (CPG 2868); PG 31, 589–600.

4 (597, 13–16) **I 209** / C cap. A 4, 35

In quadraginta martyres Sebastenses (CPG 2863); PG 31, 508–525.

1 (508, 13–16)	**I suppl. 68** / L^{c} cap. A 7, 45

Quod deus non est auctor malorum (CPG 2853); PG 31, 329–353.

1 (332, 3–4)	**I suppl. 390** / V cap. Z 1, 19
5 (337, 44–53)	**I 1415** / C cap. M 1, 17
	I suppl. 429 / R cap. O 18, 14
7 (345, 6–11)	**I 1120** / C cap. Z 1, 35
7 (345, 18–25)	**I 315** / C cap. A 6, 26
7 (345, 27–31)	**I 315** / C cap. A 6, 26
9 (348, 43–51)	**I 316** / C cap. A 6, 27

(Ps.-)Basilius Caesariensis

Adversus eos qui per calumniam dicunt dici a nobis tres deos (CPG 2914);[74] PG 31, 1488–1496.

3 (1493, 22–30)	**I 204** / C cap. A 4, 30
4 (1493, 34–35)	**I 205** / C cap. A 4, 31
4 (1496, 18–21)	**I 206** / C cap. A 4, 32

Enarratio in prophetam Isaiam (CPG 2911); PG 30, 117–668.

I, 34 (188, 30–32)	**I 1617** / C cap. Σ 1, 19
III, 119 (312, 5–10)	**I 157** / C cap. A 3, 43 (Versio C H^{II} R)
III, 119 (312, 7–10)	**I 157** / C cap. A 3, 43 (Versio V PML^{b} T)
V, 181 (424, 11–14)	**I 1416** / C cap. M 1, 18
VI, 183 (428, 36–40)	**I 372** / C cap. A 9, 15
XII, 252 (564, 19–21)	**I 535** / C cap. A 14, 29
XIII, 267 (589, 6–7)	**I 277** / C cap. A 5, 12
XIII, 276 (604, 17–18)	**I 1121** / C cap. Z 1, 36

[74] Diese Predigt wird unter dem Titel ἐκ τοῦ κατ' Εὐνομίου ἐπιγεγραμμένου περὶ πίστεως zitiert, der teilweise mit dem Titel von *Sacra* II^{1}2028 / K cap. Σ 15, 6 (ἐκ τοῦ περὶ πίστεως ἐν συνάξει μαρτύρων) korrespondiert.

BASILIUS SELEUCENSIS, locus non repertus, sede non nominata

Ἄφθονος ἀεὶ ἐπὶ τοῖς ἀγαθοῖς ὁ θεός	**I 1709** / C cap. Φ 1, 55

CLEMENS ALEXANDRINUS

Eclogae propheticae (CPG 1378); *Clemente Alessandrino. Estratti profetici. Eclogae propheticae* a cura di C. NARDI (Biblioteca patristica 4), Firenze 1985.

28, 1–2 (p. 66, 12–22)	**I 1233** / C cap. Θ 1, 46[75]

Paedagogus (CPG 1376); *Clemens Alexandrinus.* Erster Band. *Protrepticus und Paedagogus.* Herausgegeben von O. STÄHLIN. Dritte, durchgesehene Auflage von U. TREU (GCS 12^3), Berlin 1972, p. 89–292.

I. Cap. III. 9, 3 (p. 95, 17–19)	**I 1704** / C cap. Φ 1, 50
II. Cap. VI. 51, 2 (p. 188, 13–14)	**I 1395** / C cap. Λ 1, 29
II. Cap. VII. 58, 3 (p. 192, 14–15)	**I 558** / C cap. A 14, 52
II. Cap. VII. 60, 5 (p. 193, 29–30)	**I 1396** / C cap. Λ 1, 30

Quis dives salvetur (Marc. 10, 25–26) (CPG 1379); *Clemens Alexandrinus.* Dritter Band. *Stromata Buch VII und VIII – Excerpta ex Theodoto – Eclogae propheticae – Quis dives salvetur – Fragmente.* Herausgegeben von O. STÄHLIN. In zweiter Auflage neu herausgegeben von L. FRÜCHTEL†. Zum Druck besorgt von U. TREU (GCS 17), Berlin 1970, p. 159–191.

21, 2 (p. 173, 18–20)	**I 1621** / C cap. Σ 1, 23
21, 3 (p. 173, 21–26)	**I 690** / C cap. B 4, 20

[75] In der Attribution wird diese Stelle dem achten Buch der *Stromata* zugeschrieben.

Stromata I–VIII (CPG 1377); *Clemens Alexandrinus.* Zweiter Band. *Stromata Buch I–VI.* Herausgegeben von O. STÄHLIN. Neu herausgegeben von L. FRÜCHTEL. 4. Auflage mit Nachträgen von U. TREU (GCS 15), Berlin 1985; *Clemens Alexandrinus.* Dritter Band. *Stromata Buch VII und VIII – Excerpta ex Theodoto – Eclogae propheticae – Quis dives salvetur – Fragmente.* Herausgegeben von O. STÄHLIN. In zweiter Auflage neu herausgegeben von L. FRÜCHTEL†. Zum Druck besorgt von U. TREU (GCS 17), Berlin 1970, p. 3–102.

I. Cap. I. 13, 4 (p. 10, 11–13)	**I 559** / C cap. A 14, 53
II. Cap. I. 3, 1 (p. 114, 9–11)	**I 560** / C cap. A 14, 54
II. Cap. I. 3, 2 (p. 114, 11–14)	**I 564** / C cap. A 14, 58
II. Cap. II. 7, 4 (p. 116, 28–31)	**I 561** / C cap. A 14, 55
II. Cap. XX. 124, 2 (p. 180, 16–24)	**I 1232** / C cap. Θ 1, 45
IV. Cap. IX. 74, 3 (p. 281, 25–26)	**I suppl. 82** / L^c cap. A 7, 59
V. Cap. I. 12, 1 (p. 334, 1–2)	**I 562** / C cap. A 14, 56
VI. Cap. XIV. 109, 5 (p. 486, 29–30)	**I suppl. 452** / V cap. Φ 2, 38
VI. Cap. XVII. 151, 4 (p. 510, 2–3)	**I 563** / C cap. A 14, 57
VII. Cap. XVI. 99, 1 (p. 69, 30 – 70, 3)	**I 557** / C cap. A 14, 51
VIII. Cap. I. 2, 5 (p. 81, 3–8)	**I 565** / C cap. A 14, 59

locus non repertus

V. (Fr. 61) (p. 227, 28)	**I 983** / C cap. E 1, 71[76]

CLEMENS ALEXANDRINUS, loci non reperti, sede nominata[77]

Epistulae (CPG 1392); *Clemens Alexandrinus.* Dritter Band. *Stromata Buch VII und VIII – Excerpta ex Theodoto – Eclogae propheticae – Quis dives salvetur – Fragmente.* Herausgegeben von O. STÄHLIN. In zweiter Auflage neu herausgegeben von L. FRÜCHTEL†. Zum Druck besorgt von U. TREU (GCS 17^2), Berlin 1970, 223–224.

XXI; Fr. 46 (p. 223, 30–32)	**I 691** / C cap. B 4, 21

[76] In der Edition von Stählin/Früchtel/Treu wird das Zitat unter „Fragmente ungewisser Herkunft" aufgeführt.
[77] Siehe auch oben CLEMENS ALEXANDRINUS, *Stromata I–VIII.*

Clemens Alexandrinus, loci non reperti, sede non nominata

ed. cit., p. 224–230.

Fr. 67 (p. 228, 30–32)	**I 245** / C cap. A 4, 71
Fr. 68 (p. 229, 3–13)	**I 1397** / C cap. Λ 1, 31
Βασιλείαν θεοῦ λεκτέον (Holl, n° 325)	**I 692** / C cap. B 4, 22[78]

Ps.-Clemens Romanus

Epistula II ad Corinthios (CPG 1003); *Die Apostolischen Väter.* Neubearbeitung der Funkschen Ausgabe von K. Bihlmeyer. Zweite Auflage mit einem Nachtrag von W. Schneemelcher. Erster Teil: *Didache, Barnabas, Klemens I und II, Ignatius, Polykarp, Papias, Quadratus, Diognetbrief* (Sammlung ausgewählter kirchen- und dogmengeschichtlicher Quellen … 2, 1, 1), Tübingen 1956, p. 71–81.

XX. 1 (p. 80); Holl, n° 2, 1–2	**I 1348** / C cap. K 2, 24
XX. 3–4 (p. 80–81); Holl, n° 2, 3–6	**I 1348** / C cap. K 2, 24

locus non repertus

Ὁ τῶν παρόντων αἰσθητικὸς (Holl, n° 24)	**I 1542** / C cap. Π 1, 48

Homiliae (CPG 1015[4]); *Die Pseudoklementinen.* I. *Homilien.* Herausgegeben von B. Rehm†. 3., verbesserte Auflage von G. Strecker (GCS 42), Berlin 1992.

β 36,2–3 (p. 50, 15–21)	**I 1559** / C cap. Π 2, 13
β 48,3 (p. 54, 25 - 55, 1)	**I 174** / C cap. A 3, 60
β 49,2 - 50,3 (p. 55, 3–14)	**I 174** / C cap. A 3, 60
β 51,2 (p. 55, 18–21)	**I 174** / C cap. A 3, 60

[78] Holl (*Fragmente*, p. 124) verzeichnet diesen Text unter der Rubrik „Unechte Citate" aus Clemens von Alexandrien. Die Verbindung mit letzerem beruht auf der Formel Τοῦ αὐτοῦ in R; die Formel fehlt in C, der Einschnitt gegenüber dem vorausgehenden Zitat ist dort jedoch erhalten. Das Zitat wird in V H[1] PM T (und in den *Loci Communes* des Ps.-Maximus Confessor) Didymus zugeschrieben; gegen diese Zuschreibung spricht der Umstand, dass Didymus nirgendwo sonst im *FlorCoislin* zitiert wird. – Siehe auch den Index quorundam locorum sive parallelorum sive qui (nonnumquam tacite) in locis allatis citantur unter Origen. Alex., *Commentarii in Iohannem.*

Recognitiones (CPG 1015 [5]); *Die Pseudoklementinen.* Zweiter Band. *Rekognitionen in Rufins Übersetzung.* Herausgegeben von B. REHM. Zweite, verbesserte Auflage von G. STRECKER (GCS 51), Berlin–New York 1994.

III 26, 4–5 (p. 116, 1–15) **I 477** / C cap. A 12, 41

CYPRIANUS CARTHAGINENSIS

Epistulae (CPL 50); *S. Thasci Caecilii Cypriani Opera omnia recensuit et commentario critico instruxit* G. HARTEL (CSEL Vol. III. Pars II), Wien 1871, p. 717–721.

LXIIII *(Fido fratri)*, 5 (p. 720, 16 - 721, 2) **I 660** / C cap. B 3, 15

CYRILLUS ALEXANDRINUS[79]

Commentarii in Iohannem (CPG 5208); *Sancti patris nostri Cyrilli archiepiscopi Alexandrini in D. Joannis evangelium. Accedunt fragmenta varia necnon tractatus ad Tiberium diaconum duo. Edidit post Aubertum* Ph.E. PUSEY. Vol. I, Oxonii MDCCCLXXII.

I. IX. (p. 113, 17 - 114, 13) **I 168** / C cap. A 3, 54

Commentarius in Isaiam prophetam[80] (CPG 5203); PG 70, 9–1449.

I. Orat. IV (176, 4–11) **I 83** / C cap. A 1, 83

loci non reperti

Ἀγαθὸς ὁ θεός, καὶ τοῖς ἀγαθῇ διανοίᾳ **I 1127** / C cap. Z 1, 42
῞Εκαστος ἡμῶν ἑαυτῷ παραίτιος **I 1479** / C cap. O 2, 37

[79] Siehe auch den Index quorundam locorum sive parallelorum sive qui (nonnumquam tacite) in locis allatis citantur.

[80] Der Titel dieses Werkes steht auch in I 4 / C cap. A 1, 4 (Scholion), doch der dort zitierte Text stammt aus dem *Thesaurus de sancta et consubstantiali trinitate.*

Cyrillus Alexandrinus, *Contra Iulianum imperatorem* (CPG 5233); *Kyrill von Alexandrien, Werke*. Erster Band. »*Gegen Julian*«. Teil 2: Buch 6–10 und Fragmente. Herausgegeben von W. Kinzig und Th. Brüggemann (GCS, N. F. Band 21), Berlin–Boston 2017.

6,43, 35–36 (p. 467)	**I 874** / C cap. Δ 4, 11

loci non reperti

XI (fr. 5, p. 765)	**I 747** / C cap. Δ 1, 42
XI (fr. 6, p. 765–766)	**I 875** / C cap. Δ 4, 12
XI (fr. 7, p. 766)	**I 897** / C cap. Δ 5, 17
XII (?) (fr. 12, p. 769)	**I suppl. 409** / V cap. K 11, 45
XII (fr. 18, p. 773)	**I 982** / C cap. E 1, 70
<X>II (fr. 19, p. 773–774)	**I 898** / C cap. Δ 5, 18
XII (fr. 20, p. 774)	**I suppl. 80** / L^{c} cap. A 7, 57
<X>V (?) (fr. 36, p. 785)	**I 282** / C cap. A 5, 17[81]
XVI (fr. 47, p. 797)	**I 1045** / C cap. E 4, 10
XVIII (fr. 58, p. 804)	**I 322** / C cap. A 6, 33
XVIII (fr. 65, p. 808–809)	**I suppl. 81** / L^{c} cap. A 7, 58
XIX (?) (fr. 59, p. 804–805)	**I 244** / C cap. A 4, 70

De adoratione et cultu in spiritu et veritate (CPG 5200); PG 68, 133–1125.

XIV (924, 11–18)	**I suppl. 399** / V cap. I 7, 3
XIV (924, 11–22)	**I 1323** / C cap. K 1, 49

Scholia de incarnatione Unigeniti (CPG 5225); *Concilium universale Ephesenum* edidit E. Schwartz (ACO I, 5, 1), Berolini et Lipsiae 1924–1926, p. 184–231.

ε′ (p. 222, 30–33)	**I 111** / C cap. A 2, 20
ρζ′ (p. 228, 19–22)	**I 112** / C cap. A 2, 21

Thesaurus de sancta et consubstantiali trinitate (CPG 5215);[82] PG 75, 9–656.

I (25, 39–55)	**I 84** / C cap. A 1, 84
V (60, 41–50)	**I 85** / C cap. A 1, 85

[81] Greg. Nyss., *In illud:* Pater noster *(Matth. 6, 9) (De oratione dominica)* zugeschrieben.
[82] Siehe auch den Index quorundam locorum sive parallelorum sive qui (nonnumquam tacite) in locis allatis citantur.

V (61, 25–39)	**I 86** / C cap. A 1, 86
V (64, 17–28)	**I 87** / C cap. A 1, 87
VI (80, 2–19)	**I 88** / C cap. A 1, 88

CYRILLUS ALEXANDRINUS, locus non repertus, sede nominata

Ad virgines.

Δεῖ ἐξ ὅλης τῆς καρδίας ἐπιζητεῖν	**I 1128** / C cap. Ζ 1, 43

CYRILLUS ALEXANDRINUS, locus non repertus, sede non nominata

Οὔτε ὁ δίκαιος ποιήσει<εν> ἄν τι ἄδικον	**I 1480** / C cap. Ο 2, 38

CYRILLUS HIEROSOLYMITANUS

Catecheses ad illuminandos 1–18 (CPG 3585[2]); *S. patris nostri Cyrilli Hierosolymorum archiepiscopi opera quae supersunt omnia.* Volumen II. Edidit J. RUPP, München 1860.

XVIII. 19. (p. 322)	**I 492** / C cap. Α 12, 56

DIADOCHUS PHOTICENSIS

Visio (CPG 6108); *Diadoque de Photicé. Œuvres spirituelles.* Introduction, texte critique, traduction et notes de É. DES PLACES (SChr 5bis), Paris 1955, p. 169–178.

ις′ (p. 173, 16–18)	**I 159** / C cap. Α 3, 45
ιζ′ (p. 173, 20–23)	**I 159** / C cap. Α 3, 45
κη′ (p. 178, 20–21)	**I 160** / C cap. Α 3, 46
κη′ (p. 178, 22–25)	**I 160** / C cap. Α 3, 46

DIDYMUS ALEXANDRINUS

Commentarii in Iob (CPG 2553); *Didymos der Blinde. Kommentar zu Hiob (Tura-Papyrus).* Teil I–II. *Kommentar zu Hiob Kap. 1–4 / 5,1 - 6,29.* Herausgegeben, übersetzt, erläutert von A. HENRICHS. Teil III. *Kommentar zu Hiob Kap. 7, 20c - 11.* Herausgegeben, übersetzt, erläutert von U. HAGEDORN, D. HAGEDORN und L. KOENEN (Papyrologische Texte und Abhandlungen 1–3), Bonn 1968. Teil IV.1. *Kommentar zu Hiob Kap. 12,1–16,8a.* Herausgegeben und übersetzt von U. HAGEDORN, D. HAGEDORN und L. KOENEN (Papyrologische Texte und Abhandlungen 33,1), Bonn 1985.

p. 14, 24–25 (I, p. 62) **I suppl. 273** / V cap. A 2, 25
p. 375, 1–3 (IV.1, p. 144) **I suppl. 286** / V cap. A 7, 5

DIDYMUS ALEXANDRINUS, loci non reperti, sede nominata

In Epistulam I ad Corinthios (CPG 2559).

...ἃ χαρίζεται ὁ πατήρ, διακονοῦντος **I suppl. 234** / V cap. X 1, 6[83]

In Matthaeum II (CPG 2564[8]).

Οὐ πᾶς κάμνων αἰτίαν ἔχει **I suppl. 227** / V cap. Π 35, 8

In Isaiam (CPG 2547).[84]

Ἐπεὶ συμπτώματα τὰ αὐτὰ **I suppl. 228** / V cap. Π 35, 9

[83] Die Attribution an Johannes Chrysostomos, die sich in V^E^V^O^V^Ph^ findet, ist weniger glaubwürdig als die Attribution von R (Τοῦ αὐτοῦ, ἐκ τῆς πρὸς Κορινθίους α') und diejenige von PM (dort ist Τοῦ αὐτοῦ ausgelassen). Der Text scheint uns – anders als Lequien – unvollständig zu sein, sei es, dass der Kompilator der *Sacra*, was bisweilen vorkommt, absichtlich den Anfang des Satzes weggelassen hat, sei es infolge eines Fehlers in der Überlieferung des Zweiges V. Wie haben auch die Möglichkeit erwogen, dass I suppl. 234 / V cap. X 1, 6 die Fortsetzung von I suppl. 233 / V cap. X 1, 5 (Διδύμου, ἐκ τοῦ εἰς τὸν Ἡσαΐαν) darstellt. Die Nahtstelle der beiden Zitate wäre allerdings nicht perfekt, da das Relativpronomen ἃ (Anfang I suppl. 234 / V cap. X 1, 6) die Annahme erzwingt, das αὐτῶν (letztes Wort von I suppl. 233 / V cap. X 5, 1) sei als ein Neutrum von τετυχηκέναι abhängig, während der Kontext von I suppl. 233 / V cap. X 1, 5 ein Femininum verlangt, das sich auf τὰς θείας χάριτας bezieht. Hinzu kommt, dass das Lemma von I suppl. 234 / V cap. X 1, 6 den Übergang zu einem anderen Werk anzeigt, und die Tatsache, dass das Zitat, wenn auch an seinem Beginn verstümmelt, sehr gut zu den im Titlos des Kapitels angekündigten Themen passt, dass die geistlichen Gaben von Gott kommen.

[84] Nach dem Lemma von *Sacra* II[1]292 / K cap. A 11, 9 bestand dieses Werk aus mindestens drei Teilen.

Κηδόμενος ὁ θεὸς ἐπιπλέον **I suppl. 233** / V cap. X 1, 5

Didymus Alexandrinus, loci non reperti, sede non nominata (CPG 2564[8]).

Ἀνθρώπιναι λέξεις θεοῦ οὐσίαν **I suppl. 277** / V cap. A 3, 31
Βαπτίζεται ἁγίῳ πνεύματι **I suppl. 308** / V cap. B 4, 21
Ἑνὶ νεύματι βουλήσεως **I suppl. 329** / V cap. Δ 2, 24
Οὐδὲν ἐν ἀνθρώποις ἐστὶ **I suppl. 435** / V cap. Σ 8, 12
Πάντων λογικῶν ἐπιστάμενος **I suppl. 433** / V cap. Π 4, 12
Πάντων τῶν περὶ θεὸν **I suppl. 454** / V cap. Φ 2, 42[85]
Φανοτάτης οὔσης τῆς οὐσίας **I suppl. 283** / V cap. A 6, 3
Φύσει μὲν καὶ κατ' οὐσίαν **I suppl. 453** / V cap. Φ 2, 41

Dionysius Alexandrinus, loci non reperti, sede nominata

De natura (CPG 1576); *Διονυσίου λείψανα. The Letters and other Remains of Dionysius of Alexandria* edited by Ch.L. Feltoe (Cambridge Patristic Texts), Cambridge 1904, p. 131–164.

I (Γ. 10 [p. 163, 6–7]) **I 789** / C cap. Δ 2, 38
<***> (Γ. 13 [p. 164, 6–8]) **I 246** / C cap. A 4, 72

Epistula II (CPG 1567); ed. cit., p. 90.

A. 12 (p. 90) **I 997** / C cap. E 2, 11

Refutatio et apologia (CPG 1579); ed. cit., p. 182–198.[86]

Δ. 7 (p. 191, 19 - 192, 11) **I 89** / C cap. A 1, 89
Δ. 7 (p. 193, 2–4) **I 90** / C cap. A 1, 90

[85] Aufgrund des vorangehenden Zitates wahrscheinlich Didymus von Alexandrien zuzuschreiben.
[86] Das Lemma von *Sacra* II^{1}262 / K cap. A 8, 7 enthält eine Spur einer Binnengliederung dieses Werkes.

Ps.-Dionysius Areopagita[87]

De coelesti hierarchia (CPG 6600); *Corpus Dionysiacum*. II. *Pseudo-Dionysius Areopagita, De Coelesti Hierarchia – De Ecclesiastica Hierarchia – De Mystica Theologia – Epistulae*. Herausgegeben von G. Heil † und A.M. Ritter (PTS 36), Berlin–New York 1991, p. 7–59.

IV. 2 (p. 21, 1–14)	**I 341** / C cap. A 8, 10
VII. 1–2 (p. 27, 4 – 29, 9)	**I 342** / C cap. A 8, 11
VIII. 1 (p. 32, 17 – 33, 24)	**I 343** / C cap. A 8, 12
IX. 2 (p. 36, 11 – 37, 13)	**I 344** / C cap. A 8, 13
IX. 2–4 (p. 37, 13 – 39, 24)	**I 369** / C cap. A 9, 12
IX. 4 (p. 39, 5–15)	**I 1561** / C cap. Π 2, 15
IX. 4 (p. 39, 17–22)	**I 1561** / C cap. Π 2, 15
XIII. 3 (p. 44, 17–20)	**I 154** / C cap. A 3, 40

De divinis nominibus (CPG 6602);[88] *Corpus Dionysiacum*. I. *Pseudo-Dionysius Areopagita, De Divinis Nominibus*. Herausgegeben von B.R. Suchla (PTS 33), Berlin–New York 1990.

I. 1 (p. 108, 6 – 110, 1)	**I 198** / C cap. A 4, 24
I. 2 (p. 110, 11 – 111, 2)	**I 1591** / C cap. Π 4, 6
I. 4 (p. 112, 7 – 113, 2)	**I 32** / C cap. A 1, 32
I. 4–5 (p. 115, 6 – 116, 4)	**I 199** / C cap. A 4, 25
I. 5 (p. 116, 7– 10)	**I 33** / C cap. A 1, 33
I. 5 (p. 117, 5–13)	**I 200** / C cap. A 4, 26
I. 5–6 (p. 117, 5 – 119, 4)	**I 1427** / C cap. O 1, 7
I. 6–7 (p. 119, 9 – 120, 1)	**I 1427** / C cap. O 1, 7
II. 4 (p. 126, 14–16)	**I 108** / C cap. A 2, 17
II. 4 (p. 127, 2–4)	**I 108** / C cap. A 2, 17
II. 4–5 (p. 126, 3 – 128, 13)	**I 34** / C cap. A 1, 34
II. 7–8 (p. 131, 5 – 132, 7)	**I 201** / C cap. A 4, 27
III. 1 (p. 138, 4 – 139, 16)	**I 958** / C cap. E 1, 46
IV. 1 (p. 143, 12 – 144, 5)	**I 1693** / C cap. Φ 1, 39
IV. 1–2 (p. 144, 6 – 145, 9)	**I 340** / C cap. A 8, 9
IV. 4 (p. 147, 2 – 148, 6)	**I 1176** / C cap. H 2, 13
IV. 4 (p. 148, 8 – 149, 1)	**I 1692** / C cap. Φ 1, 38

[87] Siehe auch den Index quorundam locorum sive parallelorum sive qui (nonnumquam tacite) in locis allatis citantur.
[88] Siehe auch ibid.

IV. 11 (p. 156, 2 - 157, 3)	**I 524** / C cap. A 14, 18
IV. 18–35 (p. 162, 9 - 180, 7)	**I 1461** / C cap. O 2, 19
IV. 20 (p. 166, 16 - 167, 2)	**I suppl. 451** / V cap. Φ 2, 37
IV. 22 (p. 170, 8–9)	**I suppl. 298** / V cap. A 15, 58
IV. 33 (p. 178, 6–17)	**I 1560** / C cap. Π 2, 14
VI. 1 (p. 191, 3–4)	**I 391** / C cap. A 10, 18
VI. 2 (p. 191, 15 - 192, 14)	**I 391** / C cap. A 10, 18
VII. 1 (p. 194, 14–15)	**I 1124** / C cap. Z 1, 39
VII. 2 (p. 196, 17 - 197, 14)	**I 155** / C cap. A 3, 41
VIII. 2–3 (p. 201, 1–19)	**I 740** / C cap. Δ 1, 35
VIII. 8 (p. 205, 1–15)	**I 1347** / C cap. K 2, 23
IX. 2 (p. 208, 8–17)	**I 741** / C cap. Δ 1, 36
IX. 6 (p. 211, 15–17)	[**I suppl. 263** / V cap. A 1, 33V^{W}]
IX. 6 (p. 211, 20)	[**I suppl. 263** / V cap. A 1, 33V^{W}]
XIII. 1–3 (p. 226, 7 - 230, 5)	**I 35** / C cap. A 1, 35

pars loci non reperta

Ἢ οὐχὶ ἐν αὐτῇ ζῶμεν καὶ κινούμεθα	**I 391** / C cap. A 10, 18

De ecclesiastica hierarchia (CPG 6601); *Corpus Dionysiacum*. II. *Pseudo-Dionysius Areopagita, De Coelesti Hierarchia - De Ecclesiastica Hierarchia - De Mystica Theologia - Epistulae.* Herausgegeben von G. HEIL† und A.M. RITTER (PTS 36), Berlin–New York 1991, p. 63–132.

I. 3 (p. 66, 6–10)	**I 36** / C cap. A 1, 36
II. (p. 69, 15–19)	**I 1265** / C cap. I 1, 8

EPHRAEM, loci non reperti, sede nominata

In Cain (CPG 4111).

Μὴ ἀπιστήσῃς, αἱρετικέ, ὅτι ἔστιν	**I 496** / C cap. A 12, 60
Οὐκ ἔστιν παρὰ θεῷ δοῦλος	**I 1275** / C cap. I 2, 8
Ὁ παράδεισος δι' αἰσθητῶν συνεστὼς	**I 1546** / C cap. Π 1, 52[89]

[89] Siehe auch den Index quorundam locorum sive parallelorum sive qui (nonnumquam tacite) in locis allatis citantur unter Georg. Mon., *Chronicon*.

Ephraem, loci non reperti, sede non nominata

Ἐὰν ἃ σὺ καταλαμβάνῃ μόνον	**I 880** / C cap. Δ 4, 17
Τὸν κόσμον ὁ θεὸς ἀνεξικακίᾳ	**I 1585** / C cap. Π 3, 15

Epiphanius Constantiensis

Ancoratus (CPG 3744); *Epiphanius (Ancoratus und Panarion haer. 1–33)*. Herausgegeben von K. Holl†. Zweite, erweiterte Auflage herausgegeben von M. Bergermann und Chr.-Fr. Collatz. Mit einem Geleitwort von Chr. Markschies. Teilband I/1. Text (GCS N.F. 10/1), Berlin–Boston 2013, p. 1–149.

10, 3–6 (p. 18, 4–15)	**I 78** / C cap. A 1, 78
10, 7 (p. 18, 17)	**I 78** / C cap. A 1, 78
22, 7 (p. 31, 20–24)	**I 79** / C cap. A 1, 79
52, 4 (p. 61, 16–17)	**I 601** / C cap. B 1, 24
	I 872 / C cap. Δ 4, 9
52, 5 (p. 61, 17–21)	**I 601** / C cap. B 1, 24
	I 872 / C cap. Δ 4, 9
73, 5–8 (p. 92, 5–21)	**I 81** / C cap. A 1, 81
81, 4–5 (p. 101, 22–26)	**I 82** / C cap. A 1, 82
82, 3 - 84, 6 (p. 102, 30 - 105, 3)	**I 411** / C cap. A 10, 38
85, 1 - 86, 8 (p. 105, 4 - 107, 17)	**I 412** / C cap. A 10, 39
87, 2 - 91, 1 (p. 107, 19 - 112, 4)	**I 413** / C cap. A 10, 40
99, 4–6 (p. 120, 8–22)	**I 414** / C cap. A 10, 41
118, 3 (p. 146, 2–5)	**I 80** / C cap. A 1, 80

Euagrius Ponticus

Aliae sententiae (CPG 2445); *Gnomica I. Sexti Pythagorici, Clitarchi, Evagrii Pontici sententiae* ab A. Elter editae (*Index scholarum quae summis auspiciis regis augustissimi Guilelmi II imperatoris germanici in universitate Fridericia Guilelmia rhenana per menses hibernos a. MDCCCLXXXXII–MDCCCLXXXXIII a die XV. M. octobris publice privatimque habebuntur*), Lipsiae 1892, p. LIII.49–LIV.72.

p. LIII.56	**I suppl. 434** / V cap. Π 2, 7

Expositio in Proverbia Salomonis (CPG 2456); *Évagre le Pontique. Scholies aux Proverbes.* Introduction, texte critique, traduction, notes, appendices et index par P. GÉHIN (SChr 340), Paris 1987.

189, 1–5 (p. 282)	**I suppl. 287** / V cap. A 7, 6

Kephalaia Gnostica (CPG 2432); *Les six centuries des "Kephalaia Gnostica" d'Évagre le Pontique.* Édition critique de la version syriaque commune et édition d'une nouvelle version syriaque, intégrale, avec une double traduction française par A. GUILLAUMONT (PO 28, 1), Paris, 1958.

V, 47 (p. 197)	**I suppl. 4** / V cap. A 6, 7

Sententiae per alphabetum I (olim *Capita paraenetica*) (CPG 2443); *Gnomica I. Sexti Pythagorici, Clitarchi, Evagrii Pontici sententiae* ab A. ELTER editae (*Index scholarum quae summis auspiciis regis augustissimi Guilelmi II imperatoris germanici in universitate Fridericia Guilelmia rhenana per menses hibernos a. MDCCCLXXXXII–MDCCCLXXXXIII a die XV. M. octobris publice privatimque habebuntur*), Lipsiae 1892, p. LII.1–24.

p. LII.8	**I suppl. 349** / V cap. Δ 3, 54
p. LII.22	**I suppl. 417** / V cap. X 4, 13

PS.-EUSEBIUS ALEXANDRINUS

Sermo III (De incarnatione Domini, et quam ob causam incarnatus sit) (CPG 5512); PG 86, 328–332.

329, 47–54	[**I suppl. 437** / V cap. Σ 24, 6]

Sermo VI (De iis qui laqueis impliciti pereunt) (CPG 5515); PG 86, 349–353.

349, 40 – 352, 5	[**I suppl. 416** / V cap. K 1, 26 (Versio V PM R)]
352, 3–5	[**I suppl. 416** / V cap. K 1, 26 (Versio $E^{cap. 159, 87}$)]
352, 26–32	[**I suppl. 416** / V cap. K 1, 26 (Versio V PM R)]
352, 27–32	[**I suppl. 416** / V cap. K 1, 26 (Versio $E^{cap. 159, 88}$)]

PS.-EUSEBIUS ALEXANDRINUS, *Sermo VI (De iis qui laqueis impliciti pereunt)* (continuatio)

partes loci non repertae

ὁμοίως καὶ εἰς τὴν θάλασσαν – γῆν	[**I suppl. 416** / V cap. K 1, 26 (Versio V PM R)]
ὁμοίως καὶ εἰς ποταμὸν – πάντα	[**I suppl. 416** / V cap. K 1, 26 (Versio E$^{cap. 159, 88}$)]
Μὴ βιάζου ῥοῦν ποταμοῦ – Γραφή	[**I suppl. 416** / V cap. K 1, 26 (Versio E$^{cap. 159, 86}$)]

Sermo XVI (De die dominica) (CPG 5525); PG 86, 413–421.

2 (416, 48 – 417, 2)	[**I suppl. 382** / V cap. E 7, 71]

Sermo XXII (De astronomis) (CPG 5531); PG 86, 452–461.

2 (453, 36–44)	[**I suppl. 153** / V cap. B 5, 11]
2–3 (453, 47 – 456, 17)	[**I suppl. 153** / V cap. B 5, 11]

PS.-EUSEBIUS ALEXANDRINUS, locus non repertus sede non nominata[90]

Ἐὰν ἀπέρχῃ εἰς πόλεμον	[**I suppl. 438** / V cap. Σ 24, 7]

EUSEBIUS CAESARIENSIS

Praeparatio evangelica (CPG 3486); *Eusebius Werke*. Achter Band. *Die Praeparatio evangelica*. Herausgegeben von K. MRAS. Erster Teil: *Einleitung, die Bücher I bis X*. Zweiter Teil: *Die Bücher XI bis XV, Register* (GCS 43, 1.2), Berlin 1954.1956.

VI 6, 24 (I, p. 303, 15–22)	**I 1566** / C cap. Π 2, 20
VIII 8, 29–30 (I, p. 438, 10–15)	**I 984** / C cap. E 1, 72[91]
VIII 14, 3 (I, p. 463, 12–13)	**I 1567** / C cap. Π 2, 21

[90] Die Attribution des Zitates ist ausgefallen, so dass die Identität des Autors völlig unsicher ist. Holl (*Fragmente*, p. 232) hat es, wahrscheinlich zurecht, Eusebius von Alexandrien zugeschrieben, von dem das vorausgehende Zitat stammt.

[91] Theophilus von Alexandrien (ἐκ τοῦ περὶ εὐχῆς λόγου) zugeschrieben in C, Theophilus von Antiochien in R (Holl, *Fragmente*, p. 57).

EUSEBIUS CAESARIENSIS, locus non repertus, sede non nominata

Πάντα ὅσα πεποίηκεν ὁ θεός **I 795** / C cap. Δ 2, 44[92]

EUSTATHIUS ANTIOCHENUS

Contra Ariomanitas et de anima (CPG 3351, 3353); *Eustathii Antiocheni, Patris Nicaeni, Opera quae supersunt omnia* edidit J.H. DECLERCK (CCSG 51), Turnhout–Leuven 2002, p. 63–130.

fragm. 59 (p. 128) **I 247** / C cap. A 4, 73

De engastrimytho contra Origenem (CPG 3350); ed. cit., p. 3–60.

992–1012 (p. 42–43) **I 1518** / C cap. Π 1, 23

PS.-EUSTATHIUS ANTIOCHENUS, locus non repertus, sede non nominata

fragm. 151 (p. 206) **I 158** / C cap. A 3, 44

GREGORIUS NAZIANZENUS

Carmina

I,1,1 (*De patre*) (CPG 3034); PG 37, 397–401.

25–35 (400, 7 - 401, 4) **I 71** / C cap. A 1, 71

I,1,12 (*De veris Scripturae libris*) (CPG 3034); PG 37, 472–474.

1–39 (472, 3 - 474, 14) **I 1223** / C cap. Θ 1, 36

I,2,1 (*In laudem virginitatis*) (CPG 3035); PG 37, 521–578.

15–18 (523, 7–10) **I 233** / C cap. A 4, 59
20–30 (523, 12 - 524, 9) **I 70** / C cap. A 1, 70

[92] Das Zitat wird in $V^{E}V^{O}V^{Ph}$ H^{I} einem nicht weiter bestimmten Eusebius zugeschrieben, Holl (*Fragmente*, p. 233) hat es unter der Rubrik „Unechte Citate" des Eusebius von Caesarea verzeichnet. In C firmiert das Zitat unter Proclus von Konstantinopel, allerdings durch die Formel Ἐκ τοῦ αὐτοῦ, die auf das Lemma des vorigen (nicht identifizierten) Zitates verweist (I 794 / C cap. Δ 2, 43).

Gregorius Nazianzenus, *Carmina*, I,2,2 (*Praecepta ad virgines*) (CPG 3035); PG 37, 578–632.

7–8 (578, 11–12)	**I 1360** / C cap. K 2, 36
10–13 (579, 2–5)	**I 1594** / C cap. Π 4, 9
360–362 (606, 12 - 607, 2)	**I 1359** / C cap. K 2, 35
526–531 (620, 3–8)	**I 407** / C cap. A 10, 34

I,2,30 (*Versus iambici acrostichi secundum omnes alphabeti litteras sic dispositi, ut quilibet iambicus in adhortationem aliquam desinat*) (CPG 3035); PG 37, 908–910.

1 (908, 14)	**I 1123** / C cap. Z 1, 38

locus non repertus

Γίνωσκε πάντα συλλέγειν ἐς ὕστερον	**I 487** / C cap. A 12, 51[93]

I,2,31 (*Distichae sententiae*) (CPG 3035); PG 37, 910–915.

45–46 (914, 5–6)	**I 1221** / C cap. Θ 1, 34

I,2,33 (*Tetrastichae sententiae. Epigramma in sequentes versus: Gregorii labor sum, tetrastichamque methodum servo, Sententiis spiritualibus, monumentum sapientiae*) (CPG 3035); PG 37, 928–945.

9–12 (928, 11 - 929, 2)	**I 550** / C cap. A 14, 44
25–28 (930, 2–5)	**I 1650** / C cap. Υ 1, 21
	I suppl. 96 / V cap. A 32, 12
29–32 (930, 6–9)	**I suppl. 442** / V cap. Υ 10, 10
33–36 (930, 10–13)	**I 1535** / C cap. Π 1, 41
85–88 (934, 8–11)	**I 1536** / C cap. Π 1, 42
89–92 (934, 12–15)	**I 1596** / C cap. Π 4, 11
145–148 (938, 12 - 939, 2)	**I 1222** / C cap. Θ 1, 35

[93] Das Zitat steht unter dem Lemma ἐκ τῶν μονοστίχων Γνωμῶν, dem Titel, den der Kompilator in der Regel für das Gedicht I,2,30 verwendet. Der zitierte Vers weist ferner gewisse Ähnlichkeiten mit einem Abschnitt dieses Gedichtes auf, vgl. den Index quorundam locorum sive parallelorum sive qui (nonnumquam tacite) in locis allatis citantur.

II,1,1 (*De rebus suis*) (CPG 3036); *Saint Grégoire de Nazianze. Œuvres poétiques.* Tome I. 1re partie. *Poèmes personnels.* II, 1, 1–11. Texte établi par A. TUILIER et G. BADY, traduit et annoté par J. BERNARDI, Paris 2004, p. 2–43.

335–336 (p. 24)	**I 232** / C cap. Α 4, 58
	I 1249 / C cap. Θ 2, 14
520–521 (p. 35)	**I 162** / C cap. Α 3, 48
623–634 (p. 42–43)	**I 69** / C cap. Α 1, 69

II,1,13 (*Ad episcopos*) (CPG 3036); PG 37, 1227–1244.

153–157 (1239, 8–12)	**I 544** / C cap. Α 14, 38

II,1,23 (*In secessionem*) (CPG 3036); PG 37, 1282–1284.

1–3 (1282, 12–14)	**I 1361** / C cap. Κ 2, 37

II,1,62 (*Supplicatio ad Christum*) (CPG 3036); PG 37, 1405–1406.

1–7 (1405, 6–12)	**I 966** / C cap. Ε 1, 54

II,1,69 (*Oratio ad Christum*) (CPG 3036); PG 37, 1417–1418.

1–3 (1417, 4–6)	**I 965** / C cap. Ε 1, 53

II,1,72 (*In exitum vitae*) (CPG 3036); PG 37, 1419–1420.

5–10 (1419, 14 - 1420, 5)	**I 485** / C cap. Α 12, 49

II,1,86 (*Admonitio ad seipsum*) (CPG 3036); PG 37, 1432–1433.

1–2 (1432, 12–13)	**I 1537** / C cap. Π 1, 43

II,2,3 (*Ad Vitalianum, filiorum nomine*) (CPG 3037); *Saint Grégoire de Nazianze. Œuvres poétiques.* Tome II. *Poèmes épistolaires.* II, 2, 1–8. Texte établi et traduit par R.M. BÉNIN, Paris 2021, p. 54–72.

221–223 (p. 65)	**I suppl. 398** / V cap. Ι 7, 2

GREGORIUS NAZIANZENUS, *Carmina*, II,2,4 (*Nicobuli filii ad patrem*) (CPG 3037); *Gregorio Nazianzeno, Nicobulo* jr. *al padre [*carm. *II,2,4]. Nicobulo* sen. *al figlio [*carm. *II,2,5]. Una discussione in famiglia*. Introduzione, testo critico, traduzione, commento e appendici di M.G. MORONI (*Poeti Cristiani*, 6), Pisa 2006, p. 74–88.

94–98 (p. 80)	**I 1595** / C cap. Π 4, 10

II,2,7 (*Ad Nemesium*) (CPG 3037); *Saint Grégoire de Nazianze. Œuvres poétiques.* Tome II. *Poèmes épistolaires.* II, 2, 1–8. Texte établi et traduit par R.M. BÉNIN, Paris 2021, p. 160–179.

221 (p. 171)	**I 1248** / C cap. Θ 2, 13

Epistulae (CPG 3032); *Saint Grégoire de Nazianze, Lettres*. I.II. Texte établi et traduit par P. GALLAY, Paris 1964.1967.

XXXVI, 2 (I, p. 46)	**I 1357** / C cap. K 2, 33
LVIII (μζ'), 11 (I, p. 76)	**I 551** / C cap. A 14, 45
LXI, 1–2 (I, p. 78–79)	**I 1649** / C cap. Υ 1, 20
CXXXV, 1 (II, p. 23)	**I 1358** / C cap. K 2, 34
CLXXVIII, 11 (II, p. 68)	**I 686** / C cap. B 4, 16[94]

Epistulae theologicae (CPG 3032); *Grégoire de Nazianze. Lettres théologiques.* Introduction, texte critique, traduction et notes par P. GALLAY avec la collaboration de M. JOURJON (SChr 208), Paris 1974.

I (*Ad Cledonium = Ep. CI*), 16 (p. 42)	**I suppl. 138** / R cap. A 46, 13
I (*Ad Cledonium = Ep. CI*), 22 (p. 46)	**I suppl. 139** / R cap. A 46, 14
I (*Ad Cledonium = Ep. CI*), 39 (p. 52)	**I 351** / C cap. A 8, 20

Orationes

Apologetica (Orat. 2) (CPG 3010); *Grégoire de Nazianze, Discours 1–3*. Introduction, texte critique, traduction et notes par J. BERNARDI (SChr 247), Paris 1978, p. 84–240.

1, 4–6 (p. 84–86)	**I 1122** / C cap. Z 1, 37
14, 13–18 (p. 108)	**I 1593** / C cap. Π 4, 8 (Versio C)

[94] Gregor von Nyssa zugeschrieben.

14, 16–17 (p. 108)	**I 1593** / C cap. Π 4, 8 (Versio V)
75, 6–12 (p. 188)	**I 224** / C cap. A 4, 50
76, 3 – 77, 2 (p. 188–190)	**I 225** / C cap. A 4, 51
104, 4–5 (p. 224)	**I 1231** / C cap. Θ 1, 44
105, 5–9 (p. 224)	**I 1231** / C cap. Θ 1, 44
108, 10–11 (p. 228)	**I 161** / C cap. A 3, 47

Ad eos qui ipsum acciverant nec occurrerant (Orat. 3) (CPG 3010); ed. cit., p. 242–254.

7, 13–17 (p. 250–252)	**I 229** / C cap. A 4, 55

Contra Iulianum imperatorem I (Orat. 4) (CPG 3010); *Grégoire de Nazianze, Discours 4–5. Contre Julien*. Introduction, texte critique, traduction et notes par J. BERNARDI (SChr 309), Paris 1983, p. 86–292.

12, 13–18 (p. 104)	**I 1356** / C cap. K 2, 32
47, 7–9 (p. 148)	**I 1481** / C cap. O 2, 39
54, 12–14 (p. 158)	**I 1699** / C cap. Φ 1, 45

De pace I ob monachorum reconciliationem (Orat. 6) (CPG 3010); *Grégoire de Nazianze, Discours 6–12*. Introduction, texte critique, traduction et notes par M.-A. CALVET-SEBASTI (SChr 405), Paris 1995, p. 120–178.

3, 14–21 (p. 128)	**I 540** / C cap. A 14, 34
12, 21–26 (p. 152–154)	**I 350** / C cap. A 8, 19
20, 12–13 (p. 172)	**I 1741** / C cap. X 2, 16
22, 9–19 (p. 174–176)	**I 51** / C cap. A 1, 51
22, 29–33 (p. 178)	**I 545** / C cap. A 14, 39

Funebris in laudem Caesarii fratris oratio (Orat. 7) (CPG 3010); ed. cit., p. 180–244.

21, 12–20 (p. 234)	**I 406** / C cap. A 10, 33
21, 30–33 (p. 236)	**I 436** / C cap. A 11, 15
23, 10–12 (p. 240)	**I 685** / C cap. B 4, 15

Ad Gregorium Nyssenum (Orat. 11) (CPG 3010); ed. cit., p. 328–346.

5, 9–10 (p. 338)	**I 1742** / C cap. X 2, 17
6, 1–9 (p. 342)	**I 992** / C cap. E 2, 6

Gregorius Nazianzenus, *De pauperum amore (Orat. 14)* (CPG 3010); PG 35, 857–909.

5 (864, 15–23) **I 684** / C cap. B 4, 14
21 (884, 28–46) **I 1533** / C cap. Π 1, 38–39
25 (889, 29–30) **I 1272** / C cap. I 2, 5
25 (889, 34–35) **I 1272** / C cap. I 2, 5
25 (889, 39–41) **I 1272** / C cap. I 2, 5
30 (897, 28–37) **I 1352** / C cap. K 2, 28
33 (904, 6–14) **I 1353** / C cap. K 2, 29
33 (904, 11–14) **I 217** / C cap. A 4, 43

De grandine, in patrem tacentem (Orat. 16) (CPG 3010); PG 35, 933–964.

2 (936, 30–32) **I 548** / C cap. A 14, 42
7 (944, 25–34) **I 486** / C cap. A 12, 50 (Versio R)
7 (944, 31–34) **I 486** / C cap. A 12, 50 (Versio C H[l])
12 (949, 46 – 952, 3) **I 1494** / C cap. O 3, 12
12 (952, 2–3) **I 598** / C cap. B 1, 21
14 (953, 10–15) **I 1698** / C cap. Φ 1, 44
18 (957, 42 – 960, 1) **I 1648** / C cap. Υ 1, 19

Ad praefectum et cives Nazianzenos (Orat. 17) (CPG 3010); PG 35, 964–981.

4 (969, 23–28) **I 1355** / C cap. K 2, 31
4 (969, 33–43) **I 226** / C cap. A 4, 52

Funebris oratio in patrem (Orat. 18) (CPG 3010); PG 35, 985–1044.

10 (996, 25–28) **I 1266** / C cap. I 1, 9
13 (1000, 42–43) **I 893** / C cap. Δ 5, 13

Ad Iulianum tributorum exaequatorem (Orat. 19) (CPG 3010); PG 35, 1044–1064.

4 (1048, 20–28) **I 1531** / C cap. Π 1, 36
4 (1048, 31–32) **I 1531** / C cap. Π 1, 36
6 (1049, 23–35) **I 1532** / C cap. Π 1, 37
7 (1049, 39–43) **I 1532** / C cap. Π 1, 37

De dogmate et constitutione episcoporum (Orat. 20) (CPG 3010); *Grégoire de Nazianze, Discours 20–23*. Introduction, texte critique, traduction et notes par J. MOSSAY avec la collaboration de G. LAFONTAINE (SChr 270), Paris 1980, p. 56–84.

3, 8–14 (p. 60–62)	**I 1267** / C cap. I 1, 10
5, 19–27 (p. 66–68)	**I 64** / C cap. A 1, 64
9, 23–24 (p. 76)	**I 597** / C cap. B 1, 20

In laudem Athanasii (Orat. 21) (CPG 3010); ed. cit., p. 110–192.

1, 13–22 (p. 112)	**I 67** / C cap. A 1, 67
12, 8–13 (p. 134)	**I 539** / C cap. A 14, 33
24, 25–29 (p. 160)	**I 1220** / C cap. Θ 1, 33

De pace III (Orat. 22) (CPG 3010); ed. cit., p. 218–258.

6, 24–29 (p. 232)	**I 546** / C cap. A 14, 40

De pace II (Orat. 23) (CPG 3010);[95] ed. cit., p. 280–310.

8, 1–15 (p. 296–298)	**I 49** / C cap. A 1, 49
10, 10–17 (p. 300–302)	**I 50** / C cap. A 1, 50

In laudem Cypriani (Orat. 24) (CPG 3010); *Grégoire de Nazianze. Discours 24–26*. Introduction, texte critique, traduction et notes par J. MOSSAY avec la collaboration de G. LAFONTAINE (SChr 284), Paris 1981, p. 40–84.

15, 11–13 (p. 72)	**I suppl. 70** / L^c cap. A 7, 47

In laudem Heronis philosophi (Orat. 25) (CPG 3010); ed. cit., p. 156–204.

15, 18–23 (p. 192–194)	**I 58** / C cap. A 1, 58
18, 6–8 (p. 200)	**I suppl. 275** / V cap. A 3, 26

In seipsum, cum rure rediisset, post ea quae a Maximo perpetrata fuerant (Orat. 26) (CPG 3010); ed. cit., p. 224–272.

4, 18–20 (p. 234)	**I 484** / C cap. A 12, 48

[95] Siehe auch den Index quorundam locorum sive parallelorum sive qui (nonnumquam tacite) in locis allatis citantur.

GREGORIUS NAZIANZENUS, *De theologia I adversus Eunomianos (Orat. 27)* (CPG 3010); *Grégoire de Nazianze. Discours 27–31 (Discours théologiques).* Introduction, texte critique, traduction et notes par P. GALLAY avec la collaboration de M. JOURJON (SChr 250), Paris 2008, p. 70–98.

3, 1–3 (p. 76)	**I 218** / C cap. A 4, 44
3, 7–9 (p. 76)	**I 218** / C cap. A 4, 44
3, 20–27 (p. 78)	**I 908** / C cap. Δ 6, 10
4, 3–10 (p. 78–80)	**I 852** / C cap. Δ 3, 51
5, 23–26 (p. 82)	**I suppl. 166** / V cap. Θ 1, 6
5, 23–28 (p. 82)	**I 1247** / C cap. Θ 2, 12
5, 31–32 (p. 84)	**I 543** / C cap. A 14, 37
8, 7 (p. 88)	**I 784** / C cap. Δ 2, 33

De theologia II (Orat. 28) (CPG 3010); ed. cit., p. 100–174.

1, 12–17 (p. 100–102)	**I 56** / C cap. A 1, 56
6, 6–8 (p. 110)	**I 785** / C cap. Δ 2, 34
11, 11–12 (p. 122)	**I 230** / C cap. A 4, 56
12, 5–14 (p. 124)	**I 230** / C cap. A 4, 56
14, 1–6 (p. 128)	**I suppl. 152** / V cap. B 5, 10
14, 14–16 (p. 130)	**I suppl. 152** / V cap. B 5, 10
15, 1–2 (p. 130)	**I suppl. 152** / V cap. B 5, 10
17, 11–15 (p. 136)	**I 228** / C cap. A 4, 54
21, 1–15 (p. 142–144)	**I 231** / C cap. A 4, 57
21, 20–34 (p. 144)	**I 1354** / C cap. K 2, 30
29, 16–19 (p. 166)	**I 1183** / C cap. H 2, 20
29, 21–28 (p. 166–168)	**I 1183** / C cap. H 2, 20
30, 5–23 (p. 168–170)	**I 1183** / C cap. H 2, 20
31, 9–10 (p. 170)	**I 349** / C cap. A 8, 18
31, 19–36 (p. 172–174)	**I 349** / C cap. A 8, 18

De filio I (Orat. 29) (CPG 3010); ed. cit., p. 176–224.

2, 1–15 (p. 178–180)	[**I suppl. 267** / V cap. A 1, 37V^{W}]
2, 1–18 (p. 178–180)	**I 54** / C cap. A 1, 54
3, 14–21 (p. 182)	**I 68** / C cap. A 1, 68
21, 2–3 (p. 222)	**I 547** / C cap. A 14, 41

De filio II (Orat. 30) (CPG 3010); ed. cit., p. 226–274.

17, 1–10 (p. 260–262)	**I 1430** / C cap. O 1, 10
17, 9–10 (p. 262)	**I 227** / C cap. A 4, 53
18, 7–10 (p. 262–264)	**I 1429** / C cap. O 1, 9

De Spiritu sancto (Orat. 31) (CPG 3010);[96] ed. cit., p. 276–342.

9, 10–19 (p. 292)	**I 53** / C cap. A 1, 53
14, 2–9 (p. 302)	**I 52** / C cap. A 1, 52

De moderatione in disputando (Orat. 32) (CPG 3010); *Grégoire de Nazianze. Discours 32–37.* Introduction, texte critique et notes par Cl. MORESCHINI, traduction par P. GALLAY (SChr 318), Paris 1985, p. 82–154.

5, 12–16 (p. 94)	**I 65** / C cap. A 1, 65
7, 1–3 (p. 98)	**I 331** / C cap. A 7, 8
14, 14–21 (p. 114)	**I 221** / C cap. A 4, 47
19, 4–10 (p. 124–126)	**I 220** / C cap. A 4, 46
21, 6–9 (p. 128)	**I 1219** / C cap. Θ 1, 32
21, 27–30 (p. 130)	**I 222** / C cap. A 4, 48
24, 10–13 (p. 136)	**I 223** / C cap. A 4, 49
26, 11–12 (p. 140)	**I 1696** / C cap. Φ 1, 42

Contra Arianos et de seipso (Orat. 33) (CPG 3010); ed. cit., p. 156–196.

16, 20–25 (p. 192–194)	**I 55** / C cap. A 1, 55

De seipso et ad eos qui ipsum cathedram Constantinopolitanam affectare dicebant (Orat. 36) (CPG 3010); ed. cit., p. 240–268.

7, 21–22 (p. 258)	**I 851** / C cap. Δ 3, 50

In Theophania (Orat. 38) (CPG 3010); *Grégoire de Nazianze. Discours 38–41.* Introduction, texte critique et notes par Cl. MORESCHINI, traduction par P. GALLAY (SChr 358), Paris 1990, p. 104–148.

4, 13–14 (p. 110)	**I 993** / C cap. E 2, 7

[96] Siehe auch den Index quorundam locorum sive parallelorum sive qui (nonnumquam tacite) in locis allatis citantur.

GREGORIUS NAZIANZENUS, *In Theophania (Orat. 38)* (continuatio)

5, 10–13 (p. 110–111)	**I 993** / C cap. E 2, 7
7, 5–14 (p. 114–116)	**I 216** / C cap. A 4, 42
7, 23–24 (p. 116)	**I 216** / C cap. A 4, 42
8, 14–23 (p. 118–120)	**I 61** / C cap. A 1, 61

In S. Lumina (Orat. 39) (CPG 3010); ed. cit., p. 150–196.

11, 3–4 (p. 170)	**I 994** / C cap. E 2, 8
11, 4–8 (p. 170)	**I 683** / C cap. B 4, 13
	I 995 / C cap. E 2, 9
11, 10–12 (p. 170)	**I 219** / C cap. A 4, 45
	I 320 / C cap. A 6, 31
11, 12–23 (p. 170–172)	**I 57** / C cap. A 1, 57
11, 15–17 (p. 170–172)	**I 541** / C cap. A 14, 35
11, 19–21 (p. 172)	[**I suppl. 265** / V cap. A 1, 35V^W]
12, 1–6 (p. 172–174)	**I 60** / C cap. A 1, 60
12, 27–28 (p. 176)	[**I suppl. 265** / V cap. A 1, 35V^W]
12, 27 – 13, 1 (p. 176)	**I 59** / C cap. A 1, 59
13, 12–15 (p. 176)	**I 109** / C cap. A 2, 18

In S. baptisma (Orat. 40) (CPG 3010);[97] ed. cit., p. 198–310.

5, 1–7 (p. 204)	**I 62** / C cap. A 1, 62
5, 10–14 (p. 204–206)	**I 348** / C cap. A 8, 17
7, 1–2 (p. 208)	**I 278** / C cap. A 5, 13
7, 5–6 (p. 210)	**I 278** / C cap. A 5, 13
7, 8–15 (p. 210)	**I 662** / C cap. B 3, 22
8, 9–12 (p. 212)	**I 664** / C cap. B 3, 24
19, 22–26 (p. 240)	**I 1316** / C cap. K 1, 42
25, 37–39 (p. 254)	**I 1271** / C cap. I 2, 4
27, 28–32 (p. 260)	**I 1697** / C cap. Φ 1, 43
27, 31–32 (p. 260)	**I 964** / C cap. E 1, 52
32, 1–18 (p. 270–272)	**I 663** / C cap. B 3, 23
41, 1 (p. 292)	[**I suppl. 266** / V cap. A 1, 36V^W]
41, 1–24 (p. 292–294)	**I 63** / C cap. A 1, 63

[97] Siehe auch den Index quorundam locorum sive parallelorum sive qui (nonnumquam tacite) in locis allatis citantur.

41, 4–5 (p. 292)	[**I suppl. 266** / V cap. A 1, 36V[W]]
41, 7–11 (p. 292)	[**I suppl. 266** / V cap. A 1, 36V[W]]
44, 15–18 (p. 302)	**I 1534** / C cap. Π 1, 40

In Pentecosten (Orat. 41) (CPG 3010); ed. cit., p. 312–354.

1, 4–6 (p. 312)	**I 996** / C cap. E 2, 10
6, 5–12 (p. 326–328)	**I 1246** / C cap. Θ 2, 11
8, 26–33 (p. 332)	**I 549** / C cap. A 14, 43

Supremum vale coram centum quinquaginta episcopis (Orat. 42) (CPG 3010);[98] *Grégoire de Nazianze. Discours 42–43.* Introduction, texte critique, traduction et notes par J. BERNARDI (SChr 384), Paris 1992, p. 48–114.

5, 16–18 (p. 62)	**I 1495** / C cap. O 3, 13
16, 16–19 (p. 84)	**I 542** / C cap. A 14, 36

Funebris oratio in laudem Basilii Magni Caesareae in Cappadocia episcopi (Orat. 43) (CPG 3010); ed. cit., p. 116–306.

6, 2–5 (p. 126)	**I suppl. 71** / L[c] cap. A 7, 48
28, 6–8 (p. 188)	**I 279** / C cap. A 5, 14
30, 9–11 (p. 192)	**I 66** / C cap. A 1, 66
30, 17–21 (p. 192–194)	**I 66** / C cap. A 1, 66
60, 7–10 (p. 254)	**I 280** / C cap. A 5, 15

In novam Dominicam (Orat. 44) (CPG 3010); PG 36, 608–621.

4 (612, 3–14)	**I 786** / C cap. Δ 2, 35
8 (616, 24–26)	**I 1592** / C cap. Π 4, 7
8 (616, 42–43)	**I 1618** / C cap. Σ 1, 20

In S. Pascha (Orat. 45) (CPG 3010); PG 36, 624–664.

5 (629, 15–18)	**I 347** / C cap. A 8, 16

[98] Siehe auch den Index quorundam locorum sive parallelorum sive qui (nonnumquam tacite) in locis allatis citantur.

GREGORIUS NYSSENUS

Ad Eustathium de S. trinitate (CPG 3137); *Gregorii Nysseni opera dogmatica minora*. Pars I. Edidit F. MÜLLER (GNO III.1), Leiden 1958, p. 3–16.

p. 8, 3–5	**I 1431** / C cap. O 1, 11
p. 8, 8–10	**I 1432** / C cap. O 1, 12

Ad Macrinam (Dialogus de anima et resurrectione) (CPG 3149); *Gregorii Nysseni De anima et resurrectione. Opera dogmatica minora*. Pars III. Edidit A. SPIRA. Post mortem editoris praefationem accurate composuit E. MÜHLENBERG (GNO III.3), Leiden–Boston 2014.

p. 78, 11 - 79, 2	**I 1598** / C cap. Π 4, 13

Contemplatio hominis (De opificio hominis) (CPG 3154); *Sancti Patris Nostri Gregorii Nysseni, Basilii Magni fratris, quæ supersunt omnia* in unum corpus collegit, ad fidem codd. mss recensuit, latinis versionibus quam accuratissimis instruxit et genuina a supposititiis discrevit G.H. FORBESIUS. Tomus primus, Burntisland 1855, p. 102–318.

1, 1 (p. 114, 10–14)	**I 793** / C cap. Δ 2, 42
6, 2–3 (p. 132, 17 - 134, 1)	**I 73** / C cap. A 1, 73
25, 1–2 (p. 250, 21 - 252, 11)	**I 408** / C cap. A 10, 35
25, 11 (p. 260, 17–22)	**I 408** / C cap. A 10, 35
25, 11 (p. 260, 28 - 262, 18)	**I 408** / C cap. A 10, 35
25, 12–13 (p. 264, 1 - 266, 9)	**I 409** / C cap. A 10, 36
26, 1–2 (p. 266, 13 - 268, 13)	**I 409** / C cap. A 10, 36
27, 1–3 (p. 268, 18 - 270, 20)	**I 409** / C cap. A 10, 36
27, 5–8 (p. 272, 5 - 274, 12)	**I 409** / C cap. A 10, 36

Contra Eunomium (CPG 3135);[99] *Gregorius Nyssenus. Contra Eunomium libri*. Pars prior: liber I et II (vulgo I et XII B). Pars altera: liber III (vulgo III–XII). *Refutatio confessionis Eunomii* (vulgo lib. II). Iteratis curis edidit W. JAEGER (GNO I–II), Leiden 1960.

I, 337 (p. 127, 2–6)	**I 854** / C cap. Δ 3, 53
I, 550 (p. 185, 13–16)	**I 552** / C cap. A 14, 46

[99] Siehe auch den Index quorundam locorum sive parallelorum sive qui (nonnumquam tacite) in locis allatis citantur.

III, tom. V, 55 (p. 180, 10–12)	**I 235** / C cap. A 4, 61
III, tom. VI, 4 (p. 187, 9–11)	**I 1433** / C cap. O 1, 13

De beatitudinibus (CPG 3161); *Gregorii Nysseni De oratione dominica. De beatitudinibus.* Edidit J.F. CALLAHAN (GNO VII.2), Leiden–New York–Köln 1992, p. 77–170.

I (p. 79, 28 - 80, 1)	**I suppl. 72** / L^c cap. A 7, 49
I (p. 80, 16–20)	**I 236** / C cap. A 4, 62
II (p. 95, 18–20)	**I 281** / C cap. A 5, 16
III (p. 104, 8–20)	**I 237** / C cap. A 4, 63
III (p. 104, 27 - 105, 7)	**I 237** / C cap. A 4, 63
III (p. 105, 9–11)	**I 237** / C cap. A 4, 63
III (p. 109, 1–10)	**I 1538** / C cap. Π 1, 44
V (p. 124, 11)	**I suppl. 73** / L^c cap. A 7, 50
V (p. 124, 13–14)	**I suppl. 73** / L^c cap. A 7, 50
V (p. 129, 20–22)	**I 1471** / C cap. O 2, 29
V (p. 130, 13–15)	**I 1317** / C cap. K 1, 43
V (p. 131, 3–5)	**I 1317** / C cap. K 1, 43
V (p. 131, 7–8)	**I 1317** / C cap. K 1, 43
VI (p. 145, 20 - 146, 3)	**I 238** / C cap. A 4, 64
VI (p. 146, 5–7)	**I 238** / C cap. A 4, 64
VII (p. 149, 14–16)	**I 665** / C cap. B 3, 25
	I suppl. 74 / L^c cap. A 7, 51
VII (p. 149, 22–23)	**I 665** / C cap. B 3, 25
	I suppl. 74 / L^c cap. A 7, 51
VII (p. 150, 12–20)	**I 239** / C cap. A 4, 65
VII (p. 151, 17–19)	**I 665** / C cap. B 3, 25
	I suppl. 74 / L^c cap. A 7, 51
VIII (p. 169, 11–12)	**I 688** / C cap. B 4, 18
VIII (p. 170, 3–4)	**I 689** / C cap. B 4, 19

De deitate adversus Euagrium (vulgo *In suam ordinationem*)

Siehe unten, *Sermo de S. Gregorii in urbe Constantinopolitana constitutione*

GREGORIUS NYSSENUS, *De infantibus praemature abreptis* (CPG 3145); *Gregorii Nysseni opera dogmatica minora.* Pars II. Ediderunt J.K. DOWNING, J.A. MCDONOUGH, H. HÖRNER (GNO III.2), Leiden–New York–København–Köln 1987, p. 67–97.

p. 92, 6–10	**I 319** / C cap. A 6, 30
p. 92, 11–20	**I 1474** / C cap. O 2, 32
p. 93, 18–24	**I 319** / C cap. A 6, 30
p. 93, 26 - 94, 2	**I 319** / C cap. A 6, 30

De opificio hominis
Siehe oben, *Contemplatio hominis*

De perfectione Christiana ad Olympium monachum
Siehe unten, *Qualem Christianum esse debeat*

De perfectione vitae (De vita Moysis) (CPG 3159); *Gregorii Nysseni De vita Moysis.* Edidit H. MUSURILLO (GNO VII.1), Leiden 1964.

II (p. 69, 23 - 70, 3)	**I 967** / C cap. E 1, 55

De virginitate (CPG 3165); *Gregorii Nysseni opera ascetica.* Ediderunt W. JAEGER, J.P. CAVARNOS, V. WOODS CALLAHAN (GNO VIII.1), Leiden 1952, p. 247–343.

κεφάλαιον ιβʹ (p. 299, 12–14)	**I 1472** / C cap. O 2, 30

In Basilium fratrem (CPG 3185); *Gregorii Nysseni sermones.* Pars II. Ediderunt G. HEIL, J.P. CAVARNOS, O. LENDLE. Post mortem H. Dörrie volumen edendum curavit F. MANN (GNO X.1), Leiden–New York–København–Köln 1990, p. 109–134.

p. 122, 16–17	**I 877** / C cap. Δ 4, 14

In Canticum Canticorum homiliae (CPG 3158); *Gregorii Nysseni in Canticum Canticorum.* Edidit H. LANGERBECK (GNO VI), Leiden 1960.

III (p. 97, 4–6)	**I 687** / C cap. B 4, 17
XV (p. 468, 18–19)	**I suppl. 75** / L^{c} cap. A 7, 52

In Ecclesiasten (CPG 3157); *Gregorii Nysseni In Inscriptiones Psalmorum. In Sextum Psalmum. In Ecclesiasten Homiliae.* Ediderunt J. McDonough, P. Alexander (GNO V), Leiden 1962, p. 277–442.

II (p. 301, 11–12)	**I suppl. 449** / V cap. Φ 2, 31

In Hexaemeron (CPG 3153); *Gregorii Nysseni in hexaemeron.* Opera exegetica in Genesim, pars I. Edidit H.R. Drobner (GNO IV.1), Leiden–Boston 2009.

7 (p. 14, 17 - 15, 10)	**I 792** / C cap. Δ 2, 41
7–8 (p. 15, 15 - 17, 10)	**I 792** / C cap. Δ 2, 41
9 (p. 18, 1–5)	**I 792** / C cap. Δ 2, 41
9 (p. 18, 7–10)	**I 792** / C cap. Δ 2, 41
9 (p. 18, 12 - 19, 15)	**I 792** / C cap. Δ 2, 41
10 (p. 21, 1–6)	**I 792** / C cap. Δ 2, 41

In illud: Pater noster *(Matth. 6, 9) (De oratione dominica)* (CPG 3160); *Grégoire de Nysse, Homélies sur le Notre Père.* Texte, introduction et notes Chr. Boudignon et M. Cassin. Traduction J. Seguin (†), Chr. Boudignon et M. Cassin (SChr 596), Paris 2018.

I (p. 294, 4–5)	**I 968** / C cap. E 1, 56
I (p. 294, 12–13)	**I 969** / C cap. E 1, 57
I (p. 296, 9–10)	**I 969** / C cap. E 1, 57
I (p. 296, 14 - 298, 1)	**I 969** / C cap. E 1, 57
I (p. 302, 14 - 304, 7)	**I 970** / C cap. E 1, 58 (Versio C H^{II})
I (p. 304, 2–7)	**I 970** / C cap. E 1, 58 (Versio $V^{E}V^{O}V^{Ph}$ H^{I} PM T)
I (p. 304, 4–7)	**I 970** / C cap. E 1, 58 (Versio E)
I (p. 308, 10 - 310, 7)	**I 971** / C cap. E 1, 59
I (p. 310, 10–13)	**I 855** / C cap. Δ 3, 54
I (p. 320, 12–13)	**I 972** / C cap. E 1, 60
I (p. 324, 6–9)	**I 972** / C cap. E 1, 60
I (p. 324, 9–11)	**I 972** / C cap. E 1, 60
I (p. 344, 9–11)	**I 1539** / C cap. Π 1, 45
III (p. 408, 4–5)	**I suppl. 76** / L^{c} cap. A 7, 53
III (p. 408, 6–9)	**I 973** / C cap. E 1, 61
III (p. 408, 9–10)	**I 973** / C cap. E 1, 61
III (p. 408, 14 - 410, 4)	**I 973** / C cap. E 1, 61

Gregorius Nyssenus, *In illud:* Pater noster *(Matth. 6, 9) (De oratione dominica)* (continuatio)

III (p. 410, 6–8)	**I 973** / C cap. E 1, 61
III (p. 410, 9)	**I 973** / C cap. E 1, 61
III (p. 410, 17 – 412, 2)	**I 973** / C cap. E 1, 61
IV (p. 438, 2–3)	**I 974** / C cap. E 1, 62
IV (p. 438, 12–16)	**I 974** / C cap. E 1, 62
IV (p. 440, 10–11)	**I 974** / C cap. E 1, 62
IV (p. 466, 16–17)	**I suppl. 361** / V cap. E 7, 41
V (p. 480, 7–9)	**I 976** / C cap. E 1, 64
V (p. 498, 7–8)	**I 163** / C cap. A 3, 49
V (p. 522, 14–16)	**I 975** / C cap. E 1, 63

Oratio catechetica magna (CPG 3150); *Gregorii Nysseni Oratio catechetica. Opera dogmatica minora*, Pars IV. Edidit E. Mühlenberg (GNO III.4), Leiden–New York–Köln 1996.

p. 13, 12 – 14, 1	**I 72** / C cap. A 1, 72
p. 20, 8–12	**I 1473** / C cap. O 2, 31
p. 20, 20–25	**I 1473** / C cap. O 2, 31
p. 43, 13–15	**I 1565** / C cap. Π 2, 19
p. 69, 18 – 70, 13	**I 876** / C cap. Δ 4, 13
p. 79, 12–17	**I 164** / C cap. A 3, 50
p. 80, 4–8	**I 164** / C cap. A 3, 50
p. 82, 1–2	**I 666** / C cap. B 3, 26
p. 82, 4 – 86, 5	**I 666** / C cap. B 3, 26
p. 93, 8 – 94, 20	**I 1250** / C cap. Θ 2, 15
p. 96, 2 – 97, 12	**I 1250** / C cap. Θ 2, 15
p. 97, 12 – 98, 7	**I 1250** / C cap. Θ 2, 15
p. 102, 21 – 104, 4	**I 667** / C cap. B 3, 27
p. 104, 6–18	**I 667** / C cap. B 3, 27

pars loci non reperta

καί· Ἐγώ εἰμι ὁ κόκκος – ζωῆς	**I 1250** / C cap. Θ 2, 15

Qualem Christianum esse debeat (De perfectione Christiana ad Olympium monachum) (CPG 3164); *Gregorii Nysseni opera ascetica.* Ediderunt W. JAEGER, J.P. CAVARNOS, V. WOODS CALLAHAN (GNO VIII.1), Leiden 1952, p. 173–214.

p. 173, 15 - 174, 16	**I 1398** / C cap. Λ 1, 32
p. 177, 7–21	**I 1398** / C cap. Λ 1, 32
p. 178, 2–14	**I 1398** / C cap. Λ 1, 32
p. 180, 2–7	**I 1398** / C cap. Λ 1, 32

*Sermo de S. Gregorii in urbe Constantinopolitana constitutione (De deitate adversus Euagrium [*vulgo *In suam ordinationem])*[100] (CPG 3179); *Gregorius Nyssenus. Sermones.* Pars I. Ediderunt G. HEIL, A. VAN HECK, E. GEBHARDT, A. SPIRA (GNO IX), Leiden 1967, 331–341.

p. 339, 6–22	**I 553** / C cap. A 14, 47
p. 340, 1–12	**I 553** / C cap. A 14, 47
p. 340, 16–19	**I 553** / C cap. A 14, 47

Vita S. Macrinae (CPG 3166); *Grégoire de Nysse. Vie de sainte Macrine.* Introduction, texte critique, traduction, notes et index par P. MARAVAL (SChr 178), Paris 1971.

39, 4–7 (p. 264)	**I 894** / C cap. Δ 5, 14

[100] Zu den unterschiedlichen Titeln dieser Predigt vgl. E. GEBHARDT, *Titel und Zeit der Rede Gregors von Nyssa »In suam ordinationem«*. Hermes 89 (1961), 503–507; A.M. RITTER, *Gregor von Nyssa „In suam ordinationem". Eine Quelle für die Geschichte des Konzils von Konstantinopel 381?* Zeitschrift für Kirchengeschichte 79 (1968), 326–328; M.F.G. PARMENTIER, *Syriac Translations of Gregory of Nyssa.* Orientalia Lovaniensia Periodica 20 (1989), 187. Letzterer weist auf zwei Auszüge aus dieser Predigt hin, die in der Handschrift London, British Library, Add. 14533 (8. oder 9. Jh.) erhalten sind, von denen das zweite an derselben Stelle beginnt wie der in den *Sacra* zitierte Auszug; der Titel der Predigt wird im Lemma des ersten Fragments genannt („On his cheirotonia" [Übersetzung von Parmentier, das griechische Wort wurde ins Syrische übernommen]) und bestätigt also nicht den in den *Sacra* gegebenen Titel (ἐκ τοῦ περὶ τῆς ἐν Κωνσταντινουπόλει καταστάσεως τοῦ ἁγίου Γρηγορίου).

GREGORIUS NYSSENUS, loci non reperti, sede nominata

In illud: Hic est filius meus dilectus (*Matth. 17, 5*) (CPG 3203).

Τί τὸ πιστεύειν ἀφέντες	**I 555** / C cap. A 14, 49
	I 566 / C cap. A 14, 60[101]
Ἐκάλεσεν τὰ μὴ ὄντα καθάπερ	**I 791** / C cap. Δ 2, 40

GREGORIUS THAUMATURGUS

Confessio fidei (CPG 1764) ap. Greg. Nyss., *De vita Gregorii Thaumaturgi* (CPG 3184);[102] *Gregorii Nysseni sermones.* Pars II. Ediderunt G. HEIL, J.P. CAVARNOS, O. LENDLE. Post mortem H. Dörrie volumen edendum curavit F. MANN (GNO X.1), Leiden–New York–København–Köln 1990, p. 3–57.

p. 18, 23 - 19, 5	**I 106** / C cap. A 2, 15

In Origenem oratio panegyrica (CPG 1763); *Grégoire le Thaumaturge. Remerciement à Origène suivi de la lettre d'Origène à Grégoire.* Texte grec, introduction, traduction et notes par H. CROUZEL (SChr 148), Paris 1969, p. 94–182.

XV, 31–34 (p. 170)	**I suppl. 395** / V cap. Θ 3, 22

GREGORIUS THAUMATURGUS, locus non repertus, sede nominata

In illud: Nihil est idolum in mundo *(I Cor. 8, 4)* (CPG 1783).

Ἡ μὲν εἰς θεὸν τὸν ὄντως ὄντα τιμὴ	**I 853** / C cap. Δ 3, 52

[101] Der Abschnitt ist Teil eines Johannes Chrysostomos zugeschriebenen Zitates, vgl. unten, Anm. 117.

[102] Siehe auch den Index quorundam locorum sive parallelorum sive qui (nonnumquam tacite) in locis allatis citantur.

Ps.-Gregorius Thaumaturgus

De incarnatione et fide (De fide capitula duodecim) (CPG 1772); *Concilium universale Ephesenum* edidit E. Schwartz (ACO I, 1, 6), Berolini et Lipsiae 1928, p. 146–151.

p. 150, 19–22	**I 530** / C cap. A 14, 24
p. 150, 26 - 151, 3	**I 531** / C cap. A 14, 25

Hippolytus Romanus

De antichristo (CPG 1872); *Hippolyt's kleinere exegetische und homiletische Schriften.* Herausgegeben von H. Achelis (*Hippolytus Werke.* Erster Band. *Exegetische und homiletische Schriften.* Herausgegeben ... von G.N. Bonwetsch und H. Achelis. Erste Hälfte: *Die Kommentare zu Daniel und zum Hohenliede.* Zweite Hälfte: *Kleinere exegetische und homiletische Schriften* [GCS 1]), Leipzig 1897, p. 3–47.

V (p. 7, 10–20)	**I 1156** / C cap. H 1, 23
VI (p. 7, 23 - 8, 16)	**I 1157** / C cap. H 1, 24
XIV–XVII (p. 11, 5 - 14, 2)	**I 1158** / C cap. H 1, 25
XXV–XXVI (p. 17, 15 - 18, 14)	**I 1159** / C cap. H 1, 26
XXVII–XXVIII (p. 19, 4–15)	**I 1160** / C cap. H 1, 27
XLIII (p. 27, 14 - 28, 2)	**I 1161** / C cap. H 1, 28
XLVIII (p. 30, 23 - 31, 19)	**I 1162** / C cap. H 1, 29
XLIX (p. 32, 19 - 33, 7)	**I 1163** / C cap. H 1, 30

Hippolytus Romanus, loci non reperti, sede non nominata

De universo (CPG 1898).[103]

Ἡμεῖς οὖν καὶ σώματα ἀνίστασθαι	**I 420** / C cap. A 10, 47[104]
Πάντες δέ, δίκαιοι καὶ ἄδικοι	**I 493** / C cap. A 12, 57[105]

[103] Der Titel des Werkes lässt sich aus *II²2907 / PML^b cap. Ω 1, 42 erschließen.
[104] Dem „heiligen Irenaeus“ zugeschrieben.
[105] Meletius, Bischof von Antiochien, zugeschrieben.

HIPPOLYTUS ROMANUS, loci non reperti, sede non nominata (continuatio)

In Genesim (CPG 1880); *Hippolyt's kleinere exegetische und homiletische Schriften.* Herausgegeben von H. ACHELIS (*Hippolytus Werke.* Erster Band. *Exegetische und homiletische Schriften.* Herausgegeben ... von G.N. BONWETSCH und H. ACHELIS. Erste Hälfte: *Die Kommentare zu Daniel und zum Hohenliede.* Zweite Hälfte: *Kleinere exegetische und homiletische Schriften* [GCS 1]), Leipzig 1897, p. 51–81.

Fragm. IV (p. 52, 15 – 53, 10) **I 1517** / C cap. Π 1, 22

IGNATIUS ANTIOCHENUS

Epistula ad Ephesios (CPG 1025 [1]);[106] *Die Apostolischen Väter.* Griechisch und deutsch. Eingeleitet, herausgegeben, übertragen und erläutert von J.A. FISCHER (*Schriften des Urchristentums.* Erster Teil), München 1956, p. 142–160.

5. 2 (p. 146, 3–7) **I 518** / C cap. A 14, 12
7. 1 (p. 146, 16–19) **I 517** / C cap. A 14, 11
13. 1 (p. 152, 5–7) **I 844** / C cap. Δ 3, 43
16. 1–2 (p. 154, 14–18) **I 519** / C cap. A 14, 13

Epistula ad Magnesios (CPG 1025 [2]); ed. cit., p. 162–170.

4 (p. 164, 4–5) **I 1390** / C cap. Λ 1, 24

Epistula ad Philadelphienses (CPG 1025 [5]); ed. cit., p. 194–202.

3. 1 (p. 196, 1–2) **I 522** / C cap. A 14, 16
3. 3 (p. 196, 6–7) **I 523** / C cap. A 14, 17

Epistula ad Polycarpum (CPG 1025 [7]); ed. cit., p. 216–224.

7. 3 (p. 222, 10–11) **I 1392** / C cap. Λ 1, 26

Epistula ad Romanos (CPG 1025 [4]); ed. cit., p. 182–192.

3. 2 (p. 186, 1–2) **I 1391** / C cap. Λ 1, 25

[106] Siehe unten, *Epistula ad Smyrnaeos.*

Epistula ad Smyrnaeos (CPG 1025 [6]); ed. cit., p. 204–214.

7. 2 (p. 210, 4–5)	**I 516** / C cap. A 14, 10[107]

Epistula ad Trallianos (CPG 1025 [3]); ed. cit., p. 172–180.

5. 1 (p. 174, 18–20)	**I 1242** / C cap. Θ 2, 7
6. 1 – 7. 1 (p. 176, 3–8)	**I 520** / C cap. A 14, 14
11. 1 (p. 178, 8–10)	**I 521** / C cap. A 14, 15

IOHANNES CHRYSOSTOMUS

Ad neophytos (Catecheses ad illuminandos, III*)* (CPG 4467); *Jean Chrysostome. Huit catéchèses baptismales inédites.* Introduction, texte critique, traduction et notes par A. WENGER. Réimpression de la première édition revue et corrigée (SChr 50bis), Paris 2005, p. 151–167.

5, 1–5 (p. 153)	**I 670** / C cap. B 3, 30
14, 1–3 (p. 159)	**I 1251** / C cap. Θ 2, 16
14, 5 – 15, 7 (p. 159–160)	**I 1251** / C cap. Θ 2, 16
16, 10 – 17, 1 (p. 160–161)	**I 1252** / C cap. Θ 2, 17
17, 8 – 18, 10 (p. 161–162)	**I 1032** / C cap. E 3, 34
19, 3–5 (p. 162)	**I 1253** / C cap. Θ 2, 18

Ad populum Antiochenum (CPG 4330); PG 49, 15–222.

III *(In profectionem episcopi Flaviani)*

6 (56, 62 – 57, 1)	**I 873** / C cap. Δ 4, 10

Ad Stagirium a daemone vexatum (CPG 4310); PG 47, 423–494.

I, 7 (441, 55 – 442, 2)	**I 1362** / C cap. K 2, 38
III, 14 (493, 30–31)	**I 1700** / C cap. Φ 1, 46
III, 14 (493, 32–33)	**I 1700** / C cap. Φ 1, 46

[107] Der *Epistula ad Ephesios* zugeschrieben.

IOHANNES CHRYSOSTOMUS *Ad Theodorum lapsum*, I (CPG 4305); *Jean Chrysostome. À Théodore*. Introduction, texte critique, traduction et notes par J. DUMORTIER (SChr 117), Paris 1966, p. 80–218.

I, 8, 80–85 (p. 122)	**I 488** / C cap. A 12, 52
	I 1319 / C cap. K 1, 45
I, 21, 53–60 (p. 212–214)	**I suppl. 296** / V cap. A 15, 54

Adversus Iudaeos (CPG 4327); PG 48, 843–942.

VIII, 7 (939, 42 - 46)	**I suppl. 77** / L^c cap. A 7, 54

Contra Anomœos (CPG 4324);[108] *Jean Chrysostome. Sur l'égalité du Père et du Fils. Contre les Anoméens homélies VII–XII*. Introduction, texte critique, traduction et notes par A.-M. MALINGREY (SChr 396), Paris 1994.

XI, 112–118 (p. 296)	**I 76** / C cap. A 1, 76
XI, 187–197 (p. 302–304)	**I 76** / C cap. A 1, 76
XI, 230–232 (p. 306)	**I 911** / C cap. Δ 6, 13
XI, 234–238 (p. 306–308)	**I 911** / C cap. Δ 6, 13

De Babyla contra Iulianum et gentiles (CPG 4348); *Jean Chrysostome. Discours sur Babylas*. Introduction, texte critique, traduction et notes par M.A. SCHATKIN avec la collaboration de C. BLANC et B. GRILLET (SChr 362), Paris 1990, p. 90–274.

124, 9–13 (p. 270)	**I 1701** / C cap. Φ 1, 47
125, 3–9 (p. 270)	**I 1702** / C cap. Φ 1, 48

De cruce et latrone homilia I (CPG 4338); PG 49, 399–408.

3 (402, 62 - 403, 7)	**I 1322** / C cap. K 1, 48

[108] Dieses Werk wird als Buch VI von *De incomprehensibili dei natura* angeführt. – Siehe auch den Index quorundam locorum sive parallelorum sive qui (nonnumquam tacite) in locis allatis citantur.

De custode carceris in Actis (Act. 16, 27–34) (*In Psalmum CXLV*) (CPG 4415);[109] PG 55, 519–528.

2 (521, 23–30)	**I 1225** / C cap. Θ 1, 38
3 (522, 62–63)	**I 857** / C cap. Δ 3, 56[110]
5 (525, 25–37)	**I 980** / C cap. E 1, 68
6 (526, 14–23)	**I 1569** / C cap. Π 2, 23[111]
6 (526, 43–47)	**I 981** / C cap. E 1, 69 (Versio $E^{cap. 157, 12}$)
6 (526, 43 - 527, 12)	**I 981** / C cap. E 1, 69 (Versio C H^{II} V H^{I} PM T R)
6 (526, 53–55)	**I 981** / C cap. E 1, 69 (Versio $E^{cap. 157, 12}$)
6 (526, 57–59)	**I 981** / C cap. E 1, 69 (Versio $E^{cap. 157, 12}$)
6 (527, 6–10)	**I 981** / C cap. E 1, 69 (Versio $E^{cap. 157, 13}$)

De Davide et Saule, I–II.III (*Contra theatra*) (CPG 4412); *Iohannis Chrysostomi de Davide et Saule homiliae tres*, quas edidit Fr.P. Barone (CCSG 70), Turnhout 2008.

I, 1, 49–53 (p. 5)	**I 1321** / C cap. K 1, 47
I, 6, 1–3 (p. 20)	**I suppl. 78** / L^{c} cap. A 7, 55
III, 2, 78–85 (p. 55)	**I 1228** / C cap. Θ 1, 41
III, 8, 75–76 (p. 74)	**I 642** / C cap. B 2, 41

De decem millium talentorum debitore (CPG 4368); PG 51, 17*–30.

4 (22, 41–47)	**I suppl. 297** / V cap. A 15, 57
5 (24, 59 - 25, 3)	**I 1703** / C cap. Φ 1, 49

De incomprehensibili dei natura (CPG 4318);[112] *Jean Chrysostome. Sur l'incompréhensibilité de Dieu.* Tome I (Homélies I–V). Introduction de J. Daniélou. Texte critique et notes de A.-M. Malingrey. Traduction de R. Flacelière (SChr 28bis), Paris 1970.

II, 115–120 (p. 152)	**I 895** / C cap. Δ 5, 15
II, 283–286 (p. 164)	**I 790** / C cap. Δ 2, 39
II, 348–350 (p. 170)	**I 879** / C cap. Δ 4, 16

[109] In *Sacra* *II^{2}409 / T cap. A 26, 6 steht ein Auszug aus derselben Schrift unter dem Titel ἐκ τῶν εἰς τὰς Πράξεις.
[110] *In Eutropium* zugeschrieben.
[111] Ebenfalls *In Eutropium* zugeschrieben.
[112] Siehe auch oben, *Contra Anomœos* mit Anm. 108.

IOHANNES CHRYSOSTOMUS, *De incomprehensibili dei natura* (continuatio)

III, 184–189 (p. 202) **I 242** / C cap. A 4, 68
III, 319–330 (p. 212–214) **I 352** / C cap. A 8, 21
IV, 62–63 (p. 234) **I 242** / C cap. A 4, 68
IV, 181–190 (p. 242–244) **I 207** / C cap. A 4, 33
IV, 192–194 (p. 244) **I 207** / C cap. A 4, 33
IV, 202–208 (p. 244) **I 207** / C cap. A 4, 33
V, 371–383 (p. 302–304) **I 243** / C cap. A 4, 69

De Lazaro conciones (CPG 4329); PG 48, 963–1054.

V, 5 (1024, 45–56) **I suppl. 226** / V cap. Π 35, 7
V, 5 (1025, 7–15) **I suppl. 226** / V cap. Π 35, 7
V, 5 (1025, 26) **I suppl. 226** / V cap. Π 35, 7

De resurrectione mortuorum (CPG 4340); PG 50, 417–432.

6 (427, 52 - 428, 32) **I 415** / C cap. A 10, 42
7 (428, 44–46) **I 415** / C cap. A 10, 42
7 (429, 19–29) **I 415** / C cap. A 10, 42
7 (429, 31–36) **I 415** / C cap. A 10, 42
7 (429, 43–51) **I 415** / C cap. A 10, 42
7 (429, 63 - 430, 8) **I 415** / C cap. A 10, 42
8 (430, 34–39) **I 491** / C cap. A 12, 55

De sacerdotio (CPG 4316); *Jean Chrysostome. Sur le sacerdoce (Dialogue et Homélie)*. Introduction, texte critique, traduction et notes par A.-M. MALINGREY (SChr 272), Paris 1980, p. 52–362.

II, 7, 9–11 (p. 130) **I 1740** / C cap. X 2, 15

In illud: Domine, non est in homine *(Ier. 10, 23)* (CPG 4419); PG 56, 153–162.

2 (156, 27–37) **I 567** / C cap. A 14, 61
3 (158, 36–55) **I 568** / C cap. A 14, 62
4 (160, 19–28) **I 1619** / C cap. Σ 1, 21

In Iohannem (CPG 4425); PG 59, 23–482.

LXXVIII, 3 (424, 3–10)	**I 77** / C cap. A 1, 77

In Psalmum CXLV

Siehe oben, *De custode carceris in Actis (Act. 16, 27–34)*

In Theophania (De baptismo Christi) (CPG 4335); PG 49, 363–372.

1 (363, 24–32)	**I 1033** / C cap. E 3, 35
1 (363, 36–40)	**I 1033** / C cap. E 3, 35
4 (370, 47 - 372, 17)	**I suppl. 397** / V cap. Θ 4, 8

IOHANNES CHRYSOSTOMUS, loci non reperti, sede nominata[113]

In Chananaeam.[114]

Ὑμνήσωμεν τὸν θεὸν ὅσον ἰσχύομεν	**I 858** / C cap. Δ 3, 57
Σκεῦος τιμῆς καὶ σκεῦος ἀτιμίας	**I 1478** / C cap. O 2, 36
Οὐ τὰ παρόντα μόνον βλέπει ὁ θεός	**I 1584** / C cap. Π 3, 14

In illud: Omnis qui viderit mulierem *(Matth. 5, 28).*

Ὁ μακάριος Παῦλος	**I 241** / C cap. A 4, 67
Οὐχ' ἡ φύσις αὐτὴ	**I 1476** / C cap. O 2, 34
	I suppl. 327 / V cap. Δ 2, 21

In Lazarum homilia I (CPG 4495[10]).

Ψευδεῖς τῶν ἀνοήτων αἱ δόξαι	**I 1541** / C cap. Π 1, 47[115]

[113] Siehe auch unter (PS.-)IOHANNES IV IEIUNATOR, *Sermo de paenitentia et continentia et virginitate.*

[114] Ob eine Verbindung zwischen den in den *Sacra* zitierten Texten und der unedierten armenischen Übersetzung besteht, die in CPG 5165 [12] verzeichnet ist, konnte nicht verifiziert werden. Das hier erwähnte *In Chananaeam* muss von dem Werk *De patientia propter Deum (De Chananaea* [CPG 4529]*)* unterschieden werden, das vom Kompilator der *Sacra* ebenfalls benutzt wurde.

[115] Es ist nicht auszuschließen, dass dieses Zitat aus derselben Schrift stammt wie II[1]suppl. 257 / V cap. Θ 9, 20 (ἐκ τοῦ εἰς τὸν Λάζαρον). Sicher ist, dass keines dieser beiden Zitate in der pseudochrysostomischen Predigt Εἰς τὸν Λάζαρον α' (CPG 4680) enthalten ist.

IOHANNES CHRYSOSTOMUS, loci non reperti, sede nominata (continuatio)

In libros Regum homiliae (CPG 4495[8]).[116]

III. Ὅταν δι' εὐχῆς αἰτησώμεθά τι	**I 977** / C cap. E 1, 65
IV. Τὸ θυσιαστήριον οὐράνιος ἐστὶ	**I 1031** / C cap. E 3, 33
IV. Ἐν ταῖς ἀναβολαῖς καὶ ταῖς	**I 978** / C cap. E 1, 66
V. Ἕκαστον ἀφ' ἑκάστου τῶν θείων	**I 1230** / C cap. Θ 1, 43

In nativitatem Salvatoris homilia.[117]

Ἐγεννήθη, οὐκ ἐγεννήθη	**I 566** / C cap. A 14, 60
Τί μαχόμεθα πρὸς ἀλλήλους	**I 566** / C cap. A 14, 60

In parabolam de zizaniis (Matth. 13, 24–30).

Ταῖς τῶν κακῶν ἐπισποραῖς αἰτία	**I 1477** / C cap. O 2, 35
	I suppl. 328 / V cap. Δ 2, 22

[116] Mit Haidacher, der das Wort (εἰς τὰς) Βασιλείας mit Majuskel geschrieben hat, interpretieren wir den Titel des Werkes dahingehend, dass er sich auf die Königebücher bezieht, die Johannes Chrysostomos nicht vollständig kommentierte, von denen er jedoch einige Abschnitte in seinen Predigten über Anna (CPG 4411) und über David und Saul (CPG 4412) besprochen hat (BARDENHEWER, *Geschichte*, III, p. 336). Der Redaktor des *FlorPML*[b] hat den Titel anders aufgefasst, wie sich in der Variante εἰς τὰς βασιλίδας („an die Prinzessinnen") in I 977 / C cap. E 1, 65 zeigt. Annähernd dieselbe Situation findet sich in I 856 / C cap. Δ 3, 55, wo das Zitat in C unter dem Titel εἰς τὴν ἀρχὴν τῶν Βασιλειῶν steht, während sich in V[W] PM εἰς τὰς βασίλισσας und in T εἰς τὰς βασιλίδας findet, wobei T das Werk dem heiligen Kyrill zuschreibt (wir nehmen an, dass Kyrill von Alexandrien gemeint ist), der tatsächlich eine Schrift an die zwei jüngeren Schwestern (Arkadia und Marina) des Kaisers Theodosius II gerichtet hat, und eine weitere an seine älteste Schwester Pulcheria und an seine Ehefrau Eudokia (CPG 5219–5220; BARDENHEWER, *Geschichte*, IV, 50). – Zu einer möglichen Verbindung zwischen *In libros Regum homiliae* und einem Werk mit dem Titel *In principium librorum Regum* vgl. unten, Anm. 118.

[117] Obwohl der Titel (ἐκ τῆς εἰς τὴν γένναν τοῦ σωτῆρος ὁμιλίας) demjenigen sehr ähnelt, unter dem die Zitate der Predigt *In natalem Christi diem* verzeichnet sind (CPG 4560; siehe unten unter den Pseudochrysostomica), scheint es sich um zwei verschiedene Predigten zu handeln. Das Zitat I 566 / C cap. A 14, 60 besteht aus drei verschiedenen Abschnitten, deren erster (Τί μαχόμεθα πρὸς ἀλλήλους) sich in den Johannes Chrysostomos zugeschriebenen *Eclogae ex diversis homiliis* findet, während der zweite (Τί τὸ πιστεύειν ἀφέντες) Teil von *Sacra* I 555 / C cap. A 14, 49 ist, einem Gregor von Nyssa zugeschriebenen Zitat, das sich jedoch nicht im überlieferten Werk dieses Autors finden lässt. Es ist also nicht sicher, woher der dritte Abschnitt (Ἐγεννήθη, οὐκ ἐγεννήθη) stammt, der hier zusammen mit dem ersten aufgeführt ist.

In principium librorum Regum (CPG 4495[7]).[118]

Εὐσεβείας σημεῖον τὸ συνεχῆ	**I 856** / C cap. Δ 3, 55
	I 1029 / C cap. E 3, 31

In S. Iulianum (CPG 4495[9]).

Εἰ τὰ σωματικὰ δίχα πόνων	**I 1540** / C cap. Π 1, 46 (Versio C V P R)
Οἱ πόνοι πανταχοῦ τῶν ἀγαθῶν	**I 1540** / C cap. Π 1, 46 (Versio E)

In S. Romanum (CPG 4495[4]).

Οὐ μήρινθον λεπτὴν διαθέουσιν	**I suppl. 79** / L^{c} cap. A 7, 56

In S. Stephanum (CPG 4495[3]).

Ἀκράτητος καὶ οὐρανοδρόμος	**I 240** / C cap. A 4, 66

Quod necesse est paupertatem fortiter ferre (CPG 4495[1]).[119]

Ὥσπερ γῆν μὴ βρεχομένην οὐκ ἔστιν	**I 1226** / C cap. Θ 1, 39

[118] Derselbe Abschnitt dieses Werkes wird in zwei unterschiedlichen Kapiteln des *FlorCoislin* zitiert, wobei das eine Zitat allerdings länger als das andere ist; nach den Lemmata von C trug das Werk den Titel εἰς τὴν ἀρχὴν τῶν Βασιλειῶν. Im *FlorRup* ist die Situation mehrdeutig: das eine der beiden Lemmata (Τοῦ Χρυσοστόμου) entspricht dem des Überlieferungszweiges V, das andere steht C nahe, bis auf dass anstelle von ἀρχὴν hier ein abgekürzt geschriebenes δευτέραν (ein B in Majuskel, darüber ein vertikaler Strich und ein Zeichen für die Endung -αν) steht (R f. 162r1). Obwohl in C an beiden Stellen ἀρχὴν voll ausgeschrieben ist, ist es nicht undenkbar, dass eine der Varianten (ἀρχὴν oder δευτέραν) ihren Ursprung in einer falschen Interpretation der in Abkürzung geschriebenen ursprünglichen Lesart hat. Die Lesart δευτέραν von R würde es erlauben, das hier zitierte Werk mit dem unten unter dem Titel *In libros Regum homiliae* oben aufgeführten Werk zu identifizieren, da wir wissen, dass diese Predigten numeriert waren und es mindestens fünf von ihnen gab. Zwei Gründe haben uns dennoch bewogen, die Lesart ἀρχὴν von C zu übernehmen: Zunächst hätte die Annahme, der Fehler sei in C geschehen, zur Konsequenz, dass man akzeptieren müsste, derselbe Fehler sei dort zweimal gemacht worden. Ferner unterscheidet sich die Struktur des Lemmas εἰς τὴν ἀρχὴν (oder δευτέραν) τῶν Βασιλειῶν von den Lemmata, mit denen die Zitate aus den *In libros Regum homiliae* überschrieben sind, welche den Typus ἐκ τῆς εἰς τὰς Βασιλείας γʹ ὁμιλίας haben (das Beispiel stammt aus I 977 / C cap. E 1, 65). Man kann sich schließlich auch fragen, ob die Lesart ἀρχὴν von C nicht aus der Falschlesung eines abgekürzt geschriebenen πρώτην hervorgegangen ist (ein A in Majuskel, darüber ein vertikaler Strich und ein Zeichen für die Endung -ην); ein solcher Fehler würde die Ordinalzahl in R besser erklären, doch hat er dieselben Argumente gegen sich, die wir zugunsten der Lesart ἀρχὴν aufgeboten haben.

[119] Siehe auch unten (PS.-)JOHANNES CHRYSOSTOMUS, *Eclogae ex diversis homiliis.*

IOHANNES CHRYSOSTOMUS, loci non reperti, sede non nominata

Ἀγαπητέ, κἂν μὴ οἶδας τῶν λεγομένων **I 1227** / C cap. Θ 1, 40
Τὴν ἄφατον τοῦ θεοῦ φιλανθρωπίαν **I suppl. 450** / V cap. Φ 2, 36

(PS.-)IOHANNES CHRYSOSTOMUS[120]

Contra theatra sermo (CPG 4563)
Siehe oben, IOHANNES CHRYSOSTOMUS, *De Davide et Saule*, I–II.III

De patientia propter Deum (De Chananaea) (CPG 4529); PG 52, 449–460.[121]

4–5 (451, 59 – 453, 19) **I suppl. 362** / V cap. E 7, 51 (Versio V H[I] PM T)
5 (453, 21–39) **I suppl. 362** / V cap. E 7, 51 (Versio V H[I] PM T)
6 (453, 44–46) **I suppl. 362** / V cap. E 7, 51 (Versio V H[I] PM T)
7 (455, 23–26) **I suppl. 362** / V cap. E 7, 51 (Versio V H[I] PM T)
8 (455, 34–43) **I suppl. 362** / V cap. E 7, 51 (Versio V H[I] PM T)
9 (456, 58 – 457, 2) **I suppl. 362** / V cap. E 7, 51 (Versio V H[I] PM T)
9 (457, 4–9) **I suppl. 362** / V cap. E 7, 51 (Versio V H[I] PM T)
9 (457, 13–21) **I suppl. 362** / V cap. E 7, 51 (Versio V H[I] PM T)
10 (457, 31 – 458, 10) **I suppl. 362** / V cap. E 7, 51 (Versio V H[I] PM T)
10–11 (458, 13–24) **I suppl. 362** / V cap. E 7, 51 (Versio V H[I] PM T)

[120] Siehe auch den Index quorundam locorum sive parallelorum sive qui (nonnumquam tacite) in locis allatis citantur.

[121] Nur die Zeugen PM T überliefern den Titel dieses Werkes als Εἰς τὴν Χαναναίαν. Der von uns zuerst angeführte Titel (*De patientia propter Deum*) stammt aus *Sacra* II[1]2036 / K cap. T 1, 2 (εἰς ὑπομονὴν διὰ θεόν). In der PG erscheint die Predigt unter dem Titel Εἰς τὴν ἐπίλυσιν τῆς Χαναναίας (PG 52, 449–450), jedoch ist deshalb der in *Sacra* II[1] angeführte Titel nicht abzuweisen, da der Anfang der Predigt betont, welch hohes Gut die ὑπομονή ist. Der Titel Εἰς τὴν Χαναναίαν von I suppl. 362 / V cap. E 7, 51 ähnelt demjenigen der Predigt, der in der PG publiziert ist. Diese Predigt muss von dem Werk unterschieden werden, das oben unter den „loci non reperti, sede nominata" unter dem Titel *In Chananaeam* angeführt ist.

10 (458, 17–22)	**I suppl. 362** / V cap. E 7, 51 (Versio E)
11 (458, 26–44)	**I suppl. 362** / V cap. E 7, 51 (Versio V H[I] PM T)
11 (458, 46 – 459, 15)	**I suppl. 362** / V cap. E 7, 51 (Versio V H[I] PM T)
11 (459, 25 – 460, 8)	**I suppl. 362** / V cap. E 7, 51 (Versio V H[I] PM T)
11 (460, 24–28)	**I suppl. 362** / V cap. E 7, 51 (Versio V H[I] PM T)

locus non repertus

Μὴ γὰρ πολλῶν χρείαν ἔχει ὁ θεὸς	**I suppl. 362** / V cap. E 7, 51 (Versio V H[I] PM T)

Eclogae ex diversis homiliis (CPG 4684); PG 63, 567–902.

II (*De oratione*) (582, 12–20)	**I 1569** / C cap. Π 2, 23[122]
VIII (*De anima*) (622, 39–43)	**I 1226** / C cap. Θ 1, 39[123]
XVIII *(De odio et inimicitiis)* (686, 8–10)	**I 566** / C cap. A 14, 60[124]

Homilia de capto Eutropio (CPG 4528); PG 52, 395–414.

6 (402, 3–4)	**I suppl. 387** / V cap. E 6, 34
6 (402, 5–6)	**I suppl. 387** / V cap. E 6, 34
6 (402, 7)	**I suppl. 387** / V cap. E 6, 34
6 (402, 7–9)	**I suppl. 387** / V cap. E 6, 34

partes loci non repertae

τῆς – ἰσχυροτέρα ἐστίν	**I suppl. 387** / V cap. E 6, 34
ὃν – χωρήσασα	**I suppl. 387** / V cap. E 6, 34
Καὶ – ἄφθορον	**I suppl. 387** / V cap. E 6, 34

[122] Das fälschlich der Predigt In Eutropium zugeschriebene Zitat, das in den *Eclogae ex diversis homiliis* enthalten ist, stammt aus *De custode carceris in Actis* (Act. 16, 27–34) (*In Psalmum CXLV*).

[123] Nach dem Lemma stammt das Zitat aus einem Werk mit dem Titel Ὅτι χρὴ γενναίως φέρειν πενίαν (*Quod necesse est paupertatem fortiter ferre*), das ansonsten unbekannt ist.

[124] Es handelt sich um den ersten Abschnitt (Τί μαχόμεθα πρὸς ἀλλήλους) eines zusammengesetzten Zitates, das nach seinem Lemma aus einer chrysostomischen Predigt mit dem Titel εἰς τὴν γένναν τοῦ σωτῆρος stammen soll, vgl. oben, Anm. 117.

(Ps.-)Iohannes Chrysostomus, *In baptismum (In baptismum et tentationem [In sancta lumina])* (CPG 4735); K.-H. Uthemann, *Die Pseudo-Chrysostomische Predigt* In Baptismum et Tentationem *(BHG 1936m; CPG 4735)*. Kritische Edition mit Einleitung. Vorgelegt von G. Seebaß (Abhandlungen der Heidelberger Akademie der Wissenschaften. Philosophisch-historische Klasse. Jahrgang 1994. 3. Abhandlung), Heidelberg 1994.

4.4.7. [118–123] (p. 130)	**I 668** / C cap. B 3, 28
4.4.7. [123–127] (p. 130–131)	**I 669** / C cap. B 3, 29

In baptismum (In S. Theophania seu baptismum Christi) (CPG 4522);[125] PG 50, 805–808.

805, 8–9	**I suppl. 396** / V cap. Θ 3, 23

In illud: Verumtamen frustra conturbatur *(Ps. 38, 7)* (CPG 4543); PG 55, 559–564.

2 (561, 46–47)	**I 1320** / C cap. K 1, 46

In natalem Christi diem (CPG 4560);[126] PG 56, 385–394.

385, 19–20	**I 599** / C cap. B 1, 22
	I 743 / C cap. Δ 1, 38
388, 5–7	**I 744** / C cap. Δ 1, 39
	I 896 / C cap. Δ 5, 16

In turturem (De turture seu de ecclesia sermo) (CPG 4547); PG 55, 699 (recte 599)–602.

1 (699 [recte 599], 17–32)	**I 1030** / C cap. E 3, 32
1 (699 [recte 599], 41–44)	**I 1030** / C cap. E 3, 32
1 (699 [recte 599], 51–57)	**I 1030** / C cap. E 3, 32

[125] Siehe auch den Index quorundam locorum sive parallelorum sive qui (nonnumquam tacite) in locis allatis citantur.

[126] Der Titel der Predigt variiert: εἰς τὴν γένναν τοῦ κυρίου (I 599 / C cap. B 1, 22), εἰς τὴν γένναν τοῦ Χριστοῦ (I 743 / C cap. Δ 1, 38) und εἰς τὴν Χριστοῦ γένναν (I 897 / C cap. Δ 5, 17). Er erinnert an den Titel, unter dem das Zitat I 566 / C cap. A 14, 60 steht (εἰς τὴν γένναν τοῦ σωτῆρος [*In nativitatem Salvatoris*]), doch scheint der Text dieses Zitates aus mehreren verschiedenen Quellen entnommen zu sein; die beiden Abschnitte von I 566 / C cap. A 14, 60, die wir nicht identifizieren konnten, stammen jedenfalls nicht aus der Predigt *In natalem Christi diem* (CPG 4560).

1 (699 [recte 599], 60 - 600, 4)	**I 1030** / C cap. E 3, 32

In venerabilem crucem sermo (CPG 4525); PG 50, 813–820.

819, 9–42	**I suppl. 436** / V cap. Σ 24, 5

(Ps.-)IOHANNES IV IEIUNATOR[127]

Sermo de paenitentia et continentia et virginitate (CPG 7555); PG 88, 1937–1977.

1944, 4–8	**I 1229** / C cap. Θ 1, 42
1944, 33–42	**I 489** / C cap. A 12, 53
1969, 28–30	**I 490** / C cap. A 12, 54
1973, 11–13	**I 979** / C cap. E 1, 67

IRENAEUS LUGDUNENSIS

Adversus haereses (CPG 1306 et 1315[4]); *Irénée de Lyon, Contre les hérésies.* Livre I–III. Édition critique par A. ROUSSEAU et L. DOUTRELEAU. Tome II. *Texte et traduction.* Livre IV. Édition critique d'après les versions arménienne et latine sous la direction de A. ROUSSEAU avec la collaboration de B. HEMMERDINGER, L. DOUTRELEAU, Ch. MERCIER. Tome II. *Texte et traduction.* Livre V. Édition critique d'après les versions arménienne et latine par A. ROUSSEAU, L. DOUTRELEAU, Ch. MERCIER. Tome II. *Texte et traduction* (SChr 264.294.211.100**.153), Paris 1979.1982.1974.1969; *Sancti Irenaei episcopi lugdunensis Libros quinque adversus Haereses* … edidit W.W. HARVEY. II. Cantabrigiae 1857, p. 470–511.

II, 26, 1–4 (Fr. gr. 2) (p. 256–257)	**I 526** / C cap. A 14, 20
II, 27, 1–8 (Fr. gr. 3) (p. 264–265)	**I 203** / C cap. A 4, 29
II, 28, 57–65 (Fr. gr. 4) (p. 274–275)	**I 1582** / C cap. Π 3, 12
II, 28, 73–81 (Fr. gr. 5) (p. 276–277)	**I 1583** / C cap. Π 3, 13
II, 29, 41–44 (Fr. gr. 6) (p. 298–299)	**I 745** / C cap. Δ 1, 40
II, 33, 82–97 (Fr. gr. 11) (p. 352–355)	**I 478** / C cap. A 12, 42
IV, 4, 31–33 (Fr. gr. 2) (p. 420)	**I 167** / C cap. A 3, 53
IV, 6, 72–76 (Fr. gr. 5) (p. 446)	**I 202** / C cap. A 4, 28
IV, 18, 110–122 (Fr. gr. 7) (p. 610–612)	**I 392** / C cap. A 10, 19
IV, 33, 118–126 (Fr. gr. 16) (p. 816)	**I 525** / C cap. A 14, 19

[127] Die Texte werden in den Attributionen Johannes Chrysostomos zugeschrieben.

IRENAEUS LUGDUNENSIS, *Adversus haereses* (continuatio)

IV, 33, 129–138 (Fr. gr. 17) (p. 818)	**I 37** / C cap. A 1, 37
IV, 37, 6–7 (Fr. gr. 20) (p. 920)	**I 1705** / C cap. Φ 1, 51
IV, 38, 1–53 (Fr. gr. 23) (p. 942–950)	**I 318** / C cap. A 6, 29
IV, 38, 54–70 (Fr. gr. 24) (p. 952–954)	**I 774** / C cap. Δ 2, 23
IV, 38, 70–84 (Fr. gr. 25) (p. 954–956)	**I 1597** / C cap. Π 4, 12
IV, 39, 63–71 (Fr. gr. 26) (p. 968–970)	**I 1468** / C cap. O 2, 26
IV, 40, 1–14 (Fr. gr. 27) (p. 974)	**I 1314** / C cap. K 1, 40
V, 2, 30 – 3, 10 (Fr. gr. 4) (p. 32–42)	**I 393** / C cap. A 10, 20
V, 2, 33–45 (Fr. gr. 4, 3–16) (p. 32–34)	**I 1243** / C cap. Θ 2, 8
V, 3, 33–91 (Fr. gr. 5) (p. 44–54)	**I 393** / C cap. A 10, 20
V, 5, 8–41 (Fr. gr. 6, 1–34) (p. 62–68)	**I 393** / C cap. A 10, 20
V, 5, 46–50 (Fr. gr. 6, 35–39) (p. 68–70)	**I 393** / C cap. A 10, 20
V, 9, 55–62 (Fr. gr. 9, 1–9) (p. 114–116)	**I 394** / C cap. A 10, 21
V, 9, 67–82 (Fr. gr. 9, 9–23) (116–120)	**I 394** / C cap. A 10, 21
V, 12, 1–12 (Fr. gr. 10) (p. 140–142)	**I 394** / C cap. A 10, 21
V, 12, 43–57 (Fr. gr. 12) (p. 148–150)	**I 395** / C cap. A 10, 22
V, 13, 29–43 (Fr. gr. 13) (p. 166–168)	**I 396** / C cap. A 10, 23
V, 13, 60–78 (Fr. gr. 14) (p. 172–174)	**I 396** / C cap. A 10, 23
V, 27, 44–50 (Fr. gr. 21, 1–7) (p. 344)	**I 479** / C cap. A 12, 43
V, 28, 1–11 (Fr. gr. 21, 8–19) (p. 346–348)	**I 479** / C cap. A 12, 43
V, 29, 22–37 (Fr. gr. 24, 6–20) (p. 366–368)	**I 1155** / C cap. H 1, 22
V, 29, 40–48 (Fr. gr. 24, 20–26) (p. 368)	**I 1155** / C cap. H 1, 22
V, 30, 1–7 (Fr. gr. 24, 27–31) (p. 370)	**I 1155** / C cap. H 1, 22
V, 30, 12–15 (Fr. gr. 24, 33–36) (p. 372)	**I 1155** / C cap. H 1, 22
V, 30, 19–38 (Fr. gr. 24, 36–56) (p. 372–376)	**I 1155** / C cap. H 1, 22
V, 30, 59–62 (Fr. gr. 25, 1–8) (p. 378–380)	**I 1155** / C cap. H 1, 22
V, 36, 4–9 (Fr. gr. 29, 1–6) (p. 452–454)	**I 434** / C cap. A 11, 13
V, 36, 12–16 (Fr. gr. 29, 7–11) (p. 454)	**I 434** / C cap. A 11, 13

locus non repertus

Fragmenta varia graeca, X (p. 480)	**I 1564** / C cap. Π 2, 18

(Ps.-)Irenaeus Lugdunensis, loci non reperti, sede nominata

De S. trinitate

Τὸ νοῆσαι καὶ θελῆσαι **I 746** / C cap. Δ 1, 41

Sermones (CPG 1315[4]); *Sancti Irenaei episcopi lugdunensis Libros quinque adversus Haereses* … edidit W.W. Harvey. II. Cantabrigiae 1857, p. 470–511.

Fragmenta varia graeca, XI (p. 480) **I 1394** / C cap. Λ 1, 28

Ps.-Irenaeus Lugdunensis, locus non repertus, sede non nominata (CPG 1315[5]); ed. cit.

Fragmenta varia graeca, XII (p. 481–482) **I 420** / C cap. A 10, 47[128]

Isidorus Pelusiota

Epistulae (CPG 5557); PG 78, 177–1645; *Isidore de Péluse. Lettres.* Tome I.II. *Lettres 1214–1413.1414–1700.* Introduction générale, texte critique, traduction et notes par P. Évieux (SChr 422.454), Paris 1997.2000. Tome III. *Lettres 1701–2000.* Texte critique, traduction et notes. P. Évieux† avec la collaboration de N. Vinel (SChr 586), Paris 2017.

1632 (II, p. 368) **I 860** / C cap. Δ 3, 59
1627, 54–56 (II, p. 362) **I 985** / C cap. E 1, 73

Iulius Papa Romae

Epistula ad Dionysium I (CPG 3669); *Apollinaris von Laodicea und seine Schule. Texte und Untersuchungen* von H. Lietzmann, I, Tübingen 1904, p. 256–262.[129]

9–10 (p. 260, 11–14) **I 528** / C cap. A 14, 22
13 (p. 261, 20 - 262, 3) **I 527** / C cap. A 14, 21

[128] In Wahrheit aus Hippolytus Romanus, *De universo* (siehe oben).
[129] In Wahrheit von Apollinaris Laodicensis (siehe oben).

IUSTINUS MARTYR

Apologia pro Christianis ad Antoninum imperatorem (CPG 1073); *Justin. Apologie pour les chrétiens.* Introduction, texte critique, traduction et notes par Ch. MUNIER (SChr 507), Paris 2006.

I, 12,10 (36–38) (p. 158) **I 1581** / C cap. Π 3, 11
I, 44,8 (21–22) (p. 244) **I 1475** / C cap. O 2, 33

(PS.-)IUSTINUS MARTYR, loci non reperti, sede nominata (CPG 1079); *Iustini philosophi et martyris opera quae feruntur omnia* ... recensuit ... I.C.Th. EQUES DE OTTO. Tomus II. *Opera Iustini addubitata. Fragmenta operum Iustini deperditorum. Acta martyrii Iustini et sociorum* (*Corpus apologetarum Christianorum saeculi secundi*, III), Ienae [3]1879, p. 252–265.

Ad Iudaeos

Holl, n° 111 (Frg. XIX, p. 262) **I 166** / C cap. A 3, 52

Apologia I

Holl, n° 113 (Frg. X, p. 258–260) **I 1318** / C cap. K 1, 44

PS.-IUSTINUS MARTYR

Cohortatio ad Graecos (CPG 1083); *Pseudo-Iustinus. Cohortatio ad Graecos. De monarchia. Oratio ad Graecos* edited by M. MARCOVICH (PTS 32), Berlin–New York 1990, p. 23–78; *Ps.-Justin (Markell von Ankyra?), Ad Graecos de vera religione (bisher "Cohortatio ad Graecos").* Einleitung und Kommentar von Chr. RIEDWEG. Teil II: *Kommentar* (Schweizerische Beiträge zur Altertumswissenschaft 25/2), Basel 1994, p. 531–582.

21, 1 (p. 51, 1–4; Riedweg, p. 556, 19–23) **I 1434** / C cap. O 1, 14
21, 1–2 (p. 51, 6–12; Riedweg, p. 556, 25 – 557, 4) **I 1434** / C cap. O 1, 14

De resurrectione (CPG 1081); *Pseudojustin – Über die Auferstehung.* Text und Studie von M. HEIMGARTNER (PTS 54), Berlin–New York 2001.

Frgm 1–8 (p. 104–122) **I 397** / C cap. A 10, 24

Frgm 9 (p. 124–126)	**I 398** / C cap. A 10, 25
Frgm 10 (p. 126–128)	**I 399** / C cap. A 10, 26

LEO I PAPA

Tomus ad Flavianum (a. 449) (CPG [8922]; CPL 1656);[130] *Concilium universale Chalcedonense* edidit E. SCHWARTZ (ACO II, 1, 1), Berolini et Lipsiae 1933, p. 10, 19 – 25, 6 [graece]; *S. Leonis Magni tomus ad Flavianum episc. Constantinopolitanum (epistula XXVIII) additis testimoniis Patrum et eiusdem S. Leonis M. epistula ad Leonem I Imp. (epistula CLXV).* Ad codicum fidem recensuit C. SILVA-TAROUCA (Textus et documenta. Series theologica 9), Romae 1932, p. 20–43 [latine].

2 (ed. Schwartz, p. 11, 22–28); Ep. 28, 16–24 (ed. Silva-Tarouca, p. 21–22)	**I 110** / C cap. A 2, 19

MARCELLUS ANCYRANUS
Siehe oben, PS.-ATHANASIUS ALEXANDRINUS, *De divina incarnatione* (*De incarnatione et contra Arianos*)

MELETIUS ANTIOCHENUS
Siehe oben, HIPPOLYTUS ROMANUS, *De universo*

METHODIUS OLYMPIUS

De libero arbitrio (CPG 1811); *Methodius* herausgegeben von G.N. BONWETSCH (GCS 27), Leipzig 1917, p. 145–206; *Le* De autexusio *de Méthode d'Olympe*. Version slave et texte grec édités et traduits en français par A. VAILLANT (PO XXII, 5), Paris 1930, p. 727–833.

III, 9 - IV, 3 (p. 153, 14 - 156, 2; Vaillant, p. 743, 4 - 745, 11)	**I 777** / C cap. Δ 2, 26
IV, 4 (p. 156, 10–13; Vaillant, p. 747, 3–5)	**I 777** / C cap. Δ 2, 26
V (ut titulus capitis) (p. 157, 5; Vaillant, p. 747, 10)	**I 777** / C cap. Δ 2, 26
V, 1 - VII, 9 (p. 157, 6 - 164, 13; Vaillant, p. 747, 11 - 757, 9)	**I 777** / C cap. Δ 2, 26

[130] Siehe auch den Index quorundam locorum sive parallelorum sive qui (nonnumquam tacite) in locis allatis citantur.

METHODIUS OLYMPIUS, *De libero arbitrio* (continuatio)

VIII, 1 (p. 164, 14 -165, 2; Vaillant, p. 757, 10–14)	**I 1464** / C cap. O 2, 22
VIII, 11–15 (p. 167, 2 - 168, 15; Vaillant, p. 761, 15 - 765, 3)	**I 1464** / C cap. O 2, 22
IX, 1–3 (p. 169, 1–13; Vaillant, p. 765, 4–13)	**I 778** / C cap. Δ 2, 27
IX, 4 (p. 170, 2–7; Vaillant, p. 767, 2–5)	**I 909** / C cap. Δ 6, 11
X, 1 - XII, 9 (p. 170, 11 - 178, 12; Vaillant, p. 767, 8 - 779, 12)	**I 778** / C cap. Δ 2, 27
XIII, 1–5 (p. 178, 13 - 180, 9; Vaillant, p. 779, 12 - 783, 9)	**I 1465** / C cap. O 2, 23
XVIII, 8 (p. 194, 4–7; Vaillant, p. 809, 9–11)	**I 1467** / C cap. O 2, 25
XVIII, 8–9 (p. 194, 7–15; Vaillant, p. 809, 11 - 811, 2)	**I 704** / C cap. Γ 1, 12
XIX, 2 (p. 196, 2–4; Vaillant, p. 813, 13–14)	**I 705** / C cap. Γ 1, 13
XX, 3–11 (p. 203, 1 - 206, 14; Vaillant, p. 825, 10 - 833, 3)	**I 780** / C cap. Δ 2, 29

De resurrectione (CPG 1812); *Methodius* herausgegeben von G.N. BONWETSCH (GCS 27), Leipzig 1917, p. 219–424.

I, 28, 2–3 (p. 257, 4–12)	**I 910** / C cap. Δ 6, 12
I, 28, 4 (p. 257, 15–20)	**I 910** / C cap. Δ 6, 12
I, 32, 7–8 (p. 269, 10 - 270, 2)	**I 400** / C cap. A 10, 27
I, 38, 4 (p. 281, 1–7)	**I 1463** / C cap. O 2, 21
I, 40, 5 - 41, 2 (p. 285, 4 - 286, 14)	**I 402** / C cap. A 10, 29
I, 41, 3–4 (p. 287, 3–7)	**I 283** / C cap. A 5, 18
I, 42, 3 - 44, 1 (p. 288, 13 - 293, 3)	**I 402** / C cap. A 10, 29
I, 47, 3–6 (p. 297, 11 - 299, 7)	**I 435** / C cap. A 11, 14
I, 47, 7 (p. 299, 11–13)	**I 435** / C cap. A 11, 14
I, 47, 8 - 48, 2 (p. 299, 16 - 301, 3)	**I 435** / C cap. A 11, 14
I, 48, 3–4 (p. 301, 5–15)	**I 435** / C cap. A 11, 14
I, 48, 4 - 51, 3 (p. 301, 15 - 305, 13)	**I 403** / C cap. A 10, 30
I, 51, 3 (p. 305, 16 - 306, 5)	**I 403** / C cap. A 10, 30
I, 51, 4–6 (p. 306, 8 - 307, 6)	**I 403** / C cap. A 10, 30

I, 52, 1 (p. 307, 17–20)	**I 403** / C cap. A 10, 30
II, 9, 11–12 (p. 348, 15 - 349, 7)	**I 775** / C cap. Δ 2, 24
II, 10, 1–6 (p. 349, 11 - 352, 16)	**I 776** / C cap. Δ 2, 25
II, 18, 3–8 (p. 368, 12 - 370, 11)	**I 404** / C cap. A 10, 31
II, 18, 10–11 (p. 370, 14 - 371, 11)	**I 404** / C cap. A 10, 31
II, 20, 7 (p. 373, 7–12)	**I 405** / C cap. A 10, 32
II, 20, 9 - 21, 2 (p. 374, 6 - 375, 12)	**I 405** / C cap. A 10, 32
II, 23, 1–7 (p. 377, 11 - 379, 8)	**I 405** / C cap. A 10, 32
II, 23, 6–7 (p. 378, 13 - 379, 8)	**I 742** / C cap. Δ 1, 37

Symposia de castimonia (Convivium decem virginum) (CPG 1810); *Methodius von Olympus. Convivium de virginitate. Symposium über die Jungfräulichkeit.* Eingeleitet, kritisch ediert, übersetzt und kommentiert von J. SIEBER (Fontes Christiani 100), Freiburg–Basel–Wien 2023.

Λόγος β′, 5 (p. 118, 10–17)	**I 1462** / C cap. O 2, 20
Λόγος β′, 6 (p. 120, 19 - 122, 4)	**I 370** / C cap. A 9, 13

METHODIUS OLYMPIUS, locus non repertus, sede nominata

De martyrio (CPG 1820); *Methodius* herausgegeben von G.N. BONWETSCH (GCS 27), Leipzig 1917.

Πάσης ἀγαθῆς ἡ καταρχὴ πράξεως Frg. II (p. 520, 6–7)	**I 1620** / C cap. Σ 1, 22

NILUS ASCETA (ANCYRANUS?)

Liber de monastica exercitatione (CPG 6046); PG 79, 720–809.

2 (720, 30–32)	**I 248** / C cap. A 4, 74
15 (737, 26–29)	**I 355** / C cap. A 8, 24
63 (796, 51 - 797, 2)	**I 1543** / C cap. Π 1, 49
75 (809, 34–37)	**I 1324** / C cap. K 1, 50

NILUS MONACHUS (ANCYRANUS)

Epistulae (CPG 6043); PG 79, 81–581.

<***> = II, 61 (228, 40–41)	**I 1570** / C cap. Π 2, 24
<***> = II, 179 (292, 48–50)	**I 1622** / C cap. Σ 1, 24

NILUS MONACHUS (ANCYRANUS), *Epistulae* (continuatio)

,δτμη' (4348) = III, 159 (460, 15–17) [**I suppl. 365** / V cap. E 7, 56]

,γχπζ' (3687) = III, 266 (516, 57 - 517, 5) [**I suppl. 364** / V cap. E 7, 55]

,δχνα' (4651) = III, 277 (521, 15–21) [**I suppl. 384** / V cap. E 7, 73]

,δυμζ' (4447) = III, 327 (540, 37–40) [**I suppl. 369** / V cap. E 7, 60]

<***> = IV, 25 (561, 16–23) [**I suppl. 366** / V cap. E 7, 57]

,δτϙγ' (4393) = IV, 42 (569, 39–41) [**I suppl. 368** / V cap. E 7, 59]

loci non reperti

,γχμα' (3641) [**I suppl. 363** / V cap. E 7, 54]

,γχξς' (3666) vel ,γχξγ' (3663) [**I suppl. 415** / V cap. K 1, 25 (Versio V PM R)]

[**I suppl. 415** / V cap. K 1, 25 (Versio E)]

γψμ' (3740) [**I suppl. 414** / V cap. K 1, 24]

,δυλγ' (4433) [**I suppl. 370** / V cap. E 7, 61]

,δφμβ' (4542) [**I suppl. 371** / V cap. E 7, 62]

,δφνγ' (4553) vel ,δφπγ' (4583) [**I suppl. 373** / V cap. E 7, 64]

,δχμ' (4640) [**I suppl. 374** / V cap. E 7, 65]

,δχος' (4676) [**I suppl. 376** / PML[b] cap. E 17, 73]

,δψογ' (4773) [**I suppl. 378** / V cap. E 7, 67]

,δωος' (4876) [**I suppl. 379** / V cap. E 7, 68]

NILUS MONACHUS (ANCYRANUS?), loci non reperti, sede non nominata

Ἐὰν κακῶς καὶ ἀξυμφόρως αἰτῇς [**I suppl. 381** / V cap. E 7, 70]

Εἰ λέγει τῷ ἀνθρώπῳ ὁ κύριος [**I suppl. 383** / V cap. E 7, 72]

Εἰ πάντα, ὅσα διεσπούδαζον **I suppl. 305** / V cap. B 3, 26

Λέγω ὑμῖν ὅτι ἐκ τῶν λίθων **I suppl. 321** / V cap. Δ 1, 38

Μὴ πλοῦτον ἐν προσευχῇ [**I suppl. 380** / V cap. E 7, 69]

Οὐδὲν παντελῶς ἀντιτάξασθαι [**I suppl. 372** / V cap. E 7, 63][131]

Οὐ τὸ τυχὸν ἀγαθόν, ἀλλὰ καὶ [**I suppl. 367** / V cap. E 7, 58]

Τοῖς νοητοῖς στρουθίοις οὐ [**I suppl. 375** / PML[b] cap. E 17, 68]

[131] Ohne Lemma, wahrscheinlich Nilus zuzuschreiben angesichts der vorangehenden und folgenden Zitate.

PROCLUS CONSTANTINOPOLITANUS, loci non reperti, sede non nominata

Πάντα ὅσα πεποίηκεν ὁ θεός **I 795** / C cap. Δ 2, 44[132]
Ὑγιεῖ λογισμῷ καὶ συνέσει ἐπιλογιστέον **I 794** / C cap. Δ 2, 43

SERAPION THMUITANUS

Contra Manichaeos (CPG 2485); *Serapion of Thmuis against the Manichees* by R.P. CASEY (Harvard Theological Studies XV), Cambridge (Mass.) 1931.

XXVII.3–7 (p. 42) **I 772** / C cap. Δ 2, 21

SERAPION THMUITANUS, locus non repertus, sede nominata

Epistulae

XXIII Οὐδέποτε αἵρεσις τὴν ἐκκλησίαν **I 556** / C cap. A 14, 50

SEVERIANUS GABALENSIS, locus non repertus, sede non nominata. *AnSacr* V.1, p. 71–72

Πᾶν τὸ ὁρώμενον **I 234** / C cap. A 4, 60

SYMBOLUM NICAENUM (A. 325) (CPG 8512); G.L. DOSSETTI, *Il simbolo di Nicea e di Costantinopoli. Edizione critica.* Ricerca condotta col contributo del Consiglio Nazionale delle Ricerche (Testi e ricerche di scienze religiose 2), Roma–Freiburg–Basel–Barcelona–Wien 1967.

12–16 (p. 236–240) **I 104** / Cap. A 2, 13

SYNESIUS PENTAPOLITANUS (CYRENENSIS)

Epistulae (CPG 5640); *Synésios de Cyrène.* II–III. *Correspondance. Lettres I–CLVI.* Texte établi par A. GARZYA, traduit et commenté par D. ROQUES, Paris 2000.

LXVI, 228–229 (III, p. 181–182) **I 284** / C cap. A 5, 19

[132] Siehe auch oben, EUSEBIUS CAESARIENSIS, locus non repertus, sede non nominata.

THEOPHILUS ALEXANDRINUS, locus non repertus, sede non nominata (CPG 2682)[133]

Σφόδρα ὀλίγων τυγχάνει τῶν πάντα **I 1234** / C cap. Θ 1, 47

THEOPHILUS ANTIOCHENUS

Ad Autolycum (CPG 1107); *Theophilus of Antioch Ad Autolycum*. Text and Translation by R.M. GRANT (Oxford Early Christian Texts), Oxford 1970.

I, 4 (p. 6, 2–5) **I 1440** / C cap. O 1, 20[134]
II, 36 (p. 90, 17) **I 173** / C cap. A 3, 59[135]

---

[133] In C wird Theophilus von Alexandrien noch an einer einzigen weiteren Stelle genannt: Im Lemma eines Zitates, dessen Autor in Wahrheit Eusebius von Caesarea ist; in R wird dasselbe Zitat Theophilus von Antiochien zugeschrieben (vgl. oben, Anm. 91).

[134] Das Zitat wird Amphilochius von Iconium zugeschrieben (vgl. oben, Anm. 66). Auch *Sacra* II[1]116 / K cap. A 2, 38 steht unter einer falschen Attribution (Τοῦ μακαρίου Ἐλευθερίου [*sic*] Τυανῶν, ἐκ τοῦ περὶ αὐτεξουσίου). In II[1]1310 / K cap. A 6, 32 ist die Zuschreibung richtig (Θεοφίλου), doch der Titel des Werkes (ἐκ τοῦ κατὰ εἰδώλων) erinnert an denjenigen, unter dem der Kompilator der *Sacra* die Auszüge aus *Contra gentes* des Athanasius von Alexandrien zitiert (gewöhnlich κατὰ Ἑλλήνων); in letzterem Fall ist der Gebrauch des Titels κατὰ εἰδώλων sowohl in der direkten (vgl. den kritischen Apparat zum Titel des Werkes in der Ausgabe von R.W. Thomson) als auch in der indirekten Überlieferung (BARDENHEWER, *Geschichte*, t. III, 52) bezeugt. *Ad Autolycum* richtet sich nicht speziell gegen die Götzenbilder, doch ist es nicht undenkbar, dass der Titel κατὰ εἰδώλων vom ersten Paragraphen des Traktates suggeriert wurde, wo Theophilus betont, dass die Götter seines Gegners εἴδωλα … καὶ … ἔργα χειρῶν ἀνθρώπων (Ps. 113, 12[1-2]) sind. Für die beiden weiteren Auszüge aus *Ad Autolycum*, die in den *Sacra* erscheinen (I 173 / C cap. A 3, 59 und Holl, n° 133), sei auf die folgende Anmerkung verwiesen. In allen fünf Fällen ist deutlich, dass der Kompilator der *Sacra* die Verwendung des Titels Πρὸς Αὐτόλυκον vermied, höchstwahrscheinlich deshalb, weil es sich bei dieser Person um einen Heiden handelte, der sich überdies über die Christen lustig machte.

[135] Es handelt sich um einen Hexameter, der einem Auszug aus den *Oracula Sibyllina* entnommen ist, der bei Theophilus von Antiochien (und nur bei ihm) in seinem Traktat *Ad Autolycum* zitiert wird (cf. GEFFCKEN, *Oracula*, Fragm. 3, 16 [p. 231]). Das Lemma (ἐκ τῶν δι' ἐπῶν κεφαλαίων / „aus den Kapiteln in Versen") verrät weder den Namen des Autors noch den Titel des Werkes; es gibt nur die Stelle an, aus der das Zitat entnommen wurde. Diese Information kann nicht mit den *Oracula Sibyllina* in Einklang gebracht werden, da diese Prophezeiungen vollständig in Versen verfasst sind, sie passt jedoch hervorragend zu *Ad Autolycum*, wo Theophilus ausführlich Verszitate anführt, die in den Abschnitten II, 36–37 der modernen Zählung (unser Vers erscheint in II, 36) mehrere Seiten füllen, so dass diese Abschnitte problemlos als „Kapitel in Versen" qualifiziert werden können. Die Überlieferung von *Ad Autolycum* hängt von einer einzigen Handschrift, Venedig, *Biblioteca Nazionale Marciana*, gr. 496 (Ende 11. Jh.) ab, doch ist der Text dort nicht in Kapitel gegliedert, und die Fragmente aus den *Oracula Sibyllina* sind nicht in Hexameter eingeteilt (GEFFCKEN, *Oracula*, xxv: „Die Fragmente 1–3 erscheinen ohne Versabsetzung"). Der Kompilator der *Sacra* hatte jedoch einen sehr viel älteren Zeugen zur Hand, in dem die Verszitate in irgendeiner Art kenntlich gemacht worden sein könnten. *Ad Autolycum* war dort womöglich selbst in numerierte Ka-

Theotimus Scythiae

De somniis, locus non repertus

Καὶ ὄντως μνήμην ἔχειν θεοῦ **I 859** / C cap. Δ 3, 58

In doctrinam Salvatoris (εἰς τὴν διδαχὴν τοῦ σωτῆρος), locus non repertus

Οὕτως ὀνομάτων ἁγιασμὸς ἐπὶ θεοῦ **I 1441** / C cap. Ο 1, 21

In Genesim, locus non repertus

Ἀγαθότητι συστήσας τὰ πάντα **I 1568** / C cap. Π 2, 22

In illud: Si offers munus tuum *(Matth. 5, 23),* locus non repertus

Παρὰ τὸν θεὸν οὐδὲν ἐπίστασθαι δεῖ **I 1125** / C cap. Ζ 1, 40

Locus non repertus, sede non nominata

Δεόντως οὕτω τίς πρόσεισιν τῷ θεῷ **I 1126** / C cap. Ζ 1, 41

---

pitel unterteilt, wie es ein Auszug nahelegt, der in *Sacra* III überliefert ist, und in den Textzeugen P und M unter dem Lemma Θεοφίλου, ἐκ τοῦ (τῶν M) ι' κεφαλαίου steht (Holl, *Fragmente,* 56 [n° 133]): auch dort zog es der Kompilator also vor, die Stelle zu präzisieren, an der sich der zitierte Text befand, anstatt den Titel des Werkes anzugeben. – Es sei noch einmal darauf hingewisen, dass *Sacra* I 173 / C cap. A 3, 59 von Pitra (*AnSacr* II, 310.XXIII) in seine Edition der in C gefundenen Philon-Zitate aufgenommen wurde. Obwohl Harris (*Fragments,* 85–86) die Herkunft des Zitates erkannt hatte („one of the Sibylline fragments"), stand seiner Ansicht nach nichts der Annahme entgegen, dass Philon diesen Text zitiert haben könnte, der dem Denken des Alexandriners nahe stand und sich am Ende einer Reihe von authentifizierten Philonzitaten befindet (siehe auch Royse, *Spurious Texts,* n° 27 [p. 95]). Da es sicher ist, dass I 173 / C cap. A 3, 59 aus Theophilus entnommen wurde, lässt sich aus der Position dieses und des folgenden Zitates (ein Ps.-Clemens Romanus) im *FlorCoislin* nur schließen, dass beide Texte an das Kapitelende versetzt wurden (siehe auch Loofs, *Studien,* 59, Anm. *).

TITUS BOSTRENSIS

Contra Manichaeos (CPG 3575); *Titi Bostrensis Contra Manichaeos libri IV graece et syriace.* Textum graecum librorum I–III, 30[A] edidit A. ROMAN adiuvante Th.S. SCHMIDT. Textum syriacum ediderunt P.-H. POIRIER et É. CRÉGHEUR. *Excerpta e Sacris Parallelis Iohanni Damasceno attributis* edidit J. DECLERCK (CCSG 82), Turnhout 2013.

II, 16, 10–13 (p. 127 = Extrait 2 [p. CXXVIII]) **I 1623** / C cap. Σ 1, 25

II, 21, 13–39 (p. 139–141 = Extrait 3, 1–29 [p. CXXIX]) **I 1273** / C cap. I 2, 6

II, 21, 49–68 (p. 143 = Extrait 3, 30–50 [p. CXXIX-CXXX]) **I 1273** / C cap. I 2, 6

II, 27, 1–17 (p. 159–161 = Extrait 4a [p. CXXXI]) **I 1719** / C cap. X 1, 10

II, 43, 18–34 (p. 191–193 = Extrait 5 [p. CXXXII-CXXXIII]) **I 1363** / C cap. K 2, 39

II, 48, 7 - 49, 5 (p. 205–207 = Extrait 6a [p. CXXXIII-CXXXIV]) **I 1364** / C cap. K 2, 40

II, 54, 1–3 (p. 215 = Extrait 7, 1–3 [p. CXXXIV-CXXXV]) **I 1184** / C cap. H 2, 21

II, 54, 28–29 (p. 217 = Extrait 7, 3–4 [p. CXXXV]) **I 1184** / C cap. H 2, 21

II, 54, 42–47 (p. 219 = Extrait 7, 4–10 [p. CXXXV]) **I 1184** / C cap. H 2, 21

IV, 99–101 (p. 401–404 = Extrait 9 [p. CXXXVI-CXXXVII]) **I 410** / C cap. A 10, 37

D. Auctores Iudaei

AQUILA (LXX INTERPRES)

Siehe oben, Mich. 5, 1

FLAVIUS IOSEPHUS

De bello Iudaico; *Flavii Iosephi opera* edidit et apparatu critico instruxit B. NIESE. Vol. VI. *De bello Iudaico libros VII* ediderunt I. A DESTINON et B. NIESE, Berolini 1894.

V, 400 (VI, p. 489, 15–17)	**I 1046** / C cap. E 4, 11
V, 407 (VI, p. 490, 14)	**I 1325** / C cap. K 1, 51

PS.-FLAVIUS IOSEPHUS

Contra Platonem de universi causa

Siehe oben, HIPPOLYTUS ROMANUS, *De universo*

PHILO IUDAEUS

De agricultura; *Philonis Alexandrini opera quae supersunt* ediderunt L. COHN et P. WENDLAND. Vol. II. Edidit P. WENDLAND, Berolini 1897, p. 95–132.

180 (p. 131, 20 – 132, 1)	**I 287** / C cap. A 5, 22

De Cherubim; *Philonis Alexandrini opera quae supersunt* ediderunt L. COHN et P. WENDLAND. Vol. I. Edidit L. COHN, Berolini 1896, p. 170–201.

24 (p. 176, 3–4)	**I 1130** / C cap. Z 1, 45
125 (p. 199, 25 – 200, 2)	**I 798** / C cap. Δ 2, 47
127 (p. 200, 7–12)	**I 798** / C cap. Δ 2, 47

PHILO IUDAEUS, *De confusione linguarum*; *Philonis Alexandrini opera quae supersunt* ediderunt L. COHN et P. WENDLAND. Vol. II. Edidit P. WENDLAND, Berolini 1897, p. 229–267.

167 (p. 261, 14–17)	**I 1365** / C cap. K 2, 41[136]

De Decalogo; *Philonis Alexandrini opera quae supersunt* ediderunt L. COHN et P. WENDLAND. Vol. IV. Edidit L. COHN, Berolini 1902, p. 269–307.

82–83 (p. 287, 16–21)	**I 1436** / C cap. O 1, 16

De ebrietate I[137]; *Philonis Alexandrini opera quae supersunt* ediderunt L. COHN et P. WENDLAND. Vol. II. Edidit P. WENDLAND, Berolini 1897, p. 171–214.

32 (p. 176, 14–18)	**I 1722** / C cap. X 1, 13
56–58 (p. 180, 16 - 181, 3)	**I 1544** / C cap. Π 1, 50
71 (p. 183, 6–7)	**I 912** / C cap. Δ 6, 14

De fuga et inventione; *Philonis Alexandrini opera quae supersunt* ediderunt L. COHN et P. WENDLAND. Vol. III. Edidit P. WENDLAND, Berolini 1898, p. 110–155.

165 (p. 146, 4–7)	**I 250** / C cap. A 4, 76

De mutatione nominum; *Philonis Alexandrini opera quae supersunt* ediderunt L. COHN et P. WENDLAND. Vol. III. Edidit P. WENDLAND, Berolini 1898, p. 156–203.

7–8 (p. 157, 11–19)	**I 252** / C cap. A 4, 78
9 (p. 158, 2)	**I 252** / C cap. A 4, 78
10 (p. 158, 2–4)	**I 1439** / C cap. O 1, 19
11–13 (p. 158, 7–18)	**I 1437** / C cap. O 1, 17
11 (p. 158, 7–9)	**I 1439** / C cap. O 1, 19
13 (p. 158, 20 - 159, 2)	**I 1439** / C cap. O 1, 19
14 (p. 159, 4–10)	**I 1439** / C cap. O 1, 19

[136] Obwohl der Text des Lemmas korrupt ist, ist es nahezu sicher, dass der Auszug *De sobrietate* zugeschrieben wurde.

[137] An den beiden Stellen, an denen die Lemmata am vollständigsten sind (I 912 / C cap. Δ 6, 14 und I 1722 / C cap. X 1, 13), sollen die Zitate aus dem Buch II von *De ebrietate* stammen; vgl. dazu ROYSE, *Works of Philo*, 42.

15 (p. 159, 11–13)	**I 253** / C cap. A 4, 79
36 (p. 162, 27 - 163, 2)	**I 286** / C cap. A 5, 21
49 (p. 165, 14–17)	**I 289** / C cap. A 5, 24
50 (p. 165, 20 - 166, 1)	**I 289** / C cap. A 5, 24
185 (p. 188, 12–14)	**I suppl. 83** / L^{c} cap. A 7, 60
218 (p. 194, 13–15)	**I 748** / C cap. Δ 1, 43
	I 1721 / C cap. X 1, 12

De opificio mundi; *Philonis Alexandrini opera quae supersunt* ediderunt L. COHN et P. WENDLAND. Vol. I. Edidit L. COHN, Berolini 1896, p. 1–60.

20 (p. 6, 9–12)	**I 750** / C cap. Δ 1, 45
23 (p. 7, 7–9)	**I 1725** / C cap. X 1, 16
24–25 (p. 7, 11–15)	**I 801** / C cap. Δ 2, 50
31 (p. 9, 15 - 10, 2)	**I 1186** / C cap. H 2, 23

De posteritate Caini;[138] *Philonis Alexandrini opera quae supersunt* ediderunt L. COHN et P. WENDLAND. Vol. II. Edidit P. WENDLAND, Berolini 1897, p. 1–41.

14 (p. 4, 1–2)	**I 114** / C cap. A 2, 23
	I 251 / C cap. A 4, 77
21 (p. 5, 11–14)	**I 1129** / C cap. Z 1, 44
59 (p. 13, 10–11)	**I 495** / C cap. A 12, 59
142 (p. 31, 18–19)	**I 1720** / C cap. X 1, 11 (Versio C $R^{cap. X 4}$)
142–143 (p. 31, 25 - 32, 4)	**I 1720** / C cap. X 1, 11 (Versio C $R^{cap. X 4}$)
145 (p. 32, 16–20)	**I 1720** / C cap. X 1, 11 (Versio C $R^{cap. X 4}$; Versio T H^{III} $R^{cap. Δ 19}$)

De praemiis et poenis; *Philonis Alexandrini opera quae supersunt* ediderunt L. COHN et P. WENDLAND. Vol. V. Edidit L. COHN, Berolini 1906, p. 336–365.

39–40 (p. 344, 13–19)	**I 254** / C cap. A 4, 80

[138] In I 1129 / C cap. Z 1, 44 und I 495 / C cap. A 12, 59 und I 1720 / C cap. X 1, 11 (und vermutlich auch in I 114 / C cap. A 2, 23) führt der Kompilator die Zitate aus diesem Werk unter dem Titel ἐκ τοῦ η' καὶ θ' τῆς νόμων (ἱερῶν) ἀλληγορίας an.

PHILO IUDAEUS, *De providentia II*; *Philonis Judaei sermones tres hactenus inediti: I et II de providentia et III de animalibus* ex armena versione antiquissima ab ipso originali textu graeco ad verbum stricta exequuta, nunc primum in latinum fideliter translati per J.B. AUCHER, Venetiis 1822, p. 44–121; *Philo in ten volumes (and two supplementary volumes)*. IX. With an English Translation by F.H. COLSON, London–Cambridge (Mass.) 1967, p. 459–507.

p. 55; Colson, frg. 2, 7–8 (p. 462)	**I 1366** / C cap. K 2, 42

De sacrificiis Abelis et Caini; *Philonis Alexandrini opera quae supersunt* ediderunt L. COHN et P. WENDLAND. Vol. I. Edidit L. COHN, Berolini 1896, p. 202–257.

111 (p. 247, 9–12)	**I 998** / C cap. E 2, 12
111 (p. 247, 12 - 248, 1)	**I 285** / C cap. A 5, 20

De sobrietate
Siehe oben, *De confusione linguarum*

De vita Mosis; *Philonis Alexandrini opera quae supersunt* ediderunt L. COHN et P. WENDLAND. Vol. IV. Edidit L. COHN, Berolini 1902, p. 119–268.

I, 19 (p. 124, 6–7)	**I 644** / C cap. B 2, 43
I, 74–75 (p. 137, 8–9)	**I 1435** / C cap. O 1, 15
I, 75 (p. 137, 10–12)	**I 1435** / C cap. O 1, 15
I, 111 (p. 145, 12 - 146, 4)	**I 645** / C cap. B 2, 44
I, 174 (p. 162, 1–2)	**I 749** / C cap. Δ 1, 44
	I 800 / C cap. Δ 2, 49
I, 283 (p. 187, 13–16)	**I 600** / C cap. B 1, 23

Legatio ad Gaium; *Philonis Alexandrini opera quae supersunt* ediderunt L. COHN et P. WENDLAND. Vol. VI. Ediderunt L. COHN et S. REITER, Berolini 1915, p. 155–223.

6 (p. 156, 13–17)	**I 265** / C cap. A 4, 91
195 (p. 191, 24–25)	**I 1235** / C cap. Θ 1, 48
233 (p. 199, 1–2)	**I 323** / C cap. A 6, 34
247 (p. 201, 14–16)	**I 324** / C cap. A 6, 35

Legum allegoriae, I–III; *Philonis Alexandrini opera quae supersunt* ediderunt L. COHN et P. WENDLAND. Vol. I. Edidit L. COHN, Berolini 1896, p. 61–169.

I, 44 (p. 72, 3–7)	**I 264** / C cap. A 4, 90
	I 1034 / C cap. E 3, 36
III, 4 (p. 114, 2–4)	**I 169** / C cap. A 3, 55
III, 4 (p. 114, 7–8)	**I 169** / C cap. A 3, 55
III, 10 (p. 115, 11–16)	**I 861** / C cap. Δ 3, 60
III, 47 (p. 123, 13–20)	**I 249** / C cap. A 4, 75
III, 73 (p. 128, 18–21)	**I 1438** / C cap. O 1, 18
III, 78 (p. 129, 26 – 130, 4)	**I 797** / C cap. Δ 2, 46
III, 105 (p. 136, 22–23)	**I 1707** / C cap. Φ 1, 53
III, 106 (p. 137, 2–4)	**I 1708** / C cap. Φ 1, 54
III, 195 (156, 26–27)	**I suppl. 270** / V cap. A 1, 33

Legum allegoriae, IV, locus non repertus

Mangey 668.8; Harris 8.3; Royse 177.83	**I 643** / C cap. B 2, 42

Legum allegoriae, VII et VIII

Siehe unten, *Quod deterius potiori insidiari soleat*

Legum allegoriae, VIII et IX

Siehe oben, *De posteritate Caini*

Quaestiones in Exodum; *Quæstiones in Genesim et in Exodum. Fragmenta græca*. Introduction, texte critique et notes par Fr. PETIT (Les œuvres de Philon d'Alexandrie 33), Paris 1978, p. 233–306.

I. 1 (p. 233)	**I 1723** / C cap. X 1, 14
II. 3b (p. 241)	**I 1131** / C cap. Z 1, 46
II. 15b (p. 250–251)	**I 863** / C cap. Δ 3, 62
II. 26 (p. 262)	**I 569** / C cap. A 14, 63
II. 28 (p. 263)	**I 262** / C cap. A 4, 88
II. 37 (p. 264)	**I 256** / C cap. A 4, 82
II. 38b (p. 265)	**I 571** / C cap. A 14, 65
II. 44 (p. 266)	**I 572** / C cap. A 14, 66
II. 45b (p. 267)	**I 257** / C cap. A 4, 83
II. 50b (p. 272)	**I 1651** / C cap. Υ 1, 22

PHILO IUDAEUS, *Quaestiones in Exodum* (continuatio)

II. 55a (p. 273)	**I 1185** / C cap. H 2, 22
II. 65 (p. 275)	**I 357** / C cap. A 8, 26
II. 71 (p. 275)	**I 1724** / C cap. X 1, 15
II. 99 (p. 276)	**I 1274** / C cap. I 2, 7

loci non reperti[139]

p. 281.1; Royse 177.71	**I 172** / C cap. A 3, 58
p. 282.2; Royse 176.53	**I 255** / C cap. A 4, 81
p. 282–283.3; Royse 174.6	**I 258** / C cap. A 4, 84
p. 284.4; Royse 174.4	**I 259** / C cap. A 4, 85
p. 285.5; Royse 175.14	**I 260** / C cap. A 4, 86
p. 286.6; Royse 174.1	**I 261** / C cap. A 4, 87
p. 287.7; Royse 174.3	**I 570** / C cap. A 14, 64
p. 288.8; Royse 178.107	**I 573** / C cap. A 14, 67
p. 289.9; Royse 176.42	**I 862** / C cap. Δ 3, 61
p. 290.10; Royse 176.44	**I 878** / C cap. Δ 4, 15
p. 291.11; Royse 176.52	**I 1132** / C cap. Z 1, 47
p. 291.12; Royse 177.70	**I 1133** / C cap. Z 1, 48
p. 292.13; Royse 175.11	**I 1256** / C cap. Θ 2, 21
p. 293–294.14; Royse 176.62	**I 1257** / C cap. Θ 2, 22
p. 294–295.15; Royse 178.114	**I 1545** / C cap. Π 1, 51

Quaestiones in Genesim;[140] ed. cit., p. 41–228.

I. 55a (p. 54–55)	**I 1419** / C cap. M 1, 21
I. 64b–d (p. 62–63)	**I 1652** / C cap. Υ 1, 23
I. 89 (p. 74)	**I 1706** / C cap. Φ 1, 52
I. 92 (p. 75)	**I 356** / C cap. A 8, 25
I. 93 (p. 75–76)	**I 1418** / C cap. M 1, 20
I. 100c (p. 81)	**I 1482** / C cap. O 2, 40

[139] Unter den nicht identifizierbaren Zitaten finden sich sechs, deren Lemmata angeben, sie stammten ἐκ τοῦ τελευταίου der *Quaestiones in Exodum* (I 172 / C cap. A 3, 58; I 573 / C cap. A 14, 67; I 862 / C cap. Δ 3, 61; I 878 / C cap. Δ 4, 15; I 1132 / C cap. Z 1, 47 und I 1545 / C cap. Π 1, 51). Dieselbe Präzisierung erscheint in den Lemmata von zwei anderen Zitaten (I 256 / C cap. A 4, 82 und I 1651 / C cap. Υ 1, 22), die aus dem Buch II der *Quaestiones in Exodum* stammen. Zur ursprünglichen Struktur der *Quaestiones* (*in Genesim et in Exodum*), vgl. Royse, *Works of Philo*, 37–38.

[140] Siehe auch den Index quorundam locorum sive parallelorum sive qui (nonnumquam tacite) in locis allatis citantur.

II. 34b–c (p. 107)	**I 799** / C cap. Δ 2, 48
II. 54a (p. 111–113)	**I 1417** / C cap. M 1, 19
III. 3 (p. 126–127)	**I 574** / C cap. A 14, 68
III. 38b (p. 141)	**I suppl. 84** / L^c cap. A 7, 61
IV. 8c (p. 148)	**I 1255** / C cap. Θ 2, 20
IV. 40 (p. 155)	**I 575** / C cap. A 14, 69

loci non reperti

p. 216.1; Royse 179.122	**I 373** / C cap. A 9, 16
p. 217.2; Royse 176.61	**I 1254** / C cap. Θ 2, 19
	I suppl. 167 / V cap. Θ 1, 7
p. 217–218.3; Royse 178.98	**I 1420** / C cap. M 1, 22[141]

Quis rerum divinarum heres sit; *Philonis Alexandrini opera quae supersunt* ediderunt L. COHN et P. WENDLAND. Vol. III. Edidit P. WENDLAND, Berolini 1898, p. 1–71.

112–113 (p. 26, 14–21)	**I 1035** / C cap. E 3, 37

Quod deterius potiori insidiari soleat;[142] *Philonis Alexandrini opera quae supersunt* ediderunt L. COHN et P. WENDLAND. Vol. I. Edidit L. COHN, Berolini 1896, p. 258–298.

35 (p. 266, 7–10)	**I 576** / C cap. A 14, 70
37 (p. 266, 13–17)	**I 576** / C cap. A 14, 70
42 (p. 267, 25 - 268, 2)	**I 577** / C cap. A 14, 71
61 (p. 272, 14–15)	**I 170** / C cap. A 3, 56

Quod deus sit immutabilis;[143] *Philonis Alexandrini opera quae supersunt* ediderunt L. COHN et P. WENDLAND. Vol. II. Edidit P. WENDLAND, Berolini 1897, p. 56–94.

5–6 (p. 57, 10–19)	**I 1653** / C cap. Υ 1, 24

[141] Es handelt sich um den Schlussteil eines langen Textes, der angeblich aus den *Quaestiones in Genesim* stammt, in Wahrheit jedoch dem Traktat *Quod deus sit immutabilis* entnommen ist.

[142] In I 576 / C cap. A 14, 70 wird dieses Werk Philons unter der Attribution ἐκ τοῦ ζ′ καὶ η′ τῆς νόμων ἱερῶν ἀλληγορίας angeführt, wie es auch bei den beiden in *Sacra* II[1] enthaltenen Zitaten der Fall ist.

[143] Die Zitate I 263 / C cap. A 4, 89 und I 1653 / C cap. Υ 1, 24 stehen unter dem Lemma Ἐκ τοῦ περὶ τῶν γιγάντων.

PHILO IUDAEUS, *Quod deus sit immutabilis* (continuatio)

7 (p. 57, 19 – 58, 5)	**I 1653** / C cap. Υ 1, 24
20–22 (p. 60, 12 – 61, 1)	**I 1420** / C cap. M 1, 22
26–27 (p. 61, 21 – 62, 5)	**I 1420** / C cap. M 1, 22
28 (p. 62, 9)	**I 1420** / C cap. M 1, 22
29 (p. 62, 13–14)	**I 1420** / C cap. M 1, 22
29 (p. 62, 13–19)	**I 171** / C cap. A 3, 57
33–34 (p. 63, 15 – 64, 1)	**I 1420** / C cap. M 1, 22
62 (p. 70, 17)	**I 263** / C cap. A 4, 89

PHILO IUDAEUS, loci non reperti, sede nominata[144]

De gigantibus[145]

Royse, 171; Id., Spurious Texts, n° 31 (p. 98)	**I 288** / C cap. A 5, 23

De pietate

Pitra (*AnSacr* II) 310.XXI; Harris 11.1; Royse 177.86	**I 986** / C cap. E 1, 74

In Flaccum

Mangey 649.1; Harris 10.1; Royse, 177.65	**I 494** / C cap. A 12, 58

SYMMACHUS (LXX INTERPRES)
Siehe oben, Iob 40, 2[1] und Mich. 5, 1

THEODOTION (LXX INTERPRES)
Siehe oben, Mich. 5, 1

[144] Siehe auch *Legum allegoriae*, IV, *Quaestiones in Exodum* und *Quaestiones in Genesim*.
[145] Siehe auch oben, Anm. 143, und den Index quorundam locorum sive parallelorum sive qui (nonnumquam tacite) in locis allatis citantur (Origen. Alex., *Commentarii in Iohannem*).

E. Loci non reperti (nec auctore, nec sede nominatis)

Ἐὰν ἀπέρχῃ εἰς πόλεμον[146]	[**I suppl. 438** / V cap. Σ 24, 7]
Εἰσῆλθον τέσσαρες λεπροὶ[147]	**I suppl. 300** / V cap. Β 3, 7
Ἰδοὺ ἐγὼ ἀποστέλλω φύλακας[148]	[**I suppl. 284** / PML^b cap. Α 42, 1L^b]
Οὐδὲν παντελῶς ἀντιτάξασθαι[149]	**I suppl. 372** / V cap. Ε 7, 63
Πάντων τῶν περὶ θεὸν[150]	**I suppl. 454** / V cap. Φ 2, 42

[146] Das Zitat wird von Holl (*Fragmente*, p. 232), wahrscheinlich zurecht, PS.-EUSEBIUS ALEXANDRINUS zugeschrieben.
[147] Wir vermuten, dass es sich hierbei um ein σχόλιον des Kompilators handelt.
[148] Wahrscheinlich ist dieser kurze Satz nichts weiter als ein Fehler des Kopisten von L^b.
[149] Wahrscheinlich vom selben Autor wie die vorangehenden und folgenden Zitate, d.h. Nilus.
[150] Wahrscheinlich vom selben Autor wie das vorangehende Zitat, d.h. Didymus von Alexandrien.

F. Scholia

a. Exegetica[151]

I 2 / C cap. A 1, 2	Gen. 1, 1–2
I 4 / C cap. A 1, 4	Gen. 1, 3–4
I 6 / C cap. A 1, 6	Gen. 1, 6–7
I 8 / C cap. A 1, 8	Gen. 1, 14
I 8 / C cap. A 1, 8	Gen. 1, 16–17
I 11 / C cap. A 1, 11	Gen. 1, 26
I 291 / C cap. A 6, 2	Gen. 3, 11–13
I 11 / C cap. A 1, 11	Gen. 3, 22
I 293 / C cap. A 6, 4	Gen. 4, 9
I 13 / C cap. A 1, 13	Gen. 11, 5–7
I 603 / C cap. B 2, 2	Gen. 14, 13–16
I 15 / C cap. A 1, 15	Gen. 18, 1–5
I 1368 / C cap. Λ 1, 2	Gen. 25, 21–23
I 1056 / C cap. E 5, 10	Gen. 27, 29^{1-4}
I 695 / C cap. Γ 1, 3	Ex. 16, 15–20
I 1237 / C cap. Θ 2, 2	Ex. 15, 1
I 1237 / C cap. Θ 2, 2	Ex. 25, 22
I 1237 / C cap. Θ 2, 2	Ex. 25, 29
I 17 / C cap. A 1, 17	Num. 6, 22–27
I 19 / C cap. A 1, 19	Deut. 6, 4
I 21 / C cap. A 1, 21	Deut. 10, 17
I 810 / C cap. Δ 3, 9	IV Reg. 3, 14–19
I suppl. 300 / V cap. B 3, 7 (?)	IV Reg. 7, 3–7[152]
I 885 / C cap. Δ 5, 5	IV Reg. 7, 18–19
I 925 / C cap. E 1, 13	IV Reg. 15–20
I 620 / C cap. B 2, 19	II Par. 14, 11

[151] Vgl. auch oben, Loci non reperti (nec auctore, nec sede nominatis).
[152] Ein Zitat ohne Lemma, das wir für einen Kommentar des Kompilators halten.

I 1731 / C cap. X 2, 6	II Par. 25, 9–10
I 1729 / C cap. X 2, 4	II Par. 28, 12–15
I suppl. 353 / PML^b cap. E 17, 4	II Par. 32, 20–21
I 923 / C cap. E 1, 11	II Par. 33, 10–13
I 1028 / C cap. E 3, 30	II Esdr. 6, 15–16
I 23 / C cap. A 1, 23	Ps. 35, 10^{1-2}
I 25 / C cap. A 1, 25	Ps. 41, 2^1–3^1
I 1447 / C cap. O 2, 5	Eccle. 8, 11^{1-4}
I 1166 / C cap. H 2, 3	Iob 31, 26^{1-2}
I 29 / C cap. A 1, 29	Ioel 2, 28
I 29 / C cap. A 1, 29	Ioel 2, 31
I 338 / C cap. A 8, 7	Os. 13, 4
I 1202 / C cap. Θ 1, 15	Am. 8, 11–12
I 1375 / C cap. Λ 1, 9	Mal. 1, 11
I 1455 / C cap. O 2, 13	Ez. 5, 4
I 27 / C cap. A 1, 27	Is. 6, 1–3
I 312 / C cap. A 6, 23	Ier. 17, 15
I 31 / C cap. A 1, 31	Matth. 28, 18–19
I 887 / C cap. Δ 5, 7	Luc. 1, 18–20
I 890 / C cap. Δ 5, 10	Luc. 1, 38
I 1460 / C cap. O 2, 18	Iac. 1, 13–15
I 475 / C cap. A 12, 39	II Petr. 2, 4–7

I 208 / C cap. A 4, 34	Ioh. Chrys., *De incomprehensibili dei natura*, IV, 181–190, 192–193
I 751 / C cap. Δ 1, 46	Phil. Iud., *De opificio mundi*, 20
I 1187 / C cap. H 2, 24	Phil. Iud., *De opificio mundi*, 31

b. Scholia in quibus ad alios *Sacrorum* locos refertur

I 703 / C cap. Γ 1, 11	I 325–331 / C cap. A 7, 1–8
I 421 / C cap. A 10, 48	I 493 / C cap. A 12, 57
I 907 / C cap. Δ 6, 9	I 507–577 / C cap. A 14, 1–71
I 1313 / C cap. K 1, 39	I 881–898 / C cap. Δ 5, 1–18
I 1346 / C cap. K 2, 22	I 881–898 / C cap. Δ 5, 1–18
I 321 / C cap. A 6, 32	I 881–898 / C cap. Δ 5, 1–18
I 907 / C cap. Δ 6, 9	I 1188–1235 / C cap. Θ 1, 1–48
I 779 / C cap. Δ 2, 28	I 1465 / C cap. O 2, 23
	I 1467 / C cap. O 2, 25
I 1389 / C cap. Λ 1, 23	I 1743–1852 / C cap. X 3, 1–111
I 554 / C cap. A 14, 48	II^{1}673–687 / K cap. Δ 5, 1–15
I 354 / C cap. A 8, 23	II^{1}766 / K cap. Δ 12, 30
	II^{1}737–767 / K cap. Δ 12, 1–31
I 1313 / C cap. K 1, 39	II^{1}768–795 / K cap. E 1, 1–28
I 554 / C cap. A 14, 48	II^{1}673–687 / K cap. Δ 5, 1–15
	*II^{2}851–862 / R cap. Δ 7, 1–12
I 1654 / C cap. Υ 1, 25	*II^{2}1562–1578 / T cap. E 49, 1–17
I 401 / C cap. A 10, 28	*II^{2}2839–2865 / PML^{b} cap. Ψ 1, 1–27
I 1466 / C cap. O 2, 24	Ὅτι οὐδὲν χωρὶς θεοῦ ἐπάγεται ἡμῖν (caput non repertum)

Index quorundam locorum sive parallelorum sive qui (nonnumquam tacite) in locis allatis citantur

A. Auctores Christiani

Ps.-Anastas. Sin., *Quaestiones et responsiones* (CPG 7746); PG 89, 312–824.

65 (672, 34–38)	**I 1226** / C cap. Θ 1, 39

Ps.-Athan. Alex., *Liber de definitionibus* (CPG 2254); PG 28, 533–553.

6 (536, 28)	**I 1430** / C cap. O 1, 10

Bas. Caes., *Ad Amphilochium (De Spiritu sancto)* (CPG 2839); *Basile de Césarée. Sur le Saint-Esprit.* Introduction, texte, traduction et notes par B. PRUCHE (SChr 17bis), Paris [2]1968, p. 250–530.

XVIII, 47 (p. 412, 21–23)	**I 29** / C cap. A 1, 29

Bas. Caes., *Anaphora* (CPG 2905[2]); *Liturgies Eastern and Western* ... Edited with Introduction and Appendices by F.E. BRIGHTMAN ... on the Basis of the Former Work by C.E. HAMMOND. Vol. I. *Eastern Liturgies.* Oxford 1896, p. 309–344.

p. 325, 18–19	Pinax Στοιχεῖον A 9 I / C cap. A 9 Titlos

Bas. Caes., *Homiliae in Hexaemeron* (CPG 2835); *Basilius von Caesarea. Homilien zum Hexaemeron.* Herausgegeben von E. AMAND DE MENDIETA† und S.Y. RUDBERG (GCS, N. F., Band 2), Berlin 1997.

III, 2 (p. 40, 7–10)	**I 6** / C cap. A 1, 6
III, 2 (p. 40, 14–16)	**I 6** / C cap. A 1, 6
III, 2 (p. 40, 18–19)	**I 6** / C cap. A 1, 6
VI, 2 (p. 90, 9–13)	**I 8** / C cap. A 1, 8
IX, 6 (p. 159, 2–9)	**I 11** / C cap. A 1, 11
IX, 6 (p. 159, 14–26)	**I 11** / C cap. A 1, 11
IX, 6 (p. 160, 7–11)	**I 11** / C cap. A 1, 11

Bas. Seleuc., *Sermo XIX (In centurionem)* (CPG 6656); PG 85, 235–245.

1 (237, 40) **I 1709** / C cap. Φ 1, 55

Ps.-Caesar., *Quaestiones et responsiones* (CPG 7482); *Pseudo-Kaisarios, Die Erotapokriseis.* Erstmals vollständig herausgegeben von R. Riedinger (GCS 58), Berlin 1989, p. 1–231.

3, 53 (p. 14) **I 29** / C cap. A 1, 29

Canones XV contra Origenem (a. 553) (CPG 9362 [2]); *Concilium universale Constantinopolitanum sub Iustiniano habitum.* Edidit J. Straub (ACO IV, 1), Berolini 1971, p. 248–249.

10 (p. 249) **I 416** / C cap. A 10, 43

Catena in Genesim (CPG C. 1–3); *La Chaîne sur la Genèse.* Édition intégrale. I–IV. Texte établi par Fr. Petit (Traditio Exegetica Graeca 1–4), Lovanii 1991.1993.1995.1996.

224 (I, p. 155) **I 1517** / C cap. Π 1, 22

Clem. Alex., *Paedagogus* (CPG 1376); *Clemens Alexandrinus.* Erster Band. *Protrepticus und Paedagogus.* Herausgegeben von O. Stählin. Dritte, durchgesehene Auflage von U. Treu (GCS 12^3), Berlin 1972, p. 89–292.

I Cap. IX. 84, 2–3 **I suppl. 387** / V cap. E 6, 34

Clem. Alex., *Stromata I–VIII* (CPG 1377); *Clemens Alexandrinus.* Zweiter Band. *Stromata Buch I–VI.* Herausgegeben von O. Stählin. Neu herausgegeben von L. Früchtel. 4. Auflage mit Nachträgen von U. Treu (GCS 15), Berlin 1985; *Clemens Alexandrinus.* Dritter Band. *Stromata Buch VII und VIII – Excerpta ex Theodoto – Eclogae propheticae – Quis dives salvetur – Fragmente.* Herausgegeben von O. Stählin. In zweiter Auflage neu herausgegeben von L. Früchtel†. Zum Druck besorgt von U. Treu (GCS 17), Berlin 1970, p. 3–102.

II. Cap. V. 24, 3 (p. 125, 27) **I 353** / C cap. A 8, 22

CChalc, Actio I (CPG 9000); *Concilium universale Chalcedonense* edidit E. SCHWARTZ (ACO II, 1, 1), Berolini et Lipsiae 1933, p. 55–196.

p. 195, 30	**I 25** / C cap. A 1, 25

CChalc, Actio III (CPG 9001); *Concilium universale Chalcedonense* edidit E. SCHWARTZ (ACO II, 1, 2), Berolini et Lipsiae 1933, p. 69–84.

p. 82, 32	**I 112** / C cap. A 2, 21

CConst a. 553, Actio VIII (CPG 9362); *Concilium universale Constantinopolitanum sub Iustiniano habitum.* Edidit J. STRAUB (ACO IV, 1), Berolini 1971, p. 203–231.

p. 216, 8; 218, 6	**I 17** / C cap. A 1, 17

Cyr. Alex., *Thesaurus de sancta et consubstantiali trinitate* (CPG 5215); PG 75, 9–656.

V (61, 30–31)	**I 4** / C cap. A 1, 4
V (61, 34–39)	**I 4** / C cap. A 1, 4

Ps.-Dion. Areop., *De divinis nominibus* (CPG 6602); *Corpus Dionysiacum. I. Pseudo-Dionysius Areopagita, De Divinis Nominibus.* Herausgegeben von B.R. SUCHLA (PTS 33), Berlin–New York 1990.

I. 1 (p. 109, 16 - 110, 1)	**I 29** / C cap. A 1, 29
II. 7 (p. 131, 6–7)	**I 23** / C cap. A 1, 23
II. 7 (p. 132, 1–4)	**I 23** / C cap. A 1, 23
III. 2 (p. 139, 18)	**I 740** / C cap. Δ 1, 35
	I 958 / C cap. E 1, 46
	I 1176 / C cap. H 2, 13
	I 1265 / C cap. I 1, 8
	I 1347 / C cap. K 2, 23
IV. 14 (p. 160, 16)	**I 1560** / C cap. Π 2, 14
XIII. 3 (p. 228, 7–10)	**I 2** / C cap. A 1, 2

Ps.-Dion. Areop., *Περὶ τῶν ἀγγελικῶν ἰδιοτήτων καὶ τάξεων.*

Titulus ignoti vel ficti tractatus	**I 340** / C cap. A 8, 9

Ps.-Dion. Areop., *Περὶ δικαίου καὶ θείου δικαιωτηρίου.*

Titulus ignoti vel ficti tractatus	**I 1461** / C cap. O 2, 19

Doctrina Patrum (CPG 7781); *Doctrina Patrum de Incarnatione Verbi, ein griechisches Florilegium aus der Wende des siebenten und achten Jahrhunderts.* Zum ersten Male vollständig herausgegeben und untersucht von F. DIEKAMP, Münster in Westf. 1907. 2. Auflage mit Korrekturen und Nachträgen von B. PHANOURGAKIS, herausgegeben von E. CHRYSOS, Münster 1981.

37, II (p. 284, 4–22)	**I 2** / C cap. A 1, 2
37, II (p. 284, 17–22)	**I 106** / C cap. A 2, 15

Epiphan. Const., *Ancoratus* (CPG 3744); *Epiphanius (Ancoratus und Panarion haer. 1–33).* Herausgegeben von K. HOLL†. Zweite, erweiterte Auflage herausgegeben von M. BERGERMANN und Chr.-Fr. COLLATZ. Mit einem Geleitwort von Chr. MARKSCHIES. Teilband I/1. Text (GCS N.F. 10/1), Berlin–Boston 2013, p. 1–149.

Titulus	**I 81** / C cap. A 1, 81

Epiphan. Const., *Panarion* (CPG 3745); *Epiphanius (Ancoratus und Panarion haer. 1–33).* Herausgegeben von K. HOLL†. Zweite, erweiterte Auflage herausgegeben von M. BERGERMANN und Chr.-Fr. COLLATZ. Mit einem Geleitwort von Chr. MARKSCHIES. Teilband I/1. Text (GCS N.F. 10/1), Berlin–Boston 2013, p. 151–464. Zweiter Band. *Panarion haer. 34–64.* Herausgegeben von K. HOLL. 2., bearbeitete Auflage herausgegeben von J. DUMMER (GCS 31), Berlin 1980. Dritter Band. *Panarion haer. 65–80. De fide.* Herausgegeben von K. HOLL. Zweite, bearbeitete Auflage herausgegeben von J. DUMMER (GCS 37), Berlin 1985.

64, 24, 9 (p. 440, 22 – 441, 5)	**I 400** / C cap. A 10, 27
64, 32, 5 – 33, 4 (p. 451, 24 – 453, 3)	**I 402** / C cap. A 10, 29
64, 33, 5–6 (p. 453, 6–10)	**I 283** / C cap. A 5, 18
64, 34, 4 – 36, 1 (p. 454, 11 – 457, 3)	**I 402** / C cap. A 10, 29
64, 39, 4–10 (p. 460, 18 – 461, 19)	**I 435** / C cap. A 11, 14
64, 39, 12 (p. 461, 23 – 462, 2)	**I 435** / C cap. A 11, 14
64, 39, 13 – 40, 4 (p. 462, 5 – 463, 4)	**I 435** / C cap. A 11, 14
64, 40, 5–6 (p. 463, 6–14)	**I 435** / C cap. A 11, 14

64, 40, 7 – 43, 4 (p. 463, 15 – 466, 18) **I 403** / C cap. A 10, 30
64, 43, 5–6 (p. 466, 20 – 467, 4) **I 403** / C cap. A 10, 30
64, 43, 7–10 (p. 467, 6 – 468, 1) **I 403** / C cap. A 10, 30
64, 44, 3 (p. 468, 12–14) **I 403** / C cap. A 10, 30

Euseb. Caes., *Demonstratio evangelica* (CPG 3487); *Eusebius Werke*. Sechster Band. *Die Demonstratio evangelica*. Herausgegeben von I.A. HEIKEL (GCS 23), Berlin 1913.

VIII Cap. 2, 62–64 (p. 378, 23 – 379, 11) **I 1028** / C cap. E 3, 30

Euseb. Caes., *Praeparatio evangelica* (CPG 3486); *Eusebius Werke*. Achter Band. *Die Praeparatio evangelica*. Herausgegeben von K. MRAS. Erster Teil: *Einleitung, die Bücher I bis X*. Zweiter Teil: *Die Bücher XI bis XV, Register* (GCS 43 1.2), Berlin 1954.1956.

VII 22, 38 (I, p. 411, 16–18) **I 909** / C cap. Δ 6, 11

FlorAchrid; *Florilegium codicis Achridensis* (Ohrid, *Народен Музеј*, 86, p. 133–212; ineditum) (cf. RICHARD, *Nouveaux fragments*, p. 83).

p. 198 **I 477** / C cap. A 12, 41

Fragmenta Pseudepigraphorum Graeca; *Fragmenta Pseudepigraphorum quae supersunt Graeca, una cum historicorum et auctorum Judaeorum Hellenistarum fragmentis* collegit et ordinavit A.-M. DENIS (Pseudepigrapha Veteris Testamenti Graece III), Leiden 1970.

Anonyma d (p. 231) **I 1158** / C cap. H 1, 25

Georg. Cedr., *Compendium. Georgii Cedreni Historiarum compendium*. Edizione critica a cura di L. TARTAGLIA (Vol. I–II) (Supplemento n. 30 al «Bollettino dei Classici» – Accademia Nazionale dei Lincei), Roma 2016.

304.1, 83 (p. 488) **I 1840** / C cap. X 3, 99

Georg. Mon., *Chronicon*; *Georgii monachi Chronicon* edidit C. DE BOOR. Editionem anni MCMIV correctiorem curavit P. WIRTH. Volumen II textum genuinum inde a Vespasiani imperio continens, Stuttgart 1978.

p. 714, 13 – 715, 1	**I 1546** / C cap. Π 1, 52
p. 715, 4–6	**I 1546** / C cap. Π 1, 52

Gesta Ephesena, Actio I (CPG 8675); *Concilium universale Ephesenum* edidit E. SCHWARTZ (ACO I, 1, 2), Berolini et Lipsiae 1927, p. 3–64.

p. 42, 27–28	**I 529** / C cap. A 14, 23

Greg. Naz., *Carmina*, I,2,30 (*Versus iambici acrostichi secundum omnes alphabeti litteras sic dispositi, ut quilibet iambicus in adhortationem aliquam desinat*) (CPG 3035); PG 37, 908–910.

3 (909, 2)	**I 487** / C cap. A 12, 51

Greg. Naz., *De dogmate et constitutione episcoporum (Orat. 20)* (CPG 3010); *Grégoire de Nazianze, Discours 20–23.* Introduction, texte critique, traduction et notes par J. MOSSAY avec la collaboration de G. LAFONTAINE (SChr 270), Paris 1980, p. 56–84.

titulus (cum app. crit.) (p. 56)	**I 64** / C cap. A 1, 64

Greg. Naz., *De pace II (Orat. 23)* (CPG 3010); ed. cit., p. 280–310.

10, 16–17 (p. 302)	**I 27** / C cap. A 1, 27

Greg. Naz., *De Spiritu sancto (Orat. 31)* (CPG 3010); *Grégoire de Nazianze. Discours 27–31 (Discours théologiques).* Introduction, texte critique, traduction et notes par P. GALLAY avec la collaboration de M. JOURJON (SChr 250), Paris 2008, p. 276–342.

3, 11–17 (p. 280)	**I 23** / C cap. A 1, 23

Greg. Naz., *In S. baptisma (Orat. 40)* (CPG 3010); *Grégoire de Nazianze. Discours 38–41.* Introduction, texte critique et notes par Cl. MORESCHINI, traduction par P. GALLAY (SChr 358), Paris 1990, p. 198–310.

41, 13–17 (p. 294)	**I 4** / C cap. A 1, 4

Greg. Naz., *Supremum vale coram centum quinquaginta episcopis (Orat. 42)* (CPG 3010); *Grégoire de Nazianze. Discours 42–43.* Introduction, texte critique, traduction et notes par J. BERNARDI (SChr 384), Paris 1992, p. 48–114.

16, 17–19 (p. 84) Transmissionum explicatio (VIII / 1, p. 6)

Greg. Nyss., *Contra Eunomium* (CPG 3135); *Gregorius Nyssenus. Contra Eunomium libri.* Pars prior: liber I et II (vulgo I et XII B). Pars altera: liber III (vulgo III–XII). *Refutatio confessionis Eunomii* (vulgo lib. II). Iteratis curis edidit W. JAEGER (GNO I–II), Leiden 1960.

III, tom. III, 10 (p. 110, 20–24) **I 19** / C cap. A 1, 19

Greg. Nyss., *In diem Luminum* (CPG 3173); *<Gregorii Nysseni> Sermones.* Pars I. Ediderunt G. HEIL, A. VAN HECK, E. GEBHARDT, A. SPIRA (GNO IX), Leiden 1967, p. 221–242.

p. 230, 17–18 Prologus in *Sacra* I–III (VIII/1, p. 1)

Greg. Nyss., *Refutatio confessionis Eunomii* (CPG 3136); *Gregorius Nyssenus. Contra Eunomium libri.* Pars prior: liber I et II (vulgo I et XII B). Pars altera: liber III (vulgo III–XII). *Refutatio confessionis Eunomii* (vulgo lib. II). Iteratis curis edidit W. JAEGER (GNO I–II), Leiden 1960.

5 (p. 314, 21 - 315, 3) **I 31** / C cap. A 1, 31

Greg. Thaum., *Confessio fidei* ap. Greg. Nyss., *De vita Gregorii Thaumaturgi* (CPG 1764); *Gregorii Nysseni sermones.* Pars II. Ediderunt G. HEIL, J.P. CAVARNOS, O. LENDLE. Post mortem H. Dörrie volumen edendum curavit F. MANN (GNO X.1), Leiden–New York–København–Köln 1990, p. 3–57.

p. 17, 24 - 19, 5 **I 2** / C cap. A 1, 2

Ioh. Chrys., *Contra Anomœos* (CPG 4324); *Jean Chrysostome. Sur l'égalité du Père et du Fils. Contre les Anoméens homélies VII–XII.* Introduction, texte critique, traduction et notes par A.-M. MALINGREY (SChr 396), Paris 1994.

XI, 116–118 (p. 296) **I 13** / C cap. A 1, 13

Ioh. Chrys., *In illud:* Hoc scitote quod in novissimis diebus *(II Tim. 3, 1)* (CPG 4423); PG 56, 271–280.

5 (276, 49–50)	**I 1584** / C cap. Π 3, 14

(Ps.-)Ioh. Chrys., *In baptismum* (*In S. Theophania seu baptismum Christi*) (CPG 4522); PG 50, 805–808.

805, 8–9	Prologus in *Sacra* I–III (VIII/1, p. 1)

(Ps.-)Ioh. Chrys., *In S. Pascha* (CPG 4751); C. BAUR, *Drei unedierte Festpredigten aus der Zeit der nestorianischen Streitigkeiten*, Traditio 9 (1953), 108–110.

54–55 (p. 109)	**I suppl. 387** / V cap. E 6, 34

(Ps.-)Ioh. Chrys., *Precatio* (CPG 4713), PG 64, 1064–1068.

1068, 17–19	Prologus in *Sacra* I (VIII/1, p. 21)

Ioh. Dam., *Expositio fidei* (CPG 8043); *Die Schriften des Johannes von Damaskos.* II. *Ἔκδοσις ἀκριβὴς τῆς ὀρθοδόξου πίστεως. Expositio fidei.* Besorgt von B. KOTTER (PTS 12), Berlin–New York 1973.

9, 15 (p. 31)	**I 1429** / C cap. O 1, 9

(Ps.-)Ioh. Dam., *De S. trinitate* (CPG 8077); PG 95, 9–17.

2 (12, 20 – 13, 4)	**I 2** / C cap. A 1, 2
2 (12, 35 – 13, 4)	**I 106** / C cap. A 2, 15

(Ps.-)Ioh. IV Ieiun., *Sermo de paenitentia et continentia et virginitate* (CPG 7555); PG 88, 1937–1977.

1973, 14–16	**I 979** / C cap. E 1, 67

Iul. Afric., *Chronographiae* (CPG 1690); *Iulius Africanus Chronographiae. The Extant Fragments.* Edited by M. WALLRAFF with U. ROBERTO and, for the Oriental Sources, K. PINGGÉRA. Translated by W. ADLER (GCS N.F. 15), Berlin–New York 2007.

F70 (p. 220) **I 923** / C cap. E 1, 11

Iustinian. Imperat., *Contra monophysitas* (CPG 6878); *Drei dogmatische Schriften Iustinians von* E. SCHWARTZ. Seconda edizione a cura di M. AMELOTTI, R. ALBERTELLA e L. MIGLIARDI (*Legum Iustiniani Imperatoris Vocabularium.* Subsidia-II), Mailand 1973, p. 6 [7] - 78 [43].

179.5–6 (p. 68 [38], 33–34) Transmissionum explicatio (VIII/1, p. 6)

LEO I PAPA, *Tomus ad Flavianum (a. 449)* (CPG [8922]; CPL 1656); *Concilium universale Chalcedonense* edidit E. SCHWARTZ (ACO II, 1, 1), Berolini et Lipsiae 1933, p. 10, 19 - 25, 6.

Flor. 7 (p. 22, 18–19) **I 529** / C cap. A 14, 23
Flor. 17 (p. 24, 29–33) **I 111** / C cap. A 2, 20
Flor. 18 (p. 24, 35 - 25, 2) **I 112** / C cap. A 2, 21

Origen. Alex., *Commentarii in Epistulam ad Romanos* (CPG 1457); C.P. HAMMOND BAMMEL, *Der Römerbriefkommentar des Origenes.* Kritische Ausgabe der Übersetzung Rufins. Buch 1–3 (*Vetus Latina.* Die Reste der altlateinischen Bibel. Aus der Geschichte der lateinischen Bibel 16), Freiburg 1990 [latine]. *Le commentaire d'Origène sur Rom. II. 5 - V. 7.* D'après les extraits du Papyrus N° 88748 du Musée du Caire et les fragments de la Philocalie et du Vaticanus gr. 762. Essai de reconstitution du texte et de la pensée des tomes V et VI du «Commentaire sur l'Épître aux Romains» … par J. SCHERER, Le Caire 1952 [graece].

III.5(8) (ed. Hammond Bammel, p. 240; Scherer, p. 158, 16 - 160, 2) **I 353** / C cap. A 8, 22

Origen. Alex., *Commentarii in Iohannem* (CPG 1453); *Origenes Werke.* Vierter Band. *Der Johanneskommentar.* Herausgegeben von E. PREUSCHEN (GCS 10), Leipzig 1903, p. 3–574.

XXXII, 2 (p. 427, 11–14) **I 288** / C cap. A 5, 23

Origen. Alex., *Commentarii in Iohannem* (continuatio)

Bruchstücke aus Catenen. XXXVI (p. 512, 27–28)	**I 692** / C cap. B 4, 22

Origen. Alex., *De principiis* (CPG 1482); *Origenes Werke.* Fünfter Band. *De Principiis (Περὶ ἀρχῶν).* Herausgegeben von P. KOETSCHAU (GCS 22), Leipzig 1913. *Origenis de principiis libri IV. Origenes. Vier Bücher von den Prinzipien.* Herausgegeben, übersetzt, mit kritischen und erläuternden Anmerkungen versehen von H. GÖRGEMANNS und H. KARPP (Texte zur Forschung 24), Darmstadt 1976.

I Praef. 7 (Koetschau, p. 14, 14–15)	**I 353** / C cap. A 8, 22
I Praef. 8 (Koetschau, p. 16, 1–3)	**I 353** / C cap. A 8, 22
I, 2, 1 (Koetschau, p. 41, 11 - 42, 3)	**I 796** / C cap. Δ 2, 45
I 3, 4 (Koetschau, p. 53, 4–8)	**I 353** / C cap. A 8, 22
I 5, 1 (Koetschau, p. 69. 9–11)	**I 353** / C cap. A 8, 22
IV 3, 14 (Koetschau, p. 346, 11–14)	**I 353** / C cap. A 8, 22

Loci non reperti

ὅπως – ἐπιγείων (Koetschau, p. 95–96 [app.]; Görgemanns/Karpp, p. 266–267)	**I 353** / C cap. A 8, 22
οὐκ – διηρέθησαν (Görgemanns/Karpp, p. 266–267)	**I 353** / C cap. A 8, 22
τῆς – σωτηρίαν (Görgemanns/Karpp, p. 268–269)	**I 353** / C cap. A 8, 22
ἔξω – καθεστηκέναι (Görgemanns/Karpp, p. 268–269)	**I 353** / C cap. A 8, 22
τὴν – μακαριότητα (Görgemanns/Karpp, p. 268–269)	**I 353** / C cap. A 8, 22
ἐζήλωσαν – αὐτούς (Görgemanns/Karpp, p. 270–271)	**I 353** / C cap. A 8, 22
τῆς – ἦλθον (Görgemanns/Karpp, p. 270–271)	**I 353** / C cap. A 8, 22
Ἀλλ' – ἦλθον (Koetschau, p. 100, 4–6)	**I 353** / C cap. A 8, 22

Origen. Alex., locus non repertus, sede non nominata

Ὅταν ἀναγινώσκοντες – τῷ τόπῳ	**I 1518** / C cap. Π 1, 23

Symbolum Constantinopolitanum (a. 381) (CPG 8599); G.L. DOSSETTI, *Il simbolo di Nicea e di Costantinopoli. Edizione critica.* Ricerca condotta col contributo del Consiglio Nazionale delle Ricerche (Testi e ricerche di scienze religiose 2), Roma–Freiburg–Basel–Barcelona–Wien 1967.

7–8 (p. 246)	**I 110** / C cap. A 2, 19

Theodor. Cyr., *Eranistes* (CPG 6217); *Theodoret of Cyrus, Eranistes.* Critical text and prolegomena by G.H. ETTLINGER, Oxford 1975.

Flor. II, 33 (p. 164, 13–15)	**I 529** / C cap. A 14, 23
Flor. II, 94 (p. 183, 12–17)	**I 111** / C cap. A 2, 20
Flor. II, 95 (p. 183, 19–21)	**I 112** / C cap. A 2, 21

Theophil. Antioch., *Ad Autolycum* (CPG 1107); *Theophilus of Antioch Ad Autolycum.* Text and Translation by R.M. GRANT (Oxford Early Christian Texts), Oxford 1970.

II, 37 (p. 94, 9)	Pinax Στοιχεῖον A 3 I / C cap. A 3 Titlos

B. Auctores Iudaei

Phil. Iud., *Quaestiones in Genesim*; *Quaestiones in Genesim et in Exodum. Fragmenta graeca.* Introduction, texte critique et notes par Fr. PETIT (Les œuvres de Philon d'Alexandrie 33), Paris 1978, p. 233–306.

IV. 30 (ed. Petit, p. 151–152)	**I 15** / C cap. A 1, 15

C. Auctores pagani

Diogen. Laert., *Vitae philosophorum*; *Diogenis Laertii Vitae philosophorum.* Vol. I. Libri I–X. Edidit M. MARCOVICH, Stuttgart–Leipzig 1999.

8.46 (p. 602, 2)	**I 353** / C cap. A 8, 22

Orph. Hymn.; *Orphei Hymni* iteratis curis edidit G. QUANDT, Berlin 1955.

8, 12 (p. 8)	**I 1183** / C cap. H 2, 20

Initia

Ἃ ὁ θεὸς ὁ ἅγιος βεβούλευται **I 585** / C cap. B 1, 8
Ἃ ὀφθαλμὸς οὐκ εἶδεν **I 1510** / C cap. Π 1, 15
Ἄβατος καὶ ἀπροσπέλαστος **I 257** / C cap. A 4, 83
Ἀβραὰμ ὑπέρμαχον τὸν θεὸν **I 603** / C cap. B 2, 2
Ἀγαθὴ ἡ τοῦ θεοῦ δικαιοσύνη **I suppl. 452** / V cap. Φ 2, 38
Ἀγαθῇ θεοῦ προνοίᾳ **I 1559** / C cap. Π 2, 13
Ἀγαθὸν τὸ ἐξομολογεῖσθαι **I 820** / C cap. Δ 3, 19
Ἀγαθὸν τὸ μὴ εὔξασθαί σε **I 1641** / C cap. Υ 1, 12 (Versio V)
Ἀγαθὸς ὁ θεός, καὶ ἀγαθῶν **I 1695** / C cap. Φ 1, 41
Ἀγαθὸς ὁ θεός, καὶ τοῖς ἀγαθῇ **I 1127** / C cap. Z 1, 42
Ἀγαθότητι συστήσας τὰ πάντα **I 1568** / C cap. Π 2, 22
Ἀγαθοῦ παντὸς τὸ κεφάλαιον **I suppl. 76** / L^{c} cap. A 7, 53
Ἀγαλλιάσθωσαν καὶ εὐφρανθήτωσαν **I 1095** / C cap. Z 1, 10
Ἀγαλλιάσομαι ἐγὼ ἐπὶ τὰ λόγιά σου **I suppl. 394** / V cap. Θ 3, 8
Ἀγαπᾷ ἐλεημοσύνην καὶ κρίσιν **I 1283** / C cap. K 1, 8
Ἀγαπᾷς τὰ ὄντα πάντα **I 765** / C cap. Δ 2, 14; **I 1557** / C cap. Π 2, 11
Ἀγαπητέ, κἂν μὴ οἶδας **I 1227** / C cap. Θ 1, 40
Ἀγαπητοί, μὴ παντὶ πνεύματι **I 906** / C cap. Δ 6, 8
Ἀγαπητοί, νῦν τέκνα θεοῦ ἐσμέν **I 1387** / C cap. Λ 1, 21
Ἄγγελοι πάντες ὥσπερ προσηγορίας **I 345** / C cap. A 8, 14
Ἀγγέλους τοὺς μὴ τηρήσαντας **I suppl. 3** / V cap. A 6, 6
Ἄγε νῦν οἱ λέγοντες **I 1118** / C cap. Z 1, 33
Ἄγευστον παθῶν ἢ κακιῶν **I 285** / C cap. A 5, 20
Ἅγιος, ἅγιος, ἅγιος· καὶ οὐ **I 78** / C cap. A 1, 78
Ἀγλαοφῶν· Διόπερ ἔδοξέν μοι **I 777** / C cap. Δ 2, 26
Ἀγλαοφῶν· Τὸν μὲν πρὸς τὸν ἕτερον **I 778** / C cap. Δ 2, 27
Ἀγρυπνεῖτε ἐν παντὶ καιρῷ **I 946** / C cap. E 1, 34
Ἀδελφοί, ἐάν τις ἐν ὑμῖν **I suppl. 112** / R cap. A 45, 16
Ἀδελφοί, ἐγὼ ἐμαυτὸν οὔπω λογίζομαι **I 1588** / C cap. Π 4, 3
Ἀδελφοί, παρακαλῶ ὡς παροίκους **I 1515** / C cap. Π 1, 20
Ἅδης καὶ ἀπώλεια φανερὰ **I 132** / C cap. A 3, 18
Ἀδυνατήσει καὶ τὸ ὀξυωπέστατον **I 261** / C cap. A 4, 87
Ἀδύνατον ἀπ᾽ ἀρχῆς ἀνθρώπων **I 286** / C cap. A 5, 21
Ἀδύνατον οἶμαι μηδὲν ῥυπωθῆναι **I 288** / C cap. A 5, 23
Ἀδύνατον τοὺς ἅπαξ φωτισθέντας **I suppl. 307** / C cap. B 4, 8
Ἀεὶ γὰρ τῇ τῶν κρειττόνων **I 1543** / C cap. Π 1, 49
Ἀεὶ προσεύχεσθαι δεῖ **I 982** / C cap. E 1, 70
Ἀεὶ φθάνουσι τὴν δίκην **I 1706** / C cap. Φ 1, 52
Ἀθετῶν ἠθέτησεν εἰς ἐμὲ οἶκος **I 309** / C cap. A 6, 20
Ἆθλον ἀρετῆς θεὸν γενέσθαι **I 686** / C cap. B 4, 16
Ἄθρει κἀνταῦθα τὰ παραπλήσια **I 887** / C cap. Δ 5, 7

Ἄθρει πῶς ἐπισπᾶται **I 810** / C cap. Δ 3, 9
Αἱ ἀγγελικαὶ δυνάμεις **I 350** / C cap. Α 8, 19
Αἱ ἅγιαι τῶν οὐρανίων οὐσιῶν **I 341** / C cap. Α 8, 10
Αἱ βασιλεῖαι τῆς γῆς **I suppl. 334** / V cap. Δ 3, 13
Αἱ ἰδιότητες, οἷον χαρακτῆρες **I 40** / C cap. Α 1, 40
Αἱ καθαραὶ φύσεις μόλις **I 225** / C cap. Α 4, 51
Αἱ περὶ τῶν τοῦ θεοῦ ἀρετῶν **I 570** / C cap. Α 14, 64
Αἱ τοῦ θεοῦ πᾶσαι δυνάμει **I 357** / C cap. Α 8, 26
Αἱ τοῦ θεοῦ χάριτες **I 1724** / C cap. Χ 1, 15
Αἱ φιλοσοφίαι πᾶσαι **I 259** / C cap. Α 4, 85
Ἀΐδιος οὐσία, τροπῆς ἀποσκίασμα **I 105** / C cap. Α 2, 14
Αἰνεῖτε τὸ ὄνομα κυρίου **I 827** / C cap. Δ 3, 26 (Versio T)
Αἰνεῖτε τὸν κύριον πάντα τὰ ἔθνη **I suppl. 345** / V cap. Δ 3, 31
Αἰνεῖτε τὸν κύριον, ὅτι ἀγαθὸν ψαλμός **I 828** / C cap. Δ 3, 27
Αἰνεῖτε τὸν κύριον, ὅτι ἀγαθὸς κύριος **I 827** / C cap. Δ 3, 26 (Versio C)
Αἰνεῖτε, παῖδες, κύριον, αἰνεῖτε **I suppl. 344** / V cap. Δ 3, 28
Αἰνέσω τὸ ὄνομα τοῦ θεοῦ μου **I 818** / C cap. Δ 3, 17
Αἰνῶν ἐπικαλέσομαι τὸν κύριον **I 814** / C cap. Δ 3, 13
Αἰσχρὸν τὸν παρόντα καιρὸν **I 1525** / C cap. Π 1, 30
Αἰσχυνθείησαν καὶ ἐντραπείησαν **I suppl. 17** / V cap. Α 16, 13
Αἰσχυνθείησαν καὶ ταραχθείησαν **I suppl. 16** / V cap. Α 16, 12
Αἰσχυνθήσονται πάντες οἱ διορίζοντες **I 1107** / C cap. Ζ 1, 22
Αἰσχυνθήτωσαν οἱ ἀνομοῦντες **I suppl. 28** / V cap. Α 16, 24
Αἰσχυνοίμην ἂν εἰ τοῦ κακοῦ **I 1534** / C cap. Π 1, 40
Αἰτεῖτε καὶ δοθήσεται ὑμῖν **I 940** / C cap. Ε 1, 28
Αἰτία ἑλομένου· θεὸς ἀναίτιος **I 1475** / C cap. Ο 2, 33
Αἰώνια δὲ καὶ ἀτελεύτητα **I 479** / C cap. Α 12, 43
Ἀκάθαρτος παρὰ κυρίῳ πᾶς **I suppl. 426** / V cap. Μ 2, 12
Ἀκάνθαις τῶν ἑαυτοῦ πταισμάτων **I 1839** / C cap. Χ 3, 98
Ἀκόρεστος ἡ γλυκύτης **I suppl. 396** / V cap. Θ 3, 23
Ἄκουε, Ἰακὼβ καὶ Ἰσραήλ **I 100** / C cap. Α 2, 9
Ἄκουε, Ἰσραήλ· Κύριος ὁ θεός σου **I 18** / C cap. Α 1, 18
Ἀκούσας Ἀβραὰμ τὴν φωνὴν **I suppl. 226** / V cap. Π 35, 7
Ἀκούσατέ μου καὶ φάγεσθε **I 1108** / C cap. Ζ 1, 23
Ἀκούσατέ μου, οἶκος Ἰακὼβ **I 99** / C cap. Α 2, 8
Ἀκούσατε ταῦτα, οἱ ἐκτρίβοντες **I 1407** / C cap. Μ 1, 9
Ἀκούσατε τὴν παραβολὴν **I 1207** / C cap. Θ 1, 20
Ἀκούσονται ἐν τῇ ἡμέρᾳ ἐκείνῃ **I 1818** / C cap. Χ 3, 77
Ἀκουσώμεθα καὶ ἐν τούτῳ **I 19** / C cap. Α 1, 19
Ἀκράτητος καὶ οὐρανοδρόμος **I 240** / C cap. Α 4, 66
Ἀλαλάξατε τῷ θεῷ, πᾶσα ἡ γῆ, δουλεύσατε **I 823** / C cap. Δ 3, 22
Ἀλαλάξατε τῷ θεῷ, πᾶσα ἡ γῆ, ψάλατε **I suppl. 331** / V cap. Δ 3, 10
Ἀλέξανδρος ὁ χαλκεὺς **I suppl. 31** / V cap. Α 16, 27
Ἀληθῶς, ὦ μεγαλόφωτε **I 742** / C cap. Δ 1, 37
Ἀλλ' ἐὰν καὶ ἡμεῖς ἢ ἄγγελος **I suppl. 136** / R cap. Α 46, 11
Ἀλλ' εἴποι τίς ἄν· Οὐκ ἔστιν **I 1347** / C cap. Κ 2, 23

Ἀλλ' ἐπειδὴ λεπτομερέστερον **I 1162** / C cap. H 1, 29
Ἀλλ' ἴσως τίς διαλυθέντά πως **I 408** / C cap. A 10, 35
Ἀλλ' ὅπερ ἔφημεν, ἡνίκα **I 33** / C cap. A 1, 33
Ἀλλ' οὐδὲ αὐτοὺς τοὺς ἁγίους **I suppl. 81** / L[c] cap. A 7, 58
Ἀλλ' ὦ σοφώτατοι, μάλιστα **I 41** / C cap. A 1, 41
Ἀλλ' ὡς εἷς ἕκαστος ἡμῶν **I 478** / C cap. A 12, 42
Ἀλλ' ὡς ἔοικεν, Ὠριγένης **I 1518** / C cap. Π 1, 23
Ἀλλὰ γὰρ τὰ μυστήρια **I 559** / C cap. A 14, 53
...ἀλλὰ μετρεῖσθαι μέτροισι **I 1595** / C cap. Π 4, 10
Ἀλλά μοι δοκεῖ μὴ μάτην **I 409** / C cap. A 10, 36
Ἀλλὰ τούτων ἐν τῷ προοιμίῳ **I 1156** / C cap. H 1, 23
Ἄλλη μὲν τοῖς ἐκκεκαθαρμένοις **I suppl. 276** / V cap. A 3, 28
Ἄλλοι μὲν ἄλλό τι κατορθοῦσιν **I 280** / C cap. A 5, 15
Ἄλλοι μὲν εὐπλοοῦσι **I 1361** / C cap. K 2, 37
Ἀμαθεῖς ἐσμέν, ὥστε τὰ ἄρρητα **I 1351** / C cap. K 2, 27
Ἄμεινον καὶ συμφερώτερον ἰδιώτας **I 526** / C cap. A 14, 20
Ἀμεσία τοῦ βασιλέως ἑκατὸν χιλιάδας **I 1731** / C cap. X 2, 6 (Versio C R)
Ἀμεσίας ὁ βασιλεὺς μισθωσάμενος **I 1731** / C cap. X 2, 6 (Versio V PM)
Ἀμεταμέλητα τὰ χαρίσματα **I 1715** / C cap. X 1, 6; **I suppl. 230** / V cap. X 1, 2
Ἀμὴν ἀμὴν λέγω ὑμῖν, ἐὰν μὴ φάγητε **I 1239** / C cap. Θ 2, 4
Ἀμὴν ἀμὴν λέγω ὑμῖν ὅτι ἂν αἰτήσητε **I 943** / C cap. E 1, 31
Ἀμὴν ἀμὴν λέγω ὑμῖν, ἐὰν μή τις γεννηθῇ **I 654** / C cap. B 3, 9
Ἀμὴν λέγω ὑμῖν, ὃς ἂν εἴπῃ τῷ ὄρει **I 947** / C cap. E 1, 35
Ἀμήχανον ἀνθρωπίνην φύσιν **I 258** / C cap. A 4, 84
Ἀμήχανον ἁρμονίαν καὶ τάξιν **I 799** / C cap. Δ 2, 48
Ἀμήχανον ἐκτραπῆναι τῆς δικαίας **I suppl. 390** / V cap. Z 1, 19
Ἀνάγκη τὴν ἐρημωθεῖσαν ψυχὴν **I 1121** / C cap. Z 1, 36
Ἀνάγκη τὸν δημιουργὸν **I 788** / C cap. Δ 2, 37
Ἀνάγνωθι ἐνταῦθα ἐν τῷ ἄλφα **I 703** / C cap. Γ 1, 11
Ἀναζητοῦσιν τοῖς φιλοθέοις τὸ ὄν **I 1129** / C cap. Z 1, 44
Ἀναίτιον παντάπασιν κακῶν **I 1481** / C cap. O 2, 39
Ἀνακρινεῖ δὲ τὸ θεῖον **I 525** / C cap. A 14, 19
Ἀναλαβὼν Βαλαὰμ τὴν παραβολὴν **I 1135** / C cap. H 1, 2
Ἀναμένω τὴν τοῦ ἀρχαγγέλου **I 436** / C cap. A 11, 15
Ἀναστάντες μοι μάρτυρες ἄδικοι **I 1753** / C cap. X 3, 11
Ἀνάστασις ἐστὶν τοῦ πεπτωκότος **I 399** / C cap. A 10, 26
Ἀνάστηθι, Βαλαάκ, καὶ ἄκουε **I 1063** / C cap. E 5, 17
Ἀναστήσονται οἱ νεκροί **I 381** / C cap. A 10, 8
Ἀναστήσω αὐτοῖς φυτὸν εἰρήνης **I 1848** / C cap. X 3, 107
Ἀνατελεῖ ἄστρον ἐξ Ἰακώβ **I 1745** / C cap. X 3, 3
Ἀνατελεῖ ὑμῖν τοῖς φοβουμένοις **I 1801** / C cap. X 3, 60
Ἀνατέλλει ὁ ἥλιος, καὶ δύνει **I 1172** / C cap. H 2, 9
Ἀνέβης εἰς ὕψος, ᾐχμαλώτευσας **I 1759** / C cap. X 3, 17
Ἀνεβόησε Σαμψὼν πρὸς κύριον **I suppl. 351** / V cap. E 7, 2
Ἀνεβόησεν Ἠλιοῦ εἰς τὸν οὐρανὸν **I suppl. 354** / V cap. E 7, 6
Ἀνεβόησεν πᾶσα ἡ συναγωγὴ **I 638** / C cap. B 2, 37

Ἀνεβόησεν φωνῇ μεγάλῃ Σωσάννα **I 637** / C cap. B 2, 36
Ἄνελε τῆς καρδίας πᾶσαν τοῦ βίου **I 961** / C cap. E 1, 49
Ἀνέστη Ἡλιοὺ καὶ ἐπορεύθη **I 1068** / C cap. E 5, 22
Ἀνέστησαν οἱ ἄρχοντες καὶ εἶπον **I 1728** / C cap. X 2, 3
Ἀνηγγέλη εἰς τὸν οἶκον Δαυΐδ **I 630** / C cap. B 2, 29
Ἀνηγγέλη σοι, ὦ ἄνθρωπε, τί καλόν **I 1105** / C cap. Z 1, 20
Ἀνήνυτον τῷ ἐπὶ πάντων θεῷ **I 747** / C cap. Δ 1, 42
Ἀνὴρ ἀνῆλθεν ἐκ Βησαλισᾶ **I 1070** / C cap. E 5, 24
Ἀνὴρ τίς ἀδύνατος τοῖς ποσὶν **I suppl. 198** / V cap. I 1, 27
Ἀνὴρ τίς ἦν ἐν Καισαρείᾳ **I 950** / C cap. E 1, 38
Ἀνθ' ὧν οὐκ ἐμνήσθης μου **I 833** / C cap. Δ 3, 32
Ἀνθ' ὧν παρεδόθη εἰς θάνατον **I 1832** / C cap. X 3, 91
Ἀνθέξεται κρίματος ἡ χείρ μου **I 1278** / C cap. K 1, 3
Ἀνθρώπιναι λέξεις θεοῦ οὐσίαν **I suppl. 277** / V cap. A 3, 31
Ἄνθρωποι μὲν γὰρ ὅταν πολεμῶσιν **I 645** / C cap. B 2, 44
Ἄνθρωποι μὲν γὰρ πολλάκις **I 1324** / C cap. K 1, 50
Ἄνθρωπος κοιμηθεὶς οὐ μὴ ἀναστῇ **I 376** / C cap. A 10, 3
Ἄνθρωπος ματαιότητι ὡμοιώθη **I 1499** / C cap. Π 1, 4
Ἄνθρωπος οὐκ ἔστιν δίκαιος **I 275** / C cap. A 5, 10
Ἄνθρωπος παραβαίνων ἀπὸ τῆς κλίνης **I 506** / C cap. A 13, 10
Ἄνθρωπος τῶν υἱῶν Ἰσραὴλ ἐὰν εὔξηται **I suppl. 439** / V cap. Υ 10, 2
Ἀνθρώπους καὶ κτήνη σώσεις **I 1660** / C cap. Φ 1, 6
Ἀνοίξατέ μοι πύλας δικαιοσύνης **I 1017** / C cap. E 3, 19
Ἀνοίξατε τὰς ἀποθήκας αὐτῆς **I suppl. 281** / V cap. A 38, 5
Ἀνομία ἐφ' ἡμῖν λογισθήσεται **I 295** / C cap. A 6, 6
Ἀντανελεῖς τὸ πνεῦμα αὐτῶν **I suppl. 288** / V cap. A 15, 2
Ἀντίστασις ἔσται ἐκεῖ τῶν πονηρῶν **I suppl. 296** / V cap. A 15, 54
Ἀντλήσατε ὕδωρ μετ' εὐφροσύνης **I 650** / C cap. B 3, 5; **I 1811** / C cap. X 3, 70
Ἀξίως οὐ διανοηθήσεται **I 186** / C cap. A 4, 12
Ἀξίως οὐδεὶς τὸν θεὸν τιμᾷ **I 861** / C cap. Δ 3, 60
Ἄξω τυφλοὺς ἐν ὁδῷ **I 1379** / C cap. Λ 1, 13
Ἀπ' ἄκρου τοῦ οὐρανοῦ **I 1170** / C cap. H 2, 7
Ἅπαντα μέτρῳ καὶ τάξει **I 167** / C cap. A 3, 53
Ἅπαξ ὤμοσα ἐν τῷ ἁγίῳ μου **I 1765** / C cap. X 3, 23
Ἀπαρχὰς ἅλωνός σου καὶ ληνοῦ σου **I 1630** / C cap. Υ 1, 1
Ἀπαρχὰς ἅλωνός σου οὐ καθυστερήσεις **I suppl. 85** / V cap. A 32, 1
Ἀπαρχὰς τῶν πρωτογενημάτων **I 1632** / C cap. Υ 1, 3; **I suppl. 87** / V cap. A 32, 3
…ἀπειλῶν θαλάσσῃ καὶ ξηραίνων **I 724** / C cap. Δ 1, 19
Ἄπειρα τὰ καταρυπαίνοντα ἡμῶν **I 289** / C cap. A 5, 24
Ἀπεκρίθη Βαλαὰμ καὶ εἶπε **I 1727** / C cap. X 2, 2
Ἀπεκρίθη Ἰωάννης καὶ εἶπεν **I 1714** / C cap. X 1, 5 (Versio C); **I suppl. 229** / V cap. X 1, 1
Ἀπεκρίθη κύριος ὁ θεὸς τῷ Ἰώβ **I 297** / C cap. A 6, 8
Ἀπεκρίθη ὁ ἄγγελος κυρίου **I suppl. 159** / V cap. Δ 4, 6
Ἀπεκρίθησαν οἱ τρεῖς παῖδες **I 1735** / C cap. X 2, 10
Ἀπέστω καὶ ἡ φιλονεικία **I 558** / C cap. A 14, 52

Ἀπέχεσθε τῶν κακῶν βοτανῶν **I 522** / C cap. Α 14, 16
Ἀπὸ ἀνατολῶν ἡλίου ἕως **I 1374** / C cap. Λ 1, 8
Ἀπὸ τῆς πλευρᾶς ἄρα **I 1032** / C cap. Ε 3, 34
Ἀπὸ τοῦ αἰῶνος εἰς τὸν αἰῶνα **I 1578** / C cap. Π 3, 8
Ἀπὸ τοῦ ὕδατος τοῦ Νῶε **I 1674** / C cap. Φ 1, 20
Ἀπὸ τῶν ἁγίων φοβηθήσεσθε **I suppl. 32** / L^c cap. Α 7, 1
Ἀπὸ τῶν ἡμερῶν Ἰωάννου **I 672** / C cap. Β 4, 2
Ἀποδώσω σοι τὰς εὐχάς μου **I 1639** / C cap. Υ 1, 10; **I suppl. 356** / PML^b cap. Ε 17, 12
Ἀπόθεσθε κατὰ τὴν προτέραν **I 1590** / C cap. Π 4, 5
Ἀποκριθεὶς δὲ Πέτρος καὶ οἱ ἀπόστολοι **I 1738** / C cap. Χ 2, 13
Ἀποκριθεὶς ὁ Ἰησοῦς, πάλιν **I 676** / C cap. Β 4, 6
Ἀποκριθέντες Πέτρος καὶ Ἰωάννης **I 1737** / C cap. Χ 2, 12
Ἄπορος τῇ ἀνθρωπίνῃ φύσει **I 877** / C cap. Δ 4, 14
Ἀποστείλασα Ἰουδίθ, ἐκάλεσεν **I 870** / C cap. Δ 4, 7
Ἅπτεται οὐ τῶν πολλῶν μόνον **I 279** / C cap. Α 5, 14
Ἆρα δικαζόμενος πρὸς θεὸν **I 298** / C cap. Α 6, 9
Ἄρατε πύλας, οἱ ἄρχοντες ὑμῶν **I 1752** / C cap. Χ 3, 10
Ἄρρην μὲν θηλείᾳ συνελθὼν **I 1131** / C cap. Ζ 1, 46
Ἄρτι ἀνθρώπους πείθω **I 1739** / C cap. Χ 2, 14
Ἀρχὴν ἁπάντων καὶ τέλος **I 1123** / C cap. Ζ 1, 38
Ἀσὰ ὁ βασιλεὺς μετὰ πεντακοσίων **I 620** / C cap. Β 2, 19
Ἄσατε τῷ κυρίῳ ᾆσμα καινόν **I suppl. 336** / V cap. Δ 3, 18
Ἄσατε τῷ κυρίῳ, αἰνέσατε αὐτόν **I 636** / C cap. Β 2, 35
Ἄσκησις εὐσεβείας τὴν ψυχὴν **I 847** / C cap. Δ 3, 46 (Versio C H^{II} R)
Ἄσωμεν τῷ κυρίῳ· ἐνδόξως **I 803** / C cap. Δ 3, 2
Ἄτοπα οὐ βούλεται κύριος **I 1404** / C cap. Μ 1, 6
Ἄτοπον δὲ κἀκεῖνο προφανῶς **I 400** / C cap. Α 10, 27
Ἄτοπον ἐν μὲν ταῖς πόλεσιν **I 1256** / C cap. Θ 2, 21
Ἀτόπως δρῶσιν ὅσοι **I 574** / C cap. Α 14, 68
Αὔταρκες ἐστὶν σοφῷ **I 250** / C cap. Α 4, 76
Αὕτη ἐστὶν ἱερατεία **I 983** / C cap. Ε 1, 71
Αὕτη ἡ εὐλογία, ἣν εὐλόγησεν **I 1065** / C cap. Ε 5, 19
Αὐτὸ δὲ ἐφ᾽ ἑαυτοῦ κατ᾽ ἰδίαν **I 1471** / C cap. Ο 2, 29
Αὐτὸ τὸ μὴ γεγενῆσθαι **I 53** / C cap. Α 1, 53
Αὐτὸ τοῦτο ἡ ἀνθρωπίνη **I 854** / C cap. Δ 3, 53
Αὐτοὶ δὲ προσκυνοῦμεν πατέρα **I 55** / C cap. Α 1, 55
Αὐτοὶ οὐκ ἔγνωσαν τὸν λογισμὸν **I 584** / C cap. Β 1, 7
Αὐτὸς ἐπικαλέσεταί με **I 1764** / C cap. Χ 3, 22
Αὐτὸς κρινεῖ ἄκρα γῆς **I 1279** / C cap. Κ 1, 4 (Versio C R)
Αὐτὸς κύριος ὁ θεὸς ἡμῶν **I 1338** / C cap. Κ 2, 14
Αὐτὸς πάντα οἶδεν ὁ ποιήσας **I 173** / C cap. Α 3, 59
Αὐτὸς τὴν ὑπ᾽ οὐρανὸν ἐφορᾷ **I 121** / C cap. Α 3, 7
Αὐτοῦ ἐστιν ἡ θάλασσα **I suppl. 323** / V cap. Δ 2, 4 (Versio $V^E V^O V^{Ph}$ H^I); **I suppl. 323** / V cap. Δ 2, 4 (Versio PM R)
Ἀφ᾽ οὗ Σέξτοι καὶ Πύρρωνες **I 539** / C cap. Α 14, 33
Ἀφ᾽ ὧν εὖ πάσχομεν **I 1565** / C cap. Π 2, 19

Ἀφέντες οἱ ἄνθρωποι τὸ κατατρυφᾶν **I 553** / C cap. A 14, 47
Ἄφες ἀδίκημα τῷ πλησίον σου **I suppl. 121** / V cap. A 48, 7
Ἄφθονος ἀεὶ ἐπὶ τοῖς ἀγαθοῖς **I 1709** / C cap. Φ 1, 55
Ἀφροσύνη ἀνδρὸς λυμαίνεται **I 1445** / C cap. O 2, 3
…ἃ χαρίζεται ὁ πατήρ **I suppl. 234** / V cap. X 1, 6

Βαπτίζεται ἁγίῳ πνεύματι **I suppl. 308** / V cap. B 4, 21
Βάπτισμα αἰχμαλώτοις λύτρον **I 661** / C cap. B 3, 16–21 (Versio $\mathrm{C}^{\mathrm{cap.\,B\,3,\,21}}$)
Βασιλείαν θεοῦ λεκτέον τὴν κατάστασιν **I 692** / C cap. B 4, 22
Βδέλυγμα κυρίῳ διεστραμμέναι ὁδοί **I suppl. 425** / V cap. M 2, 11
Βδέλυγμα κυρίῳ λογισμὸς ἄδικος **I suppl. 422** / V cap. M 2, 8
Βδέλυγμα κυρίῳ χείλη ψευδῆ **I suppl. 421** / V cap. M 2, 7
Βία θεῷ οὐ πρόσεστιν **I 1705** / C cap. Φ 1, 51
Βλαστησάτω ἡ γῆ βοτάνην **I suppl. 325** / V cap. Δ 2, 18
Βουλὴ ἁγίων σύνεσις **I suppl. 43** / L^{c} cap. A 7, 12
Βουληθεὶς ὁ θεὸς τῆς θείας **I 1035** / C cap. E 3, 37
Βούλομαι οὖν προσεύχεσθαι τοὺς ἄνδρας **I 955** / C cap. E 1, 43
Βουλομέναις μὲν ὁ θεὸς **I 1621** / C cap. Σ 1, 23

Γαβριὴλ πετόμενος φαίνεται **I 352** / C cap. A 8, 21
Γάμος ἐγένετο ἐν Κανᾶ **I 1083** / C cap. E 5, 37
Γεγονότα σάρκα καὶ ἐν ἡμῖν **I 112** / C cap. A 2, 21
Γενέσθω σοι τὸ λουτρὸν **I 663** / C cap. B 3, 23
Γενηθήτω ἐν ἐμοὶ τὸ θέλημά σου **I 974** / C cap. E 1, 62
Γενηθήτω ἡ τράπεζα αὐτῶν **I suppl. 20** / V cap. A 16, 16
Γενόμενος ἐπὶ τοῦ τόπου **I suppl. 358** / V cap. E 7, 25
Γῆ, γῆ, ἄκουσον λόγον κυρίου **I suppl. 282** / V cap. A 38, 6
Γίνωσκε πάντα συλλέγειν ἐς ὕστερον **I 487** / C cap. A 12, 51
Γινώσκεται κύριος κρίματα ποιῶν **I 1329** / C cap. K 2, 4
Γλυκύτητα μέλιτος πῶς ἀναγγείλω **I 1245** / C cap. Θ 2, 10; **I suppl. 165** / V cap. Θ 1, 5
Γνήσιον πόθον ἰδὼν ὁ πατὴρ **I 254** / C cap. A 4, 80
Γνώσεται ὁ λαός μου τὸ ὄνομά μου **I 1829** / C cap. X 3, 88
Γνώσονται οἱ Χαναναῖοι τὰ πρόβατα **I 1793** / C cap. X 3, 51
Γνωστὸν ἀπ᾽ αἰῶνος τῷ θεῷ **I 1580** / C cap. Π 3, 10
Γνῶτε καὶ πιστεύσατέ μοι **I suppl. 243** / V cap. A 1, 14
Γρηγορεῖτε καὶ προσεύχεσθε **I 942** / C cap. E 1, 30
Γρηγορεῖτε, ὅτι οὐκ οἴδατε τὴν ἡμέραν **I suppl. 290** / V cap. A 15, 29
Γυμνὸς ὁ Ἅδης ἐνώπιον αὐτοῦ **I 120** / C cap. A 3, 6
Γυναῖκες ἐρχόμεναι ἀπὸ θέας **I 1814** / C cap. X 3, 73

Δὰν κρινεῖ τὸν ἑαυτοῦ λαόν **I 1134** / C cap. H 1, 1
Δὰν σκύμνος λέοντος **I 1136** / C cap. H 1, 3
Δεδιδάγμεθα παρὰ τῆς θείας **I 211** / C cap. A 4, 37
Δεῖ δὲ ἡμᾶς καὶ τὸν χρόνον **I 1161** / C cap. H 1, 28
Δεῖ ἐξ ὅλης τῆς καρδίας ἐπιζητεῖν **I 1128** / C cap. Z 1, 43
Δεῖ πάντοτε προσεύχεσθαι **I 970** / C cap. E 1, 58 (Versio E)

Δεῖ τὸν βουλόμενον φαντασιωθῆναι **I 260** / C cap. A 4, 86
Δεῖ φθάνειν τὸν ἥλιον **I 837** / C cap. Δ 3, 36
Δεῖν οἶμαι τὰ ὑπὲρ ἡμᾶς **I 244** / C cap. A 4, 70
Δεῖν οἶμαι τὸν ἀληθείας κηδόμενον **I 564** / C cap. A 14, 58
Δεῖν οἶμαι τοὺς χωρίον ἱερὸν νεμομένους **I 1046** / C cap. E 4, 11
Δέον ἕνα πατέρα γινώσκειν **I 65** / C cap. A 1, 65
Δέον παρὰ μὲν θεοῦ τὸ εἶναι **I 1623** / C cap. Σ 1, 25
Δεόντως οὕτω τίς πρόσεισιν τῷ θεῷ **I 1126** / C cap. Z 1, 41
Δεσμὸν Πλειάδος ἔγνως **I 1169** / C cap. H 2, 6
Δεῦτε ἀγαλλιασώμεθα τῷ κυρίῳ **I 821** / C cap. Δ 3, 20
Δεῦτε καὶ ἀναβῶμεν εἰς τὸ ὄρος **I 1021** / C cap. E 3, 23
Δεῦτε καὶ ἐπιστρέψωμεν πρὸς κύριον **I 1771** / C cap. X 3, 29
Δεῦτε καὶ καταβάντες συγχέωμεν **I 12** / C cap. A 1, 12 (Versio V H^{l} L^{c} PML^{b} T)
Δεῦτε πρός με πάντες οἱ κοπιῶντες **I suppl. 306** / V cap. B 4, 5
Δεύτερον φῶς ἄγγελος **I 348** / C cap. A 8, 17
...δι' αὐτοῦ καθαρισμὸν τῶν ἁμαρτιῶν **I suppl. 114** / R cap. A 45, 18
Δι' ὧν ἄν τις νοημάτων τὸ μεγαλεῖον **I 44** / C cap. A 1, 44
Δι' ὧν ἐκολάσθησαν οἱ ἐχθροὶ **I suppl. 413** / V cap. K 1, 14
...διὰ πάσης προσευχῆς **I 953** / C cap. E 1, 41
Διὰ πολλῶν θλίψεων **I 679** / C cap. B 4, 9
Διὰ ταύτης τῆς τάξεως **I 1597** / C cap. Π 4, 12
Διὰ τὸ πρὸς τὰ ἔνδοξα ἐκστατικὸν **I 338** / C cap. A 8, 7
Διὰ τῶν χειρῶν τῶν ἀποστόλων **I suppl. 195** / V cap. I 1, 24
Διάγων βουλευτὰς αἰχμαλώτους **I 717** / C cap. Δ 1, 12
Διαδραμὼν τὰ σύμπαντα **I 38** / C cap. A 1, 38
Διαλλάσσων βουλὰς πανούργων **I 1600** / C cap. Σ 1, 2
Διανοοῦ ἐν τοῖς προστάγμασιν κυρίου **I 1205** / C cap. Θ 1, 18
Διατί ἀσεβεῖς ζῶσιν, πεπαλαίωνται **I 1328** / C cap. K 2, 3; **I suppl. 156** / V cap. Δ 4, 3
Διατί ἡμέρα ἡμέρας ὑπερέχει **I 1343** / C cap. K 2, 19
Διατοῦτο ἀφαιρεθήσεται ἡ ἀνομία **I suppl. 98** / R cap. A 45, 2
Διατοῦτο καὶ ἐπὶ τοῦ βαπτίσματος **I 77** / C cap. A 1, 77
Διατοῦτο μακροῦ ἐδέησεν χρόνου **I 477** / C cap. A 12, 41
Διατοῦτο οὕτως λέγει κύριος **I 1817** / C cap. X 3, 76
Διδαχαῖς ποικίλαις καὶ ξέναις **I 904** / C cap. Δ 6, 6
...διδοὺς εὐχὴν τῷ εὐχομένῳ **I 918** / C cap. E 1, 6
Διειλάμεθα τὸν Χριστόν **I 540** / C cap. A 14, 34
Δίελθε βιβλίῳ β', εἰς τὸ E **I 1654** / C cap. Υ 1, 25
Δίελθε ἐνταῦθα ἀνωτέρω **I 1346** / C cap. K 2, 22
Δίελθε ἐνταῦθα κατωτέρω **I 321** / C cap. A 6, 32
Δίελθε τὸν Περὶ Χριστοῦ τίτλον **I 1389** / C cap. Λ 1, 23
Δίκαιος εἶ, κύριε **I 1341** / C cap. K 2, 17; **I suppl. 160** / V cap. Δ 4, 7
Δίκαιος κύριος καὶ δικαιοσύνας **I 1282** / C cap. K 1, 7
Δίκαιος ὤν, δικαίως τὰ πάντα **I 1304** / C cap. K 1, 29–30
Δικαιοσύνη καὶ κρίμα ἑτοιμασία **I 1285** / C cap. K 1, 10
Δικαιοσύνη καὶ κρίμα κατόρθωσις **I 1287** / C cap. K 1, 12
Δικαιοσύνης πλήρης ἡ δεξιά σου **I 1284** / C cap. K 1, 9

Διὸ μᾶλλον, ἀδελφοί, σπουδάσατε **I 1386** / C cap. Λ 1, 20
Διότι καὶ οὐαὶ αὐτοῖς **I 1772** / C cap. X 3, 30
Διψᾷ τὸ διψᾶσθαι **I 1697** / C cap. Φ 1, 43
Διώξωμεν τοῦ γνῶναι τὸν κύριον **I 1103** / C cap. Z 1, 18
Δόγμα ἐστὶν παλαιόν τε **I 226** / C cap. A 4, 52
Δόλιος γὰρ ὢν καὶ ἐπηρμένος **I 1163** / C cap. H 1, 30
Δόξα μεγάλη ἀκολουθεῖν κυρίῳ **I 1112** / C cap. Z 1, 27
Δόξαζε τὸν ποιητήν **I suppl. 348** / V cap. Δ 3, 49
Δὸς αὐτοῖς, κύριε **I suppl. 29** / V cap. A 16, 25
Δὸς ἡμῖν βοήθειαν ἐκ θλίψεως **I 625** / C cap. B 2, 24
Δότε τῷ θεῷ ἡμῶν δόξαν **I 835** / C cap. Δ 3, 34
Δουλεύσατε τῷ κυρίῳ ἐν φόβῳ **I 811** / C cap. Δ 3, 10
Δύναμαι ὑμῖν τὰ ἐπουράνια **I 1242** / C cap. Θ 2, 7
Δυνατὸς εἶ, κύριε **I 722** / C cap. Δ 1, 17
Δύο εἰσὶν ὁδοὶ ἐναντίαι **I 1519** / C cap. Π 1, 24 (Versio C V);
I 1519 / C cap. Π 1, 24 (Versio E)
Δύο ὄντων βίων **I 1538** / C cap. Π 1, 44
Δύσκολον τὸ ἐν καρδίᾳ καθαρὸν **I 277** / C cap. A 5, 12
Δῴη ἔλεος ὁ κύριος **I 1085** / C cap. E 5, 39
Δῶρον θεῷ κάλλιστόν ἐστιν **I 1650** / C cap. Υ 1, 21; **I suppl. 96** / V cap. A 32, 12
Δώσω τέρατα ἐν τῷ οὐρανῷ **I 1139** / C cap. H 1, 6

Ἐὰν ἃ σὺ καταλαμβάνῃ **I 880** / C cap. Δ 4, 17
Ἐὰν ἀκούσῃς ἐν μιᾷ τῶν πόλεων **I suppl. 128** / R cap. A 46, 3
Ἐὰν ἀνομίας παρατηρήσῃ **I 272** / C cap. A 5, 7
Ἐὰν ἀπέρχῃ εἰς πόλεμον **I suppl. 438** / V cap. Σ 24, 7
Ἐὰν ἀφῆτε τοῖς ἀνθρώποις **I suppl. 107** / R cap. A 45, 11;
I suppl. 124 / V cap. A 48, 10
Ἐὰν εἴπωμεν ὅτι ἁμαρτίαν **I 276** / C cap. A 5, 11
Ἐὰν εὔξῃ εὐχὴν κυρίῳ **I 1635** / C cap. Υ 1, 6
Ἐὰν κακῶς καὶ ἀξυμφόρως **I suppl. 381** / V cap. E 7, 70
Ἐὰν καταβάλῃ, τίς οἰκοδομήσει **I 709** / C cap. Δ 1, 4
Ἐὰν καταστρέψῃ τὰ πάντα **I 712** / C cap. Δ 1, 7
Ἐὰν μὴ κύριος οἰκοδομήσῃ οἶκον **I 1603** / C cap. Σ 1, 5
Ἐὰν ὁμολογῶμεν τὰς ἁμαρτίας **I suppl. 110** / R cap. A 45, 14
Ἐὰν προσαγάγητε τυφλὸν εἰς θυσίαν **I suppl. 170** / V cap. Θ 2, 3
Ἐάν τις ἀπελθὼν βούλεται περάσαι **I suppl. 416** / V cap. K 1, 26 (Versio V PM R)
Ἐάν τις τῇ οἰκείᾳ προαιρέσει **I suppl. 416** / V cap. K 1, 26 (Versio $E^{\text{cap. 159, 88}}$)
Ἐβόησα ἐν θλίψει μου πρὸς κύριον **I suppl. 302** / V cap. B 3, 15
Ἐβόησεν Ἀσὰ πρὸς κύριον **I 619** / C cap. B 2, 18; **I 921** / C cap. E 1, 9
Ἔγγιζε πρὸς τὸν θεόν σου **I 1101** / C cap. Z 1, 16 (Versio C $R^{\text{cap. Z 1, 13}}$)
Ἐγγίσατε ὄρεσιν αἰωνίοις **I 1504** / C cap. Π 1, 9
Ἐγγίσατε τῷ θεῷ, καὶ ἐγγιεῖ **I 1117** / C cap. Z 1, 32
Ἐγγὺς ἡ ἡμέρα κυρίου **I 453** / C cap. A 12, 17 (Versio $V^{W}V^{O}V^{Ph}$ $H^{\text{I cap. A 13}}$ L^{c} PM T R);
I 453 / C cap. A 12, 17 (Versio C $A^{\text{I cap. A 59}}$)
Ἐγειρόμεθα τοίνυν, αἰώνια μὲν ἔχοντες **I 492** / C cap. A 12, 56

Ἐγέλασεν Σάρρα ἐν ἑαυτῇ **I 882** / C cap. Δ 5, 2
Ἐγένετο ἐν τῷ λέγειν αὐτὸν **I suppl. 60** / L^c cap. A 7, 37
Ἐγένετο ἐπ' ἐμὲ χεὶρ κυρίου **I 385** / C cap. A 10, 12 (Versio C H^{II} R)
Ἐγένετο ἑσπέρα, καὶ ἐγένετο πρωΐ **I 1164** / C cap. H 2, 1
Ἐγένετο μετὰ τὰ ῥήματα ταῦτα **I suppl. 220** / V cap. Π 35, 1
Ἐγένετο Πέτρον διερχόμενον **I suppl. 197** / V cap. I 1, 26
Ἐγένετο τὸν πατέρα Πουπλίου **I suppl. 200** / V cap. I 1, 29
Ἐγένετο τοῦ ἐνιαυτοῦ οὗ ἀπέθανεν **I 26** / C cap. A 1, 26
Ἐγένετο ὡς ἤκουσεν Ἀχιὰ **I suppl. 216** / V cap. Π 8, 2
Ἐγένετο ὡς ἦν Ἰησοῦς **I 363** / C cap. A 9, 6
Ἐγενήθη δὲ ἐν τῇ φυλακῇ **I 1403** / C cap. M 1, 5
Ἐγενήθη πνεῦμα θεοῦ ἐπὶ Βαλαάμ **I 607** / C cap. B 2, 6 (Versio C H^{II} R_1)
Ἐγενήθη πνεῦμα κυρίου ἐπὶ Βαλαάμ **I 1062** / C cap. E 5, 16
Ἐγενήθη ῥῆμα κυρίου πρὸς Σαμουήλ **I suppl. 202** / V cap. M 8, 2
Ἐγενήθητέ μοι εἰς πλησμονήν **I 1413** / C cap. M 1, 15
Ἔγνω κύριος ὁ ὕψιστος πᾶσαν **I 147** / C cap. A 3, 33
Ἔγνων ὅτι ποιήσει κύριος **I 1039** / C cap. E 4, 4
Ἐγνώρισεν κύριος τὸ σωτήριον **I 1766** / C cap. X 3, 24
Ἐγὼ ἀνέχομαι ὑμῶν **I 1673** / C cap. Φ 1, 19
Ἐγὼ γὰρ παρέλαβον ἀπὸ τοῦ κυρίου **I 1241** / C cap. Θ 2, 6
Ἐγὼ δὲ ἐν τῷ πλήθει τοῦ ἐλέους σου **I 1006** / C cap. E 3, 8
Ἐγὼ δὲ μετὰ φωνῆς αἰνέσεως **I suppl. 357** / T cap. E 18, 14
Ἐγὼ δὲ οὐκ ἀπειθῶ, οὐδὲ ἀντιλέγω **I 1828** / C cap. X 3, 87
Ἐγώ εἰμι θεός, καὶ οὐκ ἔστιν θεὸς **I 1573** / C cap. Π 3, 3
Ἐγὼ εἰμὶ θεός, καὶ οὐκ ἔστιν πλὴν ἐμοῦ **I 137** / C cap. A 3, 23
Ἐγώ εἰμι κύριος ποιῶν ἔλεος **I 1555** / C cap. Π 2, 9
Ἐγώ εἰμι κύριος ποιῶν κρίμα **I 1299** / C cap. K 1, 24
Ἐγώ εἰμι κύριος, ἀγαπῶν δικαιοσύνην **I 1412** / C cap. M 1, 14
Ἐγώ εἰμι ὁ ἄρτος ὁ ζῶν **I 1238** / C cap. Θ 2, 3
Ἐγώ εἰμι ὁ θεὸς ὁ ἀγαπῶν δικαιοσύνην **I 1297** / C cap. K 1, 22
Ἐγὼ εἰμὶ ὁ θεός, καὶ οὐκ ἔστιν ἄλλος **I 98** / C cap. A 2, 7
Ἐγώ εἰμι ὁ θεός, καὶ οὐκ ἔστιν πλὴν ἐμοῦ **I 591** / C cap. B 1, 14
Ἐγώ εἰμι τὸ φῶς τοῦ κόσμου **I 1114** / C cap. Z 1, 29
Ἐγὼ ἐποίησα γῆν καὶ ἄνθρωπον **I 761** / C cap. Δ 2, 10
Ἐγὼ ἐφύτευσά σε ἄμπελον **I 1451** / C cap. O 2, 9
Ἐγὼ θεὸς πρῶτος, καὶ ἐγὼ **I 1574** / C cap. Π 3, 4
Ἐγὼ θεὸς πρῶτος, καὶ εἰς **I suppl. 242** / V cap. A 1, 13
Ἐγὼ θεότητος ἀρχὴν εἰσάγων **I 49** / C cap. A 1, 49
Ἐγὼ κύριος ὁ θεὸς ὑμῶν, καὶ οὐκ ἠλλοίωμαι **I 97** / C cap. A 2, 6
Ἐγὼ κύριος ὁ θεός, καὶ οὐκ ἔστιν **I 760** / C cap. Δ 2, 9
Ἐγὼ κύριος ὁ θεός, ὁ στερεῶν **I 337** / C cap. A 8, 6
Ἐγὼ κύριος ὁ θεός· τὴν δόξαν μου **I suppl. 245** / V cap. A 1, 16
Ἐγὼ κύριος ὁ λαλῶν δικαιοσύνην **I 1298** / C cap. K 1, 23
Ἐγὼ κύριος πάσης σαρκός **I 140** / C cap. A 3, 26
Ἐγὼ κύριος ποιῶν ἔλεος **I 1302** / C cap. K 1, 27
Ἐγὼ τὰ ἔργα αὐτῶν **I 457** / C cap. A 12, 21

Ἐγὼ τὴν κρίσιν σου κρινῶ **I suppl. 407** / V cap. K 11, 24
…ἐγὼ τῆς τοῦ θεοῦ φιλανθρωπίας **I 1698** / C cap. Φ 1, 44
Ἐδέετο δὲ Ἰσαὰκ κυρίου **I 1367** / C cap. Λ 1, 1
Ἐδεήθη Ἰωάχας τῷ προσώπῳ **I 614** / C cap. B 2, 13
Ἐδίδαξεν ἡμᾶς ὁ κύριος **I 202** / C cap. A 4, 28
Ἐδίψησεν ἡ ψυχή μου **I suppl. 253** / V cap. A 1, 23V^{W}
Ἐδόθη ὁ ἄφρων ἐν ὕψεσι **I 1487** / C cap. O 3, 5
Ἐδοκίμασας ἡμᾶς ὁ θεός **I suppl. 224** / V cap. Π 35, 5
Ἔδωκα ἐν τῇ ἐρήμῳ ὕδωρ **I 1376** / C cap. Λ 1, 10 (Versio V PM)
Ἔδωκά σε εἰς διαθήκην γένους **I 1825** / C cap. X 3, 84
Ἔδωκά σε εἰς διαθήκην ἐθνῶν **I 1827** / C cap. X 3, 86
Ἔδωκα τὸ πνεῦμά μου ἐπ᾽ αὐτόν **I 1824** / C cap. X 3, 83; **I suppl. 406** / V cap. K 11, 23
Ἔδωκαν εἰς τὸ βρῶμα μου χολήν **I 1760** / C cap. X 3, 18
Ἔδωκας τοῖς φοβουμένοις σε σημείωσιν **I 1624** / C cap. Σ 2, 1
Ἐθαυμαστώθη ἡ γνῶσις σου **I 178** / C cap. A 4, 4
Ἐθεώρουν ἕως ὅτου θρόνοι **I 465** / C cap. A 12, 29
Εἰ ἅμα θεὸς ἅμα πάντα **I 796** / C cap. Δ 2, 45
Εἰ βούλῃ περὶ θεοῦ λέγειν τί **I suppl. 274** / V cap. A 3, 14
Εἰ γὰρ ὁ θεὸς ἀγγέλων ἁμαρτησάντων **I 474** / C cap. A 12, 38
Εἰ γὰρ ὑπόστασιν ἀποδεδώκαμεν **I 45** / C cap. A 1, 45
Εἰ δὲ δεῖ καὶ ἡμᾶς ἐν βραχεῖ **I 48** / C cap. A 1, 48
Εἰ δὲ ἡ ἀνάστασις ἀτελὴς **I 419** / C cap. A 10, 46
Εἰ δὲ λέγοι τίς· Οὐκ ἠδύνατο **I 318** / C cap. A 6, 29
Εἰ δέ τις τὴν μὲν ψυχὴν **I 577** / C cap. A 14, 71
Εἰ δὲ Χριστὸς κηρύττεται **I 388** / C cap. A 10, 15 (Versio C H^{II} R)
Εἰ δεῖ συντόμως εἰπεῖν **I 664** / C cap. B 3, 24
Εἰ δοῦλος ἀνθρώπων **I 661** / C cap. B 3, 16–21 (Versio $C^{cap. B 3, 20}$ $V^{cap. B 4, 13}$ $H^{I\ cap. B 4, 13}$)
Εἰ εἰκόνα τίς ἄψυχον ἀναθεὶς **I 1225** / C cap. Θ 1, 38
Εἰ εἰς μηδὲν ἔχρηζεν τῆς σαρκός **I 398** / C cap. A 10, 25
Εἰ ἐκ τοιαύτης σταγόνος βραχείας **I 405** / C cap. A 10, 32
Εἰ ἐν τῇ ζωῇ ταύτῃ ἠλπικότες ἐσμὲν **I 1513** / C cap. Π 1, 18
Εἰ ἔστιν ποιῶν κρίμα **I suppl. 118** / V cap. A 48, 4
Εἰ ζητεῖς θεόν, ὦ διάνοια **I 249** / C cap. A 4, 75
Εἰ ἡ ἄνωθεν γέννησις **I 667** / C cap. B 3, 27
Εἰ καὶ ἐπὶ τῶν τῆς κτίσεως **I 1582** / C cap. Π 3, 12
Εἰ λέγει τῷ ἀνθρώπῳ ὁ κύριος **I suppl. 383** / V cap. E 7, 72
Εἰ μὴ ὅτι κύριος ἦν **I 626** / C cap. B 2, 25
Εἰ μὴ συνῆν ἀεὶ ὁ υἱὸς **I 87** / C cap. A 1, 87
Εἰ ὁ δίκαιος μόλις σώζεται **I 446** / C cap. A 12, 10
Εἰ ὁ ἐπὶ πάντων θεὸς **I 372** / C cap. A 9, 15
Εἰ ὁ θεὸς ὑπὲρ ἡμῶν **I 641** / C cap. B 2, 40
Εἰ ὁ τῇ φθορᾷ ὑποκείμενος **I 1182** / C cap. H 2, 19
Εἰ οὖν καθ᾽ ὃν εἰρήκαμεν **I 1583** / C cap. Π 3, 13
Εἰ πάντα, ὅσα διεσπούδαζον **I suppl. 305** / V cap. B 3, 26
Εἰ σώματος εἰκόνες φέρουσιν **I 1228** / C cap. Θ 1, 41
Εἰ τὰ πρόσκαιρα τοιαῦτα **I 1530** / C cap. Π 1, 35

Εἰ τὰ σωματικὰ δίχα πόνων **I 1540** / C cap. Π 1, 46 (Versio C V P R)
Εἰ τί ὑπέστη ὁ Χριστός **I suppl. 436** / V cap. Σ 24, 5
Εἴ τις ἀνθρωπικῶς ἐξετάζειν **I 319** / C cap. A 6, 30
Εἴ τις ἔγνω θεὸν **I 228** / C cap. A 4, 54
Εἴ τις ἐθέλοι γυμνοτέροις **I 801** / C cap. Δ 2, 50
Εἴ τις ἑτεροδιδασκαλεῖ **I 508** / C cap. A 14, 2
Εἴ τις ἰατρῶν ἐπηγγέλλετό σοι **I 661** / C cap. B 3, 16–21 (Versio $V^{cap. B 4, 16}$ $H^{I\ cap. B 4, 16}$)
Εἴ τις λείπεται σοφίας **I 1716** / C cap. X 1, 7
Εἴ τις οὐ θεοτόκον ὑπολαμβάνει **I suppl. 138** / R cap. A 46, 13
Εἴ τις οὐ προσκυνεῖ **I suppl. 139** / R cap. A 46, 14
Εἴ τις οὐ φιλεῖ τὸν κύριον **I suppl. 135** / R cap. A 46, 10
Εἰ τὸ ἀληθὲς τῆς δικαιολογίας **I 293** / C cap. A 6, 4
Εἰ τὸ εἰδέναι τὸν θεὸν ὑπερβολὴν **I 665** / C cap. B 3, 25
Εἰ τὸ ἰδεῖν τὸν θεὸν ὑπερβολὴν **I suppl. 74** / L^c cap. A 7, 51
Εἰ τοίνυν αἰώνιοι σκηναὶ **I 418** / C cap. A 10, 45
Εἰ ὑμεῖς πονηροὶ ὄντες **I 1689** / C cap. Φ 1, 35
Εἶδεν κύριος ἐν τῷ θλίβεσθαι **I suppl. 204** / V cap. M 8, 4
Εἶδεν κύριος τὴν ταπείνωσιν **I 615** / C cap. B 2, 14
Εἶδεν ὁ θεὸς τὰ πάντα **I 752** / C cap. Δ 2, 1
Εἶδεν ὁ Ἰησοῦς τὸν Ναθαναὴλ **I 1579** / C cap. Π 3, 9
Εἰδέναι ἡμεῖς ὀφείλομεν **I 206** / C cap. A 4, 32
Εἶδον σύμπαντα τὰ ποιήματα τοῦ θεοῦ **I 180** / C cap. A 4, 6
Εἶδον τὸν ἀσεβῆ ὑπερυψούμενον **I suppl. 410** / V cap. K 1, 5
Εἰδώς, φησίν, ὁ θεὸς **I 1420** / C cap. M 1, 22
Εἴη τὸ ὄνομα τοῦ θεοῦ **I 836** / C cap. Δ 3, 35
Εἴησαν οἱ ἐχθροί μου **I suppl. 12** / V cap. A 16, 8
Εἰλιγήσεται ὁ οὐρανὸς **I 426** / C cap. A 11, 5
Εἷλκεν γὰρ αὐτοὺς ἡ ἀξία **I 1307** / C cap. K 1, 33
Εἶπα δέ· Οὐχ' ὁ χρόνος ἐστὶν **I 1711** / C cap. X 1, 2
Εἶπα· Σοφισθήσομαι, φησὶν ὁ Σολομών **I 224** / C cap. A 4, 50
Εἶπα τοῖς παρανομοῦσιν· Μὴ παρανομεῖτε **I 302** / C cap. A 6, 13
Εἶπαν ἐν ἑαυτοῖς οἱ ἀσεβεῖς· Δήσωμεν **I 1851** / C cap. X 3, 110
Εἶπαν οἱ υἱοὶ Ἰσραὴλ πρὸς Σαμουήλ· Μὴ **I 919** / C cap. E 1, 7
Εἶπε Βαλαάμ· Ἐκ Μεσοποταμίας **I 607** / C cap. B 2, 6 (Versio V H^I PM T)
Εἶπε(ν) κύριος πρὸς Γεδεών· Πολὺς ὁ λαὸς **I 609** / C cap. B 2, 8 (Versio C R_l); **I 609** / C cap. B 2, 8 (Versio V H^I PM T)
Εἶπε(ν) κύριος πρὸς Ἰησοῦν· Οὐ δύνανται **I suppl. 129** / R cap. A 46, 4; **I suppl. 142** / V cap. A 50, 3
Εἶπε κύριος πρὸς Μωϋσῆν· Οὐ **I 175** / C cap. A 4, 1 (Versio V A^I L^c PML^b T)
Εἶπε Σαμουήλ· Προσαγάγετέ μοι τὸν **I suppl. 213** / V cap. Π 6, 3
Εἶπεν Δαυΐδ· Ὄρη τὰ ἐν Γελβουέ **I suppl. 8** / V cap. A 16, 4
Εἶπεν Ἀβεσαλὼμ καὶ πᾶς ἀνὴρ Ἰσραήλ **I suppl. 299** / V cap. B 3, 6
Εἶπεν Ἀμεσίας τῷ ἀνθρώπῳ τοῦ θεοῦ **I 1730** / C cap. X 2, 5
Εἶπεν Ἄννα τῷ Ἡλί· Ἐν ἐμοί **I 1638** / C cap. Υ 1, 9
Εἶπεν Ἀσὰ ὁ βασιλεὺς τῷ Ἰούδα **I 1089** / C cap. Z 1, 4
Εἶπεν Ἀχαὰβ πρὸς Ἡλιοῦ· Εἰ σὺ **I suppl. 217** / V cap. Π 8, 3

Εἶπεν γὰρ ἐν καρδίᾳ αὐτοῦ· Ἐπιλέλησται **I 499** / C cap. A 13, 3
Εἶπεν Δαυΐδ· Οὐκ ἔστιν ἆραι **I 1263** / C cap. I 1, 6
Εἶπεν Δαυΐδ πρὸς Σολομῶντα· Ἐὰν **I 1088** / C cap. Z 1, 3
Εἶπεν δὲ Μαριὰμ πρὸς τὸν ἄγγελον· Ἰδοὺ **I 889** / C cap. Δ 5, 9
Εἶπεν Ἐλισσαιέ· Δίμετρον κριθῆς **I 884** / C cap. Δ 5, 4 (Versio V PM T R)
Εἶπεν Ἐλισσαιέ· Λάβετέ μοι ψάλλοντα **I 809** / C cap. Δ 3, 8
Εἶπεν Ἐλισσαιὲ πρὸς τὸν βασιλέα **I suppl. 219** / V cap. Π 8, 5
Εἶπεν Ἐλισσαιέ· Τάδε λέγει κύριος· Δίμετρον **I 884** / C cap. Δ 5, 4 (Versio C H[II])
Εἶπεν Ζαχαρίας πρὸς τὸν ἄγγελον· Κατὰ τί **I 886** / C cap. Δ 5, 6
Εἶπεν Ἡλιοῦ πρὸς τὸν λαόν· Συλλάβετε **I suppl. 214** / V cap. Π 6, 4
Εἶπεν Ἡλιοῦ· Τάδε λέγει κύριος· Ἀνθ' ὧν **I suppl. 10** / V cap. A 16, 6
Εἶπεν Ἰακώβ· Ὁ ἄγγελος ὁ ῥυόμενός με **I 360** / C cap. A 9, 3
Εἶπεν Ἰακὼβ τῷ Λάβαν· Τὴν ταπείνωσίν μου **I 604** / C cap. B 2, 3
Εἶπεν Ἰσαὰκ πρὸς Ἰακὼβ τὸν υἱὸν **I 1055** / C cap. E 5, 9
Εἶπεν Ἰωνάθαν πρὸς τὸ παιδάριον **I 610** / C cap. B 2, 9
Εἶπεν Ἰωσαφὰτ πρὸς τὸν λαόν· Ἀκούσατέ μου **I 920** / C cap. E 1, 8
Εἶπεν κύριος ὁ θεὸς τῷ Κάϊν· Ἱνατί **I suppl. 168** / V cap. Θ 2, 1
Εἶπεν κύριος· Οὐ μὴ κρύψω ἀπὸ Ἀβραὰμ **I 1052** / C cap. E 5, 6
Εἶπεν κύριος πρὸς Ἰησοῦν· Ἰδοὺ ἐντέλλομαί σοι **I 1066** / C cap. E 5, 20
Εἶπεν κύριος πρὸς Ἰώβ· Μὴ ἀποποιοῦ **I 1327** / C cap. K 2, 2
Εἶπεν κύριος πρὸς Ἰωνᾶν· Σὺ ἐφείσω **I 1672** / C cap. Φ 1, 18
Εἶπεν κύριος πρός με· Ἀνάστηθι **I 383** / C cap. A 10, 10
Εἶπεν κύριος πρός με· Ἑώρακας, υἱὲ **I 503** / C cap. A 13, 7
Εἶπεν κύριος πρός με· Ὀρθῶς πάντα **I 1746** / C cap. X 3, 4
Εἶπεν κύριος πρός με· Τίς δώσει εἶναι **I 1547** / C cap. Π 2, 1
Εἶπεν κύριος πρός με· Υἱὲ ἀνθρώπου, ἑώρακας **I 1453** / C cap. O 2, 11
Εἶπεν κύριος πρὸς Μωϋσῆν· Ἰδὼν εἶδον **I 606** / C cap. B 2, 5
Εἶπεν κύριος πρὸς Μωϋσῆν καὶ Ἀαρών **I 805** / C cap. Δ 3, 4
Εἶπεν κύριος πρὸς Μωϋσῆν· Λάλησον **I 1004** / C cap. E 3, 6
Εἶπεν κύριος πρὸς Μωϋσῆν· Ποίησον **I 1236** / C cap. Θ 2, 1
Εἶπεν κύριος πρὸς τὸν ἄνδρα **I 1626** / C cap. Σ 2, 3
Εἶπεν κύριος τῷ Ἀβραάμ· Ἔξελθε **I 1051** / C cap. E 5, 5
Εἶπεν Μαριὰμ πρὸς τὸν ἄγγελον· Πῶς ἔσται **I 888** / C cap. Δ 5, 8
Εἶπεν Μωσῆς πρὸς τὸν λαόν· Ἱνατί παραβαίνετε **I 1599** / C cap. Σ 1, 1
Εἶπεν Μωϋσῆς πρὸς κύριον τὸν θεόν **I 1422** / C cap. O 1, 2
Εἶπεν Μωϋσῆς πρὸς κύριον· Ἑξακόσιαι **I 883** / C cap. Δ 5, 3
Εἶπεν Μωϋσῆς πρὸς κύριον· Ἰδοὺ **I 175** / C cap. A 4, 1 (Versio C H[II] R)
Εἶπεν Μωϋσῆς πρὸς κύριον· Ὑψωθήτω **I 916** / C cap. E 1, 4
Εἶπεν Μωϋσῆς πρὸς τὸν λαόν· Οὗτος ὁ ἄρτος **I 694** / C cap. Γ 1, 2
Εἶπεν Νῶε· Εὐλογητὸς κύριος ὁ θεὸς τοῦ Σήμ **I 1050** / C cap. E 5, 4
Εἶπεν ὁ θεὸς πρὸς Ἀβραάμ· Ἐν τῷ **I 1743** / C cap. X 3, 1
Εἶπεν ὁ θεὸς πρὸς Κάϊν· Ποῦ ἐστιν **I suppl. 6** / V cap. A 16, 2
Εἶπεν ὁ θεὸς πρὸς Μωϋσῆν· Ἐγώ εἰμι **I 92** / C cap. A 2, 1
Εἶπεν ὁ θεὸς τῷ Ἀβραάμ· Σάρα **I 881** / C cap. Δ 5, 1
Εἶπεν ὁ θεὸς τῷ Ἀδάμ· Ὅτι ἤκουσας **I 693** / C cap. Γ 1, 1
Εἶπεν ὁ θεὸς τῷ Ἀδάμ· Τίς ἀνήγγειλέν σοι **I 290** / C cap. A 6, 1

Εἶπεν ὁ θεὸς τῷ Ἰακώβ· Ἐγὼ ὁ θεός σου **I 1058** / C cap. E 5, 12
Εἶπεν ὁ θεὸς τῷ Κάϊν· Ποῦ ἐστιν Ἄβελ **I 292** / C cap. A 6, 3
Εἶπεν ὁ θεός· Γενηθήτωσαν φωστῆρες **I 7** / C cap. A 1, 7
Εἶπεν ὁ θεός· Ἰδοὺ γέγονεν Ἀδὰμ ὡς εἷς **I 10** / C cap. A 1, 10
Εἶπεν ὁ θεός· Ποιήσωμεν ἄνθρωπον **I 9** / C cap. A 1, 9
Εἶπεν ὁ κύριος τοῖς ἑαυτοῦ μαθηταῖς· Ὁ μένων **I 1614** / C cap. Σ 1, 16
Εἶπεν ὁ κύριος τοῖς ἑαυτοῦ μαθηταῖς· Πορευθέντες **I 30** / C cap. A 1, 30
Εἶπεν ὁ κύριος τῷ κυρίῳ μου· Κάθου **I 1768** / C cap. X 3, 26
Εἶπεν ὁ κύριος τῷ ὄφει· Ὅτι ἐποίησας **I suppl. 5** / V cap. A 16, 1
Εἶπεν ὁ κύριος τῷ Πέτρῳ· Σὺ εἶ **I 1025** / C cap. E 3, 27
Εἶπεν ὁ κύριος· Εἰσέλθετε διὰ τῆς στενῆς **I 1509** / C cap. Π 1, 14
Εἶπεν ὁ κύριος· Ὁ μὴ ὢν μετ' ἐμοῦ **I 507** / C cap. A 14, 1
Εἶπεν ὁ κύριος· Πᾶσα φυτεία **I 1615** / C cap. Σ 1, 17
Εἶπεν ὁ κύριος· Τίς ἐξ ὑμῶν ἕξει φίλον **I 945** / C cap. E 1, 33
Εἶπεν ὁ Πέτρος· Ἐπ' ἀληθείας καταλαμβάνομαι **I 1270** / C cap. I 2, 3
Εἶπεν Πέτρος· Ἀργύριον καὶ χρυσίον **I suppl. 194** / V cap. I 1, 23
Εἶπεν πρὸς αὐτὸν ὁ ἄνθρωπος τοῦ θεοῦ **I 328** / C cap. A 7, 5
Εἶπεν Σαμουὴλ πρὸς Σαούλ· Μεματαίωταί σοι **I suppl. 215** / V cap. Π 8, 1
Εἶπεν Σαμουὴλ πρὸς Σαούλ· Οὐχὶ μικρὸς σὺ **I 326** / C cap. A 7, 2 (Versio C R_1); **I 326** / C cap. A 7, 2 (Versio V H^I PM T)
Εἶπεν Σαμουὴλ πρὸς τὸν λαόν· Βοήσεσθε **I 698** / C cap. Γ 1, 6
Εἶπεν Σαμουὴλ πρὸς Σαούλ· Ἐμὲ ἀπέσταλκεν **I 325** / C cap. A 7, 1
Εἶπεν Σαοὺλ πρὸς τοὺς παῖδας αὐτοῦ· Ἴδετε **I 807** / C cap. Δ 3, 6
Εἶπεν Σιών· Ἐγκατέλιπέν με **I 1552** / C cap. Π 2, 6
Εἶπον οἱ ἀλλόφυλοι· Ἰδοὺ οἱ Ἑβραῖοι **I 611** / C cap. B 2, 10
Εἶπον οἱ ἀσεβεῖς ἐν ἑαυτοῖς, λογισάμενοι **I 1508** / C cap. Π 1, 13
Εἶπον οἱ πρεσβύτεροι πρὸς Σουσάνναν **I 1734** / C cap. X 2, 9
Εἶπον οἱ υἱοὶ Ἰσραὴλ πρὸς Μωϋσῆν, λέγοντες **I 1261** / C cap. I 1, 4
Εἴρηκας· Διατί ὁ θεὸς τοῦτον **I suppl. 415** / V cap. K 1, 25 (Versio V PM R)
Εἰρηκὼς περὶ θείων δυνάμεων **I 347** / C cap. A 8, 16
Εἰς ἐμπαιγμὸν ἐγενόμην τῷ λαῷ **I 1840** / C cap. X 3, 99
Εἷς ἐστιν νεκρῶν καὶ ζώντων **I 1320** / C cap. K 1, 46
Εἷς ἐστιν ὁ καὶ πρὸ τῆς ἐνανθρωπήσεως **I 111** / C cap. A 2, 20
Εἰς ἡμέραν ἀπωλείας κουφίζεται **I 1326** / C cap. K 2, 1
Εἷς θεὸς ἐν τρισίν **I 59** / C cap. A 1, 59
Εἷς θεός ἐστιν ἄναρχος **I 71** / C cap. A 1, 71
Εἷς θεός, ὅτι μία θεότης **I 52** / C cap. A 1, 52
Εἷς καὶ ὁ αὐτὸς πατήρ **I 1314** / C cap. K 1, 40
Εἰς τὸ θηρίον τὸ ἐρχόμενον **I 1155** / C cap. H 1, 22
Εἰσέλθετε εἰς τὰς πύλας αὐτοῦ **I 1015** / C cap. E 3, 17
Εἰσελθόντι αὐτῷ εἰς Καπερναούμ **I suppl. 175** / V cap. I 1, 4
Εἰσῆλθεν Δαυΐδ πρὸς Σαούλ **I 808** / C cap. Δ 3, 7
Εἰσῆλθεν ὁ Ἰησοῦς εἰς τὸ ἱερόν **I 1026** / C cap. E 3, 28
Εἰσῆλθον οἱ λεπροὶ οὗτοι **I 616** / C cap. B 2, 15
Εἰσῆλθον τέσσαρες λεπροὶ **I suppl. 300** / V cap. B 3, 7
Εἰσὶ τινὲς καταρώμενοι τοὺς ἀστέρας **I suppl. 153** / V cap. B 5, 11

Εἰώθασι τινὲς δόλῳ πονηρῷ **I 517** / C cap. A 14, 11
...ἕκαστος καθὼς ἔλαβεν χάρισμα **I 1718** / C cap. X 1, 9
Ἐκ Δὰν ἀκουσόμεθα φωνὴν ὀξύτητος **I 1141** / C cap. H 1, 8
Ἐκ μεγέθους καὶ καλλονῆς κτισμάτων **I 766** / C cap. Δ 2, 15
Ἐκ πάντων τῶν ἀπαρχῶν ὑμῶν **I 1644** / C cap. Y 1, 15; **I suppl. 95** / V cap. A 32, 11
Ἐκ σέθεν εἰς σέ, μάκαρ **I 69** / C cap. A 1, 69
Ἐκ Σιὼν ἐξελεύσεται νόμος **I 1777** / C cap. X 3, 35; **I 1802** / C cap. X 3, 61
Ἐκ σοῦ ἐξελεύσεται λογισμὸς **I 1784** / C cap. X 3, 42
Ἐκ χειρὸς Ἅδου ῥύσομαι αὐτούς **I 380** / C cap. A 10, 7
Ἐκάθισας ἐπὶ θρόνου, ὁ κρίνων **I 440** / C cap. A 12, 4 (Versio C H^{II} H$^{I\ cap.\ A\ 59}$ R); **I suppl. 401** / V cap. K 11, 7
Ἐκάλεσεν ἄγγελος κυρίου τὴν Ἄγαρ **I 359** / C cap. A 9, 2
Ἐκάλεσεν κύριος Σαβαὼθ ἐν τῇ ἡμέρᾳ **I 308** / C cap. A 6, 19
Ἐκάλεσεν τὰ μὴ ὄντα **I 791** / C cap. Δ 2, 40
Ἕκαστον ἀφ' ἑκάστου τῶν θείων **I 1230** / C cap. Θ 1, 43
Ἕκαστος ἡμῶν ἑαυτῷ παραίτιος **I 1479** / C cap. O 2, 37
Ἑκάστου τὸ ἔργον ὁποῖόν ἐστιν **I suppl. 292** / V cap. A 15, 36
Ἐκδέχεται ἄλλος τόπος τε καὶ ὄχλος **I 565** / C cap. A 14, 59
Ἔκδυσαι ῥύπον, καὶ οὐ μὴ φοβηθῇς **I suppl. 115** / V cap. A 48, 1
Ἐκεῖ κρίνεται οὐχὶ μόνον **I suppl. 295** / V cap. A 15, 49
Ἐκζητήσατέ με ἐν ὅλῃ καρδίᾳ **I 1109** / C cap. Z 1, 24
Ἐκζητήσατε τὸν κύριον, καὶ ζήσεσθε **I 1102** / C cap. Z 1, 17
Ἐκζητήσατε τὸν κύριον, καὶ ζήσεται **I 1096** / C cap. Z 1, 11
Ἔκθεσμος ἅπας καὶ ἔκφυλος **I 170** / C cap. A 3, 56
Ἐκκαθαριεῖ κύριος τὴν γῆν **I 422** / C cap. A 11, 1
Ἐκτείνων βορέαν ἐπ' οὐδενί **I 713** / C cap. Δ 1, 8
Ἔκτισεν κύριος σωτηρίαν **I 1843** / C cap. X 3, 102
Ἐκφέρων κατὰ ἀριθμὸν τὸν κόσμον **I 138** / C cap. A 3, 24
Ἔκχεον ἐπ' αὐτοὺς τὴν ὀργήν σου **I suppl. 21** / V cap. A 16, 17
Ἔκχεον τὴν ὀργήν σου ἐπὶ τὰ ἔθνη **I suppl. 22** / V cap. A 16, 18
Ἔλαβεν Δαυῒδ τὴν ῥάβδον **I 613** / C cap. B 2, 12 (Versio C R$_{1}$); **I 613** / C cap. B 2, 12 (Versio V H^{I} PM T)
Ἔλαβον οἱ ἄρχοντες τοῦ ἐπισιτισμοῦ **I 697** / C cap. Γ 1, 5
Ἐλάλησα, καὶ οὐ μεταμελοῦμαι **I 595** / C cap. B 1, 18
Ἐλάλησε κύριος πρὸς Ἡλιοῦ, καὶ εἶπεν **I suppl. 218** / V cap. Π 8, 4
Ἐλάλησεν κύριος ἐπὶ Μανασσῆ καὶ ἐπὶ **I 922** / C cap. E 1, 10 (Versio C H^{II})
Ἐλάλησεν κύριος ἐπὶ Μανασσήν, καὶ κατέλαβον **I 922** / C cap. E 1, 10 (Versio V^{E}V^{O}V^{Ph} H^{I} PM T)
Ἐλάλησεν κύριος πρὸς Μωσῆν, λέγων· Λάλησον Ἀαρὼν **I 16** / C cap. A 1, 16
Ἐλάλησεν κύριος πρὸς Μωϋσῆν καὶ Ἀαρών **I 917** / C cap. E 1, 5
Ἐλάλησεν κύριος πρὸς ὑμᾶς ἐν τῷ ὄρει **I 176** / C cap. A 4, 2
Ἐλάλησεν ὁ θεὸς πρὸς Μωϋσῆν, λέγων **I 1423** / C cap. O 1, 3
Ἔλεγεν αὐτοῖς ὁ κύριος παραβολὴν **I 944** / C cap. E 1, 32 (Versio C H^{II} R)
Ἔλεγεν ὁ κύριος· Οὕτως ἐστὶν **I 678** / C cap. B 4, 8
Ἔλεγεν παραβολὴν αὐτοῖς **I 944** / C cap. E 1, 32 (Versio V H^{I} PM T)
Ἔλεγεν· Τίνι ὁμοιώσω τὴν βασιλείαν **I suppl. 310** / V cap. B 1, 9

Ἐλεεῖς πάντας, ὅτι πάντα **I 1683** / C cap. Φ 1, 29
Ἐλεημοσύναις καὶ πίστεσιν ἀποκαθαίρονται **I suppl. 117** / V cap. A 48, 3
Ἐλεήμων καὶ οἰκτίρμων ὁ κύριος **I suppl. 445** / V cap. Φ 2, 12
Ἔλεον καὶ κρίμα φυλάσσου **I 1101** / C cap. Z 1, 16 (Versio V PM T R[cap. Z 1, 11])
Ἔλεος καὶ ἀλήθεια συνήντησαν **I 1762** / C cap. X 3, 20
Ἐλθὼν ὁ Ἰησοῦς εἰς τὴν οἰκίαν **I suppl. 176** / V cap. I 1, 5
Ἐμὲ οὐκ ἐπηρώτησαν τοῦ βοηθηθῆναι **I 702** / C cap. Γ 1, 10
Ἐμίσησα αὐτοὺς διὰ τὰς κακίας **I 1408** / C cap. M 1, 10
Ἐμίσησα σὺν τὴν ζωήν **I 1501** / C cap. Π 1, 6
Ἐμίσησας πάντας τοὺς διαφυλάσσοντας **I 1406** / C cap. M 1, 8
Ἐμνήσθην τοῦ θεοῦ καὶ ηὐφράνθην **I 819** / C cap. Δ 3, 18
Ἐμοὶ δὲ δῴη ὁ θεὸς εἰπεῖν **I 1713** / C cap. X 1, 4
Ἐμοὶ δὲ μὴ γένοιτο καυχᾶσθαι **I 1629** / C cap. Σ 2, 6
Ἐμπεσούμεθα εἰς χεῖρας κυρίου **I 1687** / C cap. Φ 1, 33
Ἐμφανὴς ἐγενόμην τοῖς ἐμὲ **I 1378** / C cap. Λ 1, 12; **I 1836** / C cap. X 3, 95
Ἐμωράνθη πᾶς ἄνθρωπος **I 182** / C cap. A 4, 8
Ἐν ἀπειλῇ ὀλιγώσεις γῆν **I 726** / C cap. Δ 1, 21
Ἐν ἀρχῇ ἐποίησεν ὁ θεὸς **I 1** / C cap. A 1, 1
Ἐν αὐτῷ ἐκτίσθη τὰ πάντα **I 339** / C cap. A 8, 8
…ἐν βουλῇ εὐθείων καὶ συναγωγῇ **I 757** / C cap. Δ 2, 6
Ἐν ἐκκλησίαις εὐλογεῖτε τὸν θεόν **I 1011** / C cap. E 3, 13; **I suppl. 333** / V cap. Δ 3, 12
Ἐν ἐσχάταις ἡμέραις ἐνστήσονται **I 1151** / C cap. H 1, 18
Ἐν εὐθύτητι καρδίας ἐκζητήσατε **I 1110** / C cap. Z 1, 25
…ἐν ἡμέραις Νῶε κατασκευαζομένης **I 655** / C cap. B 3, 10
Ἐν ἡμῖν οὐδέν ἐστιν ἕτοιμον **I 601** / C cap. B 1, 24; **I 872** / C cap. Δ 4, 9
Ἐν κημῷ καὶ χαλινῷ **I 1092** / C cap. Z 1, 7
Ἐν μέσῳ ἐκκλησίας ὑμνήσω σε **I 1007** / C cap. E 3, 9
Ἐν παντὶ τόπῳ οἱ ὀφθαλμοὶ **I 133** / C cap. A 3, 19
Ἐν πάσῃ δόσει ἱλάρυνον **I 1647** / C cap. Y 1, 18; **I suppl. 94** / V cap. A 32, 10
Ἐν προστάγματι κυρίου **I 1612** / C cap. Σ 1, 14
Ἐν ταῖς ἀναβολαῖς καὶ ταῖς ὑπερθέσεσιν **I 978** / C cap. E 1, 66
Ἐν ταῖς πρὸς θεὸν εὐχαριστίαις **I 860** / C cap. Δ 3, 59
Ἐν τῇ δευτέρᾳ τῶν Παραλειπομένων **I 925** / C cap. E 1, 13
Ἐν τῇ ἡμέρᾳ ἐκείνῃ ἀναστήσω **I 1775** / C cap. X 3, 33
Ἐν τῇ ἡμέρᾳ ἐκείνῃ ἐπιλάμψει **I 1804** / C cap. X 3, 63
Ἐν τῇ ἡμέρᾳ ἐκείνῃ ἔσται κύριος **I 1797** / C cap. X 3, 56
Ἐν τῇ ἡμέρᾳ ἐκείνῃ ἔσται πᾶς τόπος **I 1795** / C cap. X 3, 53–54
Ἐν τῇ ἡμέρᾳ ἐκείνῃ ἔσται τὸ ἐπὶ τὸν χαλινὸν **I 1798** / C cap. X 3, 57
Ἐν τῇ ἡμέρᾳ ἐκείνῃ, λέγει κύριος, ἀπολεῖται **I 1842** / C cap. X 3, 101
Ἐν τῇ ἡμέρᾳ ἐκείνῃ, λέγει κύριος, συνάξω **I 1371** / C cap. Λ 1, 5; **I 1778** / C cap. X 3, 36
Ἐν τῇ ὁδῷ τῶν μαρτυρίων σου ἐτέρφθην **I suppl. 392** / V cap. Θ 3, 6
Ἐν τίνι καταλάβω τὸν κύριον **I suppl. 101** / R cap. A 45, 5
Ἐν τίνι κατορθώσει νεώτερος **I 1194** / C cap. Θ 1, 7
Ἐν τοῖς ἐγγίζουσίν μοι ἁγιασθήσομαι **I 1086** / C cap. Z 1, 1
Ἐν τοῖς καιροῖς ἐκείνοις οὐκ ἔστιν **I 1137** / C cap. H 1, 4
Ἐν τοῖς περισσοῖς τῶν ἔργων σου **I 187** / C cap. A 4, 13

Ἐν τούτῳ γινώσκομεν ὅτι ἐν τῷ θεῷ **I suppl. 261** / V cap. A 1, 31V^{W}
Ἐν τῷ αὐτῷ συνεστράφη **I 1667** / C cap. Φ 1, 13
Ἐν τῷ καιρῷ ἐκείνῳ ἀναστήσεται **I 366** / C cap. A 9, 9; **I 466** / C cap. A 12, 30; **I 1144** / C cap. H 1, 11
Ἐν τῷ καιρῷ ἐκείνῳ ἐρεῖ κύριος **I 1789** / C cap. X 3, 47
Ἐν τῷ καιρῷ ἐκείνῳ σωθήσεται **I 384** / C cap. A 10, 11; **I 466** / C cap. A 12, 30 (Versio C $H^{I\ cap.\ A\ 59}$ R_{1})
Ἐν τῷ κάτω δικαστηρίῳ **I 1322** / C cap. K 1, 48
Ἐν τῷ πλήθει τῆς δυνάμεώς σου **I 718** / C cap. Δ 1, 13
Ἐν χρόνῳ μὲν οὐ τίκτει **I 86** / C cap. A 1, 86
Ἐν ψυχῇ συντετριμμένῃ **I 935** / C cap. E 1, 23
Ἓν δὲ τοῦτο μὴ λανθανέτω **I 1154** / C cap. H 1, 21
Ἓν ἐν τρισὶν ἡ θεότης **I suppl. 265** / V cap. A 1, 35V^{W}
Ἕν ἐστιν σημαντικὸν **I 1433** / C cap. O 1, 13
Ἓν καὶ τοῦτο τῆς τοῦ διαβόλου **I 481** / C cap. A 12, 45 (Versio C $H^{I\ cap.\ A\ 59}$ R); **I 481** / C cap. A 12, 45 (Versio $V^{O}V^{Ph}$ $H^{I\ cap.\ A\ 13}$ L^{c} PM T)
Ἓν μόνον πεπεῖσθαι χρή **I 1362** / C cap. K 2, 38
Ἓν φοβηθῶμεν μόνον **I 1742** / C cap. X 2, 17
Ἐνδυσάσθωσαν οἱ ἐνδιαβάλλοντές με **I suppl. 26** / V cap. A 16, 22
Ἐνέγκατε τῷ κυρίῳ **I suppl. 337** / V cap. Δ 3, 19
Ἐνεδύσατο δικαιοσύνην ὡς θώρακα **I 1300** / C cap. K 1, 25
Ἕνεκεν τίνος παρώργισεν **I 500** / C cap. A 13, 4
Ἐνεπλήσθη ἡ γῆ τοῦ γνῶναι **I 1810** / C cap. X 3, 69
Ἔνθεν ἡ θεολογία **I 369** / C cap. A 9, 12
Ἑνὶ νεύματι βουλήσεως **I suppl. 329** / V cap. Δ 2, 24
Ἔνιοι νομίζουσιν μεταμέλειαν **I 1418** / C cap. M 1, 20
Ἐννέα ὑπονοήματα ἐμακάρισα **I suppl. 55** / L^{c} cap. A 7, 24
Ἐνταῦθά μοι τὴν σοφίαν **I 1180** / C cap. H 2, 17
Ἐνταῦθα οἱ τὴν τοῦ σώματος **I 415** / C cap. A 10, 42
Ἐντεῦθεν ἐστὶν μαθεῖν **I 885** / C cap. Δ 5, 5
Ἐντεῦθεν παιδευόμεθα μὴ ἄλλοις **I 291** / C cap. A 6, 2
Ἐντυγχάνειν δεῖ ταῖς θείαις Γραφαῖς **I 1229** / C cap. Θ 1, 42
Ἔνυξεν τὴν πλευρὰν ὁ στρατιώτης **I 1252** / C cap. Θ 2, 17
Ἐνώπιον εἰσὶ τῶν τοῦ θεοῦ **I 134** / C cap. A 3, 20
Ἐνὼς ἤλπισεν ἐπικαλεῖσθαι τὸ ὄνομα **I 913** / C cap. E 1, 1
Ἐξ αὐτῆς ἐξελεύσεται τὸ πῦρ **I 1454** / C cap. O 2, 12
Ἐξαποστελεῖς τὸ πνεῦμα σου **I 379** / C cap. A 10, 6; **I 424** / C cap. A 11, 3
Ἐξεγειρέσθω καὶ ἀναβαινέτω **I 449** / C cap. A 12, 13
Ἐξεγέρθητι, κύριε, καὶ πρόσχες **I suppl. 255** / V cap. A 1, 25V^{W}
Ἐξεζήτησα τὸν κύριον **I 1093** / C cap. Z 1, 8
Ἐξελεύσεται ῥάβδος ἐκ τῆς ῥίζης **I 1809** / C cap. X 3, 68
Ἐξελεύσονται καὶ ὄψονται τὰ κῶλα **I 463** / C cap. A 12, 27
Ἐξέλθετε ἐκ μέσου αὐτῶν **I suppl. 130** / R cap. A 46, 5
Ἐξένηψεν Νῶε ἐκ τοῦ οἴνου **I suppl. 7** / V cap. A 16, 3
Ἐξεπέτασα τὰς χεῖρας μου **I suppl. 446** / V cap. Φ 2, 18
Ἐξεπορεύετο ἔξω καὶ ἐλάλει **I 1756** / C cap. X 3, 14

Ἐξερευνήσω τὴν Ἱερουσαλὴμ **I 304** / C cap. A 6, 15; **I suppl. 280** / V cap. A 38, 4
Ἐξέτεινεν Ὀζᾶ τὴν χεῖρα αὐτοῦ **I 1262** / C cap. I 1, 5
Ἐξήγαγεν ὁ κύριος τοὺς μαθητὰς **I 1084** / C cap. E 5, 38
Ἐξῆλθεν Ἀζαρίας, υἱὸς Ὠδήδ **I 1090** / C cap. Z 1, 5
Ἐξῆλθεν Μωσῆς ἀπὸ Φαραὼ **I suppl. 350** / V cap. E 7, 1
Ἐξῆλθεν ὁ Ἰησοῦς εἰς τὰ μέρη **I suppl. 362** / V cap. E 7, 51
Ἐξῆλθεν υἱὸς γυναικὸς Ἰσραηλίτιδος **I 1424** / C cap. O 1, 4
Ἐξῆλθες εἰς σωτηρίαν λαοῦ σου **I 1786** / C cap. X 3, 44
Ἐξομολογεῖσθε ἀλλήλοις τὰ παραπτώματα **I suppl. 360** / R cap. E 43, 37
Ἐξομολογεῖσθε τῷ κυρίῳ καὶ ἐπικαλεῖσθε **I suppl. 343** / V cap. Δ 3, 25
Ἐξομολογεῖσθε τῷ κυρίῳ ὅτι ἀγαθός **I suppl. 256** / V cap. A 1, 26V^W
Ἐξομολογεῖσθε τῷ κυρίῳ, ὅτι χρηστός **I 822** / C cap. Δ 3, 21 (Versio T)
Ἐξομολογησάσθωσάν σοι λαοί **I suppl. 332** / V cap. Δ 3, 11
Ἐξομολογησάσθωσαν τῷ κυρίῳ **I 1767** / C cap. X 3, 25
Ἐξομολογήσομαί σοι, κύριε, ἐν ὅλῃ **I 812** / C cap. Δ 3, 11
Ἐξουδένωσας πάντας τοὺς ἀποστατοῦντας **I suppl. 420** / V cap. M 2, 6
Ἔοικεν συνεξομοιοῦσθαι πῶς **I 537** / C cap. A 14, 31
Ἔοικεν τὸ μαρτύριον ἀποκάθαρσις **I suppl. 82** / L^c cap. A 7, 59
Ἑόρταζε, Ἰοῦδα, τὰς ἑορτάς σου **I 987** / C cap. E 2, 1; **I 1785** / C cap. X 3, 43
Ἑορτάζωμεν μὴ ἐν ζύμῃ παλαιᾷ **I 991** / C cap. E 2, 5
Ἑορτάσωμεν μὴ πανηγυρικῶς **I 993** / C cap. E 2, 7
Ἑορτὴ ψυχῆς ἡ ἐν ἀρεταῖς εὐφροσύνη **I 998** / C cap. E 2, 12
Ἐπάταξεν ἐν αὐτοῖς Ἰωνάθαν **I 612** / C cap. B 2, 11
Ἐπάταξεν τὴν Ῥαμμὰ καὶ κατέσκαψεν **I suppl. 209** / V cap. Ξ 2, 3
Ἐπέβλεψεν ἐπὶ τὴν προσευχὴν **I 929** / C cap. E 1, 17
Ἐπέβλεψεν Ἰούδας, καὶ ἰδοὺ **I 618** / C cap. B 2, 17
Ἐπεὶ ἄνευ πνεύματος θεοῦ **I 394** / C cap. A 10, 21
Ἐπεὶ οὖν λέοντα καὶ σκύμνον **I 1158** / C cap. H 1, 25
Ἐπεὶ συμπτώματα τὰ αὐτὰ **I suppl. 228** / V cap. Π 35, 9
Ἐπειδὴ γὰρ οἶδεν ὁ διάβολος **I 981** / C cap. E 1, 69 (Versio E^cap. 157, 13)
Ἐπειδὴ δὲ ἥλιον σεμνύνει **I 1184** / C cap. H 2, 21
Ἐπειδὴ δὲ καὶ τοῖς βαρύτερα **I 660** / C cap. B 3, 15
Ἐπειδὴ διὰ τοῦ ξύλου **I suppl. 437** / V cap. Σ 24, 6
Ἐπειδὴ διπλῆς οὔσης τῆς διανοίας **I 238** / C cap. A 4, 64
Ἐπειδὴ εἶδε τὸ πνεῦμα τὸ ἅγιον **I 845** / C cap. Δ 3, 44
Ἐπειδὴ εἰμὶ ἀσεβής, διατί **I suppl. 155** / V cap. Δ 4, 2
Ἐπειδὴ κεφάλαιον ἑορτῆς, μνήμη **I 994** / C cap. E 2, 8
Ἐπειδὴ μεθόριος τῆς ἀφθαρσίας **I 404** / C cap. A 10, 31
Ἐπειδὴ μέλη αὐτοῦ ἐσμέν **I 393** / C cap. A 10, 20
Ἐπειδὴ μέρος τί τῶν μυστικῶν **I 666** / C cap. B 3, 26
Ἐπειδὴ τῆς τοῦ ἀγαθοῦ κρίσεως **I 973** / C cap. E 1, 61
Ἐπερώτησον τετράποδα ἐάν σοι εἴπῃ **I 753** / C cap. Δ 2, 2
Ἐπὶ δὲ τὴν τῶν κακῶν ἐξέτασιν **I 1465** / C cap. O 2, 23
Ἐπὶ ἑνὸς οὐ θέλομεν ἀσχημονῆσαι **I 490** / C cap. A 12, 54
Ἐπὶ ἡμῶν, τῶν ἀνθρώπων **I 1703** / C cap. Φ 1, 49
Ἐπὶ θεοῦ οὐ δεῖ τῇ φύσει **I 744** / C cap. Δ 1, 39; **I 896** / C cap. Δ 5, 16

Ἐπὶ κεφαλῆς αὐτῶν αἴνεσις **I 1507** / C cap. Π 1, 12
Ἐπὶ μὲν τῆς κτίσεως **I 787** / C cap. Δ 2, 36
Ἐπὶ πᾶσι καὶ πρὸ πάντων **I 63** / C cap. A 1, 63
Ἐπὶ τῆς ἑνώσεως τῆς θείας **I 108** / C cap. A 2, 17
Ἐπεὶ τῆς θείας φύσεως ἡ ταυτότης **I 27** / C cap. A 1, 27
Ἐπὶ τῆς θείας φύσεως σύνδρομός ἐστιν **I 792** / C cap. Δ 2, 41
Ἐπὶ τῷ κυρίῳ θεῷ ἡμῶν ἐκστήσονται **I suppl. 102** / R cap. A 45, 6
Ἐπὶ τῶν ἐχθραινόντων τῇ ἀληθείᾳ **I 330** / C cap. A 7, 7
Ἐπιθήσεις ἐπὶ τὴν τράπεζαν **I 1002** / C cap. E 3, 4
Ἐπικατάρατος ὁ ποιῶν τὰ ἔργα **I 329** / C cap. A 7, 6
Ἐπικατάρατος ὃς ἦν δυνατός **I suppl. 171** / V cap. Θ 2, 4; **I suppl. 441** / V cap. Υ 10, 8
Ἐπιλήσονται τὴν θλίψιν αὐτῶν **I 1505** / C cap. Π 1, 10
Ἐπίσκεψαι βιβλίῳ β′ **I 1313** / C cap. K 1, 39
Ἐπίσκεψαι ἐνταῦθα **I 907** / C cap. Δ 6, 9
Ἐπίσκεψαι ὅτι οὐκ ἔξωθεν **I 1455** / C cap. O 2, 13
Ἐπιστάτα, κλύδων με δεινὸς **I 965** / C cap. E 1, 53
Ἐπιστήμη τίς ἐστιν ἡ Χριστιανικὴ **I 1397** / C cap. Λ 1, 31
Ἐπιστράφηθι, Ἰσραήλ, πρὸς κύριον **I suppl. 97** / R cap. A 45, 1
Ἐπιστραφήσεσθε καὶ ὄψεσθε ἀναμέσον **I 454** / C cap. A 12, 18
Ἐπιφανήσεται κύριος ἐπ’ αὐτούς **I 1787** / C cap. X 3, 45
Ἐποιήσατε βουλὴν καὶ οὐ **I 700** / C cap. Γ 1, 8
Ἐποίησεν ὁ θεὸς τὸν ἄνθρωπον **I 1047** / C cap. E 5, 1
Ἐποίησεν σελήνην εἰς καιρούς **I 1171** / C cap. H 2, 8
Ἔργα πάσης σαρκὸς ἐνώπιον **I 148** / C cap. A 3, 34
Ἐργασίας ὁ παρὼν καιρός **I 1532** / C cap. Π 1, 37
Ἐρεῖ τίς· Μηδὲν ζητῶμεν **I 245** / C cap. A 4, 71
Ἐρευνᾶτε τὰς Γραφάς **I 1209** / C cap. Θ 1, 22
Ἔρχεται ὥρα καὶ νῦν ἐστιν **I 841** / C cap. Δ 3, 40
Ἔρχεται ὥρα, ἐν ᾗ πάντες **I 387** / C cap. A 10, 14 (Versio $V^{W}V^{O}V^{Ph}$ H^{I} L^{c} PM T)
Ἔρχονται πρὸς αὐτόν, παραλυτικὸν **I suppl. 190** / V cap. I 1, 19
Ἔρχονται Σαδδουκαῖοι πρὸς τὸν Ἰησοῦν **I 386** / C cap. A 10, 13 (Versio C H^{II} R)
Ἐρώτησις Κλήμεντος πρὸς τὸν ἅγιον **I 174** / C cap. A 3, 60
Ἐρωτῶμεν δὲ ὑμᾶς, ἀδελφοί **I 1150** / C cap. H 1, 17
Ἐσιώπησα· μὴ καὶ ἀεὶ σιωπήσομαι **I 1675** / C cap. Φ 1, 21
Ἔσομαι αὐτῇ πύργος κυκλόθεν **I suppl. 303** / V cap. B 3, 16
Ἔσονται εὐαγγελιζόμενοι, οὓς ὁ κύριος **I 1372** / C cap. Λ 1, 6
Ἔσονται ψευδοδιδάσκαλοι, οἵτινες **I 515** / C cap. A 14, 9
Ἐσπείρατε πολλὰ καὶ εἰσηνέγκατε **I 1608** / C cap. Σ 1, 10
Ἔσται ἐν ἐκείνῃ τῇ ἡμέρᾳ οὐκ ἔσται **I 1796** / C cap. X 3, 55
Ἔσται ἐν ἐκείνῃ τῇ ἡμέρᾳ, λέγει κύριος **I 1773** / C cap. X 3, 31
Ἔσται ἡ ζωή σου κρεμαμένη σοι **I 1747** / C cap. X 3, 5
Ἔσται ἡ ψυχὴ τῶν ἁγίων **I suppl. 51** / L^{c} cap. A 7, 20
Ἔσται κύριος εἰς ὄνομα **I 101** / C cap. A 2, 10
Ἔσται ὁ οὐρανὸς καινὸς **I 429** / C cap. A 11, 8
Ἔσται τὸ θυσιαστήριον ἅγιον **I 999** / C cap. E 3, 1
Ἔσται τὸ φῶς τῆς σελήνης **I 427** / C cap. A 11, 6; **I 1506** / C cap. Π 1, 11

Ἔσται ὑμῖν ἀντὶ τῆς ὀσμῆς **I suppl. 30** / V cap. A 16, 26
Ἔσται ὡς κονιορτὸς ἀπὸ τροχοῦ **I suppl. 412** / V cap. K 1, 11
Ἔστη Μωσῆς ἐπὶ τῆς πύλης **I suppl. 211** / V cap. Π 6, 1
Ἔστη, καὶ ἐσαλεύθη ἡ γῆ **I 725** / C cap. Δ 1, 20
Ἔστησαν οἱ ἱερεῖς ἐπὶ Ὀζίαν **I 1264** / C cap. I 1, 7
Ἔστιν ἄλογον καὶ σκαιὸν **I 524** / C cap. A 14, 18
Ἔστιν κοπιῶν καὶ πονῶν **I 1490** / C cap. O 3, 8; **I 1613** / C cap. Σ 1, 15
Ἔστιν μὲν ὁ πατὴρ τέλειον **I 39** / C cap. A 1, 39
Ἔστιν ὅτε καὶ θεολογεῖν **I 248** / C cap. A 4, 74
Ἔστω καὶ τὸ φιλόνεικον **I 543** / C cap. A 14, 37
Ἔσφαξεν ὁ βασιλεὺς Βαβυλῶνος **I suppl. 210** / V cap. Ξ 2, 4
Ἐτάζων καρδίας καὶ νεφροὺς **I 124** / C cap. A 3, 10
Ἐτέλεσαν τὸν οἶκον τοῦ θεοῦ **I 1027** / C cap. E 3, 29
Ἐτελεύτησεν δὲ Ἰὼβ πρεσβύτερος **I 378** / C cap. A 10, 5
Ἔτι αὐτοῦ λαλοῦντος, ἔρχεται **I suppl. 187** / V cap. I 1, 16
Ἑτοιμάζου τοῦ ἐπικαλεῖσθαι **I 1774** / C cap. X 3, 32
Εὖ ἴσθι· καὶ εἰς τὸ γῆρας **I suppl. 371** / V cap. E 7, 62
Εὐδαίμων, ὅτῳ ἐξεγένετο **I suppl. 83** / L^{c} cap. A 7, 60
Εὐδοκία κυρίου ἀποστῆναι **I suppl. 123** / V cap. A 48, 9
Εὐέλπιδας ἐποίησας τοὺς υἱούς σου **I suppl. 119** / V cap. A 48, 5
Εὔηχός ἐστιν ἐκείνη ἡ φωνή **I 967** / C cap. E 1, 55
Εὐθέως μετὰ τὴν θλίψιν **I 1145** / C cap. H 1, 12 (Versio $V^{W\ cap.\ A\ 15,\ 23}$ $V^{O\ cap.\ A\ 15,\ 28}$ $V^{Ph\ cap.\ A\ 15,\ 27}$ $H^{I\ cap.\ A\ 13,\ 27}$ $L^{c\ cap.\ A\ 42,\ 28}$ $PML^{b\ cap.\ A\ 46,\ 27}$ $T^{cap.\ A\ 68,\ 26}$)
Εὐθὴς κύριος ὁ θεὸς ἡμῶν **I 1286** / C cap. K 1, 11; **I 1444** / C cap. O 2, 2
Εὐλαβεῖσθε ἀπὸ προσώπου κυρίου **I 452** / C cap. A 12, 16
Εὐλόγει, ἡ ψυχή μου, τὸν κύριον καὶ μὴ **I suppl. 340** / T cap. Δ 29, 22
Εὐλόγει, ἡ ψυχή μου, τὸν κύριον καὶ πάντα **I suppl. 339** / V cap. Δ 3, 22
Εὐλογεῖτε τὸν κύριον, πάντα **I suppl. 341** / V cap. Δ 3, 23
Εὐλογεῖτε τὸν κύριον, πάντες **I 335** / C cap. A 8, 4
Εὐλογημένος γεννητὸς **I 1071** / C cap. E 5, 25
Εὐλογῆσαι σε κύριος ἐκ Σιών **I 1076** / C cap. E 5, 30
Εὐλογήσατε τὸν κύριον ἐν πᾶσιν **I 840** / C cap. Δ 3, 39
Εὐλογήσει με ὁ λαός μου **I 1383** / C cap. Λ 1, 17
Εὐλογήσει σε κύριος ἐκ Σιών **I suppl. 388** / R cap. E 42, 6
Εὐλογήσει σε ὁ λαὸς ὁ πτωχός **I 631** / C cap. B 2, 30
Εὐλόγησεν Ἡλὶ τὸν Ἐλκανᾶ **I 1067** / C cap. E 5, 21
Εὐλόγησεν Ἰσραὴλ τοὺς υἱοὺς **I 1059** / C cap. E 5, 13
Εὐλόγησεν ὁ θεὸς τὴν ἡμέραν **I 1048** / C cap. E 5, 2
Εὐλόγησεν ὁ θεὸς τὸν Νῶε **I 1049** / C cap. E 5, 3
Εὐλόγησον τὸν ποιήσαντά σε **I 839** / C cap. Δ 3, 38
Εὐλογήσω τὸν κύριον ἐν παντὶ **I 815** / C cap. Δ 3, 14
Εὐλόγηται ξύλον, δι᾽ οὗ γίνεται **I 1627** / C cap. Σ 2, 4
Εὐλογητὸς ὁ θεὸς ὁ ποιῶν **I 670** / C cap. B 3, 30
Εὐλογία κυρίου ἐν μισθῷ εὐσεβοῦς **I 1079** / C cap. E 5, 33
Εὐλογία κυρίου ἐπὶ κεφαλὴν δικαίου **I 1077** / C cap. E 5, 31
Εὐσεβείας σημεῖον τὸ συνεχῆ **I 856** / C cap. Δ 3, 55; **I 1029** / C cap. E 3, 31

Εὐφράνθην ἐπὶ τοῖς εἰρηκόσιν μοι **I 1018** / C cap. E 3, 20
Εὐφρανθήσομαι ἐπ᾽ αὐτοὺς **I 1679** / C cap. Φ 1, 25
Εὐφράνθητε, οὐρανοί, ἅμα αὐτῷ **I 332** / C cap. A 8, 1
Εὐφράνθητι, ἔρημος διψῶσα **I 1377** / C cap. Λ 1, 11
Εὐφράνθητι, στεῖρα ἡ οὐ τίκτουσα **I 1381** / C cap. Λ 1, 15
Εὐφρανθήτω καρδία ζητούντων **I 1097** / C cap. Z 1, 12
Εὐχὴ καλή, ἡ ἐναργῆ **I 962** / C cap. E 1, 50
Ἐφθάρη ἡ γῆ ἐναντίον **I 1400** / C cap. M 1, 2
Ἐφοβήθησαν αἱ μαῖαι τὸν θεόν **I 1726** / C cap. X 2, 1
Ἐφοβήθησαν ἀπὸ ἀνθρώπου θνητοῦ **I 1733** / C cap. X 2, 8
Ἔφυγεν υἱὸς Ἄδερ, καὶ εἰσῆλθεν **I 327** / C cap. A 7, 3–4 (Versio $C^{cap. A 7, 4}$ $R_1^{cap. A 7bis, 3}$)
Ἐῶ γὰρ λέγειν τὰ ἐκεῖθεν **I 486** / C cap. A 12, 50 (Versio R)
Ἕως οὗ ὁ βασιλεὺς ἐν ἀνακλίσει **I 1770** / C cap. X 3, 28
Ἕως τίνος, κύριε, κεκράξομαι **I suppl. 158** / V cap. Δ 4, 5
Ἑωσφόρος ἐπεῖδεν τὴν ἑαυτοῦ **I 1168** / C cap. H 2, 5

Ζῇ κύριος, ὅς οὕτω με κέκρικεν **I suppl. 257** / V cap. A 1, $27V^{W}$
Ζηλοῦτε τὰ χαρίσματα τὰ κρείττονα **I 1587** / C cap. Π 4, 2
Ζητεῖτε τὴν βασιλείαν τοῦ θεοῦ **I 671** / C cap. B 4, 1
Ζητήσατε τὸν θεόν **I 868** / C cap. Δ 4, 5 (Versio V H^{I} PM E T R)
Ζητῶν ὁ δίκαιος Νῶε **I 797** / C cap. Δ 2, 46
Ζωὴ καὶ θάνατος, πενία **I 1491** / C cap. O 3, 9
Ζῶν καὶ ὑγιὴς αἰνέσει **I 838** / C cap. Δ 3, 37
Ζῶν ὁ λόγος τοῦ θεοῦ **I 153** / C cap. A 3, 39

Ἡ αἴνεσις αὐτοῦ μένει **I 824** / C cap. Δ 3, 23
Ἡ ἀληθῶς τῶν ἁγίων μακαριότης **I suppl. 80** / L^{c} cap. A 7, 57
Ἡ βασιλεία αὐτοῦ βασιλεία αἰώνιος **I suppl. 248** / V cap. A 1, 19
Ἡ βασιλεία σου, βασιλεία πάντων **I suppl. 241** / V cap. A 1, 11
Ἡ γὰρ ἀποκαραδοκία τῆς κτίσεως **I 431** / C cap. A 11, 10 (Versio C $H^{I\ cap. A 58}$ R)
Ἡ δικαία τοῦ θεοῦ κρίσις **I 1317** / C cap. K 1, 43
Ἡ δικαιοσύνη σου ὡς ὄρη **I 1332** / C cap. K 2, 7
Ἡ ἐλεημοσύνη αὐτοῦ εἰς σταθμούς **I 1676** / C cap. Φ 1, 22
Ἡ εὐλογία αὐτοῦ ὡς ποταμὸς **I 1080** / C cap. E 5, 34
Ἡ εὐλογία κυρίου εἰς τὸν αἰῶνα **I 1078** / C cap. E 5, 32
Ἡ θεαρχικὴ δύναμις ἐπὶ πάντα **I 154** / C cap. A 3, 40
Ἡ θεία φύσις, περὶ ἧς πάντα **I 236** / C cap. A 4, 62
Ἡ θεολογία τοῦ πάντων αἰτίου **I 35** / C cap. A 1, 35
Ἡ ἰσχύς σου δικαιοσύνης ἀρχή **I 734** / C cap. Δ 1, 29
Ἡ λεγομένη αἶρα καὶ ὅσα **I 533** / C cap. A 14, 27
Ἡ μὲν εἰς θεὸν τὸν ὄντως **I 853** / C cap. Δ 3, 52
Ἡ παλαιὰ τῶν Ἑβραίων εὐλάβεια **I 1428** / C cap. O 1, 8
Ἡ παρὰ τοῦ δικαίου κριτοῦ **I 1349** / C cap. K 2, 25
Ἡ περὶ τοῦ πῶς [δὲ] χρὴ ζῆν **I 1393** / C cap. Λ 1, 27
Ἡ πρὸς τοὺς εὔνους **I suppl. 69** / L^{c} cap. A 7, 46
Ἡ πρότασις ἐμφαίνει μεταμέλειαν **I 1417** / C cap. M 1, 19

Ἡ σελήνη ἡ λήγουσα **I 1179** / C cap. H 2, 16
Ἡ τῆς βασιλείας ἀξία **I 688** / C cap. B 4, 18
Ἡ τοίνυν ὁδὸς τῆς θεογνωσίας **I 42** / C cap. A 1, 42
Ἡ τοῦ δοξάζειν τὸν θεὸν **I 213** / C cap. A 4, 39; **I 848** / C cap. Δ 3, 47
Ἡ τῶν ἁγίων ἀρχαγγέλων τάξις **I 344** / C cap. A 8, 13
Ἡ τῶν μακαρισμῶν μετουσία **I suppl. 73** / L^{c} cap. A 7, 50
Ἡ Χριστιανῶν πίστις **I suppl. 264** / V cap. A 1, 34V^{W}
Ἡ ψυχὴ ἡμῶν, φησίν **I suppl. 374** / V cap. E 7, 65
Ἠγάπησας δικαιοσύνην καὶ ἐμίσησας **I suppl. 418** / V cap. M 2, 4
Ἡδυνθείη αὐτῷ ἡ διαλογή μου **I suppl. 342** / V cap. Δ 3, 24
Ἦλθεν εἰς τὴν χώραν **I suppl. 191** / V cap. I 1, 20
Ἡλὶ πρεσβύτερος σφόδρα **I 865** / C cap. Δ 4, 2 (Versio V H^{I} PM T R)
Ἠλίας ἅρμα πυρὸς **I 661** / C cap. B 3, 16–21 (Versio $C^{cap. B 3, 19}$ $V^{cap. B 4, 12}$ $H^{I cap. B 4, 12}$)
Ἥλιος ἐν ὀπτασίᾳ διαγγέλλων **I 1175** / C cap. H 2, 12
Ἥλιος φωτίζων κατὰ πᾶν **I 1174** / C cap. H 2, 11
Ἡμεῖς οἴδαμεν πατέρα πατέρα **I 80** / C cap. A 1, 80
Ἡμεῖς οὖν καὶ σώματα ἀνίστασθαι **I 420** / C cap. A 10, 47
Ἡμεῖς, ὦ παῖδες, οὐδὲν εἶναι χρῆμα **I 1524** / C cap. Π 1, 29
Ἡμέρας, φησίν, ἐκέκραξα **I suppl. 366** / V cap. E 7, 57
Ἡμῖν εἷς θεὸς ὁ πατήρ **I 60** / C cap. A 1, 60
Ἡμῶν δὲ τὸ πολίτευμα ἐν οὐρανοῖς **I 390** / C cap. A 10, 17
Ἡμῶν τὸ πολίτευμα ἐν οὐρανοῖς **I 432** / C cap. A 11, 11
Ἦν ἄνθρωπος ἐν πνεύματι **I suppl. 189** / V cap. I 1, 18
Ἦν ἄνθρωπος, καὶ εἶχεν **I suppl. 184** / V cap. I 1, 13
Ἦν Ἡλὶ πρεσβύτερος σφόδρα **I 865** / C cap. Δ 4, 2 (Versio C H^{II})
Ἦν Ἡσαΐας ἐν τῇ αὐλῇ τῇ μέσῃ **I 926** / C cap. E 1, 14 (Versio C H^{II} R); **I 926** / C cap. E 1, 14 (Versio V H^{I} PM T)
Ἦν Ἡσαΐας ἐν τῇ αὐλῇ, καὶ ῥῆμα **I suppl. 173** / V cap. I 1, 2
Ἦν τὰ σκέλη αὐτῶν ὀρθά **I 355** / C cap. A 8, 24
Ἦν τίς πρεσβυτέρα **I 346** / C cap. A 8, 15
Ἤνοιξεν Ἰὼβ τὸ στόμα αὐτοῦ **I suppl. 11** / V cap. A 16, 7
Ἥξουσιν καὶ ὄψονται τὴν δόξαν μου **I 1837** / C cap. X 3, 96
Ἤρκεσεν τῷ θεῷ τὸ θελῆσαι **I 790** / C cap. Δ 2, 39
Ἦσαν δέ τινες ἐν Ἀντιοχείᾳ **I suppl. 132** / R cap. A 46, 7
Ἤτοι ὁ μὲν πηγὴ φαέων **I 233** / C cap. A 4, 59
Ἡτοίμασεν ἐν κρίσει **I 440** / C cap. A 12, 4 (Versio $V^{W}V^{O}V^{Ph}$ $H^{I cap. A 13}$ L^{c} PM T)
Ηὐλόγησαν Ῥεβέκκαν τὴν ἀδελφὴν **I 1054** / C cap. E 5, 8
Ηὔξατο Ἰακώβ, λέγων· Ἐὰν ᾖ **I 914** / C cap. E 1, 2
Ηὐχόμην ἀνάθεμα εἶναι αὐτὸς **I suppl. 134** / R cap. A 46, 9

Θαυμάσαι δέ μοι ἔπεστιν **I 412** / C cap. A 10, 39
Θαυμαστὰ τὰ ἔργα κυρίου **I 189** / C cap. A 4, 15
Θαυμαστὸς ὁ θεὸς ἐν τοῖς ἁγίοις **I suppl. 36** / L^{c} cap. A 7, 5
Θέαμα βρωμάτων παρακειμένων **I suppl. 151** / V cap. B 5, 9
Θείοις ἐν λογίοισιν ἀεί **I 1223** / C cap. Θ 1, 36
Θεοί, οἳ τὸν οὐρανὸν **I suppl. 147** / V cap. B 5, 5

Θεὸν οὐδεὶς ἑώρακε πώποτε **I 193** / C cap. A 4, 19; **I 207** / C cap. A 4, 33
Θεὸν οὐδεὶς πώποτε τεθέαται **I 197** / C cap. A 4, 23
Θεὸς αἰώνιος, ὁ κατασκευάσας **I 589** / C cap. B 1, 12
Θεός, ἀληθινὰ τὰ ἔργα αὐτοῦ **I 1277** / C cap. K 1, 2
Θεὸς γνώσεων κύριος **I 1572** / C cap. Π 3, 2
Θεὸς ἐγγίζων εἰμὶ ἐγώ **I 139** / C cap. A 3, 25
Θεὸς ἐκδικήσεων κύριος **I 1037** / C cap. E 4, 2; **I suppl. 403** / PML[b] cap. K 10, 14
Θεὸς λέγεται διὰ τὸ θέειν **I 1429** / C cap. O 1, 9
Θεὸς λέγεται διὰ τὸ τεθηκέναι **I 1440** / C cap. O 1, 20
Θεὸς μέγας κύριος καὶ βασιλεὺς **I suppl. 322** / T cap. Δ 28, 4
Θεὸς μέν ἐστι φῶς τὸ ἀκρότατον **I 62** / C cap. A 1, 62
Θεὸς ὁ δικαιῶν· τίς ὁ κατακρίνων **I 314** / C cap. A 6, 25; **I 1309** / C cap. K 1, 35
Θεότης μία ἐν Μωϋσεῖ **I 81** / C cap. A 1, 81
Θεοῦ δὲ ὅταν εἴπω, ἑνὶ φωτὶ **I 57** / C cap. A 1, 57
Θεοῦ δὲ ὅταν εἴπω, λέγω πατρὸς **I 61** / C cap. A 1, 61
Θεοῦ ἔργον ἐστὶν πρὸ τοῦ γενέσθαι **I 1581** / C cap. Π 3, 11
Θεοῦ ἴδιον τὰ μὲν ἀγαθὰ **I 1707** / C cap. Φ 1, 53
Θεοῦ καὶ ἀνθρώπων τῆς οὐσίας **I 879** / C cap. Δ 4, 16
Θεοῦ μεμνῆσθαι μὲν διηνεκῶς **I 212** / C cap. A 4, 38
Θεοῦ μόνου θείων τε ἀπλήστως **I 1222** / C cap. Θ 1, 35
Θεοῦ τὸ βούλεσθαι πρᾶξις ἐστίν **I 597** / C cap. B 1, 20
Θεοῦ φροντιστέον μᾶλλον **I 851** / C cap. Δ 3, 50
Θεοῦ φωνή, φύσεως ἐστὶν ποιητική **I 781** / C cap. Δ 2, 30
Θησαυρίζεται δικαίοις πλοῦτος **I suppl. 411** / V cap. K 1, 10
Θήσετε τὰ ῥήματα ταῦτα **I 1188** / C cap. Θ 1, 1
Θήσω σε τῷ λαῷ τούτῳ **I 634** / C cap. B 2, 33
Θυσία αἰνέσεως δοξάσει με **I 817** / C cap. Δ 3, 16
Θυσίαν καὶ προσφορὰν οὐκ ἠθέλησας **I 1755** / C cap. X 3, 13
Θῦσον τῷ θεῷ θυσίαν αἰνέσεως **I 816** / C cap. Δ 3, 15; **I 928** / C cap. E 1, 16
Θωμᾶς δὲ εἷς ἐκ τῶν δώδεκα **I 891** / C cap. Δ 5, 11

Ἴδετε ἴδετε ὅτι ἐγὼ εἰμί **I 94** / C cap. A 2, 3; **I 374** / C cap. A 10, 1; **I suppl. 235** / V cap. A 1, 5
Ἴδετε ποταπὴν ἀγάπην ἔδωκεν **I 656** / C cap. B 3, 11
Ἴδιόν ἐστι τῆς θεότητος **I 164** / C cap. A 3, 50
…ἴδιον θεοῦ· τὰ ἀδύνατα **I 749** / C cap. Δ 1, 44; **I 800** / C cap. Δ 2, 49
Ἴδιον καὶ πρεπῶδες **I 1564** / C cap. Π 2, 18
Ἰδοὺ ἀνὴρ ὄνομα Ἰάϊρος **I suppl. 186** / V cap. I 1, 15
Ἰδοὺ ἀνήρ, Ἀνατολὴ ὄνομα **I 1791** / C cap. X 3, 49
Ἰδοὺ γὰρ ἐν ἀνομίαις συνελήφθην **I 271** / C cap. A 5, 6
Ἰδοὺ γυνὴ πνεῦμα ἔχουσα **I suppl. 188** / V cap. I 1, 17
Ἰδοὺ γυνὴ Χαναναία ἀπὸ τῶν ὁρίων **I suppl. 180** / V cap. I 1, 9
Ἰδοὺ δὴ εὐλογεῖτε τὸν κύριον **I suppl. 346** / V cap. Δ 3, 32
Ἰδοὺ δύο τυφλοί, καθήμενοι **I suppl. 183** / V cap. I 1, 12
Ἰδοὺ ἐγὼ ἀποστέλλω τὸν ἄγγελόν μου **I 361** / C cap. A 9, 4
Ἰδοὺ ἐγὼ ἀποστέλλω ὑμῖν Ἠλίαν **I 1140** / C cap. H 1, 7

Ἰδοὺ ἐγὼ ἀποστέλλω φύλακας **I suppl. 284** / PML^{b} cap. A 42, 1L^{b}
Ἰδοὺ ἐγὼ ἀποστελῶ ἁλιεῖς **I 1846** / C cap. X 3, 105
Ἰδοὺ ἐγὼ ἑτοιμάζω σοι ἄνθρακα **I 428** / C cap. A 11, 7
Ἰδοὺ ἐγὼ ποιῶ καινά **I 1376** / C cap. Λ 1, 10 (Versio C R)
Ἰδοὺ ἐξαποστελῶ τὸν ἄγγελόν μου **I 1800** / C cap. X 3, 59
Ἰδοὺ ἔρχεται κύριος ἐν μυριάσιν **I 476** / C cap. A 12, 40
Ἰδοὺ ἔρχεται, λέγει κύριος **I suppl. 289** / V cap. A 15, 10
Ἰδοὺ Ἡλιοῦ ἐκάθητο ἐπὶ τῆς κορυφῆς **I suppl. 9** / V cap. A 16, 5
Ἰδοὺ ἡμέρα κυρίου ἀνίατος ἔρχεται **I 456** / C cap. A 12, 20 et 21
Ἰδοὺ ἡμέραι ἔρχονται, λέγει κύριος, καὶ ἐξαποστελῶ **I 899** / C cap. Δ 6, 1; **I 1201** / C cap. Θ 1, 14
Ἰδοὺ ἡμέραι ἔρχονται, λέγει κύριος, καὶ ἀναστήσω **I 1838** / C cap. X 3, 97
Ἰδοὺ κύριος κάθηται ἐπὶ νεφέλης **I 1812** / C cap. X 3, 71
Ἰδοὺ κύριος ὡς πῦρ ἥξει **I 461** / C cap. A 12, 25
Ἰδοὺ μετὰ τῶν νεφελῶν **I 1850** / C cap. X 3, 109
Ἰδοὺ ὁ θεὸς ἡμῶν **I 460** / C cap. A 12, 24
Ἰδοὺ ὁ ἰσχυρὸς κραταιώσει **I 707** / C cap. Δ 1, 2
Ἰδοὺ οὗτοι ἁμαρτωλοί **I 1335** / C cap. K 2, 11
Ἰδοὺ πάντες ὑμεῖς πῦρ **I 462** / C cap. A 12, 26
Ἰδοὺ ὑμεῖς πῦρ καίετε **I 1450** / C cap. O 2, 8
Ἰδού, αὐτοὶ λέγουσι πρός με **I 310** / C cap. A 6, 21
Ἰδὼν δὲ ὁ Πέτρος ἀπεκρίνατο **I suppl. 109** / R cap. A 45, 13
Ἰδὼν κύριος ὁ θεὸς **I 1399** / C cap. M 1, 1
Ἰδὼν κύριος ὅτι ἐπληθύνθησαν **I suppl. 201** / V cap. M 8, 1
Ἰδὼν Σίμων ὅτι διὰ τῆς χειρὸς **I suppl. 231** / V cap. X 1, 3
Ἵνα τοίνυν μὴ κακὸν ἀθάνατον **I 402** / C cap. A 10, 29
Ἱνατί ἀποθνήσκετε, οἶκος Ἰσραήλ **I 1682** / C cap. Φ 1, 28
Ἰουβὰλ ἦν ὁ καταδείξας **I 802** / C cap. Δ 3, 1
Ἰούδα, σὲ αἰνέσαισαν οἱ ἀδελφοί σου **I 1060** / C cap. E 5, 14
Ἵππος ἑτοιμάζεται ἐν ἡμέρᾳ **I 1605** / C cap. Σ 1, 7
Ἰστέον ὅτι ἐν τῷ Ἡσαΐᾳ **I suppl. 353** / PML^{b} cap. E 17, 4
Ἱστόρηται παρὰ Ἀφρικανῷ **I 923** / C cap. E 1, 11
Ἰσχὺν ἐνδείκνυσαι ἀπιστούμενος **I 735** / C cap. Δ 1, 30
Ἰσχύσατε, μὴ φοβεῖσθε **I 1295** / C cap. K 1, 20
Ἰωάννης ἐκήρυσσεν βάπτισμα **I 661** / C cap. B 3, 16–21 (Versio C$^{\text{cap. B 3, 17}}$ V$^{\text{cap. B 4, 10}}$ H$^{\text{I cap. B 4, 10}}$)

Κἀγώ, ἀδελφοί, ὡς νηπίοις **I 901** / C cap. Δ 6, 3
Καθάπερ ἡμεῖς τοῖς οἰκέταις **I suppl. 297** / V cap. A 15, 57
Καθάπερ λιμένας ἐν τῷ πελάγει **I 1033** / C cap. E 3, 35
Καθάπερ οὐκ ἔστιν φῶς **I 1704** / C cap. Φ 1, 50
Καθάπερ τὸ τῶν ἀκτίνων **I 242** / C cap. A 4, 68
Καθαρευτέον οὐδὲν ἧττον **I 1395** / C cap. Λ 1, 29
Καθαρὸν γὰρ ἁλώσιμον **I 1248** / C cap. Θ 2, 13
Καθεῖλεν δυνάστας ἀπὸ θρόνων **I 1493** / C cap. O 3, 11
Κάθες, ἄνθρωπε, τὴν ὀφρύν **I 322** / C cap. A 6, 33

Καθὸ ἂν εὔξῃ εὐχὴν **I 1641** / C cap. Υ 1, 12 (Versio C R)
Καθόλου ὁ Χριστιανὸς ἠρεμίας **I 1396** / C cap. Λ 1, 30
Καθόλου τοιγαροῦν οὐ τολμητέον **I 198** / C cap. Α 4, 24
Καθότι αὐτοὺς ἐταπείνουν **I 605** / C cap. Β 2, 4
Καθὼς ἐγένετο ἐν ταῖς ἡμέραις **I suppl. 291** / V cap. Α 15, 31
Καθὼς ἐξῆλθεν ἀπὸ γαστρὸς **I 1502** / C cap. Π 1, 7
Καὶ βαπτισθεὶς ὁ κύριος ἀνέβη **I suppl. 249** / V cap. Α 1, 20
Καὶ γὰρ ἐν ἑνὶ πνεύματι **I 658** / C cap. Β 3, 13
Καὶ γὰρ τῶν ἐκεῖθεν ἑορταζόντων **I 995** / C cap. Ε 2, 9
Καὶ γυνὴ μία ἀπὸ τῶν υἱῶν **I 1069** / C cap. Ε 5, 23
Καὶ δουλευσάτωσάν σοι ἔθνη **I 1057** / C cap. Ε 5, 11
Καὶ ἐγὼ ἐρωτήσω τὸν πατέρα **I suppl. 260** / V cap. Α 1, 30V^{W}
Καὶ ἔδωκε Μωϋσῆς τὸ τέλος **I suppl. 127** / R cap. Α 46, 2
Καὶ ἐζήτουν ἀκριβῶς **I 1143** / C cap. Η 1, 10
Καὶ εἰ μηδέπω ποιεῖν **I 1232** / C cap. Θ 1, 45
Καὶ εἶπε Μωϋσῆς πρὸς πᾶσαν **I suppl. 126** / R cap. Α 46, 1
Καὶ εἶπεν ἄγγελος κυρίου πρὸς Ἄγαρ **I 358** / C cap. Α 9, 1
Καὶ εἶπεν Ἰεφθάε· Οἴμοι, θύγατερ **I 1637** / C cap. Υ 1, 8
Καὶ εἶπεν κύριος πρός με· Ἡ πύλη αὕτη **I 1849** / C cap. Χ 3, 108
Καὶ εἶπεν κύριος πρός με· Λάβε σεαυτῷ **I 1806** / C cap. Χ 3, 65
Καὶ εἶπεν κύριος τῷ Ἰώβ· Τίς ἐστιν **I 300** / C cap. Α 6, 11
Καὶ εἶπεν ὁ θεός· Γενηθήτω στερέωμα **I 5** / C cap. Α 1, 5
Καὶ εἶπεν ὁ θεός· Γενηθήτω φῶς **I 3** / C cap. Α 1, 3
Καὶ ἔκλινεν οὐρανοὺς **I 1749** / C cap. Χ 3, 7
Καὶ ἔλαβον τὰ τριάκοντα **I 1844** / C cap. Χ 3, 103
Καὶ ἐλάλησεν κύριος πρὸς Μωϋσῆν **I 1061** / C cap. Ε 5, 15
Καὶ ἐμελέτων ἐν τοῖς δικαιώμασίν σου **I 1196** / C cap. Θ 1, 9
Καὶ ἔσται αὐτοῖς τὸ λόγιον **I 1816** / C cap. Χ 3, 75
Καὶ ἔσται ἐν ἐκείνῃ τῇ ἡμέρᾳ **I 1794** / C cap. Χ 3, 52
Καὶ ἔσται μετὰ ταῦτα **I 28** / C cap. Α 1, 28
Καὶ ἔσται μῆνα ἐκ μηνὸς **I 990** / C cap. Ε 2, 4
…καὶ θελήσουσιν εἰ ἐγενήθησαν **I 1808** / C cap. Χ 3, 67
Καὶ καλέσει σε τὸ ὄνομα **I 1380** / C cap. Λ 1, 14
Καὶ κύριος ὁ θεὸς ἔβρεξεν **I 1402** / C cap. Μ 1, 4
Καὶ ὁ ἄγγελος ὁ πορευθεὶς **I 1732** / C cap. Χ 2, 7
Καὶ οἱ ἀπηλπισμένοι τῶν ἀνθρώπων **I 1819** / C cap. Χ 3, 78
Καὶ ὄντως μνήμην ἔχειν **I 859** / C cap. Δ 3, 58
Καὶ οὐδὲ ἐκεῖνο δυνάμεθα **I 546** / C cap. Α 14, 40
Καὶ Ῥεβέκκα ἐξ ἑνὸς **I 1344** / C cap. Κ 2, 20
Καὶ σύ, Βηθλεέμ, οἶκος **I 1783** / C cap. Χ 3, 41
Καὶ τὰ ἑξῆς κεῖται εἰς τὸν **I 554** / C cap. Α 14, 48
Καὶ τὰ ἑξῆς κεῖται ἐνταῦθα **I 779** / C cap. Δ 2, 28
Καὶ τί ἔτι λέγω **I suppl. 64** / L^{c} cap. Α 7, 41
Καὶ τὸ τέταρτον θηρίον **I 1159** / C cap. Η 1, 26
Καινοὺς οὐρανοὺς καὶ καινὴν **I 433** / C cap. Α 11, 12; **I 1516** / C cap. Π 1, 21

Καιρὸς βαπτίσματος ἅπας **I 661** / C cap. B 3, 16–21 (Versio R); **I 661** / C cap. B 3, 16–21 (Versio $C^{cap.\ B\ 3,\ 16}$ $V^{E\ cap.\ B\ 4,\ 9}$ $H^{I\ cap.\ B\ 4,\ 9}$)
Καίτοιγε ὁ ἀγαθὸς ἀγαθῶν **I suppl. 448** / V cap. Φ 2, 28
Κακὸν ἔξω προαιρέσεως κείμενον **I 1472** / C cap. O 2, 30
Κακοπαθεῖ τίς ἐν ὑμῖν **I 956** / C cap. E 1, 44
Καλέσω τὸν οὐ λαόν μου **I 1370** / C cap. Λ 1, 4
Καλὸν ἐπιδεῖξαι ἐνταῦθα **I 15** / C cap. A 1, 15
Καλόν ἐστιν ἀρξαμένους **I 862** / C cap. Δ 3, 61
Καλὸν μὴ ῥήματος μόνον **I 484** / C cap. A 12, 48
Καλὸν πάντοτε διὰ προσευχῆς **I 979** / C cap. E 1, 67
Κἂν οἱ λόγοι τῶν παρὰ θεοῦ **I 1350** / C cap. K 2, 26
Κατ' ἀρχὰς σύ, κύριε, τὴν γῆν **I 96** / C cap. A 2, 5; **I 423** / C cap. A 11, 2
Κατ' ἐμαυτοῦ ὀμνύω **I 593** / C cap. B 1, 16
Κατὰ πίστιν ἀπέθανον οὗτοι **I suppl. 63** / L^c cap. A 7, 40
...κατὰ τὰς πλατείας ἐκφέρειν **I suppl. 196** / V cap. I 1, 25
Κατὰ τὸ πλῆθος τῆς ὀργῆς **I suppl. 444** / V cap. Φ 2, 4
Κατὰ τὸν καλέσαντα ὑμᾶς **I 1385** / C cap. Λ 1, 19
Καταβαίνοντι αὐτῷ ἀπὸ τοῦ ὄρους **I suppl. 174** / V cap. I 1, 3
Κατακαυθήσονται οἱ ἄνομοι **I 458** / C cap. A 12, 22
Κατέβη κύριος ἰδεῖν τὴν πόλιν **I 12** / C cap. A 1, 12 (Versio C H^{II} R)
Κατέδραμον ὀπίσω Ἀδωνιβεζὲκ **I suppl. 208** / V cap. Ξ 2, 2
Κατελάβοντο τὴν πόλιν **I suppl. 207** / V cap. Ξ 2, 1
Κατέπιεν ὁ θάνατος ἰσχύσας **I 382** / C cap. A 10, 9; **I 1813** / C cap. X 3, 72
Κατεστέναξαν οἱ υἱοὶ Ἰσραὴλ **I 915** / C cap. E 1, 3
Κατίσχυσεν Ἐζεκίας καὶ ᾠκοδόμησεν **I 621** / C cap. B 2, 20
Κηδόμενος ὁ θεὸς ἐπιπλέον **I suppl. 233** / V cap. X 1, 5
Κολλήθητι αὐτῷ καὶ μὴ ἀποστῇς **I 1111** / C cap. Z 1, 26
Κόσμον πόριζε τῷ παρόντι **I 1537** / C cap. Π 1, 43
Κοῦφον ἐν ὀφθαλμοῖς κυρίου **I 1489** / C cap. O 3, 7
Κοῦφον ἐν ὀφθαλμοῖς σου **I 1494** / C cap. O 3, 12
Κρεῖσσον ἡμέρα μία **I 1013** / C cap. E 3, 15
Κρεῖσσον καμεῖν ἐν τοῖς λογισμοῖς **I suppl. 275** / V cap. A 3, 26
Κρεῖσσον ὑπομονὴ ἀπαραίτητος **I 1113** / C cap. Z 1, 28
Κρεῖττον εἶναι θεοῦ **I 1124** / C cap. Z 1, 39
Κρίθητι ἔναντι κυρίου **I 177** / C cap. A 4, 3
Κρινεῖ λαοὺς ἐν εὐθύτητι **I 443** / C cap. A 12, 7
Κρίνεται μετὰ τῶν ἐπιτηδευμάτων **I 1316** / C cap. K 1, 42
Κρίνον αὐτούς, ὁ θεός **I suppl. 15** / V cap. A 16, 11
Κρίσιν καὶ δικαιοσύνην **I 1288** / C cap. K 1, 13
Κρίσις τῷ κυρίῳ ἐν τοῖς ἔθνεσιν **I 464** / C cap. A 12, 28 (Versio $V^W V^O V^{Ph}$ $H^{I\ cap.\ A\ 13}$ L^c PM T)
...κριτὴς ὁ πηλουργός **I suppl. 150** / V cap. B 5, 8
Κριτὴς τίς ἦν ἔν τινι πόλει **I 1043** / C cap. E 4, 8
Κύκλος τίς ἐστιν, ἀδελφοί, τῶν ἀνθρωπίνων **I 1355** / C cap. K 2, 31
Κύριε παντοκράτωρ ὁ θεὸς Ἰσραήλ **I 934** / C cap. E 1, 22
Κύριε, ἐδοκίμασάς με **I 129** / C cap. A 3, 15

Κύριε, ἐν τῷ φωτὶ **I 334** / C cap. A 8, 3
Κύριε, ἠγάπησα εὐπρέπειαν **I 1008** / C cap. E 3, 10
Κύριε, καθαρός σου ὁ ὀφθαλμὸς **I 1411** / C cap. M 1, 13
Κύριε, καταφυγὴ ἐγενήθης **I suppl. 240** / V cap. A 1, 10
Κύριε, πατὴρ ἡμῶν σὺ εἶ **I 932** / C cap. E 1, 20
Κύριε, σώζεις ἐν καιρῷ κακῶν **I 1845** / C cap. X 3, 104
Κυριεύει ὁ ὕψιστος τῆς βασιλείας **I 1488** / C cap. O 3, 6
Κύριον αὐτὸν ἁγιάσατε **I 831** / C cap. Δ 3, 30
Κύριον τὸν θεόν σου **I 1087** / C cap. Z 1, 2
Κύριον τὸν πάντων δεσπότην **I 708** / C cap. Δ 1, 3
Κύριον τὸν Χριστὸν ἁγιάσατε **I suppl. 347** / V cap. Δ 3, 46
Κύριος ἀνέβη εἰς οὐρανοὺς **I 1279** / C cap. K 1, 4 (Versio V PM)
Κύριος ἀπέσταλκέν με **I suppl. 271** / H^{I} cap. A 57, 2
Κύριος ἀποκαλύπτει βαθέα **I 141** / C cap. A 3, 27
Κύριος ἀφ' ὑψηλοῦ χρηματιεῖ **I 464** / C cap. A 12, 28 (Versio C $A^{I\ cap.\ A\ 59}$)
Κύριος βασιλεύων τὸν αἰῶνα **I 93** / C cap. A 2, 2
Κύριος διασκεδάζει βουλὰς ἐθνῶν **I 579** / C cap. B 1, 2; **I 1601** / C cap. Σ 1, 3
Κύριος δίδωσι ζωὴν **I suppl. 304** / V cap. B 3, 20
Κύριος δίδωσι σοφίαν **I 1712** / C cap. X 1, 3
Κύριος δίκαιος συνέκοψεν **I suppl. 404** / V cap. K 11, 14
Κύριος ἐγενήθη βοηθός μου **I 632** / C cap. B 2, 31
Κύριος εἶπεν πρός με· Υἱός μου **I 1748** / C cap. X 3, 6
Κύριος ἔκτισεν ἐκ γῆς φάρμακα **I 770** / C cap. Δ 2, 19
Κύριος ἐν ναῷ ἁγίῳ αὐτοῦ· εὐλαβείσθω **I 1019** / C cap. E 3, 21
Κύριος ἐν ναῷ ἁγίῳ αὐτοῦ· κύριος **I 125** / C cap. A 3, 11
Κύριος θανατοῖ καὶ ζωογονεῖ **I 375** / C cap. A 10, 2
Κύριος ἰσχὺν τῷ λαῷ **I 1073** / C cap. E 5, 27
Κύριος κριτής ἐστιν **I 1308** / C cap. K 1, 34
Κύριος μακρόθυμος, καὶ μεγάλη **I 1671** / C cap. Φ 1, 17
Κύριος μετ' ἐμοῦ καθὼς μαχητὴς **I 635** / C cap. B 2, 34
Κύριος μόνος ἦγεν αὐτούς **I suppl. 252** / V cap. A 1, $22V^{W}$
...κύριος ὁ δοὺς τὸν ἥλιον **I 1173** / C cap. H 2, 10
Κύριος ὁ θεὸς ἀληθινός ἐστι **I suppl. 246** / V cap. A 1, 17
Κύριος ὁ θεός σου ἐν σοί **I 706** / C cap. Δ 1, 1
Κύριος ὁ θεός σου οἰκτίρμων **I 1655** / C cap. Φ 1, 1
Κύριος ὁ θεός σου, Ἰσραήλ **I 20** / C cap. A 1, 20
Κύριος ὁ θεὸς ὑμῶν, οὗτος **I 1276** / C cap. K 1, 1
Κύριος πάντα ἐφορᾷ **I 119** / C cap. A 3, 5
Κύριος πτωχίζει καὶ πλουτίζει **I 1483** / C cap. O 3, 1; **I suppl. 314** / V cap. Δ 1, 12
Κύριος ὑπερηφάνοις ἀντιτάσσεται **I suppl. 424** / V cap. M 2, 10
Κύριος φωτισμός μου **I suppl. 301** / V cap. B 3, 9
Κύριος, ὁ ποιῶν γῆν ἐν τῇ ἰσχύϊ **I 763** / C cap. Δ 2, 12
Κῦρος, ὁ Περσῶν βασιλεύς **I 1028** / C cap. E 3, 30

Λαβὼν ὁ Ἰησοῦς ἄρτον **I suppl. 108** / R cap. A 45, 12
Λανθάνειν νομίσαντες ἐπὶ κρυφίοις **I 504** / C cap. A 13, 8

Λαός μου ὄψεται τὴν δόξαν **I 1822** / C cap. Χ 3, 81
Λαός μου, τί ἐποίησά σοι **I 1668** / C cap. Φ 1, 14
Λαὸς ὃν οὐκ ἔγνων **I 1369** / C cap. Λ 1, 3
Λέγε, φησίν, αὐτοῖς πυθομένοις **I 1435** / C cap. Ο 1, 15
Λέγει κύριος· Διδοὺς νόμους μου **I suppl. 104** / R cap. Α 45, 8
Λέγομεν τοίνυν ὅτι δύναμις **I 740** / C cap. Δ 1, 35
Λέγω ὑμῖν ὅτι ἐκ τῶν λίθων **I suppl. 321** / V cap. Δ 1, 38
Λέγω ὑμῖν ὅτι πᾶν ῥῆμα **I 468** / C cap. Α 12, 32
Ληρῶδες τὸ ἐν ποίᾳ διαγωγῇ **I 403** / C cap. Α 10, 30
Λήψεται πανοπλίαν τὸν ζῆλον **I 467** / C cap. Α 12, 31
Λίθον, ὃν ἀπεδοκίμασαν **I 1769** / C cap. Χ 3, 27
Λογίζομαι ὅτι οὐκ ἄξια **I 431** / C cap. Α 11, 10 (Versio $V^W V^O V^{Ph} H^{I\ cap.\ A\ 13} L^c$ PM T)
Λογισμοὶ θνητῶν δειλοί **I 183** / C cap. Α 4, 9
Λόγος ἦν περὶ τῆς ἑνώσεως **I 113** / C cap. Α 2, 22
Λόγου θείου ἡσυχία **I 912** / C cap. Δ 6, 14
Λόγου πνευματικοῦ ἐν ἐκκλησίᾳ **I 1214** / C cap. Θ 1, 27
Λούσασθε, καθαροὶ γένεσθε **I 651** / C cap. Β 3, 6
Λῦπαι προσῆλθον, ἡδονή **I 1536** / C cap. Π 1, 42
Λύτρον ἀνδρὸς ψυχῆς ὁ ἴδιος **I suppl. 116** / V cap. Α 48, 2
Λύχνος ἐντολὴ νόμου **I 1197** / C cap. Θ 1, 10
Λύχνος τοῖς ποσίν μου **I 1195** / C cap. Θ 1, 8

Μακαρία φύσις ἡ ἐπὶ παντὶ **I suppl. 84** / L^c cap. Α 7, 61
Μακάριοι εἰσὶν οἱ δοῦλοι ἐκεῖνοι **I suppl. 61** / L^c cap. Α 7, 38
Μακάριοι ἐσμέν, Ἰσραήλ **I suppl. 52** / L^c cap. Α 7, 21
Μακάριοι οἱ ἄμωμοι ἐν ὁδῷ **I suppl. 41** / L^c cap. Α 7, 10
Μακάριοι οἱ ἐξερευνῶντες **I suppl. 391** / V cap. Θ 3, 5
Μακάριοι οἱ μὴ ἰδόντες **I suppl. 59** / L^c cap. Α 7, 36
Μακάριοι οἱ πτωχοὶ **I suppl. 58** / L^c cap. Α 7, 27–35
Μακάριοι οἱ φυλάσσοντες κρίσιν **I suppl. 39** / L^c cap. Α 7, 8
Μακάριοι πάντες οἱ ἐμμένοντες **I suppl. 49** / L^c cap. Α 7, 18
Μακάριοι πάντες οἱ κατοικοῦντες **I suppl. 37** / L^c cap. Α 7, 6
Μακάριος ἀνὴρ ὁ φοβούμενος **I suppl. 40** / L^c cap. Α 7, 9
Μακάριος ἀνήρ, ὃς <***> ἐν τῷ νόμῳ **I 1189** / C cap. Θ 1, 2
Μακάριος ἀνήρ, ὃς εὗρεν σοφίαν **I suppl. 44** / L^c cap. Α 7, 13
Μακάριος ἀνήρ, ὃς οὐκ ἐπορεύθη **I suppl. 35** / L^c cap. Α 7, 4
Μακάριος ἀνήρ, ὃς οὐκ ὠλίσθησεν **I suppl. 53** / L^c cap. Α 7, 22
Μακάριος ἀνήρ, ὃς ὑπομένει **I suppl. 65** / L^c cap. Α 7, 42
Μακάριος ἀνήρ, οὗ ἐστιν τὸ ὄνομα **I 1498** / C cap. Π 1, 3
Μακάριος ἄνθρωπος, ὃν ἂν παιδεύσῃς **I suppl. 38** / L^c cap. Α 7, 7
Μακάριος ἄνθρωπος, ὃν ἤλεγξε **I suppl. 34** / L^c cap. Α 7, 3
Μακάριος ἄνθρωπος, ὃς ὑπομένει **I suppl. 225** / V cap. Π 35, 6
Μακάριος ὁ διατηρῶν τὰς χεῖρας **I suppl. 50** / L^c cap. Α 7, 19
Μακάριος ὁ μὴ κρίνων **I suppl. 62** / L^c cap. Α 7, 39
Μακάριος ὁ συνοικῶν γυναικὶ **I suppl. 56** / L^c cap. Α 7, 25
Μακάριος ὁ τὰ πλείστου ἄξια **I suppl. 66** / L^c cap. Α 7, 43

Μακάριος σύ, Ἰσραήλ **I suppl. 33** / L^{c} cap. A 7, 2
Μακάριος, ὅς εὗρε φρόνησιν **I suppl. 57** / L^{c} cap. A 7, 26
Μακάριος, ὅς οὐκ ἔλαβεν **I suppl. 67** / L^{c} cap. A 7, 44
Μακάριος, οὗ ὁ θεὸς Ἰακὼβ **I suppl. 42** / L^{c} cap. A 7, 11
Μακάριος, οὗ οὐ κατέγνω ἡ ψυχὴ **I suppl. 54** / L^{c} cap. A 7, 23
Μακαριότης ἐστὶ περίληψις πάντων **I suppl. 72** / L^{c} cap. A 7, 49
Μακρὰν τὰ τῆς γενέσεως **I 878** / C cap. Δ 4, 15
Μανία σαφὴς τὸν θεὸν **I 1325** / C cap. K 1, 51
Μαρτύρων μνήμης τίς ἂν γένοιτο **I suppl. 68** / L^{c} cap. A 7, 45
Μάρτυς γάρ μου ἐστὶν **I suppl. 262** / V cap. A 1, $32V^{W}$
Μάταιοι πάντες ἄνθρωποι **I suppl. 148** / V cap. B 5, 6
Ματαιότης ματαιοτήτων **I 1500** / C cap. Π 1, 5
Μέγα ἀγαθὸν εὐχή **I 980** / C cap. E 1, 68
Μέγα ὅπλον εὐχή **I 981** / C cap. E 1, 69 (Versio C H^{II} V H^{I} PM T R)
Μέγα τῷ θυσιαστηρίῳ ποτὲ **I 1266** / C cap. I 1, 9
Μεγάλαι σου αἱ κρίσεις **I 1305** / C cap. K 1, 31
Μεγάλη ἔσται ἡ δόξα **I 1020** / C cap. E 3, 22
Μεγάλη ἡ ἡμέρα κυρίου **I 448** / C cap. A 12, 12; **I 1138** / C cap. H 1, 5
...μέγας κόσμος, μεγάλη ἀσφάλεια **I 981** / C cap. E 1, 69 (Versio $E^{cap. 157, 12}$)
Μέγας μὲν οὖν ὁ θεὸς **I 741** / C cap. Δ 1, 36
Μεγίστη ὁδὸς πρὸς τὴν τοῦ καθήκοντος **I 1218** / C cap. Θ 1, 31
Μεθ’ ἡμῶν ὁ θεός **I 629** / C cap. B 2, 28 (Versio C R_{l}); **I 629** / C cap. B 2, 28 (Versio V H^{I} PM T)
Μεθόδιος· Ἐπειδὴ δὲ †πεποιθός† **I 1464** / C cap. O 2, 22
Μέλλει ὁ υἱὸς τοῦ ἀνθρώπου **I 471** / C cap. A 12, 35
Μέλλων διαπλάττειν τὸν ἄνθρωπον **I 76** / C cap. A 1, 76
Μεταβὰς ὁ Ἰησοῦς ἐκεῖθεν **I suppl. 178** / V cap. I 1, 7
Μετασχηματίσει, φησίν, τὸ σῶμα **I 396** / C cap. A 10, 23
Μετέστησαν τὴν καρδίαν αὐτῶν **I 1410** / C cap. M 1, 12
Μετεστράφη ἡ καρδία μου **I 867** / C cap. Δ 4, 4
Μὴ ἀνάγνως τελῶμεν **I 992** / C cap. E 2, 6
Μὴ ἀπέχου ἀπὸ ἐκκλησίας **I suppl. 387** / V cap. E 6, 34
Μὴ ἀπιστήσῃς, αἱρετικέ **I 496** / C cap. A 12, 60
Μὴ ἀποποιοῦ μου τὸ κρῖμα **I suppl. 223** / V cap. Π 35, 4
Μὴ ἀσχημονείτωσαν οἱ περὶ ταῦτα **I 542** / C cap. A 14, 36
Μὴ βιάζου ῥοῦν ποταμοῦ **I suppl. 416** / V cap. K 1, 26 (Versio $E^{cap. 159, 86}$)
Μὴ δὲ μικροῖς μέτροισι **I 1594** / C cap. Π 4, 9
Μὴ δικαιοῦ ἔναντι κυρίου **I 311** / C cap. A 6, 22
Μὴ δοξασθήσεται ἀξίνη **I 1609** / C cap. Σ 1, 11
Μὴ δότε τὰ ἅγια τοῖς κυσί **I suppl. 162** / V cap. Θ 1, 2 (Versio R)
Μὴ δότε τὸ ἅγιον τοῖς κυσίν **I suppl. 162** / V cap. Θ 1, 2 (Versio V PM)
...μὴ ἑαυτοὺς ἐκδικοῦντες, ἀγαπητοί **I 1044** / C cap. E 4, 9
Μὴ εἰκῇ συγγεγράφθαι ὑπολάβωμεν **I 1231** / C cap. Θ 1, 44
Μὴ εἴπῃς· Ἀπὸ κυρίου κρυβήσομαι **I 505** / C cap. A 13, 9
Μὴ εἴπῃς· Τείσομαι τὸν ἐχθρόν **I 1041** / C cap. E 4, 6
Μὴ εἰς τοὺς αἰῶνας ἀπώσεται **I 1661** / C cap. Φ 1, 7

Μὴ εἰσέλθῃς εἰς κρίσιν **I 273** / C cap. A 5, 8
Μὴ ἐκπειράζωμεν τὸν κύριον **I suppl. 279** / V cap. A 5, 11
Μὴ ἐμποδίσῃς τοῦ ἀποδοῦναι **I 937** / C cap. E 1, 25
Μὴ ἐρεῖ ὁ πηλὸς **I 306** / C cap. A 6, 17
Μὴ ἐρεῖ τὸ πλάσμα **I 305** / C cap. A 6, 16
Μὴ ζηλούτω σου ἡ καρδία **I 1340** / C cap. K 2, 16
Μὴ ζηλώσῃς δόξαν ἁμαρτωλῶν **I 1342** / C cap. K 2, 18
Μὴ ζήτει τὰ ἀνεύρετα **I 204** / C cap. A 4, 30
Μὴ θελήσει θελήσω τὸν θάνατον **I 1456** / C cap. O 2, 14
Μὴ καθαρὸς ἔσται βροτὸς **I 266** / C cap. A 5, 1
Μή με νομίσῃς ὥσπερ μητέρα **I 480** / C cap. A 12, 44
Μὴ μεθύσκεσθε οἴνῳ, ἐν ᾧ ἐστιν **I 843** / C cap. Δ 3, 42
Μὴ μικροῖς σταθμοῖς ταλαντεύειν **I 1593** / C cap. Π 4, 8 (Versio V)
Μὴ μικρολογίαν καταγνωσθῶμεν **I 964** / C cap. E 1, 52
Μή μοι εἴη ἔναντι κυρίου **I 301** / C cap. A 6, 12
Μὴ μόνον τὴν λέξιν **I 567** / C cap. A 14, 61
Μὴ ὁ κύριος ἀδικήσει **I 1280** / C cap. K 1, 5
Μὴ οἰκίας οὐκ ἔχετε **I suppl. 386** / V cap. E 6, 29
Μὴ οἰκτειρήσῃς πάντας **I suppl. 18** / V cap. A 16, 14
Μὴ ὀλιγοψυχήσῃς ἐν τῇ προσευχῇ **I 936** / C cap. E 1, 24
Μὴ ὀφθῇς ἐνώπιον κυρίου κενός **I 1646** / C cap. Y 1, 17
Μὴ ὀφθῇς ἐνώπιόν μου κενός **I suppl. 93** / V cap. A 32, 9
Μὴ παραζήλου ἐν πονηρευομένοις **I 1333** / C cap. K 2, 8–9 (Versio C R)
Μὴ παραζήλου ἐν τῷ κατευοδουμένῳ **I 1333** / C cap. K 2, 8–9 (Versio V PM)
Μὴ περιεργάζου τὰ ὑπὲρ σέ **I suppl. 415** / V cap. K 1, 25 (Versio E)
Μὴ περιεργασώμεθα τὸν εὐαγγελικὸν **I 530** / C cap. A 14, 24
Μὴ πλανᾶσθε, ἀδελφοί μου· εἴ τις **I 523** / C cap. A 14, 17
Μὴ πλανᾶσθε, ἀδελφοί μου· οἰκοφθόροι **I 519** / C cap. A 14, 13
Μὴ πλοῦτον ἐν προσευχῇ **I suppl. 380** / V cap. E 7, 69
Μὴ πρόσεχε τῇ σαρκί **I 1522** / C cap. Π 1, 27
Μὴ προτιμᾶτε τῶν πολυτιμήτων **I 1521** / C cap. Π 1, 26
Μή σου λαθοίμην **I 966** / C cap. E 1, 54
Μὴ σπεῦδε ἐπὶ στόματί σου **I 303** / C cap. A 6, 14
Μὴ σπήλαιον λῃστῶν **I 1023** / C cap. E 3, 25
Μὴ τὰ πάντα τῇ ἡδονῇ **I 1526** / C cap. Π 1, 31
Μὴ ταρασσέτω τὴν καρδίαν **I 1348** / C cap. K 2, 24
Μὴ τοῖς θνητοῖς ὡς ἀϊδίοις **I 1523** / C cap. Π 1, 28 (Versio C R)
Μὴ τοσοῦτον ψευσθείς **I 1366** / C cap. K 2, 42
Μὴ φεύγων τὸ στενὸν **I 1528** / C cap. Π 1, 33
Μὴ φοβεῖσθε ἀπὸ τῶν ἀποκτενόντων **I 1736** / C cap. X 2, 11
Μὴ φρόνει τῶν κακῶν **I 1592** / C cap. Π 4, 7
Μηδεὶς ἀτέλεστος ἐπὶ τὴν θέαν ἴτω **I 1265** / C cap. I 1, 8
Μηδεὶς ἔστω τοῦ νόμου νομιμώτερος **I 331** / C cap. A 7, 8
Μηδεὶς οἰέσθω τῶν ἐσφαλμένας **I 535** / C cap. A 14, 29
Μηδεὶς παρακαλῶ διορθούσθω **I 317** / C cap. A 6, 28
Μηδεὶς πειραζόμενος λεγέτω **I 1459** / C cap. O 2, 17

Μηδεὶς πεποιθέτω πονηρὸς ὢν **I 498** / C cap. A 13, 2
Μηδεὶς πλανάσθω· ἐὰν μή τις **I 518** / C cap. A 14, 12
Μηδὲν ποτὲ εὔξῃ **I suppl. 442** / V cap. Υ 10, 10
Μηκέτι ὦμεν νήπιοι **I 903** / C cap. Δ 6, 5
Μήποτε ἰδὼν τινὰ τῶν φαύλων **I 1365** / C cap. K 2, 41
Μήτ' ἀντίτεινε πᾶσιν **I 550** / C cap. A 14, 44
Μήτε κακοὺς ὁρῶσα γαληνιόωντας **I 1359** / C cap. K 2, 35
Μήτηρ Σιών, ἐρεῖ ἄνθρωπος **I 1763** / C cap. X 3, 21
Μία ἀνάπαυσις ψυχῆς ἐστὶν **I 1132** / C cap. Z 1, 47
Μία δόξα πατρὸς καὶ υἱοῦ **I suppl. 268** / V cap. A 1, 31
Μία ἐστὶν ἡ πάντων ἀρχὴ **I 1561** / C cap. Π 2, 15
Μίαν ᾐτησάμην παρὰ κυρίου **I 1009** / C cap. E 3, 11
Μίαν φωνήν, τὴν αὐτὴν **I 50** / C cap. A 1, 50
Μικρὸν καὶ μέγαν αὐτὸς ἐποίησεν **I 1269** / C cap. I 2, 2
Μικρὸν καὶ μέγαν ὁ θεὸς ἐποίησεν **I 1558** / C cap. Π 2, 12
Μικρὸν ὕστερον τὸ συγγενὲς **I 406** / C cap. A 10, 33
Μιμησώμεθα νόμον θεοῦ **I 1272** / C cap. I 2, 5
Μισητὴ ἔναντι κυρίου καὶ ἀνθρώπων **I suppl. 427** / V cap. M 2, 15
Μνημονεύετε τῆς φρικώδους **I 489** / C cap. A 12, 53
Μνημονευτέον θεοῦ μᾶλλον **I 852** / C cap. Δ 3, 51
Μνήσθητι πᾶσαν τὴν ὁδόν **I suppl. 221** / V cap. Π 35, 2
Μνήσθητι ταῦτα, Ἰακὼβ καὶ Ἰσραήλ **I suppl. 100** / R cap. A 45, 4
Μνήσθητι τοῦ κτίσαντός σε **I 830** / C cap. Δ 3, 29
Μνήσθητι τῶν οἰκτιρμῶν σου **I 1657** / C cap. Φ 1, 3
Μνησθῶμεν τοῦ προδότου **I suppl. 382** / V cap. E 7, 71
Μονὰς γάρ ἐστι καὶ τριὰς **I 91** / C cap. A 1, 91
Μόνης τῆς θεότητος ἐστὶ **I suppl. 273** / V cap. A 2, 25
…μόνου τοῦ ἐνανθρωπήσαντος θεοῦ **I 160** / C cap. A 3, 46
Μόνῳ θεῷ ἁρμόττει λέγειν **I suppl. 270** / V cap. A 1, 33
Μυρία γε, οὐ λέγω **I 255** / C cap. A 4, 81
Μυστικῶς τὰ μυστικὰ φθεγξώμεθα **I 1247** / C cap. Θ 2, 12; **I suppl. 166** / V cap. Θ 1, 6
Μωρὰς ζητήσεις καὶ γενεαλογίας **I 514** / C cap. A 14, 8

Νοήσωμεν ὅπως ἐκ τῶν προτεθέντων **I 475** / C cap. A 12, 39
Νοητέον ὅτι οὐ κατὰ θέλησιν **I 1166** / C cap. H 2, 3
Νόμος ἀληθείας ἦν ἐν τῷ στόματι **I 1799** / C cap. X 3, 58
Νόμος ἔστω κατὰ τῶν τὰ σεμνὰ **I 575** / C cap. A 14, 69
Νόμος μαρτυρίας μήτε ἐθελοντὰς **I suppl. 71** / L^{c} cap. A 7, 48
Νουμεριανὸς εἶπεν· Τί ἐστιν θεός **I 1442** / C cap. O 1, 22
Νῦν ἀναστήσομαι, λέγει κύριος **I 1820** / C cap. X 3, 79
Νῦν εἰσέλθετε εἰς τὰς πέτρας **I 455** / C cap. A 12, 19
Νῦν κατασταθήσεται εἰς κρίσιν **I 1803** / C cap. X 3, 62
Νῦν, ὡς ἡμῖν ἐφικτόν **I 199** / C cap. A 4, 25
Νῦν ὥσπερ ἐπὶ τρυτάνης **I 661** / C cap. B 3, 16–21 (Versio $V^{\text{cap. B 4, 15}}$ $H^{\text{l cap. B 4, 15}}$)

Ὁ ἀλλογενὴς ὁ ἁπτόμενος **I 1258** / C cap. I 1, 1

Ὁ ἀλλογενὴς ὁ προσπορευόμενος **I 1259** / C cap. I 1, 2
Ὁ ἁπτόμενος ὑμῶν **I suppl. 48** / L[c] cap. A 7, 17
Ὁ βασιλεὺς τῶν βασιλευόντων **I 196** / C cap. A 4, 22
Ὁ βραχίων ὁ δεξιὸς **I suppl. 88** / V cap. A 32, 4
Ὁ γοῦν Ἀπόστολος τὸ φυτεύεσθαι **I 775** / C cap. Δ 2, 24
Ὁ δὲ θεὸς βασιλεὺς ἡμῶν **I suppl. 238** / V cap. A 1, 8
Ὁ διάβολος βλέπων τὴν ὥραν **I suppl. 416** / V cap. K 1, 26 (Versio E[cap. 159, 87])
Ὁ διακρινόμενος ἔοικεν κλύδωνι **I 892** / C cap. Δ 5, 12
…ὁ ἐγείρων ἀπὸ γῆς πτωχὸν **I 1486** / C cap. O 3, 4; **I suppl. 317** / V cap. Δ 1, 20
Ὁ εἰς θεὸν αἶνος ἐκκαθαίρει **I 857** / C cap. Δ 3, 56
Ὁ ἐλεῶν πτωχοὺς μακαριστός **I suppl. 47** / L[c] cap. A 7, 16
Ὁ ἐν καιρῷ προσευχῆς **I 972** / C cap. E 1, 60
Ὁ ἐπιστρέψας ἁμαρτωλὸν **I suppl. 125** / V cap. A 48, 11
Ὁ ἐσθίων ἄρτους μου **I 1757** / C cap. X 3, 15
Ὁ ἔχων τὸν υἱόν **I 1388** / C cap. Λ 1, 22
Ὁ ζητῶν τὸν κύριον **I 1098** / C cap. Z 1, 13
Ὁ ζῶν εἰς τὸν αἰῶνα **I 767** / C cap. Δ 2, 16
Ὁ θεὸς ἀγγέλων ἁμαρτησάντων **I suppl. 2** / V cap. A 6, 5
Ὁ θεὸς διεσκόρπισεν ὀστᾶ **I suppl. 419** / V cap. M 2, 5
Ὁ θεὸς ἐμφανῶς ἥξει **I 441** / C cap. A 12, 5
Ὁ θεὸς ἡμῶν ὁ θεὸς **I 1549** / C cap. Π 2, 3
Ὁ θεὸς θάνατον οὐκ ἐποίησεν **I 1449** / C cap. O 2, 7; **I suppl. 324** / V cap. Δ 2, 11
Ὁ θεὸς κριτὴς δίκαιος **I suppl. 443** / V cap. Φ 2, 3
Ὁ θεὸς κριτής ἐστιν **I 1336** / C cap. K 2, 12; **I 1485** / C cap. O 3, 3
Ὁ θεός μου δείξει μοι **I suppl. 19** / V cap. A 16, 15
Ὁ θεός μου, θοῦ αὐτοὺς **I suppl. 23** / V cap. A 16, 19
Ὁ θεὸς οἰκτειρήσαι ἡμᾶς **I 1074** / C cap. E 5, 28
Ὁ θεὸς τὰ πάντα πληροῖ **I 158** / C cap. A 3, 44
Ὁ θεός, τὸ κρῖμα σου **I 1761** / C cap. X 3, 19
Ὁ θεός, φησίν, ὁ μέγας **I 21** / C cap. A 1, 21
Ὁ Ἰσραὴλ εἰ μὴ παρῆλθεν **I 661** / C cap. B 3, 16–21 (Versio C[cap. B 3, 18] V[cap. B 4, 11] H[I cap. B 4, 11])
Ὁ καιρὸς συνεσταλμένος ἐστίν **I 1511** / C cap. Π 1, 16
Ὁ καλῶς φροντίζων ἑαυτοῦ **I suppl. 434** / V cap. Π 2, 7
Ὁ καταλαμβάνων σοφοὺς **I 122** / C cap. A 3, 8; **I suppl. 400** / V cap. K 11, 6
Ὁ κατασκευάσας γῆν **I 764** / C cap. Δ 2, 13
Ὁ κατέχων τὸν γῦρον **I 729** / C cap. Δ 1, 24
Ὁ κλείσας τὴν ἄβυσσον **I 1425** / C cap. O 1, 5
Ὁ κύριος ἐβασίλευσεν **I 444** / C cap. A 12, 8
Ὁ λαός μου εἰς ἔχθραν ἀντέστη **I 1776** / C cap. X 3, 34
Ὁ λόγος μου οὐ μὴ ἀθετηθῇ **I 590** / C cap. B 1, 13
Ὁ λόγος τοῦ σταυροῦ **I 1628** / C cap. Σ 2, 5
Ὁ λυτρωσάμενος αὐτοὺς ἰσχυρὸς **I 1426** / C cap. O 1, 6; **I suppl. 318** / V cap. Δ 1, 26
Ὁ μακάριος Παῦλος τὸ ἀχανὲς **I 241** / C cap. A 4, 67
Ὁ μὲν τῆς ἀληθείας λόγος **I 397** / C cap. A 10, 24
Ὁ μὴ ἐκ προαιρέσεως ἀπάρχων **I 1651** / C cap. Y 1, 22

Ὁ μὴ ἐνθυμηθεὶς κατὰ τοῦ κυρίου **I suppl. 278** / V cap. A 5, 8
Ὁ μὴ ὁμολογῶν τρεῖς ὑποστάσεις **I 82** / C cap. A 1, 82
Ὁ μὴ ταπεινώσας ἑαυτοῦ **I 210** / C cap. A 4, 36
Ὁ Μωϋσῆς φησίν· Θύσατε **I 1251** / C cap. Θ 2, 16
Ὁ νόμος κυρίου ἄμωμος **I 1192** / C cap. Θ 1, 5
Ὁ νοῦς ἑκάστῳ μάρτυς ἐστίν **I 495** / C cap. A 12, 59
Ὁ οἶκος μου, οἶκος προσευχῆς **I 1022** / C cap. E 3, 24
Ὁ παλαιῶν ὄρη **I 710** / C cap. Δ 1, 5
Ὁ πανταχοῦ ὢν κατ' οὐδὲν **I 163** / C cap. A 3, 49
Ὁ παράδεισος δι' αἰσθητῶν **I 1546** / C cap. Π 1, 52
Ὁ πατὴρ ἐξέλαμψεν ἐξ ἑαυτοῦ **I 88** / C cap. A 1, 88
...ὁ πλάσας καταμόνας τὰς καρδίας **I 126** / C cap. A 3, 12
Ὁ πλάσας πνοὴν πᾶσαν **I 135** / C cap. A 3, 21; **I 1292** / C cap. K 1, 17
Ὁ ποιήσας Πλειάδα καὶ Ἕσπερον **I 1167** / C cap. H 2, 4
Ὁ ποιῶν πάντα καὶ μετασκευάζων **I 425** / C cap. A 11, 4
Ὁ ποιῶν τοὺς ἀγγέλους αὐτοῦ **I 336** / C cap. A 8, 5
Ὁ προστιθεὶς γνῶσιν, προσθήσει **I 179** / C cap. A 4, 5
Ὁ τῇ φύσει ἀγαθὸς **I suppl. 449** / V cap. Φ 2, 31
Ὁ τιμῶν πατέρα ἐξιλάσκεται **I suppl. 122** / V cap. A 48, 8
Ὁ τὸν θεὸν ἔχων **I 642** / C cap. B 2, 41
Ὁ τοῦ πονηροῦ ῥυσθῆναι **I 975** / C cap. E 1, 63
...ὁ τοῦ σοφοῦ λόγος **I 572** / C cap. A 14, 66
Ὁ τῶν παρόντων αἰσθητικὸς **I 1542** / C cap. Π 1, 48
Ὁ ὑγιὴς νοῦς καὶ ἀκίνδυνος **I 203** / C cap. A 4, 29
Ὁ υἱὸς τοῦ θεοῦ δέχεται **I 109** / C cap. A 2, 18
...ὁ φέρων τὰ πάντα τῷ ῥήματι **I 738** / C cap. Δ 1, 33
Ὁ ὢν ἐκ τοῦ θεοῦ, τὰ ῥήματα **I 1210** / C cap. Θ 1, 23
Ὃ γὰρ ἂν σπείρῃ ἄνθρωπος **I suppl. 293** / V cap. A 15, 39
Ὅθεν δὴ καὶ τημελούχοις **I 370** / C cap. A 9, 13
Οἱ ἄνθρωποι οἱ ἐν Σοδόμοις **I 1401** / C cap. M 1, 3
Οἱ ἀπό τινος ἀρχῆς ἄρχεσθαι **I 85** / C cap. A 1, 85
Οἱ ἀστέρες στρέφονται **I 1185** / C cap. H 2, 22
Οἱ διψῶντες, πορεύεσθε **I 649** / C cap. B 3, 4
Οἱ ἐν σταδίῳ τρέχοντες πάντες **I 1586** / C cap. Π 4, 1 (Versio C)
Οἱ ζητοῦντες τὸν κύριον **I 1099** / C cap. Z 1, 14
Οἱ θεολόγοι τὸν ὑπὲρ πάντα **I suppl. 263** / V cap. A 1, 33V[W]
Οἱ λόγοι μου ὥσπερ πῦρ **I 1203** / C cap. Θ 1, 16
Οἱ μακρύνοντες ἑαυτοὺς **I suppl. 389** / V cap. Z 1, 6
Οἱ μὲν ἥλιον, οἱ δὲ σελήνην **I suppl. 152** / V cap. B 5, 10
Οἱ μὲν οὖν συνελθόντες **I 1148** / C cap. H 1, 15
Οἱ μὴ καταδεχόμενοι τὸ ἁπλοῦν **I 536** / C cap. A 14, 30
Οἱ ὀφθαλμοὶ κυρίου μυριοπλασίως **I 146** / C cap. A 3, 32
Οἱ ὀφθαλμοί σου ἠνεωγμένοι **I 1301** / C cap. K 1, 26
Οἱ παραχαράκται τῆς ἀληθείας **I 532** / C cap. A 14, 26
Οἱ πατριάρχαι ζηλώσαντες **I 640** / C cap. B 2, 39
Οἱ πολλοὶ τῶν ἀνθρώπων **I 894** / C cap. Δ 5, 14

Οἱ πόνοι πανταχοῦ τῶν ἀγαθῶν **I 1540** / C cap. Π 1, 46 (Versio E)
Οἱ τολμῶντες θεῷ ἀντιλέγειν **I 315** / C cap. A 6, 26
Οἱ τὸν θεὸν ὀνομάζοντες **I 1246** / C cap. Θ 2, 11
Οἱ φίλοι μου καὶ οἱ πλησίον μου **I 1754** / C cap. X 3, 12
Οἱ φοβούμενοι τὸν κύριον, αἰνέσατε **I 813** / C cap. Δ 3, 12
Οἴγειν ἐν λογίοισιν ἑὸν νόον **I 1221** / C cap. Θ 1, 34
Οἶδα ἐγὼ μήτε τῶν τοίχων **I 1267** / C cap. I 1, 10
Οἶδα, κύριε, ὅτι οὐχὶ τοῦ ἀνθρώπου **I 1610** / C cap. Σ 1, 12
Οἶδα ὅτι ἀέννaος ἐστὶν **I 377** / C cap. A 10, 4
Οἶδα ὅτι πάντα δύνασαι **I suppl. 311** / V cap. Δ 1, 4
Οἶδα τὴν ἐν ταῖς εὐχαῖς κοινωνίαν **I 963** / C cap. E 1, 51
Οἴῃ δὲ τὸν κύριον ἄτοπα **I 1281** / C cap. K 1, 6
Οἰκτίρμων καὶ ἐλεήμων ὁ κύριος **I 1665** / C cap. Φ 1, 11; **I 1666** / C cap. Φ 1, 12
Οἶμαι καὶ τῇ τῶν ζώων **I 1181** / C cap. H 2, 18
Οἷον διὰ κύκλου τινὸς **I 1356** / C cap. K 2, 32
Οἷς ἀμφότερα ἐξεγένετο **I 576** / C cap. A 14, 70
Οἷς οὐκ ἀνηγγέλη περὶ αὐτοῦ **I 1830** / C cap. X 3, 89
Ὅλον ἐν ἑαυτῷ συλλαβὼν **I 216** / C cap. A 4, 42
Ὁμοία ἐστὶν ἡ βασιλεία τῶν οὐρανῶν ἀνθρώπῳ ἐμπόρῳ **I 674** / C cap. B 4, 4
Ὁμοία ἐστὶν ἡ βασιλεία τῶν οὐρανῶν ἀνθρώπῳ οἰκοδεσπότῃ **I 675** / C cap. B 4, 5
Ὁμοία ἐστὶν ἡ βασιλεία τῶν οὐρανῶν θησαυρῷ **I 673** / C cap. B 4, 3
Ὁμοία ἐστὶν ἡ βασιλεία τῶν οὐρανῶν σαγήνῃ **I 470** / C cap. A 12, 34
Ὃν τρόπον ἐὰν ἐκφύγῃ ἄνθρωπος **I 451** / C cap. A 12, 15
Ὃν τρόπον ἐπιποθεῖ ἡ ἔλαφος **I 24** / C cap. A 1, 24
Ὃν τρόπον Ἰαννὴς καὶ Ἰαμβρὴς **I 513** / C cap. A 14, 7
Ὃν τρόπον ὁ οὐρανὸς **I 430** / C cap. A 11, 9
Ὅπερ ἐν ταῖς συγγενείαις **I 1567** / C cap. Π 2, 21
Ὅπερ ἐστὶν ἡ τοῦ σώματος τροφή **I 911** / C cap. Δ 6, 13
Ὅπερ ἐστὶν τοῖς αἰσθητοῖς ἥλιος **I 67** / C cap. A 1, 67
Ὅπερ ἐστὶν χειρὸς κοτύλη **I 235** / C cap. A 4, 61
Ὀπίσω τούτου ἐθεώρουν **I 1142** / C cap. H 1, 9
Ὁπότε γὰρ ὁ θεὸς **I 110** / C cap. A 2, 19
Ὅπου θεὸς βούλεται **I 599** / C cap. B 1, 22; **I 743** / C cap. Δ 1, 38
Ὁρᾶτε μὴ καταφρονήσητε ἑνὸς **I 367** / C cap. A 9, 10
Ὁρατής ἐστιν ἔργων ἀνθρώπων **I 118** / C cap. A 3, 4
Ὄρη Σιών, τὰ πλευρὰ **I 1758** / C cap. X 3, 16
Ὄρθριζε πρὸς κύριον παντοκράτορα **I 927** / C cap. E 1, 15
Ὀρθρίσαντες τὸ πρωΐ, ἀνέβησαν **I 696** / C cap. Γ 1, 4
Ὁρίζου δὲ καὶ τὴν ἡμετέραν **I 58** / C cap. A 1, 58
Ὁρῶμεν τὴν μεγάλην τοῦ θεοῦ **I 1177** / C cap. H 2, 14
Ὃς ἀπαρχὰς ἅλωνος καὶ ληνοῦ **I 1648** / C cap. Y 1, 19
Ὃς δίκαιον κρίνει τὸν ἄδικον **I suppl. 423** / V cap. M 2, 9
Ὅσα προεγράφη, πάντα **I 1212** / C cap. Θ 1, 25
Ὅσοι ἐβαπτίσθημεν εἰς Χριστὸν **I 657** / C cap. B 3, 12
Ὅσοι εἰς Χριστὸν ἐβαπτίσθητε **I 659** / C cap. B 3, 14
Ὅσον ἀφίστατο τῆς ζωῆς **I 1120** / C cap. Z 1, 35

Ὅσον γάρ ἐστιν ὁ οὐρανὸς **I 414** / C cap. A 10, 41
Ὅταν δι’ εὐχῆς αἰτησώμεθά τι **I 977** / C cap. E 1, 65
Ὅταν ἐκ νεκρῶν ἀναστῶσιν **I 386** / C cap. A 10, 13 (Versio $V^{W}V^{O}V^{Ph}$ H^{I} L^{c} PM T)
Ὅταν ἔλθῃ ὁ υἱὸς τοῦ ἀνθρώπου **I 472** / C cap. A 12, 36; **I suppl. 131** / R cap. A 46, 6
Ὅταν ὁ θεὸς ἀποφαίνηται, λογισμοὺς **I 895** / C cap. Δ 5, 15
Ὅταν ὁ θεὸς ἀποφαίνηται, οὐδεμία **I 1321** / C cap. K 1, 47
Ὅταν οἱ τῶν σπαρτῶν καρποὶ **I 1723** / C cap. X 1, 14
Ὅταν περί τινος ἀγαθοῦ παρακαλέσῃς **I suppl. 378** / V cap. E 7, 67
Ὅταν προσεύχῃ, οὐκ ἔσῃ **I 938** / C cap. E 1, 26
Ὅταν πυκνῶς ἐπιτοαυτὸ γίνεσθε **I 844** / C cap. Δ 3, 43
Ὅταν στήκετε προσευχόμενοι, ἀφίετε **I 948** / C cap. E 1, 36
Ὅτε δὲ ηὐδόκησεν ὁ θεός **I suppl. 137** / R cap. A 46, 12
Ὅτε διεμέριζεν ὁ ὕψιστος **I 362** / C cap. A 9, 5
Ὅτε ἤγειρεν ὁ θεὸς κριτάς **I 608** / C cap. B 2, 7
Ὅτι δὲ τὸ μεταποιεῖσθαι **I 417** / C cap. A 10, 44
Ὅτι ἐν τῇ χειρὶ αὐτοῦ **I suppl. 323** / V cap. Δ 2, 4 (Versio T)
Ὅτι οὐκ ἔστιν γινομένη ἀντίρρησις **I 1446** / C cap. O 2, 4
Ὅτι οὐχὶ θεὸς θέλων **I 1405** / C cap. M 1, 7
…ὅτι πάντες εἰδήσουσί με **I suppl. 105** / R cap. A 45, 9
Ὅτι παρὰ σοὶ πηγὴ ζωῆς **I 22** / C cap. A 1, 22
Ὅτι τὸ αἷμα τῶν υἱῶν **I 438** / C cap. A 12, 2
Ὅτι υἱὸς ἀνθρώπου ἐστίν **I 387** / C cap. A 10, 14 (Versio C H^{II} R)
Οὐ δεῖ ἁπλῶς τὰς τῶν Γραφῶν **I 568** / C cap. A 14, 62
Οὐ δύνασθε ποτήριον κυρίου πίνειν **I 1240** / C cap. Θ 2, 5
Οὐ δύναται τῶν φαινομένων ἀγαθῶν **I 1544** / C cap. Π 1, 50
Οὐ δυνατόν ἐστιν ἐν ὑλώδει **I 281** / C cap. A 5, 16
Οὐ θέλομεν δὲ ὑμᾶς ἀγνοεῖν **I 389** / C cap. A 10, 16
Οὐ θέμις τὰ ἱερὰ μυστήρια **I 1254** / C cap. Θ 2, 19; **I suppl. 167** / V cap. Θ 1, 7
Οὐ θεότητα ταλαντεύομεν **I 66** / C cap. A 1, 66
Οὐ κατὰ φύσιν, ἀλλὰ **I 695** / C cap. Γ 1, 3
Οὐ λήψῃ, φησίν, τὸ ὄνομα **I 1436** / C cap. O 1, 16
Οὐ μέγα νομιστέον ἂν τῶν πολλῶν **I 1593** / C cap. Π 4, 8 (Versio C)
Οὐ μὴν ἀκοινώνητόν ἐστιν **I 1591** / C cap. Π 4, 6
Οὐ μήρινθον λεπτὴν διαθέουσιν **I suppl. 79** / L^{c} cap. A 7, 56
Οὐ μικρὸν τοῖς ἐλαχίστοις **I suppl. 368** / V cap. E 7, 59
Οὐ μόνον τῶν δικαίων, ἀλλὰ **I 491** / C cap. A 12, 55
Οὐ νόμων καὶ χρόνων ῥηταῖς **I 247** / C cap. A 4, 73
Οὐ πάντα πᾶσιν χαριστέον **I 1720** / C cap. X 1, 11 (Versio C $R^{cap. X 4}$)
Οὐ παντὸς τὸ περὶ θεοῦ **I 218** / C cap. A 4, 44
Οὐ πάντων κοινωνητέον πᾶσιν **I 1257** / C cap. Θ 2, 22
Οὐ παρ’ αἰτίαν τοῦ κηδεμόνος **I 1202** / C cap. Θ 1, 15
Οὐ πᾶς κάμνων αἰτίαν **I suppl. 227** / V cap. Π 35, 8
Οὐ πεισμονῆς τὸ ἔργον **I 1391** / C cap. Λ 1, 25
Οὐ περὶ τὴν λέξιν **I 563** / C cap. A 14, 57
Οὐ περιποιητέον ἡμῖν **I suppl. 373** / V cap. E 7, 64
Οὐ πρέσβυς, οὐδὲ ἄγγελος **I 1835** / C cap. X 3, 94

Οὐ προσέθετο ἔτι Σαμουὴλ **I suppl. 203** / V cap. Μ 8, 3
Οὐ προσήκει ἡμῖν ἑκάστου **I 1363** / C cap. Κ 2, 39
Οὐ συνέσχεν εἰς μαρτύριον **I 1669** / C cap. Φ 1, 15
Οὐ σώζεται βασιλεὺς **I 623** / C cap. Β 2, 22
Οὐ τὰ παρόντα μόνον βλέπει **I 1584** / C cap. Π 3, 14
Οὐ τὸ ἀγνοεῖν τί τὴν οὐσίαν **I 243** / C cap. Α 4, 69
Οὐ τὸ κελευσθῆναι θῦσαι **I suppl. 77** / L^{c} cap. Α 7, 54
Οὐ τὸ κολάζεσθαι ἐνταῦθα **I suppl. 298** / V cap. Α 15, 58
Οὐ τὸ τυχὸν ἀγαθόν **I suppl. 367** / V cap. Ε 7, 58
Οὐ τοῖς κούφοις ὁ δρόμος **I 1606** / C cap. Σ 1, 8
Οὐ τοσοῦτον ἀνύειν ἡ τῆς εὐχῆς **I 985** / C cap. Ε 1, 73
Οὐ τοῦ θέλοντος, οὐδὲ τοῦ τρέχοντος **I 1616** / C cap. Σ 1, 18
Οὐ τῶν καθευδόντων **I 690** / C cap. Β 4, 20
Οὐ φθάνει προσαναβαίνειν **I 265** / C cap. Α 4, 91
Οὐαὶ οἱ βαθέως βουλὴν ποιοῦντες **I 502** / C cap. Α 13, 6
Οὐαὶ οἱ ἐπιθυμοῦντες τὴν ἡμέραν **I 450** / C cap. Α 12, 14
Οὐαὶ οἱ λέγοντες· Τὸ τάχος **I 307** / C cap. Α 6, 18
Οὐαὶ τῇ ψυχῇ αὐτῶν **I 1821** / C cap. Χ 3, 80
Οὐαὶ τοῖς βαθέως ποιοῦσιν βουλὴν **I 701** / C cap. Γ 1, 9
Οὐδὲ λόγον ποιεῖσθαι δεῖ **I 1740** / C cap. Χ 2, 15
Οὐδὲ ὁ σύμπας κόσμος **I 264** / C cap. Α 4, 90; **I 1034** / C cap. Ε 3, 36
Οὐδὲ τοῖς ἁμαρτάνουσιν εὐθὺς **I 1708** / C cap. Φ 1, 54
Οὐδὲ τῷ νῷ καταληπτὸς **I 263** / C cap. Α 4, 89
Οὐδεὶς ἁμαρτίας ἐκτὸς εἶναι **I 283** / C cap. Α 5, 18
Οὐδεὶς αὐχήσει τὸν ἀόρατον **I 256** / C cap. Α 4, 82
Οὐδεὶς ἀφ' ἑαυτοῦ λαμβάνει **I suppl. 455** / T cap. Δ 20, 5
Οὐδεὶς βάλλει οἶνον νέον **I suppl. 163** / V cap. Θ 1, 3
Οὐδεὶς θεός, εἰ μὴ εἷς **I suppl. 251** / V cap. Α 1, 22
Οὐδεὶς λαμβάνει ἀφ' ἑαυτοῦ **I 1714** / C cap. Χ 1, 5 (Versio T H^{III} R)
Οὐδεὶς οὕτως ἑαυτοῦ φείσαιτο ἂν **I 1700** / C cap. Φ 1, 46
Οὐδεὶς οὕτως μέμηνεν, ὡς δοῦλος **I 323** / C cap. Α 6, 34
Οὐδεμία κακοῦ γένεσις **I 1473** / C cap. Ο 2, 31
Οὐδὲν ἀναίτιον, οὐδὲ ἀπ' αὐτομάτου **I 782** / C cap. Δ 2, 31
Οὐδὲν ἀπρονόητον, οὐδὲ ἠμελημένον **I 156** / C cap. Α 3, 42; **I 1563** / C cap. Π 2, 17
Οὐδὲν αὐτὸν παρῆλθεν **I 157** / C cap. Α 3, 43 (Versio V PML^{b} T)
Οὐδὲν εἰκῇ τῶν παρὰ θεοῦ **I 784** / C cap. Δ 2, 33
Οὐδὲν ἐν ἀνθρώποις ἐστὶ **I suppl. 435** / V cap. Σ 8, 12
Οὐδὲν καθ' ἑαυτὸ τῶν πραττομένων **I 1462** / C cap. Ο 2, 20
Οὐδὲν ὅλως τῶν ἀγαθῶν **I 488** / C cap. Α 12, 52; **I 1319** / C cap. Κ 1, 45
Οὐδὲν ὄνομα ἐπὶ θεοῦ κυρίως **I 1434** / C cap. Ο 1, 14
Οὐδὲν οὕτως εὐφραίνει καλὸν **I 996** / C cap. Ε 2, 10
Οὐδὲν οὕτως τῶν πάντων φοβητέον **I 1741** / C cap. Χ 2, 16
Οὐδὲν παντελῶς ἀντιτάξασθαι **I suppl. 372** / V cap. Ε 7, 63
Οὐδὲν περὶ τῶν ὀνομάτων **I 541** / C cap. Α 14, 35
Οὐδὲν περισσότερον τῆς χρείας **I 783** / C cap. Δ 2, 32
Οὐδὲν τόπῳ μακρὰν τοῦ θεοῦ **I 165** / C cap. Α 3, 51

Οὐδὲν τῷ θεῷ μέγα, ὃ μὴ καὶ πένης **I 1271** / C cap. I 2, 4
Οὐδὲν τῶν ὄντων καθόλου ἐστέρηται **I 1560** / C cap. Π 2, 14
Οὐδέποτε αἵρεσις τὴν ἐκκλησίαν **I 556** / C cap. A 14, 50
Οὐδέποτε παύεται διὰ τὴν πρόγνωσιν **I 1702** / C cap. Φ 1, 48
Οὐδέτερον, θυμοῦ καὶ ὀργῆς, κυρίως **I 1416** / C cap. M 1, 18
Οὐκ ἂν γένοιτό τις σοφώτερος **I 875** / C cap. Δ 4, 12
Οὐκ ἀναβήσῃ ἐν ἀναβαθμίσιν **I 1001** / C cap. E 3, 3
Οὐκ ἀρεστὸν δὲ ἐκεῖνο **I 435** / C cap. A 11, 14
Οὐκ ἀσφαλὲς τοῖς βουλομένοις **I 324** / C cap. A 6, 35
Οὐκ ἐγκατέλιπας τοὺς ἐκζητοῦντάς σε **I 1091** / C cap. Z 1, 6
Οὐκ ἐθέλει γὰρ Χριστὸς ἄναξ **I suppl. 398** / V cap. I 7, 2
Οὐκ εἶ ἄνθρωπος κατ᾽ ἐμέ **I 296** / C cap. A 6, 7
Οὐκ εἰς τὸν αἰῶνα ἐγὼ ὑμῖν **I 1677** / C cap. Φ 1, 23
Οὐκ εἰς τὸν αἰῶνα ζήσομαι **I suppl. 154** / V cap. Δ 4, 1
Οὐκ εἰσὶν αἱ βουλαί μου **I 868** / C cap. Δ 4, 5 (Versio C H[II])
Οὐκ εἰσοίσεις βδέλυγμα **I suppl. 140** / V cap. A 50, 1; **I suppl. 145** / V cap. B 5, 3
Οὐκ ἐκ τῶν ὄντων τὰ ὄντα **I 155** / C cap. A 3, 41
Οὐκ ἐκδικήσεταί σου ἡ χείρ **I 1036** / C cap. E 4, 1
Οὐκ ἐκλείψει ἄρχων ἐξ Ἰούδα **I 1744** / C cap. X 3, 2
Οὐκ ἐν ἤχῳ μᾶλλον ἢ διανοίᾳ **I 551** / C cap. A 14, 45
Οὐκ ἐν λόγῳ ἡ βασιλεία **I 681** / C cap. B 4, 11
Οὐκ ἐν πλήθει τὸ κράτος **I 639** / C cap. B 2, 38
Οὐκ ἐν τῇ δυναστείᾳ τοῦ ἵππου **I 628** / C cap. B 2, 27
Οὐκ ἐν χρόνῳ τὸ αἴτιον **I 114** / C cap. A 2, 23; **I 251** / C cap. A 4, 77
Οὐκ ἔνι ῥήτωρ ἐκεῖ **I 482** / C cap. A 12, 46
Οὐκ ἐνεποίησεν τοῖς ἁγίοις **I 190** / C cap. A 4, 16
Οὐκ ἐνετείλατο οὐδενὶ ἀσεβεῖν **I 1457** / C cap. O 2, 15
Οὐκ ἐξιλάσατο περὶ τῶν ἀρχαίων **I 1414** / C cap. M 1, 16
Οὐκ ἐπιλείψει ποτὲ πρὸς σωτηρίαν **I 1570** / C cap. Π 2, 24
Οὐκ ἐποίησεν κακὸν ὁ θεός **I 1463** / C cap. O 2, 21
Οὐκ ἐποίησεν οὐδὲν ἐλλεῖπον **I 768** / C cap. Δ 2, 17
Οὐκ ἔσονταί σοι θεοὶ ἕτεροι **I suppl. 143** / V cap. B 5, 1
Οὐκ ἔστιν ἐν Ἅδῃ τοῖς ἀπελθοῦσιν **I 486** / C cap. A 12, 50 (Versio C H[I])
Οὐκ ἔστιν ἐν τῷ αἰτοῦντι **I 976** / C cap. E 1, 64
Οὐκ ἔστιν ἡ βασιλεία τοῦ θεοῦ **I 680** / C cap. B 4, 10
Οὐκ ἔστιν ὅμοιός σοι ἐν θεοῖς **I suppl. 239** / V cap. A 1, 9
Οὐκ ἔστιν ὃς ἐξελεῖται **I 115** / C cap. A 3, 1
Οὐκ ἔστιν οὕτω, μὴ γένοιτο **I suppl. 269** / V cap. A 1, 32
Οὐκ ἔστιν παρὰ θεῷ δοῦλος **I 1275** / C cap. I 2, 8
Οὐκ ἔστιν παρὰ τῷ θεῷ οὔτε πονηρὸν **I 494** / C cap. A 12, 58
Οὐκ ἔστι(ν) προσωποληψία **I 1323** / C cap. K 1, 49; **I suppl. 399** / V cap. I 7, 3
Οὐκ ἔχει ἐπιθυμίαν ἡ ἄφθαρτος **I 691** / C cap. B 4, 21
Οὐκ ἔχομεν ὧδε μένουσαν πόλιν **I 1514** / C cap. Π 1, 19
Οὐκ ἐχρῆν δέ, ὡς ἔοικεν, βατὰ **I 1364** / C cap. K 2, 40
Οὐκ ἠθέλησεν εὐλογίαν **I suppl. 25** / V cap. A 16, 21
Οὐκ ἤκουσεν ὁ λαός μου **I 1443** / C cap. O 2, 1

Οὐκ οἴδαμεν τινὰ τῶν περὶ τὴν θείαν **I 1431** / C cap. Ο 1, 11
Οὐκ οἶδας σὺ τὰ συμφέροντα **I 1569** / C cap. Π 2, 23
Οὐκ ὀφθήσῃ ἐνώπιον κυρίου **I 1636** / C cap. Υ 1, 7; **I suppl. 91** / V cap. Α 32, 7
Οὐκ ὀφθήσῃ ἐνώπιόν μου **I 1631** / C cap. Υ 1, 2; **I suppl. 86** / V cap. Α 32, 2
Οὐκοῦν πάντας τῶν ἑτεροδόξων **I 910** / C cap. Δ 6, 12
Οὔποτε ἐγκιρνάναι προσήκει **I 561** / C cap. Α 14, 55
Οὐρανὸς δὲ οὐ καθαρὸς **I 268** / C cap. Α 5, 3 (Versio R)
Οὐρανὸς οὐ καθαρὸς **I 268** / C cap. Α 5, 3 (Versio $V^{W}V^{O}V^{Ph}$ L^{c} PM T)
Οὖς ζηλώσεως ἀκροᾶται τὰ πάντα **I 143** / C cap. Α 3, 29
Οὔτε ἀέρα ἔπνευσέν τις ὅλον **I 227** / C cap. Α 4, 53
Οὔτε ἐνδυασμὸς οὔτε φθόνος **I 1419** / C cap. Μ 1, 21
Οὔτε ὁ δίκαιος ποιήσειεν ἄν τι **I 1480** / C cap. Ο 2, 38
Οὔτε πλοῦτον ἀσπάζεται τὸ θεῖον **I 1274** / C cap. Ι 2, 7
Οὔτε στενοχωρία παρὰ θεῷ **I 166** / C cap. Α 3, 52
Οὔτε τὸ ἔλεος τοῦ θεοῦ ἄκριτον **I 1315** / C cap. Κ 1, 41
Οὔτε τὸ φῶς ἐξασθενεῖ **I 1468** / C cap. Ο 2, 26
Οὔτε φωνὴν αὐτοῦ πώποτε **I 194** / C cap. Α 4, 20
Οὗτοι ἐν ἅρμασιν **I 622** / C cap. Β 2, 21
Οὗτοι πάντες ἦσαν προσκαρτεροῦντες **I 949** / C cap. Ε 1, 37 (Versio C H^{II} R); **I 949** / C cap. Ε 1, 37 (Versio V H^{I} PM T)
Οὗτος ἐπιστρέψει καὶ οἰκτειρήσει **I suppl. 103** / R cap. Α 45, 7
Οὗτός μου θεός **I 804** / C cap. Δ 3, 3
Οὗτος ὁ θεὸς ἡμῶν **I 1847** / C cap. Χ 3, 106; **I suppl. 247** / V cap. Α 1, 18
Οὕτω καὶ Μωϋσῆς διεμαρτύρατο **I 208** / C cap. Α 4, 34
Οὕτω μὲν ἡμεῖς εἴς τε τὴν τριάδα **I 90** / C cap. Α 1, 90
Οὕτω τε ἐν ἡμέραις ἀριθμεῖται **I 786** / C cap. Δ 2, 35
Οὕτως γέγραπται· Ἐγένετο ὁ πρῶτος **I 388** / C cap. Α 10, 15 (Versio $V^{W}V^{O}V^{Ph}$ H^{I} L^{c} PM T)
Οὕτως εἶπεν κύριος ὁ θεὸς Ἰσραήλ **I 1611** / C cap. Σ 1, 13
Οὕτως λέγει κύριος ὁ θεὸς ὁ βασιλεὺς **I suppl. 244** / V cap. Α 1, 15
Οὕτως λέγει κύριος· Ἐγώ εἰμι **I suppl. 99** / R cap. Α 45, 3
Οὕτως λέγει κύριος· Ὁ οὐρανός μοι θρόνος **I 730** / C cap. Δ 1, 25
Οὕτως ὀνομάτων ἁγιασμὸς ἐπὶ θεοῦ **I 1441** / C cap. Ο 1, 21
Οὕτως τρέχω ὡς οὐκ ἀδήλως **I 1586** / C cap. Π 4, 1 (Versio V P E)
Οὐχ' ἃ δοῦναι θεῷ **I 748** / C cap. Δ 1, 43; **I 1721** / C cap. Χ 1, 12
Οὐχ' ἁπλῶς τῶν μεγίστων **I 246** / C cap. Α 4, 72
Οὐχ' ἅψονται τῶν ἁγίων **I 1260** / C cap. Ι 1, 3
Οὐχ' εὑρεθήσεται ἐν τῇ χειρί σου **I suppl. 141** / V cap. Α 50, 2
Οὐχ' ἡ ὑπόστασις, οὐδὲ **I 434** / C cap. Α 11, 13
Οὐχ' ἡ φύσις αὐτὴ **I 1476** / C cap. Ο 2, 34; **I suppl. 327** / V cap. Δ 2, 21
Οὐχ' ἡδὺ τοῖς πιστοῖς **I 547** / C cap. Α 14, 41
Οὐχ' ἡμῶν ἐστι γνῶναι **I 531** / C cap. Α 14, 25
Οὐχ' οἱ νεκροὶ αἰνέσουσίν σε **I 825** / C cap. Δ 3, 24
Οὐχ' ὁρᾷς ὅτι τοῦ πυρὸς **I 262** / C cap. Α 4, 88
Οὐχ' ὁρῶμεν ἥλιον τὸν ἐπιφαύσκοντα **I 1165** / C cap. Η 2, 2
Οὐχ' ὑποστελεῖται πρόσωπον **I suppl. 405** / V cap. Κ 11, 19

Οὐχ᾽ ὡς ἄνθρωπος ὁ θεὸς διαρτηθῆναι **I 578** / C cap. B 1, 1; **I 864** / C cap. Δ 4, 1
Οὐχ᾽ ὡς ἄνθρωπος ὁ θεὸς διαψευσθῆναι **I 600** / C cap. B 1, 23
Οὐχ᾽ ὡς ἐμβλέψεται ἄνθρωπος **I 116** / C cap. A 3, 2
Οὐχ᾽ ὡς πέφυκεν ὁ θεὸς **I 1725** / C cap. X 1, 16
Ὀψίας γενομένης, προσῆλθον τῷ Ἰησοῦ **I 1081** / C cap. E 5, 35

Παγὶς ἀνδρὶ ταχύ τι **I 1642** / C cap. Υ 1, 13
Παιδίσκη ἔχουσα πνεῦμα Πύθωνος **I suppl. 199** / V cap. I 1, 28
Πάλιν φασί· Διατί ἦν **I 316** / C cap. A 6, 27
Πᾶν ὅπερ ἂν εἰς ἡμᾶς **I 1562** / C cap. Π 2, 16
Πᾶν ὅτι ἂν ποιεῖτε, ἐν ὀνόματι **I 1115** / C cap. Z 1, 30
Πᾶν τὸ ὁρώμενον ἢ μέρει **I 234** / C cap. A 4, 60
Πανήγυριν νόμιζε τόνδε τὸν βίον **I 1535** / C cap. Π 1, 41
Πάντα ἐνώπια τοῖς συνιοῦσιν **I 13** / C cap. A 1, 13
Πάντα ἐξευμαρίζει θεὸς **I 644** / C cap. B 2, 43
Πάντα μὲν ἀθρόως ἐκ θεοῦ **I 1566** / C cap. Π 2, 20
Πάντα μέτρῳ καὶ σταθμῷ **I 759** / C cap. Δ 2, 8
Πάντα ὅσα ἔχει μῶμον **I suppl. 169** / V cap. Θ 2, 2
Πάντα ὅσα πεποίηκεν ὁ θεός **I 795** / C cap. Δ 2, 44
Πάντα πεπλήρωκεν ὁ θεὸς **I 169** / C cap. A 3, 55
Πάντα πρὸς ἑαυτὴν ἡ ἀγαθότης **I 1692** / C cap. Φ 1, 38
Πάντα συνέστηκεν εἰς ἕνα θεὸν **I 37** / C cap. A 1, 37
Πάντα τὰ ἔθνη ὡς σταγὼν **I 728** / C cap. Δ 1, 23
Πάντα τὰ ἔργα αὐτῶν **I 150** / C cap. A 3, 36
Πάντα τὰ ἔργα κυρίου **I 1289** / C cap. K 1, 14
Πάντα τὰ θεῖα καὶ ὅσα **I 201** / C cap. A 4, 27
Πάντα τὰ θεοπρεπῆ ὀνόματά τε καὶ νοήματα **I 1432** / C cap. O 1, 12
Πάντα τὰ ὀστᾶ μου ἐροῦσιν **I 624** / C cap. B 2, 23
Πάντες δέ, δίκαιοι καὶ ἄδικοι **I 493** / C cap. A 12, 57
Πάντες λόγοι θεοῦ πεπυρωμένοι **I 1199** / C cap. Θ 1, 12
Πάντες οἱ θέλοντες εὐσεβῶς ζῆν **I 1152** / C cap. H 1, 19
Πάντες οἱ θεωροῦντές με **I 1750** / C cap. X 3, 8
Πάντες οἱ κατοικοῦντες τὴν γῆν **I 731** / C cap. Δ 1, 26
Πάντες οἱ κύκλῳ αὐτοῦ οἴσουσιν **I 720** / C cap. Δ 1, 15
Παντὶ πεπιστευκότι εἰς τὸν κύριον **I suppl. 285** / H^{II} cap. A 7, 13
Παντὸς τόπου καὶ πάσης κτίσεως **I 168** / C cap. A 3, 54
Πάντων λογικῶν ἐπιστάμενος **I suppl. 433** / V cap. Π 4, 12
Πάντων τῶν περὶ θεὸν προηγεῖται **I suppl. 454** / V cap. Φ 2, 42
Πάντως ὁ ἀδικούμενος καταφλέγεται **I 1045** / C cap. E 4, 10
Παρ᾽ αὐτῷ σοφία καὶ δύναμις **I 716** / C cap. Δ 1, 11
Παρ᾽ ὀλίγον ἐξεχύθη **I 1334** / C cap. K 2, 10
Παρὰ θεοῦ πᾶν ἀνθρώποις **I 1618** / C cap. Σ 1, 20
Παρὰ θεοῦ τὸ κακὸν **I 1469** / C cap. O 2, 27; **I suppl. 326** / V cap. Δ 2, 19
Παρὰ κυρίου κατευθύνεται τὰ διαβήματα **I 1604** / C cap. Σ 1, 6
Παρὰ κυρίου πάντα δίκαια **I 1293** / C cap. K 1, 18
Παρὰ κυρίου τὰ διαβήματα ἀνθρώπου **I 1602** / C cap. Σ 1, 4

Παρὰ σοῦ μοι ζωή **I suppl. 361** / V cap. E 7, 41
Παρὰ τὸν θεὸν οὐδὲν **I 1125** / C cap. Z 1, 40
Παραγενόμενος δέ τις τῶν ἀνασωθέντων **I 602** / C cap. B 2, 1
Παράγοντι τῷ Ἰησοῦ ἠκολούθησαν **I suppl. 177** / V cap. I 1, 6
Παρακαλέσω πάντα τὰ ἔρημα **I 1553** / C cap. Π 2, 7
Παρακαλῶ πρὸ πάντων ποιεῖσθαι **I 954** / C cap. E 1, 42
Παρακαλῶ ὑμᾶς, ἀδελφοί, διὰ τοῦ ὀνόματος **I 951** / C cap. E 1, 39
Παρακαλῶ ὑμᾶς, ἀδελφοί, διὰ τῶν οἰκτιρμῶν **I 842** / C cap. Δ 3, 41
Παρακαλῶ ὑμᾶς, οὐκ ἐγώ **I 520** / C cap. A 14, 14
Παραπτώματα τίς συνήσει **I 1331** / C cap. K 2, 6
Παρεγένετο Νεεμμὰν σὺν τοῖς ἅρμασιν **I suppl. 172** / V cap. I 1, 1
Παρεῖται τοῖς πολλοῖς τὸ ἱερὸν **I 968** / C cap. E 1, 56
Παρεμβαλεῖ ἄγγελος κυρίου κύκλῳ **I 364** / C cap. A 9, 7
Πᾶς γραμματεὺς μαθητευθεὶς **I 1208** / C cap. Θ 1, 21
Πᾶς θυσιάζων θεοῖς ἑτέροις **I suppl. 144** / V cap. B 5, 2
Πᾶς ὁ ἁπτόμενος τοῦ θυσιαστηρίου **I 1003** / C cap. E 3, 5 (Versio C)
Πᾶς ὁ βίος ἀσεβοῦς ἐν φροντίδι **I suppl. 13** / V cap. A 16, 9
Πᾶς ὃς ἂν ἅψηται τῆς θυσίας **I 1003** / C cap. E 3, 5 (Versio V H^{I} PM T)
Πᾶς ὃς ἂν ἐπικαλέσηται τὸ ὄνομα **I 1104** / C cap. Z 1, 19
Πᾶς ὁστισοῦν τῶν πρός τι **I 970** / C cap. E 1, 58 (Versio C H^{II})
Πᾶς ὁ αἰτῶν λαμβάνει **I suppl. 379** / V cap. E 7, 68
Πᾶσα γραφὴ θεόπνευστος καὶ ὠφέλιμος, διατοῦτο **I 1216** / C cap. Θ 1, 29
Πᾶσα γραφὴ θεόπνευστος, καὶ ὠφέλιμος πρὸς **I 1213** / C cap. Θ 1, 26
Πᾶσα δεκάτη τῆς γῆς σου **I 1633** / C cap. Υ 1, 4; **I suppl. 89** / V cap. A 32, 5
Πᾶσα διήγησίς σου ἐν νόμῳ **I 1206** / C cap. Θ 1, 19
Πᾶσα δόσις ἀγαθὴ **I 103** / C cap. A 2, 12; **I 1717** / C cap. X 1, 8; **I suppl. 232** / V cap. X 1, 4
Πᾶσα ζωὴ καὶ ζωτικὴ κίνησις **I 391** / C cap. A 10, 18
Πᾶσα θεολογικὴ φωνὴ ἐλάττων **I 215** / C cap. A 4, 41
Πᾶσα μὲν ἀλήθεια καὶ πᾶς λόγος **I 231** / C cap. A 4, 57
Πᾶσα μου ἡ βουλὴ στήσεται **I 594** / C cap. B 1, 17
Πᾶσα σπουδὴ μὴ τυχοῦσα **I 1622** / C cap. Σ 1, 24
Πᾶσα φωνὴ ἀναστήσεται **I 459** / C cap. A 12, 23
Πᾶσαι αἱ κρίσεις σου ἀληθεῖς **I 1303** / C cap. K 1, 28
Πᾶσαν διήγησιν θεοῦ θέλε **I 1204** / C cap. Θ 1, 17
Πᾶσαν τὴν μέριμναν ὑμῶν **I 1119** / C cap. Z 1, 34
Πᾶσαν ὡς εἰπεῖν τὴν ἱερὰν **I 32** / C cap. A 1, 32
Πάσας καρδίας ἐκζητεῖ κύριος **I 117** / C cap. A 3, 3
Πάσης ἀγαθῆς ἡ καταρχὴ πράξεως **I 1620** / C cap. Σ 1, 22
Πατάξει ἐπὶ σιαγόνα τὸν κριτὴν **I 1782** / C cap. X 3, 40
Πατάξουσιν ἐπὶ σιαγόνα τὰς φυλὰς **I 1779** / C cap. X 3, 37
Παῦλος πειρᾶται μὲν ἐφικέσθαι **I 1354** / C cap. K 2, 30
Παῦλος, δοῦλος Ἰησοῦ Χριστοῦ **I suppl. 133** / R cap. A 46, 8
Πείθομαι μηδὲν ἄλογον εἶναι **I 1357** / C cap. K 2, 33
Πειράζει κύριος ὁ θεὸς **I suppl. 222** / V cap. Π 35, 3
Πέρας εὐδαιμονίας τὸ ἀκλινῶς **I 1133** / C cap. Z 1, 48

Πέρας λαλήσω ἐπ᾽ ἔθνος **I suppl. 206** / V cap. M 8, 6
Περὶ ἀγαθότητος θεοῦ εἰρηκώς **I 340** / C cap. A 8, 9
Περὶ δὲ τῆς ἡμέρας ἐκείνης **I 1145** / C cap. H 1, 12 (Versio $V^{W\ \text{cap. A 15, 24}}$ $V^{O\ \text{cap. A 15, 29}}$ $V^{Ph\ \text{cap. A 15, 28}}$ $H^{I\ \text{cap. A 13, 28}}$ $L^{c\ \text{cap. A 42, 29}}$ $PML^{b\ \text{cap. A 46, 28}}$ $E^{\text{cap. 153, 4}}$ $T^{\text{cap. A 68, 27}}$)
Περὶ δὲ τῶν δοκούντων Χριστιανῶν **I 413** / C cap. A 10, 40
Περὶ δὲ τῶν χρόνων **I 1149** / C cap. H 1, 16
Περὶ πράγματος, οὗ οὐκ ἔστιν σοι **I 188** / C cap. A 4, 14
Περὶ τὸν θεὸν δύναμις ὁμοῦ **I 774** / C cap. Δ 2, 23
Περὶ τῶν ἄλλων, τί χρὴ λέγειν **I 549** / C cap. A 14, 43
Περιεβάλλοντο σάκκους οἱ ἄνθρωποι **I suppl. 205** / V cap. M 8, 5
Περιεκύκλωσάν με κύνες πολλοί **I 1751** / C cap. X 3, 9
Περιέχει τὰ πάντα **I 172** / C cap. A 3, 58
Πίστει ἐτίμησεν τὸν εὐαγγελισμόν **I 890** / C cap. Δ 5, 10
Πιστεύω τοῦ ἰδεῖν τὰ ἀγαθὰ **I suppl. 430** / V cap. Π 3, 1
Πλειστάκις δεηθεὶς καὶ ἀποτυχών **I suppl. 364** / V cap. E 7, 55
Πλεονάκις ἐπολέμησάν με **I 627** / C cap. B 2, 26
Πλὴν ἴδε τοῦτο εἶδον **I 1448** / C cap. O 2, 6
Πλὴν τὰ σύμπαντα ματαιότης **I 1497** / C cap. Π 1, 2
Πλήξουσιν ἐπὶ σιαγόνα τὸν κριτὴν **I 1780** / C cap. X 3, 38
Πλήρωσον τὰ πρόσωπα αὐτῶν **I suppl. 24** / V cap. A 16, 20
Πλησθησόμεθα ἐν τοῖς ἀγαθοῖς **I 1010** / C cap. E 3, 12
Πλούσιοι ἐπτώχευσαν καὶ ἐπείνασαν **I 1094** / C cap. Z 1, 9
Πλοῦτος γνώσεως καὶ σοφίας **I suppl. 287** / V cap. A 7, 6
Πνεῦμα θεῖον τὸ ποιῆσαν με **I suppl. 258** / V cap. A 1, 28V^{W}
Πνεῦμα κυρίου ἐπ᾽ ἐμέ **I 1833** / C cap. X 3, 92
Πνεῦμα παρ᾽ ἐμοῦ ἐξελεύσεται **I 762** / C cap. Δ 2, 11
Πνεῦμα πρὸ προσώπου ἡμῶν **I 1841** / C cap. X 3, 100
Πνευματικὴ μὲν ἡ τῶν ἀγγέλων **I 356** / C cap. A 8, 25
Πόθεν ἥλιος φρυκτωρεῖ **I 1183** / C cap. H 2, 20
Ποιεῖν λέγεται ὁ θεὸς τοὺς ἀγγέλους **I 349** / C cap. A 8, 18
Ποιήσει κύριος σαβαὼθ πᾶσιν **I 648** / C cap. B 3, 3
Ποιήσωμεν ἄνθρωπον, φησίν, κατ᾽ εἰκόνα **I 73** / C cap. A 1, 73
Ποῖος Μωϋσῆς ἢ Παῦλος **I 353** / C cap. A 8, 22
…ποιοῦντα κρῖμα τοῖς ἀδικουμένοις **I 1551** / C cap. Π 2, 5
Ποιοῦντας παραβάσεις ἐμίσησα **I 1640** / C cap. Υ 1, 11
Ποιῶν ἐλεημοσύνας ὁ κύριος **I 1038** / C cap. E 4, 3
Πολλὰ ἐποίησας σύ, κύριε **I 581** / C cap. B 1, 4
Πολλὰ ἐροῦμεν καὶ οὐ μὴ ἀφικώμεθα **I 192** / C cap. A 4, 18
Πολλά ἐστιν καὶ ἀδικεῖσθαι **I 1358** / C cap. K 2, 34
Πολλὰ πταίομεν ἅπαντες **I 282** / C cap. A 5, 17
Πολλάκις γὰρ πτῶσις **I 1360** / C cap. K 2, 36
Πολλάκις εἰ καὶ τὰ μάλιστα **I 704** / C cap. Γ 1, 12
Πολλὰς καὶ παραδόξους ὁδοὺς **I 1699** / C cap. Φ 1, 45
Πολλὴ ἡ σοφία κυρίου **I 151** / C cap. A 3, 37
Πολλοὶ θεραπεύουσιν πρόσωπα ἡγουμένων **I 1291** / C cap. K 1, 16
Πολλοὶ λογισμοὶ ἐν καρδίᾳ **I 583** / C cap. B 1, 6

Πολλοὶ μὲν τῶν Πατέρων **I 11** / C cap. A 1, 11
Πολλοὶ τύραννοι ἐκάθισαν ἐπ' ἐδάφους **I 1492** / C cap. O 3, 10
Πολλῶν καὶ παντοδαπῶν ἀγαθῶν **I 855** / C cap. Δ 3, 54
Πολλῶν ὄντων ἐφ' οἷς θαυμάζεται **I 1696** / C cap. Φ 1, 42
Πολυμερῶς καὶ πολυτρόπως **I suppl. 113** / R cap. A 45, 17
Πολὺν ἐζήσαμεν χρόνον **I 1527** / C cap. Π 1, 32
Πολύσπλαγχνός ἐστιν ὁ κύριος καὶ οἰκτίρμων **I 1690** / C cap. Φ 1, 36
Πονηρὰ κἀκείνη ἡ βλασφημία **I 107** / C cap. A 2, 16
Πορευθέντες μαθητεύσατε πάντα τὰ ἔθνη **I 653** / C cap. B 3, 8
Πόσαι εἰσὶν αἱ ἀνομίαι μου **I suppl. 157** / V cap. Δ 4, 4
Πόσος ὁ θεός **I 209** / C cap. A 4, 35
Πότε γενήσῃ Χριστιανός **I 661** / C cap. B 3, 16–21 (Versio V^cap. B 4, 14^ H^I cap. B 4, 14^)
Πότερον οὐχὶ ὁ κύριος ἐστὶν **I 1710** / C cap. X 1, 1
Ποῦ εἰσὶν οἱ σοφοί σου **I 587** / C cap. B 1, 10
Ποῦ ἐστιν τὸ πλῆθος **I 1678** / C cap. Φ 1, 24
Ποῦ ὁ βασιλεύς σου οὗτος **I 699** / C cap. Γ 1, 7
Ποῦ πορευθῶ ἀπὸ τοῦ πνεύματός σου **I 130** / C cap. A 3, 16
Πρέπον ἐστὶν μὴ μόνον ἀκούειν **I 1390** / C cap. Λ 1, 24
Πρὶν εὔξασθαι, ἑτοίμασον σεαυτόν **I 1645** / C cap. Y 1, 16
Πρινὴ κτισθῆναι ἔγνωσται αὐτῷ **I 152** / C cap. A 3, 38
Πρὸ τοῦ με πλάσαι σε **I 1575** / C cap. Π 3, 5
Πρὸ τοῦ ὄρη ἑδρασθῆναι **I 95** / C cap. A 2, 4
Πρόδηλον καὶ σαφέστατον **I 1460** / C cap. O 2, 18
Προκατηχήσας ὁ ἱεροφάντης **I 4** / C cap. A 1, 4
Πρὸς δὲ τοῖς ἅπασι, τῶν συνήθως **I 1719** / C cap. X 1, 10
Πρὸς ταῦτα ἕτερος ἔλεγεν **I 312** / C cap. A 6, 23
Πρὸς ταῦτα φησὶν τὸ βασιλικὸν **I 6** / C cap. A 1, 6
Πρὸς τὴν τινὸς γένεσιν **I 798** / C cap. Δ 2, 47
Προσδέχου προσδέχου ἐλπίδα **I 1815** / C cap. X 3, 74
Προσέθετο κύριος λαλῆσαι τῷ Ἄχαζ **I 1805** / C cap. X 3, 64
Προσέλθετε πρὸς αὐτὸν **I 646** / C cap. B 3, 1
Προσελθόντες οἱ μαθηταὶ τῷ Ἰησοῦ **I 941** / C cap. E 1, 29
Προσέταξέ σοι κύριος **I suppl. 363** / V cap. E 7, 54
Προσεύξασθε πρός με **I 933** / C cap. E 1, 21
Προσευχή ἐστιν αἴτησις ἀγαθῶν **I 959** / C cap. E 1, 47
Προσευχὴ τῷ μὲν Ἰωνᾶ **I 971** / C cap. E 1, 59
Προσευχόμενοι μὴ βαττολογήσητε **I 939** / C cap. E 1, 27
Πρόσεχε ὅπως φῶς φώτων **I 1187** / C cap. H 2, 24
Πρόσεχε σεαυτῷ μὴ ἀνενέγκαι **I 1005** / C cap. E 3, 7
Πρόσεχε σεαυτῷ μὴ ἐγκαταλείπῃς **I suppl. 90** / V cap. A 32, 6
Πρόσεχε σεαυτῷ, μήτε τοῖς θνητοῖς **I 1523** / C cap. Π 1, 28 (Versio V P E)
Προσέχετε ἀπὸ τῶν ψευδοπροφητῶν **I 900** / C cap. Δ 6, 2
Προσέχετε ἑαυτοῖς μήποτε **I 1147** / C cap. H 1, 14
Προσῆκεν ὡς ἀληθῶς ἕκαστον **I 909** / C cap. Δ 6, 11
Προσῆλθεν αὐτῷ ἄνθρωπος γονυπετῶν **I suppl. 182** / V cap. I 1, 11
Προσῆλθεν Ἡλιού, καὶ εἶπεν **I 327** / C cap. A 7, 3–4 (Versio V H^I^ PM T)

Προσῆλθεν ὁ ἄνθρωπος τοῦ θεοῦ **I 327** / C cap. A 7, 3–4 (Versio $\mathrm{C}^{\mathrm{cap.\ A\ 7,\ 3}}$ $\mathrm{R}_1^{\mathrm{cap.\ A\ 7bis,\ 2}}$)
Προσῆλθον αὐτῷ οἱ μαθηταὶ **I 469** / C cap. A 12, 33
Προσῆλθον αὐτῷ ὄχλοι πολλοί **I suppl. 181** / V cap. I 1, 10
Προσῆλθον τῷ κυρίῳ οἱ μαθηταὶ **I 1145** / C cap. H 1, 12 (Versio C R)
Προσήνεγκαν αὐτῷ πάντας τοὺς **I suppl. 179** / V cap. I 1, 8
Προσηύξατο Ἐζεκίας ὁ βασιλεύς **I suppl. 352** / V cap. E 7, 3
Προσηύξατο Ἐζεκίας πρὸς κύριον **I 924** / C cap. E 1, 12
Προσθείη κύριος ἐφ' ὑμᾶς **I 1075** / C cap. E 5, 29
Προσκαλεσάμενοι οἱ δώδεκα τὸ πλῆθος **I suppl. 359** / V cap. E 7, 29
Προσκαλεσάμενος ὁ Ἰησοῦς τοὺς μαθητὰς **I 1082** / C cap. E 5, 36
Προσκυνήσατε τῷ κυρίῳ ἐν αὐλῇ **I suppl. 385** / V cap. E 6, 11
Προσκυνήσουσίν σοι καὶ ἐν σοὶ **I 1826** / C cap. X 3, 85
Προσκυνοῦμεν πατέρα καὶ υἱὸν **I 64** / C cap. A 1, 64
Προστάγματι ἐθανάτωσεν δράκοντα **I suppl. 1** / V cap. A 6, 1
Πρόσχωμεν ἑαυτοῖς, μήποτε καθάπέρ ποτε **I suppl. 376** / PML^{b} cap. E 17, 73
Προσωποληψία οὐκ ἔστιν παρ' αὐτῷ **I 1311** / C cap. K 1, 37
Πρόσωπον θεὸς ἀνθρώπου οὐ λαμβάνει **I 1310** / C cap. K 1, 36
Πρότερον τοῦ φωτὸς ἡ φύσις **I 1178** / C cap. H 2, 15
Πρώτη παρθένος ἐστὶν ἁγνὴ **I 70** / C cap. A 1, 70
Πῦρ ἐκκέκαυται ἐκ τοῦ θυμοῦ μου **I 437** / C cap. A 12, 1
Πῦρ φλογιζόμενον ἀποσβέσει ὕδωρ **I suppl. 120** / V cap. A 48, 6
Πῶς γὰρ ἂν ὑπέστη τόδε **I 785** / C cap. Δ 2, 34
Πῶς ἐνδοιάσειεν ἄν τις ὡς **I 874** / C cap. Δ 4, 11
Πῶς ἔσται βροτὸς δίκαιος **I 270** / C cap. A 5, 5
Πῶς ἡ δαιμονία πληθὺς **I 1461** / C cap. O 2, 19
Πῶς οὐ συνάναρχα τὰ θεῖα **I 68** / C cap. A 1, 68
Πῶς οὐκ ἄτοπον Ῥωμαίων **I 1220** / C cap. Θ 1, 33
Πῶς οὖν φὴς ἀναστήσεσθαι **I 410** / C cap. A 10, 37
Πῶς τὴν σάρκα λέγουσιν **I 392** / C cap. A 10, 19

Ῥῆμα κυρίου ἐγένετο πρὸς Γὰδ **I 1656** / C cap. Φ 1, 2
Ῥοπὴ ζυγοῦ δικαιοσύνη παρὰ κυρίου **I 1290** / C cap. K 1, 15
Ῥῦσαί με καὶ ἐξελοῦ με ἐκ χειρὸς **I 1339** / C cap. K 2, 15

Σή ἐστιν ἡ ἡμέρα **I 754** / C cap. Δ 2, 3
Σημείωσαι, ὁ ἀναγινώσκων, ὅπως ἐνυπόστατον **I 751** / C cap. Δ 1, 46
Σημειωτέον τίνα αἰτιᾶται τὸ λόγιον **I 1447** / C cap. O 2, 5
Σιγάτωσαν τοιγαροῦν αἱ περὶ τῶν λόγων **I 529** / C cap. A 14, 23
Σκεῦος τιμῆς καὶ σκεῦος **I 1478** / C cap. O 2, 36
Σκιὰν τῶν διὰ τοῦ κυρίου **I 17** / C cap. A 1, 17
Σκόλοψ πικρίας καὶ ἄκανθα **I 1042** / C cap. E 4, 7
Σοὶ εἶπεν ἡ καρδία μου **I suppl. 254** / V cap. A 1, 24V^{W}
Σοί εἰσιν οἱ οὐρανοί **I 755** / C cap. Δ 2, 4
Σοὶ θύσω θυσίαν αἰνέσεως **I 826** / C cap. Δ 3, 25
Σοφία πρώτη, σοφίας ὑπερορᾶν **I 548** / C cap. A 14, 42
Σοφίαν κυρίου προηγουμένην πάντων **I 184** / C cap. A 4, 10

Σοφὸς καρδίᾳ, δέξεται ἐντολάς **I 1198** / C cap. Θ 1, 11
Σπάνιον εἴ τῳ δωρήσεται **I 287** / C cap. A 5, 22
Στέφανος δὲ ὑπάρχων πλήρης **I suppl. 250** / V cap. A 1, 21
Στόμα δικαίου μελετήσει **I 1193** / C cap. Θ 1, 6
Σὺ δ' ἀντὶ τούτων χαῖρε **I 1224** / C cap. Θ 1, 37
Σὺ δεσπόζων ἰσχύος **I 1686** / C cap. Φ 1, 32; **I suppl. 408** / V cap. K 11, 28
Σὺ ὁ θεὸς ἡμῶν χρηστὸς **I 1684** / C cap. Φ 1, 30
Σὺ φοβερὸς εἶ, καὶ τίς **I 719** / C cap. Δ 1, 14
Σύ, κύριε ὁ θεός μου, οἰκτίρμων **I 1663** / C cap. Φ 1, 9
Σύ, κύριε, ἔγνως τὰ πρότερα **I 1577** / C cap. Π 3, 7
Σύ, κύριε, χρηστὸς καὶ ἐπιεικὴς **I 1662** / C cap. Φ 1, 8
Συγκρίσει τοῦ ποιητοῦ ἥλιος **I 739** / C cap. Δ 1, 34
Σύμπαν τὸ ποίημα ἄξει **I 447** / C cap. A 12, 11
Σύμπαντα ἐποίησεν ὁ θεὸς **I 758** / C cap. Δ 2, 7
Σύνδεσμός τις καὶ βεβαιότης **I 793** / C cap. Δ 2, 42
Σύνετε δή, ἄφρονες ἐν τῷ λαῷ **I 127** / C cap. A 3, 13
Συνθλάσει ἐν ἡμέρᾳ ὀργῆς **I 445** / C cap. A 12, 9
Σύντριψον τὸν βραχίονα **I suppl. 27** / V cap. A 16, 23
Σφόδρα ὀλίγων τυγχάνει **I 1234** / C cap. Θ 1, 47
Σῶσον, κύριε, τὸν λαόν σου **I 1072** / C cap. E 5, 26
Σωφρονήσατε καὶ νήψατε **I 957** / C cap. E 1, 45

Τὰ ἄνω ζητεῖτε **I 1589** / C cap. Π 4, 4
Τὰ αὐτὰ καὶ ἐπὶ τῆς Θάμαρ **I 1368** / C cap. Λ 1, 2
Τὰ διαβούλια τοῦ πνεύματος **I 1576** / C cap. Π 3, 6
Τὰ εἴδωλα τῶν ἐθνῶν **I suppl. 146** / V cap. B 5, 4
Τὰ ἐκπορευόμενα διὰ τῶν χειλέων μου **I suppl. 440** / V cap. Υ 10, 6
Τὰ ἐλέη σου, κύριε, εἰς τὸν αἰῶνα **I 1664** / C cap. Φ 1, 10; **I suppl. 335** / V cap. Δ 3, 15
Τὰ ἑξῆς ἀναγωγικὴν ἐπὶ τὸν Χριστὸν **I 1056** / C cap. E 5, 10
Τὰ ἑξῆς κεῖται προσφόρως **I 354** / C cap. A 8, 23
Τὰ ἐπαγόμενα ζήτησον ἑξῆς **I 1466** / C cap. O 2, 24
Τὰ ἔργα κυρίου πάντα ἀγαθά **I 769** / C cap. Δ 2, 18 (Versio C); **I 769** / C cap. Δ 2, 18 (Versio R); **I 769** / C cap. Δ 2, 18 (Versio $V^{E}V^{O}V^{Ph}$ H^{I} PM T)
Τὰ ἔργα κυρίου πάντα καλὰ **I 771** / C cap. Δ 2, 20
Τὰ κρίματα κυρίου ἀληθινά **I 1330** / C cap. K 2, 5; **I suppl. 402** / V cap. K 11, 9
Τὰ κρυπτὰ κυρίῳ τῷ θεῷ **I 1571** / C cap. Π 3, 1
Τὰ λόγια κυρίου λόγια **I 1190** / C cap. Θ 1, 3
Τὰ λόγια κυρίου πεπυρωμένα **I 1191** / C cap. Θ 1, 4
Τὰ μηδέπω ὄντα ὡς παρόντα **I 159** / C cap. A 3, 45
<***> τὰ πάντα δημιουργῶν ὁ θεὸς **I 776** / C cap. Δ 2, 25
Τὰ προτεταγμένα τῷ ἁγίῳ **I 401** / C cap. A 10, 28
Τὰ ῥήματα, ἃ ἐγὼ λελάληκα **I 1211** / C cap. Θ 1, 24
Τὰ τῶν θαυμάτων ἐξαίρετα **I 898** / C cap. Δ 5, 18
Τάδε λέγει κύριος ἐπὶ τοὺς προφήτας **I 1607** / C cap. Σ 1, 9
Τάδε λέγει κύριος σαβαώθ **I 586** / C cap. B 1, 9
Τάδε λέγει κύριος τοῖς ὀστέοις **I 385** / C cap. A 10, 12 (Versio $V^{W}V^{O}V^{Ph}$ H^{I} L^{c} PM T)

Τάδε λέγει κύριος, ἐκτείνων τὸν οὐρανόν **I suppl. 259** / V cap. Α 1, 29V^{W}
Τάδε λέγει κύριος·Ἐκχεῶ **I 647** / C cap. Β 3, 2
Τάδε λέγει κύριος·Ἰδοὺ ἐγὼ **I 652** / C cap. Β 3, 7
Τάδε λέγει κύριος·Ῥανῶ **I suppl. 106** / R cap. Α 45, 10
Τάδε λέγει κύριος· Τὸ ἀπολωλὸς **I 1556** / C cap. Π 2, 10
Τάδε λέγει κύριος ὕψιστος **I 1554** / C cap. Π 2, 8
Ταῖς τῶν κακῶν ἐπισποραῖς αἰτία **I 1477** / C cap. Ο 2, 35; **I suppl. 328** / V cap. Δ 2, 22
Τάξις ἀρίστη παντὸς ἀρχομένου **I 1122** / C cap. Ζ 1, 37
Ταπεινόφρων ἐμοὶ οὐχ' ὅστις **I 220** / C cap. Α 4, 46
Τὰς ἁμαρτίας αὐτῶν αὐτὸς **I 1831** / C cap. Χ 3, 90
Τὰς ἀπαρχὰς τῶν πρωτογενημάτων **I 1000** / C cap. Ε 3, 2
Τὰς βεβήλους κενοφωνίας περιΐστασο **I 511** / C cap. Α 14, 5
Τὰς εὐχάς μου τῷ κυρίῳ **I 930** / C cap. Ε 1, 18
Τὰς μωρὰς καὶ ἀπαιδεύτους ζητήσεις **I 512** / C cap. Α 14, 6
Ταῦτα δὲ ἀνάγκην ἔχομεν διηγήσασθαι **I 1517** / C cap. Π 1, 22
Ταῦτα δὲ οὕτως φρονοῦντες, μενέτωσαν **I 528** / C cap. Α 14, 22
Ταῦτα εἰπὼν ἔπτυσεν χαμαί **I suppl. 185** / V cap. Ι 1, 14
Ταῦτα ἐλογίσαντο, καὶ ἐπλανήθησαν **I 1852** / C cap. Χ 3, 111
Ταῦτα ὑπομίμνησκε διαμαρτυρόμενος **I 510** / C cap. Α 14, 4
Ταύτην εἶναι πραγματειῶν ἀρίστην **I suppl. 70** / L^{c} cap. Α 7, 47
Ταύτην ἡμεῖς ἀποδεχόμενοι **I 342** / C cap. Α 8, 11
Ταύτην τοῦ θείου Ὑμνολόγου **I 23** / C cap. Α 1, 23
Ταύτης ἀρχὴ τῆς ἱεραρχίας **I 36** / C cap. Α 1, 36
Τέθηκα πρὸ προσώπου σου **I suppl. 431** / V cap. Π 3, 12
Τεκνία, ταῦτα γράφω ὑμῖν **I suppl. 111** / R cap. Α 45, 15
Τελειοτέρων δέ ἐστιν ἡ στερεὰ **I 905** / C cap. Δ 6, 7
Τελειότης ὁσίων ὁδηγήσει αὐτούς **I suppl. 46** / L^{c} cap. Α 7, 15
Τελειούμενος ἄνθρωπος εἰς τὴν **I 682** / C cap. Β 4, 12
Τέμνει μὲν οὐδὲν χρόνος **I 162** / C cap. Α 3, 48
Τέρπου καὶ εὐφραίνου **I 1790** / C cap. Χ 3, 48; **I 989** / C cap. Ε 2, 3
Τέχνῃ ὁμοδούλου συγχωρεῖς **I 669** / C cap. Β 3, 29
Τεχνολογοῦσιν λοιπόν, οὐχὶ θεολογοῦσιν **I 538** / C cap. Α 14, 32
Τὴν ἄφατον αὐτοῦ τοῦ θεοῦ **I suppl. 450** / V cap. Φ 2, 36
Τὴν δύναμιν πληροῦτε τῆς προσευχῆς **I suppl. 377** / V cap. Ε 7, 66
Τὴν μὲν ὁλκάδα πρὸς ὄρεξιν **I suppl. 432** / V cap. Π 4, 6
Τὴν μὲν οὖν ἀρχὴν τοῦ κακοῦ **I 1467** / C cap. Ο 2, 25
Τὴν μὲν οὖν ὑπερουσιότητα **I 200** / C cap. Α 4, 26; **I 1427** / C cap. Ο 1, 7
Τὴν σὴν χεῖρα ἐκφυγεῖν **I 145** / C cap. Α 3, 31; **I suppl. 320** / V cap. Δ 1, 32
Τὴν τῆς αἰνέσεως θυσίαν **I 850** / C cap. Δ 3, 49
Τὴν τοῦ κυρίου μακροθυμίαν **I 1691** / C cap. Φ 1, 37
Τὴν τῶν ὄντων καὶ ὁρωμένων **I 416** / C cap. Α 10, 43
Τῆς αὐτῆς δυνάμεως δεῖται **I suppl. 395** / V cap. Θ 3, 22
Τῆς εὐδαιμονίας ἐστὶ τὸ πέρας **I 643** / C cap. Β 2, 42
Τῆς λέξεως ἡμῶν τὸ ἰδιότροπον **I 534** / C cap. Α 14, 28
Τί ἄν τις φαίη περὶ αὐτῆς **I 1176** / C cap. Η 2, 13
Τί διαπορεῖς εἰ τὸ τῶν ὄντων **I 253** / C cap. Α 4, 79

Τί ἔτι ἐγὼ κρίνομαι **I 299** / C cap. A 6, 10
Τί θαυμαστόν, εἰ τὸ ὂν **I 1439** / C cap. O 1, 19
Τί λογίζεσθε ἐπὶ κύριον **I 1294** / C cap. K 1, 19; **I 1681** / C cap. Φ 1, 27
Τί μαχόμεθα πρὸς ἀλλήλους **I 566** / C cap. A 14, 60
Τί μεῖζον τῆς τοῦ θεοῦ **I 1495** / C cap. O 3, 13
Τί οὐκ ἂν μάθοις ἐντεῦθεν **I 1217** / C cap. Θ 1, 30
Τί ποιεῖς, ἄνθρωπε **I suppl. 397** / V cap. Θ 4, 8
Τί ποτε ἄρα ἐστὶν τὸ φῶς **I 237** / C cap. A 4, 63
Τί τηλαυγέστερον τῆς θεϊκῆς **I 1375** / C cap. Λ 1, 9
Τί τὸ ἄχυρον πρὸς τὸν σῖτον **I 869** / C cap. Δ 4, 6
Τί τὸ πιστεύειν ἀφέντες **I 555** / C cap. A 14, 49
Τίμα τὸν κύριον ἀπὸ σῶν δικαίων **I 1643** / C cap. Υ 1, 14; **I suppl. 92** / V cap. A 32, 8
Τίμα τὸν κύριον, καὶ ἰσχύσεις **I 829** / C cap. Δ 3, 28
Τιμῶμεν ἀγγέλους οὐ διὰ **I suppl. 4** / V cap. A 6, 7
Τίνα φιλοσοφητέον, καὶ ἐπὶ πόσον **I 908** / C cap. Δ 6, 10
Τίνας γὰρ μᾶλλον εἰκὸς εὐθυμίας **I 986** / C cap. E 1, 74
Τίνι εὐχαριστητέον πλὴν θεῷ **I 1653** / C cap. Υ 1, 24
Τίνι ὡμοιώσατε κύριον **I 181** / C cap. A 4, 7
Τίς ἄλλη πρεπωδεστέρα κατάστασις **I 997** / C cap. E 2, 11
Τίς ἂν εἴη τῶν δυνάμεων **I 750** / C cap. Δ 1, 45
Τίς ἀνδρῶν γνώσεται βουλὴν **I 596** / C cap. B 1, 19
Τίς βροτός, ὅτι ἔσται ἄμεμπτος, ἢ ὡς **I 268** / C cap. A 5, 3 (Versio C H[II])
Τίς βροτός, ὅτι ἔσται ἄμεμπτος; Ἐάν τε **I 269** / C cap. A 5, 4
Τίς γινώσκει τὸ κράτος τῆς ὀργῆς **I suppl. 316** / V cap. Δ 1, 18
Τίς ἔγνω νοῦν κυρίου **I 588** / C cap. B 1, 11
Τίς ἐμέτρησεν τῇ χειρὶ αὐτοῦ **I 727** / C cap. Δ 1, 22
Τίς ἐξιχνιάσει τὰ μεγαλεῖα **I 191** / C cap. A 4, 17
Τίς ἐρεῖ σοι· Τί ἐποίησας **I 736** / C cap. Δ 1, 31
Τίς ἐστιν ὁ ἐκ τῶν χειρῶν σου **I 711** / C cap. Δ 1, 6
Τίς ἐστιν ὁ ἐτάζων αὐτοῦ **I 715** / C cap. Δ 1, 10
Τίς ἐστιν ὁ ποιῶν τὴν ὑπ᾽ οὐρανὸν **I 714** / C cap. Δ 1, 9
Τίς θεὸς μέγας ὡς ὁ θεὸς **I 721** / C cap. Δ 1, 16
Τίς θεὸς πάρεξ τοῦ κυρίου **I suppl. 236** / V cap. A 1, 6
Τίς θεὸς ὥσπερ σύ, ἐξαίρων **I 1670** / C cap. Φ 1, 16
Τίς καθαρὸς ἐστὶν ἀπὸ ῥύπου **I 267** / C cap. A 5, 2
Τίς καυχήσεται ἁγνὴν ἔχειν **I 274** / C cap. A 5, 9
Τίς λαλήσει τὰς δυναστείας **I 723** / C cap. Δ 1, 18; **I 822** / C cap. Δ 3, 21 (Versio C V H[I] PM R)
Τίς οἶδεν ἀνθρώπων **I 195** / C cap. A 4, 21
Τίς οἶδεν εἰ ὁ μὲν διὰ κακίαν **I 1352** / C cap. K 2, 28
Τίς οὗτος ὁ κρύπτων με βουλὴν **I 123** / C cap. A 3, 9; **I 497** / C cap. A 13, 1
Τίς οὗτος ὁ παραγενόμενος **I 1834** / C cap. X 3, 93
Τίς παραδραμεῖται τὰ παρατρέχοντα **I 1533** / C cap. Π 1, 38–39
Τίς φθόνος ἐπαινετῆς ἀναβάσεως **I 223** / C cap. A 4, 49
Τίς ὡς κύριος ὁ θεὸς **I 128** / C cap. A 3, 14
Τὸ ἀκατέργαστόν μου εἶδον **I 131** / C cap. A 3, 17

Τὸ ἀμυήτοις ἐκλαλεῖν μυστήρια **I 1255** / C cap. Θ 2, 20
Τὸ ἀναμάρτητον θείας ἄντικρυς **I 284** / C cap. Α 5, 19
Τὸ ἀόρατον καὶ νοητὸν φῶς **I 1186** / C cap. Η 2, 23
Τὸ ἀπὸ τῆς κτίσεως ποτήριον **I 1243** / C cap. Θ 2, 8
Τὸ ἄρα ζητεῖν περὶ θεοῦ **I 562** / C cap. Α 14, 56
Τὸ ἄχρονον ἄκτιστον **I 75** / C cap. Α 1, 75
Τὸ γεννητὸν οὐδέποτε μὲν ἀμοιρεῖ **I 1720** / C cap. Χ 1, 11 (Versio T H^{III} $R^{cap. Δ 19}$)
Τὸ γνῶναι νόμον διανοίας **I 1200** / C cap. Θ 1, 13
Τὸ δανεισθὲν τῷ θεῷ **I 960** / C cap. Ε 1, 48
Τὸ διαρκὲς τῆς ἐν κακίᾳ **I 1474** / C cap. Ο 2, 32
Τὸ διδασκάλιον τῆς ἀληθείας **I 1215** / C cap. Θ 1, 28
Τὸ εἰς τοὺς τυχόντας ῥίπτειν **I 1244** / C cap. Θ 2, 9; **I suppl. 164** / V cap. Θ 1, 4
Τὸ ἐκπορευόμενον ἀγαθὸν **I 1634** / C cap. Υ 1, 5
Τὸ ἑλέσθαι τὰ κάλλιστα **I 1619** / C cap. Σ 1, 21
…τὸ ἐμμελὲς καὶ εὔρυθμον **I 571** / C cap. Α 14, 65
Τὸ ἐν ἀνθρώποις ὑψηλόν **I suppl. 428** / V cap. Μ 2, 16
Τὸ ἔργον τοῦ Χριστιανοῦ **I 1394** / C cap. Λ 1, 28
Τὸ εὐσεβὲς μὴ ἐν τῷ πολλάκις **I 229** / C cap. Α 4, 55
Τὸ εὐχαριστεῖν θεῷ καθ' ἑαυτὸ **I 1652** / C cap. Υ 1, 23
Τὸ ἥμισυ τοῦ διδράχμου **I 1268** / C cap. Ι 2, 1
Τὸ θεῖον ἀκατονόμαστον **I 1430** / C cap. Ο 1, 10
Τὸ θελῆσαί σε πρᾶξις ἐστὶν **I 598** / C cap. Β 1, 21
Τὸ θυσιαστήριον οὐράνιος ἐστὶ **I 1031** / C cap. Ε 3, 33
Τὸ ἱλαρὸν καὶ ἄλυπον **I 847** / C cap. Δ 3, 46 (Versio V H^{I} PM E T)
Τὸ κακὸν οὐκ ἐκ τοῦ θεοῦ **I 1415** / C cap. Μ 1, 17; **I suppl. 429** / R cap. Ο 18, 14
Τὸ κατὰ πάντα τρόπον **I suppl. 451** / V cap. Φ 2, 37
Τὸ κύριος ὄνομα, καθὸ ἄρχει **I 1438** / C cap. Ο 1, 18
Τὸ κυρίως καὶ πρώτως μακαριστόν ἐστιν **I 1694** / C cap. Φ 1, 40
Τὸ μεγάλως ἰσχύειν πάρεστίν σοι **I 732** / C cap. Δ 1, 27
Τὸ μειρακίοις εἰς ἅμιλλαν **I 552** / C cap. Α 14, 46
Τὸ μὲν γὰρ τοῖς δόγμασι **I 527** / C cap. Α 14, 21
Τὸ μὲν μηδὲν ἁμαρτεῖν **I 278** / C cap. Α 5, 13
Τὸ μὲν ποίημα οὐκ ἀνάγκη **I 74** / C cap. Α 1, 74
Τὸ μὲν ῥαδίως ληπτόν **I 217** / C cap. Α 4, 43
Τὸ μὴ ληπτὸν εἶναι **I 230** / C cap. Α 4, 56
Τὸ μυστήριον ἐμοὶ **I suppl. 161** / V cap. Θ 1, 1
Τὸ μωρὸν τοῦ θεοῦ **I 871** / C cap. Δ 4, 8
Τὸ νέμειν ἴσα τοῖς ἀνίσοις **I suppl. 409** / V cap. Κ 11, 45
Τὸ νοῆσαι καὶ θελῆσαι **I 746** / C cap. Δ 1, 41
Τὸ νῦν ἐφ' ἡμῶν τὸ ἀκαριαῖον **I 157** / C cap. Α 3, 43 (Versio C H^{II} R)
Τὸ παραυτίκα ἐλαφρὸν τῆς θλίψεως **I 1512** / C cap. Π 1, 17
Τὸ πατὴρ ὄνομα τὴν περὶ υἱοῦ **I 84** / C cap. Α 1, 84
Τὸ περὶ τὰ φαινόμενα **I 1539** / C cap. Π 1, 45
Τὸ πιστὸν καὶ ἀναμφίβολον **I 687** / C cap. Β 4, 17
Τὸ ῥῆμα μου, ὃ ἐὰν ἐξέλθῃ **I 592** / C cap. Β 1, 15 (Versio V H^{I} PM Q^{2} T)
Τὸ σὺν θεῷ πᾶν ἐπαινετόν **I 1130** / C cap. Ζ 1, 45

Τὸ συνέχον τὰ πάντα **I 142** / C cap. A 3, 28
Τὸ σωτήριόν μου εἰς τὸν αἰῶνα **I 102** / C cap. A 2, 11
Τὸ τάχος ἔστω σοι **I 222** / C cap. A 4, 48
Τὸ τῆς εὐχῆς ἀγαθὸν **I 969** / C cap. E 1, 57
Τὸ τῷ ὄντι φιλοσόφημα **I 560** / C cap. A 14, 54
Τὸ χειροποίητον ἐπικατάρατον **I suppl. 149** / V cap. B 5, 7
Τοιαῦται τῶν ἁγίων αἱ ψυχαί **I suppl. 78** / L[c] cap. A 7, 55
Τοιαύτη ἡ τοῦ θεοῦ μακροθυμία **I 1701** / C cap. Φ 1, 47
Τοιαύτη τοῦ θείου ἀγαθοῦ ἡ μετουσία **I 1598** / C cap. Π 4, 13
Τοιαύτη τῶν νοητῶν ἡ φύσις **I 351** / C cap. A 8, 20
Τοῖς γεγραμμένοις πίστευε **I 205** / C cap. A 4, 31
Τοῖς δουλεύουσίν μοι κληθήσεται **I 1382** / C cap. Λ 1, 16
Τοῖς ἐκζητοῦσιν αὐτὸν μισθαποδότης **I 1116** / C cap. Z 1, 31
Τοῖς ἐντυγχάνουσιν μὴ χείλεσιν **I 1235** / C cap. Θ 1, 48
Τοῖς ἡμετέροις μάλιστα ἐπιστατεῖν **I 1353** / C cap. K 2, 29
Τοῖς κραταιοῖς ἰσχυρὰ ἐφίσταται **I 1306** / C cap. K 1, 32; **I suppl. 319** / V cap. Δ 1, 31
Τοῖς νοητοῖς στρουθίοις **I suppl. 375** / PML[b] cap. E 17, 68
Τολμᾷ τίς ὑμῶν, πρᾶγμα **I 368** / C cap. A 9, 11
Τόλμησον προσελθεῖν μετὰ κλαυθμοῦ **I suppl. 369** / V cap. E 7, 60
Τὸν ἐκεῖθεν τῶν ἑορταζόντων **I 683** / C cap. B 4, 13
Τὸν ἐν μονάδι ὑπὸ τοῦ θεσπεσίου **I 2** / C cap. A 1, 2
Τὸν ἥλιον αὐτοῦ ἀνατέλλει **I 1688** / C cap. Φ 1, 34
Τὸν θεὸν γνωρίσωμεν **I 849** / C cap. Δ 3, 48
Τὸν θεὸν ἔργοις μὲν σέβου **I suppl. 349** / V cap. Δ 3, 54
Τὸν κόσμον ὁ θεὸς ἀνεξικακίᾳ **I 1585** / C cap. Π 3, 15
Τὸν κύριον οὐκ ἐζήτησαν **I 1106** / C cap. Z 1, 21
Τὸν Μωϋσῆν φασὶν οἱ θεῖοι **I 252** / C cap. A 4, 78
…τὸν ποιοῦντα κρίμα τοῖς ἀδικουμένοις **I 1040** / C cap. E 4, 5
…τὸν ποιοῦντα ταπεινοὺς εἰς ὕψος **I 1484** / C cap. O 3, 2; **I suppl. 312** / V cap. Δ 1, 5
Τόξον δυνατῶν ἠσθένησεν **I suppl. 313** / V cap. Δ 1, 11
Τοσοῦτον τὸ μέσον θεοῦ **I 873** / C cap. Δ 4, 10
Τότε ἀπῆλθον ἐπὶ τὸν τόπον **I suppl. 447** / V cap. Φ 2, 25
Τότε ἔσται σημεῖα ἐν ἡλίῳ **I 1146** / C cap. H 1, 13
Τότε μεταστρέψω ἐπὶ λαοὺς **I 1788** / C cap. X 3, 46
Τότε ὁμοιωθήσεται ἡ βασιλεία **I 677** / C cap. B 4, 7
Τοῦ ἀγαθοῦ δεσπότου ἡμῶν **I 1398** / C cap. Λ 1, 32
Τοῦ γὰρ ὑψίστου καὶ ἀπροσίτου **I 876** / C cap. Δ 4, 13
Τοῦ ἐλέους κυρίου, πλήρης **I 1659** / C cap. Φ 1, 5
Τοῦ κυρίου ἡ σωτηρία **I 1548** / C cap. Π 2, 2
Τοῦ μὲν οὖν κυρίου καὶ σωτῆρος **I 1157** / C cap. H 1, 24
Τοὺς δοξάζοντάς με δοξάσω **I 806** / C cap. Δ 3, 5
Τοὺς ἐντυγχάνοντας τοῖς ἱεροῖς **I 573** / C cap. A 14, 67
Τοὺς ἑτέρως φρονοῦντας **I 545** / C cap. A 14, 39
Τοὺς λέγοντας ὅτι Ἦν ποτὲ **I 104** / Cap. A 2, 13
Τοὺς μὲν ἁγίους φωταγωγοὶ **I suppl. 286** / V cap. A 7, 5
Τοὺς μερισμοὺς φεύγετε **I 516** / C cap. A 14, 10

Τοὺς πάντας ἡμᾶς φανερωθῆναι **I 473** / C cap. A 12, 37
Τοὺς παρὰ τὴν προαίρεσιν **I 705** / C cap. Γ 1, 13
Τοὺς σκώληκας τῆς διανοίας **I suppl. 370** / V cap. E 7, 61
Τοῦτό ἐστιν θεοῦ ἐνοίκησις **I 846** / C cap. Δ 3, 45
Τοῦτο μόνον ἄφυκτόν τε καὶ ἀμαχώτατον **I 161** / C cap. A 3, 47
…τοῦτο πρῶτον γινώσκοντες **I 1153** / C cap. H 1, 20
Τοῦτο τοίνυν εἰ δι᾽ ὅλου **I 1273** / C cap. I 2, 6
Τούτων μεμνημένος τῶν τυπικῶς **I 1237** / C cap. Θ 2, 2
Τούτων οὖν ἐσομένων **I 1160** / C cap. H 1, 27
Τρεῖς αἱ ἀνωτάτω δόξαι **I 54** / C cap. A 1, 54; **I suppl. 267** / V cap. A 1, 37V[W]
…τριὰς τελεία, δόξῃ καὶ ἀϊδιότητι **I 106** / C cap. A 2, 15
Τρὶς δὲ τὸ Ἅγιος λέγοντες **I 83** / C cap. A 1, 83
Τρυγόνα μοι νόει τύπον **I 1030** / C cap. E 3, 32
Τύψουσιν κατὰ σιαγόνος **I 1781** / C cap. X 3, 39
Τῷ εἶναι τὸ ἀγαθὸν οὐσιῶδες **I 1693** / C cap. Φ 1, 39
Τῷ θεῷ ὡς ἐν αὐγῇ καθαρᾷ **I 171** / C cap. A 3, 57
Τῷ λόγῳ κυρίου οἱ οὐρανοὶ **I suppl. 237** / V cap. A 1, 7
Τῷ οἴκῳ σου πρέπει ἁγίασμα **I 1014** / C cap. E 3, 16
Τῷ οὖν μεγαλείῳ τῆς φύσεως **I 214** / C cap. A 4, 40
Τῶν ἁγίων κυριοτήτων **I 343** / C cap. A 8, 12
Τῶν ἀνθρωπίνων οὐδὲν μέγα **I 1520** / C cap. Π 1, 25
Τῶν θείων δωρεῶν ἱκανὸς **I 1722** / C cap. X 1, 13
Τῶν νεφρῶν αὐτοῦ μάρτυς **I 144** / C cap. A 3, 30
Τῶν προσδοκωμένων ἀγαθῶν **I 689** / C cap. B 4, 19
Τῶν ὑπ᾽ ἐμοῦ λεχθέντων ὀνομάτων **I 89** / C cap. A 1, 89

Ὑγιεῖ λογισμῷ καὶ συνέσει **I 794** / C cap. Δ 2, 43
Υἱοὶ ἀνθρώπων, ἕως πότε βαρυκάρδιοι **I 1496** / C cap. Π 1, 1; **I 1531** / C cap. Π 1, 36
Υἱοὶ Ἰσραήλ, μὴ πολεμήσητε **I 294** / C cap. A 6, 5
Ὑμεῖς ἐστὲ γένος ἐκλεκτόν **I 1384** / C cap. Λ 1, 18
Ὑμνεῖτε τὸν κύριον, βοᾶτε **I 834** / C cap. Δ 3, 33
Ὑμνήσατε τῷ θεῷ ὕμνον **I 832** / C cap. Δ 3, 31
Ὑμνήσωμεν τὸν θεὸν ὅσον ἰσχύομεν **I 858** / C cap. Δ 3, 57
Ὑπέλαβες ἀνομίαν ὅτι ἔσομαί σοι **I 866** / C cap. Δ 4, 3
Ὑπελείφθη Ἰακὼβ μόνος **I 1421** / C cap. O 1, 1
Ὑπὲρ τῆς κοινῆς χρὴ εὔχεσθαι **I 984** / C cap. E 1, 72
Ὑπόμεινόν με, λέγει κύριος **I 1373** / C cap. Λ 1, 7
Ὑπόστασις ἐστὶν τὸ ἰδιάζον **I 46** / C cap. A 1, 46
Ὑποστηρίζει κύριος πάντας **I 1550** / C cap. Π 2, 4
Ὑψηλὸς κύριος καὶ τὰ ταπεινὰ **I suppl. 272** / V cap. A 2, 6
Ὑψοῦ βίῳ τὸ πλεῖον **I 1596** / C cap. Π 4, 11
Ὑψοῦτε κύριον τὸν θεὸν **I suppl. 338** / V cap. Δ 3, 20
Ὑψωθήσεται κύριος Σαβαὼθ **I 1296** / C cap. K 1, 21
Ὑψωσάτωσαν αὐτὸν ἐν ἐκκλησίᾳ **I 1016** / C cap. E 3, 18

Φανεροὶ ἔσονται οἱ σφραγιζόμενοι **I 1625** / C cap. Σ 2, 2

Φανοτάτης οὔσης τῆς οὐσίας **I suppl. 283** / V cap. A 6, 3
Φασὶ τινές· Διατί δίκαιοι **I suppl. 414** / V cap. K 1, 24
Φείδη πάντων, ὅτι σά ἐστιν **I 1685** / C cap. Φ 1, 31
Φέρε καὶ νῦν τῷ αὐτῷ σοφωτάτῳ **I 8** / C cap. A 1, 8
Φέρε τοῖς τῆς θεολογίας προσβῶμεν **I 56** / C cap. A 1, 56
Φέρουσιν αὐτῷ κωφὸν μογγιλάλον **I suppl. 192** / V cap. I 1, 21
Φέρουσιν αὐτῷ τυφλόν, καὶ ἔθηκεν **I suppl. 193** / V cap. I 1, 22
Φεῦ ἡμέρας μοι τῆς κακῆς **I 485** / C cap. A 12, 49
Φεύγετε τὰς κακὰς παραφυάδας **I 521** / C cap. A 14, 15
Φημὶ τοιγαροῦν πολλὰς ὑποθέσεις **I 780** / C cap. Δ 2, 29
Φησὶν Βαλαὰμ υἱὸς Βεώρ **I 1064** / C cap. E 5, 18
Φησὶν κύριος· Μὴ ἐμὲ αὐτοὶ παροργίζουσιν **I 1452** / C cap. O 2, 10
Φησὶν ὁ θεοφόρος ἡμῶν διδάσκαλος **I 31** / C cap. A 1, 31
Φησὶν ὁ κύριος ἐν εὐαγγελίοις **I 25** / C cap. A 1, 25
Φησὶν ὁ προφήτης· Ἱνατί ὑμεῖς **I 483** / C cap. A 12, 47
Φήσωμεν οὖν ἡμεῖς οὐ καρποὺς **I 772** / C cap. Δ 2, 21
Φθαρτὸν καλῶ τὸν μὴ ἐφιέμενον **I 1545** / C cap. Π 1, 51
Φθέγγου μὲν τὰ τοῦ πνεύματος **I 1219** / C cap. Θ 1, 32
Φιλεῖ τὰ πολὺ λίαν ὑψοῦ **I 897** / C cap. Δ 5, 17
Φιλοπευστοῦντι τῷ Προφήτῃ **I 1437** / C cap. O 1, 17
Φινεὲς υἱὸς Ἐλεάζαρ υἱοῦ Ἀαρὼν **I suppl. 212** / V cap. Π 6, 2
Φοβερὸν τὸ ἐμπεσεῖν εἰς χεῖρας **I 1312** / C cap. K 1, 38; **I suppl. 294** / V cap. A 15, 43
Φοβερὸς κύριος καὶ σφόδρα μέγας **I 737** / C cap. Δ 1, 32
Φρίττω καὶ γλῶτταν καὶ διάνοιαν **I 219** / C cap. A 4, 45; **I 320** / C cap. A 6, 31
Φύλαξον τὸν πόδα σου **I 931** / C cap. E 1, 19
Φυλάξωμεν τὴν καλὴν παρακαταθήκην **I 51** / C cap. A 1, 51
Φύλασσέ μοι τὴν εἰς πατέρα **I suppl. 266** / V cap. A 1, 36V^{W}
Φύσει κατὰ τὴν πρώτην τάξιν **I 789** / C cap. Δ 2, 38
Φύσει μὲν ἅπας λόγος **I 221** / C cap. A 4, 47
Φύσει μὲν καὶ κατ᾽ οὐσίαν **I suppl. 453** / V cap. Φ 2, 41
Φύσεως κρείττων ὁ θεός **I 745** / C cap. Δ 1, 40
Φύσις ἐστὶ πρὸς τὸ μακάριόν τε **I suppl. 75** / L^{c} cap. A 7, 52
Φωνὴ βοῶντος ἐν τῇ ἐρήμῳ **I 1823** / C cap. X 3, 82
Φῶς ἀσεβῶν σβεσθήσεται **I 439** / C cap. A 12, 3; **I suppl. 14** / V cap. A 16, 10
Φωτίσατε ἑαυτοῖς φῶς γνώσεως **I 1100** / C cap. Z 1, 15 (Versio C R)
Φωτίσωμεν ἑαυτοὺς θείας γνώσεως **I 29** / C cap. A 1, 29

Χαῖρε σφόδρα, θύγατερ Σιών **I 988** / C cap. E 2, 2; **I 1792** / C cap. X 3, 50
Χαίρετε ἐν κυρίῳ πάντοτε **I 952** / C cap. E 1, 40
Χαλεπώτερά σου μὴ ζήτει **I 185** / C cap. A 4, 11
Χεὶρ ἐκλεκτῶν, κρατήσει εὐχερῶς **I suppl. 45** / L^{c} cap. A 7, 14
Χήραν καὶ ὀρφανὸν ἀπέκτειναν **I 501** / C cap. A 13, 5
Χίλια ἔτη ἐν ὀφθαλμοῖς σου **I suppl. 315** / V cap. Δ 1, 17
Χρὴ δέ, ὡς οἶμαι, μᾶλλον ἀναλαβόντας **I 34** / C cap. A 1, 34
Χρὴ ἡμᾶς ταῖς εὐχαῖς πρῶτον **I 958** / C cap. E 1, 46
Χρὴ ἡμᾶς τὸ θέλημα τοῦ θεοῦ **I 1729** / C cap. X 2, 4

Χρὴ τὸν ἀκριβῶς τὰ βάθη **I 72** / C cap. A 1, 72
Χρὴ τῷ κοινῷ τὸ ἰδιάζον **I 43** / C cap. A 1, 43
Χριστιανὸς ἑαυτοῦ ἐξουσίαν **I 1392** / C cap. Λ 1, 26
Χριστιανοῦ ἀνδρὸς μὴ τὸ σχῆμα **I suppl. 417** / V cap. X 4, 13
Χριστὸς ὁ παμβασιλεὺς θεὸς **I suppl. 384** / V cap. E 7, 73
Χριστῷ συνταφῆναι με δεῖ **I 685** / C cap. B 4, 15
Χώρα Ζαβουλὼν καὶ γῆ Νεφθαλεὶμ **I 1807** / C cap. X 3, 66
Χωρίζεται τοῦ θεοῦ **I 970** / C cap. E 1, 58 (Versio $V^{E}V^{O}V^{Ph}$ H^{I} PM T)
Χωρὶς τῆς παρὰ τοῦ θεοῦ ἀφέσεως **I 1617** / C cap. Σ 1, 19

Ψάλατε τῷ θεῷ ἡμῶν, ψάλατε **I suppl. 330** / V cap. Δ 3, 7
Ψάλατε τῷ ὀνόματι αὐτοῦ **I 827** / C cap. Δ 3, 26 (Versio V H^{I} PM R)
Ψαύειν μὴ καθαρῶς γὰρ ἁγνοῦ **I 232** / C cap. A 4, 58; **I 1249** / C cap. Θ 2, 14
Ψευδεῖς τῶν ἀνοήτων αἱ δόξαι **I 1541** / C cap. Π 1, 47
Ψυχαῖς βεβήλοις οὐδὲν τῶν καλῶν **I 893** / C cap. Δ 5, 13
Ψυχὴ πᾶσα ἣν εὐσέβεια λιπαίνει **I 863** / C cap. Δ 3, 62
Ψυχικὸς δὲ ἄνθρωπος οὐ δέχεται **I 902** / C cap. Δ 6, 4

Ὦ οἱ καθεύδοντες ἐπὶ κλινῶν **I 1503** / C cap. Π 1, 8
Ὦ ἄνθρωπε, μενοῦνγε, σὺ τίς εἶ **I 313** / C cap. A 6, 24
Ὦ βάθος πλούτου καὶ σοφίας **I 1345** / C cap. K 2, 21
Ὦ Τιμόθεε, τὴν παρακαταθήκην **I 509** / C cap. A 14, 3
Ὦ τριὰς ἁγία ἀριθμουμένη **I 79** / C cap. A 1, 79
Ὡμοιώθη ἡ βασιλεία τῶν οὐρανῶν ἀνθρώπῳ σπείροντι **I 1458** / C cap. O 2, 16
Ὡμοιώθη ἡ βασιλεία τῶν οὐρανῶν ἀνθρώπῳ βασιλεῖ **I suppl. 309** / R cap. B 16, 5
Ὤμοσεν κύριος καθ᾽ ἑαυτοῦ **I 1409** / C cap. M 1, 11
Ὧν ἄπο μαρναμένων **I 544** / C cap. A 14, 38
Ὢν τοίνυν αὐτὸς εἶ κύριος **I 1470** / C cap. O 2, 28
Ὤρθρισεν ὁ λειτουργὸς Ἐλισσαιὲ **I 365** / C cap. A 9, 8; **I 617** / C cap. B 2, 16; **I suppl. 355** / V cap. E 7, 7
Ὡς ἀγαπητὰ τὰ σκηνώματά σου **I 1012** / C cap. E 3, 14
Ὡς ἀμέτοχος κακίας **I 1482** / C cap. O 2, 40
Ὡς γὰρ ἐὰν καταβῇ ὁ ὑετὸς **I 592** / C cap. B 1, 15 (Versio C H^{II} R)
Ὡς γλυκέα τῷ λάρυγγί μου **I suppl. 393** / V cap. Θ 3, 7
Ὡς δ᾽ ὄρνιν φοίνικα φάτις **I 407** / C cap. A 10, 34
Ὡς δὲ ἡ θάλασσα ἀνίεται **I 1233** / C cap. Θ 1, 46
Ὡς ἐμεγαλύνθη τὰ ἔργα σου **I 582** / C cap. B 1, 5; **I 1337** / C cap. K 2, 13
Ὡς ἐμεγαλύνθη τὰ ἔργα σου, κύριε· πάντα **I 756** / C cap. Δ 2, 5
Ὡς ἐποίησε Μανασσῆς τὸ πονηρὸν **I 922** / C cap. E 1, 10 (Versio V^{W})
Ὡς ἔτι καιρός, ἐκζητήσατε **I 1100** / C cap. Z 1, 15 (Versio V PM T)
Ὡς εὐφραινομένων πάντων ἡ κατοικία **I 333** / C cap. A 8, 2
…ὡς καὶ προσφάτως πάλιν **I 411** / C cap. A 10, 38
Ὡς μέγας ὁ οἶκος τοῦ θεοῦ **I 1024** / C cap. E 3, 26
Ὡς οὖν ὁ εἰς ψυχὴν ζῶσαν **I 395** / C cap. A 10, 22
Ὡς πηλὸς κεραμέως ἐν χειρὶ **I 149** / C cap. A 3, 35
Ὡς πολὺ τὸ πλῆθος **I 1658** / C cap. Φ 1, 4

Ὡς ῥοπὴ ἐκ πλαστίγγων **I 733** / C cap. Δ 1, 28
Ὡς τήκεται κηρὸς ἀπὸ προσώπου **I 442** / C cap. A 12, 6
Ὡς φοβερὸς ἐν βουλαῖς **I 580** / C cap. B 1, 3
Ὡσεί τινα μήτηρ αὐτοῦ **I 1680** / C cap. Φ 1, 26
Ὥσπερ ἀπαρχὰς ἅλωνος καὶ ληνοῦ **I 1649** / C cap. Υ 1, 20
Ὥσπερ γῆν μὴ βρεχομένην **I 1226** / C cap. Θ 1, 39
Ὥσπερ γυνὴ τὸ τεχθὲν **I 1253** / C cap. Θ 2, 18
Ὥσπερ διάφοροι βίων αἱρέσεις **I 684** / C cap. B 4, 14
Ὥσπερ ἐκ τῆς φλογὸς **I 47** / C cap. A 1, 47
Ὥσπερ ἡ παροῦσα ζωὴ **I 1529** / C cap. Π 1, 34
Ὥσπερ κίονες οἰκίας ὅλας **I 373** / C cap. A 9, 16
Ὥσπερ ὁ κεραμεύς, ἀπὸ τῆς αὐτῆς **I 773** / C cap. Δ 2, 22
Ὥσπερ οἱ ἀναπνέοντες τὸν ἀέρα **I 239** / C cap. A 4, 65
Ὥσπερ οἱ δηλητήριον δι’ ἐπιβουλῆς **I 1250** / C cap. Θ 2, 15
Ὥσπερ οἱ προσπταίσαντες **I 569** / C cap. A 14, 63
Ὥσπερ οὐκ ὄντας ὑπέστησεν, οὕτως **I 662** / C cap. B 3, 22
Ὥσπερ ὀφθαλμὸς τεταραγμένος **I 557** / C cap. A 14, 51
Ὥσπερ παιδαγωγοὺς τινὰς **I 371** / C cap. A 9, 14
Ὥσπερ πᾶσι τοῖς γενομένοις **I 1318** / C cap. K 1, 44
Ὥσπερ τὸ ἀναπνεῖν οὐδέποτε **I suppl. 365** / V cap. E 7, 56
Ὥσπερ τὸ πῦρ δαπανᾷ **I 668** / C cap. B 3, 28
Ὤφθη κύριος ἐν τῇ νυκτὶ **I 1053** / C cap. E 5, 7
Ὤφθη ὁ θεὸς τῷ Ἀβραὰμ **I 14** / C cap. A 1, 14

www.ingramcontent.com/pod-product-compliance
Lightning Source LLC
Chambersburg PA
CBHW030826090425
24824CB00002B/430

9783111385105